本书的出版得到

国家重点文物保护专项补助经费资助

庆祝宁夏文物考古研究所成立三十周年

宁夏文物考古研究所丛刊之三二

王大户与九龙山

——北方青铜文化墓地

（上）

宁夏文物考古研究所
彭阳县文物管理所　编著

文物出版社

北京·2016

图书在版编目（CIP）数据

王大户与九龙山：北方青铜文化墓地/宁夏文物考古研究所，
彭阳县文物管理所编著.—北京：文物出版社，2016.9

ISBN 978－7－5010－4759－8

Ⅰ.①王…　Ⅱ.①宁…②彭…　Ⅲ.①墓葬（考古）－研究－
中国－青铜时代　Ⅳ.①K878.84

中国版本图书馆 CIP 数据核字（2016）第 212971 号

王大户与九龙山——北方青铜文化墓地

编　　著：宁夏文物考古研究所
　　　　　彭阳县文物管理所

责任编辑：刘　昶
封面设计：周小玮
责任印制：陈　杰

出版发行：文物出版社
社　　址：北京市东直门内北小街 2 号楼
邮　　编：100007
网　　址：http://www.wenwu.com
邮　　箱：web@wenwu.com
经　　销：新华书店
印　　刷：北京鹏润伟业印刷有限公司
开　　本：215mm×285mm　1/16
印　　张：55.5
版　　次：2016 年 9 月第 1 版
印　　次：2016 年 9 月第 1 次印刷
书　　号：ISBN 978－7－5010－4759－8
定　　价：760.00 元

Wangdahu and Jiulongshan

A Cemetery of Northern Bronze Culture

(I)

(with an English abstract)

by

Institute of Cultural Relics and Archaeology of Ningxia Hui Autonomous Region

Administration Office of Cultural Relics of Pengyang County

Cultural Relics Press

Beijing · 2016

目　录

插图目录

插表目录

彩版目录

第一章　绪言

第一节　考古发掘和考古报告编写

北方游牧民族的兴起和扩张是一个令学术界有点兴奋的问题，多年以来由于工作关系笔者曾接触到一些这方面的材料，尤其是经过科学发掘的材料如著名的杨郎墓地、于家庄墓地，这些资料为本区域春秋战国时期北方系墓葬提供了前所未有的认识，引发了学术界若干深入的研究。与此同时，也引起了我们对有些问题的思考。游牧民族社会是在农业社会的基础上发展而来，游牧社会所需要的政治结构、社会动员能力都是农业社会所不具备的。一般的看法是农业社会向游牧社会转变过程并非一蹴而就，牲畜畜养技术的成功或发达，或许表明二者中间有一个畜牧时代。在整个农业向游牧过渡阶段，所谓的北方农牧交错带是一个被关注的重点区域，杨郎、于家庄墓地所在的固原地区正处于这一地带。气候因素被认为是由农业向畜牧业转化的一个重要动因。距今两千多年前的北方，气候有一个寒冷期，寒冷使全年的温度普遍降低，短暂的无霜期不利于农作物的生长；降水量的减少使旱作物无法得到足够的水分。植被茂密的森林草原转而变成草木稀疏的荒漠。对于寒冷干燥气候有较好适应性的畜种成为主流，马、牛、羊能将对人类来说利用率有限、不便直接食用的草类植物，通过有效地转换，变成肉、乳、血等可直接食用的物品。利用牲畜的牵引力，牧民更方便地进行移动，保持生活的方便和政治集团的独立性。

本区域人类如何适应这种气候变化所带来的挑战，是我们密切关注的问题。以考古遗存来说，最能反映人类生活动向的莫过于人类废弃的遗址。令人遗憾的是，至今为止在本区域内尚未发现春秋战国时期北方民族活动过的生活居址，而这一时期北方民族的墓葬却大量发现。墓葬当然也是我们了解当时人类生活习俗的一个非常好的观察对象。于家庄、马庄墓地的发掘给我们提供了比较完整的墓葬材料，尤其在墓葬形制、器物组合方面的丰富程度，使我们可以重新思考以往零星出土的墓葬和器物群组合。

当然，由于时代的因素，加之若干客观原因、条件的限制，墓地的发掘工作并非无懈可击。时至今日，我们已有条件开展过去无法进行的一些工作，能从较全面的角度来思考北方游牧或畜牧考古中一些值得注意的问题，以及问题的关键所在。

从出土品来看，他们赖以生存的经济是较为单一的畜牧经济，基本上没有用于农业生产的用具或产品，推测获得粮食的途径主要是交换。虽然马、牛、羊等家畜被饲养，而且是他们经济生活的基础，然而墓葬出土的大量马、牛、羊头骨骸却并未被详细地加以研究，无论是从信仰出发，还是从生业的角度。为了弥补这一北方系青铜文化墓葬研究的重大缺陷，本次发掘从发掘之初就对这一问题进行了详尽的设计观察；并在材料整理过程中邀请经验丰富的动物考古学家介入，而并非像以往一样是将样品送检，仅在书后附录一个简要的分析结果。将墓葬中所有遗物包括动物骸骨都视为墓葬整体的一个组成部分，有助于我们了解、理解游（畜）牧民的生计状态和经济发展水平。如果我们不能够关注到全部的考古材料，往往会忽视到牲畜结构、年龄、比例、数量控制这类具体问题。基于这样的理由，在本报告中我们将墓葬中的牲畜骨骸作为墓葬整体的一部分，放置在正文中加以叙述，而非仅在附录简单描述。类似的结构取向在于照顾到游（畜）牧民族墓葬的完整性，不希望发掘设计目标与研究结果相脱节，使两者失去联系，成为独立而且不相关联的两个部分。当然，这样的悬念无疑要求我们的理论素养、田野经验及分析问题、解释现象的能力都有相当的水准，后者或许恰恰是我们训练不足的地方。

第二节　以往工作的回顾

在整个固原及邻近地区，从 20 世纪 60 年代起就有一些零星的北方系青铜器出土，当地的文物管理部门将这些出土品征集收集，20 世纪 70 年代后期才开始陆续发表①，80 年代集中发表了一些重要地点，进而才有所谓成规模的科学发掘。除此之外，在宁夏中南部和相邻的甘肃东部地区陆续出土很多相关的遗物，尽管未经科学发掘，但出土时间、地点、共存遗物清楚。其中大部分系墓葬出土物，有些墓葬的结构、葬俗及殉牲情况也都明了。因此，这些发现对认识该文化的内涵无疑具有重要的学术价值。以下我们以时间为序系统地回顾一下北方系青铜器和墓葬在该区域的发现和研究情况（图 1-1）。

鸦儿沟墓葬　位于固原市原州区（原固原县，下同）西郊乡，墓地西北约 2 千米为秦长城。1973 年发现，出土青铜鹤嘴斧、锛、铃、马面饰、泡饰、鸟形饰、兽头形饰、凸管形牌饰及半月形银环饰、银环、石珠、残铁器等。②

石喇村墓葬　位于固原市原州区河川乡，距市区约 15 千米，南距秦长城约 5 千米。

---

① 钟侃：《宁夏固原县出土的文物》，《文物》1978 年第 12 期，86~90 页；钟侃、韩孔乐：《宁夏南部春秋战国时期的青铜文化》，《中国考古学会第四次年会论文集》，203~213 页，文物出版社，1998 年。

② 钟侃：《宁夏固原县出土的文物》，《文物》1978 年第 12 期，86~90 页。

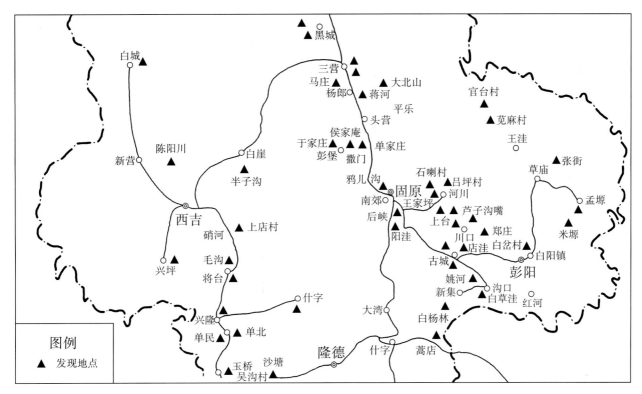

图 1 - 1　宁夏中南部青铜文化发现地点位置示意图

1980 年发现，出土青铜短剑、戈、矛、刀、衔、车辕饰、锛、凿、管状饰、带扣、泡饰、铃、圆形牌饰及骨镳、骨珠、石珠等。①

阳洼墓葬　位于固原市原州区河川乡。1980 年发现，出土青铜短剑、戈、刀、斧、凿、带扣、兽头形饰、圆牌饰、衔、车軎、铃、泡饰等。②

大北山墓葬　位于固原市原州区杨郎乡。1981 年发现，出土青铜矛、刀、车軎、杆头饰、圆牌饰、豹纹透雕牌饰及骨镳、骨匕、磨石等。③

王家坪墓葬　位于固原市原州区头营乡。1981 年发现，出土青铜矛、铃、管装饰、透雕鹰头牌饰、圆雕鹰头及铁锸等。该地还征集到 1 件圆形虎抱鹿金扣饰④。

倪丁村墓地　位于中宁县关帝乡西南约 5 千米，墓地南约 200 米为黄河古道。1983 年，群众挖沙时发现一批青铜器，宁夏博物馆前去调查，收回该墓（M1）出土的部分器物，并清理了另一座墓（M2）。出土青铜短剑、管銎斧、镞、斧、刀、锥、衔、当卢、铃、镦、环、扣饰、管装饰、泡饰以及陶器、金牌饰、骨镞、珠饰等。⑤

①　罗丰：《宁夏固原石喇村发现一座战国墓》，《考古学集刊》第 3 集，130、131、142 页。
②　钟侃、韩孔乐：《宁夏南部春秋战国时期的青铜文化》，《中国考古学会第四次年会论文集》，203～213 页，文物出版社，1998 年。
③　钟侃、韩孔乐：《宁夏南部春秋战国时期的青铜文化》，《中国考古学会第四次年会论文集》，203～213 页，文物出版社，1998 年。
④　钟侃、韩孔乐：《宁夏南部春秋战国时期的青铜文化》，《中国考古学会第四次年会论文集》，203～213 页，文物出版社，1998 年。
⑤　宁夏回族自治区博物馆考古队：《宁夏中宁县青铜短剑墓清理简报》，《考古》1987 年第 9 期，773～777 页。

白杨林村墓葬　位于固原市原州区头营乡。1984 年当地村民挖土时发现一批青铜器，包括青铜矛、动物纹牌饰、鸟形饰、管装饰、泡饰等。①

上台村墓地　位于固原市原州区河川乡。1984～1985 年，农民挖土时发现，出土器物包括青铜鹤嘴斧、铃、管装饰、涡纹饰、环形饰、泡饰、双龙纹牌饰等。②

吴沟村墓地　位于隆德县温堡乡。1984 年，农民平整土地时发现一座墓葬，出土青铜衔、当卢、镞、透雕牌饰、泡饰、卧鹿、盘角羊头饰等。③

陈阳川村墓地　位于西吉县新营乡。1985 年，农民挖土时发现一座墓葬，出土铜柄铁剑和青铜鸟形饰、泡饰、梅花形泡饰、虎食羊纹牌饰及陶罐等。④ 1988 年，当地村民在平整土地时又发现一座墓葬，出土车辖饰、镳、当卢、杆头饰、节约、环、泡饰、鸟形饰、花瓣形牌饰、桃形牌饰、管装饰、虎食鹿纹牌饰等青铜器及银节约、银牌饰等。1991 年，宁夏文物考古研究所和西吉县文物管理所对该墓地进行了勘探和清理，发现墓葬 3 座，出土削、镈、泡饰、扣饰、管装饰、铃、环、带扣等青铜器，牌饰、环等贴铁器和砺石、串珠等石器。⑤

撒门村墓地　位于固原市原州区彭堡乡。1985～1987 年，先后发现墓葬 3 座（M1～M3），农民挖土时又破坏墓葬 7 座，征集到一批青铜器。出土遗物有短剑、戈、矛、刀、镦、铃、凿、针（锥）管、管装饰、连珠形饰、鸟形饰、带扣、杆头饰、圆雕鹿和羊等青铜器。⑥ 1988 年又发现一座墓葬，出土青铜短剑、铃、锛、凿、锥、杆头饰、方形牌饰、圆形牌饰等。⑦

于家庄墓地　位于固原市原州区彭堡乡撒门村西北 2.5 千米，东至河支流大营河的东岸。1987 年，宁夏文物考古研究所对其进行了发掘。墓地被冲沟分隔成北、中、南三区，其中中区墓葬最集中，共 20 座（M1～M20），北区 3 座（NM1～NM5），南区 5 座（SM1～SM5），共发掘墓葬 28 座。出土遗物以青铜器为主，包括短剑、戈、矛、镞、鹤嘴斧、刀、斧、凿、锥等兵器和工具；车軎、衔、节约、铃、杆头饰等车马器；铃形饰、带扣、鸟形饰、连珠形饰、管装饰、锥（针）管、兽头形饰、各种动物纹牌饰及圆雕铜鹿等。骨器有镳、带扣、节约、当卢、兽头饰、针、匕、镞等。另外，还出土铁短剑（残）、长方形牌饰、扁连环饰等以及陶器、金牌饰、石珠等。⑧ 1989 年又有新发现，出土青铜短剑、刀、

---

① 罗丰：《固原青铜文化初论》，《考古》1990 年第 8 期，743～750 页。
② 罗丰：《固原青铜文化初论》，《考古》1990 年第 8 期，743～750 页。
③ 隆德县文管所王全甲：《隆德县出土的匈奴文物》，《考古与文物》1990 年第 2 期。
④ 延世忠、李怀仁：《宁夏西吉县发现一座青铜时代墓葬》，《考古》1992 年第 6 期，573～575 页。
⑤ 宁夏文物考古研究所、西吉县文物管理所：《西吉县陈阳川墓地发掘简报》，《宁夏文物考古论集》，61～70 页，宁夏人民出版社，1994 年。
⑥ 钟侃、韩孔乐：《宁夏南部春秋战国时期的青铜文化》，《中国考古学会第四次年会论文集》，203～213 页，文物出版社，1998 年。
⑦ 罗丰、延世忠：《1988 年固原出土的北方系青铜器》，《考古与文物》1993 年第 4 期，17～21 页。
⑧ 宁夏文物考古研究所：《宁夏彭堡于家庄墓地》，《考古学报》1995 年第 1 期，79～109 页；宁夏文物考古研究所《宁夏固原于家庄墓地发掘简报》，《华夏考古》1991 年第 3 期，55～63 页。

车轴饰、杆头饰、泡饰、牌饰、带扣、圆雕鹿及铜柄铁剑等。①

狼窝子坑墓地　位于中卫市西台乡双塔村附近，距市区东南约 30 千米。1987 年村民放羊时发现。出土短剑、鹤嘴斧、戈、矛、镞、刀、镦、斧、锛、凿、锥、针管、环、带扣、衔、节约、铃、连珠形饰、鸟形饰、驼形牌饰、透雕龙纹牌饰、人面蛇纹牌饰等青铜器及铜柄铁剑、陶罐、陶勺、陶杯、骨镞、骨带钩、石珠等。②

吕坪村墓葬　位于固原市原州区东南部的河川乡，距市区约 3 千米。1988 年，当地村民修路时发现。出土戈、矛、铃、当卢、马面饰、鸟形饰、铲形牌饰、透雕牌饰、带扣、圆雕鹿（残）和马镫青铜器及骨珠、石珠等。③

官台村墓葬　位于彭阳县交叉乡。1988 年发现，出土戈、矛、镦、杆头饰、铃、圆形牌饰、锥（针）管、车辕饰等青铜器及铜柄铁剑、骨镳等。④

马庄墓地　位于固原市原州区西北杨郎乡马庄村附近的沙河北岸。⑤ 1989 年，宁夏文物考古研究所等单位对该墓地进行了发掘，发掘面积 1942 平方米，清理墓葬 49 座，出土各类遗物 2900 余件。随葬品以青铜器为主，包括短剑、戈、矛、铜柄铁剑、鹤嘴斧、镞、刀、斧、凿等兵器和工具；锥、锥管、勺等生活用具；带扣、带饰、带钩、环、铃形饰、镯、耳环、各种动物纹牌饰和动物形饰件等装饰品；衔、镳、当卢、节约、泡饰、车辕饰、軎、毂、杆头饰、铃等车马器。铁器有短剑、矛、刀、衔、镳、锥、环、镯、牌饰等。另外，还出土陶器、金耳环、金耳坠、石珠等。马庄墓地的首次科学发掘，为研究该文化的内涵提供了重要的实物资料。

米塬村墓地　位于彭阳县刘塬乡。1991 年发现，出土青铜短剑、矛、镞、刀、锛、衔、当卢、节约、铃、泡饰、带扣、锥（针）管、圆雕卧鹿等。⑥

苋麻村墓葬　位于彭阳县交岔乡。1992 年发现，出土青铜剑、矛、镞、鹤嘴斧、锛、锥、镳、当卢、节约、车轴饰、管装饰等。⑦

白岔村墓葬　位于彭阳县白杨镇。1992 年发现，出土青铜戈、镦、车辕饰、铃、方形镂空牌饰等。⑧

店洼村墓葬　位于彭阳县古城乡。1992 发现，出土青铜镦、车辕饰、衔、泡饰、杆头饰、圆雕卧鹿等。⑨

白草洼村墓葬　位于彭阳县沟口乡。1993 年发现，出土青铜矛、镦、鹤嘴斧、车辕饰、杆头饰、泡饰、环形饰等。⑩

①　延世忠：《宁夏固原出土战国青铜器》，《文物》1994 年第 9 期，94 ~ 96 页。
②　周兴华：《宁夏中卫县狼窝子坑的青铜短剑墓群》，《考古》1989 年第 11 期，971 ~ 980 页。
③　固原博物馆：《宁夏固原县吕坪村发现一座东周墓》，《考古》1992 年第 5 期，469 ~ 470 页。
④　罗丰、延世忠：《1988 年固原出土的北方系青铜器》，《考古与文物》1993 年第 4 期。
⑤　宁夏文物考古研究所、固原博物馆：《宁夏固原杨郎青铜文化墓地》，《考古学报》1993 年第 1 期，13 ~ 56 页。
⑥ ~ ⑩　杨宁国、祁悦章：《宁夏彭阳近年出土的北方系青铜器》，《考古》1999 年第 12 期，28 ~ 37 页。

张街村墓地　位于彭阳县草庙乡东北距县城 25 千米，距战国秦长城 16 千米。1998 年，宁夏文物考古研究所对其进行了考古发掘。发掘墓葬 6 座，葬坑 1 座。随葬品以青铜器为主，包括短剑、刀、凿、斧、锥（针）管、铃、环、杆头饰、带扣、当卢、泡饰、带饰、鸟形牌饰、虎形牌饰等。另外，还出土铁剑、铁环、骨石珠等。① 早在 1987 年，这里曾发现一座墓葬，出土鹤嘴斧、戈、镞、车辕饰、当卢、泡饰、杆头饰、鸟形饰、铲形饰、管装饰、人驼纹扣饰、羚羊扣饰、带扣、带钩等青铜器。②

除此之外，在固原县杨郎乡蒋河墓出土的 2 件虎食驴纹透雕铜带饰③、彭阳县古城乡古城村出土的虎食鹿纹透雕铜带扣④和郑庄村出土的鹤嘴斧⑤、彭阳县新集乡白杨林村出土的虎食羊纹透雕铜带饰⑥、彭阳县沟口乡姚河村出土的伫立状虎纹透雕铜带饰⑦、中卫市双塔村出土的一批人面纹鞋底形铜牌饰和人面蛇身纹铜牌饰⑧等，都是颇为重要的发现，为研究该文化的内涵提供了不可多得的资料。

第三节　地理位置与发掘经过

一　王大户春秋战国墓地

（一）地理位置

墓地位于彭阳县古城镇王大户村东北部的圆圪垯上，南距古城镇约 15 千米，距彭阳县城约 35 千米（图 1-2）。圆圪垯系当地村民的俗称，原为东西向山梁向南延伸的山脊被其北部和东、西两侧的冲沟冲蚀形成的略为平缓的斜坡地，自南向北倾斜，现被平整为梯田。其北部的冲沟俗称箭沟，为此地最早的冲沟；其东部的冲沟俗称斜沟，宽 20～35 米，深约 38 米；西部的冲沟俗称毛沟，宽 28～35 米，深约 38 米；此两沟与箭沟相连，冲蚀形成，今干涸无水。

墓地位于圆圪垯顶部（彩版 2-1）。此处地形原为坡地，墓葬分布于脊部及其两侧（图 1-3），现被平整为梯田，种植荞麦、扁豆、土豆等农作物和苜蓿，由于干旱仅存稀

① 杨宁国、祁悦章：《宁夏彭阳近年出土的北方系青铜器》，《考古》1999 年第 12 期，28～37 页。
② 宁夏文物考古研究所、彭阳县文物站：《宁夏彭阳县张街村春秋战国墓地》，《考古》2002 年第 8 期，14～24 页。
③ 钟侃：《宁夏固原县出土的文物》，《文物》1978 年第 12 期，86～90 页。
④ 同注①。
⑤ 同注①。
⑥ 钟侃、韩孔乐：《宁夏南部春秋战国时期的青铜文化》，《中国考古学会第四次年会论文集》，203～213 页，文物出版社，1998 年。
⑦ 杨宁国、祁悦章：《宁夏彭阳近年出土的北方系青铜器》，《考古》1999 年第 12 期，28～37 页。
⑧ 周兴华：《宁夏中卫县狼窝子坑的青铜短剑墓群》，《考古》1989 年第 11 期，971～980 页。

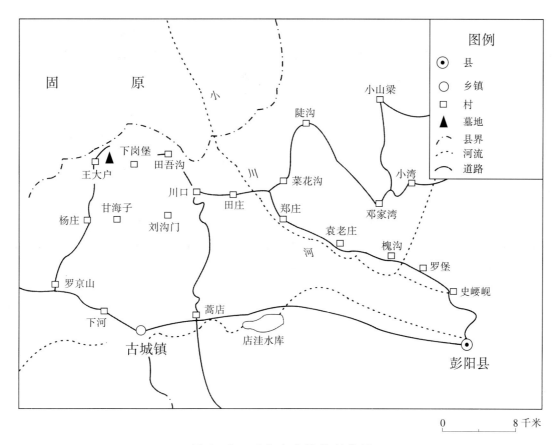

图 1-2 王大户墓地地理位置

疏的禾苗。据我们观察，修整梯田时先将坡地规划，将高出部分推平填充低处，从而形成宽窄、高低不一的梯田，墓葬主要分布于山间土路北部的第一、第二和第三梯田上，以第二梯田为主（图 1-4）。从梯田的断面观察，第二梯田最深被推去约 1.7 米，第三梯田被推去约 1.5 米。据当地村民讲，在修筑梯田时也发现马、牛、羊等动物骨骼和铜泡饰等，说明在平整梯田时已将部分墓葬破坏。

箭沟呈东西向，被山洪切割呈 "V" 字形，沟深壁陡，深约 30 米，支沟较多，多呈南北向，将阶地分割为相对独立的小块坡地和峁。此阶地为箭沟的第一阶地，根据对本墓地和彭阳县郑庄春秋战国墓地等地形的观察，此阶地在春秋战国时期应该是相连的一片，因为，本墓地东侧的斜沟在第三梯田的断壁上暴露一座春秋战国墓地，仅存洞室部分，据清理此墓已被盗，仅发现残碎的动物骨骼。郑庄墓地据我们调查被支沟分割成相对独立的五部分，支沟断壁和塌陷的沟底发现春秋战国时期墓葬。这说明王大户村春秋战国墓地与其南、北的阶地在当时可能是连在一起的，或者支沟较小距箭沟较近，阶地相连的面积较大。根据对王大户村春秋战国墓地北部、箭沟一支沟断壁上东汉陶窑的调查，箭沟的支沟对南北两侧阶地的切割发生在汉代以后，因为，距箭沟较近的陶窑被支沟冲蚀切割残存少部，而此陶窑是专门为其北部的汉墓烧制修建墓葬用砖。

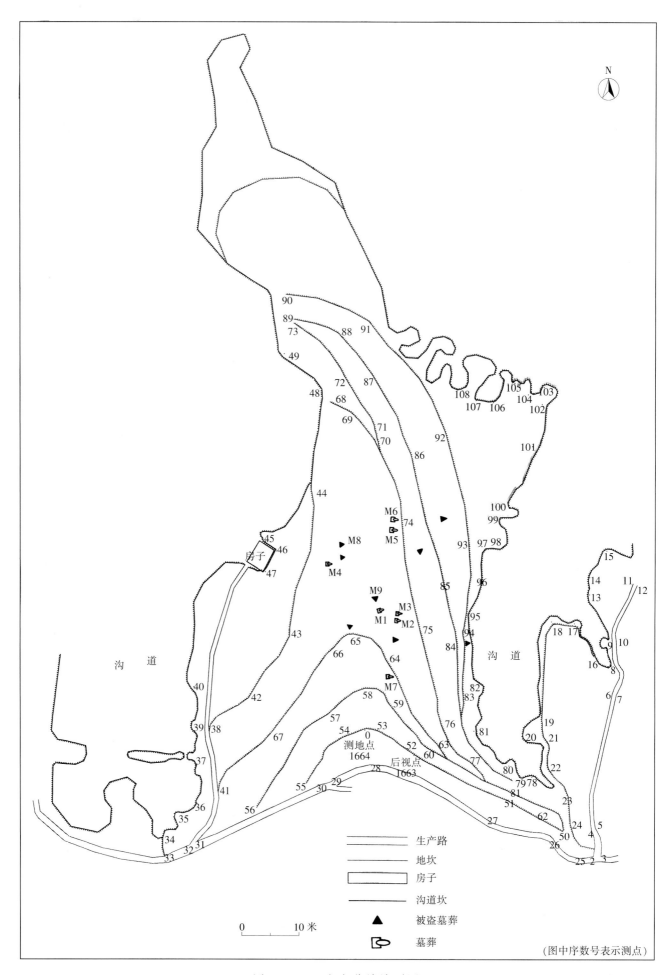

图 1-3　王大户墓地地形图

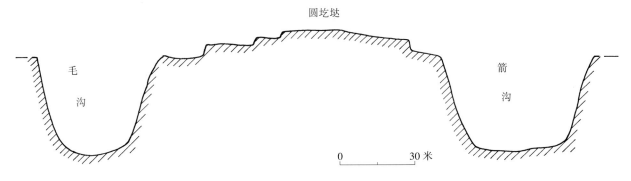

图 1-4　王大户墓地现地貌剖面示意图

箭沟南、北两侧的阶地当时较为平缓，其南、北两侧有高起的山梁环绕，地理环境较为优越，适宜游牧。北部的上台春秋战国墓地与其隔沟相望，说明这里在当时可能是一处较为重要的游牧场所。

（二）发掘经过

墓地发现于 2007 年 7 月 14 日，当时一村民在犁地时发现了动物骨骼，好奇心促使他停止犁地，顺着骨骼向下掏挖，从而发现了铜泡饰、铜刀、铜牌饰等文物。文物的发现引起了村民的群起盗掘，在当地文物贩子的唆使下，利用钢钎探墓然后掏挖，一天盗掘墓葬 7 座，出土文物均被现场的文物贩子收购。彭阳县古城镇派出所得知消息后派遣警察连夜赶到现场制止了群盗，并留两位警察看护工地。7 月 17 日，受自治区文物局的委托，宁夏文物考古研究所派员到彭阳县古城镇调查墓地被盗情况。当日彭阳阴雨连绵，我们冒雨沿着泥泞的山间土路赶到工地。尽管派出所的民警在现场，但围观、伺机盗掘的人们广布在周围的山坡和田埂上，有数百人之多。于是我们留下两人配合民警看护工地，一人在固原购买帐篷等工地用品，一人回银川向所领导汇报墓地情况，并向国家文物局申请进行抢救性发掘。7 月 19 日，宁夏文物考古研究所组织考古队进入墓地进行考古钻探和发掘工作，同时古城镇派出所两位警察也因其他工作撤离工地。当时，还有不少围观、试图盗掘的人们留守在周围的山头和田埂上，有的直到深夜才离开。由于村民误传此地到处藏宝，墓地的安全成为最为紧迫的问题。为了便于看护工地免遭盗掘，也为了便于开展工作，考古队决定在墓地内搭建帐篷，将工作、住宿和生活安排在墓地内。

7 月 21 日，开始钻探，并对被盗掘墓葬进行了清理，发现墓葬的形制已被完全破坏。被盗墓葬内未发现文物，动物骨骼和人体骸骨也被移位乱弃，因此，被盗墓葬基本失去资料收集价值。27 日，在第二台地发现墓葬，编号 PWM1。其间盗墓者曾数次在凌晨 2 时左右试图盗掘，均被我们赶走。由于平整土地墓葬上部地层大部被推去，墓葬大多数埋藏较浅，容易被盗掘。为了防止发现的墓葬被盗，我队采取了边钻探边布方清理的方法，同日对 PWM1 进行了清理，至 8 月 4 日清理完毕。对墓葬的清理，采取布方逐层清理的方法，同时搭建可移动的清理棚以免对墓葬的风吹、日晒和雨淋。为了更多地获得考古发掘过程中的各种文化信息，注意埋葬时的行为发生过程和通过遗物的具体位置以复原其原来的功能，我们清理时对殉牲和遗物的位置及出土情况进行了详细的记录，对不同层位的殉牲和遗物分别绘制分布图，即使是同一层位堆放的殉牲为了清楚地反映被压殉牲的放置情况，我们也分上部殉牲和下部殉牲以区别记录资料。所有殉牲标本均编号收集，为了和文物标本区别，所有殉牲标本序号前均加"动物"拼音的大写首字母 D，如 D1、D2 等，文物标本的编号和原来的编号方法相同。

7 月 29 日在第二台地钻探发现墓葬 2 座，分别编号 PWM2、PWM3，并于 7 月 31 日 ~ 8 月 5 日对其进行了清理；8 月 10 日在第二台地钻探发现墓葬 1 座，编号 PWM4，8 月 11 日 ~ 17 日对其进行了清理；8 月 16 日在第二台地钻探发现墓葬 2 座，分别编号 PWM5、PWM6，8 月 17 日 ~ 23 日对其进行了清理；9 月 2 日在第一台地发现墓葬 1 座，编号 PWM7，9 月 3 日 ~ 11 日对其进行了清理。9 月中旬，对被盗掘但部分动物骨骼和人体骸骨还残留的墓葬进行了清理，编号 PWM8、M9，收集了出土的动物骨骼和人体骸骨。9 月中旬 ~ 10 月中旬，钻探第三台地及周围，除 1 座被盗墓葬外，再未发现墓葬。

由于箭沟两侧的阶地在小区域内是理想的放牧之地，9 月 15 日 ~ 28 日，我们组织了对小区域内春秋战国墓葬和遗址的调查，同时勘探了王大户村春秋战国墓地对面上台春秋战国墓地，除发现东汉墓葬和窑址外，未发现春秋战国时期文化遗存。但箭沟旁的东汉窑址为修建墓葬专门烧制墓砖的砖窑，被支沟所冲毁，仅半部存于黄土陡坡，反映出东汉以后水土流失情况。10 月上旬，对郑庄春秋战国墓地进行了调查和钻探，墓地被盗墓分子钻探后盗掘，未发现新的墓葬。但发现郑庄墓地被支沟冲蚀成五块，有的墓地塌陷于冲沟内，原来是相连的一块墓地。10 月 20 日，发掘工作结束。

9 月 15 日 ~ 23 日，中国社会科学院考古研究所韩康信先生到彭阳县对墓地出土的人体骸骨进行了体质人类学方面的鉴定；9 月 25 日 ~ 10 月 28 日和 2008 年 3 月，中国科学院古脊椎动物与古人类研究所齐国琴和国家博物馆安家瑗同志前后两次来到彭阳县对墓地出土的动物骨骼进行了动物考古资料整理；2009 年 10 月，吉林大学边疆考古研究中心张全超同志来到彭阳县对墓地出土的人体骸骨进行食性分析和 DNA 方面的资料提取。

二　中庄春秋战国墓地

（一）地理位置

墓地位于彭阳县城阳镇中庄柳台村北部一位李姓村民院落及周围，距城阳镇约 30 千米，距彭阳县城约 33 千米，地理坐标北纬 35°58′899″、东经 106°48′151″，海拔 1620 米

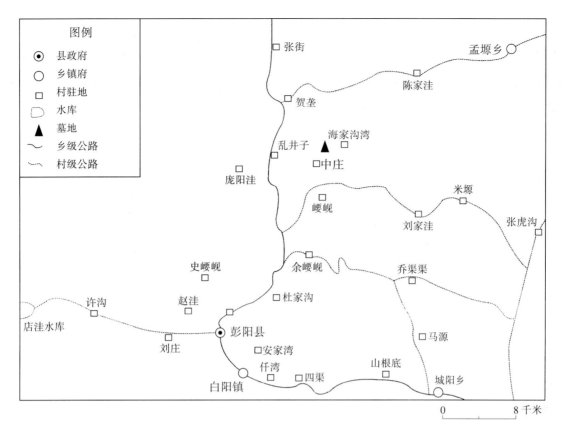

图1-5　中庄墓地地理位置

（图1-5；彩版3-1，1）。墓地所在地原为黄土峁北部略呈南北向倾斜的坡地，现大部分被修整为梯田，仅院落两侧及南部由于种植果木和挖掘窑洞还保留坡地形状。墓地北部为蜿蜒曲折的虎洼沟，系此地较大的排洪沟，现干涸。

　　钻探发现的墓葬分布于李姓村民院落及其西部，南部由于是宁夏农科院种植玉米的试验田而未钻探，共发现墓葬2座，1座位于院落牛舍内被破坏，1座位于院落的西部坡地上，现种植苜蓿和杏树、李树等果木。

（二）发掘经过

　　中庄墓地为中庄村一位李姓村民修建牛舍时所发现，当时仅将出土的动物骨骼挖取遗弃。2008年3月，盗墓分子得到消息后赶到其家采取恐吓、欺骗等手段将此墓强行盗掘。我所得知消息后于同年8月中旬～9月中旬对墓地进行调查、勘探和挖掘工作，共发现墓葬2座，分别编号PYZM1、PYZM2。

　　由于墓地位于李姓住家及周围，我们先进行考古勘探工作，除墓地北部的玉米田是宁夏农科院的试验田未勘探外，在其院落及周围勘探面积达2万平方米左右，未发现其他墓葬。8月13～28日，对PYZM1进行了清理，清理、记录方法与王大户墓地相同。8月23～24日，对牛舍内的PYZM2进行了清理，由于盗掘，墓葬形制被彻底破坏，仅出土了部分骨器和人体骸骨，在遗弃动物骨骼现场拣选了部分殉牲标本和铁剑柄。

2008 年 9 月，安家瑗同志来到彭阳县对中庄墓地出土的殉牲标本进行了动物考古资料整理；10 月，吉林大学边疆考古研究中心张全超同志来到彭阳县对墓地出土的人体骸骨进行体质人类学研究和食性方面的分析。

三　九龙山春秋战国墓地

（一）地理环境

固原市原州区位于宁夏回族自治区南部，地处陕（西）、甘（肃）、宁（夏）三省交会地带，东与庆阳接壤，南与平凉为界，西与陇西相毗邻。自然环境属典型的黄土丘陵沟壑区，境内丘陵起伏，沟壑纵横，山多川少，梁峁交错。境域以六盘山为主脉（海拔 2840 米），其支脉纵贯南北全境，东北部为黄土高原，中部为河谷川地，受山脉河流的切割、冲击，形成较多的川、塬、梁、峁、台、坡等特有地貌，其中冲积平原上的台地是先民活动的地方。清水河、泾河、葫芦河、茹河等河流均发源于六盘山一带，分别向北、东、南汇入黄河，故六盘山享有"天然水塔"之美誉。原州区地处中纬度内陆，属中温带季风区半湿润半干旱过渡型，气温变幅大，有"春迟、夏短、秋早、冬长"、"春去秋来无盛夏，四月冰雪耀银花"之说。以南部六盘山为中心，年均温度 1℃ 左右，气温由南向北递增，温差 4℃~8℃，蒸发较强。北部干旱少雨，但光热潜力大，南部阴湿多雨，但光热不足。全年无霜期仅有 105~158 天，生长期短，农作物只能一年一熟。该地区的水系多源自六盘山，年降雨量在 650 毫米以上，最多年份曾达 1117 毫米，有黄土高原"绿岛"和"湿岛"之称，是本地区天然次生林的主要生长区，动植物资源较为丰富。因原州区地处六盘山之北，其降水量受地域影响有由南向北呈逐渐减少的趋势。

原州区大部分为黄土丘陵，六盘山绵亘西南，清水河纵贯其境，长约 85 千米。植被以干草原为主，其次为草甸草原、山地草甸、林地、灌丛草甸等。清水河河谷平原为重要的农业地带，主要粮食作物有小麦和各种杂粮、马铃薯；畜牧业以牛、马、羊为主。农业耕作受气候影响几乎在接近极限的条件下进行，但对于牧业而言却有着得天独厚的条件。

（二）墓地位置

九龙山位于固原市原州区西南约 1.3 千米，现属开城镇羊坊村，因其山形似九条青龙盘桓而得名。九龙山是六盘山第二高峰香炉山伸向东北的九条支脉，其东南有清水河，西北有饮马河两水环绕。九龙山作为六盘山之脊干，是固原城南的一个制高点。民国《固原县志》在谈到固原城的形胜时说："治城形势如磐石，东岳辅于左，西坪翔于右，九龙槟于前，北塬拓于后，清水河襟带于东南，饮马河纤轸于西北。"深入浅出地说明了九龙山

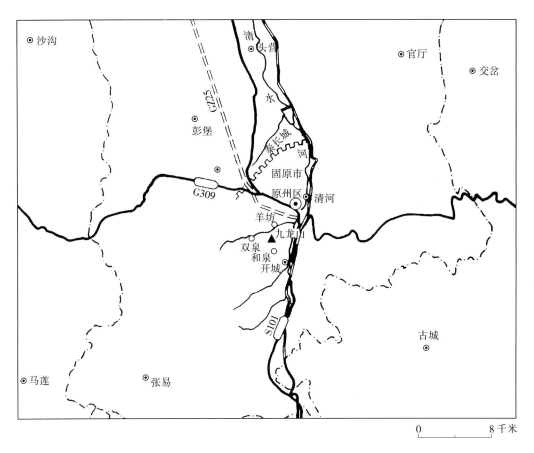

图 1-6 九龙山墓地地理位置

的地理位置和重要作用。20 世纪 80 年代至今，九龙山东北约 1.5 千米的范围内先后发掘了大量的古墓葬，上至新石器时期，下至汉、唐、明、清各个时期的墓葬均有发现。从发掘的整体情况看，墓葬分布较为密集，延续的时代较长（图 1-6；彩版 4-1）。

本次发掘的春秋战国墓地具体位于开城镇羊坊村四组马饮河自然村西南九龙山北麓台地之上。所在山势形似龙颈，北低南高，东西呈缓坡，西南辟有一条登山的便道，距九龙山最高峰约 300 米。墓区原本应坐落于西低东高的向阳山坡之上，由于当地农民长期耕种和平田整地，这里已辟为两个台阶地，高差约 1.8 米。此次发掘的墓葬基本集中分布于二级台地的中部。所处台地较为平整，形状呈扇形，范围东西长约 240、南北宽 20～58 米，其南侧有一自然冲沟环绕，当地人称"麦穗沟"。墓地基本处在九龙山中上部坡地之上，海拔高度约 1815 米。

（三）发掘经过

2009 年 4 月 15 日，经人举报九龙山有人盗掘古墓葬，宁夏文物考古研究所随即派遣固原工作站的工作人员赶往现场进行调查，发现已被盗毁的古墓葬共有 7 座。为了摸清墓葬的分布范围，以近期被盗墓为中心，对周边一、二级台地近三万平方米进行了考古勘探，表明墓葬集中分布于九龙山东北向二级台地上，发现尚存 11 座竖穴洞室墓，编号 YJM1～YJM11。报请上级部门批准后，抢救性发掘工作从 4 月 25 日开始，5 月 18 日结束。

墓葬地表均没有封土和其他标志。墓葬集中在台地北部，分布无规律，各墓间距不等。墓葬形制均为"凸"字形土洞墓，东西向，墓口开在扰土层下，距地表 0.18～0.45 米。"凸"字形土洞墓由长方形或近似方形的竖穴墓道和墓室两部分组成。墓室包括竖穴和洞室，洞室开在墓道东壁，直壁弧形顶，斜坡底。死者均为单人葬，无葬具。发掘结果揭示出这批墓葬历史上曾被严重盗扰，且无一幸免，每座墓均有盗洞，遗存的人骨大部分较凌乱，唯殉牲的动物头骨保存相对较为完整。经清理，11 座墓葬遗存出土的牛、马、羊头骨共计 191 件（马 4、牛 18、羊 169），随葬遗物有陶器、铜器、骨器、石器、贝饰等共计 54 件（组）。

2011 年 11 月 27 日，在固原市原州区彭堡镇硝河村（当地俗称肖家深沟）北 500 米处，固原市盐业化工基地在此拓展路基过程中发现了数座古墓葬，经现场实地勘探，共发现古墓葬 9 座，其中 6 座墓早年已被盗掘，并且回填。抢救性发掘清理了残存的 3 座墓葬，其中有 2 座墓葬墓廓已毁，编号 2011PXM2 的墓葬虽被盗扰，但形制保存相对较完整，该墓为竖穴土坑墓，出土牛、马、羊头骨共计 12 件（马 2、牛 3、羊 7），随葬遗物仅存青铜器 1 件。由于该墓与九龙山墓地同属春秋战国墓葬，且殉牲的动物头骨较为丰富，具有一定的研究价值，故作为独立的墓葬形制一并收录于九龙山春秋战国墓地予以发表。

2012 年 12 月 3 日至 2013 年 1 月 15 日，为了完成九龙山春秋战国墓地报告的编写，特邀请国家博物馆动物骨骼鉴定专家安家瑗及吉林大学边疆考古研究中心张全超老师和学生周亚威对九龙山墓地及彭堡硝河村春秋战国墓出土的所有人骨和动物骨骼进行了系统的鉴定和分析。

四　考古队成员

（一）王大户墓地

王大户春秋战国墓地发现后，引起了宁夏回族自治区文物局的高度重视，向国家文物局申请立项进行抢救性考古发掘工作，并委托宁夏文物考古研究所成立考古队进行发掘，宁夏文物考古研究所成立了以罗丰所长为领队的考古队，制定了具体的勘探、发掘方法和安保措施，进入工地进行发掘工作。具体队员组成如下：

考古队队长：罗丰

考古队副队长：朱存世

后勤与安保：车建华、杨宁国（彭阳县文物管理所）

考古发掘：朱存世、杨宁国、车建华、荀雄、冀瑞宝（后两人为山西大学考古专业实习生）

人骨鉴定：韩康信（中国社会科学院考古研究所）

食谱分析：张全超（吉林大学边疆考古研究中心）

古 DNA 分析：蔡大伟（吉林大学边疆考古研究中心）

动物（殉牲）考古：祁国琴（中国科学院古脊椎动物与古人类研究所）、安家瑗（中国国家博物馆）

考古绘图：高雷（墓葬和大部文物）、刘方（殉牲）、徐永江

考古摄影：朱存世（考古工地）、边东冬（器物和殉牲）

考古勘探：陈安位、张龙

（二）中庄墓地

考古队队长：朱存世

考古发掘：朱存世、杨宁国

考古勘探：吕龙、陈安位

人骨鉴定：张全超、朱泓

动物（殉牲）考古：安家瑗

绘图：高雷

拍摄：朱存世（工地）、边东冬（器物和殉牲）

（三）九龙山墓地

本次发掘工作由宁夏文物考古研究所固原工作站完成，参加墓葬发掘的工作人员有：

考古队队长：樊军

考古发掘：樊军、杜李平、王建斌、陈安位、吕建平

人骨鉴定：张全超、周亚伟、韩涛、张群、朱泓

动物（殉牲）考古：安家瑗

绘图：徐永江

摄影：樊军（工地）、边冬东

第二章　王大户墓地

王大户墓地共发现墓葬 15 座，清理墓葬 8 座，编号 PWM1～PWM8，其中 1 座被盗；另有 7 座墓葬被彻底盗毁，其中 1 座留存人头骨 1 具，编号 PWM9（图 2-1）。除 1 座墓为斜坡墓道外，其余 7 座均为竖穴墓道土洞墓，洞室窄小，底部呈西高东低的斜坡，头向均朝东。

第一节　地层堆积

王大户春秋战国墓地原为南北向的缓坡，为了便于蓄水保墒，当地村民将缓坡平整为一块块大小不等的梯田，因而，部分墓葬尤其是位于缓坡脊部的墓葬上部堆积被推土机推毁。根据墓葬的分布位置，墓葬的地层堆积分为两种：第一种无原堆积，第二种保存原堆积。

一　无原堆积的墓

无原堆积的墓即为墓葬上部堆积在平田整地时被推毁，从现存地形观察，这些墓一般分布在缓坡的脊部或近脊部，现代耕土层下即为墓葬，分别是 PWM1～PWM4。

1. PWM1

PWM1 位于王大户村春秋战国墓地中部偏南、南北向缓坡的脊部，村民在平田整地时将其上部堆积全部推去，根据此台地被推去的地层上部与下一台地被推去的地层上部连线，推测墓葬被推地层厚度约 1.10 米。

2. PWM2 和 PWM3

PWM2 和 PWM3 相邻，位于南北向坡地正脊的东部，其上部堆积被当地村民平田整地时推毁，并毁掉部分墓道。根据此台地被推去的地层上部和下一台地被推去的地层上部连线，推测墓葬被推去的深度约 0.80 米。

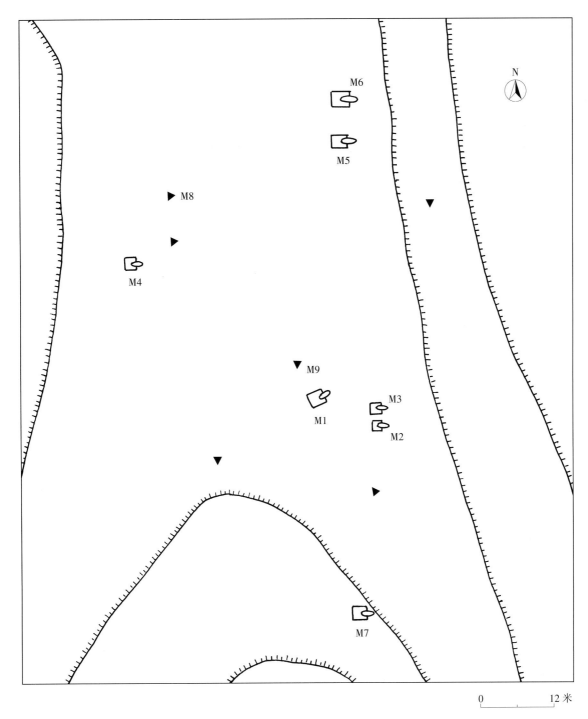

图 2 - 1 王大户墓地墓葬平面分布图·

3. PWM4

PWM4 位于南—北向缓坡正脊略偏西处，上部地层堆积在 2006 年村民平田整地时被推毁，并破坏部分墓道。根据此台地被推去的地层上部和下一台地上被推去的地层上部连线，推测墓葬被推去的深度约 0.60 米。

二 保存原堆积的墓

保存原堆积的墓即平田整地时未被破坏的墓，分别是 PWM5 ~ PWM7，其中 PWM5、PWM6 的地层堆积相同。

1. PWM5、PWM6

PWM5 与 PWM6 位于南北向坡地山脊的东部，地层堆积自上而下分为四层。这里地形呈西—东向倾斜，因此，PWM5 开口以上的地层堆积也呈西—东向倾斜，现以 T9 北壁地层剖面为例将地层堆积介绍如下（图 2 - 2）：

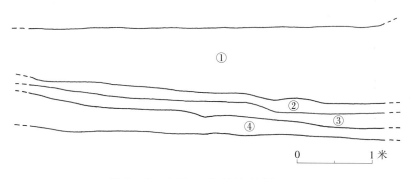

图 2 - 2 PWM5 北壁地层剖面图

第一层：平整土地时的垫土层，厚 0.7 ~ 1.08 米。

第二层：平整土地前的耕土层，灰黑色，土质疏松，包含大量的植物根系。厚 0.10 ~ 0.12 米。

第三层：黄褐色，土质疏松，局部夹杂黄土颗粒。厚 0.10 ~ 0.20 米。

第四层：黄色，土质较第三层坚硬，未见包含物。厚 0.16 ~ 0.46 米。

PWM5 墓道上部堆积，清理时采用四分之一清理法，以期发现坟丘堆积的蛛丝马迹。但其上部堆积与周围地层相同，说明 PWM5 没有坟丘。

2. PWM7

PWM7 所在位置原为南北向坡形地山脊的东侧，地势西高东低，后被平整为梯田，其上堆积较厚的平整土地时的垫土层，原始堆积和垫土层也呈西高东低的斜坡状。地层堆积分为四层，墓葬开口于第四层下。现以 T28 北壁地层剖面为例将 PWM7 的地层堆积介绍如下（图 2 - 3）：

第一层：垫土层，五花土，土质疏松，厚 0.18 ~ 0.66 米。

第二层：原耕土层，灰黑色，土质疏松，包含大量的植物根系。厚 0.17 ~ 0.25 米。

第三层：灰黑色沙质土，此层在 T29 的东壁消失，土质较密，未见包含物。最厚 0.14 米。

第四层：黄色，土质疏松，未见包含物，厚 0.08 ~ 0.22 米。其下为 PWM7 的墓道口。

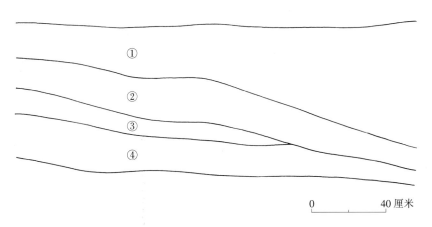

图 2 – 3 PWM7 北壁地层剖面图

由于黄鼠打洞串扰，各层均有不同程度的扰动。对墓道上部堆积采用先四分之一、再二分之一的发掘方法，发现墓道上部堆积与探方四壁的堆积相同，未发现有起坟丘的现象。

第二节 墓葬介绍

一 PWM1

PWM1 位于王大户村春秋战国墓地的中南部，东距 PWM3 约 7 米。

（一）墓葬形制

PWM1 为斜坡墓道土洞墓，东西向，方向 36°（以洞室人体骸骨头向为准；下同），由墓道、殉牲坑和洞室三部分组成（图 2 – 4；彩版 2 – 2）。

1. 墓道

墓道位于殉坑西南部，平面略呈长方形，底斜坡，其南壁与殉坑南壁基本在同一直线上。填土为黄色花土，土质疏松，夹杂少量的碎骨渣。东西残长 0.52、南北宽 0.51 ～ 0.6、残深 0.48 米。

2. 殉坑

殉坑位于墓道和洞室之间，平面略呈圆角倒梯形。南北壁倾斜，东西壁较直，壁面凸凹不平，未见加工修理痕和工具痕。坑口略大于坑底。坑口东部南北宽 1.80、西部南北宽 1.52 米，坑底东部南北宽 1.66、西部南北宽 1.50、东西长 1.35 ～ 1.40、残深 0.48 米。坑底较平，其中东部掏挖半圆形的竖穴洞口。

殉坑内主要放置马、牛、羊的头骨和少量的遗物。填土为挖掘殉坑和洞室形成的黄色花土，土质疏松，未见其他包含物。

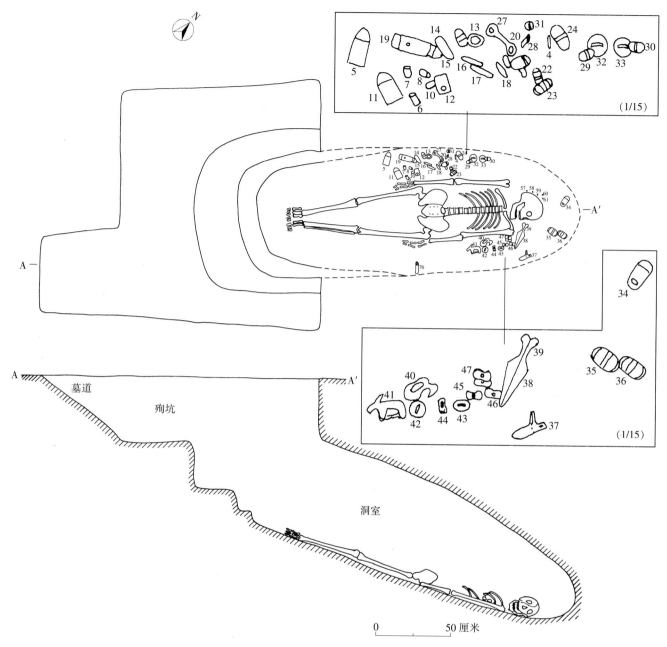

图 2-4   PWM1 平、剖面图与洞室第一层上部遗物

3. 洞室

洞室位于殉牲坑的中东部，由竖穴和洞室两部分组成。

（1）竖穴

竖穴位于殉坑中东部，系从殉坑底中东部沿殉坑东壁向下掏挖而成，平面呈半圆形，东西长 0.94、南北宽 1.08、深 0.55 米。坑壁留置两个生土台，台面均自西向东倾斜。第一台面呈马蹄形，宽 0.33、高 0.10～1.16 米，台面和台面周缘因踩踏等原因均不规整。其下为第二生土台，呈扁半环形，自西向东渐窄，进入洞室后与洞室南、北壁相接；台面南、北侧壁较直，西侧壁倾斜。台面宽 0.08～0.10、高 0.12 米。

（2）洞室

洞室位于竖穴的东部，从竖穴东向斜下掏挖而成，顶拱形。洞口南北宽1.08、高0.72米。底部呈椭圆形斜坡，坡度20°，自西向东渐窄，至东部呈尖圆形。洞室高自西向东渐低。东西通长（包括竖穴底部）2.10、最宽0.88、室内最高0.72米。洞室南、北壁倾斜，东壁内弧，洞壁和顶部均不平，未见修整和工具痕。洞室内填土为挖掘殉坑和洞室形成的黄色花土，土质疏松，包含漆皮残片、动物骨骼碎渣、碎陶片等。其中陶片与殉坑底部陶罐的陶色、陶质相同，应属此罐的残片。

（二）殉牲

PWM1共殉葬马、牛、羊的头骨25件，其中马头12件、牛头2件、羊头11件，部分头骨连带第一寰椎，而且头骨的组织结构完整，属一次性宰杀殉葬。

1. 殉牲的位置

PWM1的殉牲分层放置，根据殉牲的出土位置，从上至下分为二层。

（1）第一层殉牲

第一层殉牲位于殉坑的东北角和殉坑南壁中部，其下有0.16米厚的填土，距殉坑残口高约0.12米，共有马头2件、牛头和羊的头骨各1件（图2-5；彩版2-2）。

马头编号PWM1：D1、D3，PWM1：D1位于殉坑东北角，侧置，吻部朝东；PWM1：D3位于殉坑中东部临殉坑东壁处，平置，吻部朝西北。

牛头编号PWM1：D4，位于殉坑中东部，叠压PWM1：D7~D9马头，平置，吻部朝东南。

羊头编号PWM1：D10，倒插，吻部朝下，保存较差，下颌骨清理时残碎。

（2）第二层殉牲

第二层殉牲位于殉坑的中部，距第一层殉牲有约0.16米厚的回填土，呈堆状分布，殉牲间有的相互叠压。尽管第二层殉牲间没有发现有回填土分隔的情况，但为了全面、清楚地了解殉牲的放置情况和被压殉牲的全貌，我们描述时将第二层殉牲分为上部和下部殉牲。

上部殉牲

上部殉牲指第二层殉牲上部能够完全看清头骨形态和放置方向的殉牲，共9件，其中马头3件、牛头1件、羊头5件（图2-5；彩版2-2）。

马头保存完好，有的连带第一寰椎，分别编号PWM1：D15、D16、D18。PWM1：D15依PWM1：D16的嘴部放置，吻部斜下朝南，面部朝南；PWM1：D16被PWM1：D15所压，侧置，吻部朝东北；PWM1：D18位于殉坑西北部临殉坑西壁处，侧置，吻部朝东北。

牛头保存较好，编号PWM1：D20，位于殉坑西南临殉坑西壁处，平置，吻部朝东。

羊头保存较差，面部大多清理时难以完整的保存，分别编号PWM1：D2、D11、D14、D17、D19。PWM1：D2位于殉坑东部贴殉坑东壁，侧置，吻部朝东；PWM1：D11位于殉坑

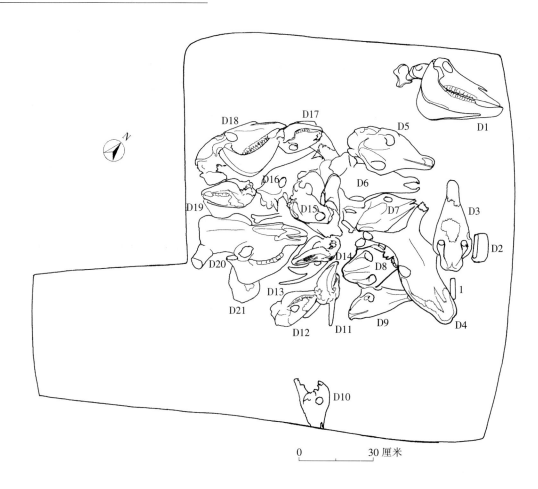

图 2 - 5　PWM1 第一层和第二层上部殉牲

中南部，倒置，吻部朝北；PWM1：D14 倒置，吻部朝西南；PWM1：D17 位于 PWM1：D18 的北部并叠压其吻部，侧置，吻部朝东；PWM1：D19 位于 PWM1：D18 和 PWM1：D20 之间，侧置，吻部朝西南。

下部殉牲

下部殉牲指被上部殉牲叠压遮掩的头骨，共 12 件，其中马头 7 件，羊头 5 件（图 2 -6；彩版 2 -2）。

马头保存完好，连带第一寰椎，分别编号 PWM1：D5 ~ D9、D12、D22。PWM1：D5 ~ D9 位于殉坑东部，南北向排列，均平置，吻部朝东；PWM1：D12 位于殉坑中南部，侧置，吻部朝东；PWM1：D22 位于殉坑西北部，侧置，吻部朝东。

羊头保存较完整，但面部骨质较薄大多清理时残，分别编号 PWM1：D13、D21、23 ~ 25。PWM1：D13 位于殉坑中南部，被 PWM1：D11、D14 所压，侧置，吻部朝东；PWM1：D21 位于 PWM1：D13 的西部，侧置，吻部朝北；PWM1：D23 位于 PWM1：D22 的北部，倒置，吻部朝东；PWM1：D24、PWM1：D25 位于 PWM1：D16 的下部，与 PWM1：D16 黏结在一起，保存差。

图 2-6　PWM1 第二层下部殉牲

2. 殉牲的种类

殉牲动物有马、牛、羊，其中羊有山羊、绵羊和难以确定具体种属的羊三种，均为头骨，在殉牲坑内保存较好，头骨的组织结构完整。但由于骨质较薄和朽化，大部分头骨在清理、搬运和室内整理过程中残碎。这里主要对殉牲进行记述、测量和种属、年龄等方面的鉴定。（在测量中有的项目空白，属于标本残碎难以测量到具体的数值之故；下同）

（1）马（*Equus* sp.）

①记述

PWM1：D1，属同一个体的头骨骨片 31 件，舌骨碎片 2 件，带 P^2—M^3 的左、右上颌骨各 1 件，带 P_3—M_3 左、右下颌骨各 1 件，脱落的 I 共 10 枚，寰椎 1 件。无犬齿，应为一匹雌性幼年马（彩版 2-3、4）。

PWM1：D3，属同一个体的头骨骨片 10 件，带 P^2—M^2 的左、右上颌骨各 1 件，带全部 I 的下前颌 1 件，带 P_2—M_2 的左、右下颌骨各 1 件，脱落的 I 4 枚，寰椎 1 件。无犬齿，因为是幼年个体，犬齿尚未长出，应为一匹幼年马。

PWM1：D5，属同一个体的头骨骨片 12 件，带全部 I、C 和 P^2—M^3 的左上颌骨 1 件，带 P^2—M^3 的右上颌骨 1 件，带全部 I 和 C 及 P_2—M_3 的左下颌骨 1 件，带 P_2—M_3 的右下颌骨 1 件。有发育犬齿，应为一匹雄性中年马。

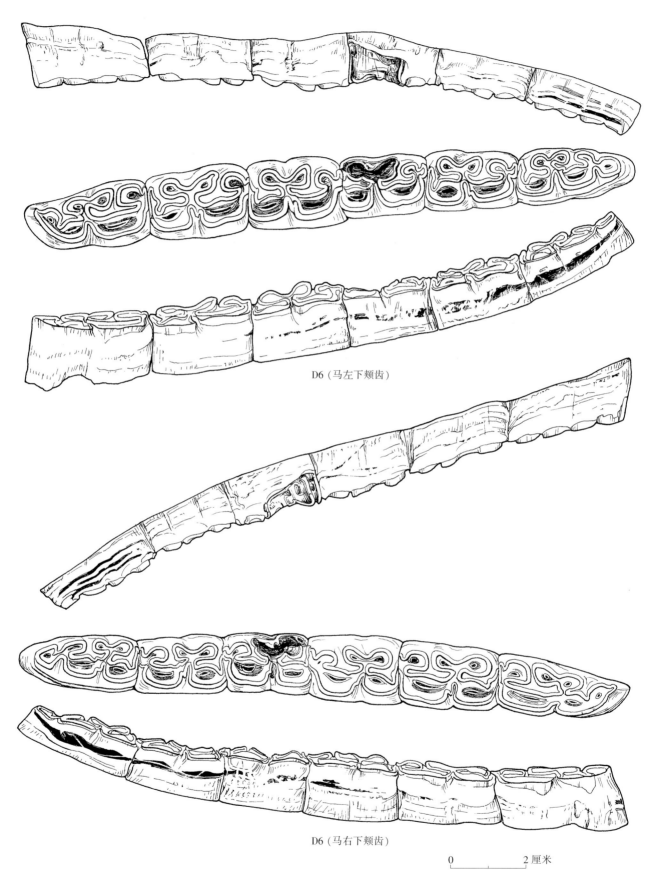

D6 (马左下颊齿)

D6 (马右下颊齿)

0   2 厘米

图 2 - 7   PWM1 马左、右下颊齿（PWM1：D6）

PWM1：D6，属同一个体的头骨骨片 30 件，带 P^3—M^3 的左上颌骨 1 件，下颌残块 14 件，带 M^3 的左上颌骨 1 件，带 P^2—M^3 的右上颌骨 1 件，带 I 和 C 的下前颌骨 1 件，带 P_2—M_3 的左下颌 1 件，带全部 I 及 P_2—M_3 的右下颌骨 1 件，舌骨碎片 21 件，脱落的 I 1 枚，寰椎 2 件。有发育犬齿，应为一雄性中年个体（图 2 - 7；彩版 2 - 5）。

PWM1：D7，属同一个体的头骨骨片 18 件，舌骨 1 件，带 I 的前颌骨 1 件，带 P^2—M^3 的左、右上颌骨各 1 件，带 P_2—M_3 的左、右下颌骨各 1 件，寰椎 1 件。有发育犬齿，应为一匹雄性中年马。

PWM1：D8，属同一个体的枕骨 1 件，头骨残块 26 件，舌骨 1 副，脱落的 C 2 枚，带 I 和 P^2—M^3 的左上颌骨 1 件，带 P^2—M^2 的右上颌骨 1 件，带 I_1—I_3 的左下颌骨 1 件，带 I_1、I_2 及 P_2—M_3 右下颌骨 1 件，寰椎 1 件。有发育犬齿，应为一匹雄性中年马（彩版 2 - 6）。

PWM1：D9，属同一个体的头骨骨片 38 件，带 I、C 和 P^2—M^3 的左、右上颌骨各 1 件，带 I、C 和完整颊齿列的左、右下颌骨各 1 件，舌骨 1 副，寰椎 1 件。有发育犬齿，应为一匹雄性中年马。

PWM1：D12，属同一个体的头骨骨片 3 件，脱落的上颊齿 3 枚，舌骨 1 件，下颌骨残片 2 件，带 dp_2—dp_4 的右下颌骨 1 件，脱落的左 dp_2 和左 dp_4 各 1 枚。无犬齿，可能因为是幼年个体，犬齿尚未长出（彩版 2 - 7）。

PWM1：D15，带枕髁的头骨后部 1 件，属同一个体的头骨骨片 9 件，舌骨 1 件，带 I 和完整齿列的左、右上颌骨各 1 件，带 I 和完整齿列的左、右下颌骨各 1 件，寰椎 1 件。无犬齿，应为雌性中年个体。

PWM1：D16，属同一个体的头骨残块 32 件，舌骨 1 副，脱落的 I 10 枚，带 P^1—M^1 的左、右上颌骨各 1 件，带 P_2—M_1 的左、右下颌骨各 1 件。无犬齿，应为雌性个体。

PWM1：D18，属同一个体的头骨残块 52 件，舌骨 1 副，单个的 I 8 枚，带 I^1 和 I^2 的上前颌 1 件，带 P_2—M_3 的左、右下颌骨各 1 件，寰椎 2 件。有发育犬齿，应为雄性中年个体。

PWM1：D22，属同一个体的头骨残块 28 件，带完整齿列的上前颌骨 1 件，带 P^2—M^3 的左、右上颌骨各 1 件，下颌残块 2 件，带 I_1—I_3 的右下前颌骨 1 件，带 P_2—M_3 的左、右下颌骨各 1 件，寰椎 1 件。有发育犬齿，应为雄性青年个体。

②测量

马头骨和上颊齿测量（单位：mm；标本数：N）

前额最大长	172—160	（N = 3）
P^2—M^3 长	163—127	（N = 11）
P^2 长	39—25.5	（N = 11）

宽	26—20	（N＝11）
P³ 长	28.6—24	（N＝12）
宽	29—23	（N＝12）
P⁴ 长	28—22.5	（N＝12）
宽	28.3—24.2	（N＝12）
M¹ 长	28.8—21	（N＝12）
宽	29—24	（N＝11）
M² 长	30—22	（N＝11）
宽	26—22.5	（N＝11）
M³ 长	34.5—26.8	（N＝11）
宽	24—21.5	（N＝11）

马下颌和下颊齿测量（单位：mm；标本数：N）

下颌骨长	410—335	（N＝9）
下颌骨垂直高	280—245	（N＝7）
下前颌长	105—50	（N＝9）
P₂—M₃ 长	164—135	（N＝11）
P₂ 长	33—27.6	（N＝11）
宽	20—14	（N＝11）
P₃ 长	28.2—24.5	（N＝11）
宽	20.5—15	（N＝11）
P₄ 长	30—22	（N＝11）
宽	20.5—15.2	（N＝11）
M₁ 长	28—22	（N＝11）
宽	20—14	（N＝11）
M₂ 长	30—22	（N＝11）
宽	19.5—13	（N＝11）
M₃ 长	32—28.4	（N＝11）
宽	19—13.5	（N＝11）

马寰椎测量（单位：mm；标本数：N）

寰椎前后长	55—33	（N＝9）
寰椎宽	162—106	（N＝9）
寰椎前关节面宽	98—74	（N＝9）
寰椎后关节面宽	94.7—73	（N＝9）

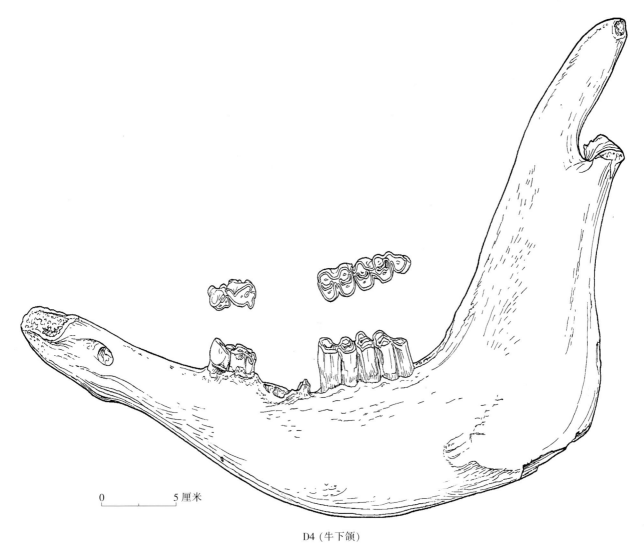

0 ｜ 5 厘米

D4（牛下颌）

图 2-8　PWM1 牛下颌骨（PWM1∶D4）

（2）牛（*Bos* sp.）

①记述

PWM1∶D4，带残角的头骨 1 件，属同一个体的头骨及颌骨碎块 13 件，带 P^4—M^3 的左上颌骨 1 件，带完整齿列的右上颌骨 1 件，带 P_2—M_3 的左下颌骨 1 件，带 P_3—M_3 的右下颌骨 1 件。右侧 P_2 先天缺失，无 P_2 齿槽，角粗大。全部为恒齿，M^1、M_1 均磨蚀较重，M^3、M_3 磨蚀中等，为一中年个体（图 2-8）。

PWM1∶D20，带左、右角的不完整头骨 1 件，属同一个体的头骨残块 34 件，残破舌骨 1 件，带 P^3—M^1 左上颌骨 1 件，带 P^2—M^3 的右上颌骨 1 件，带 P_2—M_3 的左、右下颌骨各 1 件，同属一个个体。P^4 刚出，M^1 磨蚀厉害，dp^4 磨蚀得最严重，目前看好像是一个幼年个体 dp^4 未换，但个体较大，有可能是一老年个体（彩版 2-8、9）。

②测量

牛头骨和上颊齿测量（单位：mm；标本数：N）

额长	240—170	（N＝2）
额宽	235	（N＝2）
P^2—M^3 长	127—125	（N＝2）
P^2 长	20	（N＝2）
宽	15—14	（N＝2）
P^3 长	19.0—17.6	（N＝2）
宽	18.5—16.3	（N＝2）
P^4 长	17—16	（N＝2）
宽	20.2—20	（N＝2）
M^1 长	21—17	（N＝2）
宽	20.5—20.2	（N＝2）
M^2 长	28.3—25.5	（N＝2）
宽	24.5—23.2	（N＝2）
M^3 长	30—28.6	（N＝2）
宽	24—22.9	（N＝2）

牛下颌骨和下颊齿的测量（单位：mm；标本数：N）

下颌骨长	390—355	（N＝2）
下颌垂直支高	235—230	（N＝2）
下前颌长	45	（N＝1）
P_2—M_3 长	132—131	（N＝2）
P_2 长	12.0—11.5	（N＝2）
宽	9	（N＝2）
P_3 长	18.5—18	（N＝2）
宽	12.5—12	（N＝2）
P_4 长	22—21	（N＝2）
宽	12—11	（N＝2）
M_1 长	21—20.5	（N＝2）
宽	16.8—16	（N＝2）
M_2 长	22—20.5	（N＝2）
宽	16	（N＝2）
M_3 长	37—36	（N＝2）
宽	15	（N＝2）

（3）山羊（*Capra* sp.）

①记述

PWM1：D11，带 P^2—M^3 的左、右上颌骨的完整的头骨 1 件，属同一个体的带 P_3—M_3 的左、右下颌骨各 1 件，同属于一个个体。M^3、M_3 均刚刚萌出，为一青壮年个体（图 2-9；彩版 2-10）。

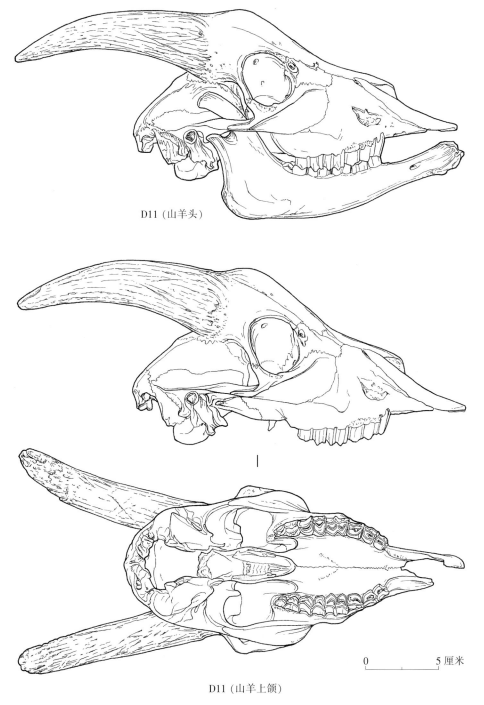

D11（山羊头）

0   5厘米

D11（山羊上颌）

图 2-9A　PWM1 山羊头（PWM1：D11）

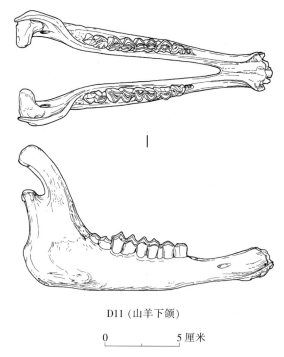

D11（山羊下颌）

0 _____ 5 厘米

图 2-9B　PWM1 山羊下颌骨（PWM1：D11）

PWM1：D13，头骨碎块 8 件，属同一个体的左、右角各 1 件，带 P^4—M^3 的左、右上颌骨各 1 件，带 P_2—M_3 的左、右下颌骨各 1 件，同属于一个个体，P^4—M^2、P_4—M_2 均磨蚀得较重，两只角和头骨个体较大，为一老年个体。

PWM1：D24，残破头骨骨块 3 件，属同一个体的带部分额骨的左、右角各 1 件，带 P^2 和 M^1 的左上颌骨 1 件，带 P_2—M_3 的左、右下颌骨各 1 件，脱落的上、下颊齿各 6 枚，同属于一个个体，牙齿全部为恒齿，M^3 已出，刚刚磨蚀，M_3 尚未磨蚀，为一青年个体。

PWM1：D17，残破角 1 件，属同一个体的带 P^2—M^3 的左上齿列 1 件，带 P^2—M^3 的右上颌骨 1 件，带 P_2—M_3 的左、右下颌骨各 1 件（其中右侧有 P_2 的齿槽，左边没有），同属于一个个体，全部为恒齿，M^1 和 M_1 磨蚀得较重，其他牙齿中等磨蚀，为一中年个体。

②测量

山羊头骨和上颊齿测量（单位：mm；标本数：N）

头长	210	（N＝1）
额长	97	（N＝1）
额宽	95	（N＝1）
P^2—M^3 长	80—72	（N＝3）
P^2 长	8—6.2	（N＝3）
宽	7.7—6	（N＝3）
P^3 长	10—8	（N＝3）

宽	8.4—7.5	（N＝3）
P⁴ 长	10.6—8	（N＝4）
宽	12—9	（N＝4）
M¹ 长	16—12	（N＝4）
宽	14—10.1	（N＝4）
M² 长	18.5—12.5	（N＝4）
宽	15—10	（N＝4）
M³ 长	20	（N＝3）
宽	13.6—11	（N＝3）

山羊下颌骨和下颊齿的测量（单位：mm；标本数：N）

下颌骨长	170—78	（N＝3）
下颌垂直支高	110—95	（N＝3）
下前颌长	35	（N＝2）
P₂—M₃ 长	76—72	（N＝4）
P₂ 长	6—5	（N＝2）
宽	5.5—4.5	（N＝2）
P₃ 长	10.1—7.1	（N＝4）
宽	7—6	（N＝4）
P₄ 长	11.5—9	（N＝4）
宽	8—7	（N＝4）
M₁ 长	14.3—11	（N＝4）
宽	9.2—8	（N＝4）
M₂ 长	18—14.5	（N＝4）
宽	10.1—8	（N＝4）
M₃ 长	25—20	（N＝4）
宽	17—7.2	（N＝4）

（4）绵羊（*Ovis* sp.）

①记述

PWM1：D2，头骨残块 4 件，破舌骨 1 件，属同一个体的带 P⁴—M³ 的右上颌骨 1 件，带 P₃—M₃ 的左、右下颌骨各 1 件，同属于一个个体，全部为恒齿，M³ 和 M₃ 中等磨蚀，其他牙齿磨蚀严重，为一老年个体（彩版 2－11）。

PWM1：D10，雌头骨 1 件，属同一个体的脱落的上颊齿 3 枚，下颌碎块 4 件，带 P₃—M₃ 的右下颌骨 1 件，脱落的下颊齿 3 枚，同属于一个个体，全部为恒齿，牙齿磨蚀偏重，

尤其是 M_1 已磨到齿根，为一老年个体。

PWM1：D14，残破的头骨 1 件，属同一个体的头骨碎块 5 件，带 P^2—M^3 的左、右上颌骨各 1 件，带 P_2—M_3 的左、右下颌骨各 1 件，同属于一个个体，全部为恒齿，M^3 和 M_3 已经磨蚀，其他牙齿中等磨蚀，为一中年个体（彩版 2 – 12）。

PWM1：D25，雄性头骨碎块 4 件（其中 1 件保留了额顶骨、枕骨，可见刚刚长出的双角）带 dp^3—M^2 的左、右上颌骨各 1 件，带 dp_3—M_2 的左、右下颌骨各 1 件，同属于一个个体，M^2 刚刚萌出，dp^4 尚未换，个体很小，为一幼年个体。

PWM1：D19，头骨残块 4 件，属同一个体的带 P^2—M^3 的左、右上颌骨各 1 件，带 P_2—M_3 的左、右下颌骨各 1 件。全部为恒齿，牙齿中等磨蚀，为一中年个体。

PWM1：D21，带左角的不完整雄性头骨 1 件，属同一个体的头骨碎片 4 件，带 P^4—M^3 的左上颌骨 1 件，带 P^2—M^3 的右上颌骨 1 件，带 P_2—M_3 的左、右下颌骨各 1 件。同属于一个个体，从角的大小看较小似乎为幼年个体，但牙齿全部为恒齿，M^3 和 M_3 均出，但只是轻微磨蚀，其他牙齿中等磨蚀，为一中青年个体（彩版 2 – 13）。

PWM1：D23，较完整的头骨 1 件，属同一个体的头骨碎片 9 件，带 P^2—M^3 的左、右上颌骨各 1 件，带 P_3—M_3 的左下颌骨 1 件，带 P_2—M_3 的右下颌骨 1 件。同属于一个个体，全部为恒齿，中等磨蚀，为一中年个体。

②测量

绵羊上颊齿测量（单位：mm；标本数：N）

P^2—M^3 长	80—74	（N = 4）
P^2 长	8.7—6	（N = 4）
宽	8—6.9	（N = 4）
P^3 长	11.8—8.5	（N = 5）
宽	9—8	（N = 5）
P^4 长	11—8	（N = 6）
宽	11—9	（N = 6）
M^1 长	16.5—10	（N = 6）
宽	13—11.2	（N = 6）
M^2 长	20—14.5	（N = 6）
宽	13.5—10	（N = 6）
M^3 长	22.5—17	（N = 5）
宽	14.4—10	（N = 5）

绵羊下颌骨和下颊齿的测量（单位：mm；标本数：N）

下颌骨长	187—120	（N = 5）

下颌垂直支高	121—80	（N＝5）
下前颌长	35	（N＝1）
P_2—M_3 长	83—75	（N＝5）
P_2 长	7—4.7	（N＝4）
宽	5.2—4.5	（N＝4）
P_3 长	10.5—7	（N＝7）
宽	7—5	（N＝7）
P_4 长	14—8.6	（N＝7）
宽	8.6—6	（N＝7）
M_1 长	16—12	（N＝7）
宽	10.1—7	（N＝7）
M_2 长	19—15	（N＝7）
宽	14.3—7	（N＝7）
M_3 长	28—22	（N＝6）
宽	10—8.5	（N＝6）

王大户殉牲得到记述和测量的动物头骨标本共 25 件，有马、牛、山羊和绵羊。马头 12 件，其中幼年马 2 件，青年马 1 件，中年马 8 件，老年马 1 件。牛头 2 件，分别为中年和老年个体。山羊头 4 件，其中青年个体 2 件，中年和老年个体各 1 件。绵羊头骨 7 件，其中幼年个体和中青年个体各 1 件，中年个体 3 件，老年个体 2 件，能分辨出性别的有一只雌性老年绵羊、一只雄性幼年绵羊和中青年绵羊。

（三）遗物

PWM1 共出土陶、铜、骨、石质遗物 85 件，放置于殉坑和洞室内。

1. 遗物的位置

PWM1 的遗物出土于殉坑和洞室内，以洞室为主，分层放置。

（1）殉坑遗物

殉坑内出土遗物 3 件，位于殉坑东部，根据出土位置从上至下分为三层，每层各 1 件。

第一层为骨管，位于 PWM1：D4 的东部，编号 PWM1：1，平置，管口南北向，可能与第一层殉牲同时放置（参见图 2－5）。

第二层为骨管，位于第二层下部殉牲的东部贴殉坑东壁中部，编号 PWM1：2，平置，管口南北向，距第一层遗物有厚约 0.16 米的回填土，与第二层殉牲同层（参见图 2－6）。另在室内清理殉牲头骨时，在 PWM1：D15 下颌部发现骨管 1 件编号 PWM1：85。

第三层为陶罐，残存一半，编号 PWM1：3，位于洞室竖穴洞口的上部，即南北向排列的马头之下，距其有厚 0.06 米的回填土（彩版 2－14：1）。

（2）洞室遗物

洞室遗物主要位于人体骸骨盆骨以东的南北两侧及头骨周围。头骨周围主要出土绿松石饰件，可能是墓主人的项饰；其余遗物均系埋葬时放入，根据遗物的出土位置从上至下分为三层。

洞室第一层遗物

洞室第一层遗物主要位于胸骨的南、北两侧和洞室的东南部（图 2－4）。胸骨北侧主要放置马镳、马衔、骨节约等车马器，南侧主要放置铜带饰和戈、剑、刀等兵器。

洞室北部遗物主要是车马器，有马镳和节约等。马镳编号 PWM1：4，平置，弧面朝下，尖部朝南（彩版 2－14：2），铜马衔 2 件，分别编号 PWM1：20、25，PWM1：20 位于 PWM1：27 的上部，折叠放置；PWM1：25 位于 PWM1：27 骨马镳的西部且略高于马镳，从中部套环折叠放置。镦 1 件，编号 PWM1：19，位于 PWM1：25 的西部，东西向平置，銎朝西，内含朽木，断裂面带细毛刺。骨马镳编号 PWM1：27，横向放置，弧度朝上，尖部朝南。骨节约有片状十字形、管状十字形和条状，共 11 件。片状十字形节约 2 件，分别编号 PWM1：5、11，二者均平置，相距甚近，呈西北—东南向，较镦低，其中 PWM1：11 周围有骨管分布。管状"十"字形节约 3 件，分别编号 PWM1：12、21、26，PWM1：12 的置向和高度与 PWM1：11 相同，其西部有骨管分布；PWM1：21 位于 PWM1：20 马衔的南部，平置，管口东西向；PWM1：26 位于 PWM1：25 马镳的东部，平置正面朝上，管口呈西北—东南向。条状骨节约 6 件，分别编号 PWM1：13～18。PWM1：13、14 位于 PWM1：25 马镳的上部，纵向放置；PWM1：15～18 位于骨节约、马衔和马镳间，大多斜向，没有一定的放置规律。骨管 6 件，分别编号 PWM1：6～10、28，PWM1：6～10 位于节约间，没有一定的放置规律；PWM1：28 位于 PWM1：20 的东部，竖置，管口朝上。另在 PWM1：20 的东侧出土铜泡饰 1 件，PWM1：31，平置，凸面朝上。

洞室北部东侧的遗物有铜泡饰、骨节约和骨饰件等。铜泡饰 2 件，编号 PWM1：32、33，二者并排平置，凸面朝上；骨节约 3 件，分别编号 PWM1：22～24，PWM1：22、23 相叠于一起，较 PWM1：24 低 0.05 米左右，PWM1：24 位于其西侧，平置，正面朝上。

洞室一层北侧下部遗物将上部遗物清理后出现，应与上部遗物同时放置，为了清楚地反映遗物的放置情况，我们分图标示遗物的出土情况（图 2－10；彩版 2－14、15）。下部遗物共 6 件，有铜泡饰、骨马镳、条状骨节约和骨管等。铜泡饰编号 PWM1：66、67，二者位于 PWM1：65 的南部，前者平置，凹面朝上，后者侧立，凹面朝东。骨马镳分别编号 PWM1：64、65，前者较低，南北向放置，穿孔朝上，后者东西向放置，穿孔朝上。条状骨节约编号 PWM1：62、骨管编号 PWM1：63，二者位于 PWM1：64 的西部，均东西向平置。

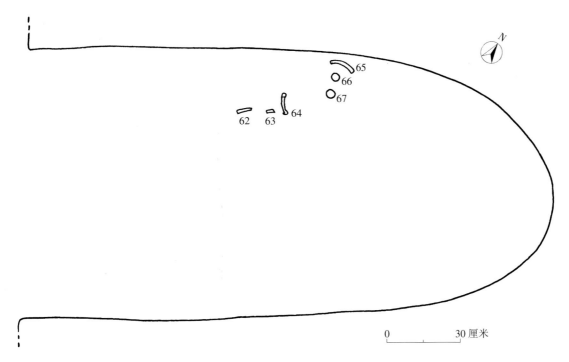

图 2 - 10 PWM1 洞室第一层下部遗物

洞室一层南侧遗物有铜戈、铜剑、铜刀、铜带饰、铜泡饰等（彩版 2 - 16）。铜戈 1 件，编号 PWM1：37，位于人体骸骨头骨南部，倒插，锋朝上；铜剑和铜刀出土时叠于一起，铜刀位于铜剑下，分别编号 PWM1：38、39，均平置，尖部朝西南；铜带饰放置于一块长 23、宽 16 厘米的不规则形树皮上，由 2 件动物形牌饰和 13 件长方形变体卷云纹牌饰组成，并连带部分带鞓。从带饰出土情况分析，应是将皮带卷曲后放置于树皮之上，部分带鞓已残朽。动物纹牌饰分别编号 PWM1：40、41，卷云纹牌饰分别编号 PWM1：44 ~ 55、84。铜泡饰 3 件，分别编号 PWM1：42、43、75，前二者位于革带上部，均平置，一件凹面朝上，另一件凹面朝下；PWM1：75 位于树皮上，平置，凹面朝下。

另外，在洞室东南部临南壁处出土骨节约 3 件，分别编号 PWM1：34 ~ 36，均斜向平置。洞室南壁中部出土骨马镳 1 件，编号 PWM1：76，从位置分析，与东部放置的树皮同层，尖部横向插于洞室南壁。在洞室北部遗物和人体骸骨间竖置一块长 26、宽 12 厘米的红色漆树皮（彩版 2 - 17：1）。

洞室二层遗物

洞室二层遗物位于人体颅骨南、北两侧及其东部，共 3 件，有鸟头形杆头饰和骨饰件（图 2 - 11；彩版 2 - 17：2）。鸟头形杆头饰 2 件，分别编号 PWM1：68、69，对称放置于颅骨的南北两侧，鸟喙朝向颅骨，管状銎朝西，銎内残存朽木柄，断裂面带毛刺，应是将原器折断后放入。骨饰 1 件，编号 PWM1：70，平置，正面朝上。

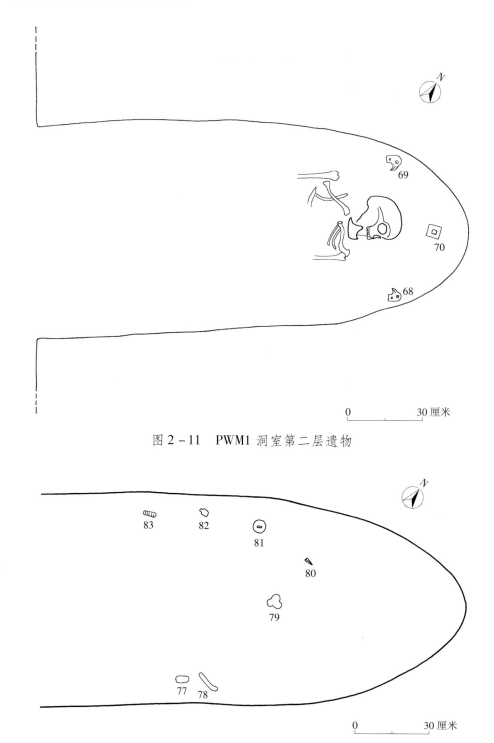

图 2-11 PWM1 洞室第二层遗物

0   30 厘米

图 2-12 PWM1 洞室第三层遗物

0   30 厘米

洞室三层遗物

洞室三层遗物位于人体骸骨下和洞室南、北两侧,共 7 件(图 2-12;彩版 2-17:3)。其中南、北两侧 5 件,基本位于洞室一层遗物的范围内。南壁中部出土骨马镳和骨节约各 1 件,分别编号 PWM1:78、77,前者斜置,尖部朝西北,后者纵向平置,正面朝上。

洞室北部出土骨节约、骨管和铜泡饰各 1 件，节约编号 PWM1：83，纵向平置，正面朝上；骨管编号 PWM1：82，斜侧置，铜泡饰编号 PWM1：81，平置，凹面朝上。人体骸骨下出土骨镞和骨三瓣饰各 1 件，骨镞编号 PWM1：80，平置，镞锋朝东；骨三瓣饰编号 PWM1：79，平置，正面朝上。

另外，在颅骨上部及北部，出土绿松石片状饰、骨片状饰。绿松石片状饰 3 件，编号 PWM1：56 ~ 58，骨片状饰 3 件，编号 PWM1：59 ~ 61。在下颌骨周围出土绿松石珠和玛瑙珠各 2 颗，绿松石珠编号 PWM1：71、72，玛瑙珠编号 PWM1：73、74，它们可能是墓主人及颈部的饰件，应是随墓主人同时葬入（彩版 2 - 18：1）。

2．遗物的分类描述

PWM1 共出土陶器、铜器、骨器和绿松石等饰件 85 件。

（1）陶器

双耳或单耳罐　1 件，残存一半。

PWM1：3，红褐色，夹细砂，手制。敛口，圆唇，束颈，深腹略鼓，平底。束颈下部饰一周附加堆纹，腹上部粘贴 5 厘米宽的竖耳；器壁留存较厚的烟炱。口径 12、底径 9.2、高 19 厘米（图 2 - 13；彩版 2 - 18：3）。

（2）铜器

有兵器、工具、服饰器、车马器等，共 32 件。

1）兵器

3 件，有短剑、戈和镦。

短剑　1 件。

PWM1：38，剑首触角式，两侧各饰一个凹面鸟头形纹，其中一个直穿形成穿孔。剑柄长方形，两面饰鸟头形纹，其中临剑首者直穿形成椭圆形穿孔，剑柄临剑格处一直径 0.4 厘米的穿孔。剑格反触角式，两面饰鸟头形纹。直刃，中部略凹；锋呈较长的等腰三角形，锋尖较秃。锋长 6.2、柄长 7、通长 24.7 厘米（图 2 - 13；彩版 2 - 18：4）。

戈　1 件。

PWM1：37，中胡有两个长方形穿。内长方形略上翘，弧角，中部一长 1.5、宽 0.4 厘米的穿孔。栏细窄。援较长，锋首不明显，援上刃直并高于内，中部一隐脊，临内一长 0.8、宽 0.3 厘米的穿孔。内长 7.2、宽 3.1 厘米，援长 10.9、胡长 5.2 厘米，通长 18 厘米（图 2 - 13；彩版 2 - 19：1）。

镦　1 件。

PWM1：19，尖锥形顶；一端圆筒状，中部偏下一直径 1 厘米的铆眼，管内残存木柄，用木铆钉通过侧面的铆眼铆钉。筒径 4.2、长 9.4 厘米（图 2 - 13；彩版 2 - 19：2）。

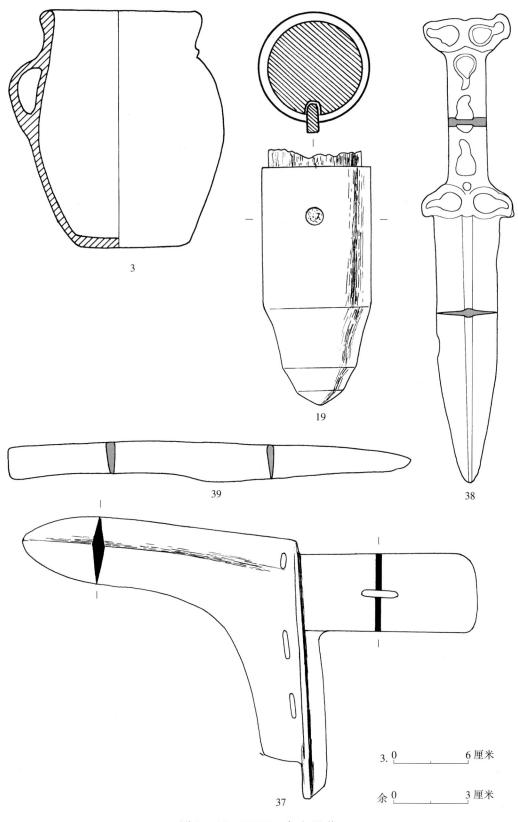

3. 0━━━━━━━6厘米

余 0━━━━━━━3厘米

图 2 - 13 　PWM1 出土器物

2）工具

铜刀　1件。

PWM1：39，直柄，斜直刃，柄和刃上缘相接处略外凸。通长16.2厘米（图2-13；彩版2-19：3）。

3）服饰器

仅见带具。带具由动物纹牌饰和卷云纹带饰组成，连缀于皮质带鞓上（带鞓出土时卷曲残朽，其上连缀带饰，从残存的带鞓分析，铜带饰在带鞓上的装饰系在带鞓上每间隔4.4厘米左右钻间距0.6厘米2个孔，以穿皮条连缀带饰。皮条至4.4厘米的间距上穿第1个孔并经带饰背面的纽，再从第2个孔下穿。皮条宽0.2～0.4厘米，局部在底部打结）。其中一件动物纹牌饰颈部有倒刺，兼有带扣的功能（图2-14；彩版2-20、21）。

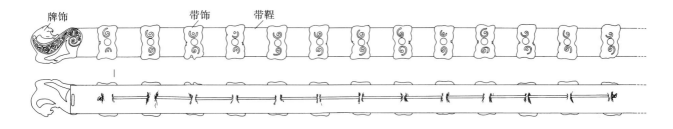

牌饰　　　　带饰　带鞓

0　　　　　　100厘米

图2-14　PWM1出土铜带饰复原图

动物纹牌饰　2件。

PWM1：40，神兽纹，嘴部略残。身躯呈"S"形，曲足相连；头后顾与身躯相连形成水滴状的镂空；颈部左侧一倒刺；身躯饰弧线三角纹。背面略凹，臀部一竖向方纽。长6.8、宽5.6厘米（图2-15；彩版2-22：1）。

PWM1：41，虎形，残存头部和前足，从断裂面分析，系放置之前已残。双前腿略屈，口内叼一物；底面内凹。残长6.8、宽4.8厘米（图2-15；彩版2-22：2）。

卷云纹带饰　13件，呈斜角纵长方形，两侧弧线花边，形制略有差异；有的连缀带鞓（彩版2-23）。

PWM1：44，呈纵长方形，连缀在皮质带鞓上。右上和左下角略尖，正面中部一圆形乳突，其上、下各一对称的卷云纹；底面平，中部与乳突相对处内凹，焊接一桥状纽。纽与带鞓由宽0.2厘米的皮条连缀，带鞓上两个穿皮条的穿孔间距较小。长4.4、宽2.7厘米（图2-16）。

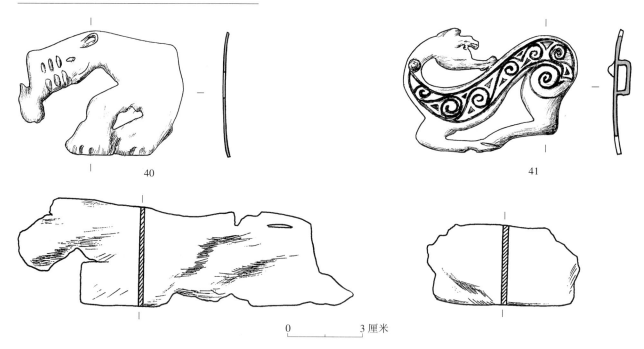

图 2－15　PWM1 出土铜动物纹牌饰

PWM1：45 与 PWM1：46 连缀于长 10.6、宽 3.8 厘米的带鞓上，带鞓上穿皮条的穿孔间距较大，其中皮条在 PWM1：46 的一端挽一结，在 PWM1：45 的一端残断。

PWM1：45，宽 2.8、长 4.4 厘米。

PWM1：46，宽 2.7、长 4.3 厘米（图 2－16）。

PWM1：47，连缀于长 5、宽 2.6～3.8 厘米的带鞓上，带鞓一端卷曲。长 4.4、宽 2.6 厘米（图 2－16）。

PWM1：48，连缀于长 3.5、宽 3.4 厘米的带鞓上，带鞓和带饰由皮条连缀。长 4.4、宽 2.5 厘米（图 2－16）。

PWM1：49、50、51、52 连缀于长 22.5、宽 3.6 厘米的带鞓上，形制略有差异。

PWM1：49 右下尖角，下部卷云纹呈半环状。长 4.3、宽 2.7 厘米。

PWM1：50，右上和左下角尖圆，长 4.5、宽 2.7 厘米（图 2－16）。

PWM1：51，下缘凸凹不平，右上角尖角，上部卷云纹半环状，长 4.2、宽 2.6 厘米（图 2－16）。

PWM1：52，卷云纹呈半环状，长 4.4、宽 2.6 厘米（图 2－16）。

PWM1：53，上、下缘内凹较深。长 4.4、宽 2.9 厘米（图 2－16）。

PWM1：54，上缘较平，下缘略凹，下部卷云纹呈圈点状。长 4.4、宽 2.6 厘米（图 2－16）。

PWM1：55，上、下缘略凹。长 4.4、宽 2.6 厘米（图 2－16）。

PWM1：84，上缘略凹，下缘斜。长 4.4、宽 2.6 厘米（图 2－16）。

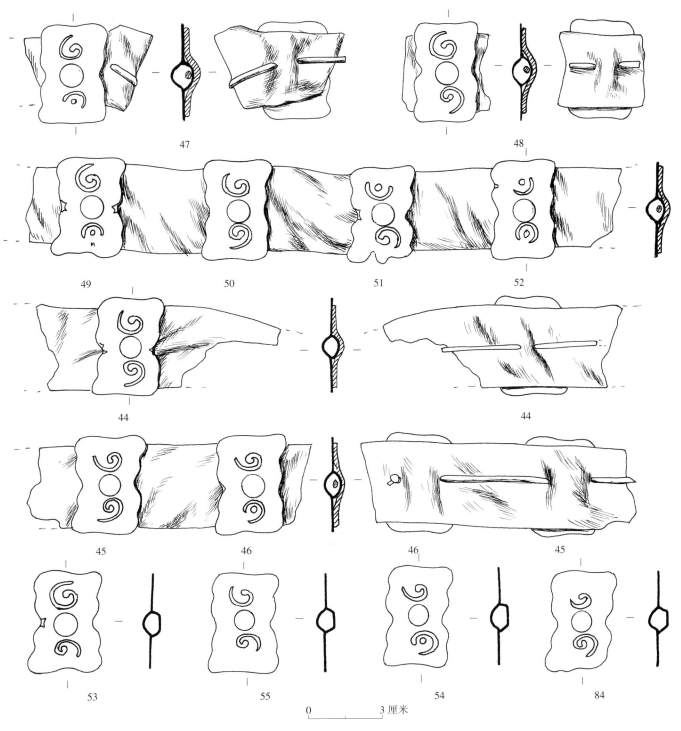

图 2 - 16　PWM1 铜卷云纹带饰

4）车马器

有马衔和泡饰。

马衔　2 件，形制相同。

PWM1：20，由两个形制相同的"8"字形环相套组成，环略扁，内环小于外环。

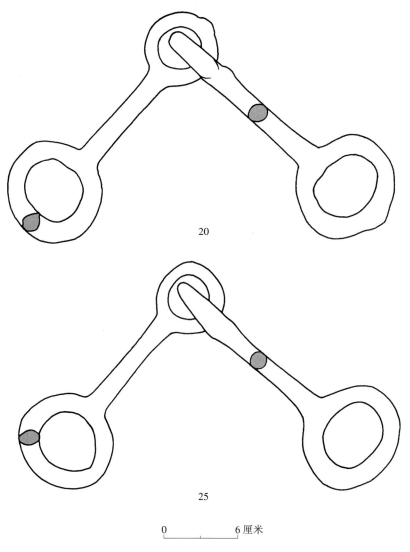

20

25

0   6 厘米

图 2 - 17　PWM1 出土铜马衔

内环最大径 3.2 厘米，外环最大径 4.3 厘米，通长 20.4 厘米（图 2 - 17；彩版 2 -
24：1）。

　　PWM1：25，形制与 PWM1：20 相同，一个内环略大，其顶端即与另一内环连接处
加厚 2.1 厘米的一圈；两个 "8" 字形环的颈部均饰阳弦纹，因锈蚀较模糊。内环最大
径 3.2 厘米，外环最大径 4.2 厘米，通长 20.2 厘米（图 2 - 17；彩版 2 - 24：1）。

　　泡饰　9 件，均为圆形，有纽在弧顶部和凹口两种。

　　纽在弧顶部铜泡饰，7 件（彩版 2 - 24、25）。

　　PWM1：32，略扁，一侧有长 1.1 厘米的直边；顶面外弧，中部一长方形纽。直径 4.8 ~
5.2、高 1.5 厘米（图 2 - 18）。

　　PWM1：33，略残；直边较明显。直径 4.7 ~ 4.9、高 1.5 厘米（图 2 - 18）。

　　PWM1：42，略扁，顶面略弧，中部一方形纽。直径 5.9 ~ 6.1、高 1.2 厘米（图 2 - 18）。

PWM1：43，周缘残；顶面一桥状纽，其上粘连 1 厘米宽的皮条，皮条弯折。残径 4.5、高 1.4 厘米（图 2 - 18）。

PWM1：66，圆形略扁略残，顶弧面一较细的桥状纽。直径 6.6 ~ 6.9、高 1.6 厘米（图 2 - 18）。

PWM1：67，略扁，一侧有长 1.1 厘米的直边；顶面外弧，中部一桥状纽。直径 4.8 ~ 5.1、高 1.4 厘米（图 2 - 18）。

PWM1：81，一侧因受压弯曲；顶面一桥状纽。直径 4.9、高 1.8 厘米（图 2 - 18）。

纽位于凹面铜泡饰，2 件。

PWM1：31，正面弧凸，底面内凹，中部一桥状纽，略呈半圆形。直径 3、高 0.6 厘米（图 2 - 18）。

PWM1：75，略残；正面外弧，底面内凹，凹口偏一侧焊接宽 0.3 厘米的直纽。直径 2.3、高 0.6 厘米（图 2 - 18）。

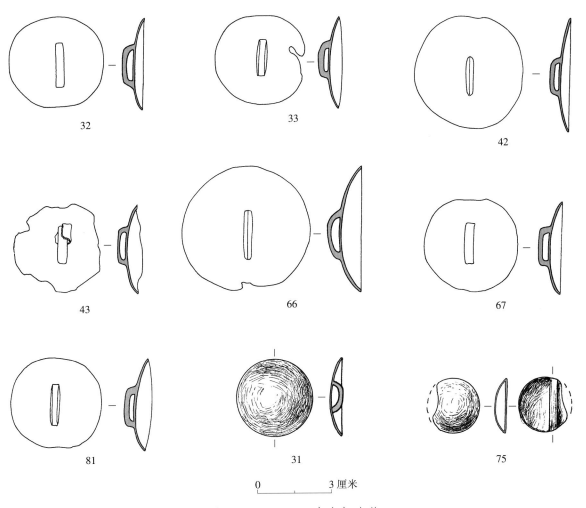

图 2 - 18　PWM1 出土铜泡饰

5）其他

杆头饰 2件，形制相同。

PWM1：68，钩喙，圆睛，方形銎。头顶一扁圆形孔眼。銎内残存方形木柄，銎侧中部偏上一相对的铆孔，孔内残存木铆钉。銎长1.6、宽1.5厘米，高3.6厘米（图2-19；彩版2-26）。

PWM1：69，形制、大小与PWM1：68相同，系同范铸造，顶部一直径0.6厘米的孔眼（图2-19；彩版2-26）。

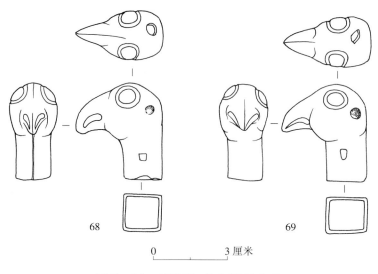

图2-19 PWM1出土铜杆头饰

（3）骨器

出土45件，有兵器和车马器等。

1）兵器

镞 1件。

PWM1：80，取材于鹿角。三棱尖锥体，外表刮磨光滑。无铤，底面一直径0.4、深0.7厘米的竖孔，可能装铤之用。长3.2厘米（图2-20；彩版2-27：1）。

2）服饰器

有三瓣形饰和珠等。

三瓣形饰 1件。

PWM1：79，用牛掌骨制作而成。正面较光滑，阴刻较浅的勾连状凸棱，严重磨蚀。背面"十"字形纽，纽体略呈弧面，宽2~3.5厘米。宽6、长6.5厘米（图2-20；彩版2-27：3）。

珠 3颗，呈扁柱体，形制相同，大小有别（彩版2-27：2）。

PWM1：59，通体光滑，上、下两端略凹，对钻直径0.2厘米的穿孔。长1.2、宽1.1、厚0.6厘米。

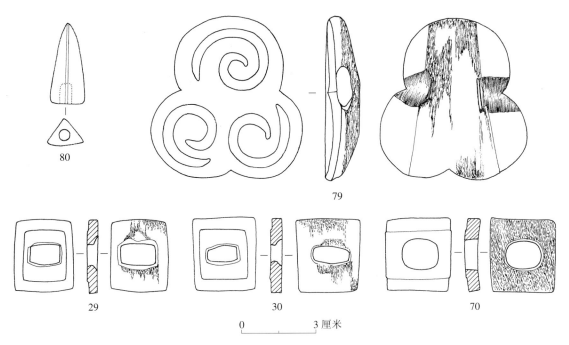

图 2 - 20   PWM1 出土骨镞、骨饰

PWM1:60，形制与 PWM1:59 相同。长 1.8、宽 1.1、厚 0.6 厘米。

PWM1:61，上、下平面。长 1.1、宽 1.1、厚 0.6 厘米。

3）车马器

有马镳、节约、管和饰件。

马镳　6 件，用羊角或鹿角制作而成（图 2 - 21 ~ 23）。

PWM1:4，用山羊角制作而成。正面上部刮刻一周宽 1 厘米的凹槽，其下刮刻四条间距不一、宽 0.4 厘米的凹面，临底端刮刻一宽 0.4 厘米的凹面，凹槽和凹面饰绿色颜料；背面下部刀削不平，中、上部为原骨质面；两侧中、下部经刀削较平滑；顶端和底端刀削不平。正面和背面中部偏下对刻一直径 1.4 厘米的穿孔，孔壁光滑有使用痕；两侧上、下各一圆角长方形穿孔，上部穿孔较下部穿孔略大，长 1.5、宽 0.6 厘米，通长 16 厘米（图 2 - 21；彩版 2 - 28）。

PWM1:27，用鹿角制作而成，形制与 PWM1:65 相同，两者应为同一副。通体刀削修理，正面刮磨光滑。正面上部阴刻一周 0.9 厘米的凹槽，其下刮磨三条凹面和一条半月形的凹面，其中半月形凹面临底端，凹槽和凹面均饰绿色颜料；背面粗糙；两侧刀削较平，中上部和下部各一长 1.3、宽 0.7 厘米的圆角长方形穿孔；上端刀削较平，下端刀削修理成斜面。长 12.5 厘米（图 2 - 21；彩版 2 - 29）。

PWM1:64，用山羊角制作而成，与 PWM1:4 形制相同，应是同一副。正面刮磨光滑，上部刮刻 0.6 厘米宽的一周凹槽，其下刮刻两条宽 0.8 厘米的凹面，临底端刮刻半月形凹面，凹槽和凹面饰绿色颜料；背面局部修整，上部刻两条、下部刻一条斜线；两侧局

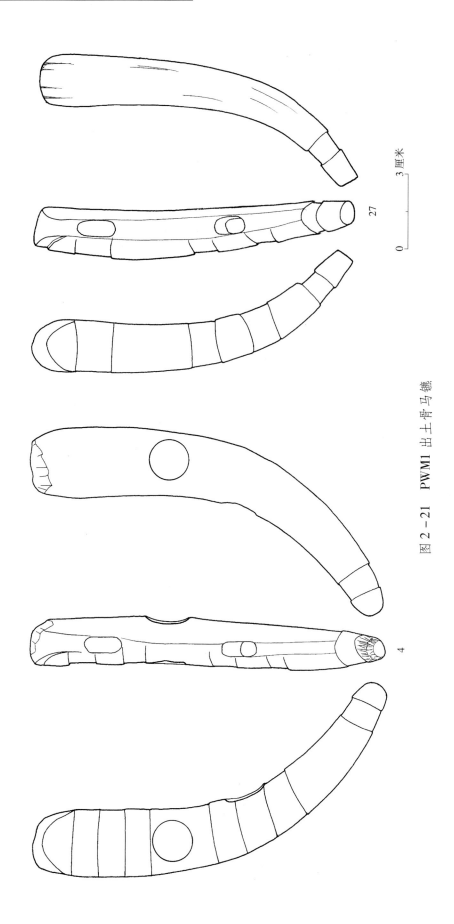

图 2－21　PWM1 出土骨马镳

3 厘米

27

4

0

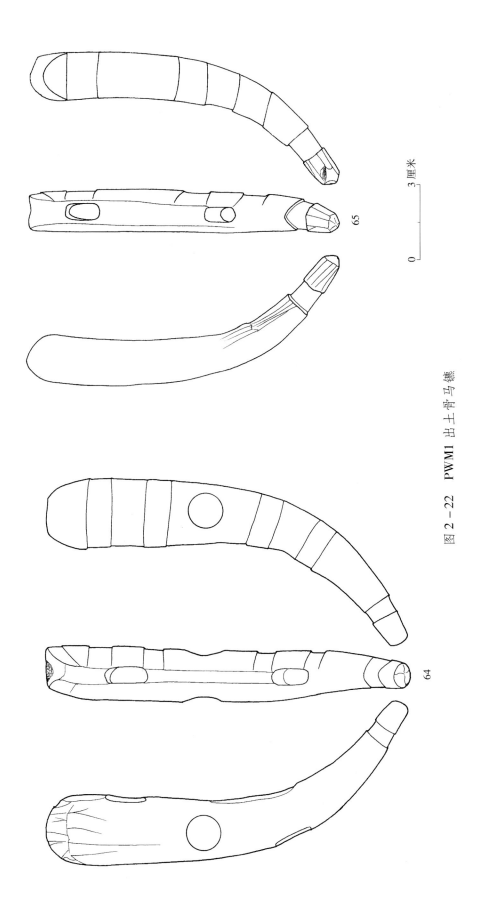

图 2 - 22　PWM1 出土骨鸟弓镳

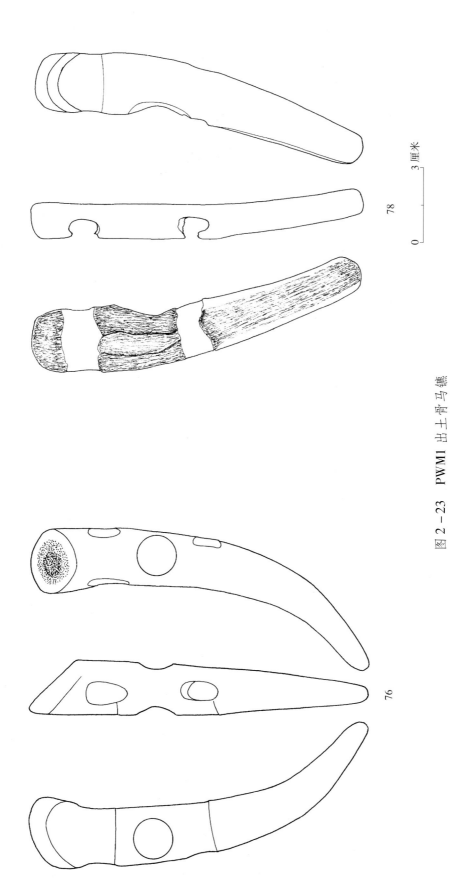

图 2－23　PWM1 出土骨马镳

0 ⊢———⊣ 3 厘米

部刮平，其余为角的骨质面；顶端和底端经刀削修整，顶端呈尖锥状，底端斜面；中部一直径1.3厘米的穿孔，孔壁光滑，两侧中上部和下部各一长1.7、宽0.7厘米的圆角长方形穿孔。通长15.5厘米（图2－22；彩版2－30：1）。

PWM1：65，用鹿角制作而成。正面刮磨光滑，上部刮刻一周宽1.1厘米的凹槽，其下分别刮刻三条宽1.2厘米左右的凹面，临底端刮刻半月形的凹面，其上饰绿色颜料；背面刀削不平；两侧中上部和下部各一长1.4、宽0.6厘米左右的圆角长方形的穿孔；顶端和底端经刀削修理，顶端略呈尖锥状，底端斜面较平滑。长12.6厘米（图2－22；彩版2－30：2）。

PWM1：76，用鹿角制作而成，通体刮磨光滑。正面中部和上部分别刮磨较浅的凹面，其上原饰绿色颜料，现仅存局部；顶端刀削呈尖锥状，底端刀削较平；中部一直径1.6厘米的穿孔，孔壁光滑；两侧中部和下部各一长1.3、宽0.7厘米左右的圆角长方形穿孔。通长14.5厘米（图2－23；彩版2－31：1）。

PWM1：78，取材于羊角，残，系早年残损。正面打磨光滑，间隔刮刻一条浅槽、一条宽0.4厘米的弧状凸棱和一条宽0.5厘米的凹槽；背面上部刮削较平，暴露竖向疏质骨；外弧侧刮磨平整，内弧侧刮磨成光滑的凹槽，两侧中部和临底端各一圆角长方形穿孔。长13.5厘米（图2－23；彩版2－31：2）。

节约 20件，有"十"字形穿孔节约、"T"字形穿孔节约和双横向穿孔节约。

"十"字形穿孔节约 由竖向穿孔和横向穿孔组成，二者相交呈"十"字形，取材于鹿角或羊角，共8件，其中2件正面上端雕刻花饰。

PWM1：5，取材于鹿角，呈扁柱体。正面光滑，上部外露部分密质骨形成花饰，其下阴减地阴刻环状、半月形和凸棱形成花饰，阴刻部分均饰绿色颜料。上部为两个相对的半环形凸棱，下部有两个半月纹间一宽1.1厘米的凸棱，凸棱下为横向穿孔。竖孔呈扁圆形，掏去角的疏质骨形制，孔径0.6～1.6厘米，横向穿孔呈圆角长方形，长1.4、宽0.7厘米，从两侧对刻而成；背面较光滑；下端面刮磨呈弧面。长7.3、宽2.8、厚2.7厘米（图2－24；彩版2－32：1）。

PWM1：11，取材于鹿角，形制与PWM1：5相同，略残。竖孔呈扁圆形，掏去角的疏质骨形制。孔径0.8～1.9厘米，横向呈圆角长方形，从两侧对刻而成，其中左侧孔眼较右侧略大。下端面不平，其中左下缘刻斜线纹。长7.5、宽3.2、厚1.6厘米（图2－24；彩版2－32：2）。

PWM1：23，取材于鹿角，正面制作精细，中部为一周宽0.8厘米的凸棱，其上、下两侧各刮刻一条宽0.6～0.8厘米的凹槽，凹槽中部分别向上和向下外弧，使上、下部的凸棱呈新月形，新月形凸棱外侧刮刻0.4厘米宽的凹面，其上饰绿色颜料；背面粗糙不平；两侧刮削较平，中部对刻一长1.5、宽0.8厘米的圆角长方形穿孔，此穿孔正位于正面中部凸棱下，其上、下各刻一条较深的"V"形槽，与正面凹槽相连；上、下两端刮磨

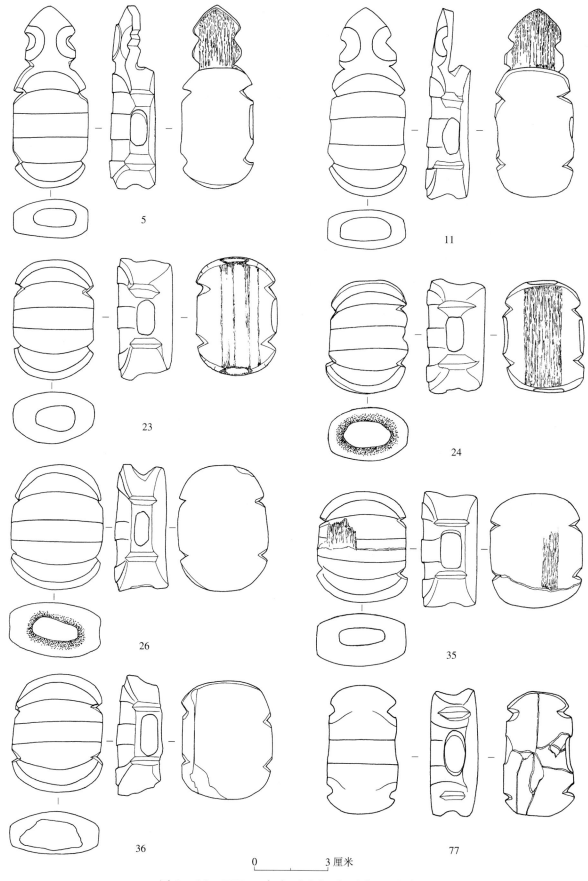

0   3厘米

图 2 - 24　PWM1 出土"十"字形穿孔骨节约

呈弧面，掏去角的疏质骨形成扁圆形的竖孔，孔径 1～1.5 厘米。长 1.4、宽 0.7 厘米。长 4.5、宽 3.2、厚 2.1 厘米（图 2-24；彩版 2-33）。

PWM1：24，取材于鹿角，形制与 PWM1：23 相同。正面制作精细，饰绿色颜料；背面粗糙，露出竖向疏质骨；竖孔呈扁圆形，孔径 1.1～1.6 厘米，横向穿孔呈圆角长方形，长 1.9、宽 0.8 厘米。长 4.5、宽 2.8、厚 2.1 厘米（图 2-24；彩版 2-33）。

PWM1：26，取材于鹿角，形制与 PWM1：23 相同。正面制作精细，仅中部凸棱未饰绿色颜料；背面刮磨平滑；上、下两端刮削呈弧面；竖向穿孔较粗糙，呈圆角长方形，长 1.7、宽 0.8 厘米，横向穿孔制作较好，呈圆角长方形，长 1.9、宽 0.8 厘米。长 4.8、宽 3.7、厚 2 厘米（图 2-24；彩版 2-33）。

PWM1：35，呈扁柱体，取材于鹿角，形制和制作方法与 PWM1：23 相同。正面制作精细，饰绿色颜料；背面粗糙不平。两侧为角的窄体部分，刮削较平，中部对刻一长 1.5、宽 0.8 厘米的圆角长方形穿孔，此穿孔位于正面中部凸棱下，其上、下各刻一条较深的"V"形槽，与正面凹槽相连；上、下两端刮磨呈弧面，掏去角的疏质骨形成扁圆形的竖孔，孔径 0.8～1.4 厘米。长 4.4、宽 3.7、厚 2.2 厘米（图 2-24；彩版 2-33）。

PWM1：36，取材于鹿角，略残。正面刮磨光滑，上、下两端刮刻相对的半月纹，其间为宽 0.8 厘米的凸棱，半月纹饰绿色颜料；背面较粗糙；上、下断面刮削呈弧面；横向穿孔位于中部凸棱下，长 1.4、宽 0.7 厘米的圆角长方形，从两侧对刻而成，穿孔上、下侧各刻一较深的"V"形槽。长 4.5、宽 3.7、厚 1.7 厘米（图 2-24）。

PWM1：77，外表刮磨光滑。正面曾刻相间的凹槽，因磨蚀仅存中部的凸棱，凸棱为骨质，其余为浅绿色。两侧为柱状骨骼的窄凸面，中部对刻一 0.7～1.6 厘米的扁圆形穿孔，其两侧刻较深的"V"字形槽；两端刮削呈弧面，掏去中部的疏质骨形成扁圆形的竖孔，孔径 0.7～1.6 厘米。长 4.5、宽 2.8、厚 1.8 厘米（图 2-24）。

"T"字形穿孔节约

"T"字形穿孔节约　即竖向孔未穿透底端，横向穿孔接近底端，共 4 件，取材于鹿角或羊角。

PWM1：12，取材于鹿角。外表刮磨光滑，上部刮刻一周宽 0.5 厘米的凹面，中部刮刻一周宽 2 厘米的凹槽，其间为一周宽 0.7 厘米的凸棱，凹面和凹槽饰绿色颜料；竖孔系掏去角的疏质骨形成，向下渐细小，孔径 1.4～1.6 厘米，保留了较多的疏质骨；横向穿孔呈扁圆形，孔径 0.6～1.6 厘米，从两侧对刻而成；上端径 2.1～2.4、下端径 2.3～2.8 厘米，长 3.9 厘米（图 2-25；彩版 2-34）。

PWM1：21，取材于鹿角。外表刮磨光滑，上部刮刻一周宽 0.7 厘米的凹面，中部刮刻一周宽 2.2 厘米的凹槽，其间为宽 0.7 厘米的一周凸棱，凹面和凹槽饰绿色颜料；竖孔未通底端，系掏去疏质骨而成，从上至下渐细，孔径 1.4～1.5 厘米；横向穿孔从两

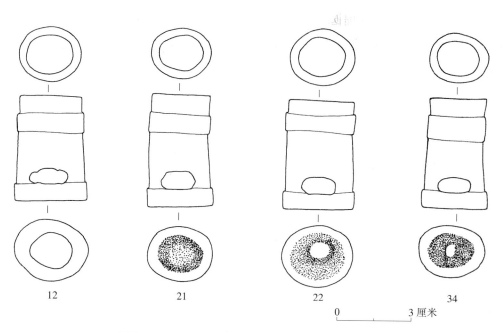

图 2 - 25 PWM1 出土 "T" 字形穿孔骨节约

侧对刻而成，呈圆角长方形，长 1.3、宽 0.6 厘米；上、下端较平。上端径 1.9 ~ 2.3、下端径 2.2 ~ 2.5 厘米，长 4.2 厘米（图 2 - 25；彩版 2 - 34）。

PWM1：22，取材于鹿角。外表刮磨光滑，上部刮刻一周宽 0.5 厘米的凹面，中部刮刻一周宽 2.3 厘米的凹槽，其间为一周宽 0.7 厘米的凸棱，凹面和凹槽饰绿色颜料；上端刮磨平滑，下端面不平。竖孔圆形，直径 1.5 厘米，下端面原封口，因疏质骨腐蚀脱落呈直径 0.6 厘米的孔眼；横向穿孔呈圆角长方形，长 1.9、宽 0.6 厘米，从两侧对刻而成。上端直径 2.2 ~ 2.5、下端直径 2.3 ~ 2.7 厘米，长 4.3 厘米（图 2 - 25；彩版 2 - 34）。

PWM1：34，取材于鹿角，通体刮磨光滑。外表上部和中部分别刮刻一周宽 0.7 和 0.9 厘米的凹槽，其间为一周宽 2 厘米的凸棱，临底端有一周宽 0.6 厘米的凸棱，凹槽饰绿色颜料；竖孔系从上端掏去角的疏质骨形成，从上端向下端渐细，至下端呈直径 0.5 厘米的孔，疑此孔系角的疏质骨腐朽脱落形成；横向穿孔临下端，从两侧对刻长 1.8、宽 0.6 厘米的圆角长方形而成。上端径 1.8 ~ 2.3、下端径 1.9 ~ 2.5 厘米，长 4.4 厘米（图 2 - 25；彩版 2 - 34）。

双横向穿孔节约 有两个横向穿孔，无纵向穿孔，取材于鹿角或羊角，共 8 件。

PWM1：13，取材于羊角，呈方柱体。正面刮磨光滑，其上部和下部各刮刻一条宽 0.6 厘米的凹面，中部刮刻一条宽 1.6 厘米的凹面，凹面间为宽 1.4 和 1.6 厘米的凸棱，凹面饰绿色颜料；背面粗糙，暴露蜂窝状的疏质骨；两侧较光滑，上、下端刮削光滑。两个横向穿孔位于正面凸棱下，呈圆角长方形，从两侧对刻而成，长 1.6、宽 0.7 厘米。长 5.9、宽 1、厚 1.2 厘米（图 2 - 26；彩版 2 - 34）。

PWM1：14，取材于鹿角，呈方柱体。正面刮磨光滑，其上、下两端各刮刻一条宽

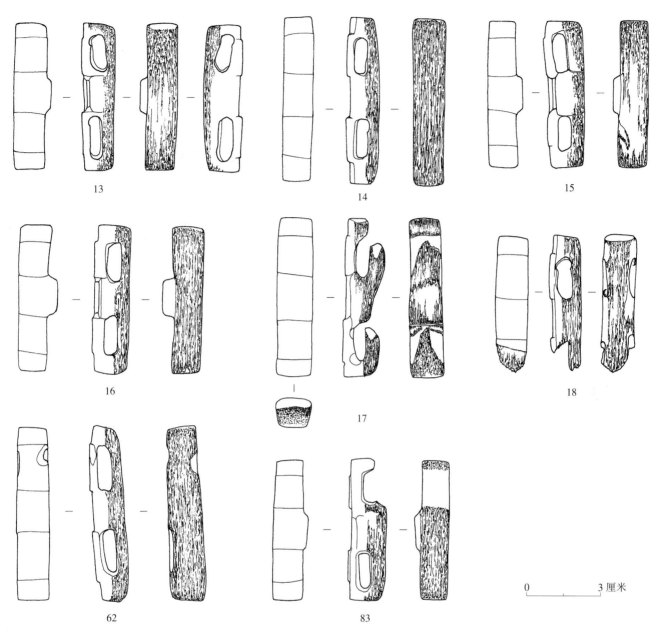

13　14　15

16　17　18

62　83

0　　3 厘米

图 2 - 26　PWM1 出土双横向穿孔骨节约

0.7 厘米的凹面，中部刮刻一条宽 1.7 厘米的凹面，凹面间为宽 1.6 厘米的两个凸棱，凹面饰绿色颜料；背面粗糙不平，暴露蜂窝状的疏质骨；两侧刮磨光滑，上、下端平滑。两个横向穿孔位于正面凸棱下，呈圆角长方形，长 1.5、宽 0.6 厘米，系从两侧对刻而成。长 6.4、宽 1.2、厚 1.2 厘米（图 2 - 26；彩版 2 - 35：1）。

PWM1：15，取材于羊角，呈方柱体，形制与 PWM1：13 同。正面上、下两部刮刻宽 0.7 厘米、中部刮刻宽 1.4 厘米的凹面，其间为分别宽 1.2 和 1.4 厘米的凸棱，凹面饰绿色颜料；两侧面和上、下端面刮磨较光滑；背面粗糙，为蜂窝状的疏质骨。两个横向穿孔位于正面凸棱下，呈圆角长方形，长 1.5、宽 0.6 厘米左右。长 5.6、宽 1、厚 1.4 厘米（图 2 - 26；彩版 2 - 34）。

PWM1：16，取材于羊角，呈方柱体，形制与 PWM1：13 同。正面上、下两端刮刻宽 0.6 厘米、中部刮刻宽 1.5 厘米的凹面，其间为宽 1.5 厘米的两条凸棱，凹面饰绿色颜料；两侧面和两端面较平整；背面不平，为蜂窝状的疏质骨。横向穿孔位于正面凸棱下，呈圆角长方形，长 1.6、宽 0.6 厘米左右，系从两侧对刻而成。长 5.2、宽 1、厚 1.2 厘米（图 2－26；彩版 2－34）。

PWM1：17，取材于鹿角，背面和横向穿孔残。正面刮磨光滑，两端凹面宽 0.6 厘米，中部凹槽宽 1.8 厘米，其间为两个宽 1.5 厘米的凸棱，横向穿孔位于凸棱下，残。长 6.2、宽 1.2、厚 1.4 厘米（图 2－26）。

PWM1：18，取材于鹿角，一端的凹面和凹槽略残。残存的凹面和凹槽分别宽 0.6 和 1.5 厘米，其间凸棱宽 1.8 厘米，凹面和凹槽饰绿色颜料；两侧较平，背面不平，暴露角的疏质骨。横向穿孔位于正面凸棱下，呈圆角长方形，长 1.8、宽 0.8 厘米。残长 4.5、宽 1、厚 1.3 厘米（图 2－26）。

PWM1：62，取材于鹿角，呈方柱体，形制与 PWM1：13 同。正面光滑，上、下两端刮刻宽 0.6 厘米、中部刮刻宽 1.6 厘米的凹面，其间为宽 1.8 和 2 厘米的两条凸棱，凹面饰绿色颜料；两侧面和上、下端面较光滑；背面粗糙，暴露疏质骨；横向穿孔位于正面凸棱下，呈圆角长方形，长 1.6、宽 0.6 厘米左右，从两侧对刻而成。长 7.2、宽 1～1.3、厚 1.3 厘米（图 2－26；彩版 2－35：1）。

PWM1：83，取材于鹿角，方柱体，形制与 PWM1：13 同，略残。正面上、下两端刮刻宽 0.6 厘米的凹面，中部刮刻宽 1.5 厘米的凹面，其一侧有梯形突出，凹面间为宽 1.4 厘米的两条凸棱；两侧面和上、下端面较平滑，背面不平，暴露蜂窝状的疏质骨。长 5.4、宽 1、厚 1.4 厘米（图 2－26；彩版 2－34）。

管 11 件，均取材于鹿角。

PWM1：1，外表和两端截面刮磨光滑；竖孔系掏挖角的疏质骨形成，从粗端向细端渐小；粗端外侧阴刻一条不连贯的细线，可能系截断前预设的细线；细端刮磨一周宽 0.3～0.4 厘米的浅槽，其上饰绿色颜料，外表上、下部各饰一周宽 1 厘米左右的绿色颜料条，局部脱落。细端直径 2～2.3、粗端直径 2.4～2.7 厘米，细端孔径 1.3～1.5、粗端孔径 2～2.4 厘米，长 9.9 厘米（图 2－27；彩版 2－35：2）。

PWM1：2，细端略残。外表和截面刮磨光滑。竖孔从粗端向细端渐小，至细端呈圆角长方形，系掏挖角的疏质骨形成。正面临细端刮磨两条宽 0.5 厘米的凹面，其上饰绿色颜料；中部饰一条宽 3 厘米的绿色颜料；临粗端有一条宽 0.4 厘米的凹面，另一条未刮磨完成，仅留存间距 0.4 厘米宽的两条细线。直径 2.6～3、残长 9.6 厘米（图 2－27；彩版 2－35：3）。

PWM1：85，系骨管坯料，外表有刮痕。长 7.6 厘米（图 2－27；彩版 2－35：4）。

PWM1：6，略残。上端和外表刮磨光滑，下端残。外表上、下部分别刮刻一周宽 1.4

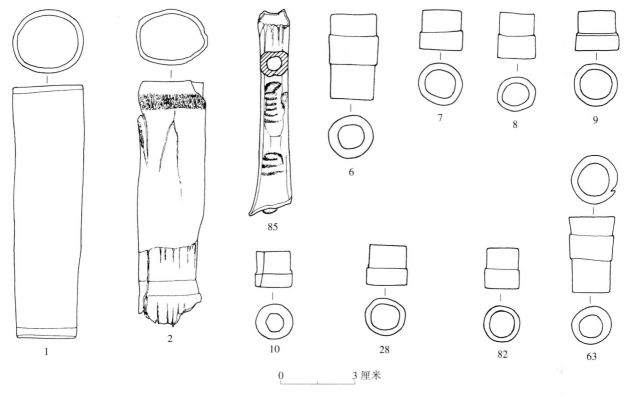

图 2 - 27　PWM1 出土骨管

和 0.9 厘米的凹槽，其上饰绿色颜料，因脱落残留局部；竖孔呈圆形，从上至下渐粗，系掏去角的疏质骨而成，孔壁光滑。长 3.1 厘米（图 2 - 27）。

PWM1：7，通体刮磨光滑，形制与 PWM1：8 相同。外表上部刮刻一周宽 0.9 厘米的凹槽，其上饰绿色颜料；竖孔从上至下渐粗，孔壁光滑。上端孔径 0.9、下端孔径 1.1 厘米，上端直径 1.4、下端直径 1.7 厘米，长 1.5 厘米（图 2 - 27；彩版 2 - 35：5）。

PWM1：8，通体刮磨光滑。竖孔系掏去角的疏质骨而成；外表临一端有一周宽 0.8 厘米的凹面。上端孔径 0.7 ~ 0.8、下端孔径 0.8 ~ 1 厘米，上端径 1.2 ~ 1.3、下端径 1.3 ~ 1.5 厘米，长 1.2 厘米（图 2 - 27；彩版 2 - 35：5）。

PWM1：9，通体刮磨光滑，形制与 PWM1：8 相同。外表上部刮刻一周宽 0.9 厘米的凹槽，其上饰绿色颜料；竖孔从上至下渐粗。孔径 0.9 ~ 1.2、直径 1.3 ~ 1.6 厘米，长 1.5 厘米（图 2 - 27；彩版 2 - 35：5）。

PWM1：10，通体刮磨光滑，形制与 PWM1：8 相同。上端角的密质骨较厚，可能近角的尖部。外表上部刮刻一周宽 0.9 厘米的凹槽，其上饰绿色颜料；竖孔呈圆形，从上至下渐粗。孔径 0.7 ~ 1、直径 1.2 ~ 1.4 厘米，长 1.5 厘米（图 2 - 27；彩版 2 - 35：5）。

PWM1：28，通体刮磨光滑，形制与 PWM1：8 相同。外表上部刮刻一周宽 0.9 厘米的凹槽，其上饰绿色颜料；竖孔呈圆形，从上至下渐粗，孔壁光滑。孔径 0.7 ~ 1.1、直径 1.2 ~ 1.4 厘米，长 1.5 厘米（图 2 - 27）。

PWM1：63，通体刮磨光滑，形制与 PWM1：6 相同。外表上部刮刻一周宽 1.3 厘米的凹槽，下部刮刻一周宽 0.7 厘米的凹槽，凹槽均自两端向中部渐低，其上饰绿色颜料；竖孔上端孔径较细，下端较粗。孔径 0.7～1.2 厘米，直径 1.4～1.8 厘米，长 3 厘米（图 2－27；彩版 2－35：5）。

PWM1：82，通体刮磨光滑，形制与 PWM1：8 相同。外表上部刮刻一周 0.9 厘米宽的凹槽，其上饰绿色颜料；竖孔从上端至下端渐粗，系掏去角的疏质骨形成。孔径 0.7～1、直径 1.2～1.4 厘米，长 1.5 厘米（图 2－27；彩版 2－35：5）。

方形饰　3 件，均取材于鹿角（彩版 2－36：1）。

PWM1：29，平面呈方形，较薄。正面刮磨光滑，四周刮磨一周宽 0.4 厘米的凹面，中部一长 1.5、宽 0.9 厘米的长方形穿孔。通体饰绿色。长 2.7、宽 2.3、最厚 0.4 厘米（图 2－20）。

PWM1：30，形制与 PWM1：29 相同。正面中部略凸，周缘凹面宽 0.4 厘米，中部穿孔长 1.5、宽 9.9 厘米。底面较粗糙。正面饰绿色，残存局部。长 2.8、宽 2.4、最厚 0.5 厘米（图 2－20）。

PWM1：70，形制与 PWM1：29 相同。正面略凸刮磨光滑，上、下端刮磨 0.4 厘米宽的凹面，中部穿孔直径 1.2～1.5 厘米的扁圆形。底面粗糙，留存部分疏质骨。长 2.8、宽 2.5、最厚 0.6 厘米（图 2－20）。

（4）石器

有绿松石珠和玛瑙珠，均为饰件。

绿松石珠　5 颗，有扁柱体和柱体两种（彩版 2－36：3）。

扁柱体　4 颗，通体打磨光滑，上、下端对钻直径 0.2 厘米左右的穿孔。

PWM1：56，略呈梯形，深绿色，有黑色斑纹。长 1.9、宽 1～1.3、厚 0.4 厘米（图 2－28）。

PWM1：57，略呈弧梯形，浅绿色，有黑色斑纹；上端孔眼偏向一侧，下端孔眼位于中部，穿孔呈弧形。长 1.9、最宽 1.5、最厚 0.5 厘米（图 2－28）。

PWM1：71，略呈缺角方形，用片状坯料制作；浅绿色；上、下两端略凹。长 1.8、最宽 1.6、厚 0.5 厘米（图 2－28）。

PWM1：72，略呈长方形，浅绿色，有黑色斑纹；长 1.2、宽 0.7～0.8、厚 0.3 厘米（图 2－28）。

柱体　1 件。

PWM1：58，深绿色，通体打磨光滑。正面中部一竖向圆脊；背面较平；上、下端面略凹，中部对钻直径 0.2 厘米的穿孔。长 0.9、最宽 0.9、厚 0.5 厘米（图 2－28）。

玛瑙珠　2 颗，形制相同（彩版 2－36：2）。

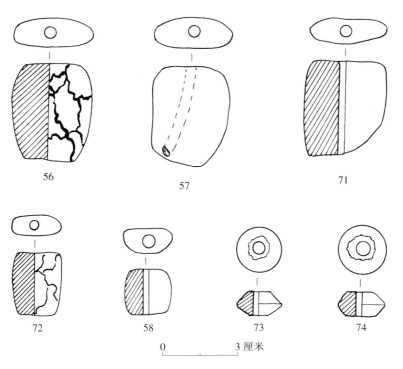

图 2 - 28　PWM1 出土绿松石饰件、玛瑙珠

PWM1：73，腰鼓形，中部一横向脊；上、下两端略凹且有破裂纹，可能系对钻穿孔所致（图 2 - 28）。

PWM1：74，深红色，一侧有白色斑纹，形制与 PWM1：73 相同。上、下两端略凹且有破裂纹，可能系对钻穿孔所致（图 2 - 28）。

另外，在人体骸骨北部出土了红色漆皮（彩版 2 - 37）。

（四）葬式

PWM1 为单人葬，仰身直肢，上身略向南倾；头朝东，面朝南，头部低于脚部；右臂置于身躯之上，左臂置于身侧且手略向南撇；双脚并拢（彩版 2 - 18：2）。经鉴定是一位 35～40 岁的男性。未发现葬具，也未发现使用葬具的痕迹。

PWM1 的墓葬过程，可分为以下几个行为阶段：挖掘墓穴→放置洞室第三层遗物→放置人体骸骨→放置洞室第二层遗物→回填洞室→放置洞室第一层遗物→回填洞室→放置殉牲坑第三层遗物→回填殉牲坑→放置殉牲坑第二层遗物、第二层殉牲→回填殉牲坑→放置殉牲坑第一层殉牲→回填殉牲坑→放置殉牲坑第一层遗物→回填殉牲坑、墓道。由于墓道和殉牲坑上部堆积被推毁，是否有起坟丘的习俗不详。

另外，在 PWM1 洞室北部发现了一块漆皮，长 36、宽 25 厘米，纵向放置，在其附近的填土中发现了漆皮残片，但未发现成形的器物痕迹。此块漆皮的放置应与洞室第一层遗物的放置同时。

二 PWM2

PWM2 位于王大户村春秋战国墓地的东南部，与 M3 南北并列，北距 M3 约 1.5 米，其南约 9 米处有一座墓葬被盗。

（一）墓葬形制

PWM2 为竖井墓道土洞墓，呈凸字形，东西向，方向 75°，由墓道和洞室两部分组成（图 2 - 29；彩版 2 - 38）。

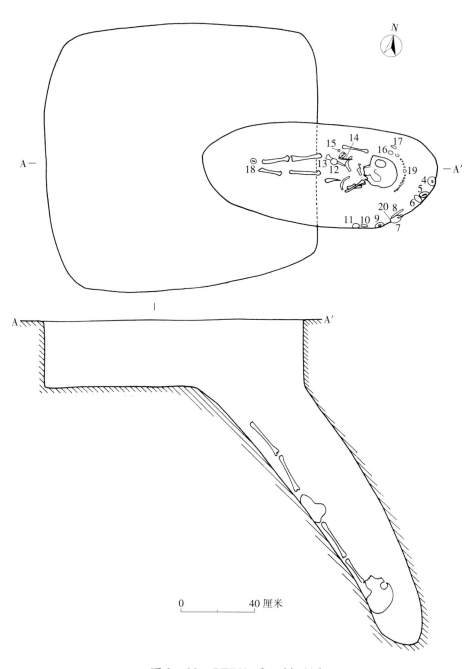

图 2 - 29 PWM2 平、剖面图

1. 墓道

墓道位于洞室西部，平面略呈圆角梯形。东壁较直，其他三壁均外弧，其中西壁外弧较大。四壁壁面略倾斜，均凸凹不平，未见壁面修整痕和工具痕。墓道北部东西长1.27、南部东西长1.35米，东部南北宽1.21、西部南北宽1.33米，残深0.34米。墓道底略小于墓道口，中西部较平，东部略倾斜（彩版2－38：1）。

墓道内放置殉牲和少量的遗物，兼有殉牲坑的功能。填土为挖掘墓道和洞室形成的花土，土质疏松，除殉牲和遗物外，未见其他遗物。

2. 洞室

洞室位于墓道底东部略偏南，系从墓道底东部偏南直接东向斜下掏挖而成。洞口在墓道底部呈半圆形，东西长0.60、南北宽0.55米。洞室呈筒状，拱形顶，南、北壁弧面，东壁呈尖圆的弧面，西壁和洞室底部呈斜坡相连，坡度65°，中部略凹。洞室从洞口东向斜下渐低渐小，至东壁处呈尖圆形；洞室底部近东壁处较凹，人体骸骨置于此处，可能系有意为之。洞室南北最宽0.55、东西长1.24、高0.27～0.40米（彩版2－38：2）。

洞室填土均为挖掘墓道和洞室形成的花土，与当地地层的土质土色相同，土质疏松，除遗物外，未见其他包含物。

（二）殉牲

PWM2共殉葬马、牛的头骨7件，其中马头5件，牛头2件，放置于墓道内，未见羊头。由于头骨组织结构完整，有的马头和牛头连带第一寰椎，说明它们系殉葬时一次性宰杀。

1. 殉牲的位置

PWM2殉牲主要放置于墓道填土的中部和西北部，墓道东南部仅1件，均在同一平面上（图2－30；彩版2－39）。

马头5件，分别编号PWM2：D2～D6，两者基本成对放置。PWM2：D2、D3为一对，前者略压后者，均平置，吻部朝东；PWM2：D4、D5为一对，两者相依，均侧置，吻部朝东北，面部朝东南；PWM2：D6位于西北角，被标本PWM2：D7所压，平置，吻部朝东。

牛头2件，分别编号PWM2：D1、D7。PWM2：D1位于墓道东南角，侧置，吻部朝西，面部朝北；PWM2：D7位于墓道西北部，叠压PWM2：D6，平置，吻部朝东。马头和牛头保存基本完好，清理时部分骨骼残碎。

2. 殉牲的种类

殉牲动物有马和牛，未见羊，均为头骨，清理后保存较好，头骨的组织结构完好，有的带第一寰椎。但由于骨质朽化，在清理、搬运和室内整理过程中残为碎块或碎片。

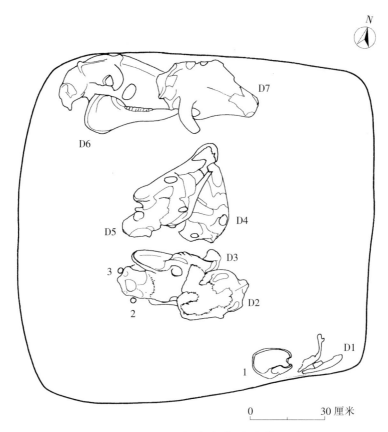

图 2 - 30　PWM2 殉牲和墓道遗物分布图

（1）马（*Equus* sp.）

马头出土 5 件，有的带第一寰椎。

①记述

PWM2：D2，属同一个体的头骨残块 1 件，带 dp^2—M^2 的左、右上颌骨各 1 件，带 dp_2—M_2 的左、右下颌骨各 1 件，寰椎 1 件。无犬齿，可能因为是幼年个体，犬齿尚未长出（彩版 2 - 40、41）。

PWM2：D3，属同一个体的头骨体的头骨骨块 21 件，带 dp^2—M^2 左上颌骨 1 件，带 dp^3—M^2 的右上颌骨 1 件，带 dp_2—M_2 的左、右下颌骨各 1 件，脱落的 I 11 枚。无犬齿，可能因为是幼年个体，犬齿尚未长出（彩版 2 - 41）。

PWM2：D4，属同一个体的头骨残块 17 件，残破舌骨 1 副，带 dp^2—M^1 的左上颌骨 1 件，带 dp^3—M^1 的右上颌骨 1 件，带 dp_2—M_1 的左、右下颌骨各 1 件，寰椎 1 件。无犬齿，可能因为是幼年个体，犬齿尚未长出。

PWM2：D5，属同一个体的头骨残块 10 件，带 dp^2—M^2 的左、右上颌骨各 1 件，带 dp_2—M_2 的左、右下颌骨各 1 件，寰椎 1 件（与头骨枕髁相接）。无犬齿，可能因为是幼年个体，犬齿尚未长出。

PWM2：D6，属同一个体的头骨残块 30 件，残破舌骨 1 副，带 5 枚 I 的上前颌骨 1 件，带 P³—M³ 的左上颌骨 1 件，带 P²—M³ 的右上颌骨 1 件，下颌骨碎块 3 件，下前颌 1 件，带 P₂—M₃ 的左、右下颌骨各 1 件，脱落的下 I 3 枚，残破寰椎 1 件。无犬齿，应为雌性个体。牙齿磨蚀较重，尤其是 P³ 和 P⁴，也许是牙齿排列不对所致，可能为一老年个体。

②测量

马上颊齿测量（单位：mm；标本数：N）

P²—M³ 长	162—141	（N＝3）
P² 长	39.5—37	（N＝5）
宽	22.8—17	（N＝5）
P³ 长	30—26	（N＝5）
宽	24—21	（N＝5）
P⁴ 长	33.5—21	（N＝5）
宽	26.2—21	（N＝5）
M¹ 长	31—28	（N＝4）
宽	26.5—21	（N＝4）
M² 长	33—19.0	（N＝2）
宽	27.0—17.2	（N＝2）
M³ 长	27.7	（N＝1）
宽	25.4	（N＝1）

马下颌和下颊齿测量（单位：mm；标本数：N）

下颌骨长	345—290	（N＝4）
下颌骨垂直高	270—215	（N＝3）
下前颌长	95—38	（N＝2）
P₂—M₃ 长	145—136	（N＝3）
P₂ 长	33.7—30.5	（N＝4）
宽	15.6—13	（N＝4）
P₃ 长	29.5—25	（N＝5）
宽	17—14	（N＝5）
P₄ 长	35—24	（N＝5）
宽	16.3—15.2	（N＝5）
M₁ 长	34—21.2	（N＝4）
宽	17—14	（N＝4）
M₂ 长	30—23	（N＝3）
宽	15.1—13	（N＝5）

| M_3 长 | 31. 2 | （N ＝ 1） |
| 宽 | 14 | （N ＝ 1） |

马寰椎测量（单位：mm；标本数：N）

寰椎前后长	52—37. 5	（N ＝ 2）
寰椎宽	97—26	（N ＝ 2）
寰椎前关节面宽	85—76	（N ＝ 3）
寰椎后关节面宽	75	（N ＝ 1）

（2）牛（*Bos* sp.）

牛头出土 2 件，其中 1 件带第一寰椎。

①记述

PWM2：D1，头骨残块 11 件，属同一个体的单个的颊齿 2 枚，带 dp_4 和 M_1 的左下颌骨 1 件，带 P_3—M_1 的右下颌骨 1 件，同属于一个个体，dp_4 未换，为一幼年个体。

PWM2：D7，带残角的头骨碎块 1 件，属同一个体的头骨和颌骨 36 件，舌骨 1 副，单个的 I 1 枚，带 P^2—M^3 的左、右上颌骨各 1 件，带 P_2—M_3 的左、右下颌骨各 1 件，寰椎 1 件。牙齿均为恒齿，M^1 磨蚀较重，其他的均为中等磨蚀，为一中年个体（彩版 2 - 42）。

②测量

牛上颊齿测量（单位：mm；标本数：N）

P^2—M^3 长	115	（N ＝ 1）
P^2 长	15	（N ＝ 1）
宽	14. 5	（N ＝ 1）
P^3 长	16	（N ＝ 1）
宽	16	（N ＝ 1）
P^4 长	16. 3	（N ＝ 1）
宽	18. 6	（N ＝ 1）
M^1 长	18. 8	（N ＝ 1）
宽	22	（N ＝ 1）
M^2 长	21	（N ＝ 1）
宽	22	（N ＝ 1）
M^3 长	26	（N ＝ 1）
宽	20. 5	（N ＝ 1）

牛下颌骨和下颊齿的测量（单位：mm；标本数：N）

| 下颌骨长 | 345 | （N ＝ 1） |
| 下颌垂直支高 | 200 | （N ＝ 1） |

下前颌长	60	（N＝1）
P₂—M₃ 长	123	（N＝1）
P₂ 长	10	（N＝1）
宽	8	（N＝1）
P₃ 长	18	（N＝2）
宽	11—10.3	（N＝2）
P₄ 长	34.5—20	（N＝2）
宽	12.6—12	（N＝2）
M₁ 长	29—18	（N＝2）
宽	14.7—10	（N＝2）
M₂ 长	25	（N＝1）
宽	14.5	（N＝1）
M₃ 长	34	（N＝1）
宽	13.6	（N＝1）

牛寰椎测量（单位：mm；标本数：N）

寰椎前后长	37	（N＝1）
寰椎宽	115	（N＝1）
寰椎前关节面宽	66	（N＝1）
寰椎后关节面宽	60	（N＝1）

PWM2 记述和测量的殉葬动物头骨共 7 件，有马头和黄牛头。马头有 5 件，其中 4 个为幼年个体，1 个为老年个体。牛头有 2 件，其中 1 件为幼年个体，1 件为老年个体。

（三）遗物

PWM2 出土陶器、铜器、骨器和费昂斯饰件共计 27 件，放置于墓道和洞室内。

1. 遗物的位置

遗物放置于墓道和洞室内，以洞室为主。

（1）墓道遗物

墓道内放置遗物 3 件，有陶器和铜泡饰，与殉牲同层（参见图 2 - 29；彩版 2 - 39：2）。陶器 1 件，为单耳夹砂红陶罐，编号 PWM2∶1，贴墓道南壁侧置，仅存一大半，外表有较厚的烟炱，应属炊器。铜泡饰 2 件，分别编号 PWM2∶2、3，位于 PWM2∶D3 马头后部的南、北两侧，均直插，凸面朝外，可能是系在颈部的饰件。

（2）洞室遗物

洞室遗物主要放置于洞室东部，根据出土位置从上至下分为三层。

第一层遗物

第一层遗物位于洞室东南部和人体胸部（图2-29；彩版2-43：1），距第二层遗物和人体骸骨有厚0.06米以上的洞室回填土。东南部的遗物有铜泡饰、铜矛、铜铃等，沿洞室壁呈半环形分布。铜泡饰6件，出土于洞室东部和南部，洞室东部即颅骨东部3件，分别编号PWM2：4、5、6，三者放置于一起，其中PWM2：4平置，凹面朝上，PWM2：5直插，凹面朝东南部，PWM2：6直插，凹面朝东北部。洞室南部即胸南部4件，分别编号PWM2：9、10、11、25，PWM2：9平置，凹面朝下，PWM2：10直插，凹面朝南，PWM2：11斜平置，凹面斜向朝下，PWM2：25，斜插，凹面斜向朝下。铜铃和铜矛并排放置，位于颅骨南部，分别编号PWM2：7、8，铜铃铃纽朝东，铜矛柄内残存朽木柄，断裂面有矛刺，锋部朝东。人体胸部的遗物有铜环、铜剑、铜刀和铜牌饰，分布集中。铜环1件，编号PWM2：12，略压铜刀和铜剑；铜剑和铜刀相叠，分别编号PWM2：13、14，剑体粘连部分朽木，当时应有剑鞘，剑尖朝东，铜刀尖朝西。铜牌饰1件，标号PWM2：15放置铜剑和铜刀一侧，平置，正面朝上。

另外，在清理第一层遗物后，于洞室南壁发现铜泡饰1件，编号PWM2：25，斜插，凹面斜向朝下，与上层PWM2：9～11出土位置相同。

第二层遗物

第二层遗物有费昂斯饰件、玛瑙珠饰件、铜泡饰、骨镞、骨饰件等（图2-29；彩版2-43：2）。费昂斯、玛瑙珠和骨饰件主要出土于颅骨周围，可能是墓主人的项饰，统一编号PWM2：19。铜泡饰1件，编号PWM2：16，位于颅骨北部，平置，凹面朝上；骨镞1件，编号PWM2：17，位于PWM2：16的西北部，锋尖朝西北。另外，在脚趾骨处出土铜泡饰1件，编号PWM2：18，平置，凹面朝上。

第三层遗物

第三层遗物分布于洞室北部，沿洞室壁呈弧线形分布，均为铜泡饰，分别编号PWM2：21～24（图2-31；彩版2-43：3）。PWM2：21位于最东部，平置，凹面朝上；PWM2：22位于其西部，平置，凹面朝下；PWM2：23、24均平置，凹面朝下。

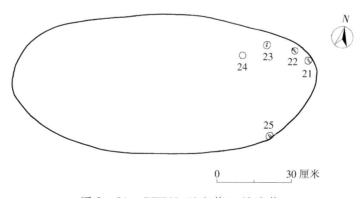

图2-31　PWM2洞室第三层遗物

2. 遗物的分类描述

PWM2 的遗物有陶器、铜器、骨器和石器等。

（1）陶器

单耳罐　1件。

PWM2：1，红褐色，夹细砂。手制，残。敛口，略束颈，腹上部略鼓，平底略弧。口外侧和腹上部间粘贴一竖耳，耳面宽扁，与耳相对的一侧器壁有较厚的烟炱。口径9.2、高11.6厘米（图2-32；彩版2-44：1）。

（2）铜器

有兵器、工具、服饰器和马车器等。

1）兵器

有剑、矛。

剑　1件。

PWM2：13，长方形柄，柄首呈横长方形；剑格半圆形；刃柳叶形，锋较尖，中脊圆凸。刃长9.8、通长14.8厘米（图2-32）。

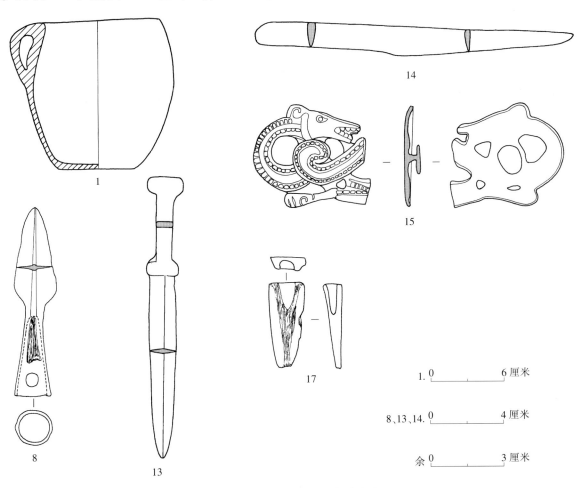

1

14

15

8

13

17

1. 0 ——— 6 厘米

8、13、14. 0 ——— 4 厘米

余 0 ——— 3 厘米

图 2-32　PWM2 出土陶罐和铜器

矛 1 件。

PWM2：8，合范铸造。两翼较薄，锋略秃，凸脊，脊与两翼间略凹；柄锥体形，临柄端一直径0.6厘米的铆孔，柄内残存一小段朽木柄。柄长5、通长10厘米（图2-32；彩版2-44：3）。

2）工具

刀 1 件。

PWM2：14，直柄，柄端弧角；窄刃，刃背略弧。刃长9.8、通长16.5厘米（图2-32；彩版2-44：4）。

3）服饰器

动物形牌饰 1 件。

PWM2：15，残。身躯弯转，头后顾口略张，颈和身躯间呈环状。颈部和身躯正面两侧饰连珠纹。底面略凹，中部一乳丁状纽。残长4.5、宽4厘米（图2-32，彩版2-45：1）。

4）车马器

17 件，有铃、泡饰和环。

铃 1 件。

PWM2：7，合范铸造，略残。扁圆筒形，桥状纽，纽下铃顶面一方形孔以通绳索系铃舌。铃舌骨质，似动物的指骨。铃面有四条长2、宽0.2厘米的纵长方形镂孔。径3~3.2、通高5.7厘米（图2-33；彩版2-45：2）。

泡饰 15 件，有纽在弧顶、纽座凹口、弧角长方形和带柄铜泡饰四种（图2-34；彩版2-46）。

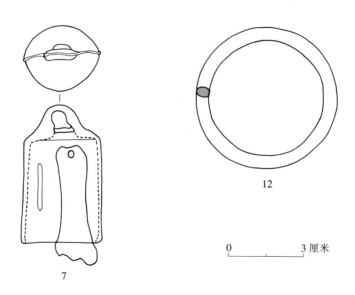

图 2-33 PWM2 出土铜铃、环

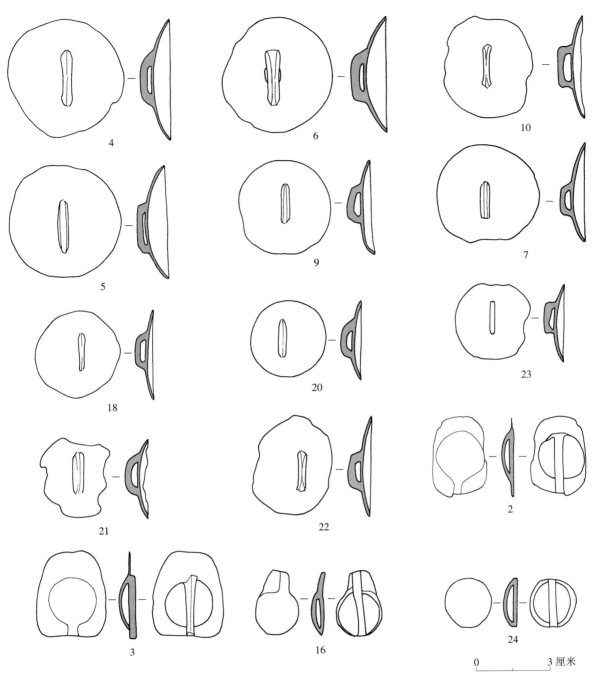

图 2 - 34　PWM2 出土铜泡饰

第一种铜泡饰　圆形，纽在弧顶部 11 件。

PWM2：4，圆形略残，弧线形纽。残径 4.4、高 1.7 厘米。

PWM2：5，圆形略扁，方形纽。直径 4.4、高 1.4 厘米。

PWM2：6，圆形略残，方形纽。直径 4.5、高 1.4 厘米。

PWM2：9，圆形，一侧因压略扁，半环状纽。直径 3.8、高 1.2 厘米。

PWM2：10，圆形略残，方形纽中部略凹。残径 3.4～4、残高 1.1 厘米。

PWM2：11，圆形略残，正面略弧，方形纽较高。直径 4、高 1.1 厘米。

PWM2：18，圆形略残，正面略弧，半环纽形较高。残径3.4、高1厘米。

PWM2：20，圆形略扁，方形纽略偏于一侧。直径2.9～3.1、高1厘米。

PWM2：21，残存中部，半环形纽。残径2.3～3.2、残高1厘米。

PWM2：22，残存中部，方形纽。残径2.9～3.9、残高1厘米。

PWM2：23，周缘大部残失；方形纽。残径2.8～3.2、残高1厘米。

第二种铜泡饰　圆形，纽焊接于凹口，1件。

PWM2：24，圆形，正面弧凸，底面内凹，凹口焊接条状直纽，纽略外突于凹口。直径1.9、高0.7厘米。

第三种铜泡饰　弧角长方形或梯形，正面中部弧凸，底面中部内凹，纽焊接于凹口，2件。

PWM2：2，呈弧角长方形，正面中部圆凸，底面中部内凹，凹口焊接条状直纽。长3.1、宽1.8～2.2、高0.7厘米。

PWM2：3，呈弧角梯形，正面中部圆凸，底面中部内凹，凹口焊接条状直纽。长3.4、宽1.8～2.6、高0.7厘米。

第四种铜泡饰　圆形，带柄，1件。

PWM2：16，圆形带柄，正面弧凸，底面内凹，凹口至柄端焊接条状直纽。长2.5、最宽1.8、高0.7厘米。

环　1件。PWM2：12，圆形，环体扁圆形，似手镯。外环径5.6、内环径4.7厘米（图2-33；彩版2-44：5）。

（3）骨器

仅出土骨镞1件。

PWM2：17，三棱形，椎体銎，锋残。残长3.4厘米（图2-32；彩版2-44：1）。

（4）费昂斯、玛瑙饰件

费昂斯饰件有片状饰、管状饰、腰鼓形饰、鼓形饰、小环状饰等，共57颗。玛瑙饰件均为玛瑙珠，共4颗（彩版2-48）。

费昂斯片状饰　1颗。

PWM2：19-30，呈长方形，通体光滑。正面和背面有隐形纵向脊；上、下两端略弧，中部一直径0.3厘米的穿孔，穿孔部略凸出；两侧略凹。长2.6、宽1.4、最厚0.7厘米（图2-35；从绳索结始逆时针方向第30颗；下同）。

费昂斯管状饰　4颗，形制基本相同，长短不一。呈圆柱状，密质光滑，两端对钻穿孔，孔径两端略大，中部较小（图2-35）。

PWM2：19-31，侧面略凹。穿孔径0.4、直径0.6、长1.6厘米。

PWM2：19-32，一端略残。穿孔径0.4、直径0.7、长1.4厘米。

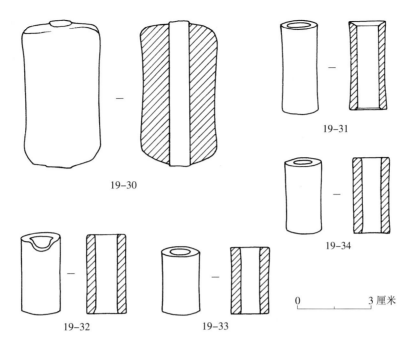

图 2 - 35 PWM2 出土费昂斯片状饰、管状饰

PWM2：19 - 33，侧面略粗糙。穿孔径 0.3、直径 0.7、长 1.2 厘米。

PWM2：19 - 34，侧面略凹。孔径 0.3、直径 0.7、长 1.3 厘米。

费昂斯腰鼓形饰 29 颗。呈腰鼓形，外表光滑，有的中部或一端略凸；两端对钻穿孔（图 2 - 36）。

PWM2：19 - 1，侧面中部略凸。穿孔径 0.2、直径 0.3 ~ 0.4、长 0.6 厘米。

PWM2：19 - 2，一端略小略残。穿孔径 0.2、直径 0.24 ~ 0.4、长 0.8 厘米。

PWM2：19 - 3，一端略小略残。穿孔径 0.2、直径 0.5 ~ 0.35、长 0.8 厘米。

PWM2：19 - 4，一端略小。穿孔径 0.25、直径 0.3 ~ 0.45、长 0.9 厘米。

PWM2：19 - 5，一端略小，另一端略残。穿孔径 0.2、直径 0.25 ~ 0.4、长 0.8 厘米。

PWM2：19 - 6，一端略小微残。穿孔径 0.25、直径 0.35 ~ 0.4、长 0.85 厘米。

PWM2：19 - 7，一端略小。穿孔径 0.25、直径 0.35 ~ 0.45、长 1.9 厘米。

PWM2：19 - 8，一端略残。穿孔径 0.2、直径 0.5 ~ 0.4、长 0.5 厘米。

PWM2：19 - 9，一端略小微残。穿孔径 0.5、直径 0.3 ~ 0.45、长 0.8 厘米。

PWM2：19 - 10，一端略小。穿孔径 0.22、直径 0.27 ~ 0.45、长 0.85 厘米。

PWM2：19 - 11，一端略小微残。穿孔径 0.2、直径 0.25 ~ 0.4、长 0.85 厘米。

PWM2：19 - 12，侧面中部略鼓。穿孔径 0.22、直径 0.3 ~ 0.35、长 0.75 厘米。

PWM2：19 - 13，中部偏下外鼓。穿孔径 0.21、直径 0.25 ~ 0.4、长 0.65 厘米。

PWM2：19 - 14，一端略小，较长略斜。穿孔径 0.23、直径 0.25 ~ 0.4、长 1 厘米。

PWM2：19 - 15，一端略残。穿孔径 0.25、直径 0.3 ~ 0.45、长 0.95 厘米。

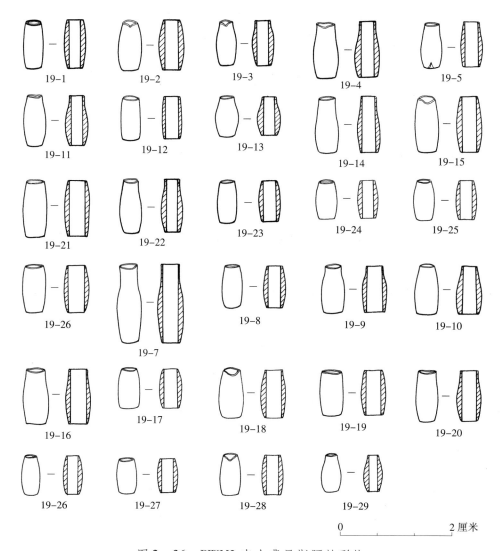

图 2-36 PWM2 出土费昂斯腰鼓形饰

PWM2：19-16，一端略细，微残。穿孔径 0.26、直径 0.3~0.45、长 0.85 厘米。

PWM2：19-17，穿孔径 0.23、直径 0.26~0.4、长 0.7 厘米。

PWM2：19-18，一端略残。穿孔径 0.26、直径 0.3~0.45、长 0.8 厘米。

PWM2：19-19，一端略残。穿孔径 0.25、直径 0.3~0.45、长 0.75 厘米。

PWM2：19-20，一端略细略残。穿孔径 0.25、直径 0.3~0.45、长 0.9 厘米。

PWM2：19-21，穿孔径 0.3、直径 0.35~0.45、长 1 厘米。

PWM2：19-22，一端较细略残。穿孔径 0.2、直径 0.3~0.4、长 0.9 厘米。

PWM2：19-23，穿孔径 0.2、直径 0.28~0.4、长 0.75 厘米。

PWM2：19-24，穿孔径 0.2、0.25~0.35、长 0.65 厘米。

PWM2：19-25，一端略残。穿孔径 0.2、直径 0.25~0.3、长 0.7 厘米。

PWM2：19-26，一端略残。穿孔径 0.2、直径 0.2~0.35、长 0.7 厘米。

PWM2：19－27，穿孔径0.2、直径0.25～0.35、长0.6厘米。

PWM2：19－28，一端略残。穿孔径0.2、直径0.25～0.35、长0.7厘米。

PWM2：19－29，一端较细。穿孔径0.15、直径0.2～0.35、长0.6厘米。

费昂斯鼓形饰　5颗。形似搔鼓，较粗短；侧面中部弧凸；中部一较大的穿孔（图2－37）。

PWM2：19－39，穿孔径0.3、直径0.4～0.55、长0.4厘米。

PWM2：19－40，穿孔径0.3、直径0.35～0.6、长0.4厘米。

PWM2：19－41，一端略残。穿孔径0.28、直径0.3～0.5、长0.35厘米。

PWM2：19－42，一端略残。穿孔径0.25、直径0.3～0.45、长0.3厘米。

PWM2：19－43，一端略残。穿孔径0.26、直径0.3～0.5、长0.25厘米。

费昂斯环状饰　18颗，形制与费昂斯鼓形饰相同，但较鼓形饰小、薄，是非常小的一种饰件。外表光滑，中部穿孔孔径较大；大部略残（图2－37）。

PWM2：19－44，穿孔径0.25、直径0.25～0.35、长0.23厘米。

PWM2：19－45，穿孔径0.2、直径0.28～0.35、长0.2厘米。

PWM2：19－46，穿孔径0.18、直径0.2～0.33、长0.22厘米。

PWM2：19－47，穿孔径0.2、直径0.25～0.35、长0.2厘米。

PWM2：19－48，穿孔径0.2、直径0.2～0.33、长0.22厘米。

PWM2：19－49，穿孔径0.2、直径0.2～0.33、长0.25厘米。

PWM2：19－50，穿孔径0.22、直径0.22～0.35、长0.2厘米。

PWM2：19－51，穿孔径0.2、直径0.22～0.33、长0.2厘米。

PWM2：19－52，穿孔径0.18、直径0.18～0.35、长0.25厘米。

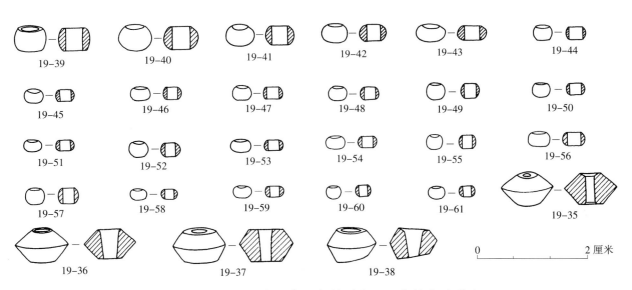

图2－37　PWM2出土费昂斯鼓形饰、环状饰和玛瑙珠

PWM2∶19－53，穿孔径 0.2、直径 0.2～0.35、长 0.2 厘米。

PWM2∶19－54，穿孔径 0.19、直径 0.19～0.32、长 0.2 厘米。

PWM2∶19－55，穿孔径 0.18、直径 0.18～0.3、长 0.24 厘米。

PWM2∶19－56，穿孔径 0.24、直径 0.24～0.35、长 0.25 厘米。

PWM2∶19－57，穿孔径 0.2、直径 0.2～0.35、长 0.26 厘米。

PWM2∶19－58，穿孔径 0.19、直径 0.19～0.26、长 0.19 厘米。

PWM2∶19－59，穿孔径 0.19、直径 0.19～0.33、长 0.2 厘米。

PWM2∶19－60，穿孔径 0.15、直径 0.15～0.25、长 0.2 厘米。

PWM2∶19－61，穿孔径 0.15、直径 0.15～0.3、长 0.2 厘米。

玛瑙珠　4 颗，深红色，形制相同，大小略异。呈鼓形，外侧中部一周横向折棱；两端面留存钻孔形成的冰裂痕（图 2－37）。

PWM2∶19－35，上、下两端面各一对钻形成的浅圆穴。穿孔径 0.15～0.3、直径 0.3～0.95、长 0.55 厘米。

PWM2∶19－36，从一端面钻孔，孔径剖面呈梯形。穿孔径 0.25～0.38、直径 0.38～0.9、长 0.52 厘米。

PWM2∶19－37，从一端面钻孔，孔径剖面呈梯形。穿孔径 0.2～0.25、直径 0.55～0.95、长 0.55 厘米。

PWM2∶19－38，从一端面钻孔，留存钻孔时形成的浅圆穴；两端面倾斜。穿孔径 0.2～0.55、直径 0.55～0.85、长 0.55 厘米。

（四）葬式

PWM2 为单人葬，人体骸骨保存较差，部分骨骼残朽。由于洞室坡度较大，骨骼前倾。从骨骼出土位置分析，为仰身直肢，头朝东略朝北，头部低于脚部。经鉴定是一位 2～3 岁的幼童，可能为男性。未发现葬具，也未发现使用葬具的痕迹。

PWM2 的墓葬过程经历了以下几个连续的阶段：挖掘墓穴→放置洞室第三层遗物→放置尸骸→回填→放置洞室第二层遗物→回填→放置洞室第一层遗物→回填洞室至墓道→放置殉牲→放置墓道遗物→回填。由于墓道上部被推毁，难以判断是否有起坟丘的习俗。

三　PWM3

PWM3 位于王大户村春秋战国墓地的东南部，与 M2 南北并列，两者相距 1.50 米。

（一）墓葬形制

PWM3 为凸字形竖井洞室墓，东西向，方向 88°，由竖穴墓道和洞室两部分构成（图

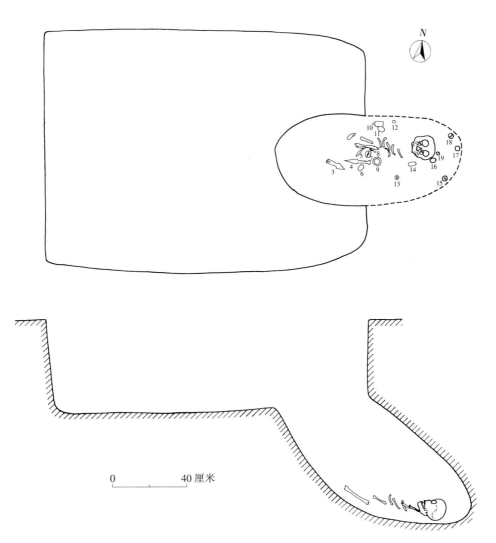

图 2 – 38　PWM3 平、剖面图

2 – 38；彩版 2 – 49）。

1. 墓道

墓道位于洞室西部，平面略呈梯形，东、西壁壁面平直，南、北壁壁面不平。墓道口略大于墓道底。墓道口东西长 1.75、南北宽 1 ~ 1.25 米，墓道底东西长 1.60、南北宽 0.90 ~ 1.18、残深 0.44 ~ 0.50 米。

墓道内放置殉牲和少量的遗物，因此兼有殉牲坑的功能。墓道填土为挖掘墓道和洞室形成的花土，土质疏松，除殉牲和遗物外，未发现其他包含物。

2. 洞室

洞室位于墓道底中东部略偏南，系从墓道底中东部略偏南直接东向斜下掏挖而成，东西径 0.40、南北径 0.48 米。洞室底部呈斜坡，西半部较陡，坡度 54°，长 0.75 米，中部略凹，南北两侧略高；东半部略呈斜坡，长 0.45 米。洞室底部的宽度自西向东渐窄，最宽 0.48 米，至东壁处呈尖圆形；洞室南、北壁壁面倾斜，东壁呈尖圆形；顶拱形。洞室最高处位于洞室中部，高 0.50 米，洞室壁面均粗糙不平，未发现修整痕和工具痕。

洞室填土为挖掘墓道和洞室形成的花土，土质疏松，除人体骸骨和遗物外，未发现其他包含物（图 2 - 39）。

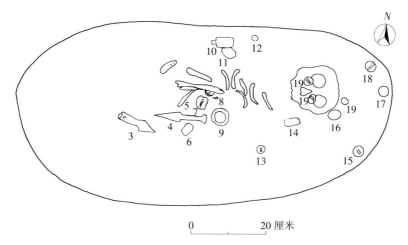

图 2 - 39　PWM3 洞室内出土遗物平面分布图

（二）殉牲

PWM3 共殉葬马、牛、羊的头骨 11 件，其中马头 4 件，牛头 3 件，羊头 4 件（图 9.2；彩版 2 - 50：1）。尽管大部分头骨出土时保存较差，但骨骼的组织结构完整，系一次性宰杀殉葬，放置于墓道填土上，其下有厚 0.20 米左右的墓道回填土。

1. 殉牲的位置

殉牲放置于墓道填土中，较分散，未分层放置。根据殉牲的放置位置，将 M2 的殉牲分为东部、中部和西部殉牲三部分（图 2 - 40；彩版 2 - 50：2）。

（1）东部殉牲

东部殉牲位于墓道东北部，共有马、牛、羊头 5 件，其中马头 3 件，牛头和羊头各 1 件。

马头分别编号 PWM3：D7 ~ D9，PWM3：D7 直插，吻部朝下，面部朝西北；PWM3：D8 直插，吻部朝下，面部朝东；PWM3：D9 直插，吻部朝下，面部朝西北。

牛头编号 PWM3：D10，位于 PWM3：D9 马头的西部，平置，吻部朝东。

羊头编号 PWM3：D11，位于 PWM3：D10 的南部，倒置，吻部朝西，面部朝下。由于村民犁地，头骨保存较差，均残破，部分骨骼残失。

（2）中部殉牲

中部殉牲仅羊头 1 件，编号 PWM3：D6，与 PWM3：D11 南北相对，倒置，吻部朝西，面部朝下，保存较差。

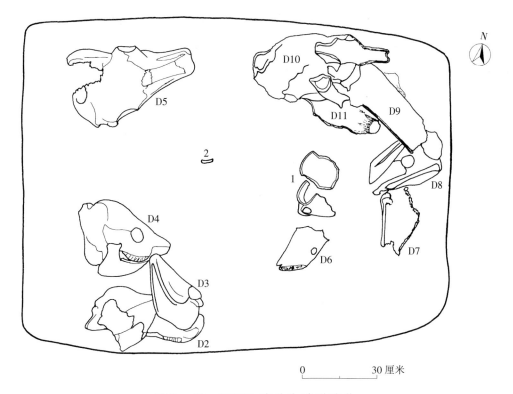

0 ——————— 30 厘米

图 2-40　PWM3 殉牲和墓道遗物

（3）西部殉牲

西部殉牲共 5 件，放置于墓道西部，其中马头 1 件，牛头和羊头各 2 件。牛头和羊头集中放置于墓道西南部，临墓道南壁。

羊头编号 PWM3：D2、D3，PWM3：D2 倒置，吻部朝东，面部朝下；PWM3：D3 叠压 PWM3：D2、D4，侧置，吻部朝北，面部朝东。

牛头编号 PWM3：D1、D4，PWM3：D1 斜插，吻部斜朝下，面部朝东；PWM3：D4，放置情况与 PWM3：D1 相同。

马头编号 PWM3：D5，位于墓道西北部临墓道北壁处，平置，吻部朝东。由于村民犁地的破坏，头骨保存较差。

2．殉牲的种类

殉牲动物共 11 件，为马、牛和羊的头骨，结构完整。但由于骨质薄、脆，大部分头骨在清理、搬运和室内清理过程中残为碎块或碎片。

（1）马（*Equus* sp.）

①记述

PWM3：D5，属同一个体的头骨残块 20 件，带 I 和完整齿列的左、右上颌骨各 1 件，带 I 和完整齿列的左、右下颌骨各 1 件，脱落的门齿 1 枚。无犬齿，应为雌性个体。牙齿均未磨蚀，为一幼年个体。

PWM3：D7，属同一个体的头骨残块 12 件，带 P^1—M^1 的左、右上颌骨各 1 件，带 P_2—M_1 的左、右下颌骨各 1 件。无犬齿，可能因为是幼年个体，犬齿尚未长出。

PWM3：D8，属同一个体的头骨残块 30 件，带 P^2—M^2 的左、右上颌骨各 1 件，带 P_2—M_1 的左、右下颌骨各 1 件。无犬齿，可能因为是幼年个体，犬齿尚未长出。

PWM3：D9，属同一个体的头骨残块 20 件，带 P^2—M^2 的左、右上颌骨各 1 件，带 P_2—M_3 的左、右下颌骨各 1 件，单个的 I 1 枚。无犬齿，可能因为是幼年个体，犬齿尚未长出。

②测量

马上颊齿测量（单位：mm；标本数：N）

P^2—M^3 长	150—147	（N = 3）
P^2 长	38. 5—33	（N = 4）
宽	23—16. 4	（N = 4）
P^3 长	30—26	（N = 4）
宽	25—19	（N = 4）
P^4 长	33—23. 7	（N = 4）
宽	25—20	（N = 4）
M^1 长	30—21	（N = 4）
宽	24. 2—22	（N = 3）
M^2 长	29—21	（N = 2）
宽	23—22	（N = 2）
M^3 长	22. 8	（N = 1）
宽	20. 5	（N = 1）

马下颌和下颊齿测量（单位：mm；标本数：N）

下颌骨长	？	
下颌骨垂直高	220	（N = 1）
下前颌长	55	（N = 1）
P_2—M_3 长	145—143	（N = 2）
P_2 长	35. 5—28	（N = 4）
宽	15. 2—13	（N = 4）
P_3 长	31—23	（N = 4）
宽	16. 5—14. 5	（N = 4）
P_4 长	34—23	（N = 4）
宽	16. 5—12	（N = 4）

M₁ 长	31. 5—20	（N = 3）
宽	15. 8—14	（N = 3）
M₂ 长	28. 5—21. 2	（N = 2）
宽	15. 2—9	（N = 2）
M₃ 长	27	（N = 1）
宽	14	（N = 1）

（2）牛（*Bos* sp. ）

①记述

PWM3：D1，同一个体的头骨残块 25 件，带 dp^4—M^3 左上颌骨 1 件，右 dp^4—M^3 的单个牙齿各 1 枚，P_2—M_3 的左、右下颌骨各 1 件。dp^4、dp_4 均未换，P^2 刚磨蚀，M^3 刚刚萌出。M_1 刚磨蚀，M_2 尚在齿槽中，M_3 未出。为一幼年个体。

PWM3：D4，同一个体的头骨残块 25 件，带 P^4—M^3 的左、右上颌骨各 1 件，带 P_2—M_2 的左、右下颌骨各 1 件。同属于一个个体，骨头风化严重，P^4 有两个新月形脊，为长方形，dp_4 未换，M_2 刚刚萌出，M_3 尚未出，为一幼年个体（彩版 2 - 51）。

PWM3：D10，同一个体的头骨残块 45 件，残破角 1 件，带 P^4—M^3 的右上颌骨 1 件，单个的 P^2 1 枚和 P_4、M_1、M_2、M_3 各 1 枚，带 P_3—M_3 左下颌骨 1 件，带 P_2—M_3 的右下颌骨 1 件。属于一个个体，骨骼风化比较严重。M^3 和 M_3 已出，经过一定的磨蚀，为一中年个体。

②测量

牛上颊齿测量（单位：mm；标本数：N）

P^2—M^3 长	?	
P^2 长	18	（N = 1）
宽	13. 5	（N = 1）
P^3 长	?	
宽	?	
P^4 长	22. 5—14. 5	（N = 3）
宽	18. 5—16	（N = 3）
M^1 长	23—19	（N = 3）
宽	22—18. 4	（N = 3）
M^2 长	27—22	（N = 3）
宽	23. 2—18	（N = 3）
M^3 长	28—26. 51	（N = 3）
宽	23—13	（N = 3）

牛下颌骨和下颊齿的测量（单位：mm；标本数：N）

下颌骨长	315—255	（N＝2）
下颌垂直支高	210	（N＝1）
下前颌长	40	（N＝1）
P_2—M_3 长	125	（N＝1）
P_2 长	10. 05—9	（N＝2）
宽	9—7	（N＝2）
P_3 长	17—16	（N＝2）
宽	12.1—8	（N＝2）
P_4 长	28—17. 5	（N＝3）
宽	13. 20—9. 5	（N＝3）
M_1 长	29—20	（N＝3）
宽	14—12	（N＝3）
M_2 长	26—20. 5	（N＝3）
宽	15—10	（N＝3）
M_3 长	37—27. 0	（N＝3）
宽	15—11	（N＝3）

（3）绵羊（*Ovis* sp. ）

①记述

PWM3：D3，雌性头骨碎块 3 件，属同一个体的颌骨碎骨 1 件，带 M^3 的右上颌骨 1 件，带 P_3、M_2、M_3 的左下颌骨 1 件，带 P_3—M_3 的右下颌骨 1 件。同属于一个个体，均为恒齿，M^2、M_2 和 M^3、M_3 磨蚀严重，为一老年个体。

②测量

绵羊上颊齿测量（单位：mm；标本数：N）

M^2 长	12	（N＝1）
宽	13. 1	（N＝1）
M^3 长	21	（N＝1）
宽	12. 3	（N＝1）

绵羊下颌骨和下颊齿的测量（单位：mm；标本数：N）

下颌骨长	155	（N＝1）
下颌垂直支高	100	（N＝1）
下前颌长	?	
P_3—M_3 长	61. 5	（N＝1）

P$_3$ 长	10	（N = 1）
宽	6.5	（N = 1）
P$_4$ 长	9	（N = 1）
宽	5.6	（N = 1）
M$_1$ 长	11	（N = 1）
宽	6.3	（N = 1）
M$_2$ 长	12.8	（N = 1）
宽	9.6	（N = 1）
M$_3$ 长	24.6	（N = 1）
宽	9	（N = 1）

（4）羊（Caprinae gen. et sp. indet.）

①记述

PWM3：D2，头骨碎快 8 件，同一个体的带 P$_2$—M$_1$ 的左下颌骨 1 件，带 P$_3$—M$_1$ 的右下颌骨 1 件，脱落的上颊齿 4 枚，脱落的左、右 dp$_4$ 各 1 枚和 P$_3$、M$_1$ 各 1 枚。同属于一个个体，上颊齿刚刚磨蚀，dp$_4$ 刚换，M$_1$ 刚出未磨蚀，为一幼年个体。

PWM3：D6，头骨碎块 5 件，属同一个体的脱落的上颊齿 4 枚，带 P$_4$—M$_3$ 的右下颌骨 1 件，脱落的左 M$_1$ 和 M$_3$ 各 1 枚。同属于一个个体，均为恒齿，M^2、M$_2$ 和 M^3、M$_3$ 磨蚀严重，为一老年个体。

PWM3：D11，头骨碎块 3 件，脱落的上颊齿 4 枚，带 P$_2$—M$_3$ 左、右下颌骨各 1 件，脱落的下 I 1 枚。同属于一个个体，牙齿全部为恒齿，M^1 磨蚀得较重，M^2、M^3 和 P$_4$、M$_1$ 磨蚀得较重，其他牙齿均中等磨蚀，为一青年个体（彩版 2 - 52）。

②测量

羊上颊齿测量（单位：mm；标本数：N）

P^2—M^3 长

P^2 长	9	（N = 1）
宽	7.1	（N = 1）
P^3 长	11	（N = 1）
宽	9	（N = 1）
P^4 长	13	（N = 1）
宽	11	（N = 1）
M^1 长	18	（N = 1）
宽	10	（N = 1）
M^2 长	16	（N = 1）

宽	11. 2	（N = 1）

M³ 长

　　　 宽

羊下颌骨和下颊齿的测量（单位：mm；标本数：N）

下颌骨长	140	（N = 1）
下颌垂直支高	80	（N = 1）
P_2—M_3 长	73	（N = 1）
P_2 长	6—5. 5	（N = 2）
宽	4. 7—3. 2	（N = 2）
P_3 长	10—8	（N = 2）
宽	6—5. 5	（N = 2）
P_4 长	16—9. 5	（N = 4）
宽	7. 9—7	（N = 4）
M_1 长	16—11	（N = 3）
宽	9—8. 8	（N = 3）
M_2 长	15. 2—13	（N = 2）
宽	9—8. 8	（N = 2）
M_3 长	26—23	（N = 2）
宽	10—9. 2	（N = 2）

PWM3 殉葬的动物标本记述和测量的共 11 件，有马头、牛头和羊头。马头 4 件，均为幼年个体。牛头 3 件，其中幼年个体 2 件，中年个体 1 件。绵羊 1 件，为老年雌性个体（因过于残碎而未能测量）；羊头 3 件，其中幼年、青年和老年个体各 1 件。

（三）遗物

1. 遗物的位置

PWM3 共出土遗物 20 件，分别放置于墓道和洞室，以洞室为主。

（1）墓道遗物

墓道共出土遗物 2 件，与殉葬的动物头骨同层，分别为陶罐和铜泡饰。陶罐 PWM3：1，位于墓道中部，出土时为破裂的两半，平卧，罐口朝西。铜泡饰 PWM3：2 位于墓道中部偏西，直插，凹面朝南（图 2 - 40；彩版 2 - 50：2）。

（2）洞室遗物

洞室共出土遗物 18 件，分布于人体骸骨之上及颅骨南北两侧、洞室北部（图 2 - 39；彩版 2 - 53）。由于骸骨严重腐朽，骸骨之上的遗物塌陷于底部，致使洞室内的遗物难以明确的分层。颅骨东部出土铜泡饰4件，分别编号PWM3：15～18，PWM3：15、18位于颅骨东部，南北布列，均平置，凹面朝下；PWM3：17位于颅骨最东，平置，凹面朝上；PWM3：16位于颅骨东侧，斜插，凹面朝南。颅骨上部和东部出土片状费昂斯饰件，统一编号PWM3：19，可能是墓主人的头部饰件。胸骨北部临洞室北壁出土遗物3件，分别为铜铃和铜泡饰，铜铃1件，编号PWM3：10，侧置，纽朝东；铜泡饰2件，分别标号PWM3：11、12，均平置，前者凹面朝上，后者凹面朝下。胸骨南部出土遗物2件，分别为铜锛和铜泡饰，铜锛编号PWM3：14，平置，銎部朝西，銎内残存朽木柄，断裂面带毛刺；铜泡饰编号PWM3：13，平置，凹面朝下。身躯部出土遗物6件，有铜环、铜剑、铜锥、铜带饰、铜泡饰等。铜剑1件，编号PWM3：4，平置，剑尖朝西；铜环1件，编号PWM3：9，平置；铜锥1件，编号PWM3：5，平置，尖部朝西南；铜带饰2件，编号PWM3：6、7，平置，正面朝上；铜泡饰1件，编号PWM3：8，平置，凹面朝下。脚西出土铜矛和铁器各1件，铜矛1件，编号PWM3：3，平置，锋朝东；铁器编号PWM3：20，严重锈蚀，形制不辨。

从遗物的出土位置分析，PWM3：19可能是墓主人的头部装饰，与尸骸同时葬入；颅骨东部的PWM3：15～18、脚部的PWM3：20可能最早放置，胸骨南北两侧的遗物可能次之，骸骨偏南部的遗物可能最后放置。

2. 遗物的分类描述

PWM3出土遗物20件，根据质地分为陶器、铜器、铁器和费昂斯饰件等，未发现骨器。

（1）陶器

单耳罐 1件。

PWM3：1，红褐色，夹细砂，手制。敞口，方唇，束颈，腹上部略鼓，平底。口外侧和腹上部间粘贴一竖耳，耳面宽扁。口沿外侧和耳面上部用刀刻划间距不一的竖线纹；外表有较厚的烟炱。口径9、底径6.8、高11.8厘米（图2－41；彩版2－53：5）。

（2）铜器

17件，有兵器、工具、服饰器和车马器等。

1）兵器

有剑和矛。

剑 1件。

PWM3：4，长方形柄，柄首方形；柳叶形刃，中脊略凸，锋略秃。因外力中部弯折近直角。展开通长15厘米（图2－41；彩版2－54：1）。

矛 1件。

PWM3：3，柳叶形翼，锋较锐，中脊圆凸。椎体形銎，外侧有相对的铆孔，因残孔径

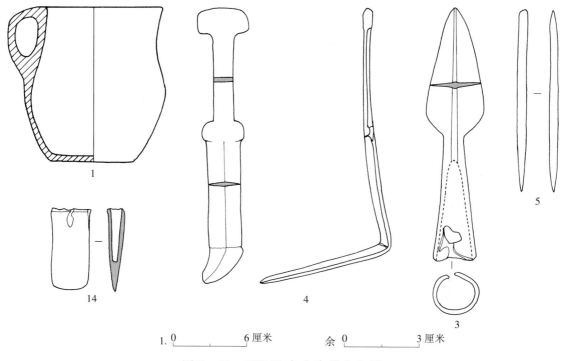

1. 0   6厘米   余 0   3厘米

图 2－41　PWM3 出土陶罐和铜器

较大。合范铸造，两侧留存范痕。銎径1.5、柄长5厘米，通长9.9厘米（图2－41；彩版2－54：2）。

2）工具

有锛和锥。

锛　1件。

PWM3：14，双面刃，长方形銎，正面和背面上部有相对的长0.3、宽0.2厘米的铆孔。合范铸造。銎长1.5、宽0.5厘米，长3.2、宽1.4厘米（图2－41；彩版2－54：4）。

锥　1件。

PWM3：5，方柱体，一端尖锋，一端斜刀刃，实为锥、刀合体。长7.3厘米（图2－41；彩版2－54：3）

3）服饰器

有带饰和环。

带饰　2件，有鸟纹和连珠纹两种。

鸟纹带饰　1件。

PWM3：6，残存一半。正面中部横圆凸，其下部饰变体鸟纹；圆凸部底面内凹，凹口中部一纵向半圆形纽。残长3.3、宽2.4厘米（图2－42；彩版2－55：1）。

连珠纹带饰　1件。

PWM3：7，呈纵长方形，由两排连珠纹相连组成，正面饰勾连的"S"形纹，底面内凹。长3.3、宽2.2、厚0.3厘米（图2－42；彩版2－55：2）。

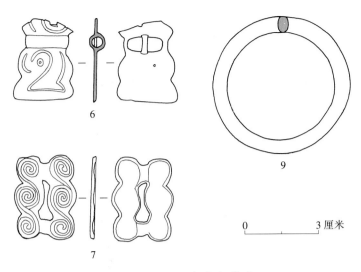

0 　　　　　　3 厘米

图 2 - 42　PWM3 出土铜带饰、环

4）车马器

有铃、泡饰和环。

铃　1 件。

PWM3：10，合范制作，筒状略扁；略残。半圆环形纽，其下一长方形穿孔以系铃舌。铃舌骨质，似动物的趾骨，顶端有一系绳索的穿孔。径 2.8 ~ 3.2、通高 5.4 厘米（图 2 - 43；彩版 2 - 55：3）。

环　1 件。

PWM3：9，圆形，环体扁圆形。内径 4.4、外径 5.4 厘米（图 2 - 42；彩版 2 - 55：4）。

泡饰　9 件，有纽在弧顶部、纽在凹口和筒状三种（图 2 - 43；彩版 2 - 56）。

第一种：纽在弧顶部铜泡饰，圆形，正面弧凸，底面内凹，5 件。

PWM3：11，略扁，方形纽底平。直径 4.4 ~ 4.5、高 0.8 厘米。

PWM3：15，形制、大小与 PWM3：11 同，系同一模具制作。

PWM3：16，残。方形纽较高。残径 4、高 1.4 厘米。

PWM3：17，残。方形纽较高。残径 4.2、残高 1.2 厘米。

PWM3：18，残，方形纽较高。残径 4、残高 1.2 厘米。

第二种：纽在凹面铜泡饰，圆形，纽位于凹口，2 件，

PWM3：2，圆形略扁，正面略弧凸，底面内凹，凹口中部一较高的圆角方纽，纽外凸于凹口。径 5.6 ~ 6.2、高 0.6 厘米。

PWM3：8，圆形，正面弧凸，中部饰一周阴弦纹，其周围饰竖条纹。底面内凹，凹面偏一侧焊接扁条状直纽。直径 1.7、高 0.6 厘米。

第三种：圆筒状，纽位于筒内中部，2 件。

PWM3：12，顶面略弧凸，凹口略大于顶面，纽位于筒内中部。顶径 1.1、口径 1.3、

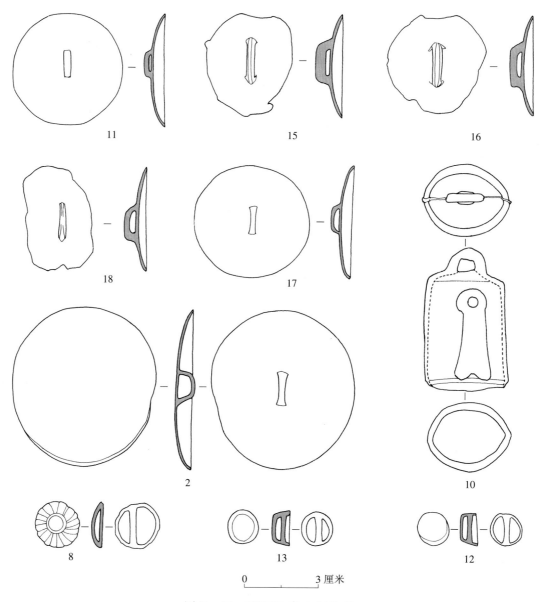

图 2-43 PWM3 出土铜泡饰

高 0.8 厘米。

PWM3∶13 的形制、大小与 PWM3∶12 相同。

（3）铁器

1 件。

PWM3∶20，长条形，严重锈蚀，一面粘连布纹。残长 6.9 厘米（图 2-44；彩版 2-55∶5）。

（4）费昂斯、玛瑙珠饰件

费昂斯饰件有片状、管状和腰鼓形饰等，共 106 件，玛瑙珠 5 件（彩版 2-57）。

费昂斯片状饰 5 件，椭圆形，通体光滑（图 2-45）。

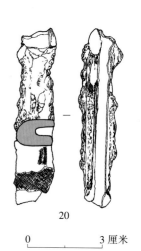

图 2-44 PWM3
出土铁器

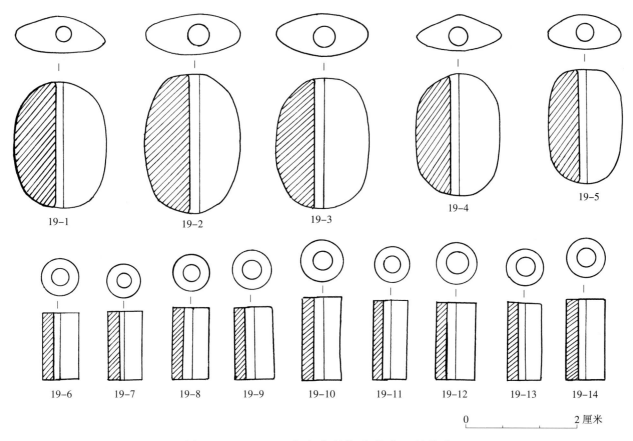

图 2-45　PWM3 出土费昂斯片状饰、管状饰

PWM3：19－1，一面略外凸，穿孔两端略大。长 2.3、宽 1.6、厚 0.6 厘米，孔径 0.2 ~0.25 厘米。

PWM3：19－2，穿孔两端略大。长 2.2、宽 1.7、厚 0.7 厘米，孔径 0.3 ~0.4 厘米。

PWM3：19－3，穿孔两端略大。长 2.3、宽 1.6、厚 0.7 厘米，孔径 0.3 ~0.35 厘米。

PWM3：19－4，一面有一竖向脊；穿孔一端略大。长 2.15、宽 1.5、厚 0.6 厘米，孔径 0.3 ~0.35 厘米。

PWM3：19－5，一面略外凸；穿孔两端略大。长 2、宽 1.6、厚 0.6 厘米，孔径 0.2 ~0.3 厘米。

费昂斯管状饰　9 件。圆管形，通体光滑，中部一竖向穿孔（图 2-45）。

PWM3：19－6，直径 0.7、长 1.15 厘米，孔径 0.2 厘米。

PWM3：19－7，穿孔一端向另一端渐窄。直径 0.7、长 1.2 厘米，孔径 0.15 ~0.2 厘米。

PWM3：19－8，直径 0.65、长 1.25 厘米，孔径 0.3 厘米。

PWM3：19－9，直径 0.7、长 1.2 厘米，孔径 0.3 厘米。

PWM3：19－10，侧面略内凹。直径 0.7、长 1.45 厘米，孔径 0.3 厘米。

PWM3：19－11，直径0.6、长1.4厘米，孔径0.3厘米。

PWM3：19－12，直径0.7、长1.4厘米，孔径0.3厘米。

PWM3：19－13，直径0.6、长1.4厘米，孔径0.25厘米。

PWM3：19－14，直径0.7、长1.4厘米，孔径0.25厘米。

费昂斯腰鼓形饰　92件，腰鼓形，较小，通体光滑，中部一竖向穿孔（图2－46、47）。

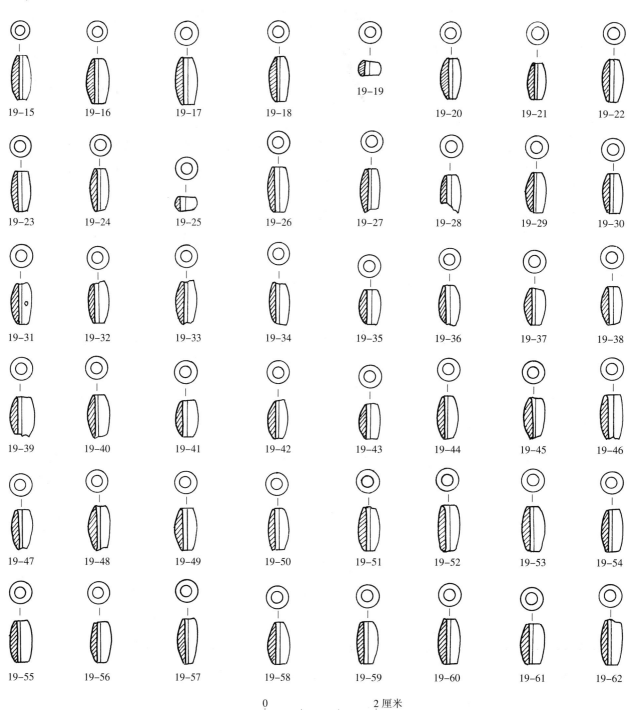

图2－46　PWM3出土费昂斯腰鼓形饰

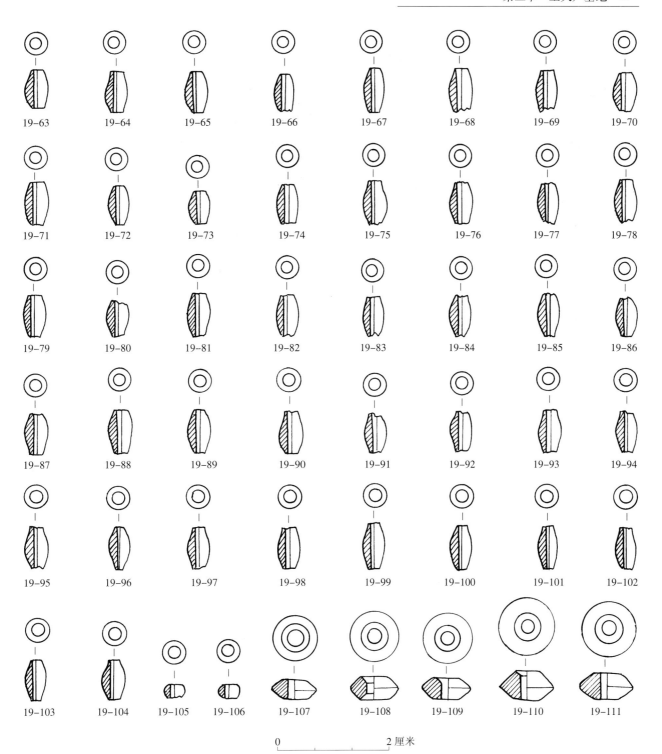

图 2 - 47　PWM3 出土费昂斯腰鼓形饰、玛瑙珠

PWM3：19 - 15，略残，直径 0. 2 ~ 0. 35、长 0. 7 厘米，孔径 0. 1 厘米。

PWM3：19 - 16，一端略残。直径 0. 25 ~ 0. 4、长 0. 8 厘米，孔径 0. 15 厘米。

PWM3：19 - 17，两端略残。直径 0. 25 ~ 0. 4、长 0. 8 厘米，孔径 0. 15 厘米。

PWM3：19 - 18，两端略残。直径 0. 2 ~ 0. 35、长 0. 8 厘米，孔径 0. 1 厘米。

PWM3：19 – 19，低矮，一端倾斜；略残。直径 0.3 ~ 0.4、长 0.2 厘米，孔径 0.2 厘米。

PWM3：19 – 20，两端略残。直径 0.15 ~ 0.4、长 0.7 厘米，孔径 0.15 厘米。

PWM3：19 – 21，两端略残。直径 0.2 ~ 0.35、长 0.7 厘米，孔径 0.1 厘米。

PWM3：19 – 22，一端略残。直径 0.2 ~ 0.35、长 0.75 厘米，孔径 0.2 厘米。

PWM3：19 – 23，两端略残。直径 0.2 ~ 0.35、长 0.75 厘米，孔径 0.15 厘米。

PWM3：19 – 24，一端略残。直径 0.2 ~ 0.35、长 0.75 厘米，孔径 0.1 厘米。

PWM3：19 – 25，低矮，一端倾斜。直径 0.25 ~ 0.4、长 0.25 厘米，孔径 0.2 厘米。

PWM3：19 – 26，直径 0.2 ~ 0.35、长 0.6 厘米，孔径 0.15 厘米。

PWM3：19 – 27，一端残。直径 0.2 ~ 0.4、长 0.75 厘米，孔径 0.1 厘米。

PWM3：19 – 28，一端残。直径 0.2 ~ 0.35、残长 0.65 厘米，孔径 0.15 厘米。

PWM3：19 – 29，略残。直径 0.2 ~ 0.35、长 0.7 厘米，孔径 0.1 厘米。

PWM3：19 – 30，略残。直径 0.2 ~ 0.35、长 0.7 厘米，孔径 0.1 厘米。

PWM3：19 – 31，略残。直径 0.2 ~ 0.35、长 0.75 厘米，孔径 0.1 厘米。

PWM3：19 – 32，一端残。直径 0.2 ~ 0.35、长 0.6 厘米，孔径 0.15 厘米。

PWM3：19 – 33，两端残。直径 0.2 ~ 0.35、长 0.75 厘米，孔径 0.1 厘米。

PWM3：19 – 34，一端略残。直径 0.25 ~ 0.35、长 0.75 厘米，孔径 0.15 厘米。

PWM3：19 – 35，一端略残。直径 0.25 ~ 0.4、长 0.6 厘米，孔径 0.15 厘米。

PWM3：19 – 36，一端残。直径 0.2 ~ 0.4、长 0.7 厘米，孔径 0.1 厘米。

PWM3：19 – 37，一端略残。直径 0.2 ~ 0.4、长 0.65 厘米，孔径 0.1 厘米。

PWM3：19 – 38，略残。直径 0.2 ~ 0.35、长 0.65 厘米，孔径 0.1 厘米。

PWM3：19 – 39，一端残。直径 0.2 ~ 0.45、长 0.7 厘米，孔径 0.1 厘米。

PWM3：19 – 40，一端略残。直径 0.25 ~ 0.4、长 0.65 厘米，孔径 0.1 厘米。

PWM3：19 – 41，一端略残。直径 0.25 ~ 0.4、长 0.7 厘米，孔径 0.15 厘米。

PWM3：19 – 42，两端略残。直径 0.2 ~ 0.35、长 0.7 厘米，孔径 0.1 厘米。

PWM3：19 – 43，两端略残。直径 0.2 ~ 0.35、长 0.65 厘米，孔径 0.15 厘米。

PWM3：19 – 44，一端略残。直径 0.2 ~ 0.4、长 0.75 厘米，孔径 0.1 厘米。

PWM3：19 – 45，两端略残。直径 0.2 ~ 0.35、长 0.75 厘米，孔径 0.1 ~ 0.15 厘米。

PWM3：19 – 46，两端略残。直径 0.25 ~ 0.4、长 0.8 厘米，孔径 0.2 厘米。

PWM3：19 – 47，两端略残。直径 0.2 ~ 0.4、长 0.7 厘米，孔径 0.1 厘米。

PWM3：19 – 48，两端残。直径 0.25 ~ 0.4、长 0.75 厘米，孔径 0.1 厘米。

PWM3：19 – 49，一端略残。直径 0.2 ~ 0.4、长 0.75 厘米，孔径 0.15 厘米。

PWM3：19 – 50，两端略残。直径 0.25 ~ 0.35、长 0.75 厘米，孔径 0.15 厘米。

PWM3：19－51，一端残。直径0.2～0.35、长0.8厘米，孔径0.1厘米。

PWM3：19－52，略残。直径0.25～0.35、长0.8厘米，孔径0.15～0.2厘米。

PWM3：19－53，两端略残。直径0.25～0.4、长0.8厘米，孔径0.1厘米。

PWM3：19－54，两端略残。直径0.25～0.35、长0.75厘米，孔径0.1厘米。

PWM3：19－55，一端略残。直径0.25～0.4、长0.75厘米，孔径0.1厘米。

PWM3：19－56，两端略残。直径0.25～0.35、长0.75厘米，孔径0.1厘米。

PWM3：19－57，两端略残。直径0.15～0.35、长0.8厘米，孔径0.1厘米。

PWM3：19－58，一端略残。直径0.15～0.4、长0.75厘米，孔径0.1厘米。

PWM3：19－59，直径0.2～0.4、长0.75厘米，孔径0.1厘米。

PWM3：19－60，一端略残。直径0.25～0.4、长0.8厘米，孔径0.1厘米。

PWM3：19－61，一端略残。直径0.25～0.4、长0.7厘米，孔径0.1厘米。

PWM3：19－62，一端残。直径0.2～0.35、长0.8厘米，孔径0.1厘米。

PWM3：19－63，一端略残。直径0.2～0.4、长0.7厘米，孔径0.1厘米。

PWM3：19－64，一端略残。直径0.25～0.4、长0.75厘米，孔径0.1厘米。

PWM3：19－65，略残。直径0.2～0.4、长0.75厘米，孔径0.1厘米。

PWM3：19－66，一端略残。直径0.15～0.4、长0.65厘米，孔径0.1～0.15厘米。

PWM3：19－67，略残。直径0.2～0.4、长0.8厘米，孔径0.1厘米。

PWM3：19－68，一端残。直径0.2～0.4、长0.75厘米，孔径0.15～0.2厘米。

PWM3：19－69，一端残。直径0.2～0.4、长0.75厘米，孔径0.1厘米。

PWM3：19－70，略残。直径0.2～0.4、长0.7厘米，孔径0.15～0.2厘米。

PWM3：19－71，略残。直径0.2～0.4、长0.75厘米，孔径0.1厘米。

PWM3：19－72，略残。直径0.15～0.35、长0.7厘米，孔径0.1厘米。

PWM3：19－73，略残。直径0.2～0.35、长0.6厘米，孔径0.1厘米。

PWM3：19－74，两端残。直径0.2～0.35、长0.7厘米，孔径0.1厘米。

PWM3：19－75，一端残。直径0.25～0.4、长0.8厘米，孔径0.1厘米。

PWM3：19－76，两端略残。直径0.25～0.4、长0.75厘米，孔径0.1～0.15厘米。

PWM3：19－77，两端残。直径0.2～0.35、长0.75厘米，孔径0.1～0.15厘米。

PWM3：19－78，一端残。直径0.25～0.4、长0.75厘米，孔径0.1厘米。

PWM3：19－79，一端略残。直径0.2～0.4、长0.75厘米，孔径0.1厘米。

PWM3：19－80，一端残。直径0.2～0.4、残长0.65厘米，孔径0.1厘米。

PWM3：19－81，两端略残。直径0.2～0.4、长0.75厘米，孔径0.15厘米。

PWM3：19－82，两端残。直径0.25～0.4、长0.75厘米，孔径0.1厘米。

PWM3：19－83，两端残。直径0.2～0.35、长0.7厘米，孔径0.1厘米。

PWM3∶19－84，两端残。直径0.15～0.4、长0.75厘米，孔径0.1厘米。

PWM3∶19－85，两端残。直径0.2～0.4、长0.75厘米，孔径0.1～0.15厘米。

PWM3∶19－86，一端残。直径0.2～0.4、长0.7厘米，孔径0.1～0.15厘米。

PWM3∶19－87，一端残。直径0.25～0.4、长0.75厘米，孔径0.1厘米。

PWM3∶19－88，两端略残。直径0.25～0.4、长0.75厘米，孔径0.1～0.15厘米。

PWM3∶19－89，两端略残。直径0.2～0.4、长0.75厘米，孔径0.15厘米。

PWM3∶19－90，一端残。直径0.25～0.4、长0.75厘米，孔径0.15厘米。

PWM3∶19－91，两端残。直径0.25～0.4、长0.7厘米，孔径0.1～0.15厘米。

PWM3∶19－92，两端残。直径0.25～0.4、长0.7厘米，孔径0.1～0.15厘米。

PWM3∶19－93，两端略残。直径0.25～0.4、长0.75厘米，孔径0.15厘米。

PWM3∶19－94，一端残。直径0.2～0.4、长0.7厘米，孔径0.1厘米。

PWM3∶19－95，两端残。直径0.2～0.4、长0.75厘米，孔径0.1厘米。

PWM3∶19－96，略残。直径0.15～0.4、长0.75厘米，孔径0.05～0.1厘米。

PWM3∶19－97，一端残。直径0.2～0.4、长0.7厘米，孔径0.15厘米。

PWM3∶19－98，一端残。直径0.2～0.4、长0.75厘米，孔径0.15厘米。

PWM3∶19－99，一端略残。直径0.2～0.4、长0.8厘米，孔径0.15厘米。

PWM3∶19－100，略残。直径0.2～0.4、长0.8厘米，孔径0.1厘米。

PWM3∶19－101，一端残。直径0.2～0.35、长0.75厘米，孔径0.07～0.1厘米。

PWM3∶19－102，两端残。直径0.2～0.4、长0.75厘米，孔径0.1厘米。

PWM3∶19－103，略残。直径0.2～0.35、长0.75厘米，孔径0.1厘米。

PWM3∶19－104，略残。直径0.2～0.4、长0.7厘米，孔径0.1厘米。

PWM3∶19－105，短促，一端残。直径0.25～0.35、长0.25厘米，孔径0.15厘米。

PWM3∶19－106，短促，略残。直径0.2～0.4、长0.25厘米，孔径0.15厘米。

玛瑙珠　5颗，深红色，鼓形，中部一横向脊；两端较小，钻一竖向穿孔（图2－47）。

PWM3∶19－107，穿孔较直。直径0.5～0.8、长0.35厘米，孔径0.2厘米。

PWM3∶19－108，两端钻孔。直径0.5～0.85、长0.4厘米，孔径0.25～0.5厘米。

PWM3∶19－109，一端钻孔。直径0.45～0.85、长0.35厘米，孔径0.2～0.5厘米。

PWM3∶19－110，一端钻孔；两端面略斜。直径0.45～1、长0.5厘米，孔径0.2～0.4厘米。

PWM3∶19－111，穿孔较直。直径0.45～0.95、长0.45厘米，孔径0.2厘米。

（四）葬式

洞室内发现人体骸骨1具，四肢骨、肋骨、脊椎骨等大多残朽；颅骨大而薄，残缺不全，出土于东部。从残存骨骼的位置分析，头朝东，可能为仰身直肢。经鉴定为一位 1.5 岁左右的儿童。未发现葬具，也未发现葬具的痕迹。

PWM3 的墓葬过程有以下几个阶段：挖掘墓穴→放置尸骸→放置洞室遗物→回填洞室、墓道→放置殉牲→放置遗物→回填墓道。由于墓道上部堆积均被推毁，是否有起坟丘的习俗不详。

四　PWM4

PWM4 位于王大户村春秋战国墓地西部，东北部 5.5 米处有一座同期墓葬被盗毁。

（一）墓葬形制

PWM4 为刀把形竖井墓道洞室墓，东西向，方向 90°，由竖穴墓道和洞室两部分组成（图 2 - 48；彩版 2 - 58）。

1. 墓道

墓道位于洞室西北部，平面呈纵长方形，弧角，四壁倾斜，口部大于底部。四壁凸凹不平，未见修整痕和使用工具痕。墓道底略向东倾斜，其东南部为洞室开口。墓道口东西长 2.15、南北宽 1.55 米，墓道底东西长 1.75、南北宽 1.55、残深 1.70～1.75 米。

墓道内分层放置遗物，填土为挖掘墓道和掏挖洞室形成的花土，土质疏松，除遗物外，未发现其他包含物。

2. 洞室

洞室位于墓道东南部，由竖穴和洞室两部分组成。即先从墓道南部挖掘竖穴，然后东向斜下掏挖洞室。

（1）竖穴

竖穴位于墓道底南部，平面呈长方形，西北和西南角为弧角，东西长 1.67、南北宽 1.20 米，自上而下留置三个生土台。第一生土台沿墓道西壁和北壁呈弧形分布，北部和西北弧角处较宽，西部较窄，台面较平，东、南壁面倾斜，由于踩踏等原因边缘不齐。台面最宽 0.47、高 0.13～1.22 米。第二生土台位于第一生土台的东南部，沿墓道南部和第一生土台的侧壁分布，呈马蹄形，台面自西向东倾斜，北部较宽，南部较窄，侧壁倾斜，由于踩踏等原因台面不规整。台面最宽 0.40、高 0.13～0.33 米。第三生土台位于第二生土台的东部，沿第一、第二生土台呈马蹄形分布，台面北部和西部最宽，南部较窄，自西向东倾斜，由于踩踏和放置殉牲等原因台缘不规整。台面最宽 0.43、最高 0.10 米。

（2）洞室

洞室位于墓道东南部，从竖穴第三生土台东向斜下掏挖而成。洞口在竖穴内呈长方形，西北、西南角为弧角，东西长 1、宽 0.72 米，在竖穴东壁呈拱形顶，低于墓道底部；

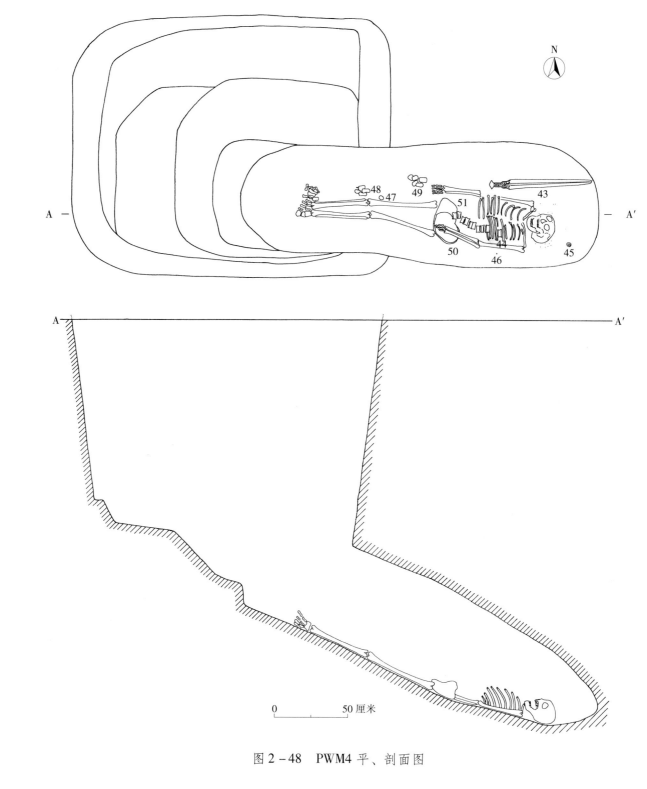

图 2-48 PWM4 平、剖面图

洞室底呈斜坡状，坡度 14°，平面略呈弧角长方形，东西长（包括竖穴底）2.60、南北最宽 0.86 米。顶部拱形，南、北壁斜直，东壁呈尖圆形。洞室最宽处位于洞室东部，最高处位于洞室中部，洞室最高 0.65 米。洞室壁面粗糙不平，未发现修整和使用工具痕。

竖穴内主要放置殉牲，洞室内放置人体骸骨和遗物，填土为挖掘墓道和洞室形成的花土，土质疏松。

（二）殉牲

PWM4 共殉葬马、牛、羊的头骨 24 件，其中马头 7 件，牛头 3 件，羊头 14 件。有的马头和牛头带第一寰椎，主要放置于竖穴洞口内。由于头骨组织结构完整，有的马头和牛头连带易脱落的第一寰椎，而且头骨间的填土泛灰，局部残留红色绒毛（彩版 2 - 59：2），说明属于一次性宰杀殉葬。

1. 殉牲的位置

殉牲均放置于洞室竖穴内，尽管所有头骨属于一次性放置，头骨间大多没有回填土分隔（彩版 2 - 59：1）。根据头骨的出土情况，将 PWM4 的殉牲自上而下分为四层。

（1）第一层殉牲

第一层殉牲放置于竖穴洞口第一生土台和其东部的填土上，呈堆状分布，比第二层殉牲高，共放置 12 件羊头，编号 PWM4：D10 ~ D21（图 2 - 49、50；彩版 2 - 60：1）。

图 2 - 49　PWM4 第一、二层殉牲和墓道遗物分布图

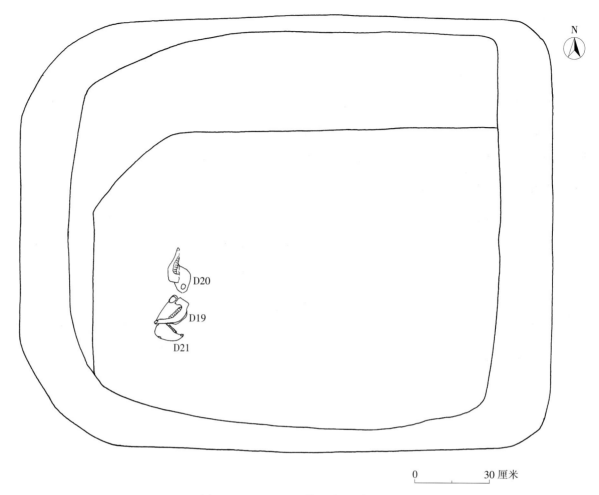

图 2-50　PWM4 第二层下部殉牲

　　羊头的放置和头向没有一定的规律，除部分头骨保存较好外，大部分头骨的鼻骨和颅骨严重腐蚀，仅能分清置向，难以完整的提取。

　　PWM4：D10 位于第一层西部，叠压 PWM4：D19，倒置，吻部朝南，面部朝下；PWM4：D11 位于第一层西北部，斜侧置，吻部斜下朝北；PWM4：D12 位于第一层南部，倒置，吻部朝东南，面部朝下；PWM4：D13 位于第一层东北部，侧置，吻部朝南，面部东南；PWM4：D14 位于 PWM4：D13 的南部，吻部为 PWM4：D12 所压，并叠压 PWM4：D16 的吻部和 PWM4：D18，侧置，吻部朝南，面部朝东南；PWM4：D15 位于 PWM4：D13 的东部并为其所压，平置，吻部朝西；PWM4：D16 位于 PWM4：D14 的西北部，侧置，吻部朝南，面部朝东；PWM4：D17 位于 PWM4：D16 的北部，侧置，吻部朝东，面部朝南；标本 PWM4：D18 位于 PWM4：D7 的西部，倒置，吻部朝南，面部朝下；PWM4：D19 位于 PWM4：D14 的西部，被 PWM4：D10 所压，倒置，吻部朝西，面部朝下；PWM4：D20 位于 PWM4：D16 的西部，为 PWM4：D10、D11 所压，侧置，吻部朝北，面部朝西；PWM4：D21 位于 PWM4：D19 的西南部，倒置，吻部朝东，面部朝下，保存较差，面部呈粉末状。

（2）第二层殉牲

第二层殉牲位于第一层殉牲的东部并叠压第三层马头，共 3 件，均为牛头，分别编号 PWM4：D1、D7、D8（图 2–49；彩版 2–60：2）。

PWM4：D1 位于洞室竖穴洞口的东北角，叠压 PWM4：D2 马头，侧置，吻部朝东南，面部朝西南，保存较好，仅一角清理时残毁。PWM4：D7 和 PWM4：D8 并排放置，位于第一层殉牲的东南部，均平置，吻部略上翘朝东，保存较好，仅角和面部清理时局部残破。

（3）第三层殉牲

第三层殉牲位于第二生土台所形成的竖穴内，共 8 件，其中马头 7 件，羊头 1 件，保存完好。

马头编号 PWM4：D2～D4、D6、D9、D22、D23（图 2–51；彩版 2–60：3，2–61：1、2）。PWM4：D2～D4、D6、D23 位于东部，贴竖穴东壁放置，均平置，吻部朝东，其中 PWM4：D6 叠压 PWM4：D23；PWM4：D9 位于第二生土台所形成竖穴洞口的东北角，侧置，

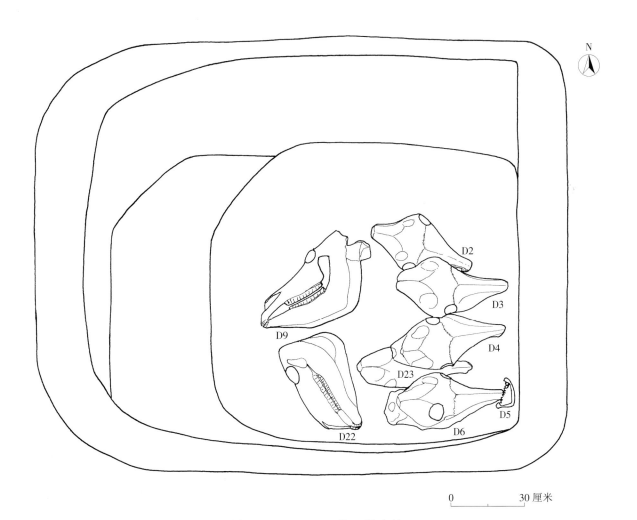

0　　　　　　　30 厘米

图 2–51　PWM4 第三层殉牲

吻部朝西南；PWM4：D22 位于第二生土台所形成竖穴洞口的东南角，侧置，吻部朝东南。

羊头编号 PWM4：D5，侧置，吻部朝北，面朝东。

（4）第四层殉牲

第四层殉牲位于第三层殉牲 PWM4：D23 吻部下，仅 1 件羊头，编号 PWM4：D24，保存较差，清理时残，侧置，吻部朝东（图 2-52；彩版 2-61：3）。

PWM4 殉牲的放置，具有一定的规律性。第四层仅 1 件羊头，与第三层间有回填土分隔；第三层均为马头，放置于第二生土台所形成的竖穴洞口内，东部的马头均平置，吻部朝东；第二层殉牲均为牛头，系第三层殉牲放置后放置；第一层殉牲均为羊头，放置于竖穴洞口的第一平台及填土上，位置偏西。

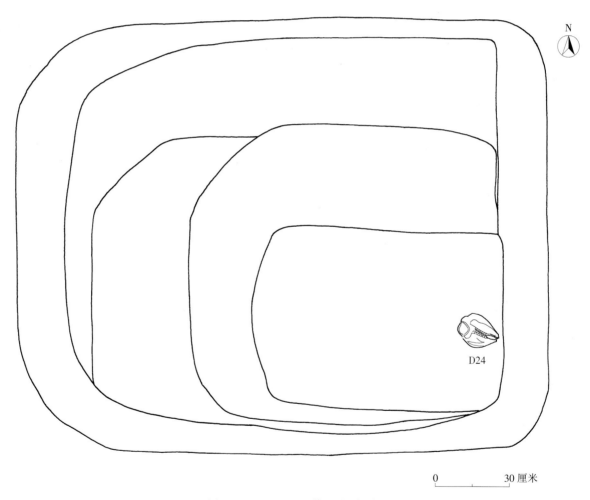

图 2-52　PWM4 第四层殉牲

2. 殉牲的种类

殉牲动物有马、牛、羊，其中羊有山羊、绵羊和难以确定具体种属的羊三种，均为头骨，在殉坑内保存较好，头骨的组织结构完整，有的带第一寰椎。但由于骨质较薄和朽化，大部分头骨在清理、搬运和室内整理过程中残为碎片或碎块。

（1）马（*Equus* sp.）

①记述

PWM4：D2，基本完整的头骨 1 件（仅额骨后部破损），缺右 C 的下颌 1 对，寰椎 1 件。有发育犬齿，应为雄性个体。上下颌骨正常，P^4 和 M^1 磨蚀稍重，M_2、M_3 也磨蚀稍重，为一壮年个体（图 2－53：7；彩版 2－62、63）。

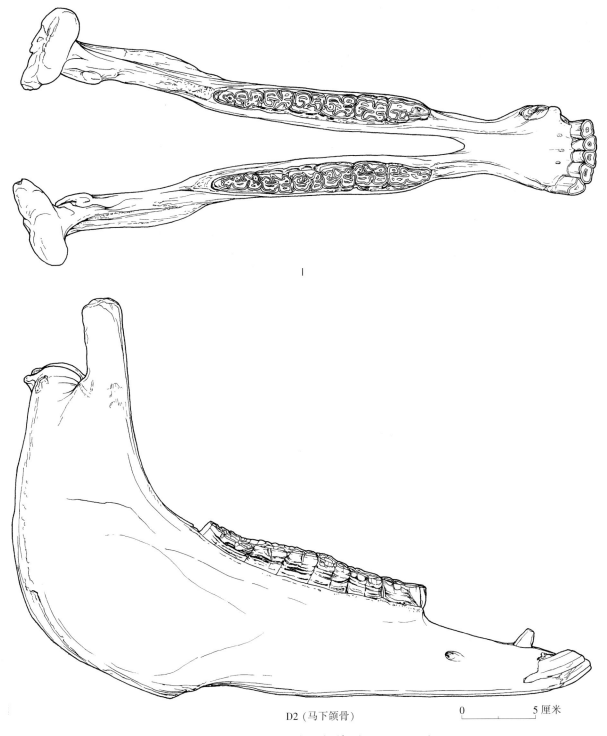

D2（马下颌骨）

0　　　　　5 厘米

图 2－53A　PWM4 马下颌骨（PWM4：D2）

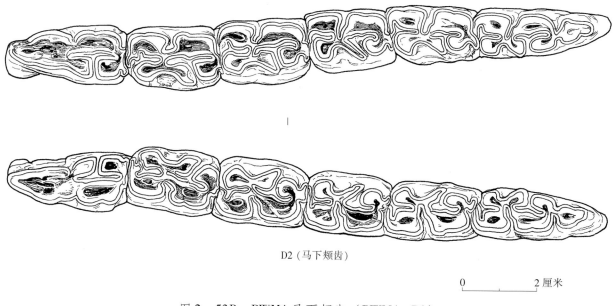

D2（马下颊齿）

0 _____ 2厘米

图 2 - 53B　PWM4 马下颊齿（PWM4：D2）

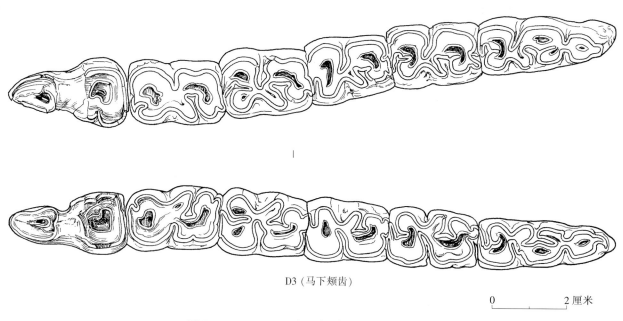

D3（马下颊齿）

0 _____ 2厘米

图 2 - 54　PWM4 马下颊齿（PWM4：D3）

　　PWM4：D3，较完整的头骨 1 件，下颌 1 对，寰椎 1 件。有发育犬齿，应为雄性个体。下颊齿中等磨蚀，M_1 腐蚀稍重，为一中壮年个体（图 2 - 54；彩版 2 - 64、65）。

　　PWM4：D4，基本完整的头骨 1 件（仅缺失 2 个 I 和 C），下颌 1 件，舌骨 1 对，寰椎 1 件。有发育犬齿，应为雄性个体。牙齿中等磨蚀，上下磨蚀较重，为一老年个体（图 2 - 55；彩版 2 - 66 ~ 68）。

　　PWM4：D6，基本完整的头骨 1 件（仅前面的 I 部分破碎），单个的 I 1 枚，完整的下颌 1 件，寰椎 1 件。有发育犬齿，应为雄性个体。前臼齿上有马刺，原尖扁长，右侧比左

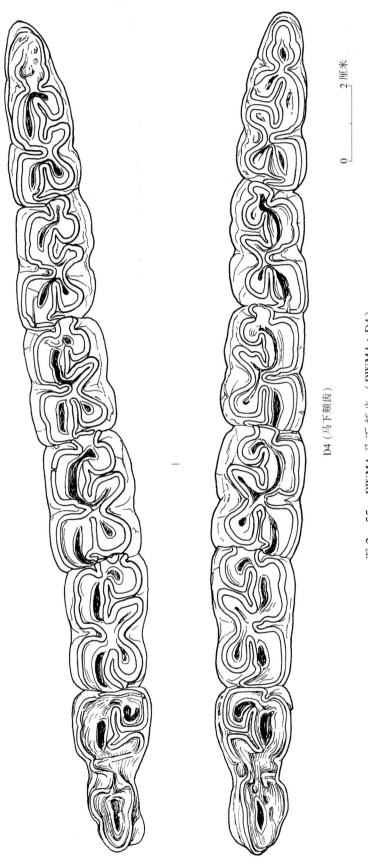

2 厘米

0

D4（马下颊齿）

图 2 - 55　PWM4 马下颊齿（PWM4：D4）

侧磨蚀重。M_1，特别是右 M_1 磨蚀严重，为一中壮年个体（彩版 2 - 69、70）。

PWM4：D9，基本完整的头骨 1 件，下颌 1 对，寰椎 1 件。有不太发育的犬齿，可能为雄性个体。左右上牙中等磨蚀，P^4 和 M^3 磨蚀稍重，马刺见于 P^3、P^4。下颌左右 M_1、M_2 均磨蚀严重，珐琅质不见，其中 M_1 尤重，左右不对称，为一中老年个体（图 2 - 56；彩版 2 - 71、72）。

PWM4：D22，基本完整的头骨 1 件，下颌 1 对，寰椎 1 件，上有道砍痕。无犬齿，应为雌性个体。上颌左右 M^1 均磨蚀严重，珐琅质部分已无。原尖小，中等发育马刺一个，只在前臼齿上可见到。M_3 磨蚀稍重，其他牙齿磨蚀中等，为一中年个体（图 2 - 57；彩版 2 - 73、74）。

PWM4：D23，基本完整的头骨 1 件（仅缺右侧 I^1），下颌骨 1 对，舌骨 1 对，寰椎 1 件。有发育犬齿，应为雄性个体（图 2 - 58；彩版 2 - 75 ~ 77）。

②测量

马头骨和上颊齿测量（单位：mm；标本数：N）

头长	532—512	（N = 3）
额长	240—231	（N = 3）
额宽	206—165	（N = 4）
前额最大长	155—140	（N = 3）
P^2—M^3 长	162—100	（N = 5）
P^2 长	39—31	（N = 6）
宽	24.2—14	（N = 6）
P^3 长	29—25.4	（N = 6）
宽	27—14	（N = 6）
P^4 长	34—21.4	（N = 5）
宽	26—19	（N = 5）
M^1 长	28.5—20.6	（N = 5）
宽	26—18	（N = 5）
M^2 长	29—19	（N = 5）
宽	26—17.2	（N = 5）
M^3 长	29.2—26.8	（N = 4）
宽	25.6—17.8	（N = 5）

马下颌和下颊齿测量（单位：mm；标本数：N）

下颌骨长	396—380	（N = 3）
下颌骨垂直高	261—255	（N = 3）

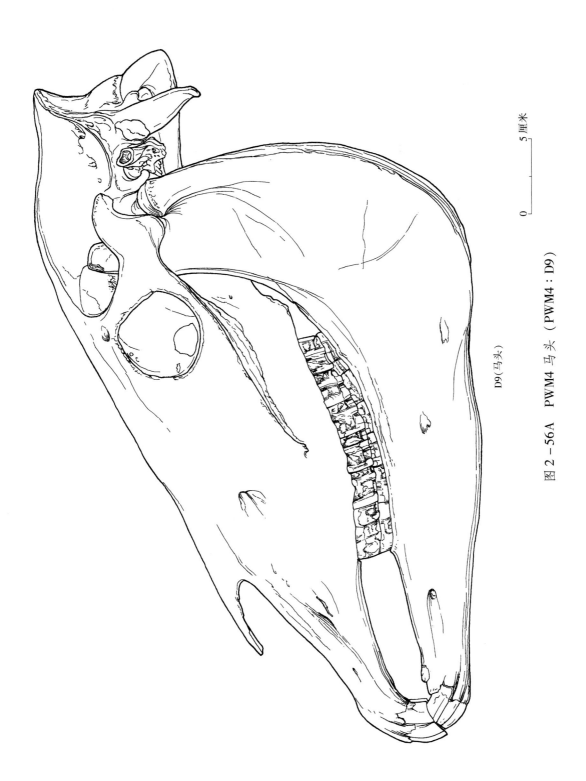

D9（马头）

图 2 - 56A PWM4 马头（PWM4：D9）

0   5 厘米

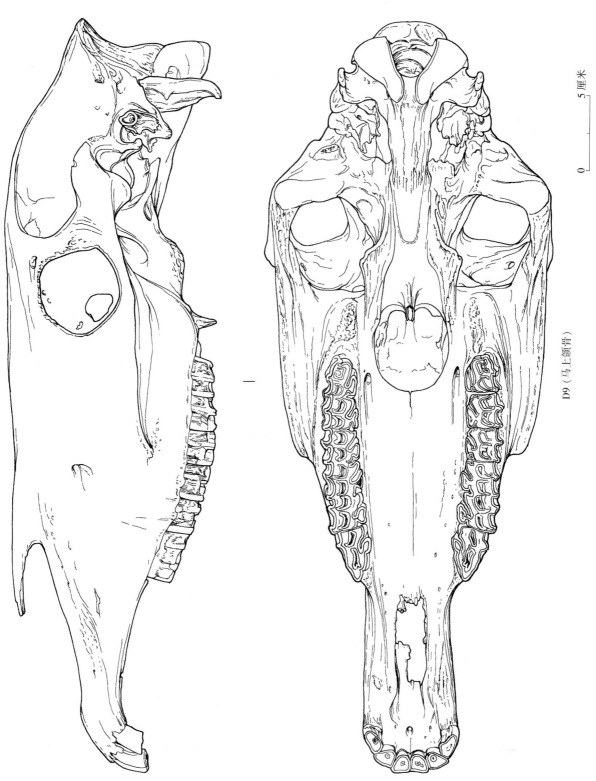

D9（马上颌骨）

图 2－56B　PWM4 马上颌骨（PWM4：D9）

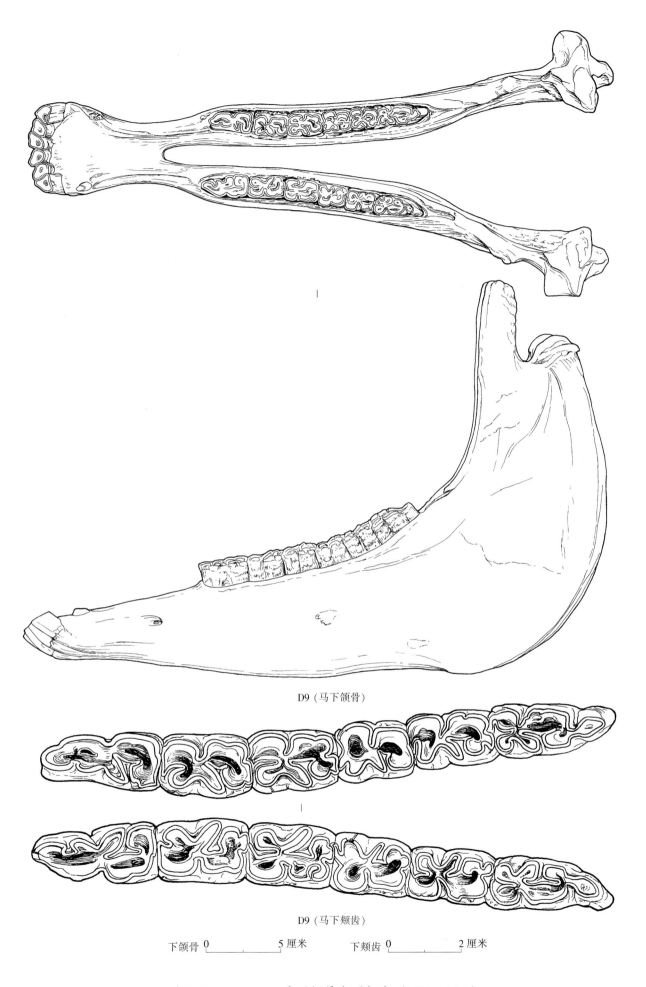

D9（马下颌骨）

D9（马下颊齿）

下颌骨 0 ⊢————————┤ 5 厘米 　　下颊齿 0 ⊢————————┤ 2 厘米

图 2 – 56C　PWM4 马下颌骨和下颊齿（PWM4：D9）

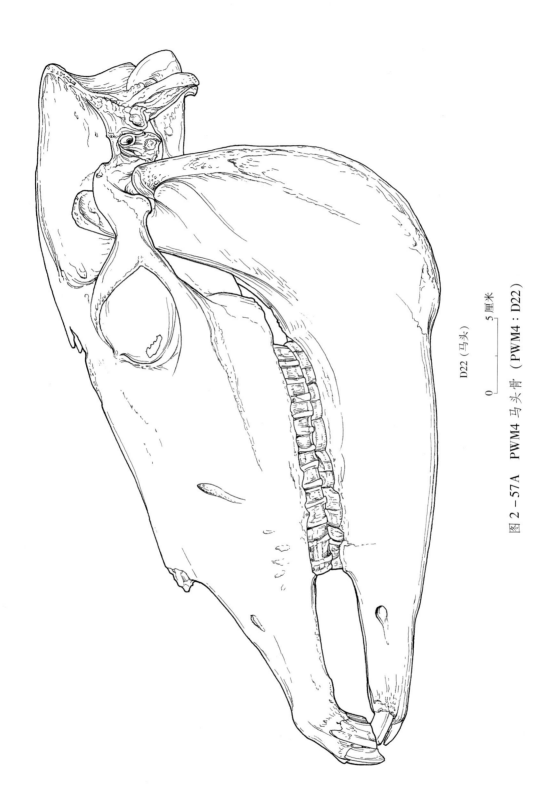

D22（马头）

0　　　　　　　5 厘米

图 2－57A　PWM4 马头骨（PWM4：D22）

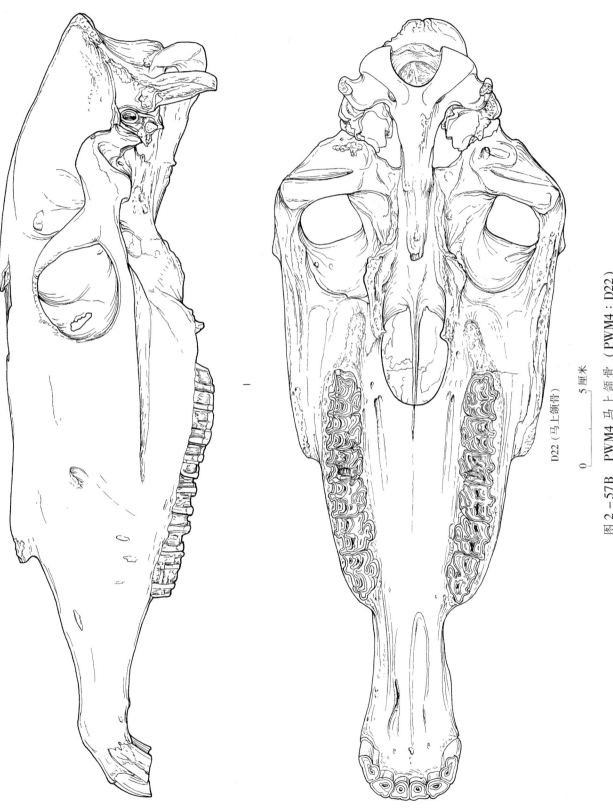

图 2 - 57B PWM4 马上颌骨（PWM4 : D22）

D22（马上颌骨）

0 5厘米

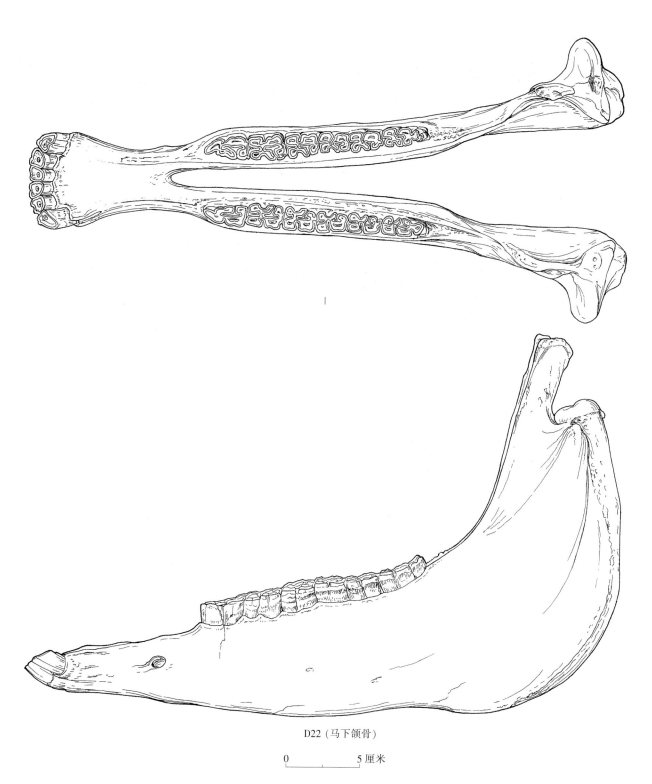

D22（马下颌骨）

0 　　　　5 厘米

图 2-57C　PWM4 马下颌骨（PWM4：D22）

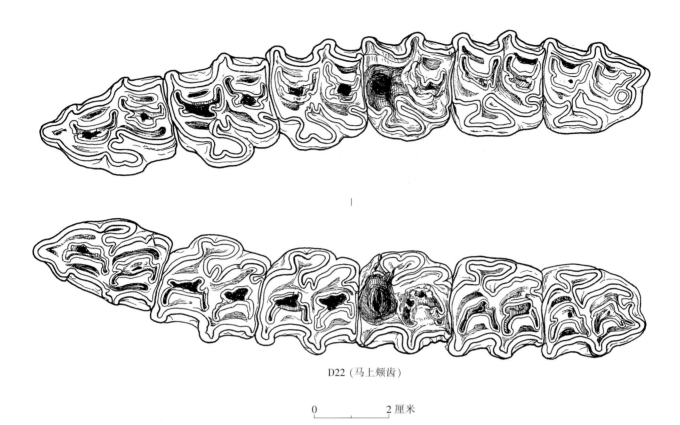

D22（马上颊齿）

0 _____ 2 厘米

图 2 - 57D PWM4 马上颊齿（PWM4：D22）

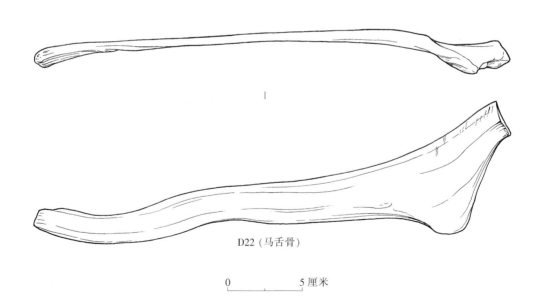

D22（马舌骨）

0 _____ 5 厘米

图 2 - 57E PWM4 马舌骨（PWM4：D22）

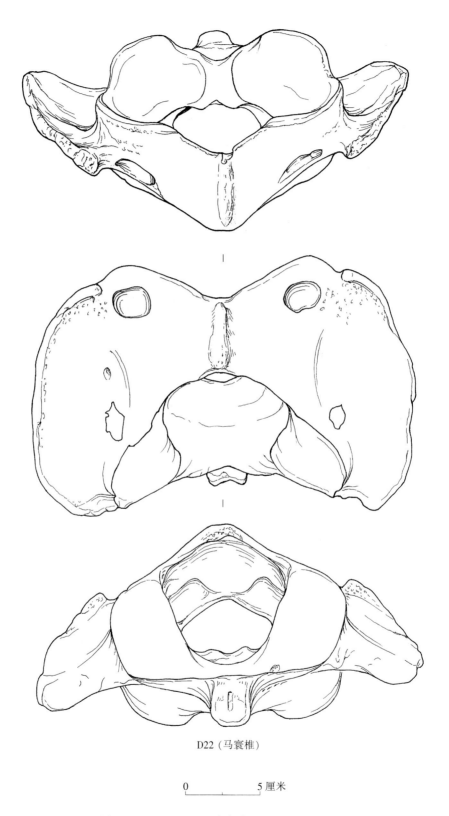

D22（马寰椎）

0   5厘米

图 2 –57F PWM4 马寰椎（PWM4：D22）

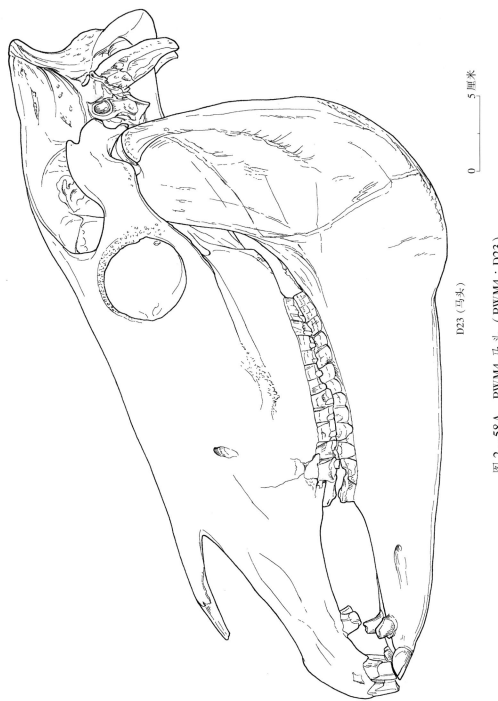

0 　　　　　5 厘米

D23（马头）

图 2－58A　PWM4 马头（PWM4：D23）

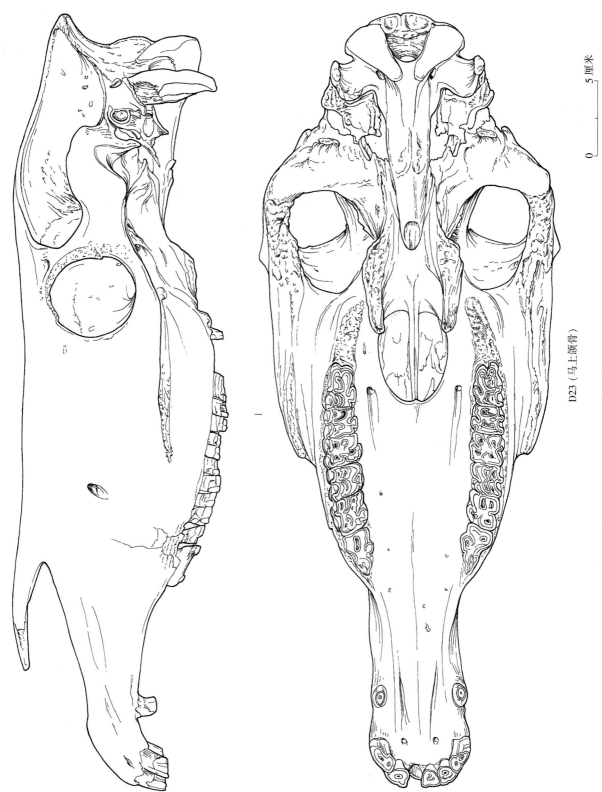

D23（马上颌骨）

图 2 - 58B PWM4 马上颌骨（PWM4 : D23）

5厘米

0

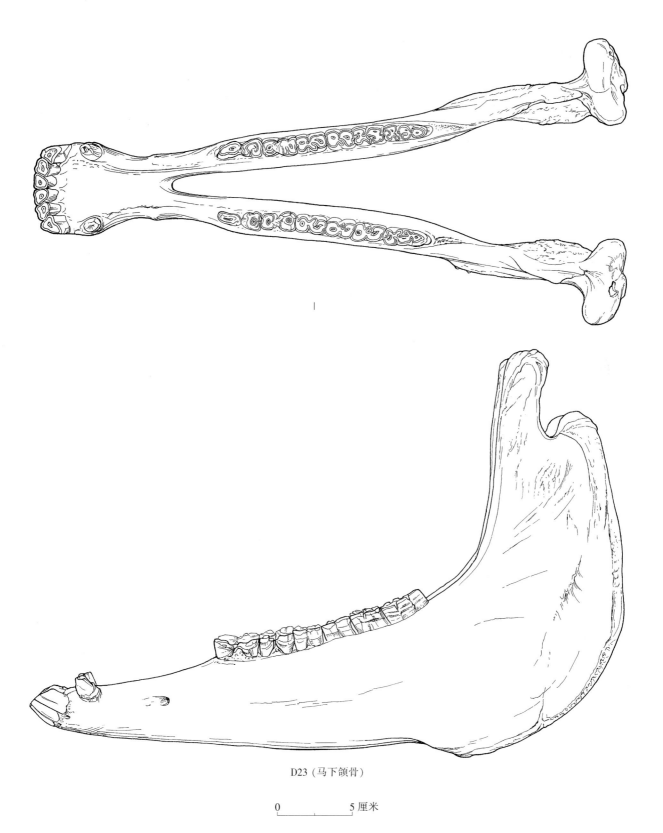

D23（马下颌骨）

0 ⊢———⊣ 5厘米

图2-58C PWM4 马下颌骨（PWM4∶D23）

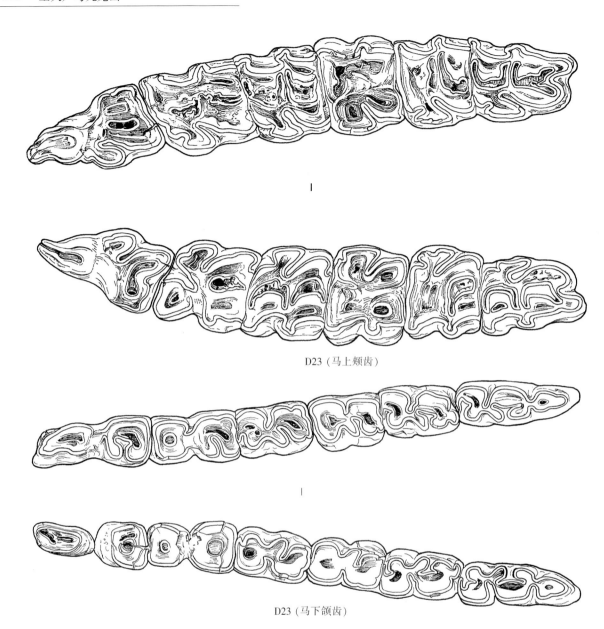

D23（马上颊齿）

D23（马下颌齿）

0 _____ 2 厘米

图 2 - 58D　PWM4 马上颊齿和下颊齿（PWM4：D23）

下前颌长	102—90	（N = 3）
P_2—M_3 长	165—145.5	（N = 3）
P_2 长	31—30	（N = 3）
宽	18—13.8	（N = 3）
P_3 长	24.5—23	（N = 3）
宽	18.9—14.2	（N = 3）
P_4 长	24.6—21	（N = 3）

宽	19.2—14.1	（N=3）
M$_1$ 长	23.5—19	（N=3）
宽	20—15.6	（N=3）
M$_2$ 长	24.6—20	（N=3）
宽	19—15	（N=3）
M$_3$ 长	31.8—29	（N=3）
宽	20—16.9	（N=3）

马寰椎测量（单位：mm；标本数：N）

寰椎前后长	48—38	（N=3）
寰椎宽	139—137	（N=3）
寰椎前关节面宽	88.9—80	（N=3）
寰椎后关节面宽	87—84	（N=3）

（2）牛（*Bos* sp.）

①记述

PWM4：D1，基本完整的黄牛头骨1件，属同一个体的头骨碎片8件，带 P^2—M^3 的左上颌残块1件，带 P$_2$—M$_3$ 的左、右下颌骨各1件，脱落的颊齿3枚，寰椎碎片3件。牙齿均中等磨蚀，M$_1$ 磨蚀较重，同属一个个体，为一中年个体。

PWM4：D7，残破头骨1件，属同一个体的头骨碎片14件，舌骨1对，带 P^2—M^3 左、右上颌骨各1件，带 P$_2$—M$_3$ 的左、右下颌骨各1件，单个的 I 3枚，残破寰椎1件。恒齿均出，中等磨蚀，骨骼风化严重，同属一个个体，为一中年个体（彩版2-78）。

PWM4：D8，残破头骨1件，属同一个体的头骨与颌骨碎片23件，带 P^2—M^3 左、右上颌骨各1件，带 P$_2$—M$_3$ 的左、右下颌骨各1件，残破寰椎1件。M^1 和 M^3 刚刚萌出未磨蚀，左 P^4 刚刚萌出，右 dp^4 尚未脱落。dp$_4$ 未脱落，P$_2$ 正在萌出，尚在齿槽中，M$_3$ 刚刚萌出，第三叶未完全出来。为一幼年个体。

②测量

牛头骨和上颊齿测量（单位：mm；标本数：N）

额长	200	（N=1）
额宽	210	（N=1）
P^2—M^3 长	140—127	（N=3）
P^2 长	20—16	（N=3）
宽	14.5—13.8	（N=3）
P^3 长	20—17	（N=3）
宽	17—15.6	（N=3）

P^4 长	20—15.5	（N＝3）
宽	21.5—15.5	（N＝3）
M^1 长	29—22	（N＝3）
宽	23.2—21.6	（N＝3）
M^2 长	29.5—26	（N＝3）
宽	25.0—18.2	（N＝3）
M^3 长	31—26	（N＝3）
宽	24.6—15	（N＝3）

牛下颌骨和下颊齿的测量（单位：mm；标本数：N）

下颌骨长	364—340	（N＝3）
下颌垂直支高	200—185	（N＝3）
下前颌长	70—60	（N＝2）
P_2—M_3 长	141—134	（N＝3）
P_2 长	10—6	（N＝3）
宽	10—6	（N＝3）
P_3 长	21.5—17	（N＝3）
宽	13—10.5	（N＝3）
P_4 长	28—21	（N＝3）
宽	13.6—11	（N＝3）
M_1 长	28.5—22	（N＝3）
宽	16.2—14.2	（N＝3）
M_2 长	29—24	（N＝3）
宽	18.0—14	（N＝3）
M_3 长	37—32	（N＝3）
宽	20—13	（N＝3）

（3）山羊（*Capra* sp.）

①记述

PWM4：D5，头骨碎片5件，属同一个体的舌骨1件，带 P_2—P_4 的左、右下颌骨各1件。dp_4 未换，M_1 正在萌出，同属一个个体，为一幼年个体。

PWM4：D13，带右角破碎头骨1件，属同一个体的带 P^2—M^2 左、右上颌骨各1件，带 P_2—M_2 的左、右下颌骨各1件，散落的 I 8枚。牙齿磨蚀中等，M^3、M_3 磨蚀稍重，同属一个个体，为一中年个体（彩版2-79）。

PWM4：D14，残破头骨1件，属同一个体的头骨碎片6件，带 P^2—M^3 左上颌骨1件，

带 P^4—M^3 右齿列 1 件，缺 I 和右 P_2 的左、右下颌骨各 1 件，脱落的 I 2 枚。上牙均磨蚀中等，下 M_3 已出稍磨，第 3 叶未磨。为一青年个体。

PWM4：D15，带左角的破碎头骨 1 件，属同一个体的头骨碎片 4 件，带上颊齿的头骨碎片 3 件，带 P_2—M_3 的左下颌骨 1 件，带 P_3—M_3 的右下颌骨 1 件。上下牙均磨蚀严重，M^1 齿冠基本磨平，M_1 已磨到齿根，P_4 的齿冠磨得凹陷。以上骨骼同属于一个个体，为一中老年个体。

PWM4：D18，带双角的残破头骨 1 件，属同一个体的头骨碎片 10 件，带 P^2—M^3 的左、右上颌骨各 1 件，缺下 I 和左 P_2 和 M_1 的下颌骨 1 对。上牙磨蚀比较严重，尤其是 M^1 和 M^1 以前，均看不清新月形，M^1 和 P^4 磨蚀较重，M^1 牙冠已磨光，为一老年个体（彩版 2-79）。

②测量

山羊头骨和上颊齿测量（单位：mm；标本数：N）

头长		
额长	98	（N＝1）
额宽		
P^2—M^3 长	70—62	（N＝3）
P^2 长	9—6.2	（N＝3）
宽	8.2—7.4	（N＝3）
P^3 长	9.4—8	（N＝3）
宽	10.5—8.2	（N＝3）
P^4 长	9—8	（N＝3）
宽	11.5—8.2	（N＝3）
M^1 长	14—11	（N＝3）
宽	14—10	（N＝3）
M^2 长	18—13	（N＝4）
宽	14.2—10.1	（N＝4）
M^3 长	20—16.5	（N＝4）
宽	15—10	（N＝4）

山羊下颌骨和下颊齿的测量（单位：mm；标本数：N）

下颌骨长	167—100	（N＝3）
下颌垂直支高	100—85	（N＝3）
下前颌长	32—22	（N＝2）
P_2—M_3 长	75—64	（N＝4）

P_2 长	7—5.2	（N＝5）
宽	5—3.2	（N＝5）
P_3 长	9.8—7.8	（N＝5）
宽	6.2—5	（N＝5）
P_4 长	12—8.8	（N＝5）
宽	8.5—6.0	（N＝5）
M_1 长	12.6—9.3	（N＝4）
宽	9—7.5	（N＝4）
M_2 长	17—14	（N＝4）
宽	9.5—7.8	（N＝4）
M_3 长	27—21	（N＝4）
宽	9—7	（N＝4）

（4）绵羊（*Ovis* sp. ）

①记述

PWM4：D10，带左角心的雄性头骨残块1件，属同一个体的头骨残片20余件，脱落的上下颊齿各4枚。dp_4 尚未更换，与 M_1 磨蚀严重，dp_4 第一叶不是双新月形，为一幼年个体。

PWM4：D11，残破头骨1件，属同一个体的头骨和颌骨碎片10件，带 P^3—M^3 的左上颌骨1件，带 P^4—M^3 的右上颌骨1件，带 P_4—M_3 左下颌骨1件，带 P_2—M_3 右下颌骨1件，脱落的下门齿、下颊齿各1枚。上下牙齿磨蚀较重，P^4、M^1 已磨到牙根，M_2 以前都磨得很深，双叶形看不见，同属一个个体，为一雌性中老年个体（彩版2-80）。

PWM4：D16，属同一个体的头骨碎片4件，带左、右完整齿列的上颌骨1件，带左、右 P_3—M_3 完整的下颌骨1件，脱落的 I 5枚，残破舌骨1件。P^4 和 M^1 已磨平，图形不清，M_2 以前的牙齿磨蚀得很重，同属于一个个体，为一雌性中老年个体（图2-59）。

PWM4：D17，顶骨碎块1件，属同一个体的头骨碎片10件，带 P^2—M^2 左上颌骨1件，带 P^2—M^2 右齿列1件，带 P_2—M_2 左、右下颌骨各1件，下颌碎片1件，脱落的 I 1件。P^2、P^3 磨蚀严重，M^1 刚刚磨蚀，M^2 刚刚萌出，未磨蚀。dp_4 未换，新月形不明显，M_2 刚刚萌出，未磨蚀，为一幼年个体。

PWM4：D19，属同一个体的头骨碎块11件，带 P^2—M^1 左上颌骨1件，脱落的 P^2、P^3、P^4、M^1 各1枚，带 P_2—M_1 左、右下颌骨各1件。P_2、P_3 磨蚀较重，P_4 磨蚀较轻，M^1、M_1 刚刚萌出，尚未磨蚀。dp_4 尚未脱落，M_1 下方有鼓起，似为病变。同属一个个体，为一幼年个体。

PWM4：D20，残破头骨1件，同一个体的头骨碎片2件，带 P^2—P^4 破碎左、右上颌

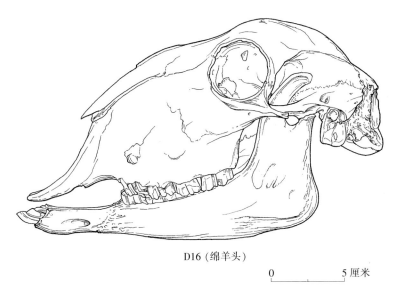

D16（绵羊头）

0　　　　　　　5 厘米

图 2 - 59A　PWM4 绵羊头骨（PWM4：D16）

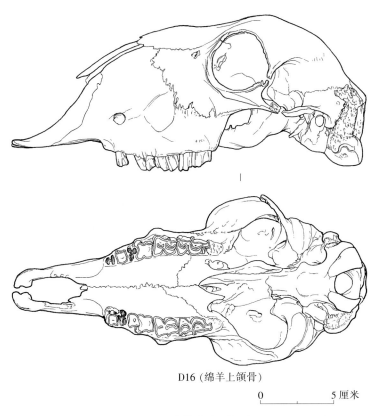

D16（绵羊上颌骨）

0　　　　　　　5 厘米

图 2 - 59B　PWM4 绵羊上颌骨（PWM4：D16）

骨各 1 件，带 P_2—P_4 左、右下颌骨各 1 件。上下 M1 刚刚萌出，尚无磨蚀。上牙均换过，P4 开始磨蚀，dp_4 已换，开始磨蚀，同属一个个体，为一幼年个体。

　　PWM4：D21，头骨碎片 2 件，属同一个体的带 P^2—P^4 右上颌骨 1 件，带 P_3—P_4 的左下颌骨 1 件，带 P_2—P_4 的右下颌骨 1 件。上牙均换过，dp_4 未换，M^3、M_3 刚刚磨蚀。同属一个个体，为一幼年个体。

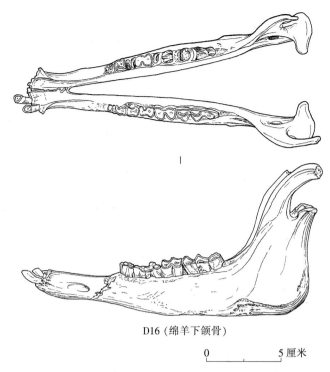

D16（绵羊下颌骨）

0　　　　　　5厘米

图2-59C　PWM4绵羊下颌骨（PWM4：D16）

PWM4：D24，头骨残片6件，属同一个体的带 P_2 的左下颌骨1件，带 P_2、dp_4 和 M_1 的右下颌骨1件，脱落的牙齿6枚。dp_4 未脱落，M_1 刚萌出，dp_4 下颌部分突出可能有病变。以上骨骼同属于一个个体，为一幼年个体。

②测量

绵羊头骨和上颊齿测量（单位：mm；标本数：N）

头长	231	（N=1）
额长	104—100	（N=2）
额宽	126	（N=1）
前额长		
P^2—M^3 长	72—71	（N=2）
P^2 长	10—8	（N=5）
宽	8—6	（N=5）
P^3 长	15.5—8	（N=5）
宽	9—6.8	（N=5）
P^4 长	16.5—8	（N=6）
宽	9.5—9	（N=6）
M^1 长	18.5—10.4	（N=4）
宽	11.9—10	（N=4）

M^2 长	17—14	（N = 3）
宽	13.3—9	（N = 3）
M^3 长	23—21	（N = 2）
宽	12.6—12	（N = 2）

绵羊下颌骨和下颊齿的测量（单位：mm；标本数：N）

下颌骨长	200—104	（N = 4）
下颌垂直支高	102—60	（N = 4）
下前颌长	39—25	（N = 2）
P_2—M_3 长	74	（N = 1）
P_2 长	6.9—6.1	（N = 3）
宽	5.5—4	（N = 3）
P_3 长	11—6.2	（N = 6）
宽	7—3.7	（N = 6）
P_4 长	21—8.3	（N = 6）
宽	8—5	（N = 6）
M_1 长	17—10	（N = 4）
宽	9.2—7.2	（N = 4）
M_2 长	15.2—14.5	（N = 3）
宽	9—7	（N = 3）
M_3 长	27—22	（N = 3）
宽	10—7	（N = 3）

（5）羊（Caprinae gen. et sp. indet.）

①记述

PWM4：D12，破碎头骨 1 件，可能为同一个体的头骨碎片 12 件，带 dp^2—M^2 的左上颌 1 件，带 dp^3—M^2 右上颌骨 1 件。上颌碎片 1 块，脱落的 I 5 枚。带 P_3—dp_4 和 M_1、M_2 的左下颌骨 1 件，带 dp_3—M_2 的右下颌骨 1 件。dp^4 和 dp_4 均未脱落，M^3 和 M_3 均未出，dp_4 三叶不一样，第一叶看不出新月形脊，M^2、M_2 开始磨蚀。同属一个个体，为一幼年个体。

②测量

羊上颊齿的测量（单位：mm；标本数：N）

P^2—M^2 长	46	（N = 1）
P^2 长	4.5	（N = 1）
宽	4.5	（N = 1）

P³ 长	8	(N＝1)
宽	6.9	(N＝1)
P⁴ 长	9	(N＝1)
宽	7	(N＝1)
M¹ 长	16—11	(N＝1)
宽	9.5—7.5	(N＝1)
M² 长	15	(N＝1)
宽	10	(N＝1)

PWM4 记述和测量的殉牲动物共 24 件，有马、牛、山羊、绵羊和羊等，均为动物的头骨。马头共 7 件，其中幼年个体 1 件，中年个体 4 件，中老年个体 1 件，老年个体 1 件。牛头 3 件，均为黄牛头，其中幼年个体 1 件，中年个体 2 件。山羊头 5 件，其中幼年个体 1 件，青年个体 1 件，中年个体 1 件，中老年个体 1 件，老年个体 1 件。绵羊头共 8 件，幼年个体 6 件，中老年个体 2 件。因头骨破碎太严重，无法辨认为绵羊还是山羊的羊头 1 件。

（三）遗物

PWM4 遗物有铜器、铁器、骨器和石器等，放置于墓道填土和洞室中。

1. 遗物的位置

PWM4 的遗物放置于墓道和洞室中，以墓道为主。

（1）墓道遗物

墓道中的遗物出土于墓道填土和第一层殉牲间，系分层放置。从清理过程分析，可能是边回填墓道边放置遗物，根据遗物的出土位置，自上而下分为五层。

第一层遗物

第一层遗物位于墓道东南角，距墓道残口深 0.94 米，仅铁矛 1 件，编号 PWM4：1，平置，锋朝东（图 2 - 60；彩版 2 - 81：1）。

第二层遗物

第二层遗物位于墓道中东部，距墓道残口深 1.02 米，共 4 件，有铁器、骨器等（图 2 - 60；彩版 2 - 81：1）。铁器仅马衔 1 件，严重锈蚀，编号 PWM4：2，平置。骨器 2 件，有节约和骨管。节约编号 PWM4：3，位于墓道东北角，平置；骨管编号 PWM4：4，位于墓道中东部，竖置，管口朝上。费昂斯珠 1 件，编号 PWM4：5，位于墓道中部。

第三层遗物

第三层遗物位于墓道中东部，距墓道残口深 1.07 米，共出土铜、铁、骨质遗物 17 件，有铜泡饰、铁马衔、骨节约和骨管等，编号 PWM4：6 ~ 22（图 2 - 61；彩版 2 - 81：

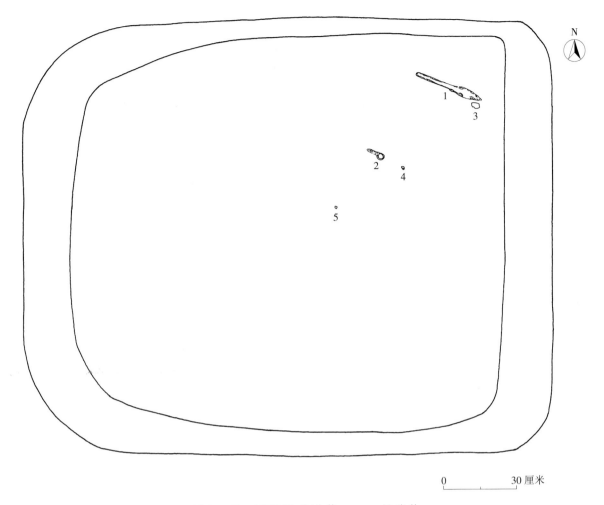

0 ____ 30 厘米

图 2 - 60　PWM4 墓道第一、二层遗物

2、3，2 - 83：1），较为集中，分为东、西两部分。东部遗物编号 PWM4：6 ~ 15，PWM4：6 为骨管，出土于 PWM4：8 的东部，平置；PWM4：7 为骨节约，出土于 PWM4：8 的南部，斜平置，竖向穿孔朝东北；PWM4：8 为骨马镳，斜插，尖部北向斜下插地；PWM4：9 为骨节约，残，位于 PWM4：7 和 PWM4：8 之间，平置；PWM4：10 为铜泡饰，直插，凹面朝南；PWM4：11 为骨马镳，平置，尖部朝向东北；PWM4：12 为骨节约，位于 PWM4：10 和 PWM4：11 之间，平置，纵向穿朝东；PWM4：13 为小骨管，位于 PWM4：12 的西部，平置，管口南北向；PWM4：14 为纺轮状的骨饰件，位于 PWM4：8 和 PWM4：11 间，平置；PWM4：15 为骨节约，位于 PWM4：11 的西部，平置。

西部遗物编号 PWM4：16 ~ 22 分布集中，位于上述标本的西部。PWM4：16 为骨节约，位于 PWM4：22 铁马衔的西部，平置；PWM4：17 为骨节约，位于 PWM4：16 的北部，较其低 0.03 米左右，平置，纵向穿呈南北向；PWM4：18 为骨管，与 PWM4：17 同层，平置，管口南北向；PWM4：19 为骨节约，位于 PWM4：22 铁马衔的北部，平置，纵向穿呈东北—西南向；PWM4：20 为骨节约，位于 PWM4：17 的西部，残；PWM4：21

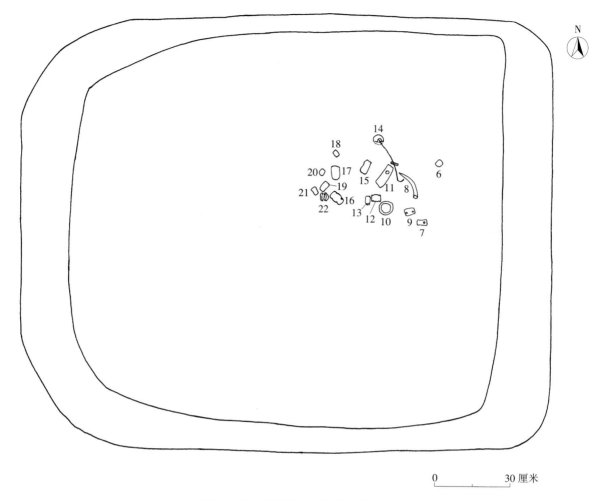

0　　　　　30厘米

图 2－61　PWM4 墓道第三层遗物

为骨节约，位于 PWM4：22 铁马衔下，残存一半，系 PWM4：9 的残缺部，两者能拼对在一起；PWM4：22 为铁马衔，严重锈蚀。

第四层遗物

第四层遗物位于第三层遗物之下，距墓道残口深 1.12 米，共出土铜、骨质遗物 15 件，有铜泡饰、骨马镳和节约等，均为马笼头的构件和饰件，编号 PWM4：23～37（图 2－62；彩版 2－82：1，2－83：2）。PWM4：23、24 为骨马镳，并排放置，凹面朝下，尖部朝北；PWM4：25 为骨节约，位于 PWM4：23 的西侧，平置，纵向穿朝东；PWM4：26 为铜泡饰，位于 PWM4：25 的南侧，直插，凹面朝向东南；PWM4：27 为骨节约，位于 PWM4：23 的西侧，较马镳略低，平置，纵向穿呈南北向；以上 5 件标本分布较为集中，位于墓道的东部。PWM4：28～37 位于上述标本的西部，分布相对集中。PWM4：28、29 为骨节约，并排平置，管口西北—东南向；PWM4：30 为骨节约，位于 PWM4：29 的南部，斜平置，纵向穿呈南北向；PWM4：31 为骨节约，位于 PWM4：30 的西部，平置，纵向穿呈西东向；PWM4：32 为片状骨饰，位于 PWM4：29 的西部，平置；PWM4：33、34 为片状骨饰，并

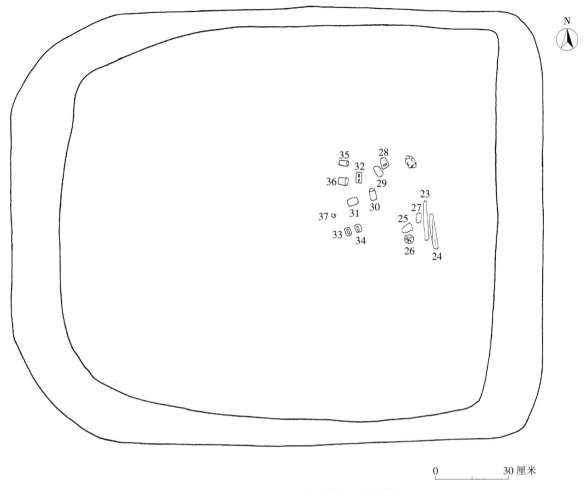

0 _____ 30厘米

图 2-62 PWM4 墓道第四层遗物

列平置，PWM4∶35 为骨节约，位于 PWM4∶32 的西北部，斜平置；PWM4∶36 为骨节约，位于 PWM4∶35 的南部，平置，纵向穿呈东西向；PWM4∶37 为骨管，位于 PWM4∶36 的南部偏西，平置，管口朝东。

第四层遗物低于第一层殉牲，略高于第二层殉牲。

第五层遗物

第五层遗物位于第二层殉牲和第三层殉牲间，共 6 件，有铜泡饰、铜锥、骨马镳、骨节约等，编号 PWM4∶38~42、53（图 2-49；彩版 2-82∶2）。PWM4∶38 为铜泡饰，斜平置，凹面朝下；PWM4∶39 为纺轮状的骨饰，平置；PWM4∶40 为骨节约，平置，纵向穿呈东西向；PWM4∶41 为片状骨饰，平置；PWM4∶42 为铜凿，平置，呈南北向；PWM4∶53 为骨马镳（原认为是羊角，整理时发现属半成品的马镳），置于 PWM4∶D4 的枕骨部，尖部朝南。

（2）洞室遗物

洞室遗物出土于洞室填土和人体骸骨周围，有铜柄铁剑、铜泡饰、铁饰件、银、骨管和大量的费昂斯、玛瑙珠饰件等，编号 PWM4：43~51（图 2-48；彩版 2-82：3，2-84）。除费昂斯饰件在洞室填土中均有分布外，其余的遗物从出土位置分析，系埋葬时放置。PWM4：43 为铜柄铁剑，位于洞室东北部，平置，带木剑鞘，剑尖朝东；PWM4：44 为铜斧，残存刃部，平置于骸骨胸部，刃部朝南；PWM4：45、46 为银耳环，1 件位于颅骨东北部，1 件位于胸骨南部，两者距离颅骨较远，并非戴于尸骸耳部脱落所致，可能系埋葬时放入；PWM4：47 为铜泡饰，位于人体骸骨右膝偏东，平置，凹面朝下；PWM4：48、49 为铁器残件，器形不辨，前者出土于骸骨膝部附近，后者出土于盆骨附近；PWM4：50、51 为骨管，出土于盆骨南、北两侧；PWM4：54 为费昂斯、玛瑙珠饰的总号，主要出土于颅骨周围，在洞室填土和骸骨腿部周围也有较多的出土，可能是边回填边撒入。

2. 遗物的分类描述

PWM4 出土遗物 52 件，有铜、铁、银、骨和费昂斯、玛瑙珠饰件等，未发现陶器。

（1）铜器

出土较少，共 6 件，有工具和车马器。

1）工具

2 件，有斧和凿。

斧　1 件。

PWM4：44，合范铸造。呈长方形，刃端略宽；銎长方形，内残存朽木柄；双面刃，刃直而锋。銎长 2.6、宽 1.3 厘米，长 5.6、宽 3.1 厘米（图 2-63；彩版 2-85：1）。

凿　1 件。

PWM4：42，柄方柱体；刃扁秃。长 8.8 厘米（图 2-63；彩版 2-85：2）。

2）车马器

4 件，均为泡饰。

泡饰　4 件。圆形，纽均在凹口彩版 2-86。

PWM4：38，模制。正面中部呈半圆球状，周缘有 0.8~1 厘米宽的平沿；底面中部内凹，留存白色的范痕，凹口焊接一"十"字形的纽。直径 5.8、高 1.8 厘米（图 2-64）。

PWM4：10，形制与 PWM4：38 相同，仅周缘平沿略斜抹。直径 5.5~5.8、高 1.7 厘米（图 2-64）。

PWM4：26，呈半圆球形，模制；底面内凹，焊接"十"字形纽。直径 3.5、高 1.4 厘米（图 2-64）。

PWM4：47，打制。圆形略扁，正面略弧凸；底面内凹，凹口偏一侧焊接一各高出口沿的桥状纽。直径 2.2~2.5、高 0.5 厘米（图 2-64）。

（2）铁器

共出土 6 件，出土于墓道和洞室，有兵器、车马器和饰件等。

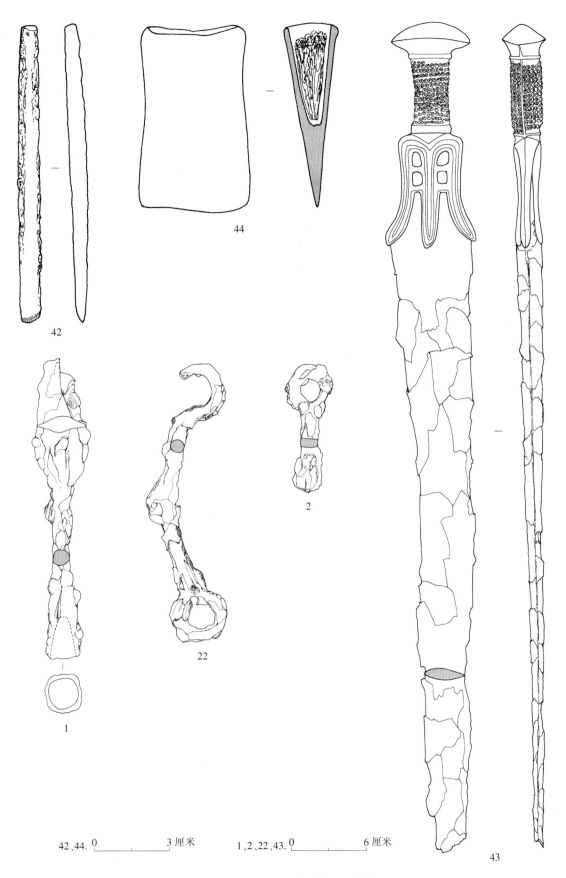

42、44. 0 _____ 3厘米   1、2、22、43. 0 _____ 6厘米

图 2 - 63 PWM4 出土铜、铁器

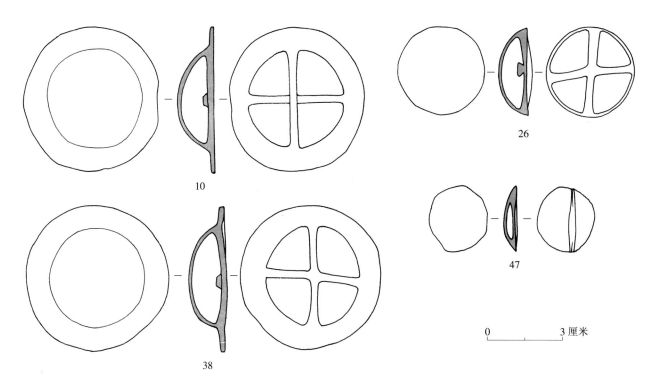

图 2-64　PWM4 出土铜泡饰

1）兵器

2 件，有剑和矛。

铜柄铁剑

PWM4：43，为三叉护手剑，剑体铁质，柄铜质。柄首蘑菇形，柄体扁柱状，上饰乳丁纹，格三叉形，内嵌铁剑刃。剑刃严重锈蚀，上粘连朽木剑鞘。柄长 24、通长 57 厘米（图 2-63；彩版 2-85：3、4）。

矛　1 件。

PWM4：1，矛锋柳叶状，矛锋和两翼略残；细长柄，柄端一锥管状鐓。鐓径 2、通长 23.4 厘米（图 2-63；彩版 2-87：1）。

2）车马器

2 件，均为马衔。

PWM4：22，略残，由两个"8"字形的铁环连接而成，内环锈蚀在一起，小于外环；严重锈蚀。外环径 4.4、通长 21.8 厘米（图 2-63；彩版 2-87：2）。

PWM4：2，残存"8"字形铁环的一半，严重锈蚀。残长 9.8 厘米（图 2-63；彩版 2-87：3）。

3）饰件

2 件。

PWM4：48，铁片状，局部粘连布纹，残碎且严重锈蚀，具体形制不详（彩版 2-

87：4）。PWM4：49，片状，局部粘连布纹，残碎，形制不详；严重锈蚀（彩版2－87：5）。

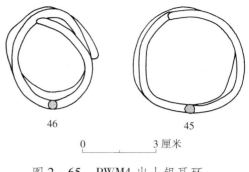

图2－65　PWM4 出土银耳环

（3）银器

银耳环　2件。

PWM4：45，螺旋形，用直径0.2厘米的银线盘旋制成。环径3.3厘米（图2－65；彩版2－87：6）。

PWM4：46，形制与PWM4：45相同。环径2.2～2.4厘米（图2－65；彩版2－87：6）。

（4）骨器

共出土37件，主要出土于墓道，均为车马器及其饰件，有马镳、节约、管、长方形片状饰和纺轮状饰件。

马镳　6件，用鹿角和山羊角制作。

PWM4：24，由鹿角的分枝加工而成，通体刮磨光滑。上端截面圆秃；下端截面倾斜，中部掏挖角的疏质骨形成扁圆形纵向穿孔；正面和背面中部对刻直径1.5厘米的竖向穿孔，孔壁光滑，其中正面中部偏上刻一较浅的"V"字形槽；两侧中部偏上和下部对刻圆角长方形穿孔，上部穿孔长1.5、宽0.6厘米，下部穿孔长1.3、宽0.6厘米。正面、背面上部和两侧上部饰绿色颜料。通长17厘米（图2－66；彩版2－88：1）。

PWM4：23，由鹿角的分枝加工而成，通体刮磨光滑。上端截面略秃；下端截面倾斜光滑；两侧中部和下部对刻圆角长方形穿孔，中部穿孔长1.5、宽0.6厘米，下部穿孔长1.4、宽0.5厘米。正面、背面上部和两侧上部饰绿色颜料。通长14.8厘米（图2－66；彩版2－88：2）。

PWM4：8，由鹿角的分枝加工制作，通体刮磨光滑。上端截面较平；下端截面倾斜，掏挖角的疏质骨形成扁圆形的纵向穿孔；两侧中部和下部对刻圆角长方形的穿孔，中部孔眼长1.5、宽0.6厘米，下部孔眼长1.5、宽0.5厘米，其中内侧局部留存刀削痕。正面、背面上部和两侧上部饰绿色颜料。通长14.5厘米（图2－67；彩版2－89：1）。

PWM4：11，由山羊角制作而成，残存中下段。正面较背面光滑，两面对刻直径1.4厘米的圆形穿孔，孔壁光滑；两侧较光滑，对刻两组圆角长方形穿孔，其中一组穿孔残，另一组孔眼长1.5、宽0.6厘米。下端截面倾斜，掏挖角的疏质骨形成扁圆形的纵向穿孔。穿孔均相贯通。残长10.5厘米（图2－67；彩版2－89：3）。

PWM4：52，取材于鹿角，残存上段。外表光滑，上端截面略秃。残长4.8厘米。

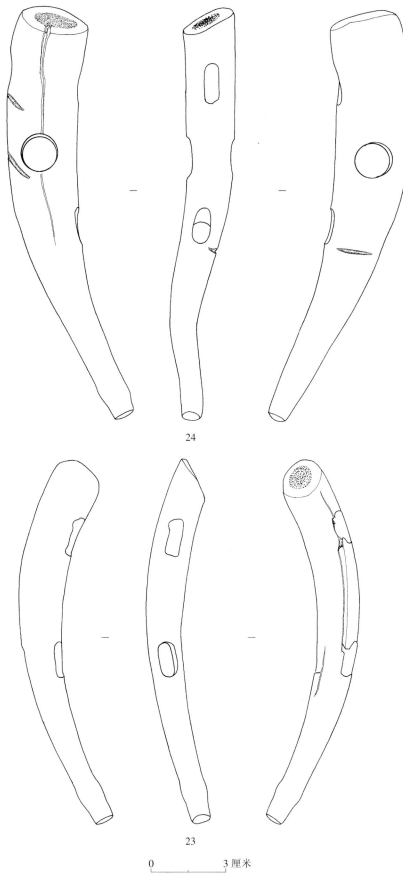

24

23

0　　　　　3厘米

图 2-66　PWM4 出土骨马镳

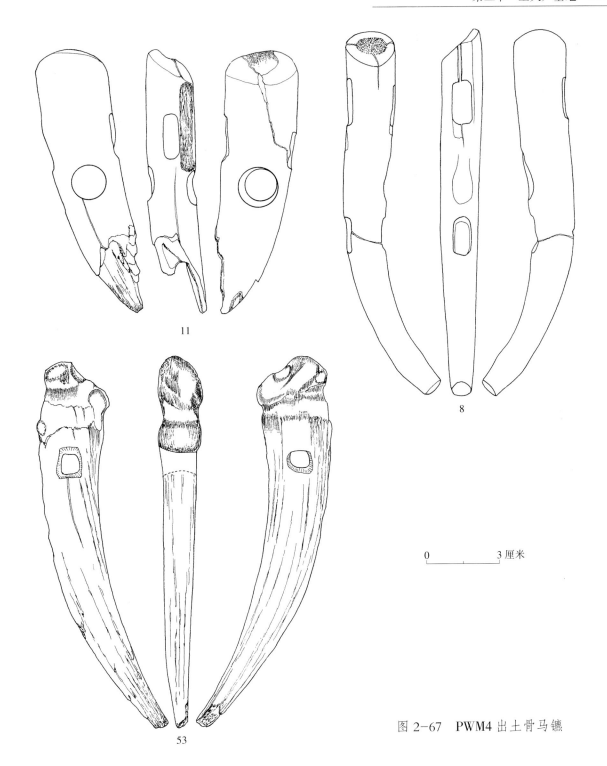

11

8

53

0 _____ 3 厘米

图 2-67 PWM4 出土骨马镳

PWM4：53，取材于山羊角，仅去掉外表角膜部分，未做任何修整。正面和背面下部对刻长 1、宽 0.9 厘米的圆角长方形穿孔。长 14.7 厘米（图 2-67；彩版 2-89：2）。

节约 18 件，有"十"字形穿孔和"T"字形穿孔两种。

"十"字形穿孔节约 是由一个纵向穿孔和一个横向穿孔形成的节约，均取材于鹿角或鹿掌骨，14 件。

PWM4：15，扁柱状，取材于鹿角。正面刮磨光滑饰绿色颜料，其中上部留存密质骨形成倒梯形状的装饰；背面粗糙；两侧为角的窄凸面，光滑而未刮削，中部对刻长 1.3、宽 0.7 厘米的圆角长方形穿孔，其上、下两侧各刻一较深的"U"形槽；上、下两端呈弧面，刮磨较光滑，中部掏挖疏质骨形成扁圆形的穿孔，上端孔径 0.6～1.5、下端孔径 1.3～1.5 厘米。上端径 1.8～2.6、下端径 2～2.6 厘米，长 5.4 厘米（图 2－68；彩版 2－90：1）。

PWM4：25，扁柱体，形制与 PWM4：15 相同，两者应是一对。通体刮磨光滑；正面略凹，绿色颜料残存局部；两侧穿孔呈长 1.6、宽 0.7 厘米的圆角长方形；上端孔径 0.8～1.5、下端孔径 0.9～1.6 厘米，上端径 1.8～2.5、下端径 0.9～1.6 厘米，长 5.1 厘米（图 2－68；彩版 2－90：2）。

PWM4：12，扁柱体，取材于鹿角，通体刮磨光滑。正面原饰绿色颜料，因脱落浅淡；背面和两侧素面，两侧中部对刻长 1.5、宽 0.7 厘米的圆角长方形横向穿孔，穿孔上、下两侧刻对称的"U"形凹槽；上、下端弧面，掏去角的疏质骨形成扁圆形的纵向穿孔，上端孔径 1～1.5、下端孔径 1.2～1.7 厘米，上端径 1.9～2.4、下端径 1.9～2.5 厘米，长 4.4 厘米（图 2－68；彩版 2－91：1）。

PWM4：16，扁柱体，取材于鹿角，形制与 PWM4：12 相同，下端略残。通体刮磨光滑，正面和两侧面饰绿色颜料；横向穿孔呈圆角长方形，长 1.8、宽 0.8 厘米。长 4.8、宽 3.2 厘米（图 2－68）。

PWM4：27，扁柱体，取材于鹿角，正面光滑饰绿色颜料；背面粗糙；横向穿孔呈圆角长方形，长 1.5、宽 0.7 厘米；纵向穿孔呈较直的扁圆形，孔径 0.9～1.5 厘米。上端径 1.6～2.5、下端径 1.7～2.5 厘米，长 4.4 厘米（图 2－68；彩版 2－91：2）。

PWM4：3，取材于鹿角，残存正面，刮磨光滑而饰绿色颜料；横向、竖穴穿孔和"U"形槽均残存局部。长 4.6、残宽 3.2 厘米（图 2－68）。

PWM4：17，由鹿掌骨制作而成，残存正面，刮磨光滑而饰绿色颜料；横向、竖向和"U"槽残朽局部。长 4.6、残宽 3.1 厘米（图 2－68）。

PWM4：20，取材于鹿掌骨，残存正面，饰绿色颜料；横向、纵向和"U"形槽均残存局部。长 4.4、残宽 3.2 厘米（图 2－68）。

PWM4：19，扁柱体，取材于鹿掌骨，通体刮磨光滑；正面中部略凸，背面略残；两侧为窄凸面，中部对刻长 1.4、宽 0.7 厘米的圆角长方形横向穿孔；上、下两端截面平滑，掏去疏质骨形成扁圆形的纵向穿孔，上端孔径 1～1.3、下端孔径 1.2～1.4 厘米；正面和两侧面饰绿色颜料。上端径 1.6～2、下端径 1.6～1.9 厘米，长 3.5 厘米（图 2－69；彩版 2－91：3）。

PWM4：29，扁柱体，取材于鹿掌骨，背面略残，形制与 PWM4：19 相同。正面和两侧面饰绿色颜料；横向穿孔呈圆角长方形，长 1.3、宽 0.7 厘米；纵向穿孔呈扁圆形。长 3.6、宽 2.2 厘米（图 2－69）。

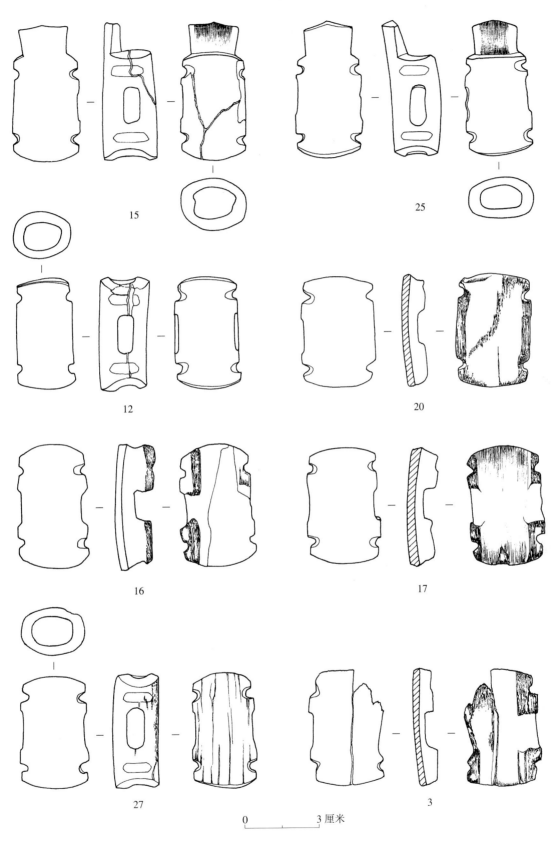

15　25

12　20

16　17

27　3

0 ____ 3厘米

图 2-68　PWM4 出土 "十" 字形穿孔骨节约

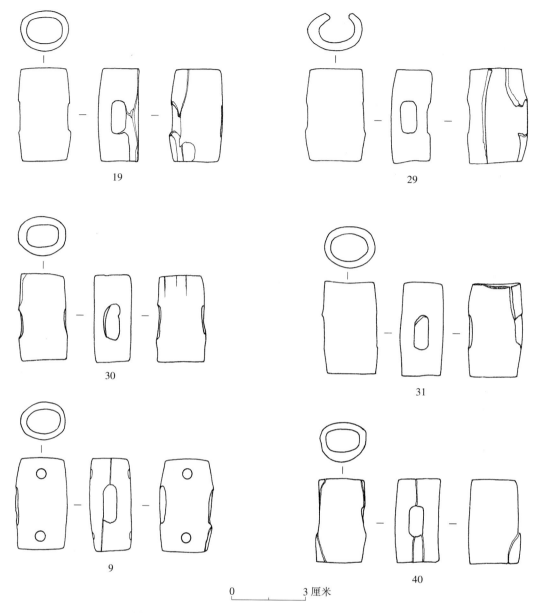

图 2 – 69　PWM4 出土 "十" 字形穿孔骨节约

　　PWM4：30，略呈扁柱体，取材于鹿角，通体刮磨光滑。正面和两侧面饰绿色颜料；横向穿孔长 1.7、宽 0.8 厘米；纵向穿孔呈扁圆形，孔径 0.9~1.8 厘米。径 1.5~1.8、长 3.2 厘米（图 2 – 69；彩版 2 – 92：1）。

　　PWM4：31，扁柱体，取材于鹿角，形制与 PWM4：19 相同。通体光滑；正面和两侧面饰绿色颜料；背素面；横向穿孔呈圆角长方形，长 1.5、宽 0.5 厘米；纵向穿孔呈扁圆形，孔径 1.1~1.4 厘米。径 1.5~2、长 3.1 厘米（图 2 – 69；彩版 2 – 92：2）。

　　PWM4：40，扁柱体，取材于鹿角。正面和两侧面光滑，饰绿色颜料；背面粗糙，素面；横向穿孔呈圆角长方形，长 1.3、宽 0.6 厘米；纵向穿孔呈扁圆形，孔径 1~1.8 厘米。上端径 1.4~1.7、下端径 1.6~1.8 厘米，长 3.1 厘米（图 2 – 69；彩版 2 – 92：3）。

PWM4：9，扁柱体，取材于鹿角，由PWM4：9和PWM4：21拼对形成（PWM4：9为一半，PWM4：21为另一半，出土于不同的层）。正面光滑饰绿色颜料；背面较残存；两侧面为角的窄凸面，中部对刻长1.5、宽0.6厘米的圆角长方形横向穿孔；上、下端截面平滑，掏去疏质骨形成扁圆形的穿孔，孔径0.9～1.3厘米。正面和背面上、下各对钻一个直径0.4厘米的穿孔。径0.9～1.8、长3.6厘米（图2-69；彩版2-94：1）。

PWM4：40，扁柱体，取材于鹿角，形制与PWM4：19同；略残。通体刮磨较为光滑。横向穿孔长1.2，宽0.6厘米；孔径0.9～1.3厘米；径1.5～1.8、长3.3厘米（图2-70）

"T"字形穿孔节约 是由竖孔和临近底端的横向穿孔形成的节约，竖孔较粗，系掏去角的疏质骨形成，未贯通底端。横向穿孔呈圆角长方形，距底端0.5厘米左右。均取材于鹿角，外表打磨光滑，饰绿色颜料；4件。

PWM4：7，柱状；外表光滑饰绿色颜料；上端和底端截面光滑平整；竖孔直径0.8厘米，未与横向穿孔相接；距底端0.5厘米处刻长1.4、宽0.6厘米的圆角长方形横向穿孔。上端径1.8～2、下端径1.9～2.2厘米，长3.4厘米（图2-70；彩版2-93：1）。

PWM4：28，形制与PWM4：7相同。竖孔径1.2～1.4厘米，未与横向穿孔相通；扁

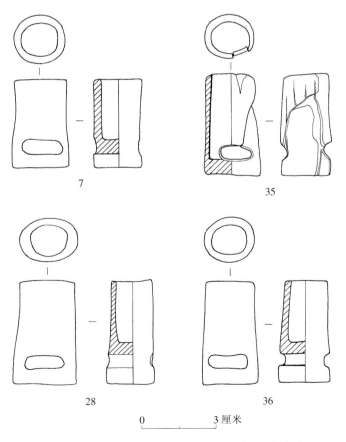

7

35

28

36

0   3厘米

图2-70 PWM4出土"T"字形穿孔骨节约

面两侧距底端0.5厘米处对刻长1.5、宽0.6厘米的圆角长方形横向穿孔。上端径1.6~2.3、下端径1.9~2.5厘米，长4厘米（图2－70；彩版2－93：2）。

PWM4：35，扁柱体，略残；通体呈红褐色。竖孔呈扁圆形，径1.2~1.5厘米；横向穿孔偏于扁面一侧，呈长1.5、宽0.6厘米的圆角长方形；底端不平。上端径1.6~1.8、下端径1.8~2.3厘米，长3.8厘米（图2－70）。

PWM4：36，扁柱形，形制与PWM4：28相通。绿色颜料因脱落残留局部；竖孔径1.1~1.2厘米，深2.4厘米，未与横向穿孔相通；横向穿孔距底端0.5厘米，呈长1.5、宽0.5厘米的圆角长方形。上端径1.7~2、下端径1.9~2.2厘米，长3.9厘米（图2－70；彩版2－93：3）。

管 7件，均取材于鹿角，出土于墓道，可能是马笼头的饰件（彩版2－94：2）。

PWM4：4，略残；通体光滑，外表饰绿色颜料；上、下端截面中部一直径0.9~1厘米的纵向穿孔。直径1.4~1.6、长2.1厘米（图2－71）。

PWM4：6，通体刮磨光滑。两端掏去角的疏质骨形成直径0.9~1厘米的纵向穿孔；外表饰绿色颜料。长2.1厘米（图2－71）。

PWM4：13，通体光滑，外表饰绿色颜料；从两端掏去角的疏质骨形成直径0.8~1.1厘米的纵向穿孔。上端径1.3~1.5、下端径1.5~1.7厘米，长1.9厘米（图2－71）。

PWM4：18，通体光滑，外表饰绿色颜料，脱落。两端掏去角的疏质骨形成0.9~1厘米的纵向穿孔。长2.1厘米（图2－71）。

PWM4：37，通体光滑呈红褐色；上端平面，下端斜面，两端掏去角的疏质骨形成直径0.6厘米的纵向穿孔。上端直径0.9、下端直径1.3~1.5厘米，长2.3厘米（图2－71）。

PWM4：50，外表光滑呈红褐色；从两端掏去角的疏质骨形成直径0.9~1厘米的纵向穿孔。上端直径1.3~1.5、下端直径1.5~1.6厘米，长2.1厘米（图2－71）。

PWM4：51，通体光滑，外表饰绿色颜料；上端平面，下端斜面；从两端掏去角的疏质骨形成直径0.4~0.6厘米的纵向穿孔。上端直径0.9~1、下端径1.2~1.4厘米，长2.2厘米（图2－71）。

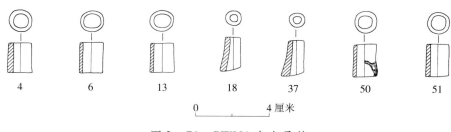

图2－71 PWM4出土骨管

长方形片状饰　4 件，均取材于鹿角，由角的密质骨部分制作而成，通体刮磨光滑（彩版 2 – 95：1）。

PWM4：32，呈长方形，正面略弧，属角的密质骨弧面，底平面，中部一长 1.2、宽 0.7 厘米的长方形穿孔。长 2.6、宽 1.9、厚 0.8 厘米（图 2 – 72）。

PWM4：33，形制与 PWM4：32 相同；中部穿孔呈长 2.7、宽 1.7、厚 0.7 厘米的圆角长方形。长 2.7、宽 1.7、厚 0.7 厘米（图 2 – 72）。

PWM4：34，形制与 PWM4：32 相同；外表饰绿色颜料；中部穿孔呈长 1.8、宽 0.8 厘米的圆角长方形。长 2.7、宽 1.9、厚 0.8 厘米（图 2 – 72）。

PWM4：41，形制与 PWM4：32 相同；外表原饰绿色颜料，因脱落残存微痕；中部穿孔呈长 1.9、宽 0.6 厘米的圆角长方形穿孔。长 2.7、宽 1.8、厚 0.8 厘米（图 2 – 72）。

纺轮状饰　2 件，均用鹿角的根部较粗部分制作而成，形制相同，出土于墓道。

PWM4：14，略残；正面圆凸刮磨光滑，保留一层较薄的密质骨；底面刮磨光滑而不平；中部一直径 1.5 厘米的圆形穿孔。底径 4.4、高 1.4 厘米（图 2 – 72；彩版 2 – 95：2）。

PWM4：39，圆形略扁，正面圆凸；外表和底面刮去角的密质骨留存蜂窝状的疏质骨；中部一边长 1 厘米的弧方形穿孔。外表和底面刮磨 0.2 ~ 0.4 厘米宽的一周斜面。底径 2.9 ~ 3、高 1.8 厘米（图 2 – 72；彩版 2 – 95：2）。

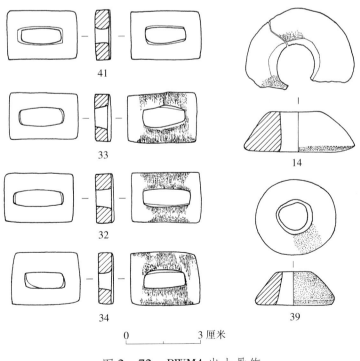

0　　　　　3 厘米

图 2 – 72　PWM4 出土骨饰

（5）费昂斯和玛瑙饰件

1）费昂斯饰件　出土586颗，有片状、管状和腰鼓形三种，以腰鼓形为主（彩版2－96）。

费昂斯片状饰　19件，形体宽扁，通体光滑，中部一竖穴穿孔（图2－73、2－74）。

PWM4：54－75，上、下端外凸，穿孔部略凹。长2.4、宽1.5厘米，孔径0.3厘米。

PWM4：54－76，形制与PWM4：54－75同。长1.9、宽2.4厘米；孔径0.35厘米。

PWM4：54－77，一端略凸。穿孔径0.5、长1.7、宽1.2厘米。

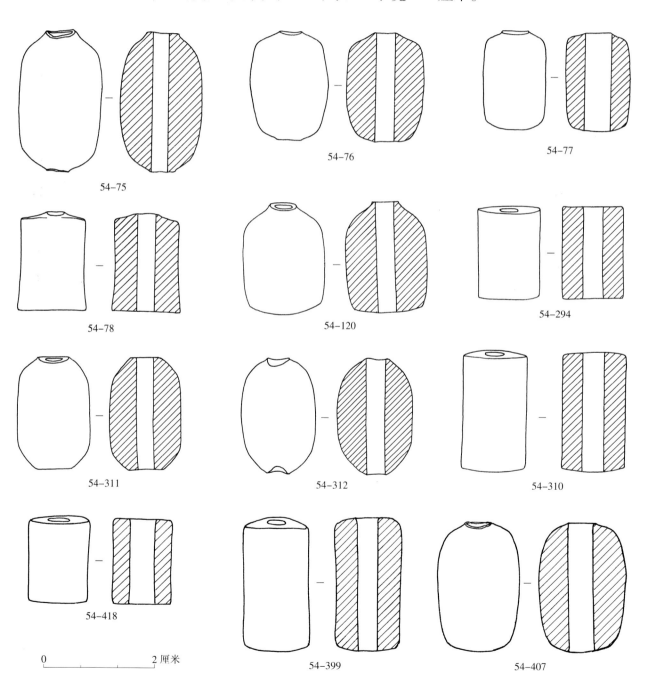

图2－73　PWM4出土费昂斯片状饰

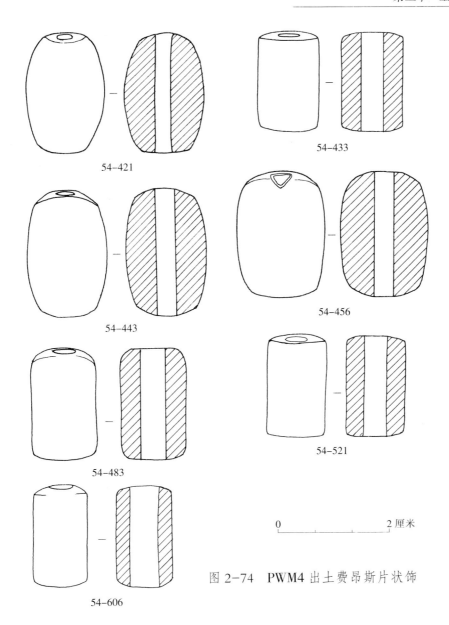

图 2-74 PWM4 出土费昂斯片状饰

PWM4：54 - 78，一端穿孔部略凸，两侧略凹。穿孔径 0.3、长 1.7、宽 1.2 厘米。

PWM4：54 - 120，穿孔部一端高凸。穿孔径 0.3、长 1.9、宽 1.4 厘米。

PWM4：54 - 294，两端较平。穿孔径 0.35、长 1.6、宽 1.1 厘米。

PWM4：54 - 311，两侧近两端斜刹。穿孔径 0.3、长 1.9、宽 1.3 厘米。

PWM4：54 - 312，穿孔部内凹；略残。穿孔径 0.3、长 2.1、宽 1.35 厘米。

PWM4：54 - 310，两端略平。穿孔径 0.4、长 2.15、宽 1.1 厘米。

PWM4：54 - 418，两端较平；两侧略凹。穿孔径 0.45、长 1.5、宽 1.05 厘米。

PWM4：54 - 399，两端略弧；一面中部竖向弧凸；两侧略凹。穿孔径 0.35、长 2.4、宽 1.2 厘米。

PWM4：54 - 407，两端略弧。穿孔径 0.45、长 2.25、宽 1.5 厘米。

PWM4：54-421，一端略弧，一端较平。穿孔径 0.3、长 2.1、宽 1.4 厘米。

PWM4：54-433，两端略弧。穿孔径 0.4、长 1.75、宽 1.1 厘米。

PWM4：54-443，两端略弧，一面中部弧凸。穿孔径 0.35、长 2.25、宽 1.45 厘米。

PWM4：54-456，两端略弧；一穿孔部略残。穿孔径 0.4、长 2.2、宽 1.6 厘米。

PWM4：54-483，两端较平；两侧中部略凹。穿孔径 0.45、长 1.9、宽 1.15 厘米。

PWM4：54-521，两端略弧。穿孔径 0.4、长 1.8、宽 1.05 厘米。

PWM4：54-606，两端略弧。穿孔径 0.55、长 1.8、宽 1 厘米。

费昂斯管状饰 18 件，圆柱体，制作较为规整，通体光滑，中部一竖向穿孔。长 1.2 厘米左右（图 2-75）。

PWM4：54-20，侧面微凹，两端孔径略大。穿孔径 0.3～0.35、直径 0.65、长 1.1 厘米。

PWM4：54-34，侧面略外鼓，两端平，其中一端面略残；穿孔径两端略大。穿孔径

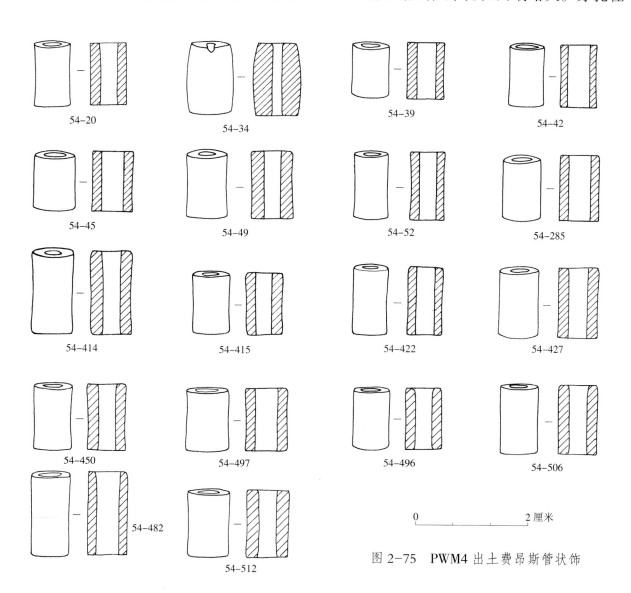

54-20　54-34　54-39　54-42

54-45　54-49　54-52　54-285

54-414　54-415　54-422　54-427

54-450　54-497　54-496　54-506

54-482　54-512

0　　　　　2 厘米

图 2-75　PWM4 出土费昂斯管状饰

0.2 ~0.25、直径0.65 ~0.85、长1.25 厘米。

PWM4：54 – 39，侧面中部略凹。穿孔径0.35、直径0.65、长1 厘米。

PWM4：54 – 42，侧面略凹。穿孔径0.4、直径0.9、长1.1 厘米。

PWM4：54 – 45，侧面略凹。穿孔径0.4、直径0.75、长1.05 厘米。

PWM4：54 – 49，侧面略凹。穿孔径0.3、直径0.75、长1.2 厘米。

PWM4：54 – 52，侧面略凹。穿孔径0.3、直径0.6、长1.2 厘米。

PWM4：54 – 285，穿孔径0.4、直径0.7、长1.15 厘米。

PWM4：54 – 414，侧面中部明显内凹。穿孔径0.35、直径0.7 ~0.75、长1.45 厘米。

PWM4：54 – 415，侧面略凹。穿孔径0.3、直径0.65、长1.1 厘米。

PWM4：54 – 422，侧面略凹。穿孔径0.3、直径0.6、长1.2 厘米。

PWM4：54 – 427，侧面略凹。穿孔径0.35、直径0.7、长1.25 厘米。

PWM4：54 – 450，侧面略凹；两端面穿孔径略大。穿孔径0.3 ~0.35、直径0.7、长1.15 厘米。

PWM4：54 – 482，侧面略凹。穿孔径0.4、直径0.75、长1.1 厘米。

PWM4：54 – 496，侧面略凹；两端穿孔径略大。穿孔径0.3 ~0.4、直径0.65、长1.05 厘米。

PWM4：54 – 497，侧面略凹；两端穿孔径略大。穿孔径0.3 ~0.4、直径0.7、长1.2 厘米。

PWM4：54 – 506，侧面略凹；两端穿孔径略大。穿孔径0.4 – 0.45、直径0.7、长1.45 厘米。

PWM4：54 – 512，侧面略凹；两端穿孔径略大。穿孔径0.3、直径0.75、长1.15 厘米。

费昂斯腰鼓形饰 549 件，呈腰鼓形，有的呈环状和宝瓶状，不规整。中部一竖向穿孔。长大多在0.3 ~0.7 厘米（图2 – 76 ~85）。

PWM4：54 – 3，一端略残。穿孔径0.22、直径0.25 ~0.40、长0.65 厘米。

PWM4：54 – 4，穿一端略残。穿孔径0.25、直径0.3 ~0.4，长0.7 厘米。

PWM4：54 – 5，穿孔径0.3、直径0.35 ~0.45、长0.45 厘米。

PWM4：54 – 6，两端略残。穿孔径0.25、直径0.3 ~0.4、长0.45 厘米。

PWM4：54 – 7，一端略残。穿孔径0.26、直径0.35 ~0.45、长0.55 厘米。

PWM4：54 – 8，一端略残。穿孔径0.2、直径0.25 ~0.35、长0.45 厘米。

PWM4：54 – 9，一端略残。穿孔径0.25、直径0.27 ~0.36、长0.4 厘米。

PWM4：54 – 10，穿孔径0.25、直径0.3 ~0.4、长0.5 厘米。

PWM4：54 – 11，穿孔径0.3、直径0.32 ~0.45、长0.55 厘米。

图 2-76 PWM4 出土费昂斯腰鼓形饰

54-91 54-92 54-93 54-94 54-95 54-96

54-97 54-98 54-99 54-100 54-101 54-122

54-102 54-103 54-104 54-105 54-106 54-107

54-108 54-109 54-110 54-111 54-112 54-113

54-114 54-115 54-116 54-117 54-118 54-119

54-123 54-125 54-126 54-130 54-132 54-124

54-128 54-129 54-131 54-133 54-134 54-135

54-136 54-137 54-138 54-139 54-140 54-141

54-142 54-143 54-144 54-145 54-146 54-147

54-148 54-149 54-150 54-151 54-152 54-153

0   2 厘米

图 2 – 77 　PWM4 出土费昂斯腰鼓形饰

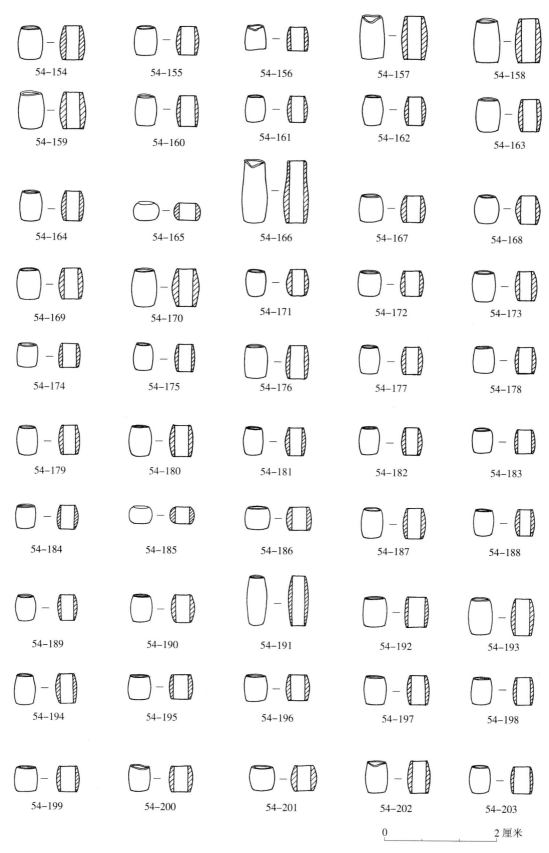

54-154　　54-155　　54-156　　54-157　　54-158

54-159　　54-160　　54-161　　54-162　　54-163

54-164　　54-165　　54-166　　54-167　　54-168

54-169　　54-170　　54-171　　54-172　　54-173

54-174　　54-175　　54-176　　54-177　　54-178

54-179　　54-180　　54-181　　54-182　　54-183

54-184　　54-185　　54-186　　54-187　　54-188

54-189　　54-190　　54-191　　54-192　　54-193

54-194　　54-195　　54-196　　54-197　　54-198

54-199　　54-200　　54-201　　54-202　　54-203

0　　　　　　　　　　2厘米

图 2-78　PWM4 出土费昂斯腰鼓形饰

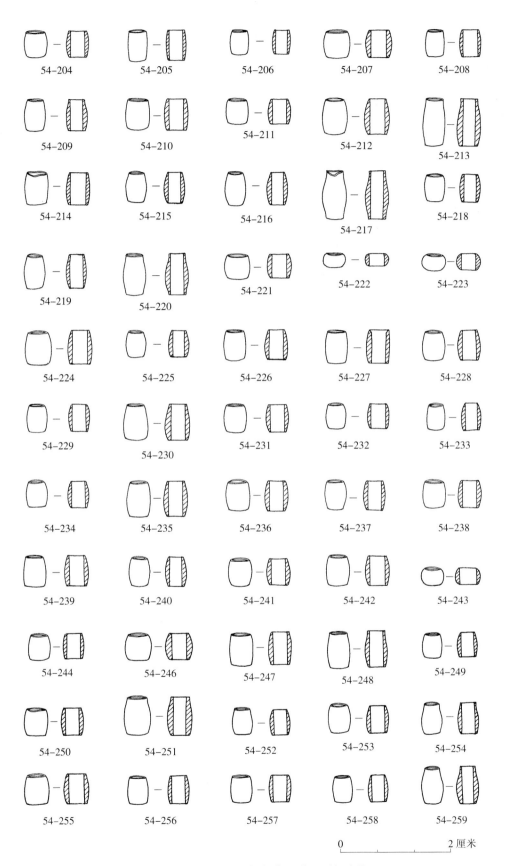

图 2 - 79 PWM4 出土费昂斯腰鼓形饰

图 2-80　PWM4 出土费昂斯腰鼓形饰

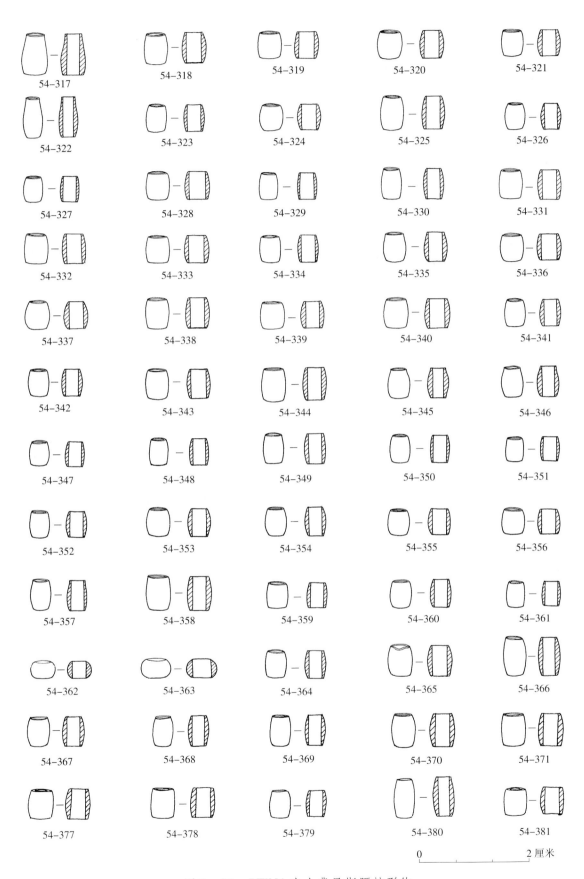

图 2-81 PWM4 出土费昂斯腰鼓形饰

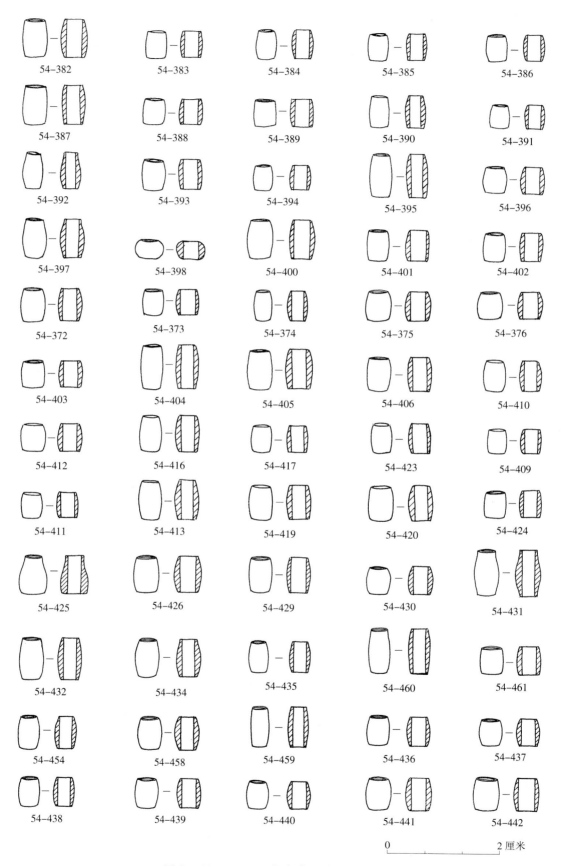

54-382　54-383　54-384　54-385　54-386

54-387　54-388　54-389　54-390　54-391

54-392　54-393　54-394　54-395　54-396

54-397　54-398　54-400　54-401　54-402

54-372　54-373　54-374　54-375　54-376

54-403　54-404　54-405　54-406　54-410

54-412　54-416　54-417　54-423　54-409

54-411　54-413　54-419　54-420　54-424

54-425　54-426　54-429　54-430　54-431

54-432　54-434　54-435　54-460　54-461

54-454　54-458　54-459　54-436　54-437

54-438　54-439　54-440　54-441　54-442

0　　　　2 厘米

图 2-82　PWM4 出土费昂斯腰鼓形饰

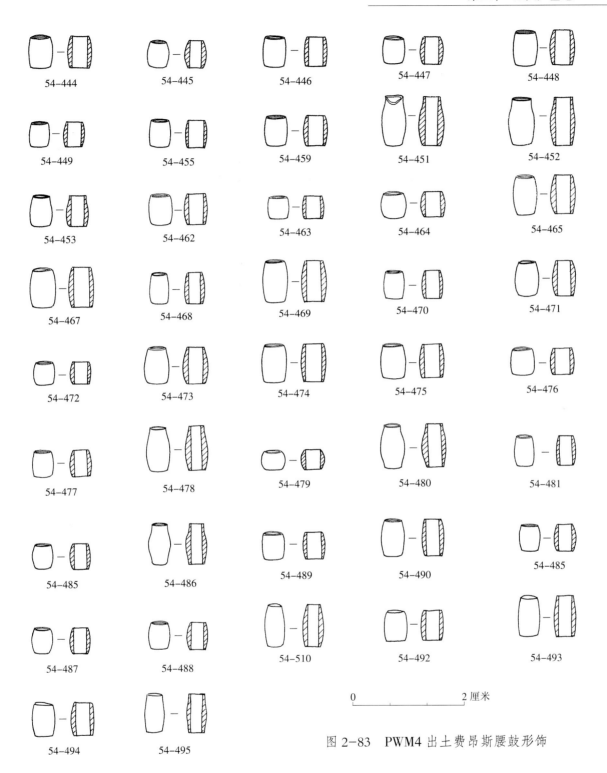

54-444 54-445 54-446 54-447 54-448

54-449 54-455 54-459 54-451 54-452

54-453 54-462 54-463 54-464 54-465

54-467 54-468 54-469 54-470 54-471

54-472 54-473 54-474 54-475 54-476

54-477 54-478 54-479 54-480 54-481

54-485 54-486 54-489 54-490 54-485

54-487 54-488 54-510 54-492 54-493

54-494 54-495

0   2 厘米

图 2-83 PWM4 出土费昂斯腰鼓形饰

PWM4：54-12，穿孔径 0.18、直径 0.25~0.35、长 0.55 厘米。

PWM4：54-13，穿孔径 0.2、直径 0.25~0.32、长 0.5 厘米。

PWM4：54-14，穿孔径 0.2、直径 0.25~0.35、长 0.45 厘米。

PWM4：54-15，穿孔径 0.25、直径 0.32~0.45、长 0.45 厘米。

PWM4：54-16，穿孔径 0.22、直径 0.3~0.4、长 0.55 厘米。

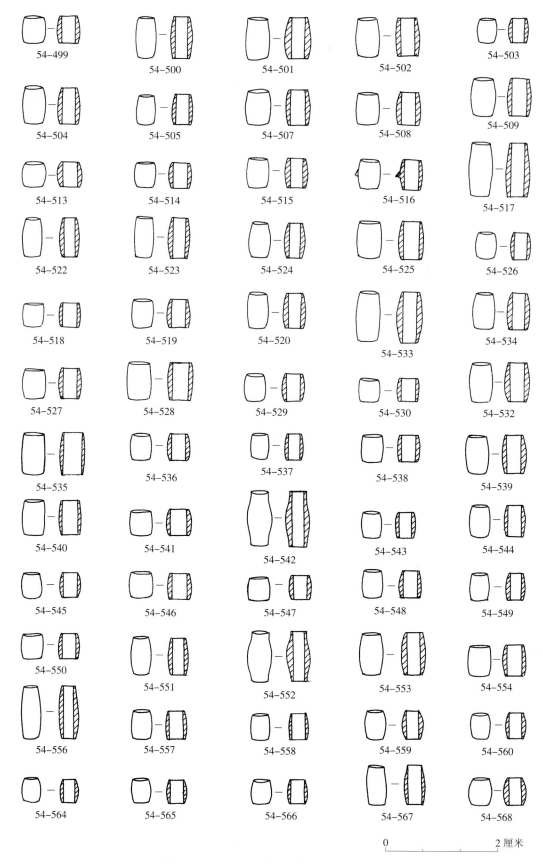

图 2 - 84 PWM4 出土费昂斯腰鼓形饰

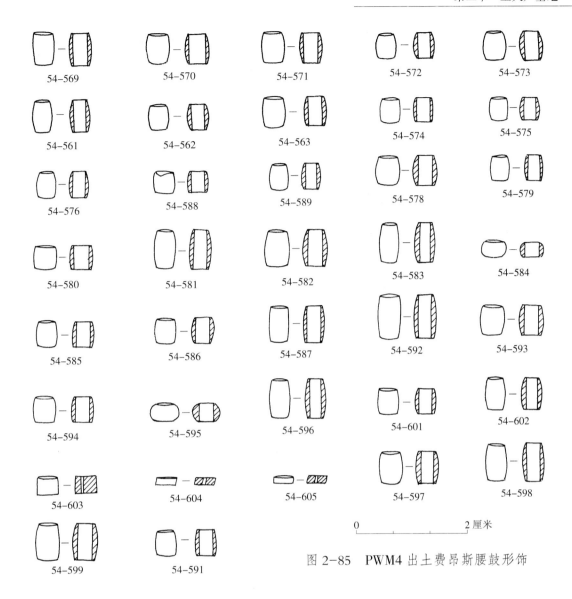

图 2-85　PWM4 出土费昂斯腰鼓形饰

PWM4：54 - 17，穿孔径 0.25、直径 0.3 ~ 0.45、长 0.35 厘米。

PWM4：54 - 18，穿孔径 0.25、直径 0.4 ~ 0.41、长 0.45 厘米。

PWM4：54 - 19，穿孔径 0.25、直径 0.3 ~ 0.45、长 0.75 厘米。

PWM4：54 - 21，穿孔径 0.2、直径 0.27 ~ 0.4、长 0.7 厘米。

PWM4：54 - 22，穿孔径 0.2、直径 0.3 ~ 0.44、长 0.65 厘米。

PWM4：54 - 23，一端残。穿孔径 0.25、直径 0.35 ~ 0.43、长 0.52 厘米。

PWM4：54 - 24，穿孔径 0.18、直径 0.21 ~ 0.34、长 0.46 厘米。

PWM4：54 - 25，穿孔剖面呈梯形。穿孔径 0.29 ~ 0.4、直径 0.25 ~ 0.45、长 0.42 厘米。

PWM4：54 - 26，一端残。穿孔径 0.21、直径 0.3 ~ 0.33、长 0.6 厘米。

PWM4：54 - 27，穿孔径 0.2、直径 0.26 ~ 0.36、长 0.56 厘米。

PWM4：54 - 28，穿孔径 0.25、直径 0.35 ~ 0.44、长 0.76 厘米。

PWM4：54-29，圆台状。穿孔径0.24~0.26、直径0.3~0.36、长0.46厘米。

PWM4：54-30，穿孔径0.25、直径0.3~0.35、长0.45厘米。

PWM4：54-32，穿孔径0.25、直径0.32~0.42、长0.46厘米。

PWM4：54-33，穿孔径0.27、直径0.35~0.41、长0.65厘米。

PWM4：54-35，穿孔径0.2、直径0.25~0.37、长0.7厘米。

PWM4：54-37，穿孔径0.22、直径0.3~0.4、长0.45厘米。

PWM4：54-38，穿孔径0.23、直径0.28~0.4、长0.71厘米。

PWM4：54-40，穿孔径0.3、直径0.3~0.45、长0.56厘米。

PWM4：54-41，穿孔径0.21、直径0.25~0.42、长0.67厘米。

PWM4：54-43，穿孔径0.26、直径0.3~0.4、长0.47厘米。

PWM4：54-44，一端残。穿孔径0.3、直径0.32~0.52、长0.72厘米。

PWM4：54-46，圆环状。穿孔径0.36、直径0.4~0.5、长0.6厘米。

PWM4：54-47，一端残。穿孔径0.31、直径0.3~0.4、长0.63厘米。

PWM4：54-48，穿孔径0.24、直径0.3~0.44、长0.8厘米。

PWM4：54-50，穿孔径0.22、直径0.3~0.34、长0.5厘米。

PWM4：54-51，穿孔径0.31、直径0.32~0.5、长0.65厘米。

PWM4：54-53，穿孔径0.25、直径0.45~0.75、长0.55厘米。

PWM4：54-54，穿孔径0.25、直径0.3~0.4、长0.55厘米。

PWM4：54-55，穿孔径0.25、直径0.35~0.45、长0.65厘米。

PWM4：54-56，穿孔径0.22、直径0.26~0.37、长0.62厘米。

PWM4：54-57，穿孔径0.3、直径0.35~0.45、长0.45厘米。

PWM4：54-58，穿孔径0.25、直径0.32~0.43、长0.6厘米。

PWM4：54-59，穿孔径0.25、直径0.3~0.35、长0.55厘米。

PWM4：54-60，穿孔径0.2、直径0.25~0.39、长0.7厘米。

PWM4：54-61，穿孔径0.31、直径0.31~0.35、长0.5厘米。

PWM4：54-62，穿孔径0.25、直径0.3~0.45、长0.62厘米。

PWM4：54-63，穿孔径0.2、直径0.3~0.5、长0.67厘米。

PWM4：54-64，穿孔径0.2、直径0.3~0.42、长0.71厘米。

PWM4：54-65，穿孔径0.23、直径0.27~0.36、长0.51厘米。

PWM4：54-66，穿孔径0.25、直径0.3~0.44、长0.52厘米。

PWM4：54-67，穿孔径0.25、直径0.3~0.45、长0.45厘米。

PWM4：54-68，两面对钻，两端面形成浅圆穴。穿孔径0.2~0.35、直径0.35~0.51、长0.81厘米。

PWM4：54－69，一端略残。穿孔径0.25、直径0.34～0.44、长0.62厘米。

PWM4：54－70，略残。穿孔径0.25、直径0.3～0.4、长0.5厘米。

PWM4：54－79，略残。穿孔径0.25、直径0.35～0.45、长0.71厘米。

PWM4：54－80，穿孔径0.28、直径0.35～0.45、长0.63厘米。

PWM4：54－81，穿孔径0.25、直径0.3～0.44、长0.51厘米。

PWM4：54－82，出孔径0.2、直径0.25～0.35、长0.55厘米。

PWM4：54－83，穿孔径0.25、直径0.3～0.35、长0.65厘米。

PWM4：54－84，穿孔径0.3、直径0.35～0.5、长0.3厘米。

PWM4：54－85，侧面微弧；一端面残。穿孔径0.25、直径0.32、长0.41厘米。

PWM4：54－86，穿孔径0.19、直径0.25～0.36、长0.7厘米。

PWM4：54－87，穿孔径0.3、直径0.4～0.6、长0.3厘米。

PWM4：54－88，穿孔径0.25、直径0.3～0.4、长0.45厘米。

PWM4：54－89，穿孔径0.25、直径0.3～0.41、长0.76厘米。

PWM4：54－90，穿孔径0.2、直径0.3～0.4、长0.42厘米。

PWM4：54－91，穿孔径0.25、直径0.25～0.41、长0.3厘米。

PWM4：54－92，穿孔径0.24、直径0.3～0.38、长0.45厘米。

PWM4：54－93，两端残。穿孔径0.25、直径0.3～0.5、长0.66厘米。

PWM4：54－94，略残。穿孔径0.21、直径0.26～0.4、长0.65厘米。

PWM4：54－95，穿孔径0.25、直径0.34～0.49、长0.6厘米。

PWM4：54－96，穿孔径0.25、直径0.3～0.45、长0.56厘米。

PWM4：54－97，穿孔径0.25、直径0.35～0.45、长0.56厘米。

PWM4：54－98，穿孔径0.25、直径0.3～0.4、长0.52厘米。

PWM4：54－99，穿孔径0.42、直径0.26～0.4、长0.7厘米。

PWM4：54－100，略残。穿孔径0.25、直径0.35～0.45、长0.8厘米。

PWM4：54－101，略残。穿孔径0.25、直径0.25～0.4、长0.44厘米。

PWM4：54－102，略残。穿孔径0.25、直径0.25～0.45、长0.6厘米。

PWM4：54－103，略残。穿孔径0.24、直径0.3～0.43、长0.72厘米。

PWM4：54－104，略残。穿孔径0.24、直径0.3～0.45、长0.52厘米。

PWM4：54－105，略残。穿孔径0.25、直径0.3～0.45、长0.45厘米。

PWM4：54－106，穿孔径0.22、直径0.3～0.45、长0.64厘米。

PWM4：54－107，穿孔径0.32、直径0.32～0.45、长0.62厘米。

PWM4：54－108，一端略残。穿孔径0.24、直径0.3～0.4、长0.62厘米。

PWM4：54－109，略残。穿孔径0.27、直径0.3～0.4、长0.5厘米。

PWM4：54－110，略残。穿孔径0.2、直径0.3～0.35、长0.55厘米。

PWM4：54－111，略残。穿孔径0.25、直径0.3～0.35、长0.4厘米。

PWM4：54－112，略残。穿孔径0.25、直径0.3～0.4、长0.5厘米。

PWM4：54－113，穿孔径0.3、直径0.3～0.45、长0.27厘米。

PWM4：54－114，略残。穿孔径0.26、直径0.3～0.35、长0.52厘米。

PWM4：54－115，略残。穿孔径0.24、直径0.3～0.4、长0.55厘米。

PWM4：54－116，略残。穿孔径0.25、直径0.3～0.36、长0.6厘米。

PWM4：54－117，略残。穿孔径0.25、直径0.3～0.45、长0.3厘米。

PWM4：54－118，略残。穿孔径0.25、直径0.35～0.45、长0.55厘米。

PWM4：54－119，略残。穿孔径0.25、直径0.3～0.4、长0.55厘米。

PWM4：54－122，略残。穿孔径0.25、直径0.35～0.45、长0.56厘米。

PWM4：54－123，略残。穿孔径0.24、直径0.3～0.42、长0.5厘米。

PWM4：54－124，略残。穿孔径0.25、0.3～0.35、长0.5厘米。

PWM4：54－125，略残。穿孔径0.23、直径0.3～0.4、长0.51厘米。

PWM4：54－126，略残。穿孔径0.2、直径0.25～0.36、长0.56厘米。

PWM4：54－128，略残。穿孔径0.25、直径0.3～0.44、长0.61厘米。

PWM4：54－129，略残。穿孔径0.2、直径0.26～0.36、长0.48厘米。

PWM4：54－130，略残。穿孔径0.2、直径0.25～0.35、长0.5厘米。

PWM4：54－131，略残。穿孔径0.24、直径0.3～0.35、长0.5厘米。

PWM4：54－132，略残。穿孔径0.25、直径0.3～0.35、长0.5厘米。

PWM4：54－133，略残。穿孔径0.25、直径0.3～0.41、长0.6厘米。

PWM4：54－134，略残。穿孔径0.24、直径0.3～0.4、长0.56厘米。

PWM4：54－135，略残。穿孔径0.25、直径0.36～0.45、长0.65厘米。

PWM4：54－136，略残。穿孔径0.3、直径0.35～0.45、长0.55厘米。

PWM4：54－137，略残。穿孔径0.25、直径0.35～0.4、长0.47厘米。

PWM4：54－138，略残。穿孔径0.23、直径0.25～0.36、长0.48厘米。

PWM4：54－139，略残。穿孔径0.25、直径0.3～0.44、长0.5厘米。

PWM4：54－140，略残。穿孔径0.2、直径0.25～0.35、长0.5厘米。

PWM4：54－141，略残。穿孔径0.22、直径0.3～0.35、长0.7厘米。

PWM4：54－142，略残。穿孔径0.22、直径0.3～0.4、长0.47厘米。

PWM4：54－143，略残。穿孔径0.25、直径0.3～0.41、长0.5厘米。

PWM4：54－144，略残。穿孔径0.25、直径0.32～0.4、长0.51厘米。

PWM4：54－145，略残。穿孔径0.25、直径0.36～0.5、长0.71厘米。

PWM4：54－146，略残。穿孔径0.23、直径0.26～0.36、长0.45厘米。

PWM4：54－147，略残。穿孔径0.2、直径0.25～0.35、长0.45厘米。

PWM4：54－148，略残。穿孔径0.2、直径0.22～0.35、长0.55厘米。

PWM4：54－149，略残。穿孔径0.22、直径0.3～0.36、长0.45厘米。

PWM4：54－150，略残。穿孔径0.25、直径0.31～0.4、长0.45厘米。

PWM4：54－151，略残。穿孔径0.25、直径0.3～0.4、长0.45厘米。

PWM4：54－152，略残。穿孔径0.25、直径0.3～0.41、长0.6厘米。

PWM4：54－153，略残。穿孔径0.24、直径0.3～0.4、长0.62厘米。

PWM4：54－154，略残。穿孔径0.25、直径0.3～0.45、长0.6厘米。

PWM4：54－155，略残。穿孔径0.24、直径0.3～0.4、长0.5厘米。

PWM4：54－156，一端残。穿孔径0.25、直径0.3～0.4、长0.41厘米。

PWM4：54－157，一端残。穿孔径0.25、直径0.32～0.45、长0.75厘米。

PWM4：54－158，略残。穿孔径0.25、直径0.33～0.45、长0.76厘米。

PWM4：54－159，略残。穿孔径0.24、直径0.35～0.45、长0.65厘米。

PWM4：54－160，略残。穿孔径0.25、直径0.3～0.4、长0.52厘米。

PWM4：54－161，略残。穿孔径0.22、直径0.25～0.35、长0.46厘米。

PWM4：54－162，略残。穿孔径0.22、直径0.25～0.35、长0.5厘米。

PWM4：54－163，略残。穿孔径0.25、直径0.3～0.4、长0.55厘米。

PWM4：54－164，略残。穿孔径0.24、直径0.26～0.4、长0.5厘米。

PWM4：54－165，略残。穿孔径0.3、直径0.3～0.46、长0.3厘米。

PWM4：54－166，一端残。穿孔径0.25、直径0.35～0.45、长1.1厘米。

PWM4：54－167，略残。穿孔径0.25、直径0.3～0.44、长0.45厘米。

PWM4：54－168，略残。穿孔径0.25、直径0.25～0.45、长0.5厘米。

PWM4：54－169，略残。穿孔径0.25、直径0.3～0.44、长0.55厘米。

PWM4：54－170，略残。穿孔径0.25、直径0.35～0.5、长0.65厘米。

PWM4：54－171，略残。穿孔径0.25、直径0.25～0.4、长0.45厘米。

PWM4：54－172，略残。穿孔径0.25、直径0.3～0.4、长0.45厘米。

PWM4：54－173，略残。穿孔径0.2、直径0.3～0.4、长0.5厘米。

PWM4：54－174，略残。穿孔径0.25、直径0.3～0.36、长0.42厘米。

PWM4：54－175，略残。穿孔径0.25、直径0.26～0.35、长0.48厘米。

PWM4：54－176，略残。穿孔径0.25、直径0.3～0.4、长0.56厘米。

PWM4：54－177，略残。穿孔径0.23、直径0.25～0.36、长0.47厘米。

PWM4：54－178，略残。穿孔径0.25、直径0.28～0.38、长0.45厘米。

PWM4：54－179，略残。穿孔径 0.2、直径 0.25～0.36、长 0.51 厘米。

PWM4：54－180，略残。穿孔径 0.25、直径 0.3～0.4、长 0.54 厘米。

PWM4：54－181，略残。穿孔径 0.2、直径 0.26～0.36、长 0.48 厘米。

PWM4：54－182，略残。穿孔径 0.2、直径 0.25～0.36、长 0.47 厘米。

PWM4：54－183，略残。穿孔径 0.25、直径 0.27～0.35、长 0.4 厘米。

PWM4：54－184，略残。穿孔径 0.24、直径 0.24～0.37、长 0.42 厘米。

PWM4：54－185，略残。穿孔径 0.25、直径 0.25～0.45、长 0.3 厘米。

PWM4：54－186，略残。穿孔径 0.25、直径 0.35～0.45、长 0.4 厘米。

PWM4：54－187，略残。穿孔径 0.24、直径 0.26～0.4、长 0.51 厘米。

PWM4：54－188，略残。穿孔径 0.2、直径 0.25～0.35、长 0.45 厘米。

PWM4：54－189，略残。穿孔径 0.22、直径 0.25～0.35、长 0.45 厘米。

PWM4：54－190，略残。穿孔径 0.25、直径 0.27～0.4、长 0.5 厘米。

PWM4：54－191，略残。穿孔径 0.22、直径 0.24～0.35、长 0.85 厘米。

PWM4：54－192，略残。穿孔径 0.26、直径 0.31～0.4、长 0.51 厘米。

PWM4：54－193，略残。穿孔径 0.25、直径 0.27～0.41、长 0.65 厘米。

PWM4：54－194，略残。穿孔径 0.24、直径 0.28～0.36、长 0.51 厘米。

PWM4：54－195，略残。穿孔径 0.25、直径 0.3～0.41、长 0.44 厘米。

PWM4：54－196，略残。穿孔径 0.25、直径 0.3～0.4、长 0.4 厘米。

PWM4：54－197，略残。穿孔径 0.24、直径 0.3～0.38、长 0.52 厘米。

PWM4：54－198，略残。穿孔径 0.25、直径 0.27～0.35、长 0.49 厘米。

PWM4：54－199，略残。穿孔径 0.25、直径 0.27～0.4、长 0.45 厘米。

PWM4：54－200，略残。穿孔径 0.24、直径 0.33～0.4、长 0.45 厘米。

PWM4：54－201，略残。穿孔径 0.24、直径 0.31～0.45、长 0.45 厘米。

PWM4：54－202，一端残。穿孔径 0.24、直径 0.27～0.4、长 0.55 厘米。

PWM4：54－203，略残。穿孔径 0.3、直径 0.3～0.4、长 0.48 厘米。

PWM4：54－204，略残。穿孔径 0.25、直径 0.3～0.4、长 0.55 厘米。

PWM4：54－205，略残。穿孔径 0.24、直径 0.3～0.35、长 0.52 厘米。

PWM4：54－206，略残。穿孔径 0.2、直径 0.26～0.33、长 0.46 厘米。

PWM4：54－207，略残。穿孔径 0.25、直径 0.35～0.46、长 0.48 厘米。

PWM4：54－208，略残。穿孔径 0.25、直径 0.3～0.38、长 0.48 厘米。

PWM4：54－209，略残。穿孔径 0.2、直径 0.3～0.36、长 0.55 厘米。

PWM4：54－210，略残。穿孔径 0.25、直径 0.35～0.42、长 0.55 厘米。

PWM4：54－211，略残。穿孔径 0.25、直径 0.3～0.41、长 0.44 厘米。

PWM4：54－212，略残。穿孔径0.25、直径0.3～0.45、长0.61厘米。

PWM4：54－213，略残。穿孔径0.2、直径0.3～0.4、长0.82厘米。

PWM4：54－214，略残。穿孔径0.22、直径0.27～0.35、长0.6厘米。

PWM4：54－215，略残。穿孔径0.24、直径0.28～0.4、长0.72厘米。

PWM4：54－216，略残。穿孔径0.25、直径0.35～0.45、长0.41厘米。

PWM4：54－217，略残。穿孔径0.25、直径0.25～0.4、长0.22厘米。

PWM4：54－218，略残。穿孔径0.25、直径0.25～0.44、长0.3厘米。

PWM4：54－219，一端残。穿孔径0.28、直径0.32～0.4、长0.55厘米。

PWM4：54－220，略残。穿孔径0.2、直径0.25～0.36、长0.55厘米。

PWM4：54－221，略残。穿孔径0.2、直径0.25～0.36、长0.56厘米。

PWM4：54－222，略残。穿孔径0.2、直径0.3～0.42、长0.85厘米。

PWM4：54－223，略残。穿孔径0.2、直径0.3～0.35、长0.49厘米。

PWM4：54－224，略残。穿孔径0.25、直径0.3～0.44、长0.6厘米。

PWM4：54－225，略残。穿孔径0.2、直径0.25～0.31、长0.45厘米。

PWM4：54－226，略残。穿孔径0.2、直径0.3～0.4、长0.51厘米。

PWM4：54－227，略残。穿孔径0.25～0.3、直径0.3～0.4、长0.56厘米。

PWM4：54－228，略残。穿孔径0.25、直径0.3～0.4、长0.53厘米。

PWM4：54－229，略残。穿孔径0.25、直径0.25～0.37、长0.48厘米。

PWM4：54－230，略残。穿孔径0.25、直径0.3～0.45、长0.61厘米。

PWM4：54－231，略残。穿孔径0.25、直径0.3～0.4、长0.48厘米。

PWM4：54－232，略残。穿孔径0.25、直径0.3～0.38、长0.44厘米。

PWM4：54－233，略残。穿孔径0.2、直径0.2～0.35、长0.49厘米。

PWM4：54－234，略残。穿孔径0.25、直径0.25～0.37、长0.47厘米。

PWM4：54－235，略残。穿孔径0.25、直径0.3～0.4、长0.62厘米。

PWM4：54－236，略残。穿孔径0.25、直径0.3～0.42、长0.53厘米。

PWM4：54－237，略残。穿孔径0.24、直径0.3～0.37、长0.5厘米。

PWM4：54－238，略残。穿孔径0.25、直径0.3～0.48、长0.47厘米。

PWM4：54－239，略残。穿孔径0.25、直径0.3～0.36、长0.51厘米。

PWM4：54－240，略残。穿孔径0.2、直径0.25～0.47、长0.52厘米。

PWM4：54－241，略残。穿孔径0.25、直径0.3～0.42、长0.44厘米。

PWM4：54－242，略残。穿孔径0.26、直径0.31～0.42、长0.51厘米。

PWM4：54－243，略残。穿孔径0.3、直径0.3～0.45、长0.3厘米。

PWM4：54－244，略残。穿孔径0.24、直径0.3～0.36、长0.44厘米。

PWM4：54－246，略残。穿孔径 0.25、直径 0.32～0.46、长 0.45 厘米。

PWM4：54－247，略残。穿孔径 0.25、直径 0.3～0.4、长 0.56 厘米。

PWM4：54－248，略残。穿孔径 0.24、直径 0.3～0.4、长 0.62 厘米。

PWM4：54－249，略残。穿孔径 0.2、直径 0.25～0.36、长 0.44 厘米。

PWM4：54－250，略残。穿孔径 0.25、直径 0.3～0.4、长 0.46 厘米。

PWM4：54－251，略残。穿孔径 0.24、直径 0.32～0.42、长 0.68 厘米。

PWM4：54－251，略残。穿孔径 0.22、直径 0.24～0.36、长 0.4 厘米。

PWM4：54－252，略残。穿孔径 0.25、直径 0.3～0.4、长 0.46 厘米。

PWM4：54－253，略残。穿孔径 0.25、直径 0.28～0.4、长 0.43 厘米。

PWM4：54－254，略残。穿孔径 0.24、直径 0.27～0.36、长 0.55 厘米。

PWM4：54－255，略残。穿孔径 0.25、直径 0.31～0.45、长 0.52 厘米。

PWM4：54－256，略残。穿孔径 0.24、直径 0.3～0.36、长 0.5 厘米。

PWM4：54－257，略残。穿孔径 0.25、直径 0.3～0.4、长 0.46 厘米。

PWM4：54－258，略残。穿孔径 0.24、直径 0.25～0.35、长 0.48 厘米。

PWM4：54－259，略残。穿孔径 0.2、直径 0.26～0.4、长 0.66 厘米。

PWM4：54－260，略残。穿孔径 0.25、直径 0.25～0.45、长 0.3 厘米。

PWM4：54－261，略残。穿孔径 0.25、直径 0.3～0.44、长 0.4 厘米。

PWM4：54－262，略残。穿孔径 0.18、直径 0.26～0.4、长 0.52 厘米。

PWM4：54－263，略残。穿孔径 0.24、直径 0.26～0.36、长 0.46 厘米。

PWM4：54－264，略残。穿孔径 0.24、直径 0.3～0.37、长 0.45 厘米。

PWM4：54－265，略残。穿孔径 0.25、直径 0.3～0.4、长 0.52 厘米。

PWM4：54－266，略残。穿孔径 0.25、直径 0.3～0.43、长 0.55 厘米。

PWM4：54－267，略残。穿孔径 0.25、直径 0.3～0.4、长 0.55 厘米。

PWM4：54－268，略残。穿孔径 0.25、直径 0.31～0.4、长 0.5 厘米。

PWM4：54－269，略残。穿孔径 0.25、直径 0.3～0.4、长 0.13 厘米。

PWM4：54－270，略残。穿孔径 0.3、直径 0.3～0.45、长 0.65 厘米。

PWM4：54－271，略残。穿孔径 0.25、直径 0.27～0.35、长 0.41 厘米。

PWM4：54－272，略残。穿孔径 0.26、直径 0.26～0.55、长 0.35 厘米。

PWM4：54－273，略残。穿孔径 0.26、直径 0.35～0.41、长 0.5 厘米。

PWM4：54－274，略残。穿孔径 0.2、直径 0.2～0.32、长 0.45 厘米。

PWM4：54－275，略残。穿孔径 0.25、直径 0.25～0.36、长 0.52 厘米。

PWM4：54－276，略残。穿孔径 0.22、直径 0.3～0.4、长 0.51 厘米。

PWM4：54－277，略残。穿孔径 0.25、直径 0.25～0.4、长 0.5 厘米。

PWM4：54 - 278，略残。穿孔径 0.25、直径 0.2 ~ 0.35、长 0.45 厘米。

PWM4：54 - 279，略残。穿孔径 0.25、直径 0.24 ~ 0.36、长 0.51 厘米。

PWM4：54 - 280，略残。穿孔径 0.2、直径 0.25 ~ 0.36、长 0.5 厘米。

PWM4：54 - 281，略残。穿孔径 0.22、直径 0.3 ~ 0.4、长 0.46 厘米。

PWM4：54 - 282，略残。穿孔径 0.24、直径 0.3 ~ 0.4、长 0.47 厘米。

PWM4：54 - 283，略残。穿孔径 0.2、直径 0.25 ~ 0.35、长 0.44 厘米。

PWM4：54 - 284，略残。穿孔径 0.18、直径 0.25 ~ 0.36、长 0.45 厘米。

PWM4：54 - 285，略残。穿孔径 0.25、直径 0.27 ~ 0.36、长 0.45 厘米。

PWM4：54 - 286，略残。穿孔径 0.2、直径 0.3 ~ 0.36、长 0.5 厘米。

PWM4：54 - 287，略残。穿孔径 0.24、直径 0.26 ~ 0.36、长 0.42 厘米。

PWM4：54 - 289，略残。穿孔径 0.25、直径 0.32 ~ 0.42、长 0.63 厘米。

PWM4：54 - 290，略残。穿孔径 0.26、直径 0.32 ~ 0.4、长 0.46 厘米。

PWM4：54 - 291，略残。穿孔径 0.25、直径 0.3 ~ 0.4、长 0.47 厘米。

PWM4：54 - 292，略残。穿孔径 0.25、直径 0.3 ~ 0.36、长 0.45 厘米。

PWM4：54 - 293，略残。穿孔径 0.25、直径 0.3 ~ 0.42、长 0.51 厘米。

PWM4：54 - 294，略残。穿孔径 0.25、直径 0.27 ~ 0.35、长 0.52 厘米。

PWM4：54 - 295，略残。穿孔径 0.2、直径 0.25 ~ 0.38、长 0.7 厘米。

PWM4：54 - 296，略残。穿孔径 0.27、直径 0.32 ~ 0.4、长 0.46 厘米。

PWM4：54 - 297，略残。穿孔径 0.25、直径 0.3 ~ 0.51、长 0.3 厘米。

PWM4：54 - 298，略残。穿孔径 0.25、直径 0.27 ~ 0.41、长 0.45 厘米。

PWM4：54 - 299，略残。穿孔径 0.25、直径 0.27 ~ 0.43、长 0.48 厘米。

PWM4：54 - 300，略残。穿孔径 0.22、直径 0.25 ~ 0.36、长 0.46 厘米。

PWM4：54 - 301，略残。穿孔径 0.24、直径 0.25 ~ 0.4、长 0.51 厘米。

PWM4：54 - 302，略残。穿孔径 0.23、直径 0.3 ~ 0.44、长 0.63 厘米。

PWM4：54 - 303，略残。穿孔径 0.25、直径 0.3 ~ 0.45、长 0.45 厘米。

PWM4：54 - 304，略残。穿孔径 0.2、直径 0.25 ~ 0.35、长 0.45 厘米。

PWM4：54 - 305，略残。穿孔径 0.25、直径 0.3 ~ 0.36、长 0.45 厘米。

PWM4：54 - 306，略残。穿孔径 0.2、直径 0.26 ~ 0.38、长 0.7 厘米。

PWM4：54 - 307，略残。穿孔径 0.25、直径 0.25 ~ 0.35、长 0.52 厘米。

PWM4：54 - 308，略残。穿孔径 0.24、直径 0.27 ~ 0.35、长 0.37 厘米。

PWM4：54 - 309，略残。穿孔径 0.25、直径 0.25 ~ 0.38、长 0.46 厘米。

PWM4：54 - 313，一端残。穿孔径 0.25、直径 0.3 ~ 0.42、长 0.56 厘米。

PWM4：54 - 314，略残。穿孔径 0.25、直径 0.26 ~ 0.42、长 0.6 厘米。

PWM4：54－315，略残。穿孔径0. 25、直径0. 25～0. 48、长0. 3厘米。

PWM4：54－316，略残。穿孔径0. 25、直径0. 3～0. 45、长0. 56厘米。

PWM4：54－317，略残。穿孔径0. 2、直径0. 3～0. 43、长0. 7厘米。

PWM4：54－318，略残。穿孔径0. 25、直径0. 3～0. 45、长0. 52厘米。

PWM4：54－319，略残。穿孔径0. 25、直径0. 32～0. 42、长0. 45厘米。

PWM4：54－320，略残。穿孔径0. 25、直径0. 3～0. 42、长0. 5厘米。

PWM4：54－321，略残。穿孔径0. 24、直径0. 3～0. 35、长0. 45厘米。

PWM4：54－322，略残。穿孔径0. 18、直径0. 24～0. 32、长0. 7厘米。

PWM4：54－323，略残。穿孔径0. 24、直径0. 27～0. 35、长0. 48厘米。

PWM4：54－324，略残。穿孔径0. 25、直径0. 3～0. 4、长0. 45厘米。

PWM4：54－325，略残。穿孔径0. 25、直径0. 27～0. 4、长0. 57厘米。

PWM4：54－326，略残。穿孔径0. 233、直径0. 3～0. 4、长0. 5厘米。

PWM4：54－327，略残。穿孔径0. 2、直径0. 25～0. 32、长0. 45厘米。

PWM4：54－328，略残。穿孔径0. 27、直径0. 3～0. 44、长0. 5厘米。

PWM4：54－329，略残。穿孔径0. 44、直径0. 27～0. 35、长0. 46厘米。

PWM4：54－330，略残。穿孔径0. 24、直径0. 25～0. 35、长0. 52厘米。

PWM4：54－331，略残。穿孔径0. 25、直径0. 3～0. 4、长0. 5厘米。

PWM4：54－332，略残。穿孔径0. 25、直径0. 3～0. 41、长0. 52厘米。

PWM4：54－333，略残。穿孔径0. 27、直径0. 32～0. 44、长0. 48厘米。

PWM4：54－334，略残。穿孔径0. 24、直径0. 27～0. 36、长0. 48厘米。

PWM4：54－335，略残。穿孔径0. 25、直径0. 3～0. 4、长0. 51厘米。

PWM4：54－336，略残。穿孔径0. 25、直径0. 3～0. 43、长0. 45厘米。

PWM4：54－337，略残。穿孔径0. 25、直径0. 25～0. 43、长0. 46厘米。

PWM4：54－338，略残。穿孔径0. 25、直径0. 3～0. 43、长0. 53厘米。

PWM4：54－339，略残。穿孔径0. 23、直径0. 3～0. 4、长0. 46厘米。

PWM4：54－330，略残。穿孔径0. 24、直径0. 25～0. 35、长0. 52厘米。

PWM4：54－340，略残。穿孔径0. 26、直径0. 35～0. 45、长0. 5厘米。

PWM4：54－341，略残。穿孔径0. 23、直径0. 26～0. 38、长0. 46厘米。

PWM4：54－342，略残。穿孔径0. 22、直径0. 25～0. 35、长0. 46厘米。

PWM4：54－343，略残。穿孔径0. 25、直径0. 3～0. 35、长0. 5厘米。

PWM4：54－344，略残。穿孔径0. 25、直径0. 32～0. 42、长0. 56厘米。

PWM4：54－345，略残。穿孔径0. 2、直径0. 25～0. 36、长0. 53厘米。

PWM4：54－346，略残。穿孔径0. 22、直径0. 22～0. 4、长0. 55厘米。

PWM4：54－347，略残。穿孔径0.23、直径0.23～0.35、长0.43厘米。

PWM4：54－348，略残。穿孔径0.25、直径0.25～0.35、长0.46厘米。

PWM4：54－349，略残。穿孔径0.24、直径0.3～0.4、长0.55厘米。

PWM4：54－350，略残。穿孔径0.23、直径0.25～0.34、长0.49厘米。

PWM4：54－351，略残。穿孔径0.23、直径0.28～0.34、长0.42厘米。

PWM4：54－352，略残。穿孔径0.24、直径0.28～0.35、长0.45厘米。

PWM4：54－353，略残。穿孔径0.25、直径0.25～0.4、长0.5厘米。

PWM4：54－354，略残。穿孔径0.24、直径0.25～0.4、长0.5厘米。

PWM4：54－355，略残。穿孔径0.25、直径0.3～0.4、长0.45厘米。

PWM4：54－356，略残。穿孔径0.25、直径0.3～0.4、长0.42厘米。

PWM4：54－357，略残。穿孔径0.22、直径0.25～0.35、长0.51厘米。

PWM4：54－358，略残。穿孔径0.24、直径0.32～0.45、长0.7厘米。

PWM4：54－359，略残。穿孔径0.24、直径0.28～0.35、长0.44厘米。

PWM4：54－360，略残。穿孔径0.25、直径0.25～0.36、长0.5厘米。

PWM4：54－361，略残。穿孔径0.24、直径0.26～0.32、长0.43厘米。

PWM4：54－362，略残。穿孔径0.25、直径0.25～0.41、长0.3厘米。

PWM4：54－363，略残。穿孔径0.32、直径0.32～0.55、长0.35厘米。

PWM4：54－364，略残。穿孔径0.24、直径0.3～0.38、长0.5厘米。

PWM4：54－365，一端残。穿孔径0.26、直径0.3～0.44、长0.55厘米。

PWM4：54－366，略残。穿孔径0.23、直径0.31～0.35、长0.65厘米。

PWM4：54－367，略残。穿孔径0.23、直径0.25～0.36、长0.5厘米。

PWM4：54－368，略残。穿孔径0.23、直径0.27～0.35、长0.55厘米。

PWM4：54－369，略残。穿孔径0.23、直径0.3～0.36、长0.55厘米。

PWM4：54－370，略残。穿孔径0.25、直径0.35～0.45、长0.58厘米。

PWM4：54－371，略残。穿孔径0.25、直径0.4～0.45、长0.35厘米。

PWM4：54－372，略残。穿孔径0.25、直径0.33～0.43、长0.55厘米。

PWM4：54－373，略残。穿孔径0.28、直径0.35～0.4、长0.45厘米。

PWM4：54－374，略残。穿孔径0.21、直径0.35～0.55、长0.55厘米。

PWM4：54－375，略残。穿孔径0.25、直径0.35～0.45、长0.5厘米。

PWM4：54－376，略残。穿孔径0.26、直径0.35～0.45、长0.45厘米。

PWM4：54－377，略残。穿孔径0.25、直径0.35～0.44、长0.53厘米。

PWM4：54－378，略残。穿孔径0.25、直径0.35～0.44、长0.52厘米。

PWM4：54－379，略残。穿孔径0.24、直径0.3～0.35、长0.45厘米。

PWM4∶54-380，略残。穿孔径0.2、直径0.28~0.35、长0.72厘米。

PWM4∶54-381，略残。穿孔径0.25、直径0.3~0.35、长0.45厘米。

PWM4∶54-382，略残。穿孔径0.28、直径0.35~0.48、长0.68厘米。

PWM4∶54-383，略残。穿孔径0.25、直径0.3~0.35、长0.45厘米。

PWM4∶54-384，略残。穿孔径0.25、直径0.35~0.4、长0.5厘米。

PWM4∶54-385，略残。穿孔径0.23、直径0.3~0.35、长0.44厘米。

PWM4∶54-386，略残。穿孔径0.25、直径0.3~0.35、长0.45厘米。

PWM4∶54-387，略残。穿孔径0.24、直径0.35~0.4、长0.68厘米。

PWM4∶54-388，略残。穿孔径0.3、直径0.35~0.4、长0.45厘米。

PWM4∶54-389，略残。穿孔径0.25、直径0.35~0.4、长0.5厘米。

PWM4∶54-390，略残。穿孔径0.19、直径0.3~0.35、长0.55厘米。

PWM4∶54-391，略残。穿孔径0.23、直径0.28~0.35、长0.43厘米。

PWM4∶54-392，略残。穿孔径0.18、直径0.3~0.35、长0.65厘米。

PWM4∶54-393，略残。穿孔径0.25、直径0.35~0.4、长0.55厘米。

PWM4∶54-394，略残。穿孔径0.24、直径0.3~0.35、长0.43厘米。

PWM4∶54-395，略残。穿孔径0.2、直径0.3~0.38、长0.83厘米。

PWM4∶54-396，略残。穿孔径0.25、直径0.35~0.45、长0.43厘米。

PWM4∶54-397，略残。穿孔径0.25、直径0.3~0.45、长0.66厘米。

PWM4∶54-398，略残。穿孔径0.25、直径0.35~0.5、长0.3厘米。

PWM4∶54-400，略残。穿孔径0.3、直径0.35~0.4、长0.7厘米。

PWM4∶54-401，略残。穿孔径0.28、直径0.35~0.4、长0.55厘米。

PWM4∶54-402，略残。穿孔径0.25、直径0.35~0.45、长0.5厘米。

PWM4∶54-403，略残。穿孔径0.25、直径0.35~0.43、长0.45厘米。

PWM4∶54-404，略残。穿孔径0.23、直径0.3~0.35、长0.75厘米。

PWM4∶54-405，略残。穿孔径0.25、直径0.3~0.4、长0.7厘米。

PWM4∶54-406，略残。穿孔径0.25、直径0.35~0.4、长0.6厘米。

PWM4∶54-409，略残。穿孔径0.25、直径0.3~0.35、长0.43厘米。

PWM4∶54-410，略残。穿孔径0.23、直径0.3~0.43、长0.35厘米。

PWM4∶54-411，略残。穿孔径0.25、直径0.33~0.4、长0.45厘米。

PWM4∶54-412，略残。穿孔径0.25、直径0.35~0.45、长0.5厘米。

PWM4∶54-413，略残。穿孔径0.2、直径0.3~0.38、长0.7厘米。

PWM4∶54-416，略残。穿孔径0.22、直径0.3~0.4、长0.65厘米。

PWM4∶54-417，略残。穿孔径0.22、直径0.33~0.36、长0.45厘米。

PWM4：54－419，略残。穿孔径0.25、直径0.3～0.4、长0.6厘米。

PWM4：54－420，略残。穿孔径0.24、直径0.34～0.44、长0.65厘米。

PWM4：54－423，略残。穿孔径0.25、直径0.33～0.35、长0.53厘米。

PWM4：54－424，略残。穿孔径0.25、直径0.35～0.4、长0.46厘米。

PWM4：54－425，略残。穿孔径0.25、直径0.45～0.5、长0.65厘米。

PWM4：54－426，略残。穿孔径0.23、直径0.35～0.5、长0.64厘米。

PWM4：54－429，略残。穿孔径0.25、直径0.33～0.4、长0.63厘米。

PWM4：54－430，略残。穿孔径0.25、直径0.35～0.45、长0.5厘米。

PWM4：54－431，略残。穿孔径0.22、直径0.3～0.45、长0.8厘米。

PWM4：54－432，略残。穿孔径0.25、直径0.3～0.43、长0.74厘米。

PWM4：54－434，略残。穿孔径0.21、直径0.3～0.43、长0.65厘米。

PWM4：54－435，略残。穿孔径0.24、直径0.26～0.38、长0.54厘米。

PWM4：54－436，略残。穿孔径0.25、直径0.3～0.4、长0.5厘米。

PWM4：54－437，略残。穿孔径0.25、直径0.34～0.4、长0.48厘米。

PWM4：54－438，略残。穿孔径0.22、直径0.3～0.38、长0.5厘米。

PWM4：54－439，略残。穿孔径0.25、直径0.3～0.43、长0.5厘米。

PWM4：54－440，略残。穿孔径0.25、直径0.3～0.4、长0.5厘米。

PWM4：54－441，略残。穿孔径0.25、直径0.34～0.45、长0.56厘米。

PWM4：54－442，略残。穿孔径0.3、直径0.36～0.45、长0.64厘米。

PWM4：54－444，略残。穿孔径0.26、直径0.35～0.44、长0.55厘米。

PWM4：54－445，略残。穿孔径0.2、直径0.26～0.4、长0.48厘米。

PWM4：54－446，略残。穿孔径0.25、直径0.35～0.4、长0.56厘米。

PWM4：54－447，略残。穿孔径0.24、直径0.3～0.4、长0.5厘米。

PWM4：54－448，略残。穿孔径0.25、直径0.35～0.45、长0.6厘米。

PWM4：54－449，略残。穿孔径0.26、直径0.3～0.38、长0.44厘米。

PWM4：54－451，一端残。穿孔径0.21、直径0.3～0.45、长0.85厘米。

PWM4：54－452，略残。穿孔径0.26、直径0.3～0.45、长0.85厘米。

PWM4：54－453，略残。穿孔径0.22、直径0.3～0.4、长0.54厘米。

PWM4：54－454，略残。穿孔径0.21、直径0.3～0.42、长0.5厘米。

PWM4：54－455，略残。穿孔径0.26、直径0.3～0.38、长0.46厘米。

PWM4：54－457，略残。穿孔径0.26、直径0.34～0.41、长0.52厘米。

PWM4：54－458，略残。穿孔径0.22、直径0.3～0.44、长0.58厘米。

PWM4：54－459，略残。穿孔径0.19、直径0.28～0.35、长0.52厘米。

PWM4：54 - 460，略残。穿孔径 0. 21、直径 0. 3 ~ 0. 36、长 0. 78 厘米。

PWM4：54 - 461，略残。穿孔径 0. 25、直径 0. 35 ~ 0. 45、长 0. 5 厘米。

PWM4：54 - 462，略残。穿孔径 0. 25、直径 0. 34 ~ 0. 4、长 0. 52 厘米。

PWM4：54 - 463，略残。穿孔径 0. 25、直径 0. 3 ~ 0. 38、长 0. 4 厘米。

PWM4：54 - 464，略残。穿孔径 0. 25、直径 0. 34 ~ 0. 4、长 0. 52 厘米。

PWM4：54 - 465，略残。穿孔径 0. 25、直径 0. 32 ~ 0. 45、长 0. 68 厘米。

PWM4：54 - 467，略残。穿孔径 0. 28、直径 0. 35 ~ 0. 45、长 0. 7 厘米。

PWM4：54 - 468，略残。穿孔径 0. 2、直径 0. 3 ~ 0. 35、长 0. 55 厘米。

PWM4：54 - 469，略残。穿孔径 0. 25、直径 0. 35 ~ 0. 45、长 0. 7 厘米。

PWM4：54 - 470，略残。穿孔径 0. 25、直径 0. 3 ~ 0. 4、长 0. 5 厘米。

PWM4：54 - 471，略残。穿孔径 0. 24、直径 0. 32 ~ 0. 4、长 0. 62 厘米。

PWM4：54 - 472，略残。穿孔径 0. 23、直径 0. 3 ~ 0. 35、长 0. 4 厘米。

PWM4：54 - 473，略残。穿孔径 0. 25、直径 0. 35 ~ 0. 45、长 0. 65 厘米。

PWM4：54 - 474，略残。穿孔径 0. 3、直径 0. 35 ~ 0. 45、长 0. 65 厘米。

PWM4：54 - 475，略残。穿孔径 0. 26、直径 0. 35 ~ 0. 45、长 0. 58 厘米。

PWM4：54 - 476，略残。穿孔径 0. 26、直径 0. 35 ~ 0. 45、长 0. 45 厘米。

PWM4：54 - 477，略残。穿孔径 0. 24、直径 0. 34 ~ 0. 4、长 0. 46 厘米。

PWM4：54 - 478，略残。穿孔径 0. 16、直径 0. 3 ~ 0. 4、长 0. 78 厘米。

PWM4：54 - 479，略残。穿孔径 0. 25、直径 0. 3 ~ 0. 42、长 0. 35 厘米。

PWM4：54 - 480，略残。穿孔径 0. 24、直径 0. 3 ~ 0. 45、长 0. 75 厘米。

PWM4：54 - 481，略残。穿孔径 0. 22、直径 0. 3 ~ 0. 35、长 0. 52 厘米。

PWM4：54 - 485，略残。穿孔径 0. 2、直径 0. 26 ~ 0. 35、长 0. 45 厘米。

PWM4：54 - 486，略残。穿孔径 0. 19、直径 0. 3 ~ 0. 36、长 0. 7 厘米。

PWM4：54 - 487，略残。穿孔径 0. 24、直径 0. 25 ~ 0. 35、长 0. 45 厘米。

PWM4：54 - 488，略残。穿孔径 0. 2、直径 0. 25 ~ 0. 35、长 0. 48 厘米。

PWM4：54 - 489，略残。穿孔径 0. 25、直径 0. 31 ~ 0. 4、长 0. 45 厘米。

PWM4：54 - 490，略残。穿孔径 0. 25、直径 0. 35 ~ 0. 4、长 0. 65 厘米。

PWM4：54 - 492，略残。穿孔径 0. 25、直径 0. 35 ~ 0. 4、长 0. 5 厘米。

PWM4：54 - 493，略残。穿孔径 0. 24、直径 0. 35 ~ 0. 4、长 0. 7 厘米。

PWM4：54 - 494，略残。穿孔径 0. 25、直径 0. 35 ~ 0. 4、长 0. 56 厘米。

PWM4：54 - 495，略残。穿孔径 0. 2、直径 0. 3 ~ 0. 35、长 0. 68 厘米。

PWM4：54 - 510，略残。穿孔径 0. 2、直径 0. 26 ~ 0. 38、长 0. 74 厘米。

PWM4：54 - 499，略残。穿孔径 0. 24、直径 0. 35 ~ 0. 4、长 0. 47 厘米。

PWM4：54 – 500，略残。穿孔径 0.2、直径 0.3 ~ 0.4、长 0.75 厘米。

PWM4：54 – 501，略残。穿孔径 0.24、直径 0.35 ~ 0.46、长 0.7 厘米。

PWM4：54 – 502，略残。穿孔径 0.24、直径 0.35 ~ 0.4、长 0.65 厘米。

PWM4：54 – 503，略残。穿孔径 0.22、直径 0.3 ~ 0.35、长 0.45 厘米。

PWM4：54 – 504，略残。穿孔径 0.24、直径 0.34 ~ 0.4、长 0.63 厘米。

PWM4：54 – 505，略残。穿孔径 0.24、直径 0.3 ~ 0.35、长 0.52 厘米。

PWM4：54 – 507，略残。穿孔径 0.25、直径 0.35 ~ 0.45、长 0.62 厘米。

PWM4：54 – 508，略残。穿孔径 0.25、直径 0.36 ~ 0.44、长 0.55 厘米。

PWM4：54 – 509，略残。穿孔径 0.25、直径 0.35 ~ 0.44、长 0.65 厘米。

PWM4：54 – 513，略残。穿孔径 0.25、直径 0.35 ~ 0.45、长 0.45 厘米。

PWM4：54 – 514，略残。穿孔径 0.25、直径 0.32 ~ 0.4、长 0.45 厘米。

PWM4：54 – 515，略残。穿孔径 0.24、直径 0.32 ~ 0.4、长 0.56 厘米。

PWM4：54 – 516，略残。穿孔径 0.25、直径 0.35 ~ 0.45、长 0.55 厘米。

PWM4：54 – 517，略残。穿孔径 0.24、直径 0.35 ~ 0.42、长 0.95 厘米。

PWM4：54 – 518，略残。穿孔径 0.25、直径 0.35 ~ 0.4、长 0.44 厘米。

PWM4：54 – 519，略残。穿孔径 0.25、直径 0.35 ~ 0.4、长 0.5 厘米。

PWM4：54 – 520，略残。穿孔径 0.25、直径 0.35 ~ 0.4、长 0.6 厘米。

PWM4：54 – 522，略残。穿孔径 0.2、直径 0.3 ~ 0.35、长 0.7 厘米。

PWM4：54 – 523，略残。穿孔径 0.22、直径 0.3 ~ 0.38、长 0.7 厘米。

PWM4：54 – 524，略残。穿孔径 0.2、直径 0.28 ~ 0.38、长 0.6 厘米。

PWM4：54 – 525，略残。穿孔径 0.26、直径 0.35 ~ 0.44、长 0.66 厘米。

PWM4：54 – 526，略残。穿孔径 0.22、直径 0.3 ~ 0.35、长 0.48 厘米。

PWM4：54 – 527，略残。穿孔径 0.27、直径 0.34 ~ 0.4、长 0.54 厘米。

PWM4：54 – 528，略残。穿孔径 0.3、直径 0.36 ~ 0.45、长 0.65 厘米。

PWM4：54 – 529，略残。穿孔径 0.25、直径 0.3 ~ 0.4、长 0.48 厘米。

PWM4：54 – 530，略残。穿孔径 0.25、直径 0.35 ~ 0.38、长 0.4 厘米。

PWM4：54 – 532，略残。穿孔径 0.25、直径 0.34 ~ 0.45、长 0.68 厘米。

PWM4：54 – 533，略残。穿孔径 0.25、直径 0.3 ~ 0.45、长 0.9 厘米。

PWM4：54 – 534，略残。穿孔径 0.24、直径 0.35 ~ 0.4、长 0.65 厘米。

PWM4：54 – 535，略残。穿孔径 0.34、直径 0.4 ~ 0.45、长 0.75 厘米。

PWM4：54 – 536，略残。穿孔径 0.25、直径 0.34 ~ 0.4、长 0.45 厘米。

PWM4：54 – 537，略残。穿孔径 0.2、直径 0.28 ~ 0.34、长 0.45 厘米。

PWM4：54 – 538，略残。穿孔径 0.25、直径 0.34 ~ 0.4、长 0.45 厘米。

PWM4：54－539，略残。穿孔径0.25、直径0.35～0.45、长0.65厘米。

PWM4：54－540，略残。穿孔径0.33、直径0.36～0.4、长0.6厘米。

PWM4：54－541，略残。穿孔径0.3、直径0.35～0.45、长0.45厘米。

PWM4：54－542，略残。穿孔径0.2、直径0.24～0.43、长0.86厘米。

PWM4：54－543，略残。穿孔径0.2、直径0.3～0.35、长0.45厘米。

PWM4：54－544，略残。穿孔径0.25、直径0.3～0.34、长0.55厘米。

PWM4：54－545，略残。穿孔径0.25、直径0.3～0.36、长0.45厘米。

PWM4：54－546，略残。穿孔径0.25、直径0.42～0.45、长0.45厘米。

PWM4：54－547，略残。穿孔径0.25、直径0.35～0.4、长0.43厘米。

PWM4：54－548，略残。穿孔径0.25、直径0.35～0.4、长0.48厘米。

PWM4：54－549，略残。穿孔径0.2、直径0.3～0.35、长0.46厘米。

PWM4：54－550，略残。穿孔径0.25、直径0.33～0.38、长0.45厘米。

PWM4：54－551，略残。穿孔径0.2、直径0.3～0.35、长0.65厘米。

PWM4：54－552，略残。穿孔径0.2、直径0.3～0.44、长0.86厘米。

PWM4：54－553，略残。穿孔径0.22、直径0.32～0.42、长0.75厘米。

PWM4：54－554，略残。穿孔径0.26、直径0.35～0.4、长0.55厘米。

PWM4：54－556，略残。穿孔径0.18、直径0.25～0.35、长0.93厘米。

PWM4：54－557，略残。穿孔径0.25、直径0.3～0.38、长0.5厘米。

PWM4：54－558，略残。穿孔径0.25、直径0.3～0.35、长0.45厘米。

PWM4：54－559，略残。穿孔径0.2、直径0.25～0.36、长0.5厘米。

PWM4：54－560，略残。穿孔径0.22、直径0.26～0.35、长0.45厘米。

PWM4：54－561，略残。穿孔径0.19、直径0.3～0.35、长0.55厘米。

PWM4：54－562，略残。穿孔径0.24、直径0.32～0.35、长0.45厘米。

PWM4：54－563，略残。穿孔径0.25、直径0.35～0.4、长0.5厘米。

PWM4：54－564，略残。穿孔径0.2、直径0.25～0.35、长0.4厘米。

PWM4：54－565，略残。穿孔径0.25、直径0.3～0.35、长0.4厘米。

PWM4：54－566，略残。穿孔径0.25、直径0.28～0.35、长0.42厘米。

PWM4：54－567，略残。穿孔径0.25、直径0.3～0.38、长0.7厘米。

PWM4：54－568，略残。穿孔径0.22、直径0.3～0.4、长0.5厘米。

PWM4：54－569，略残。穿孔径0.25、直径0.32～0.4、长0.55厘米。

PWM4：54－570，略残。穿孔径0.3、直径0.34～0.43、长0.5厘米。

PWM4：54－571，略残。穿孔径0.25、直径0.3～0.4、长0.52厘米。

PWM4：54－572，略残。穿孔径0.22、直径0.26～0.4、长0.45厘米。

PWM4：54－573，略残。穿孔径0.25、直径0.3~0.4、长0.5厘米。

PWM4：54－574，略残。穿孔径0.24、直径0.27~0.35、长0.43厘米。

PWM4：54－575，略残。穿孔径0.2、直径0.25~0.35、长0.4厘米。

PWM4：54－576，略残。穿孔径0.24、直径0.24~0.35、长0.45厘米。

PWM4：54－578，略残。穿孔径0.25、直径0.3~0.44、长0.53厘米。

PWM4：54－579，略残。穿孔径0.2、直径0.25~0.32、长0.45厘米。

PWM4：54－580，略残。穿孔径0.25、直径0.35~0.4、长0.41厘米。

PWM4：54－581，略残。穿孔径0.2、直径0.26~0.36、长0.7厘米。

PWM4：54－582，略残。穿孔径0.25、直径0.3~0.45、长0.65厘米。

PWM4：54－583，略残。穿孔径0.18、直径0.24~0.36、长0.7厘米。

PWM4：54－584，略残。穿孔径0.25、直径0.25~0.44、长0.25厘米。

PWM4：54－585，略残。穿孔径0.25、直径0.3~0.38、长0.44厘米。

PWM4：54－586，略残。穿孔径0.25、直径0.3~0.4、长0.45厘米。

PWM4：54－587，略残。穿孔径0.25、直径0.3~0.38、长0.65厘米。

PWM4：54－588，一端残。穿孔径0.23、直径0.27~0.35、长0.36厘米。

PWM4：54－589，略残。穿孔径0.2、直径0.25~0.35、长0.45厘米。

PWM4：54－591，略残。穿孔径0.25、直径0.3~0.35、长0.45厘米。

PWM4：54－592，略残。穿孔径0.24、直径0.3~0.36、长0.75厘米。

PWM4：54－593，略残。穿孔径0.25、直径0.35~0.45、长0.52厘米。

PWM4：54－594，略残。穿孔径0.25、直径0.3~0.4、长0.45厘米。

PWM4：54－595，略残。穿孔径0.25、直径0.25~0.5、长0.32厘米。

PWM4：54－596，略残。穿孔径0.2、直径0.26~0.36、长0.7厘米。

PWM4：54－597，略残。穿孔径0.2、直径0.3~0.35、长0.55厘米。

PWM4：54－598，略残。穿孔径0.25、直径0.25~0.4、长0.66厘米。

PWM4：54－599，略残。穿孔径0.25、直径0.31~0.45、长0.65厘米。

PWM4：54－601，略残。穿孔径0.24、直径0.3~0.36、长0.44厘米。

PWM4：54－602，略残。穿孔径0.2、直径0.25~0.37、长0.55厘米。

PWM4：54－603，略残。穿孔径0.05、直径0.35、长0.35厘米。

PWM4：54－604，略残。穿孔径0.05、直径0.35、长0.14厘米。

PWM4：54－605，略残。穿孔径0.05、直径0.34、长0.14厘米。

2）玛瑙饰件　出土22件，有玛瑙珠和玛瑙坠饰。

玛瑙珠　21件，呈腰鼓形，中部一横向脊；上、下两端对钻一竖向穿孔。有深红色和浅红色两种（图2－86）。

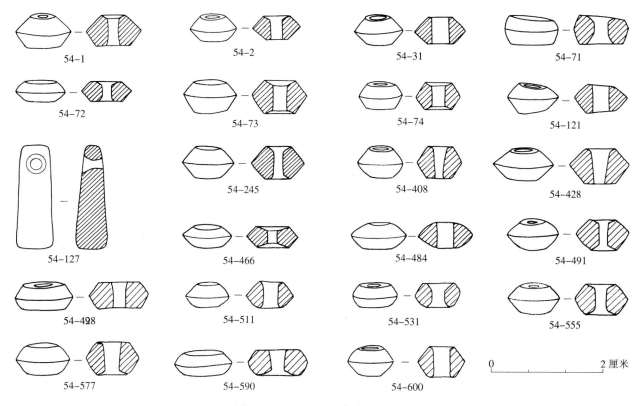

图 2 - 86　PWM4 出土玛瑙珠

PWM4：54 - 1，浅红色，一端较另一端略大；两端面对钻穿孔，穿孔径 0. 118 ~ 0. 4 厘米。直径 0. 4 ~ 0. 95、长 0. 55 厘米。

PWM4：54 - 2，浅红色；从两端面对钻穿孔，在一端面形成浅圆穴。穿孔径 0. 2 ~ 0. 45、直径 0. 35 ~ 0. 85、长 0. 41 厘米。

PWM4：54 - 31，浅红色；从两端面对钻穿孔，穿孔壁直。穿孔径 0. 3、直径 0. 4 ~ 0. 85、长 0. 43 厘米。

PWM4：54 - 71，红色；两端面倾斜。穿孔径 0. 25 ~ 0. 45、直径 0. 75 ~ 0. 95、长 0. 42 ~ 0. 51 厘米。

PWM4：54 - 72，红色，制作较为规整。穿孔径 0. 15 ~ 0. 45、直径 0. 55 ~ 0. 9、长 0. 35 厘米。

PWM4：54 - 73，红色，制作规整。穿孔径 0. 24 ~ 0. 55、直径 0. 55 ~ 0. 9、长 0. 58 厘米。

PWM4：54 - 74，红色，制作较为规整。穿孔径 0. 25 ~ 0. 45、直径 0. 45 ~ 0. 75、长 0. 5 厘米。

PWM4：54 - 121，红色；两端面倾斜；穿孔较直。穿孔径 0. 28、直径 0. 45 ~ 0. 93、长 0. 44 ~ 0. 5 厘米。

PWM4：54 - 245，红色；制作较为规整。穿孔径 0. 5 ~ 0. 45、直径 0. 45 ~ 0. 75、长

0.5 厘米。

PWM4：54 - 408，红色；穿孔径从一端向另一端渐小。穿孔径 0.15 ~ 0.3、直径 0.45 ~ 75、长 0.56 厘米。

PWM4：54 - 428，红色，制作较规整；穿孔径从一端向另一端渐小。穿孔径 0.2 ~ 0.5、直径 0.5 ~ 1.05、长 0.61 厘米。

PWM4：54 - 466，红色，制作规整，较薄。穿孔径 0.2 ~ 0.55、直径 0.5 ~ 0.9、长 0.38 厘米。

PWM4：54 - 484，红色；穿孔较直。穿孔径 0.3、直径 0.3 ~ 0.95、长 0.45 厘米。

PWM4：54 - 491，红色；较粗糙。穿孔径 0.15 ~ 0.4、0.4 ~ 0.95、长 0.55 厘米。

PWM4：54：498，红色；两端较大。穿孔径 0.2 ~ 0.3、直径 0.75 ~ 1.05、长 0.45 厘米。

PWM4：54 - 511，红色；制作粗糙，两端面略倾斜。穿孔径 0.25 ~ 0.35、直径 0.35 ~ 0.8、长 0.45 厘米。

PWM4：54 - 531，红色，制作粗糙。穿孔径 0.22 ~ 0.45、直径 0.45 ~ 0.8、长 0.43 厘米。

PWM4：54 - 555，红色，制作较规整。穿孔径 0.18 ~ 0.5、直径 0.5 ~ 0.95、长 0.55 厘米。

PWM4：54 - 577，红色，制作粗糙。穿孔径 0.25 ~ 0.4、直径 0.5 ~ 0.9、长 0.56 厘米。

PWM4：54 - 590，红色，两端较大，制作粗糙。穿孔径 0.2 ~ 0.7、直径 0.7 ~ 1.05、长 0.45 厘米。

PWM4：54 - 600，红色，制作粗糙。穿孔径 0.3 ~ 0.4、直径 0.4 ~ 0.8、长 0.51 厘米。

玛瑙坠饰　1 件。

PWM4：54 - 127，呈长条形，通体打磨光滑，正、背面上部对钻一穿孔。长 1.85、宽 0.46 ~ 0.6、厚 0.25 ~ 0.5 厘米（图 2 - 86）。

（四）葬式

PWM4 为单人葬，头朝东，面朝北，头部低于脚部；仰身直肢，双脚并拢；上肢略朝北倾，左臂置于腹部，右臂被身躯所压。经鉴定是一位 40 ~ 45 岁的男性。未发现葬具，也未发现有葬具的痕迹。

PWM4 的埋葬过程，分为以下先后进行的行为阶段：挖掘墓穴→洞室放置尸骸→放置洞室遗物→边回填洞室边洒置费昂斯→回填洞室至洞口→放置第四层殉牲→回填→放置第三层殉牲→放置第二层殉牲→放置第一层殉牲→放置墓道第五层遗物→回填墓道→放置第四层遗物→回填墓道→放置第三层遗物→回填墓道→放置第二层遗物→回填墓道→放置第一层遗物→回填墓道。由于墓道残存中下部，其上堆积不详。

五　PWM5

PWM5 位于王大户村春秋战国墓地的北部，与 PWM6 南北并列，二者相距 4.6 米。

（一）墓葬形制

PWM5 为"凸"字形竖井墓道准洞室墓（墓室由竖穴和洞室组成。为了便于对墓室的描述，我们将竖穴短而洞室长的墓称为准洞室墓；下同），东西向，方向88°，由墓道和洞室两部分组成（图2-87；彩版2-97：1、2）。

1. 墓道

墓道位于洞室西部，平面略呈圆角长方形，口部略大于底部。南、北壁较直，东、西壁略向北壁内收倾斜。墓道口北部东西长1.71、南部东西长1.85米，东部南北宽1.38、西部南北宽1.40米。墓道四壁均不同程度倾斜，壁面凸凹不平，未见修整和工具痕。墓道底北部东西长1.60、南部东西长1.74米，东部南北宽1.21、西部南北宽1.25米。墓道底分为东、西两部分。西半部为东西宽0.38~0.54米的平面，东半部呈斜坡状。墓道西部深0.40米，东部深0.72米。

墓道内放置殉牲和少量的遗物，因此，兼有殉牲坑的功能。填土为挖掘墓道和洞室形成的花土，土质疏松，尤其骨骼间的填土尤为疏松，局部泛灰色，坑西动物骨骼表层的皮质腐化所致。未见其他包含物。

2. 洞室

洞室位于墓道东部，从墓道底东部略偏北东向斜下掏挖形成，由竖穴和洞室两部分组成。

（1）竖穴

竖穴位于墓道底东部略偏北，平面呈圆角长方形，坑口东西长0.75、南北宽0.70米，坑壁略倾斜；底部略小于口部，呈斜坡与洞室底部相连。深0.50~0.61米。

（2）洞室

从竖穴土坑东壁东向斜下掏挖而成。洞口低矮，南、北壁倾斜，顶拱形。南北宽0.70、高0.38米。洞室拱形顶；底部斜坡，坡度20°，平面略呈梯形，自西向东逐渐窄小。洞室内中部较高，至东壁处低矮，洞室最高0.51米；底部（包括竖穴底部）通长1.65米。洞室四壁不平，未见修整痕，也未发现工具痕。

洞室内填土为挖掘墓道和洞室形成的花土，土质疏松，除遗物和人体骸骨外，未见其他遗物。

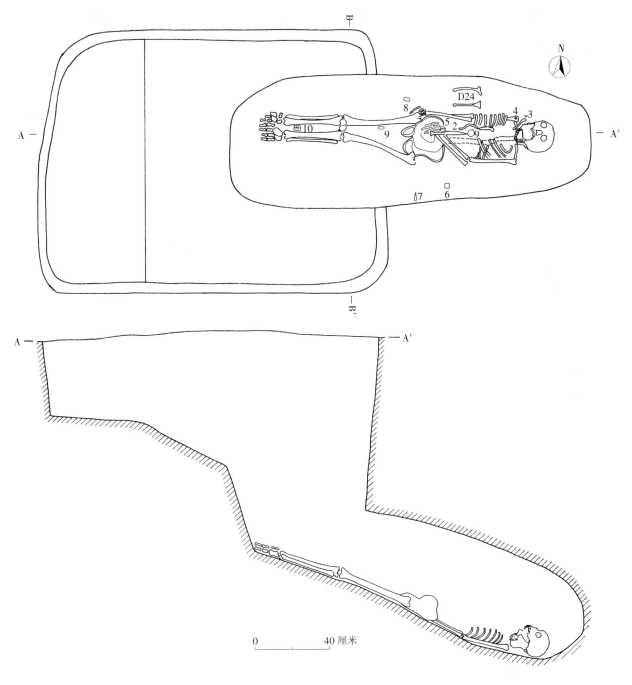

图 2 - 87　PWM5 平、剖面图

（二）殉牲

PWM5 共殉葬牛、羊的头骨和牛舌骨 24 件，以羊头为主，牛头较少，未发现马头，其中牛头 4 件，羊头 19 件，牛舌骨 1 副。牛头和羊头的组织结构完好，牛头并带第一寰椎，头骨堆积处的填土泛灰色而疏松，可能属头骨的皮毛腐化之故。

1. 殉牲的位置

殉牲的放置位置有墓道和洞室，以墓道为主，主要放置头骨，洞室内放置牛的舌骨。

根据殉牲的放置位置，从上至下分为三层。

（1）第一层殉牲

第一层殉牲有牛、羊的头骨17件，其中牛头3件，羊头14件，放置于墓道西南、西北和中部，距墓道口约0.26米（图2-88；彩版2-97：3）。

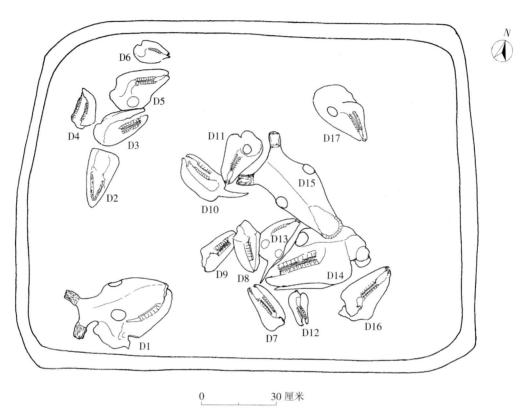

0   30厘米

图2-88 PWM5第一层殉牲

墓道西南部放置牛头1件，编号PWM5：D1，平置略倾，吻部朝东略上倾。

墓道西北部放置羊头5件，南北排列，从南向北分别编号PWM5：D2~D6。PWM5：D2倒置，吻部朝南；PWM5：D3侧置，吻部朝东；PWM5：D4竖置，吻部朝上，面部朝西；PWM5：D5叠压PWM5：D3的吻部，侧置，吻部朝东；PWM5：D6临墓道北壁放置，插置，吻部朝下，面部朝南。

墓道中部放置殉牲11件，其中牛头2件，羊头9件。

牛头分别编号PWM5：D14、D15。PWM5：D14侧置，吻部朝西；PWM5：D15平置，吻部朝东。

羊头分别编号PWM5：D7~D13、D16、D17。PWM5：D7位于PWM5：D14的西南部，侧置，吻部朝北；PWM5：D8侧置，吻部朝南；PWM5：D9位于PWM5：D8的西部，侧置，吻部朝东；PWM5：D10位于PWM5：D15的西部，侧置，吻部朝西北，保存较差，一角残失；PWM5：D11 位于 PWM5：D15 双角间，平置略斜，吻部斜下朝南；PWM5：D12 位于 PWM5：D7 东部，侧置，吻部朝南；PWM5：D13 位于 PWM5：D14 的西部并叠压其吻部，平置略倾，吻部朝东；PWM5：D16 位于 PWM5：D14 东南部，侧置，吻部朝东北；PWM5：D17 位于 PWM5：D15 的东北部，斜侧置，吻部朝南略斜向朝下，保存较差，露骨清理时呈粉末状。

（2）第二层殉牲

第二层殉牲位于第一层殉牲下 0.20 米深的墓道东部，分布较分散，共殉葬羊头 5 件，牛头 1 件。

羊头编号 PWM5：D18～D22，保存较差，部分颅顶呈粉末状（图 2-89；彩版 2-98：1）。PWM5：D18 位于 PWM5：D20 的西北部，与 PWM5：D20 相对且方向相反，侧置，吻部朝东北；PWM5：D19 位于 PWM5：D18 北侧，侧置，吻部朝西南；PWM5：D20 位于墓道东南角，侧置，吻部朝西南；PWM5：D21 位于墓道中东部，侧置，吻部朝北；PWM5：D22 叠压 PWM5：D21 的吻部，平置，吻部朝南。

牛头编号 PWM5：D23 位于墓道东北角，插置，吻部朝下，下颌骨清理时残毁。

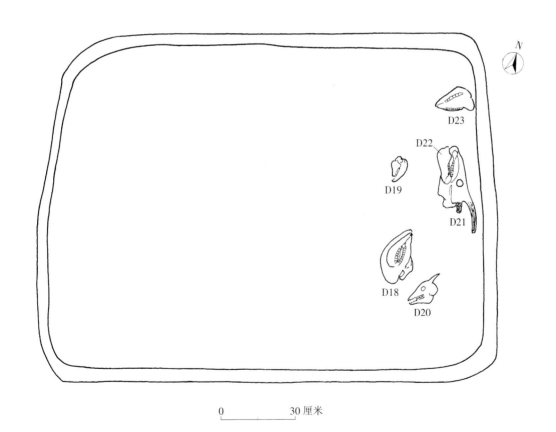

0　　　　30 厘米

图 2-89　PWM5 第二层殉牲

（3）第三层殉牲

第三层殉牲位于洞室内，仅牛的舌骨一副，编号 PWM5：D24，放置于洞室人体骸骨的北侧，两者并列，其中一个略残（参见图 2 - 87；彩版 2 - 98：2）。

2. 殉牲的种类

殉牲动物有牛和羊，未发现马，其中羊有山羊、绵羊和难以确定具体种属的羊三种，主要为头骨，单独殉葬舌骨者仅 1 例。头骨在殉坑内保存较好，组织结构完整，有的带第一寰椎，但由于骨质较薄和朽化，在清理、搬运和室内整理过程中残为碎块和碎片。

（1）牛（*Bos* sp.）

①记述

PWM5：D1，带左、右残角的残破头骨 1 件，属同一个体的头骨及下颌骨残块 11 件，单个的上颊齿 7 枚，带 M^1—M^3 的左上颌骨 1 件，带 P_2—M_3 的左、右下颌骨各 1 件。同属于一个个体，牙齿均为恒齿，M^1 和 M_1 磨蚀较重，其他均中等磨蚀，为一中年个体（彩版 2 - 99）。

PWM5：D14，带右侧角的残破头骨 1 件，属同一个体的左侧残角 1 件，头骨及颌骨碎块 46 件，舌骨 1 件，带 P^2—M^3 的左、右上颌骨各 1 件，带 P_2—M_3 的左、右下颌骨各 1 件，脱落的 I 1 枚，寰椎 1 件。同为一个个体，牙齿均为恒齿，M^3、M_3 轻微磨蚀，其他牙齿中等磨蚀，为一中年个体。

PWM5：D15，带角的左侧头骨残块 3 件，属同一个体的带 P^2—M^1 的左、右上颌骨各 1 件，带 P_2—M_1 的左、右下颌骨各 1 件，脱落的 I 8 枚。其中带上下骨的个体牙齿全部为恒齿，磨蚀中等，为一中年个体（彩版 2 - 99）。

PWM5：D23，带左角的残破头骨 1 件，属同一个体的头骨及下颌残块 8 件，带 P^2—M^1 的左上颌骨 1 件，脱落的 P^2、P^3、P^4 和 M^1 各 1 枚，带 P_3—M_1 的左下颌骨 1 件，带 P_2—M_1 的右下颌骨 1 件。同为一个个体，dp^4 刚换，dp_4 未换，为一幼年个体。

PWM5：D24，舌骨 1 对（位于墓室人骨右肋侧）。

②测量

牛头骨和上颊齿测量（单位：mm；标本数：N）

额长		
额宽		
P^2—M^3 长	130—126	（N = 2）
P^2 长	15.6—10	（N = 2）
宽	13.2—11	（N = 2）
P^3 长	19—18	（N = 2）
宽	15—13.2	（N = 2）
P^4 长	17.8—17	（N = 2）

宽	17.5—16	（N＝2）
M¹ 长	24.8—21	（N＝3）
宽	21—19.5	（N＝3）
M² 长	27—21.5	（N＝3）
宽	21—18.5	（N＝3）
M³ 长	28—24.5	（N＝3）
宽	19.5—17	（N＝3）

牛下颌骨和下颊齿的测量（单位：mm；标本数：N）

下颌骨长	340—260	（N＝2）
下颌垂直支高	220—175	（N＝2）
下前颌长	60	（N＝1）
P₂—M₃ 长	135—115	（N＝3）
P₂ 长	10.5—7	（N＝3）
宽	9—7	（N＝3）
P₃ 长	19—16	（N＝3）
宽	10—9	（N＝3）
P₄ 长	22—18	（N＝3）
宽	13.2—11	（N＝3）
M₁ 长	25—20	（N＝3）
宽	16—13	（N＝3）
M₂ 长	27—22.5	（N＝3）
宽	15—14	（N＝3）
M₃ 长	37—34	（N＝3）
宽	13.2—13	（N＝3）

牛寰椎测量（单位：mm；标本数：N）

寰椎前后长	43	（N＝1）
寰椎宽	115	（N＝1）
寰椎前关节面宽82	（N＝1）	
寰椎后关节面宽82	（N＝1）	

（2）山羊（*Capra* sp.）

①记述

PWM5：D8，残角1件，属同一个体的脱落的上颊齿11枚，带 P₂—M₂ 的左、右下颌骨各1件。同属于一个个体，全部为恒齿，中等磨蚀，为一中年个体。

PWM5：D10，右侧角 1 件，属同一个体的头骨碎块 9 件，脱落的 I 1 枚、上颊齿 7 枚，带 M_1—M_3 的左下颌骨 1 件，带 P_3—M_3 的右下颌骨 1 件。全部为恒齿，M^3、M_3 已出，为一中年个体。

PWM5：D20，同一个体的头骨及下颌骨碎块 16 件，脱落的上颊齿 7 枚，带 P_3—M_1 的左、右下颌骨各 1 件。同属于一个个体，dp_4 未换，为一幼年个体。

PWM5：D21，同一个体的头骨残块 22 件，残角 1 件，带 M^1—M^3 的左上颌骨各 1 件，脱落的左 P^3 1 枚，带 P^2—M^3 的右上颌骨 1 件，带 P_2—M_3 的左、右下颌骨各 1 件。同属于一个个体，角粗大，全部为恒齿，M^1、M_1 和 P^4、P_4 磨蚀得较重，为一中老年个体。

②测量

山羊上颊齿测量（单位：mm；标本数：N）

P^2—M^3 长	71	（N = 1）
P^2 长	8.9	（N = 1）
宽	8.1	（N = 1）
P^3 长	9	（N = 1）
宽	9	（N = 1）
P^4 长	9.5	（N = 1）
宽	11	（N = 1）
M^1 长	11.5	（N = 1）
宽	12	（N = 1）
M^2 长	17	（N = 1）
宽	12.5	（N = 1）
M^3 长	18	（N = 1）
宽	13.2	（N = 1）

山羊下颊齿的测量（单位：mm；标本数：N）

P_2—M_3 长	73	（N = 2）
P_2 长	6.5—6	（N = 2）
宽	5—4	（N = 2）
P_3 长	9—7.2	（N = 4）
宽	6.2—6	（N = 4）
P_4 长	18.5—10.5	（N = 4）
宽	7.3—6	（N = 4）
M_1 长	17.2—10	（N = 4）
宽	8.9—8	（N = 4）

M$_2$ 长	15—13	（N = 3）
宽	8.7—8	（N = 3）
M$_3$ 长	26—23	（N = 3）
宽	9—7.7	（N = 3）

（3）绵羊（*Ovis* sp.）

①记述

PWM5：D5，头骨碎块 2 件，同一个体的脱落的上颊齿 12 枚，带 P$_2$—M$_3$ 的左、右下颌骨各 1 件。同为一个个体，全部为恒齿，M$_1$ 磨蚀得较重，其他牙齿中等磨蚀，为一中年个体。

PWM5：D11，头骨碎块 3 件，同一个体的脱落的上颊齿 10 枚，带 P$_2$—M$_1$ 的左、右下颌骨各 1 件。同属于一个个体，dp$_4$ 未换，M$_2$ 尚在齿槽中，为一幼年个体。

PWM5：D13，头骨及颌骨碎块 8 件，同属一个体的带 M^1—M^3 的右上颌骨 1 件，脱落的 I 7 枚，带 P$_2$—M$_3$ 的左、右下颌骨各 1 件。同属于一个个体，全部为恒齿，M^1 磨蚀得较重，M^3 已磨蚀，为一中年个体。

PWM5：D16，下颌骨碎块 30 件，同一个体的脱落的 I 3 枚和上、下颊齿 13 枚，带 M$_3$ 的左下颌骨 1 件。全部为恒齿，牙齿磨蚀中等，为一中年个体。

PWM5：D18，残角 1 件，可能为同一个体的头骨碎块 11 件，带 dp^3—M^1 的左、右上颌骨各 1 件，带 dp$_3$—M$_1$ 的左下颌骨 1 件，带 dp$_2$—M$_2$ 的右下颌骨 1 件，脱落的牙齿 5 枚。dp^3、dp$_3$ 和 dp^4、dp$_4$ 均未换，M^2 刚刚出，为一幼年个体。

②测量

绵羊上颊齿测量（单位：mm；标本数：N）

P^2—M^3 长		
P^2 长		
宽		
P^3 长	12.3	（N = 1）
宽	8	（N = 1）
P^4 长	13	（N = 1）
宽	8	（N = 1）
M^1 长	17—11	（N = 2）
宽	10.1—8	（N = 2）
M^2 长	13.5	（N = 1）
宽	12	（N = 1）
M^3 长	22	（N = 1）
宽	11.8	（N = 1）

绵羊下颊齿的测量（单位：mm；标本数：N）

P_2—M_3 长	68		（N＝1）
P_2 长	5.5—4.6		（N＝3）
宽	4.5—3.5		（N＝3）
P_3 长	9—8		（N＝4）
宽	6.6—5.2		（N＝4）
P_4 长	16—9.5		（N＝4）
宽	7.6—7		（N＝4）
M_1 长	16.8—10		（N＝4）
宽	8.7—6.5		（N＝4）
M_2 长	15.5—12.8		（N＝2）
宽	9—8.2		（N＝2）
M_3 长	26—24		（N＝3）
宽	9—8.6		（N＝3）

（4）羊（Caprinae gen. et sp. indet.）

①记述

PWM5：D2，颌骨碎块6件，同一个体的脱落的上颊齿3枚，带 M_2—M_3 的左下颌骨1件，脱落的下颊齿4枚。同属于一个个体，全部为恒齿，M_3 磨蚀严重，为一老年个体。

PWM5：D3，下颌骨碎块3件，可能为同一个体的脱落的下 I 4枚，上、下颊齿17枚，P_2—M_3 的右下颌骨1件。同属于一个个体，全部为恒齿，M_3 刚刚萌出，为一中青年个体。

PWM5：D4，带 M_1 和 M_2 的左下颌骨1件和同一个体的带 P_4—M_3 的右下颌骨1件。同属于一个个体，全部为恒齿，M_3 已出且磨蚀，为一中年个体。

PWM5：D6，带 dp4 的右下颌骨1件，可能为同一个体的脱落的上、下颊齿6枚。同为一个个体，dp_4 未换，为一幼年个体。

PWM5：D7，为同一个体的脱落的 I 9枚，脱落的上颊齿6枚，带 P^2—M^3 的左上齿列1件，带 P_2—M_2 的左下颌骨1件，带 P_2—M_3 的右下颌骨1件。同属于一个个体，全部为恒齿，中等磨蚀，为一中年个体。

PWM5：D9，头骨碎块2件，同一个体的脱落的上颊齿9枚，带 P_2—M_1 的左下颌骨1件，带 P_3—M_1 的右下颌骨1件。同属于一个个体，dp_4 未换，为一幼年个体。

PWM5：D12，可能为同一个体的头骨碎块2件，脱落的上、下颊齿5枚，左 dp4 1枚。dp_4 未换，为一幼年个体。

PWM5：D17，头骨碎块4件，为同一个体的带 P^3—M^1 的左上颌骨1件，带 P^2—M^1 的右上颌骨1件，脱落的上颊齿1枚，带 P_3—M_1 的左、右下颌骨各1件。同属于一个个体，dp^4 和 dp_4 均未换，M^2 尚在齿槽中，为一幼年个体。

PWM5：D19，头骨碎块3件，同一个体的脱落的颊齿3枚，带 dp_2—dp_4 的右下颌骨1件。dp_2—dp_4 均未换，为一幼年个体。

PWM5：D22，头骨碎块2件，同一个体的带 dp^4—M^1 的右上颌骨1件，脱落的上颊齿2枚，带 P_3—M_1 的左、右下颌骨各1件，同属于一个个体，dp^4 未换，为一幼年个体。

②测量

羊上颊齿测量（单位：mm；标本数：N）

P^2—M^3 长	66	（N = 1）
P^2 长	9.4—7.3	（N = 2）
宽	8—6.2	（N = 2）
P^3 长	12—9.2	（N = 2）
宽	9.2—8	（N = 2）
P^4 长	19—15	（N = 3）
宽	10.5—6	（N = 3）
M^1 长	18.2—13	（N = 2）
宽	10—9.7	（N = 2）
M^2 长	17	（N = 1）
宽	11.3	（N = 1）
M^3 长	19	（N = 1）
宽	11	（N = 2）

羊下颊齿的测量（单位：mm；标本数：N）

P_2—M_3 长	80—72	（N = 2）
P_2 长	8—5	（N = 2）
宽	5—3	（N = 2）
P_3 长	11—8.3	（N = 6）
宽	6.9—5	（N = 6）
P_4 长	22—10	（N = 8）
宽	7.8—6	（N = 8）
M_1 长	20—10	（N = 6）
宽	8.5—6.8	（N = 6）
M_2 长	18—13	（N = 4）
宽	9—8	（N = 4）

M₃ 长　　24.5—21　　　　　（N＝4）
　　宽　　9—7.2　　　　　　（N＝4）

PWM5 记述和测量的殉牲动物标本共 24 件，其中头骨 23 件，有牛头、山羊和绵羊头，未见马头；牛舌骨 1 副。牛头均为黄牛头，其中幼年个体 1 件，中年个体 3 件。山羊头 4 件，其中幼年个体 1 件，中年个体 2 件，中老年个体 1 件。绵羊头 5 件，其中幼年个体 2 件，中年个体 3 件。无法分辨山羊或绵羊的羊头有 10 件，其中幼年个体 6 件，中年个体 2 件，中青年和老年个体各 1 件。

（三）遗物

PWM5 共出土遗物 15 件，均放置于洞室内。

1. 遗物的位置

根据遗物的出土位置，将洞室内的遗物分为上、下两层。

（1）上层遗物

上层遗物共 10 件，散置于人体骸骨腹部、盆骨南、北两侧和腿骨部，其上为洞室填土，系放置人体骸骨后放置（见图 2－87；彩版 2－100：1~3）。腹部放置遗物 3 件，1 件为铜短剑，编号 PWM5：2，平置，剑尖朝东；2 件为铜泡饰，分别标号 PWM5：1、5。PWM5：1 位于剑尖部，平置，凹面朝上；PWM5：5 位于剑柄北侧，平置，凹面朝上。盆骨南部置铜锛和铜鹤嘴斧各 1 件，銎内残存柱状朽木柄，断裂面残存刺状朽木，可能系放置时断裂所留。铜锛编号 PWM5：7，侧置，刃部朝北；铜鹤嘴斧编号 PWM5：6，直插，銎呈东—西向。盆骨北部放置铜条状饰件 1 件，编号 PWM5：8。腿部放置铜环和铜带饰各 1 件，铜环编号 PWM5：9，放置于右股骨内侧，铜带饰编号 PWM5：10，放置于两腿骨间临脚骨处。右肱骨头处出土骨珠 1 件，编号 PWM5：4，其东部 0.04 米处出土铜纽扣 1 件，编号 PWM5：3，侧立，扣环朝北。

上层遗物从出土位置分析，除骨珠和铜扣饰可能系墓主人衣服上的饰件外，其余遗物均系放置人体尸骸后放置，由于铜泡饰凹面朝上，铜剑置于腹部且剑尖朝东，排除了系佩戴之物的可能性。

（2）下层遗物

下层遗物放置于人体骸骨下，共 5 件，其中 4 件为骨饰，1 件为铜条状饰（图 2－90；彩版 2－100：4）。骨器从东向西间隔分布，东部 3 件间距较小，近等距离分布，平置，正面朝上，尖部朝北，分别编号 PWM5：11~13，西部 1 件，距前三者间距较大，平置，编号 PWM5：15，置于人体骸骨近脚骨处。铜条状饰编号 PWM5：14，位于洞室中部偏南，正面朝上。

下层遗物从出土位置分析，是下葬时有意放置，由于骨饰件和铜饰件均正面朝上，排除了是衣服装饰的可能。

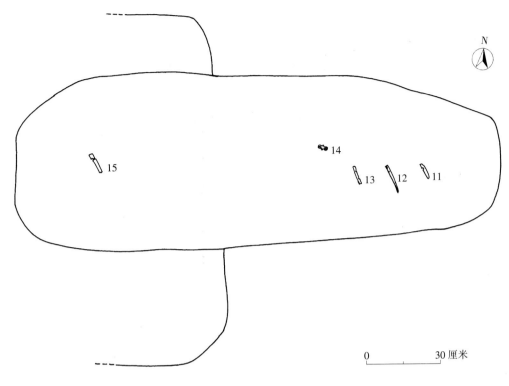

图 2-90　PWM5 第二层遗物

2. 遗物的分类描述

PWM5 的遗物有铜器和骨器。

（1）铜器

共 10 件，有兵器、工具、服饰器和车马器。

1）兵器

出土短剑和鹤嘴斧各 1 件。

短剑　1 件。

PWM5：2，柄首"一"字形，柄呈长方形，中部为镂空的长方形。刃部略偏向一侧，中脊略隐。刃长 11.8、总长 20.4 厘米（图 2-91；彩版 2-101：1）。

鹤嘴斧　1 件。

PWM5：6，合范铸造。圆形銎；一端扁刃，一端略呈锥体形，尖圆秃，刃部基本在同一直线上，銎内残留圆形朽木柄，断裂面带朽木刺。銎径 1.6、总长 8 厘米（图 2-91；彩版 2-101：2）。

2）工具

1 件，为锛。

PWM5：7，合范铸造。长方形銎，銎内残留长方形朽木柄，断裂面带朽木刺；双面刃；正面和背面各一个长 0.4、宽 0.3 厘米的长方形直穿铆孔；两侧面留存合范痕。銎长 2、宽 0.8 厘米；锛长 4.8、宽 2.3 厘米（图 2-91；彩版 2-101：3）。

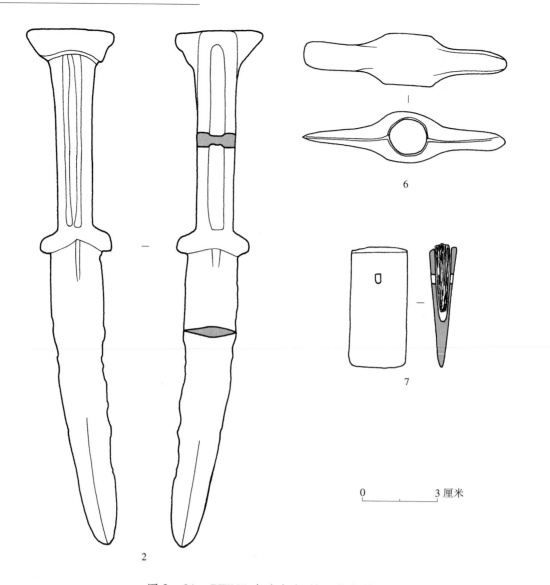

图 2-91　PWM5 出土铜短剑、斧和锛

3）服饰器

4 件，有带饰、扣饰和条状饰。

带饰　1 件，为连珠纹带饰。

PWM5：10，模铸，平面呈纵长方形，由双排连珠纹组成。正面饰勾连的阳 "S" 形纹；连珠纹底面内凹。长 3.2、宽 2.3 厘米（图 2-92；彩版 2-102：1）。

扣饰　1 件。

PWM5：3，蝌蚪状，正面略凸，底面上部内凹，凹口一桥状纽（图 2-92；彩版 2-102：2）。

条状饰　2 件，形制基本相同。

PWM5：8，长条状，底面一端略凹，正面圆凸，两侧各 2 个锯齿状的三角形纹。长 3.2、最宽 1.6 厘米（图 2-92；彩版 2-102：3）。

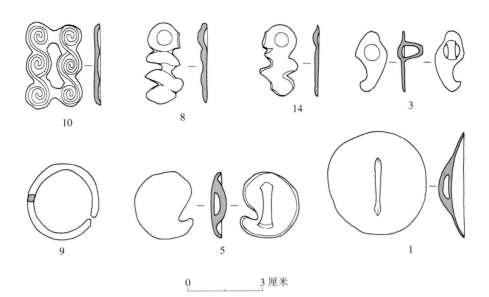

图 2 - 92　PWM5 出土铜带饰、条状饰和泡饰等

PWM5：14，底面一端内凹，正面圆凸，两侧呈锯齿状。长 2.8、最宽 1.4 厘米（图 2 - 92；彩版 2 - 102：3）。

4）车马器

3 件，有泡饰、和环。

泡饰　2 件。圆形。

PWM5：1，正面弧凸，顶端一桥状纽；底面内凹。直径 4 ~ 4.1、高 0.9 厘米（图 2 - 92；彩版 2 - 103：1）。

PWM5：5，圆形略残；顶面较平，周缘向下斜包；底面内凹，中部一桥状纽。直径 2.6、高 0.6 厘米（图 2 - 92；彩版 2 - 103：2）。

环　1 件。

PWM5：10，圆形略扁，残。直径 2.9 ~ 3.1 厘米（图 2 - 92；彩版 2 - 101：4）。

（2）骨器

5 件，均为服饰器，有条状饰和珠。

条状饰　4 件，由哺乳动物的肋骨制作（彩版 2 - 103：4）。

PWM5：11，条状；正面弧面；底面刮磨光滑；一侧中下部刻一凹口，一侧下部刻成斜凹面。长 5.1、宽 1 厘米（图 2 - 93）。

PWM5：12，条状，一端略残；正面弧面，原光滑，上刻纹饰，因腐蚀漫漶不清；底面粗糙不平；右侧中下部刻一方形凹口。残长 9.8、宽 1.1 ~ 1.4 厘米（图 2 - 93）。

PWM5：13，条状略弧，顶端残。正面略弧，刮磨光滑，局部腐蚀；底面光滑略凹；右侧上部和左侧下部各刻一方形凹口。残长 9.5、宽 1.1 ~ 1.4 厘米（图 2 - 93）。

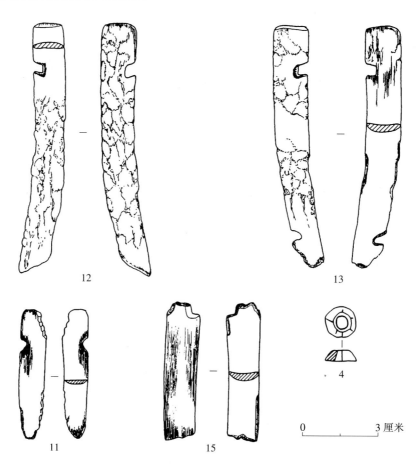

图 2 - 93　PWM5 出土骨器

PWM5：15，条状，残。正面弧面；底面刮磨光滑；一侧残存一个方形凹口。残长5.4、宽1.4厘米（图2-93）。

珠　1件。

PWM5：4，圆形，外表呈红褐色；底面平滑，正面圆凸，中部一直径0.4～0.5厘米的竖向穿孔。直径1.2、高0.5厘米（图2-93；彩版2-103：3）。

（四）葬式

PWM5为单人葬，头朝东面朝北，头部低于脚部；仰身直肢，上身略向北侧，右臂压于身躯下，左臂屈折置于腹部；清理时口大张，双腿直伸双脚并拢。骨骼保存情况较好。经鉴定，是一位年龄35～40岁的男性。未发现葬具和使用葬具的痕迹。

PWM5的埋葬过程，从清理过程分析，有以下几个行为先后发生的阶段：挖掘墓穴→洞室内放置下层遗物→放置人体骸骨→洞室内放置上层遗物、第三层殉牲→回填洞室→洞室口上部放置第二层殉牲→回填墓道→墓道内放置第一层殉牲→回填墓道与原底面平。由于墓道口上部堆积与地层堆积相同，未发现起坟丘的痕迹，因此，当时很可能没有起坟丘的习俗。

六 PWM6

PWM6 位于王大户村春秋战国墓地的东部，与 M5 南北并列，南距 PWM6 约 4.60 米。

（一）墓葬形制

PWM6 为"凸"字形竖井墓道准洞室墓，东西向，方向 75°，由墓道和洞室两部分构成（图 2 - 94；彩版 2 - 104）。

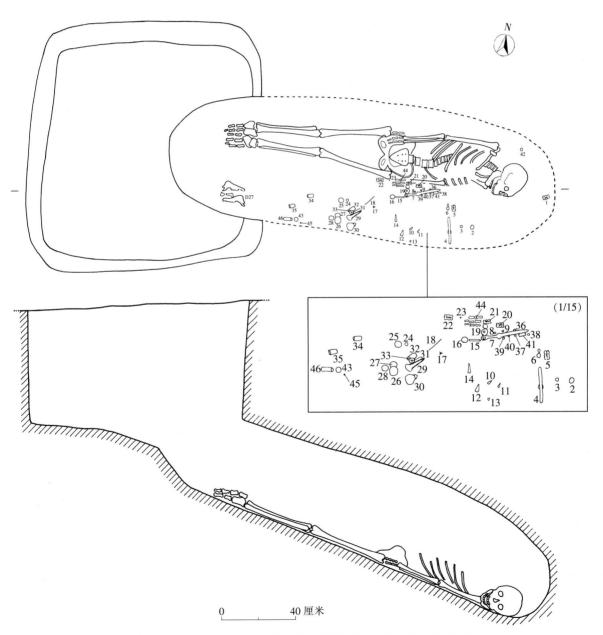

图 2 - 94 PWM6 平、剖面图和洞室第一至三层遗物

1. 墓道

墓道位于洞室西部，平面略呈圆角方形。墓道口依原地形呈西—东向倾斜，说明当时挖掘墓道时未将坡形地表修整平，而是在坡形地表上直接挖掘。墓道口略大于墓道底；东壁较直，其他三壁均斜弧；四壁壁面倾斜凸凹不平，未见修整痕和工具痕。墓道口南部东西长1.24、北部东西长1.17米，东部南北宽1.22、西部南北宽1.27米。墓道底不平，分为东、西两半，西半部略向东斜，宽0.40米，东半部倾斜较大。墓道底北部东西长1.04、南部东西长1.08米，东部南北宽1.07、西部南北宽1.10米，墓道底距墓道口东部深0.78、西部深0.60米。

墓道填土为挖掘墓道和洞室形成的花土，土质疏松，除放置殉牲和少量的遗物外，未见其他包含物。

2. 洞室

洞室位于墓道东部，由竖穴和洞室两部分构成。

（1）竖穴

竖穴位于墓道底中东部略偏南，平面呈半圆形，东西长0.40、南北宽0.64米；壁面略倾斜而平，底部斜坡，与洞室底斜坡相连。深0.36~0.40米。

（2）洞室

从竖穴东向斜下掏挖而成，顶拱形，底斜坡，坡度20°，东、西两端窄于中部。洞室中部最高，东部渐低，至东壁处掏挖呈尖圆形弧面。洞室壁面和顶部凸凹不平，未见修整和使用工具痕。洞室底部（包括竖穴底）东西长2.08、南北最宽0.72米，洞室内最高0.50米。

洞室内主要放置人体骸骨和遗物，另外放置殉牲1件。填土和墓道填土相同，系挖掘墓道和洞室形成的花土，土质疏松，未发现其他包含物。

（二）殉牲

PWM6共殉葬马、牛、羊的头骨27件，其中马头4件，牛头2件，羊头21件，未发现蹄骨。牛头和部分马头连带第一寰椎，头骨的组织结构完好，未见有移动、拼凑成形者，而且头骨间的填土灰黄色而疏松，可能是头骨的皮毛腐蚀所致，说明系一次性宰杀殉葬。

1. 殉牲的位置

PWM6的殉牲放置于墓道和洞室内，以墓道为主。根据殉牲的放置位置分为上、下两层。

（1）上层殉牲

上层殉牲位于墓道中部，其下至墓道底还有0.10米的填土。其中马头4件，牛头2

件，羊头 20 件。为了更直观地了解殉牲的放置，我们将上层殉牲分为上部殉牲、中部殉牲、下部殉牲三小层。上部殉牲是完全能看清楚的头骨，中部殉牲是指清理完上部殉牲完全暴露的头骨，下部殉牲是指清理完中部殉牲后暴露的殉牲。

上层上部殉牲

上部殉牲共有牛头和羊头 11 件，其中牛头 2 件，羊头 9 件（图 2-95；彩版 2-105：1）。

牛头分别编号 PWM6：D15、D16，PWM6：D15 位于 PWM6：D14 和 PWM6：D17 之间，平置，吻部朝西南，叠压 PWM6：D19；PWM6：D16 位于南部，叠压 PWM6：D9，竖置略侧，吻部朝上。

羊头分别编号 PWM6：D1 ~ D6、D10 ~ D12。PWM6：D1 位于上层东部偏南，叠压 PWM6：D2、D10、D18，侧置，吻部朝东南；PWM6：D2 位于 PWM6：D1 的北部并被其所压，平置，吻部朝东北，保存较差，吻部清理时残；PWM6：D3 位于上层东部偏北，叠压 PWM6：D8 吻部，侧置，吻部朝东；PWM6：D4 位于上层北部，南依 PWM6：D6，侧置，吻部朝东北；标本 PWM6：D5 位于上层东部，局部叠压 PWM6：D6、D18，侧置，吻部朝东南；PWM6：D6 位于上层东北部，叠压 PWM6：D8、D19，侧置，吻部朝东南；PWM6：D10 位于上层东南部，叠压 PWM6：D9、D16，侧置，吻部朝南，保存较差；PWM6：D11 位于上层西北部，侧置，吻部朝西南，保存较差，面部呈粉末化；PWM6：D12 位于上层西北部，叠压 PWM6：D13，平置略倾，吻部斜向上朝东，保存较差，面部大部残失。

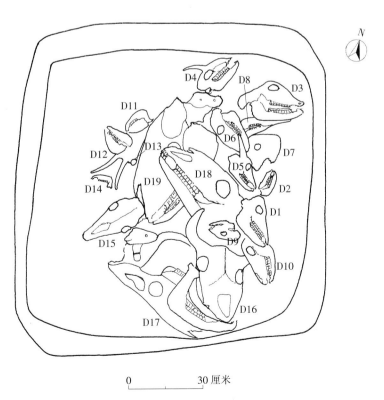

0   30 厘米

图 2-95　PWM6 上层上部殉牲

上层中部殉牲

中部殉牲共5件，其中马头3件，羊头2件（图2-96；彩版2-105：2）。

马头保存完整，分别编号PWM6：D17～D19。PWM6：D17位于南部，叠压PWM6：D24、D25，侧置，吻部朝东南；PWM6：D18位于中部，叠压PWM6：D19，侧置，吻部朝西北；PWM6：D19位于西北部，叠压PWM6：D26，侧置，吻部朝西南。

羊头保存较差，分别编号PWM6：D8、D9。PWM6：D8位于东北部，倒置，吻部朝东；PWM6：D9位于东南部，叠压PWM6：D18、D24，平置略斜，吻部斜下朝南。

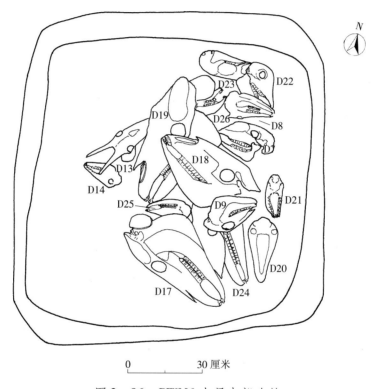

图2-96 PWM6上层中部殉牲

上层下部殉牲

下部殉牲系上层殉牲的底层，共10件，其中马头1件，羊头9件（图2-97；彩版2-105：3）。

马头1件，编号PWM6：D24，位于墓道东南部，侧置，吻部朝东南，保存较完整。

羊头9件，分别编号PWM6：D7、D13、D14、D20～23、D25、D26。PWM6：D7与PWM6：D22、D23、D26位于东北部，保存较差，面部清理时残失。PWM6：D7侧置，吻部朝西北；PWM6：D22侧置，吻部朝东南；PWM6：D23侧置，吻部朝东；PWM6：D26侧置，吻部朝东。PWM6：D20、D21位于东南部，南、北排列，面部保存较差。PWM6：D20平置，吻部朝南；PWM6：D21倒置，吻部朝南，下颌骨清理

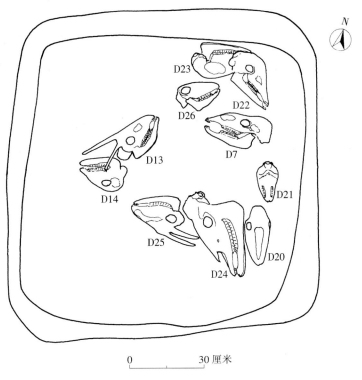

0 ————|———— 30厘米

图 2-97　PWM6 上层下部殉牲

时残碎。PWM6：D13、D14 位于西部，两者相依，形成三角形的一角。PWM6：D13 平置，吻部朝东北部；PWM6：D14 侧置，吻部朝西。PWM6：D25 位于 PWM6：D24 的西部，侧置，吻部朝西，保存较差，面部清理时残失。

（2）下层殉牲

下层殉牲放置于洞室内，仅 1 件羊头，编号 PWM6：D27，保存较差，除上、下颌骨外，其余骨骼酥软，呈粉末状，系放置人体骸骨后放置。从上、下颌骨的置向判断，平置，吻部朝东。

2. 殉牲的种类

殉牲动物有马、牛、羊，其中羊有山羊、绵羊和难以确定种属的羊三种，均为头骨，在殉坑内保存较好，但由于骨质朽化，在清理、搬运和室内整理过程中残为碎块或碎片。

（1）马（*Equus* sp.）

①记述

PWM6：D17，属同一个体的头骨碎块 3 件，带 P^2—M^2 左、右上颌骨的头骨 1 件，带 P_2—M_2 的左、右下颌骨各 1 件，舌骨 1 副，脱落的颊齿 3 枚，寰椎 1 件。无犬齿，可能因为是幼年个体，犬齿尚未长出（彩版 2-106）。

PWM6：D18，带左右 P^2—M^1 较完整的头骨 1 件，属同一个体的头骨碎块 2 件，舌骨 1 副，P_2—M_1 的左、右下颌骨各 1 件，下前颌骨 1 件，寰椎 1 件。无犬齿，可能因为是幼年个体，犬齿尚未长出。

PWM6：D19，带全部上齿列的头骨 1 件，属同一个体的带 P_2—M_3 的左、右下颌骨各 1 件，单个的 I 3 枚。左含有 P_1，右侧无。无犬齿，应为雌性个体（彩版 2 – 107）。

PWM6：D24，属同一个体的头骨碎块 10 件，带 dp^2—dp^4 左、右上颌骨各 1 件，带 dp_2—dp_4 的左、右下颌骨各 1 件，单个的 I 1 件。残碎寰椎 1 件。无犬齿，可能因为是幼年个体，犬齿尚未长出（彩版 2 – 108）。

②测量

马头骨和上颊齿测量（单位：mm；标本数：N）

头长	460	（N = 1）
额长	240—205	（N = 2）
额宽	210—175	（N = 3）
前额最大长	145	（N = 1）
P^2—M^3 长	168—156	（N = 2）
P^2 长	42—35	（N = 4）
宽	25—19.5	（N = 4）
P^3 长	31—28	（N = 4）
宽	27—20	（N = 4）
P^4 长	32.3—23	（N = 4）
宽	26.4—14.8	（N = 4）
M^1 长	30—21.6	（N = 4）
宽	26.4—24.8	（N = 4）
M^2 长	31.3—22	（N = 2）
宽	24—23	（N = 2）
M^3 长	27.4	（N = 1）
宽	21.3	（N = 1）

马下颌和下颊齿测量（单位：mm；标本数：N）

下颌骨长	385—260	（N = 4）
下颌骨垂直高	265—153	（N = 4）
下前颌长	97—30	（N = 3）
P_2—M_3 长	162—136	（N = 2）
P_2 长	34—13.5	（N = 4）
宽	14.5—12	（N = 4）
P_3 长	31.2—22	（N = 4）

宽	15—10	（N＝4）
P₄ 长	37—27	（N＝4）
宽	15—13	（N＝4）
M₁ 长	29—20.5	（N＝2）
宽	16	（N＝2）
M₂ 长	28—23	（N＝2）
宽	13.7—13.5	（N＝2）
M₃ 长	31	（N＝1）
宽	13	（N＝1）

马寰椎测量（单位：mm；标本数：N）

寰椎前后长	47—40	（N＝3）
寰椎宽	137—120	（N＝3）
寰椎前关节面宽	79—75	（N＝3）
寰椎后关节面宽	80	（N＝3）

（2）牛（*Bos* sp.）

①记述

PWM6：D15，头骨残块30件，同属一个体的残破舌骨1副，带 P^2—M^1 的左、右上颌骨各1件，带 P_2—M_1 的左、右下颌骨各1件。同属于一个个体，dp^4、dp_4 均未换，M^3、M_3 未完全萌出，为一幼年个体（彩版2-109）。

PWM6：D16，基本完整的头骨1件，属同一个体的完整的上、下颌骨各1对，舌骨1副，寰椎1件。P_2—M_3 的情况与上牙相同，只是右侧 P_2 缺失，像是先天缺失。为一中老年个体（图2-98；彩版2-109、110，2-111：1）。

②测量

牛头骨和上颊齿测量（单位：mm；标本数：N）

额长	235	（N＝1）
额宽	205	（N＝1）
P^2—M^3 长	122	（N＝1）
P^2 长	19—17	（N＝2）
宽	14—8.5	（N＝2）
P^3 长	26—18	（N＝2）
宽	17.2—13	（N＝2）
P^4 长	25.5—16.5	（N＝2）
宽	21—14.6	（N＝2）

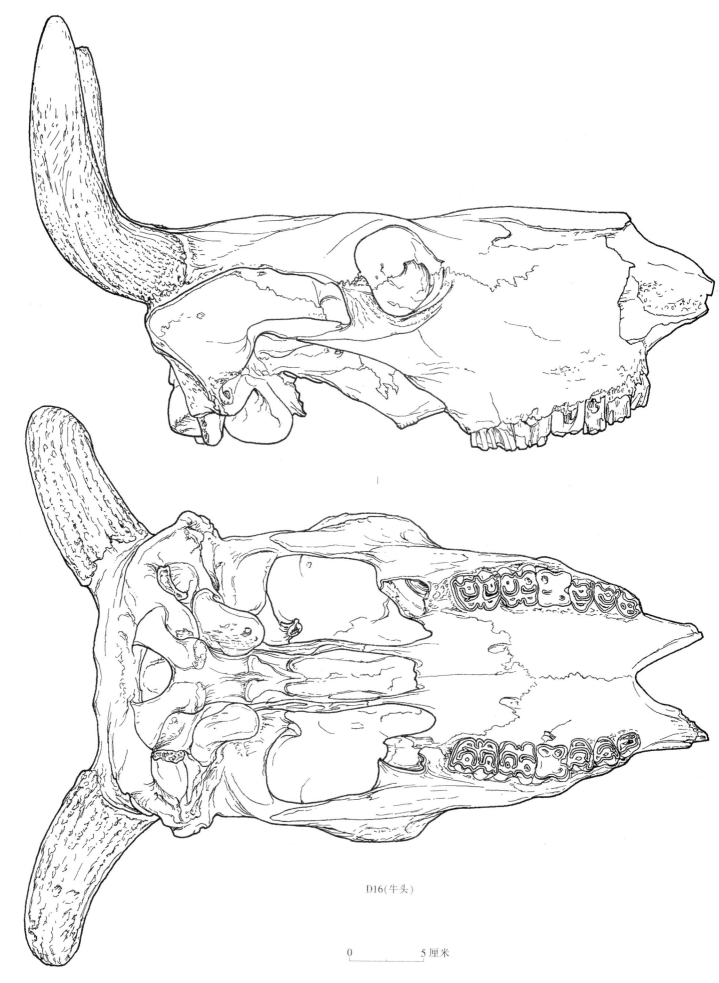

D16 (牛头)

0 _____ 5 厘米

图 2−98A PWM6 牛头（PWM6：D16）

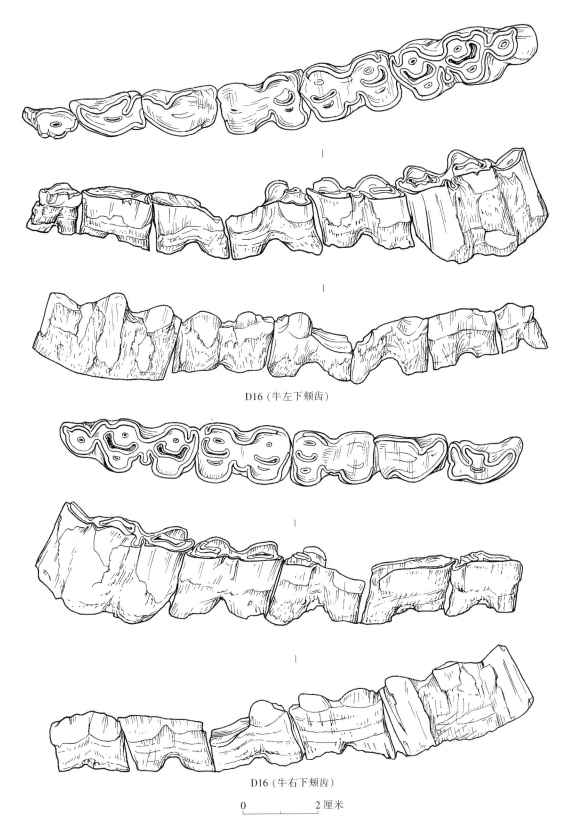

D16（牛左下颊齿）

D16（牛右下颊齿）

0 ────── 2厘米

图 2 - 98B　PWM6 牛下颊齿磨痕（PWM6：D16）

M¹ 长	29—17.0	（N = 2）
宽	25.2—13	（N = 2）
M² 长	24	（N = 1）
宽	24.6	（N = 1）
M³ 长	26	（N = 1）
宽	20.5	（N = 1）

牛下颌骨和下颊齿的测量（单位：mm；标本数：N）

下颌骨长	235—200	（N = 2）
下颌垂直支高	230	（N = 1）
下前颌长	40	（N = 1）
P₂—M₃ 长	132—130	（N = 2）
P₂ 长	11—9.5	（N = 2）
宽	8—6.4	（N = 2）
P₃ 长	19	（N = 2）
宽	12—11	（N = 2）
P₄ 长	35—20	（N = 2）
宽	13—8	（N = 2）
M₁ 长	22	（N = 1）
宽	14.6	（N = 1）
M₂ 长	25.6	（N = 1）
宽	16	（N = 1）
M₃ 长	35.6	（N = 1）
宽	17	（N = 1）

牛寰椎测量（单位：mm；标本数：N）

寰椎前后长	57	（N = 1）
寰椎宽	136	（N = 1）
寰椎前关节面宽	92	（N = 1）
寰椎后关节面宽	84	（N = 1）

（3）山羊（*Capra* sp.）

①记述

PWM6：D4，较完整的头骨 1 件，属同一个体的残破左角 1 件，头骨碎块 13 件，带 P³—M³ 的左、右上颌骨各 1 件，带 P₂—M₃ 的左、右下颌骨各 1 件。同属于一个个体，全部为恒齿，中等磨蚀，为一中年个体。

PWM6：D5，带双角的不完整头骨 1 件，属同一个体的头骨碎块 10 件，脱落的 I 2 枚，带 dp^2—M^1 的右上颌骨 1 件，带 dp_2—M_1 的左下颌骨 1 件，带 dp_3—M_1 的右下颌骨 1 件。同属于一个个体，乳齿未换，M^2、M_2 均未萌出，为一幼年个体（彩版 2 - 111：2）。

PWM6：D10，残破头骨 1 件，属同一个体的头骨及颌骨碎块 13 件，带 P^2—M^2 的左上颌骨 1 件，带 P^2—M^1 的右上颌骨 1 件，带 P_2—M_2 的左下颌骨 1 件，带 P_2—M_1 的右下颌骨 1 件。同属于一个个体，dp^4、dp_4 未换，M^1、M_1 刚刚磨蚀，M^2、M_2 尚在齿槽中，为一幼年个体。

PWM6：D13，残角 1 件，属同一个体的头骨碎块 6 件，脱落的上颊齿 8 枚，带 P^2—M^1 的左、右上颊齿列各 1 件，带 P_3—M_1 的左下颌骨 1 件，带 P_2—M_1 的右下颌骨 1 件。dp^4、dp_4 均未换，M^1、M_1 刚刚萌出，未磨蚀，为一幼年个体。

PWM6：D25，带双角较完整的头骨 1 件（含完整上颌骨），属同一个体的带 P_2—M_3 的左、右下颌骨各 1 件，脱落的 I 4 枚。舌骨 1 件。同属于一个个体，全部为恒齿，P^4、P_4、M^1、M_1 均磨蚀较重，其他牙齿磨蚀中等，为一中年个体（彩版 2 - 111：3）。

②测量

山羊头骨和上颊齿测量（单位：mm；标本数：N）

头长	185	（N = 1）
额长	82	（N = 1）
额宽	98	（N = 1）
P^2—M^3 长	70	（N = 1）
P^2 长	9.5—7.5	（N = 3）
宽	8.6—5.7	（N = 3）
P^3 长	13.6—8	（N = 4）
宽	10—8	（N = 4）
P^4 长	15—8.6	（N = 4）
宽	11—8.6	（N = 4）
M^1 长	19—11	（N = 4）
宽	12.6—9.3	（N = 4）
M^2 长	15.2—14.8	（N = 2）
宽	14—11	（N = 2）
M^3 长	19—16.1	（N = 2）
宽	13—9.5	（N = 2）

山羊下颌骨和下颊齿的测量（单位：mm；标本数：N）

下颌骨长	180—129	（N = 4）

下颌垂直支高	110—93	（N＝4）
下前颌长	30	（N＝1）
P_2—M_3 长	73—70	（N＝2）
P_2 长	6—5	（N＝5）
宽	4.5—3	（N＝5）
P_3 长	9—7.8	（N＝5）
宽	7—4.6	（N＝5）
P_4 长	20—9.1	（N＝5）
宽	8—6.1	（N＝5）
M_1 长	17—10.1	（N＝5）
宽	17—6.5	（N＝5）
M_2 长	14.5—13.6	（N＝2）
宽	9—7.3	（N＝2）
M_3 长	23.8—20.05	（N＝2）
宽	8.3—7	（N＝2）

（4）绵羊（*Ovis* sp.）

①记述

PWM6：D1，带角不太完整的雄绵羊头骨1件，同属一个个体的带 P^2—dp^4 的右上颌骨1件，带 P_2—M_1 的左、右下颌骨各1件。同属于一个个体。dp^4、dp_4 未换，M^1、M_1 刚刚磨蚀，为一幼年个体。

PWM6：D2，头骨及颌骨残块7件，同一个体的带 P^1—P^4 的右上颌骨1件，带 P_2—M_1 的左下颌骨1件。同属于一个个体，dp^2—dp^4 均为乳齿，dp_4 为乳齿，为一幼年个体。

PWM6：D3，较完整头骨1件，同一个体的头骨及颌骨残块7件，带 P^2—M^3 的左、右上颌骨各1件，带 P_2—M_3 的左下颌骨1件，带 P_3—M_3 的右下颌骨1件。同属于一个个体，全部为恒齿，中等磨蚀，为一中年个体。

PWM6：D6，较完整的头骨1件，同一个体的头骨碎块2件，带 P^2—M^3 的左、右上颌骨各1件，带 P_2—M_3 的左、右下颌骨各1件。同属于一个个体，全部恒齿，M_3 刚出未磨蚀，其他均为中等磨蚀，为一中年个体。

PWM6：D7，残破头骨1件，同一个体的头骨碎块2件，带 dp^2—M^2 的左、右上颌骨各1件，带 dp_2—M_2 的左、右下颌骨各1件。同属于一个个体，上下乳齿均未换，M^1、M_1、M^2、M_2 刚刚磨蚀，M^3、M_3 未萌出，为一幼年个体。

PWM6：D8，较完整带角的雄性头骨1件，同一个体的头骨碎块10件，带 P^2—M^2 的左、右上颌骨各1件，带 P_2—M_2 的左、右下颌骨各1件。同属于一个个体，dp^4、dp_4 均未换，M^1、M_1 刚刚萌出，M^2、M_2 尚在齿槽中，为一幼年个体。

PWM6：D9，不完整的头骨 1 件，同属一个体的头骨碎块 8 件，带 P^2—M^1 的左、右上颌骨各 1 件，带 P_2—M_1 的左、右下颌骨各 1 件。同属于一个个体，dp^4、dp_4 均未换，M^1、M_1 萌出，稍磨蚀，为一幼年个体（彩版 2 – 112）。

PWM6：D12，带 dp^4—M^1 的左下颌骨 1 件，为一幼年个体。

PWM6：D14，头骨碎块 13 件，同属一个体的带 dp^4—M^2 的左、右上颌骨各 1 件，带 dp_2—M_1 的左、右下颌骨各 1 件。同属于一个个体，dp^4、dp_4 未换，M^1、M_1 刚刚萌出，M^2、M_2 尚在齿槽中，为一幼年个体。

PWM6：D21，头骨碎块 4 件，属同一个体的带 P^2—P^4 的左、右上颌骨各 1 件。同属于一个个体，均为恒齿，中等磨蚀，为一中年个体。

PWM6：D20，头骨碎块 7 件，同一个个体的带 P^2—M^3 的左上颌骨 1 件，带 dp^4 和 M^1 的右上颌骨 1 件，带 P_2—M_1 的左、右下颌骨各 1 件。同属于一个个体，dp^4、dp_4 均未换，M^2、M_2 和 M^3、M_3 未萌出，为一幼年个体。

PWM6：D22，带 P^2—M^3 左、右上颌的头骨 1 件，属同一个体的带 P_3—M_3 的左、右下颌骨各 1 件。同属于一个个体，全部为恒齿，磨蚀严重，尤其是 P^4、P_4、M^1、M_1、M^2、M_2 磨蚀得尤为严重，为一老年个体（彩版 2 – 112）。

PWM6：D23，较完整的头骨 1 件，属同一个体的头骨碎块 4 件，带 P^3—M^3 的左上颌骨 1 件，带 P^2—M^3 的右上颌骨 1 件，带 P_3—M_3 的左、右下颌骨各 1 件。同属于一个个体，全部为恒齿，P^4、P_4、M^1、M_1 磨蚀偏重，其他牙齿磨蚀中等，为一中年偏老的个体。

PWM6：D26，较完整的头骨 1 件，同一个个体的头骨碎块 4 件，带 P^2—M^1 的左、右上颌骨各 1 件，带 P_2—M_1 的左、右下颌骨各 1 件。同属于一个个体，dp^2—dp^4、dp_2—dp_4 均未换，M^1、M_1 刚刚磨蚀，M^2、M_2 尚在齿槽中，为一幼年个体。

②测量

绵羊头骨和上颊齿测量（单位：mm；标本数：N）

头长	210	（N＝1）
额长		
额宽	105	（N＝1）
前额长		
P^2—M^3 长	76—64	（N＝4）
P^2 长	10—6	（N＝11）
宽	8.5—5	（N＝11）

P³ 长	15—6	（N = 12）
宽	10—7	（N = 12）
P⁴ 长	16—8.6	（N = 13）
宽	12—9	（N = 13）
M¹ 长	18.5—11	（N = 11）
宽	13—9.5	（N = 11）
M² 长	20.0—11.3	（N = 7）
宽	13.2—10	（N = 7）
M³ 长	23—20	（N = 4）
宽	13—11	（N = 4）

绵羊下颌骨和下颊齿的测量（单位：mm；标本数：N）

下颌骨长	180—150	（N = 7）
下颌垂直支高	110—52	（N = 8）
下前颌长	30—22	（N = 3）
P_2—M_3 长	79—65	（N = 4）
P_2 长	7.4—4.5	（N = 10）
宽	5.5—3	（N = 10）
P_3 长	10—8	（N = 12）
宽	6.4—5	（N = 12）
P_4 长	21.5—8.8	（N = 12）
宽	8—6.2	（N = 12）
M_1 长	19—10	（N = 11）
宽	9—7	（N = 11）
M_2 长	20—11.5	（N = 6）
宽	9.7—8.5	（N = 6）
M_3 长	29—23	（N = 4）
宽	10—9.2	（N = 4）

（5）羊（Caprinae gen. et sp. indet.）

难以确定具体种属的羊头 1 件。PWM6：D11，同一个体的头骨碎块 4 件，带 1 枚颊齿的上颌骨碎块 1 件，脱落的牙齿 5 枚。全部为恒齿，中等磨蚀，为一中年个体。

记述和测量的 PWM6 殉牲标本共 26 件，均为马、牛、山羊、绵羊和难以识别羊的头骨。马头骨 4 件，其中幼年个体 3 件，中年个体 1 件。牛头 2 件，其中幼年个体 1 件，中老年个体 1 件。山羊头骨 5 件，其中幼年个体 3 件，中年个体 2 件。绵羊头骨 14 件，其中幼年个体9件（含2个公绵羊个体），中年个体3件，中老年和老年个体各1件。无法识别绵羊或山羊的羊头骨1个，为中年个体。

（三）遗物

PWM6共出土陶器、铜器和骨器47件，放置于洞室内。

1. 遗物的位置

遗物主要放置于洞室南部，由于人体尸骸紧邻洞室北壁放置，在洞室南部留有较宽的空间放置遗物，主要放置于南部中、东部。从遗物的出土位置分析，PWM6的遗物分层放置，其间有厚薄不一的洞室回填土，从上至下分为三层。

（1）第一层遗物

第一层遗物位于洞室南部，依西高东低的洞室而倾斜，共随葬陶、铜、骨器23件，没有一定的放置规律（参见图2-94；彩版2-113：1~4）。从西向东为2件骨节约，分别编号PWM6：35、34，呈东北—西南向。其东部遗物较为集中，共12件，有陶鬲足、铜泡饰、铜锥、铜镞、骨马镳、骨节约等。陶鬲足1件，编号PWM6：30，足尖朝上。铜泡饰5件，分别编号PWM6：24~28。PWM6：24和PWM6：25相邻，均平置，凹面朝下；PWM6：26~28位于骨马镳（PWM6：29）的西侧，分布集中，均平置，其中PWM6：26凹面朝下，PWM6：27、28凹面朝上。铜锥1件，编号PWM6：18，平置，呈东北—西南向；铜镞1件，编号PWM6：17，平置，镞尖朝北，銎内残留朽木柄，断裂面带毛刺，系当时折断后放置；骨马镳1件，编号PWM6：29，邻洞室南壁呈东北—西南向放置；骨节约3件，分别编号PWM6：31、32、33，三者紧依骨马镳西侧放置，均平置。此组东16厘米放置骨镞3件、铜镞和铜锛各1件，放置较为集中。骨镞编号PWM6：10~12，平置，镞尖朝北；铜镞编号PWM6：13，插置，镞尖朝下；铜锛编号PWM6：14，侧立，刃部朝北。它们东14厘米处放置铜鹤嘴斧1件、铜泡饰2件。铜鹤嘴斧编号PWM6：4，侧置，銎东—西向，刃部朝北；铜泡饰分别编号PWM6：2、3，平置，正面朝上。洞室东部置铜带饰1件，编号PWM6：1，凹面朝上。

（2）第二层遗物

第二层遗物21件，除1件坠饰（PWM6：42）出土于颅骨北部外，其余20件主要放置于人体骸骨盆骨南部（图2-94；彩版2-113：5、6），距第一层遗物约6厘米左右，其下距人体骸骨有6~10厘米厚的回填土。为了便于描述，分为东、西两组。

东组有铜带饰、泡饰和扣饰各1件，铜带饰编号PWM6：5，斜置，正面朝上；铜泡饰编号PWM6：6，平置，正面朝上；铜扣饰编号PWM6：43，平置，正面朝上。

西组位于盆骨南部，以一柄带皮剑鞘的铜短剑为中心放置遗物，有铜带饰、铜带扣、铜管、铜环等。从清理过程分析，这批遗物的放置系回填部分洞室后进行，放置顺序为先将邻盆骨处的回填土南移做成斜坡，在斜坡上放置一块长 15.4、宽 8.6 厘米的三角形树皮，然后在树皮上放置带皮剑鞘的铜剑和其他遗物。铜带扣 1 件，位于剑柄北侧，编号 PWM6：19，平置，正面朝上；铜带饰 3 件，其中 2 件位于人体左臂处，从东向西分别编号 PWM6：20、21，均侧立，正面朝南，另 1 件编号 PWM6：22，位于左股骨上部，正面朝上。剑柄西部有铜管、铜环各 1 件，铜管编号 PWM6：15，平置，东—西向；铜环编号 PWM6：16，插置，环孔东—西向，二者似配套使用。另在盆骨南部出土骨镞 1 件，编号 PWM6：23，平置，镞尖朝东；骨镞东部置铜泡饰 1 件，编号 PWM6：44，凹面朝上。铜剑编号 PWM6：7，从其周围的土质和遗物分析，原应有皮剑鞘，因为铜剑周围的土色呈灰黑色，土质非常疏松，局部夹杂皮质朽痕；铜剑上部和下部的泡饰应是剑鞘上的饰件。铜剑斜置于树皮上，剑尖斜向朝东；在剑刃北部出土 2 件铜扣饰，分别编号 PWM6：8、9，均正面朝上；在剑下部即取掉铜剑后，在填土斜面上留有 4 个呈方形分布的铜泡饰，分别编号 PWM6：36～39，均凹面朝外，纽在凹口，应是剑鞘外的饰件；在它们中部有 1 件铜泡饰，编号 PWM6：40，凸面朝外，其用途不详。另在剑尖下部出土铜带饰 1 件，编号标号 PWM6：41，斜置，正面朝上。

（3）第三层遗物

第三层遗物位于洞口南部的洞室地面，临洞室南部放置，有铜泡饰、扣饰和骨节约各 1 件，分别编号 PWM6：45、47、46，骨节约纵向平置，铜泡饰平置，凸面朝上，铜扣饰位于铜泡饰下（图 2－94；彩版 2－114：1）。

PWM6 的遗物除铜剑可能带皮剑鞘、剑鞘外并有饰件外，其余遗物均较凌乱，没有一定的放置规律，而且有拆散放置或破坏后放置的倾向。如铜带饰第一、第二层均有分布，没有一定的排列规律，显然是拆散后放置；铜鹤嘴斧、铜镞、铜锛等銎内残存朽木柄，断裂面有清晰的朽木毛刺，属断柄后放置。

2. 遗物的分类描述

PWM6 共出土遗物 47 件，有陶器、铜器、骨器，未见铁器和石器。

（1）陶器

鬲足 1 件。

PWM6：30，夹砂灰褐色，手制。实足部铲形，足窝尖圆。外表残留烟炱。残高 4 厘米（图 2－99；彩版 2－114：3）。

（2）铜器

共 35 件，有兵器、工具、服饰器和车马器等。

1）兵器

4 件，有短剑、镞和鹤嘴斧。

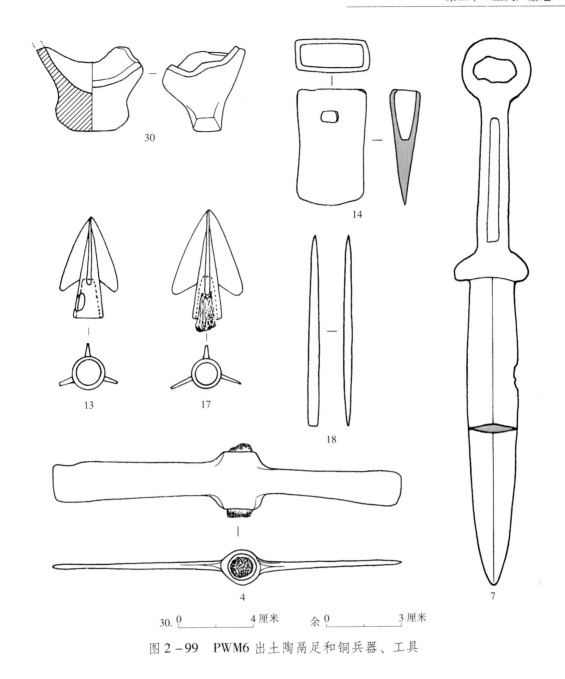

30. 0 _____ 4厘米　余 0 _____ 3厘米

图 2-99　PWM6 出土陶鬲足和铜兵器、工具

短剑　1 件。

PWM6：7，柄长方形，中部镂空，为长 5.2、宽 0.4 厘米的长方形；柄首扁环形；剑格三角形；刃柳叶形，中脊略凸，锋较尖。刃长 12.5、柄长 5.8、柄首最大径 2.8 厘米，通长 21.7 厘米（图 2-99；彩版 2-114：4）。

镞　2 件（图 2-99；彩版 2-115：1）。

PWM6：13，三棱形翼面略凹，末端有倒刺，其中一个残失；尖锋；柱状铤，铤侧一直径 0.3 厘米的铆眼，铤銎圆形，直径 0.6 厘米。长 2.6 厘米。

PWM6：17，形制与 PWM6：13 相同，残存两个翼，铤銎内残存柱状朽木柄。长 2.8 厘米。

鹤嘴斧　1件。

PWM6：4，圆形銎，銎内残存柱状朽木柄；两端均为扁长刃，刃部基本在同一直线上。銎径1.1、通长13.8厘米（图2-99；彩版2-115：3）。

2）工具

2件，为锛和锥。

锛　1件。

PWM6：14，呈长方形，合范铸造，两侧留存合范痕。銎呈长方形，内存长方形朽木柄；单面刃略弧；正、背面各一直径0.3厘米的铆眼。銎长2.2、宽1.1厘米，通长4.4、宽2.8厘米（图2-99；彩版2-115：4）。

锥　1件。

PWM6：18，打制。柄方柱体，一端尖锋，一端两面刃较锋，实为锥刀合体。长7.6厘米（图2-99；彩版2-115：2）。

3）服饰器

有带饰、扣饰和坠饰。

带饰　7件，由带扣和连珠纹带饰组成。

带扣　1件。

PWM6：19，由扣环和扣柄组成。扣柄圆形，正面弧凸，底面内凹，局部残存白色乳胶痕。扣环和扣柄连接部凿一边长0.3厘米的长方形穿孔。扣环扁圆形较平，中部凿一直径1厘米的扁圆形穿孔，底面一前倾的倒刺。扣环径3.1~3.4、扣柄径1.9~2.1厘米，通长5厘米（图2-100；彩版2-116：1）。

连珠纹带饰　6件，形制相同（图2-100；彩版2-117）。

PWM6：1，呈纵长方形，由双排连珠纹组成，正面饰勾连的"S"形纹；底面内凹，局部留存白色的乳胶痕。长3.4、宽2.1、厚0.4厘米。

PWM6：5、20、21、22、41与PWM6：1的形制、大小相同，系同一模具制作。

扣饰　3件，有圆角长方形和圆形两种。

圆角长方形扣饰　1件。

PWM6：47，呈圆角长方形。正面弧面且中部圆凸，底面内凹且中部内凹较深，中部凹口两侧焊接方形高纽。长2.1、宽1.2、高1厘米（图2-100；彩版2-116：2）。

圆形扣饰　2件（图2-100；彩版2-116：3）。

PWM6：8，圆形略残。正面弧面饰花瓣纹，底面内凹，凹口中部焊接扁条状直纽，纽残断。直径1.4、高0.5厘米。

PWM6：9，上部圆形，形制与PWM6：8相同；下部为扁圆形纽座，正面弧凸；底面纵向焊接直纽，连接纽座和上部凹口。长2.2、宽1.4、高0.5厘米。

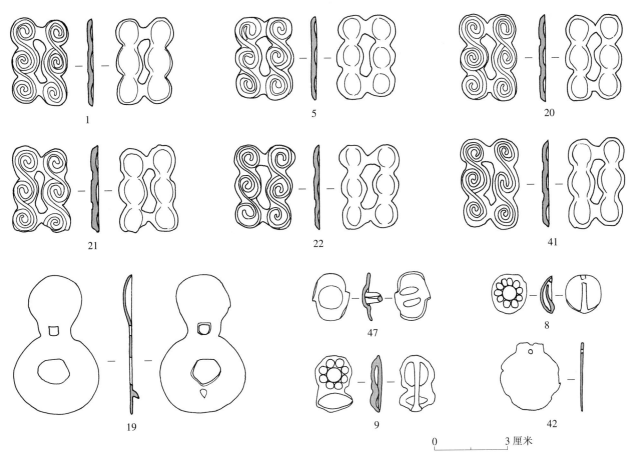

图 2 - 100　PWM6 出土铜带饰、扣饰、坠饰

坠饰　1 件。

PWM6：42，圆形短方柄，略残；柄中部一直径 0.2 厘米的穿孔。柄长 1、宽 0.3 厘米，直径 2.4 厘米（图 2 - 100；彩版 2 - 116：4）。

4）车马器

18 件，有泡饰、环和管。

泡饰　16 件，均为圆形，有纽在弧顶和凹口两种。

纽在弧顶铜泡饰，5 件（图 2 - 101；彩版 2 - 118）。

PWM6：25，圆形略扁，正面弧凸，顶部一桥状纽；底面内凹，口沿略斜刹。直径 3.5 ~ 3.7、高 1 厘米。

PWM6：26，圆形，正面弧凸，顶部一桥状纽略方；底面内凹。直径 6.6、高 1.5 厘米。

PWM6：27，形制与 PWM6：26 相同，桥状纽略方。直径 6.6、高 1.5 厘米。

PWM6：28，形制与 PWM6：25 相同。直径 3.6 ~ 3.8、高 1.1 厘米。

PWM6：45，形制与 PWM6：26 相同，纽略方位于弧面顶部。直径 4.4、高 1.3 厘米。

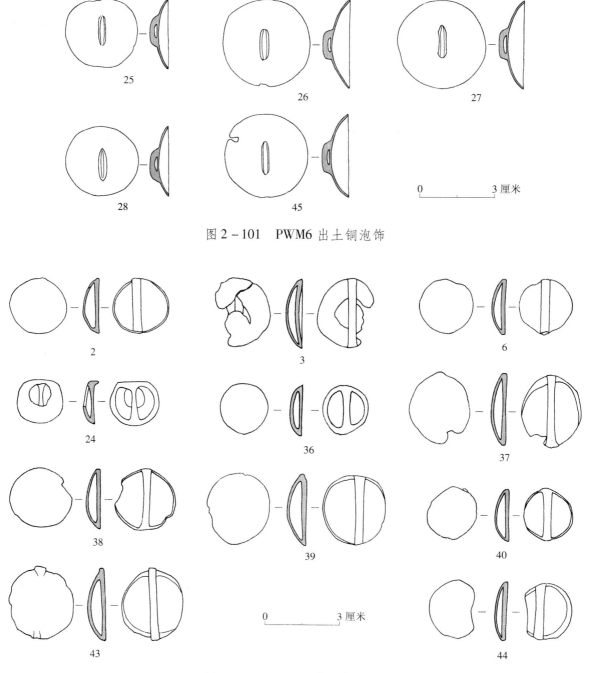

图 2 – 101　PWM6 出土铜泡饰

图 2 – 102　PWM6 出土铜泡饰

纽在凹口铜泡饰，11 件（图 2 – 102；彩版 2 – 119）。

PWM6：2，圆形略扁，正面弧凸；底面内凹，凹口偏一侧焊接条状直纽，纽外凸于凹口，纽面饰两条细阴线纹。直径 2 ~ 2.1、高 0.6 厘米。

PWM6：3，略残，形制与 PWM6：2 相同。纽略偏于凹口一侧，因受压内凹，纽面饰两条细阴线纹。直径 2.6、高 0.7 厘米。

PWM6：6，形制与 PWM6：2 相同，纽位于凹口中部，纽面饰两条细阴线纹。直径 2 ~

2.1、高 0.6 厘米。

PWM6：24，圆形略残，一侧因受压略扁；正面较圆凸；底面内凹，凹口斜刹，纽圆柄状焊接于凹口中部。直径 2.8、高 0.7 厘米。

PWM6：36，圆形；正面弧凸，底面内凹，凹口中部焊接扁条状纽，纽与凹口平齐。直径 1.9、高 0.5 厘米。

PWM6：37，圆形略扁，略残，形制与 PWM6：44 相同。纽圆柱体焊接于凹口中部，并外凸于凹口。直径 2.4～2.6、高 0.8 厘米。

PWM6：38，圆形略残；纽扁条状焊接于凹口中部，并外凸于凹口，纽面饰两条细阴线纹。直径 2.4、高 0.8 厘米。

PWM6：39，圆形略扁略残；纽焊接于凹口中部且略外凸于凹口，纽体与 PWM6：37 相同。直径 2.6～3.7、高 0.8 厘米。

PWM6：40，圆形略扁，略残；纽焊接于凹口中部并外凸于凹口，纽体与 PWM6：37 相同，系从同一扁条状铜条上切割而来。直径 2、高 0.7 厘米。

PWM6：43，略扁；纽焊接于凹口中部且略外凸。直径 2.6～2.8、高 0.7 厘米。

PWM6：44，圆形略扁，周缘略残；纽扁柱形焊接于凹口中部。直径 2.6、高 0.8 厘米。

环 1 件。

PWM6：16，圆形略残，底面为"V"形嵌槽。外环径 3.3、内环径 2.8 厘米（图 2 - 103；彩版 2 - 120：1）。

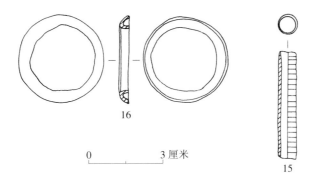

图 2 - 103 PWM6 出土铜环、管

管 1 件。

PWM6：15，出土于 PWM6：16 环内，两者应配套使用。外表饰螺旋纹，管内残存柱状朽木。直径 0.7、长 4.1 厘米（图 2 - 103；彩版 2 - 120：2）。

（3）骨器

11 件，有兵器和车马器。

1）兵器

4件，均为镞。

镞 有三棱尖锥形和双翼形两种。

三棱尖锥形镞 3件。

PWM6：10，取材于鹿角，略残。三面刮磨光滑；正脊圆秃；两侧下部刻一沟槽；柄端一直径0.6、深1厘米的竖孔。长3.3厘米（图2-104；彩版2-120：3）。

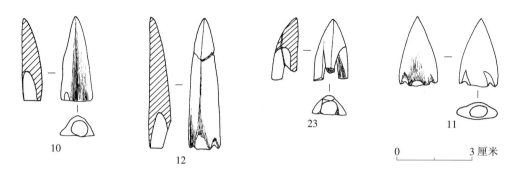

图2-104 PWM6出土骨镞

PWM6：12，取材于鹿角，略残。三面刮磨光滑；亮的有倒刺；柄端一直径0.6、深0.8厘米的竖孔。长5.2厘米（图2-104；彩版2-120：3）。

PWM6：23，取材于羊角，略残。三面光滑；柄端一直径0.6、深0.8厘米的椎状体竖孔。长2.4厘米（图2-104）。

双翼形镞 1件。

PWM6：11，取材于羊角，通体刮磨光滑。正脊略凸；底面弧面；两侧有倒刺；柄端一直径0.9、深0.9厘米的锥体状銎。长2.2厘米（图2-104；彩版2-120：3）。

2）车马器

7件，有马镳和节约。

马镳 1件。

PWM6：29，取材于山羊角，通体未做修饰。正面和背面中部偏上对刻一直径1.9厘米的穿孔；从底端掏挖角的疏质骨形成扁圆形的竖孔与穿孔相通。底端径1.4~1.9厘米，长13.4厘米（图2-105；彩版2-120：4）。

节约 6件，有"十"字形穿孔和"T"字形穿孔节约两种。

"十"字形穿孔节约 由一个竖向穿孔和一个纵向穿孔形成的节约，均取材于鹿角。4件。

PWM6：46，呈三棱形。底面刮磨平整光滑；两侧面连同正脊刮、削形成两个横向凹面和一个横向凹槽，两侧面中部对刻长1.1、宽0.6厘米的圆角长方形穿孔；上，下两端刮削平整，掏挖角的疏质骨形成扁圆形的竖向穿孔与横向穿孔相贯通。长5.2、宽1.6、

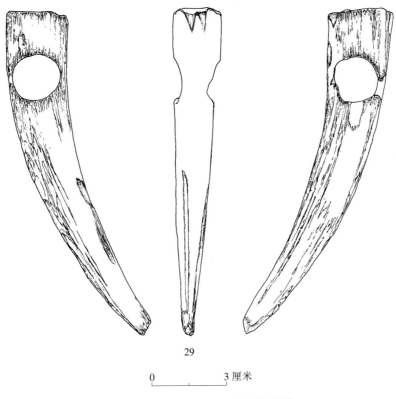

29

0 _____ 3厘米

图2-105　PWM6出土骨马镳

厚1.8厘米（图2-106；彩版2-121：1）。

PWM6：35，呈三棱形，略残。底面刮削平滑；正面和两侧面为原骨质未做修整；两侧中部偏一端对刻长1.8、宽0.4厘米的圆角长方形穿孔；上、下两端刮削成弧面，掏挖角的疏质骨形成扁圆形的竖向穿孔与横向穿孔相贯通。径1.8~2.6、长4.2厘米（图2-106）。

PWM6：32，呈三棱形，残。底面刮磨平滑；正面和侧面为角体的弧面，刮磨光滑。两侧中部近一端对刻长1.6、宽0.5厘米的圆角长方形穿孔；两端刮削呈弧面，掏挖中部疏质骨形成扁圆形的竖向穿孔与横向穿孔相贯通。残径2.4、长4.1厘米（图2-106）。

PWM6：31，平面呈圆形，取材于大型鹿角。正面保留骨的密质骨部分，刮磨光滑；底面为角的疏质骨部分，较为粗糙，中部刻一直径1.5厘米的竖向穿孔。侧面对刻长1.4、宽0.7厘米左右的圆角长方形穿孔与竖向穿孔相贯通。直径3.6、厚1.3厘米（图2-106；彩版2-121：3）。

"T"字形穿孔节约　由一个纵向穿孔和一个临低端的横向穿孔形成的节约。2件。

PWM6：34，取材于鹿角，略残。外表刮磨光滑；下端刮削平滑，上端粗糙不平；近下端0.3厘米处对刻直径0.6厘米的圆形横向穿孔；从上端掏挖角的疏质骨形成扁圆形的竖孔与横向穿孔相贯通。由于下端面留存较多的疏质，此竖孔未穿过下端。上端径1.4~1.6、下端径1.8厘米，长2.4厘米（图2-106；彩版2-121：2）。

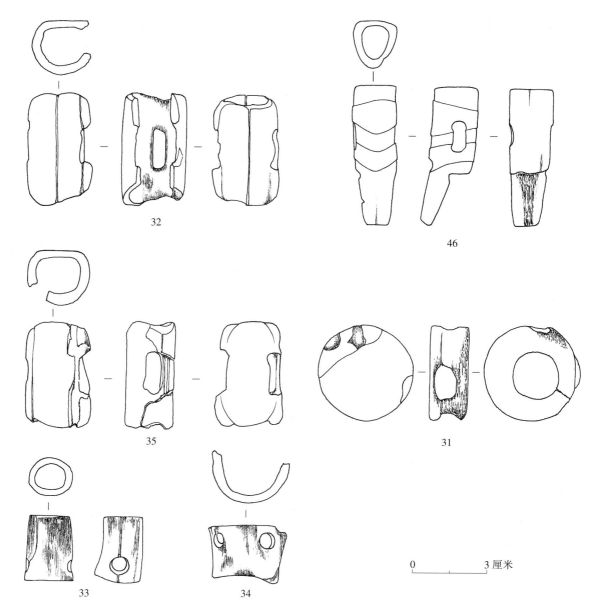

图2-106 PWM6出土骨节约

PWM6：33，取材于鹿角，呈柱体，残存一半。外表刮磨较为光滑；竖孔系掏挖角的疏质骨留存密质骨而成；近底端0.3厘米处有两个直径0.5厘米左右的孔眼，与残失的相对成"十"字形穿孔。直径3.6、长2厘米（图2-106）。

（四）葬式

PWM6为单人葬，头朝东，面朝南，头部低于脚部。仰身直肢，双脚并拢；上身略向南侧，左臂大部压于身躯下，右臂折放于腹部。经鉴定是一位年龄12～13岁的男性。PWM6与M5南北相对，两者的身躯和脸的朝向也相对。

PWM6的埋葬过程，有以下先后发生的行为阶段：挖掘墓穴→放置尸骸→洞室放置第三层遗物→洞室放置第二层殉牲→回填洞室→放置洞室第二层遗物→回填洞室→放置洞室第一层遗物→回填洞室至墓道→放置第一层殉牲→回填墓道与原地面平。由于墓道上部的地层堆积与探方四壁的地层堆积相同，说明还未有起坟丘的习俗。

七　PWM7

PWM7 位于王大户春秋战国墓地的东南部，距 PWM2 约 28 米。

（一）墓葬形制

PWM7 为"凸"字形竖井墓道准洞室墓，东西向，方向 108°，由墓道和洞室组成（图 2 - 107；彩版 2 - 122）。从对墓道上部堆积清理所知，挖掘墓道时未将坡形地表修整平而是直接在坡形地表上挖掘，然后在墓道底部的中东部东向斜下掏挖洞室。

1. 墓道

墓道位于洞室西部，平面呈圆角梯形，墓道口略倾斜，西高东低。墓道口东西长 2.05、南北宽 1.10 ~ 1.48 米。墓道四壁凸凹不平，四壁夹角均呈弧角。墓道底部较平整，形状同墓道口且略小于墓道口，东西长 1.95、南北宽 1.05 ~ 1.43、深 0.57 ~ 0.65 米。墓道四壁未见修整痕和工具痕。墓道填土为挖掘墓道和洞室形成的花土，土质疏松，除殉牲和遗物外，未发现其他包含物。

2. 洞室

洞室位于墓道的东部，从墓道底东部偏北东向斜下掏挖形成，拱形顶，底呈西高东低的斜坡。分为竖穴洞口和洞室两部分。

（1）竖穴洞口

呈半圆形，位于墓道底东北部，东西长 0.63、南北宽 0.65 米，竖穴西壁上部有 0.12 米宽的一段短斜坡，其下壁面几乎垂直至洞室底部，南、北壁倾斜，壁面均凸凹不平。

（2）洞室

呈不规则的筒形，上部略宽于下部，拱形顶。洞室顶部自西向东渐低；底部为自西向东倾斜的斜坡，坡度 20°。洞室底长 1.58、南北宽 0.50 ~ 0.55 米，洞室高 0.35 ~ 0.68 米。洞室顶部和壁面不平，未见修整和工具痕。洞室填土与当地的土质土色相同，系挖掘墓道和洞室形成的花土，土质疏松，除人体骸骨和遗物外，未见其他包含物。

（二）殉牲

殉牲主要为牛、羊的头骨和少量的蹄骨，集中放置于墓道内，未见马的骨骼。共殉葬牛、羊的头骨和蹄骨 33 件，以羊头为主，牛头和蹄骨较少。其中羊头 26 件，牛头 5 件，蹄骨仅 2 件。

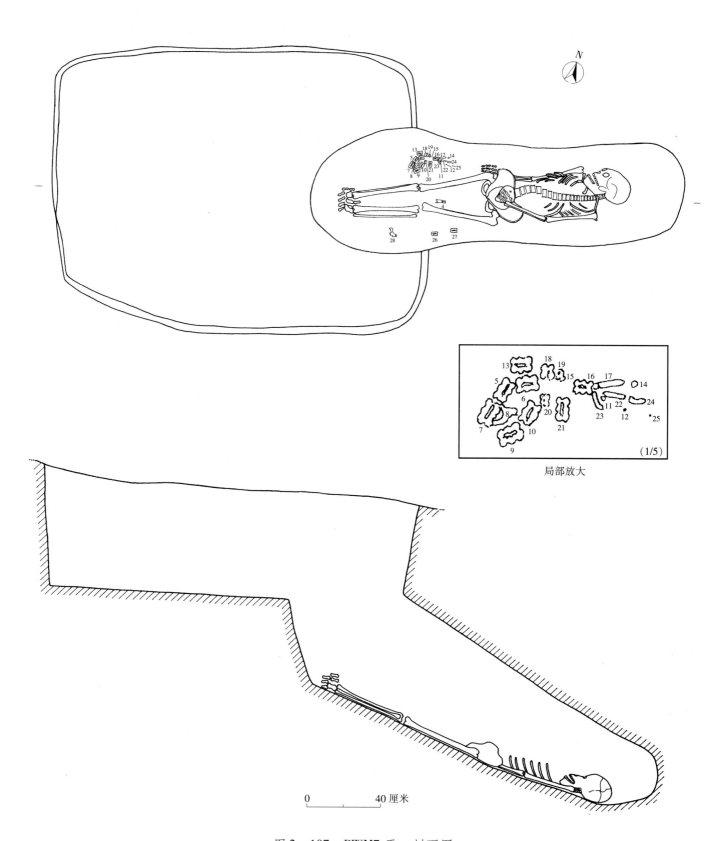

局部放大

0　　　　40厘米

图 2－107　PWM7 平、剖面图

1. 殉牲的位置

殉牲集中放置于墓道内填土中，距墓道底部约有厚0.12米左右的填土。头骨的面向和吻部朝向不一。为了全面地了解头骨的置向，根据头骨的放置情况分为上层殉牲和下层殉牲，上层殉牲是指完全暴露的头骨，下层殉牲是指被叠压、遮掩的殉牲。

（1）上层殉牲　27件

上层殉牲分为南、北两列，呈条状分布（图2-108；彩版2-123：1，2-124：1~4）。

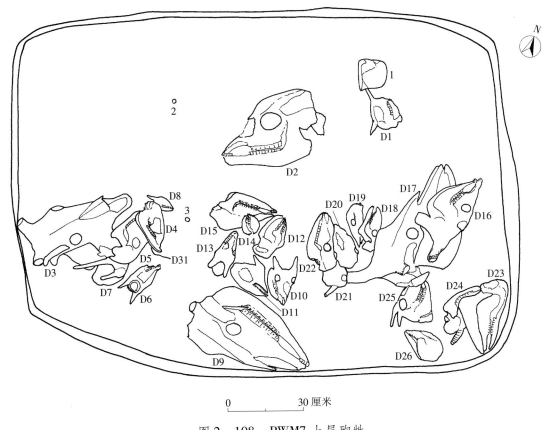

0　　　　　30厘米

图2-108　PWM7上层殉牲

北列有殉牲2件，分别为羊头和牛头，编号PWM7：D1、PWM7：D2。PWM7：D1位于北列西部，插置，吻部朝下；PWM7：D2位于北列东部，侧置，吻部朝西。南列殉牲共25件，编号PWM7：D3~D26，从西向东以牛头为中心分为西、中、东三组。

西组以PWM7：D3牛头为主，其东部放置5件羊头，编号PWM7：D4~D8。PWM7：D3平置，吻部朝东北；PWM7：D4侧置，吻部朝东南，叠压PWM7：D5的吻部；PWM7：D5侧置，吻部朝东北，叠压PWM7：D7；PWM7：D6倒置，吻部朝东北；PWM7：D7平置，吻部朝东北；PWM7：D8侧置，吻部朝东北，保存较差。

中组殉牲共7件，有牛头1件，编号PWM7：D9，羊头6件，分别编号PWM7：D10~15。PWM7：D9临墓道南壁，侧置，吻部朝东南，其北部放置PWM7：D10~D15羊头。

PWM7：D10 叠压 PWM7：D9 牛头的下颌，侧置，吻部朝南；PWM7：D11 平置，吻部朝东南；PWM7：D12 倒置，吻部朝东北；PWM7：D13 侧置，吻部朝下；PWM7：D14 插置，吻部朝东北，保存较差，大部分骨骼粉末状，仅上、下颌骨保存较好，其置向以此判断。PWM7：D15 侧置，吻部朝东南。

东组殉牲共 11 件，其中牛头 2 件，分别编号 PWM7：D16、D17；羊头 9 件，分别编号 PWM7：D18 ~ D26。PWM7：D16、D17 相依，前者插置，吻部朝下，后者侧置，吻部朝东北。PWM7：D17 西部放置 5 件羊头，编号 PWM7：D18 ~ D22。PWM7：D18 侧置，吻部朝东北；PWM7：D19 侧置，吻部朝南；PWM7：D20 侧置并叠压 PWM7：D19，吻部朝北，保存较差；PWM7：D21 侧置，吻部朝北；PWM7：D22 侧置，吻部朝北。在 PWM7：D16 牛头的东南部放置 4 件羊头，分别编号 PWM7：D23 ~ 26。PWM7：D23 倒置，吻部朝南；PWM7：D24 侧置，吻部朝北；PWM7：D25 侧置，吻部朝东北；PWM7：D26 倒置，吻部朝西北。

另外，在提取 PWM7：D4 时，其下发现 1 件乳羊头骨，编号 PWM7：D31，除上、下颌骨外，其余骨质均呈粉末状，具体置向不详。

（2）下层殉牲

下层殉牲是指被上层头骨叠压、遮掩未暴露形体的殉牲，共 6 件，其中羊头 4 件，蹄骨 2 件（图 2 – 109；彩版 2 – 123：2）。

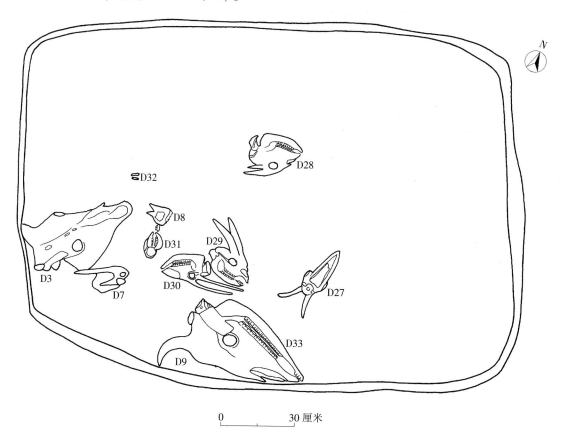

图 2 – 109   PWM7 下层殉牲

羊头 4 件，分别编号 PWM7：D27～30。PWM7：D27 倒置，吻部朝东北；PWM7：D28 侧置，吻部朝东；PWM7：D29 侧置，吻部朝东南；PWM7：D30 与 PWM7：D29 相对，侧置，吻部朝西。

蹄骨 2 件，分别编号 PWM7：D32、D33。PWM7：D32 位于墓道中部偏西，PWM7：D33 放置于 PWM7：D9 牛头的下颌骨下。

2. 殉牲的种类

殉牲动物有牛、羊的头骨，未见马头，其中羊有山羊、绵羊和难以确定种属的羊。头骨在殉坑内保存较好，骨骼的组织结构完整，但由于骨质朽化在清理、搬运和室内整理过程中残为碎块或碎片。

（1）牛（*Bos* sp.）

①记述

PWM7：D2，残破头骨 1 件，属同一个体的头骨碎块 11 件，带 P^2—M^3 的左、右上颌骨各 1 件，带 P_2—M_3 的左下颌骨 1 件，带 P_3—M_3 的右下颌骨 1 件，脱落的 I 3 枚，寰椎 1 件。同属于一个个体，牙齿全部为恒齿，中等磨蚀，为一中年个体（彩版 2 - 125）。

PWM7：D3，头骨及颌骨碎块 60 件，属同一个体的残角 2 件，舌骨 1 副，带 P^2—M^3 的左上颌骨 1 件，带 M^2—M^3 的右上颌骨 1 件，单个的 P^2 1 枚，带 P_2—M_3 左、右下颌骨各 1 件，寰椎 1 件。同属于一个个体，全部为恒齿，M^1、M_1 磨蚀较重，其他牙齿均中等磨蚀，为一中年个体（彩版 2 - 125）。

PWM7：D16，带少部分角的残破头骨 1 件，属同一个体的头骨碎块 11 件，舌骨 1 副，带 P^3—M^3 的左上颌骨 1 件，带 P^2—M^2 的右上颌骨 1 件，带 P_2—M_2 的左、右下颌骨各 1 件。寰椎 1 件。同属于一个个体，M^2、M_2 均在齿槽中，未完全萌出，为一幼年个体。

PWM7：D17，带少部分角的残破头骨 1 件，属同一个体的头骨碎块 4 件，带 P^2—M^3 的左上颌骨 1 件，带 P^2、P^4—M^3 的右上颌骨 1 件，带 P_2—M_3 的左、右下颌骨各 1 件，残破寰椎 1 件。同属于一个个体，M^1、M_1 磨蚀得较重，其他牙齿磨蚀中等，为一中年个体。

PWM7：D9，残破头骨 1 件，属同一个体的破角 4 件，头骨碎块 6 件，舌骨 1 副，带 P^2—M^3 的左、右上颌骨各 1 件，带 P_3—M_3 的左、右下颌骨各 1 件，寰椎 1 件。为一中年个体。

②测量

牛上颊齿测量（单位：mm；标本数：N）

P^2—M^3 长	130—110	（N = 5）
P^2 长	20—16	（N = 6）
宽	15.4—10	（N = 6）
P^3 长	24.5—16.5	（N = 6）
宽	17.4—15.2	（N = 6）

P⁴ 长	24.5—15	（N＝6）
宽	19—16	（N＝6）
M¹ 长	31—20.3	（N＝5）
宽	21—13.5	（N＝5）
M² 长	26—24	（N＝4）
宽	24—21	（N＝4）
M³ 长	33.5—27	（N＝4）
宽	24—20.6	（N＝4）

牛下颌骨和下颊齿的测量（单位：mm；标本数：N）

下颌骨长	350—275	（N＝4）
下颌垂直支高	235—165	（N＝4）
下前颌长	75—50	（N＝4）
P₂—M₃ 长	138—124	（N＝3）
P₂ 长	11—7	（N＝5）
宽	9—5.9	（N＝5）
P₃ 长	19—17.5	（N＝6）
宽	12.2—9.5	（N＝6）
P₄ 长	36—18.9	（N＝6）
宽	13.6—12	（N＝6）
M₁ 长	27.5—19	（N＝4）
宽	15.2—13	（N＝4）
M₂ 长	24.2—21	（N＝3）
宽	16—15	（N＝3）
M₃ 长	42—27	（N＝4）
宽	16—14	（N＝4）

牛寰椎测量（单位：mm；标本数：N）

寰椎前后长	55—39	（N＝5）
寰椎宽	155—90	（N＝5）
寰椎前关节面宽	100—72	（N＝5）
寰椎后关节面宽	90—82	（N＝5）

（2）山羊（*Capra* sp.）

①记述

PWM7：D6，头骨碎块 11 件，属同一个体的带 P²—M¹ 的左、右上颌骨 1 件，带 P₂—

M_1 的左、右下颌骨各 1 件。同属于一个个体。dp^4、dp_4 未换，M^1、M_1 刚出，M^2、M_2 未出，为一幼年个体。

PWM7：D7，带双角较完整的头骨 1 件，属同一个体的带 P^2—M^3 的左、右上颌骨各 1 件，带 P_2—M_3 的左下颌骨 1 件，带 P_3—M_3 的右下颌骨 1 件，寰椎 1 件。同属于一个个体，全部为恒齿，M^3、M_3 刚磨，其他均为中等磨蚀，为一壮年个体。

PWM7：D8，右角残块 1 件，属同一个体的头骨残块 5 件，带 P^2—M^1 的左、右上颌骨 1 件。属于同一个体，dp^4 未换，M^1 尚在齿槽中，为一幼年个体。

PWM7：D10，碎角 2 件，属同一个体的头骨碎块 16 件，带 P^2—M^1 的左、右上颌骨各 1 件，带 P_2—M_1 的左、右下颌骨各 1 件。同属于一个个体，dp^4、dp_4 未换，M^1、M_1 已出刚刚磨蚀，为一幼年个体。

PWM7：D11，带部分角的头骨碎块 1 件，属同一个体的头骨碎块 11 件，带 dp^2—M^1 的左上颌骨 1 件，带 dp^3—M^1 齿列的右上颌骨 1 件，带 P_2—M_1 的左、右下颌骨各 1 件。同属于一个个体，dp^3、dp_3 和 dp^4、dp_4 均未换，M^1、M_1 刚出，为一幼年个体。

PWM7：D13，带部分角的头骨 1 件，同一个体的头骨碎块 4 件，带 P_2—M_1 的左、右下颌骨各 1 件，脱落的牙齿 3 枚。dp_4 未换，为一幼年个体。

PWM7：D21，碎角 2 件，属同一个体的头骨碎块 16 件，带 P^2—M^1 的左、右上颌骨 1 件，带 P_2—M_1 的左、右下颌骨各 1 件。同属于一个个体，dp^4、dp_4 均未换，为一幼年个体。

PWM7：D24，带左残角不完整的头骨 1 件，属同一个体的头骨碎块 10 件，带 P^4—M^3 的左上颌骨 1 件，带 P^2—M^3 的右上颌骨 1 件，带 P_2—M_3 的左、右下颌骨各 1 件，脱落的下 I 2 枚。同属于一个个体，全部为恒齿，M^3、M_3 已出刚刚磨蚀，其他牙齿中等磨蚀，为一中年个体。

PWM7：D25，残角 1 件，同属一个体的头骨残块 3 件，带 dp^4—M^2 的右上颌骨 1 件，带 P_2—M_1 的左下颌骨 1 件，带 P_3—M_1 的右下颌骨 1 件，寰椎 1 件。同属于一个个体，dp^4、dp_4 未换，M^2、M_2 尚在齿槽中，为一幼年个体。

PWM7：D26，带角的较完整头骨 1 件，属同一个体的头骨残块 5 件，脱落的上 I 5 件，带 P^2—M^3 的左、右上颌骨各 1 件，带 P_2—M_3 的左、右下颌骨各 1 件，寰椎 1 件。同属于一个个体，全部为恒齿，中等磨蚀，为一中年个体。

PWM7：D27，带两侧残角的头骨 1 件，属同一个体的残角块 1 件，头骨残块 1 件，带 P^2—M^3 的左、右上颌骨各 1 件，带 P_2—M_3 的左、右下颌骨各 1 件，下颌骨碎块 1 件。同属于一个个体，全部为恒齿，中等磨蚀，为一中年个体（彩版 2 - 126）。

PWM7：D28，带两侧残角的头骨 1 件，属同一个体的带 P^4—M^2 的左、右上颌骨各 1 件，带 P_2—M_3 的左、右下颌骨各 1 件，寰椎 1 件。同属于一个个体，P^4、P_2—P_4 刚刚萌出，M2 刚刚磨蚀，为一青年个体。

PWM7：D29，带左角的头骨 1 件，脱落的右角 1 件，带 P^2—M^3 的左、右上颌骨各 1 件，带 P_2—M_1 的左、右下颌骨各 1 件，寰椎 1 件。同属于一个个体，全部为恒齿，M^1、M_1 和 P^4、P_4 磨蚀得较重，其他牙齿磨蚀中等，为一中年个体。

PWM7：D30，带双角较完整的头骨 1 件，属同一个体的头骨碎块 1 件，脱落的 I 1 枚，带 P^2—M^3 的左上颌骨 1 件，带 P^3—M^3 的右上颌骨 1 件，带 P_2—M_2 的左、右下颌骨各 1 件。同属于一个个体，全部为恒齿，M^1、M_1 和 M^2、M_2 磨得较重，M^3 已磨蚀，为一中老年个体（彩版 2－126）。

②测量

山羊头骨和上颊齿测量（单位：mm）

头长		
额长	90	（N＝1）
额宽	106	（N＝1）
P^2—M^3 长	74—60	（N＝6）
P^2 长	9.5—7	（N＝11）
宽	8.9—5.9	（N＝11）
P^3 长	13—9	（N＝11）
宽	10.2—8	（N＝11）
P^4 长	15—7.2	（N＝13）
宽	11—8	（N＝13）
M^1 长	18.6—10	（N＝12）
宽	13.4—8	（N＝12）
M^2 长	18—14	（N＝8）
宽	14—10	（N＝8）
M^3 长	20—18.5	（N＝6）
宽	13—8	（N＝6）

山羊下颌骨和下颊齿的测量（单位：mm；标本数：N）

下颌骨长	165—95	（N＝8）
下颌垂直支高	100—65	（N＝10）
下前颌长	30	（N＝2）
P_2—M_3 长	74—67	（N＝6）
P_2 长	9.8—5	（N＝13）
宽	5.5—3	（N＝13）
P_3 长	10—7	（N＝13）

宽	6.8—5	（N＝13）
P$_4$ 长	18.5—9	（N＝13）
宽	8—6	（N＝13）
M$_1$ 长	17—10	（N＝13）
宽	9—6.5	（N＝13）
M$_2$ 长	16—13.2	（N＝7）
宽	9.5—7.5	（N＝7）
M$_3$ 长	25.7—16	（N＝6）
宽	10—8	（N＝13）

山羊寰椎测量（单位：mm；标本数：N）

寰椎前后长	29—16	（N＝5）
寰椎宽	68—47	（N＝5）
寰椎前关节面宽	48—43	（N＝5）
寰椎后关节面宽	48—38.8	（N＝5）

（3）绵羊（*Ovis* sp.）

①记述

PWM7：D1，带双角较完整的雄性头骨 1 件，属同一个体的脱落的 I 1 枚、上颊齿 4 枚，带 P$_4$—M$_3$ 的左下颌骨残块 1 件。同属于一个个体，全部为恒齿，磨蚀中等，为一中年个体。

PWM7：D4，头骨碎块 19 件，同一个体的脱落的 I 4 枚，带 dp^4—M^1 的左上颌骨 1 件，带 P^3—M^1 的右上颌骨 1 件，带 P$_3$—M$_1$ 的左下颌骨 1 件，带 P$_2$—M$_1$ 的右下颌骨 1 件。同属于一个个体，dp^4、dp$_4$ 未换，M^1、M$_1$ 刚出，为一幼年个体。

PWM7：D5，较完整的头骨 1 件，同一个体的头骨残块 12 件，带 P^1—M^3 的左上颌骨 1 件，带 M^2—M^3 的右上颌骨 1 件，脱落的 P^2 1 枚，带 P$_3$—M$_3$ 的左、右下颌骨各 1 件，寰椎 1 件。同属于一个个体，全部为恒齿，M^1、M$_1$ 的牙冠已磨光，M^3、M$_3$ 也磨蚀严重，为一老年个体。

PWM7：D14，带 M$_3$ 的右下颌骨 1 件。老年个体。

PWM7：D23，带 P$_3$—M$_1$ 的右下颌骨 1 件。老年个体。

PWM7：D12，带双角的雄性头骨 1 件，同一个体的头骨碎块 3 件，带 P^4—M^1 的左上颌骨 1 件，带 P^2—M^1 的右上颌骨 1 件，带 P$_3$—M$_1$ 的左下颌骨 1 件，带 P$_2$—M$_1$ 的右下颌骨 1 件。同属于一个个体。dp^4、dp$_4$ 均未换，M^2、M$_2$、M^3、M$_3$ 未出，为一幼年个体（彩版 2 - 127）。

PWM7：D15，较完整的雌性头骨 1 件，同一个体的头骨碎块 12 件，带 P^2—M^3 的左、右上颌骨各 1 件，脱落的上门齿 3 枚，带 P$_2$—M$_3$ 的左、右下颌骨各 1 件。同属于一个个体，全部为恒齿，M^3、M$_3$ 均刚刚磨蚀，其他牙齿磨蚀中等，为一中年个体。

PWM7：D18，头骨残块 11 件，属同一个体的脱落的门齿 2 件，带 P^2—M^1 的左、右上颌骨各 1 件，带 P_2—M_1 的左、右下颌骨各 1 件。同属于一个个体，dp^4、dp_4 均未换，M^1、M_1 尚在齿槽中，为一幼年个体。

PWM7：D19，不完整的头骨 1 件，同一个体的头骨及下颌骨残块 3 件，脱落的 I 2 枚，带 P^2—M^3 的左、右上颌骨各 1 件，带 P_2—M_3 的左、右下颌骨各 1 件。第 2 趾骨 1 件。同属于一个个体，全部为恒齿，M^3、M_3 刚刚磨蚀，为一中年个体。

PWM7：D20，头骨碎块 22 件，同一个体的带 P^2—M^1 的左、右上颌各 1 件，带 P_2—M_1 的左、右下颌骨各 1 件。同属于一个个体，dp^4、dp_4 均未换，M^1、M_1 刚出，为一幼年个体。

PWM7：D22，较完整的头骨 1 件，属同一个体的头骨碎块 15 件，带 P^3—M^3 的左上颌骨 1 件，带 P^2—P^4、M^3 的右上颌骨 1 件，脱落的上颊齿 1 枚，带 P_3—M_3 的左、右下颌骨各 1 件（P_2 先天缺失）。同属于一个个体，全部为恒齿，磨蚀较重，特别是 M^1、M_1、M^2、M_2，P_2 先天缺失，为一中年个体。

②测量

绵羊头骨和上颊齿测量（单位：mm；标本数：N）

头长		
额长	95—90	（N＝2）
额宽	125—100	（N＝3）
前额长		
P^2—M^3 长	76—71	（N＝2）
P^2 长	10—7	（N＝5）
宽	8—5.2	（N＝5）
P^3 长	14.8—7.3	（N＝7）
宽	10—7.5	（N＝7）
P^4 长	16—8.8	（N＝7）
宽	10.1—8	（N＝7）
M^1 长	18.5—10	（N＝7）
宽	12.8—8	（N＝7）
M^2 长	19—11.3	（N＝4）
宽	13.9—11.5	（N＝4）
M^3 长	23—18	（N＝4）
宽	13.5—10.1	（N＝4）

绵羊下颌骨和下颊齿的测量（单位：mm；标本数：N）

下颌骨长	185—123	（N＝6）

下颌垂直支高	108—80	（N = 5）
下前颌长	30—23	（N = 4）
P_2—M_3 长	77—70	（N = 3）
P_2 长	8—5.6	（N = 6）
宽	5—3.5	（N = 6）
P_3 长	9—6.8	（N = 8）
宽	7—5	（N = 8）
P_4 长	20—8.5	（N = 9）
宽	8—6	（N = 9）
M_1 长	18.3—11	（N = 8）
宽	8.6—7	（N = 8）
M_2 长	17.5—11	（N = 5）
宽	9.7—8	（N = 5）
M_3 长	25—20	（N = 5）
宽	9.5—8	（N = 5）

绵羊寰椎测量（单位：mm；标本数：N）

寰椎前后长	25	（N = 1）
寰椎宽	62	（N = 1）
寰椎前关节面宽	46	（N = 1）
寰椎后关节面宽	46	（N = 1）

（4）羊（Caprinae gen. et sp. indet.）

①记述

PWM7：D31，头骨碎块 3 件，同一个体的带 P^4—M^1 的左、右上颌骨各 1 件，带 P_2—M_1 的左下颌骨 1 件，带 dp_4—M_1 的右下颌骨 1 件。同属于一个个体，dp^4、dp_4 均未换，M^1、M_1 未全部萌出，为一幼年个体。

②测量

羊下颌骨和下颊齿的测量（单位：mm；标本数：N）

下颌骨长		
下颌垂直支高	60	（N = 1）
P_2—M_3		
P_2 长	4.5	（N = 1）
宽	3.1	（N = 1）
P_3 长	8.5	（N = 1）

宽	4.8	（N＝1）	
P₄ 长	19	（N＝1）	
宽	6	（N＝1）	

PWM7 殉牲标本共 33 件，有牛和羊的头骨及趾骨，未发现马头和马趾骨。牛头 5 件，其中幼年个体 1 件，中年个体 3 件，另 1 件难以确定年龄。牛蹄骨 1 件。山羊头 14 件，其中幼年个体 7 件，中年个体 5 件，青年和中老年个体各 1 件；绵羊头 11 件，其中幼年个体 4 件，能鉴别性别的有 1 件为幼年雄性；中年个体 4 件，能鉴别性别的有 1 件为中年雄性；中老年个体 1 件。难以确定种属的羊 1 件，为幼年个体。另有羊蹄骨 1 件。

（三）遗物

PWM7 共随葬陶、铜、骨、石等遗物 32 件，出土于墓道和洞室内。

1. 遗物的位置

PWM7 的遗物出土位置有墓道和洞室，以洞室为主。

（1）墓道遗物

墓道出土遗物 3 件，与上层殉牲同层，应是殉牲放置完毕后放入，有双耳陶罐和铜泡饰。双耳陶罐 1 件，编号 PWM7：1，位于墓道东部，侧置，罐口朝西。铜泡饰 2 件，分别编号 PWM7：2、3。PWM7：2 出土于墓道西北部，PWM7：3 出土于上层西组殉牲和中组殉牲之间，均凹面朝下。

（2）洞室遗物

洞室遗物共计 29 件，主要放置于洞室西部和洞口，分层放置，从上至下分为五层。

第一层：铜鹿形饰 1 件，编号 PWM7：4，位于洞口中部，直立，头朝西（图 2－107；彩版 2－128：1）。

第二层：5 件，位于洞口北部临洞室北壁处，距第一层铜鹿形饰约厚有 0.06 米的洞室回填土，其中铜带饰 4 件，编号 PWM7：5、6、7、9，铜带扣 1 件，编号 PWM7：8。铜带饰分布较分散，有的正面朝上，有的背面朝上，方向也不同，没有一定的规律。铜带扣为铜带饰所压，背面朝上（图 2－107；彩版 2－128：1）。

第三层：20 件，位于洞口北部贴洞室北壁处，距第二层约有 0.10 米厚的填土，以带木刀鞘的铜刀为中心放置其他遗物。铜刀 1 件，编号 PWM7：17，带木刀鞘，刀鞘较薄，两面有纵向细柱状脊，严重残朽，刀尖朝西。铜带饰 9 件，PWM7：10、13、16、18～21、26、27。其中 PWM7：10、13、16、18 分布于铜刀的两侧和上部，PWM7：19～21 分布于铜刀的下部，PWM7：26、27 位于洞室南部，人股骨左侧，有的正面朝上，有的背面朝上，没有一定的分布规律。铜泡饰 3 件，分别编号 PWM7：14、15、25，分布于铜刀的柄部和东南部。"S"形扣饰 1 件，编号 PWM7：24，分布于铜刀下部。

针筒 1 件，编号 PWM7：22，位于刀柄南侧，室内整理时发现内装铜锥和骨针。其中，铜锥 1 件，编号 PWM7：31；骨针 3 枚，编号 PWM7：32-1～3。铜环 1 件，编号 PWM7：23，南北向直插于刀柄南部。玛瑙珠 2 件，编号 PWM7：11、12，位于针筒南侧（图 2-107；彩版 2-128：2）。

第四层：铜鹿形饰 1 件，编号 PWM7：28，位于洞口南部，距人体骸骨约有厚 0.06 厘米的填土，距第三层遗物约有厚 0.15 米厚的填土。蹲踞，头朝西（图 2-107；彩版 2-128：3）。

第五层：2 件，分别为铜鹿形饰和铜牌饰。铜鹿形饰编号 PWM7：30，位于洞口南部，直立，头朝北。铜牌饰编号 PWM7：29 位于洞口中部，正面朝上（图 2-110；彩版 2-129：1）。

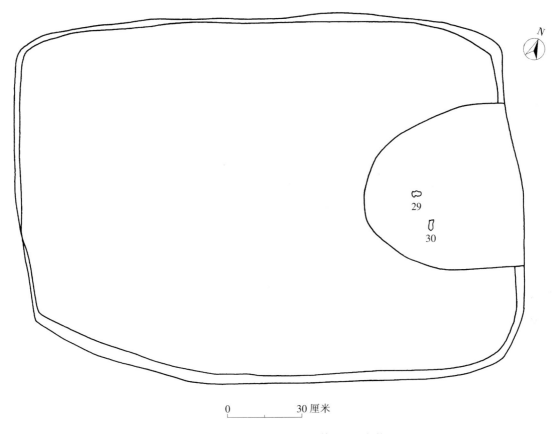

0　　　　　30 厘米

图 2-110　PWM7 洞室第五层遗物

2. 遗物的分类描述

出土遗物 32 件，有陶器、铜器、石器、骨器等。

（1）陶器

双耳罐　1 件。

PWM7：1，夹砂灰褐陶，手制。口扁略敛，方唇，束颈，扁腹略鼓，平底。腹、底间弧折，扁口最大径处粘贴对称的双耳，耳面宽扁。外表有一层烟炱。口径 7.8～8.2、底径 7.4、高 13.2 厘米（图 2-111；彩版 2-129：2）。

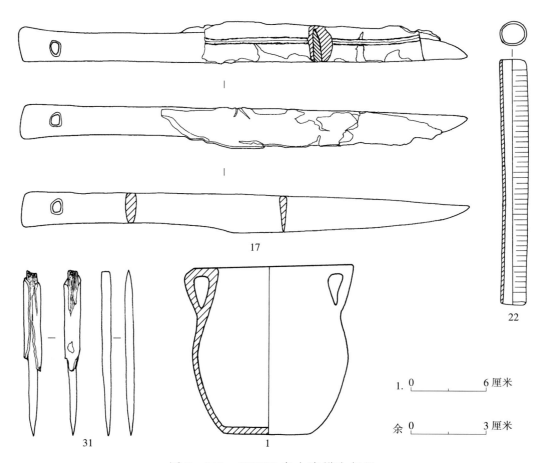

图 2 - 111　PWM7 出土陶罐和铜器

（2）铜器

铜器有工具、服饰器和其他饰件等。

1）工具

3 件，分别为铜刀、锥、针筒。

刀　1 件。

PWM7：17，弧刃直柄，柄下缘略弧，柄端一直径 0.3 ~ 0.4 厘米的扁圆形穿孔。长 17.8 厘米（图 2 - 111；彩版 2 - 130：1、2）。

锥　1 件。

PWM7：31，方柱体，锋尖锐，柱体外粘连长 4.6 厘米的圆形朽木柄，清理时脱落。长 6.8 厘米（图 2 - 111；彩版 2 - 130：3）。

针筒　1 件。

PWM7：22，管状，合范铸造，外表阴刻断续的螺旋纹。管内装骨针 3 枚，铜锥 1 件，两端有朽木痕，应为木塞。管径 1、长 9.8 厘米（图 2 - 111；彩版 2 - 130：4）。

2）服饰器

带饰　15 件，由带扣、连珠纹带饰和动物形牌饰组成。

带扣　1件。

PWM7：8，圆环三角柄。环中部一前倾的锥状倒刺，尖残；中部略凹，饰一周连珠纹。柄中部一个三角形的穿孔。内环径1.5～1.7、外环径3.7、通长5厘米（图2–112；彩版2–131：1）。

连珠纹带饰　13件，模制，形制形同（图2–112；彩版2–132、133）。

PWM7：5，纵长方形，由双排连珠纹组成。正面饰勾连"S"形纹；底面内凹，局部残存白色的粘胶。长3.5、宽2.4、厚0.4厘米。

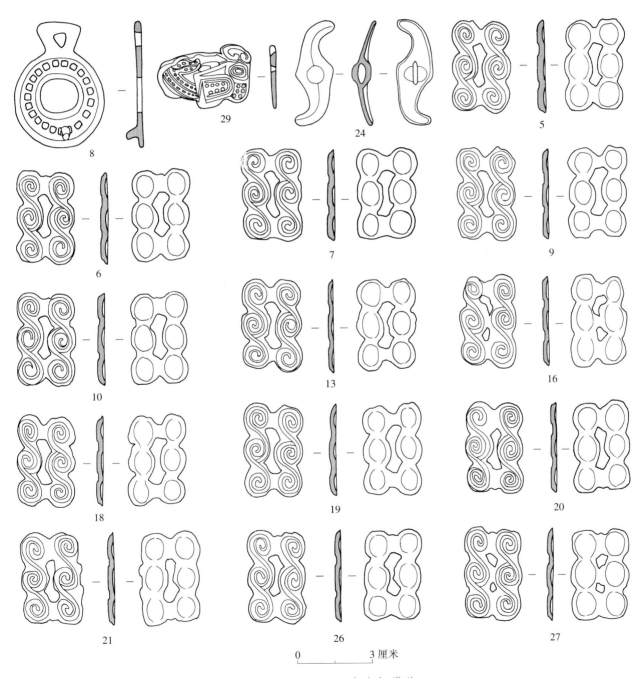

图2–112　PWM7出土铜带饰

PWM7：6、7、9、10、13、16、18～21、26、27 的形制、纹饰、大小与 PWM7：5 相同，可能系同一模具制作。

动物形牌饰　1 件。

PWM7：29，模制，形似兔。扁环眼，伏耳，曲足，尾上举与颈部相连形成扁圆形穿孔。正面饰小圆点纹；背面略凹。长 3.8、宽 2.2 厘米（图 2 - 112；彩版 2 - 131：3）。

扣饰　1 件。

PWM7：24，呈"S"形。正面中部圆凸，其上、下各一条纵向圆脊，脊两侧斜抹。背面内凹，圆凸部内凹尤甚，凹口内焊接纵向弧形纽，纽小而低。长 4.2、最宽1.6、高 0.9 厘米（图 2 - 112；彩版 2 - 131：3）。

3）车马器

7 件，有泡饰和环。

泡饰　5 件。均为圆形，纽在凹口。

PWM7：3，圆形，正面平弧，中部饰一个较大的圆点纹，其周围饰八个较小的圆点纹。背面内凹，凹口偏一侧焊接扁条状直纽，纽高出凹口。一侧粘连另一扣饰的局部，可能系连体铸造时所留。直径 1.6、高 0.6 厘米（图 2 - 113；彩版 2 - 134：1）。

PWM7：14，圆形，正面弧凸，背面内凹。凹口偏一侧焊接柱状直纽，纽较长且高出凹口。直径 1.4、高 0.5 厘米（图 2 - 113；彩版 2 - 134：3）。

PWM7：15，形制与 PWM7：14 相同，可能系同一模具铸造。柱状纽略高出凹口。直径 1.4、高 0.5 厘米（图 2 - 113；彩版 2 - 134：3）。

PWM7：25，形制与 PWM7：14 相同；柱状纽略高出凹口。直径 1.5、高 0.5 厘米（图2 - 113；彩版 2 - 134：3）。

PWM7：2，扁圆形，正面中部略凹，周缘斜抹。背面内凹，凹口纵向焊接方形纽，纽较高。直径 1.6、高 0.7 厘米（图 2 - 113；彩版 2 - 134：2）。

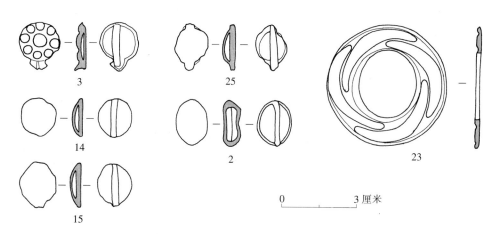

图 2 - 113　PWM7 出土铜泡饰、环

环 1件。

PWM7：23，玉璧状，正面刻划相连的弧线三角纹；背面平。内径2.5、外径4.7厘米（图2-113；彩版2-134：4）。

4）其他

3件。均为鹿形饰。

鹿形饰 3件，均系合范铸造。

PWM7：4，筒状嘴，双耳耸立前倾，直颈，直背，腹空，尾残。前、后腿相连略呈方形，其中一腿上有直径0.3厘米的铆孔。残长6.9、高5.8厘米（图2-114；彩版2-135：1）。

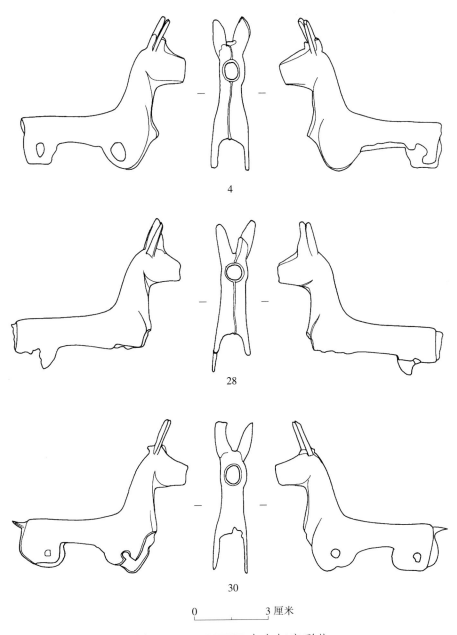

图2-114 PWM7出土铜鹿形饰

PWM7：28，筒状嘴，双耳前倾，直颈，直背，尾残，腹空，方形或圆角方形直立足，中部一直径0.3～0.4厘米的铆孔，其中右后足残，足底面或圆或斜圆或方。残长6.4、高5.8厘米（图2－114；彩版2－135：2）。

PWM7：30，造型与PWM7：28同。尾、足残，其中左后足残存一半，中部一直径0.3厘米左右的铆孔。残长6.9、高4.6厘米（图2－114；彩版2－136：1）。

（3）骨器

仅见骨针，3枚，装于PWM7：22铜针筒内，未见车马器等其他骨器（图2－115；彩版2－136：2）。

PWM7：32－1，模制光滑，锋尖，穿线孔端残失。残长4.2厘米。

PWM7：32－2，模制光滑，锋尖，穿线孔端略扁，孔径0.1厘米。长3.8厘米。

PWM7：32－3，细而光滑，穿线孔端残失。残长4厘米。

（4）石器

石器仅出土玛瑙饰件2件。

PWM7：11，腰鼓状，白色局部泛红，两端对钻直径0.2厘米左右的穿孔。（图2－115；彩版2－136：3）

PWM7：12，柱状，白色略泛红。外表打磨光滑；两端略凹，对钻直径0.2厘米的穿孔。穿孔中部较细。直径0.9、长1.9厘米（图2－115；彩版2－136：4）。

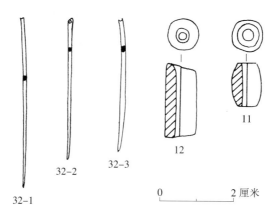

图2－115　PWM7出土骨针、玛瑙饰件

（四）葬式

PWM7为单人葬，仰身直肢，头朝东，面朝北，头部低于脚部。上身略朝北倾，右臂压于身躯下，左臂折放于腹部；双脚并拢。经鉴定是一位年龄25～35岁的女性。未发现葬具，也未发现使用葬具的痕迹。

PWM7的埋葬过程，有以下几个先后发生的行为阶段：挖掘墓穴→放置洞室第五层遗物→放置尸骸→回填洞室→放置洞室第四层遗物→回填洞室→放置洞室第三层遗物→回填洞室→放置洞室第二层遗物→回填洞室→放置洞室第一层遗物→回填洞室至墓道→墓道内放置殉牲→放置遗物→回填墓道与原地面平。由于在清理时墓道开口上部的堆积和周围地层的堆积相同，说明当时还没有起坟丘的习俗。

第三节　人骨鉴定

本文报告的人骨材料出自彭阳王大户墓地 PWM1 ~ PWM9，其中 PWM8、PWM9 两座墓葬被盗，但收集了人骨资料。据初步报道，王大户墓地是春秋战国时期的遗存，除了出土一些不同器形的陶器之外，每座墓葬都有许多马、牛、羊头骨随葬，并发现有青铜短剑、铜戈等，但没有发现家用工具。因此判断，该墓地可能不是农耕民族而是从事游牧畜养民族的遗存[1]。这类遗存在宁夏的南部地区有较广泛的分布，有的学者认为属于史料记载中的"西戎文化"[2]。由于这类文化的人民主要从事游牧狩猎兼事农业而有很大的游动性，而且可能形成于辽阔的西伯利亚大草原和沿长城的广阔地区，有的学者便也称之为"北方系"青铜文化[3]。并且也正是这种"马背"文化强烈的不定性，使我们有必要关注这一文化的民族特别是其种族属性。后者的认定，对合理解释其族属以至这些古代民族的种族来源至关重要。这首先要对该文化人民的遗骸进行种族形态和测量学的专门研究。这方面的研究报告目前仅发表在彭堡于家庄的春秋战国墓葬人骨上[4]。该报告认为彭堡墓葬人骨的种族属性与亚洲蒙古人种的北亚类型很接近。这样的种族属性与宁夏地区新石器时代农业居民的体质形态及至其他黄河流域的农耕人民的遗骸之间存在明显的差异[5]。不过这种认识还仅建立在单个墓地的人骨研究上做出的判断。彭阳王大户村墓地的人骨，是否也符合上述的判断，是本报告研究的主要目的。顺便对每具人骨进行性别及大概年龄段的估计，并对口腔及椎骨的病变作了简要的记录。

一　性别、年龄估计

PWM1：男性，约 40 ~ 50 岁。

PWM2：男性？，约 2 ~ 3 岁。

PWM3：性别不明，约 1 ~ 1.5 岁。

PWM4：男性，约 40 ~ 45 岁。

PWM5：男性，约 35 ~ 40 岁。

①　《彭阳王大户墓地浮现的千古之谜》，《华兴时报》2007 年 9 月 13 日第 12 版。
②　钟侃、韩孔乐：《宁夏南部春秋战国时期的青铜文化》，《中国考古学会第四次年会论文集》，文物出版社，1985 年。
③　罗丰：《以陇山为中心甘宁地区春秋战国时期北方青铜文化的发现与研究》，《内蒙古文物考古》1993 年第 1、2 期。
④　韩康信：《宁夏彭堡于家庄墓地人骨种系特点之研究》，《考古学报》1995 年第 1 期。
⑤　韩康信：《宁夏"北方系"文化居民种族属性的讨论》，《宁夏古人类学研究报告集》，科学出版社，2009 年。

PWM6：男性，约 12~13 岁。

PWM7：女性，约 25~35 岁。

PWM8：男性，约 25~30 岁。

PWM9：男性，约 30~35 岁。

二 头骨的测量分析

可供测量的成年头骨共 7 具，其中男性 6 具，女性 1 具。表 2-1 中列出了每具头骨的总共 36 项直线、角度和指数项目数据，这些项目基本上涵盖了脑颅和面颅各部位的大小及相对形状特征。对男性 6 具头骨的测值计算了平均值。各项测量的规定和方法可参考有关骨骼测量手册[1]。表中各项测量中文名称前的数字是马丁教科书上规定的统一顺序号[2]，少数的西文字母是生物测量学缩写符号。

以平均值所代表的组值来看，彭阳组的头骨的中值特征是短颅型（81.9）—正颅型（72.2）—阔颅型（88.3）相结合，即代表短、偏低而相对宽的脑颅；面部特征是中西型（52.4）—中眶型（80.5）—弱的阔鼻型（51.3）—很大的面部水平扁平度（149.5°）—不强烈突起的鼻骨尖度（38.9°）—平颌型（87.6°）等性状相结合。同时有很大的颧骨宽（27.8），绝对面宽也很大（142.9）。这样的脑颅和面颅特征的综合更多见于亚洲蒙古人种的北亚类[3]。PWM7 一具女性头骨的基本形态（短颅—正颅—阔颅—狭面—中眶—中鼻—低鼻根—平颌型）也与男组头骨相似。

表 2-2 中列出了亚洲东部不同地区的四个类型（北亚、东北亚、东亚、南亚）的 17 项测量特征的大致变异范围[4]，这些测量值包括了脑颅、面颅各部位的基本特征，将彭阳王大户村头骨的相应各项测值与它们相比，很直观的感觉是彭阳组的各项测值跌落在北亚类变异范围的项目数明显最多，至少在全部 17 项中有 15 项，约占 88.2% 强。而跌落在其他三个类型变异范围的，东北亚类中为 7 项占 41.2%，东亚类中为 4 项占 23.5%，南亚类中为 5 项占 29.4%。这一简单数据的比对至少暗示彭阳组的单体形态趋势与北亚类的可能更为一致而具有更多的共性。

表 2-3 和表 2-4 是用不同性状的测量组合进行进一步的比对，即采用了 13 项绝对测量项目（不含指数项目），比对组取用大致代表北亚类的蒙古人、布里雅特人和埃文克人三组，代表东北亚类的因组特人、楚克奇沿海和楚克奇驯鹿人三组，代表东亚类的中国华北人、东北人和朝鲜人三组。比较测量的项目包括颅长（1）、颅宽（8）、颅高（17）、

---

① 吴汝康、吴新智、张振标编著：《人体测量方法》，科学出版社，1984 年。

② Martin, R. and Saller, K. 1956-1966, *Lehrbuch der Anthropologie*, 3rd ed, Fischer, Stuttgart.

③ 同①。

④ H. H. 切薄克萨罗夫：《东亚种族分化的基本方向》，《民族研究所论文集》1947 年第 II 卷，24~83 页，1947 年（原文俄文）。

眶高（52）、颅基底长（5）、眶宽（51）、鼻高（55）、鼻宽（54）、面基底长（40）、颧宽（45）、上面高（48）、额最小宽（9）、全面角（72）共13项长度测量。利用这些测量计算的彭阳组与比对组之间的组差平方总和的平均值（表2-4）的单组之间的比较，可以明显看出彭阳组与现代蒙古组为最小距离（1.68），其次小为彭堡组（4.33），布里亚特组（4.63）和埃文克组（5.96）。而彭阳组与东北亚类三组和东亚类的三组的距离明显大得多（东北亚类为10.51~14.76；东亚类为18.80~31.66）。利用表2-4全部对比组相互之间的距离组成的数字矩阵制作的聚类谱系图（图2-116）也证明彭阳组与代表北亚类的三个组聚为一个类群，证明它们之间应该存在更为密切的关系。

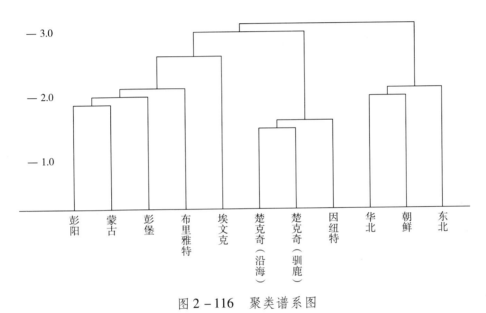

图2-116 聚类谱系图

三 病变记录

在一些个体中发现某些常见的口腔和椎骨的病变（注：下文中 I、P、M 为门齿、前血点和臼齿，字母前的 L 或 R 为左或右，G、T、L 椎分别为颈椎、胸椎、腰椎，字母后的数字代表椎骨的顺序号）。

PWM1 口腔病变如齿槽的明显萎缩及至闭合，在 RP^2 和 RM^2 有根尖炎造成的瘘管形成。L5 椎体下缘骨赘增生呈唇状，L2 椎上缘左右侧亦有唇状骨赘形成。

PWM4 齿槽有萎缩现象，保存的上下齿齿根普遍不同程度地外露，如 LI_2 外露约 1/2，LP_{1-2} 外露 2/3，RP_2 外露 2/3，LM^1 和 M^2 外露 1/2 和 3/4，左右 P_2—M_2 齿槽大部萎缩闭合。C4 椎下缘前部有明显唇状骨赘，G5-6 椎下缘也有扁平唇状骨赘伸出；T10-12 上下缘有唇状或刺状骨赘增生；L1-5 椎具有不同程度的骨增生（或唇状或强烈的棘丛状），上下节椎体之间的骨赘有的彼此呈接触状。

PWM5 齿槽有些萎缩，RM^2 和 LM^{1-2} 齿根外露约 1/2，RM^3 和 LM_1、RM_1 外露约 1/3。

T6－11椎体前缘有中度唇状骨赘，L5上下缘也有唇状骨赘。

PWM7　RM^2和LM_3齿冠咬合而各有一大而深的圆形龋蚀坑。椎骨上未见病变。

PWM9　RM^1齿根部齿槽有瘘管形成。椎骨上病变不明。

其余PWM2、PWM3和PWM6三具人骨皆未成年，除了PWM6骨骼较全未见病变外，PWM2、PWM3为婴儿，骨骼残缺不全。

由上记录说明，在虽数量不多的王大户村古人中，口腔疾病特别是牙周病引起的齿槽萎缩及椎骨上的骨赘增生退行性病变比较普遍。

四　小结

1. 共9个个体的人骨中，有7个男性，女性只占1例。其中未成年占3例（有2例为婴幼儿）。成年死者中的年龄大致在25～50岁。按现在的某些年龄分期，推测该墓地人口的死亡年龄进入老年期的（大于55岁）可能很少。

2. 从头骨的脑颅和面颅各项测量特征的推断，王大户墓地的死者在种族形态学上与蒙古人种的北亚类更接近。头骨测量的聚类分析也证明，王大户村的这组头骨的均值与现代的北亚类各组（蒙古人、布里雅特人和埃文克人）最为接近，与东北亚和东亚的各组的聚类明显疏远。值得注意的是王大户头骨组与大致同地区和拥有共同文化的彭堡于家庄的头骨组也具有非常接近的形态距离。而后者的种族形态也被认定与北亚类蒙古种接近。这证实固原地区具有游牧畜养文化的春秋战国时期的人群有其共同的人类学关系而不同于其他黄河流域的农耕人民。这一种族的认定对考古学界中讨论的"西戎文化"或"北方系"青铜文化的人种背景提供了重要的人类学资料。

3. 在为数不多的人骨个体中发现有普遍的牙周和椎骨的退行性病变。

表2－1　彭阳王大户墓地头骨个体测量表和男性平均值（长度单位：毫米，角度：度，指数：百分率。下同）

项目和代号 ＼ 组别	PWM1 ♂	PWM4 ♂	PWM5 ♂	PWM6 ♂	PWM8 ♂	PWM9 ♂	♂组平均值	PWM7 ♀
1. 颅长	183.0	191.5	186.0	174.2	167.5	190.0	182.0 (6)	177.0
8. 颅宽	151.5	152.0	155.5	142.3	143.7	148.0	148.8 (6)	147.2
17. 颅高	136.0	141.0	126.2?	124.2	123.0	138.0	131.4 (6)	127.5
8：1. 颅指数	82.8	79.4	83.6	81.7	85.8	77.9	81.9 (6)	83.2
17：1. 颅长高指数	74.3	73.6	67.8?	71.3	73.4	72.6	72.2 (6)	72.0
17：8. 颅宽高指数	89.8	92.8	81.2?	87.3	85.6	93.2	88.3 (6)	86.6
9. 颅最小额宽	89.5	90.9	92.0	89.7	99.2	95.0	92.7 (6)	89.0
5. 颅基底长	105.5	106.3	97.5	99.5	91.0	111.4	101.9 (6)	98.0

续表 2－1

项目和代号 \ 组别	PWM1 ♂	PWM4 ♂	PWM5 ♂	PWM6 ♂	PWM8 ♂	PWM9 ♂	♂组平均值	PWM7 ♀
40. 面基底长	99.9	—	97.6	93.3	—	102.3	98.3（4）	95.1
40：5. 面突度指数	94.7	—	100.1	93.8	—	91.8	95.1（4）	97.0
48. 上面高（sd）	74.9	77.1？	71.3	73.0	—	78.2	74.9（5）	76.5
（pr）	72.3	74.9？	67.0	70.0	—	75.9	72.0（5）	72.5
45. 颧宽	144.3	148.0	136.8	134.6	—	151.0？	142.9（5）	133.5？
48：45. 面指数（sd）	51.9	52.1？	52.1	54.2	—	51.8？	52.4（5）	57.3
（pr）	50.1	50.6？	49.0	52.0	—	50.3？	50.4（5）	54.3？
48：17. 垂直颅面指数	55.1	54.7？	56.5	58.8	—	56.7	56.4（5）	60.0
77. 鼻颧角	146.0	160.9	149.9	142.8	—	147.9	149.5（5）	141.1
ZM＜. 颧面上颌角	142.7	135.7	143.3	136.0	—	140.6	139.7（5）	134.3
ZM$_1$. 颧上颌角	138.1	164.8	119.7	140.2	—		140.7（4）	137.1
52. 眶高 左	36.0	37.7	34.2	33.1	—	35.3	35.3（5）	33.6
右	36.0	36.3	32.6	33.6	—	35.6	34.8（5）	34.2
51. 眶宽 左	45.2	44.4	41.1	41.5	—	47.1	43.9（5）	42.0
右	47.6	43.6	41.4	38.5	—	45.8	43.4（5）	43.0
51a. 眶宽 左	44.5	42.7	38.6	41.9	—	43.1	42.2（5）	—
右	45.6	42.2	38.9	39.9	—	44.3	42.2（5）	—
52：51. 眶指数 左	79.6	84.9	83.2	79.8	—	74.9	80.5（5）	80.0
右	75.6	83.3	78.7	87.3	—	77.7	80.5（5）	79.5
52：51a. 眶指数 左	80.9	88.3	88.6	79.0	—	81.9	83.7（5）	—
右	78.9	86.0	83.6	84.2	—	80.4	82.6（5）	—
55. 鼻高	54.8	59.2	55.4	57.9	—	60.7	57.6（5）	53.5
54. 鼻宽	28.8	31.2	30.6	28.5	—	28.5	29.5（5）	25.3
54：55. 鼻指数	52.6	52.7	55.2	49.2	—	47.0	51.3（5）	47.3
DS. 鼻梁眶内缘宽高	5.65	7.3	9.8	8.3	—	10.1	8.2（5）	—
DC. 眶内缘点间宽	19.8	18.9	22.0	21.3	—	21.6	20.7（5）	—
DS：DC. 泪点高宽指数	28.5	38.7	44.6	38.9	—	46.7	39.5（5）	—
SS. 鼻骨最小宽高	3.14	1.3	2.2	3.3	—	2.4	2.5（5）	1.8
SC. 鼻骨最小宽	8.5	4.1	6.0	8.6	—	4.9	6.4（5）	8.7

续表 2 - 1

项目和代号＼组别	PWM1 ♂	PWM4 ♂	PWM5 ♂	PWM6 ♂	PWM8 ♂	PWM9 ♂	♂组平均值	PWM7 ♀
SS：SC. 鼻根指数	37.0	32.7	37.5	37.9	—	49.6	38.9（5）	21.1
32. 额角	79.0	78.0	78.0	77.5	—	70.0	76.5（5）	84.0
72. 全面角	88.0	90.0？	82.5？	90.0	—	87.5	87.6（5）	88.5
74. 齿槽面角	70.0	—	63.5	84.5	—	94.0	78.0（4）	79.5
75. 鼻尖点角	70.0	—	67.0	—	—	65.0	67.3（3）	—
75①. 鼻骨突度角	15.7	—	18.6	—	—	17.7	17.3（3）	—

表 2 - 2　与亚洲东部人种头骨测量比较（男性）

项目和代号＼组别	彭阳王大户	亚洲东部人种			
		北 亚	东 北 亚	东 亚	南 亚
1. 颅长	182.0（6）	174.9—192.7	180.7—192.4	175.0—182.2	169.9—181.3
8. 颅宽	148.8（6）	144.4—151.5	134.3—142.6	137.6—143.9	137.9—143.9
8：1. 颅指数	81.9（6）	75.4—85.9	69.8—79.0	76.9—81.5	76.9—83.3
17. 颅高	131.4（6）	127.1—132.4	132.9—141.1	135.3—140.2	134.4—137.8
17：1. 颅长高指数	72.2（6）	67.4—73.5	72.6—75.2	74.3—80.1	76.5—79.5
17：8. 颅宽高指数	88.3（6）	85.2—91.7	93.3—102.8	94.4—100.3	95.0—101.3
9. 最小额宽	92.7（6）	90.6—95.8	94.2—96.6	89.0—93.7	89.7—95.4
32. 额倾角	76.5（5）	77.3—85.1	77.0—79.0	83.3—86.9	84.2—87.0
45. 颧宽	142.9（5）	138.2—144.0	137.9—144.8	131.3—136.0	131.5—136.3
48. 上面高	74.9（5）	72.1—77.6	74.0—79.4	70.2—76.6	66.1—71.5
48：17. 垂直颅面指数	56.4（5）	55.8—59.2	53.0—58.4	52.0—54.9	48.0—52.2
48：45. 上面指数	52.4（5）	51.4—55.0	51.3—56.6	51.7—56.8	49.9—53.3
77. 鼻颧角	149.5（5）	147.0—151.4	149.0—152.0	145.0—146.6	142.1—146.0
72. 面角	87.6（5）	85.3—88.1	80.5—86.3	80.6—86.5	81.1—84.2
52：51. 眶指数	80.5（5）	79.3—85.7	81.4—84.9	80.7—85.0	78.2—81.0
54：55. 鼻指数	51.3（5）	45.0—50.7	42.6—47.6	45.2—50.2	50.3—55.5
S：SC. 鼻根指数	38.9（5）	26.9—38.5	34.7—42.5	31.0—35.0	26.1—36.1

表 2－3 彭阳组与北亚、东北亚及东亚现代组头骨 13 项绝对测量比较

项目和代号＼组别	彭阳①	彭堡	蒙古	布里雅特	埃文克	因纽特	楚克奇（沿海）	楚克奇（驯鹿）	华北	东北	朝鲜
1. 颅长	182.0 (6)	180.2 (5)	182.2 (80)	181.9 (45)	185.5 (28)	181.8 (89)	182.9 (28)	184.4 (29)	178.5 (86)	180.8 (76)	176.7 (158)
8. 颅宽	148.8 (6)	146.8 (4)	149.0 (80)	154.6 (45)	145.7 (28)	140.7 (89)	142.3 (28)	142.1 (29)	138.2 (86)	133.7 (75)	142.6 (165)
17. 颅高	131.4 (6)	131.9 (5)	131.1 (80)	131.9 (44)	126.3 (27)	135.0 (83)	133.8 (27)	136.9 (28)	137.2 (86)	139.2 (77)	138.4 (152)
52. 眶高	35.3 (5)	33.8 (5)	35.8 (81)	36.2 (43)	35.0 (27)	35.9 (89)	36.3 (28)	36.9 (27)	35.5 (74)	35.6 (77)	35.5 (123)
5. 颅基底长	101.9 (6)	101.9 (5)	100.5 (81)	102.7 (44)	101.4 (27)	102.1 (83)	102.8 (28)	104.0 (27)	99.0 (86)	101.3 (77)	99.4 (150)
51. 眶宽	43.9 (5)	42.6 (5)	43.3 (81)	42.2 (43)	43.0 (27)	43.4 (89)	44.1 (28)	43.6 (27)	44.0 (62)	42.6 (77)	42.4 (128)
55. 鼻高	57.6 (5)	58.6 (5)	56.5 (81)	56.1 (42)	55.3 (28)	54.6 (88)	55.7 (28)	56.1 (27)	55.3 (86)	55.1 (76)	53.4 (131)
54. 鼻宽	29.5 (5)	26.8 (5)	27.4 (81)	27.3 (42)	27.1 (28)	24.4 (88)	24.6 (28)	24.9 (27)	25.0 (86)	25.7 (75)	26.0 (108)
40. 面基底长	98.3 (4)	97.2 (5)	98.5 (70)	99.2 (39)	102.2 (27)	102.6 (81)	102.3 (28)	104.2 (26)	95.2 (84)	95.8 (63)	95.4 (93)
45. 颧宽	142.9 (5)	139.8 (5)	141.8 (80)	143.5 (45)	141.6 (28)	137.5 (86)	140.8 (27)	140.8 (26)	132.7 (83)	134.3 (75)	134.7 (104)
48. 上面高	74.9 (5)	77.8 (5)	78.0 (69)	77.2 (42)	75.4 (28)	77.5 (86)	78.0 (28)	78.9 (26)	75.3 (84)	76.2 (63)	76.6 (96)
9. 额最小宽	92.7 (6)	96.0 (5)	94.3 (80)	95.6 (45)	90.6 (28)	94.9 (89)	95.7 (28)	94.8 (29)	89.4 (85)	90.8 (77)	91.4 (150)
72. 全面角	87.6 (5)	90.7 (5)	87.5 (74)	87.7 (42)	86.6 (28)	83.8 (85)	83.2 (27)	83.1 (27)	83.4 (80)	83.6 (64)	84.4 (93)

表 2－4 13 项测量组差数字矩阵表

	彭阳①	彭堡	蒙古	布里雅特	埃文克	因纽特	楚克奇（沿海）	楚克奇（驯鹿）	华北	东北	朝鲜
彭阳①											
彭堡	4.33										
蒙古	1.68	1.69									
布里雅特	4.63	2.79	1.84								
埃文克	5.96	3.24	2.52	3.62							
因纽特	14.46	3.48	3.39	4.63	3.63						
楚克奇（沿海）	10.51	3.17	3.04	3.97	3.17	1.29					
楚克奇（驯鹿）	14.71	3.79	3.51	4.42	3.82	1.66	1.22				
华北	25.74	4.81	4.96	6.36	5.37	3.35	4.17	4.17			
东北	31.66	5.23	5.56	6.99	5.81	3.35	4.17	4.53	1.82		
朝鲜	18.80	4.10	4.10	5.22	5.14	3.12	3.81	4.19	1.80	2.84	

第四节　动物鉴定

王大户墓地清理的 7 座墓葬均殉葬马、牛、羊的头骨，另有少量的蹄骨和舌骨。上文对每一座墓出土的动物头骨进行了动物考古学方面的测量，并对每一具头骨进行了种属和年龄鉴定，这里，根据上文对动物头骨的测量和种属、年龄鉴定结果，对殉牲动物及其与墓葬的关系做一总结。

一　殉葬动物的数量、年龄

王大户墓地测量、鉴定的动物头骨共 159 具，这里对每一种属的数量、年龄在每一座墓葬中的分布先做一总结。

1. 马的数量、年龄、性别及在墓葬的分布

马—38（幼年 13，青年 2，中年 19，老年 3，? 1）

　　　PWM1—14（幼年 2，青年 2，中年 9，老年 1）

　　　PWM2—5（幼年 4，老年 1）

　　　PWM3—4（幼年 3，中年 1）

　　　PWM4—10（幼年 1，中年 8，老年 1）

　　　PWM5—0

　　　PWM6—4（幼年 3，未知年龄雌 1）

　　　PWM7—0

2. 牛的数量、年龄、性别及在墓葬的分布

牛—21（幼年 7，青年 2，中年 12）

　　　PWM1—2（青年 1，中年 1）（中 1/ 老 1）

　　　PWM2—2（幼年 1，中年 1）

　　　PWM3—3（幼年 2，中年 1）

　　　PWM4—3（幼年 1，中年 2）

　　　PWM5—4（幼年 1，中年 3）

　　　PWM6—2（幼年 1，中老 1）

　　　PWM7—5（幼年 1，中年 4）

3. 羊的数量、年龄、性别及在墓葬的分布

羊—100（山羊 33，绵羊 47，难以确定种属的羊 20）

　　山羊 33（幼年 12，青年 7，中年 11，老年 2，? 1）

PWM1—4（青壮 1/青 1，中年 1，老年 1）

PWM2—0

PWM3—0

PWM4—5（幼年 1，青年 1，中年 1，老年 1，中老 1）

PWM5—4（幼年 1，中老 1，中年 2）

PWM6—5（幼年 3，中年 2）

PWM7—14（幼年 7，青年 1，中年 4，壮 1，中老 1）

绵羊 47（幼年 22，青年 4，中年 15，老年 6）

PWM1—7（幼年 1，青年 1，中年 4，老年 1）（幼 1/中青 1/中 3/老 2）

PWM2—0

PWM3—1（老年 1）

PWM4—8（幼年 6，中老 1，中年 1）

PWM5—5（幼年 2，中年 3）

PWM6—14（幼年 9，中年 3，老年 2）

PWM7—11（幼年 4，中年 4，老年 3）

难以确定种属的羊 20（幼年 11，青年 1，中年 5，老年 2,？1）

PWM1—0

PWM2—0

PWM3—3（幼年 1，青年 1，中年 1）

PWM4—2（幼年 1，老年 1）

PWM5—10（幼年 6，中年 2，老年 1，中青 1）

PWM6—1（中年 1）

PWM7—1（幼年 1）

马牛羊都是食草动物，通过门齿萌发和发育情况来确定年龄都很有效，但由于在这批殉葬的动物中，几乎所有门齿都以散落的状态出现，所以我们只能用颊齿的萌出和磨蚀情况来划分年龄，其大致的划分标准是：

幼年—M^3 和 M_3 未萌出

青年—M^3 和 M_3 都萌出并刚刚磨蚀或轻微磨蚀

中年—颊齿全部为恒齿，中等磨蚀

老年—颊齿全部为恒齿，严重磨蚀（详见附表 2 - 1）[1]

---

① （苏联）塞普提摩斯·谢逊：《家畜解剖学》，科学出版社，1962 年。

二 墓地殉葬动物品种、数量、年龄与墓主的对应情况

墓地殉牲与墓主的对应情况见表 2 - 5。

表 2 - 5 墓地殉牲与墓主的对应情况

墓号	性别	年龄	随葬动物数	动物种类及数量
PWM1	男	40 ~ 50	27	马 14 牛 2 羊 11（山羊 4 绵羊 7）
PWM2	男	2 ~ 3	7	马 5 牛 2
PWM3	不详	1 ~ 1.5	12	马 4 牛 3 羊 5（绵羊 1 羊 4）
PWM4	男	40 ~ 45	29	马 10 牛 3 羊 16（山羊 6 绵羊 8 羊 2）
PWM5	男	35 ~ 40	26？	牛 4 羊 21（山羊 4 绵羊 6 羊 11）
PWM6	男	12 ~ 13	26	马 4 牛 2 羊 20（山羊 5 绵羊 14 羊 1）
PWM7	女	25 ~ 35	32	牛 5 羊 27（山羊 14 绵羊 11 羊 2）

PWM7 的主人是位青年妇女，殉葬的动物数量最多，但无马，主要是羊。

PWM1 和 PWM4 的主人都是中年男子，殉葬的动物数量都较多，马的数量也最多。

PWM6 的主人是未成年的男孩，殉葬的动物数量仅次于几位中年男子，动物中马的数量与墓地 PWM2 和 PWM3 者相近，但羊的数量很多。

PWM2 和 PWM3 的主人都是比 PWM6 更小的未成年小孩，殉葬的动物数量较 PWM6 少但都有马，可能都是男孩。

PWM5 的主人也是一位中年男子，殉葬的动物数量与上述几位中年男子也相当，但并不清楚为什么殉葬动物中没有马。

三 讨论

1. 王大户春秋战国墓地作为殉葬品出土的马、牛、羊只有头部骨骼而几乎没有头后骨骼。这一点与宁夏时代较晚的西夏墓地出土的动物殉葬品不大一样，后者在殉葬的动物骨骼中，有相当数量的头后骨骼（如肩胛骨、脊椎、四肢骨和末端肢骨等），而与同一时代生活在华北北部的山戎族的殉葬习俗相同。

2. 以上三类动物除脱落的牙齿外，头后骨骼只有寰椎和极少数个体中夹有一两件指（趾）骨和盆骨碎片。寰椎的数量在马中较多（38 件有号标本中，有 24 件带有寰椎）、牛中次之（21 件有号标本中有 11 件寰椎），而在羊中很少（100 件有号标本中只有 6 件寰椎）。这是否说明在这三类动物中，由于它们头骨和脊椎之间的角度有所不同，因此取其头骨时被砍的部位也有所不同。马的头高、颈长，头与颈之间的夹角较小，被砍的部位常常在寰椎与枢椎之间；而牛和羊（特别是后者）头较低、颈较

短，头与颈之间的夹角较大，紧贴枕髁处砍即可。至于有限的其他部位的头后骨骼，则完全可能是无意中带进，而非有意识被殉葬进墓地的。

3. 本文中马、牛、羊的个体数我们没有采取 NMI 的统计方法，这里动物的个体数基本上就是带有编号的标本数 159（马—38，牛—21，羊—100）。因为本文所记述的动物标本都是出自墓葬的殉葬品，编号的标本大都有头骨（即使破碎也大都存在）。只有极少数的无号标本很可能是从原来有号标本中散落出来的（如果工作再细致些还可能分别归入有号的标本中），这里我们没有把它们放到个体数中，因此所得出的动物总数和马、牛、羊三种动物的个体数可能与实际数目相差不会太多。

4. 从殉葬马的牙齿形态特征看：上颊齿原尖长度中等、马刺仅在前臼齿上较发育、前附尖和中附尖边缘较平、前后窝釉质褶皱较弱以及下颊齿双叶为普通马型（即下后尖大体上呈圆形带有细长的柄、下后附尖呈三角形带状向后延伸，内谷宽阔大体上呈 U 形，外谷长在臼齿上深入双叶颈内）。这些马在分类系统上应放入普通马（*Equus caballus*），而在此前已记述过的宁夏闽宁村西夏墓地以及吉林榆树的普通马的上、下颊齿的数据也可落在本文所测数据的范围之内。但根据国外学者的研究，最早的家畜马发现在乌克兰的 Dereivka，时代为公元前 3500 年。无论是春秋战国（公元前 770～前 221 年）还是西夏（公元 1032～1227 年）时代均比此晚，春秋战国时期的马已是家畜大概没有什么问题，因此无须再进行野生种类的划分。另外，也曾有学者（如苏联著名生物学家格罗莫娃）认为，家畜马即从普通马畜养而来。

5. 关于三种动物的性别在正常情况下还是可以根据牙齿、角以及头骨和牙齿的系统测量区分开来的。特别是马标本保存较好，可以从有无犬齿或犬齿的发达与否划分出不同性别的个体来，至于牛和山羊比较困难，一是这两种动物雌雄都有角，二是大部分标本保存都不及马的好，很难进行系统的观察、测量和比较。绵羊雄性有角雌性无角，在正常情况下它们的性别也应容易区别，但也与牛和山羊的情况一样，由于骨骼比较破碎难以正确区别。

6. 在鉴定和整理的过程中，我们观察到一个非常有趣的现象，即在一些马的上、下颌骨的牙齿上，有明显的使用过马衔的痕迹。在我国，古代墓葬中发现马衔已不是什么新鲜的事，但观察到马衔在马的牙齿上造成痕迹却是第一次。王大户墓地的 7 座墓葬中，有 5 座随葬了马、牛、羊三种动物，2 座只随葬了牛和羊。5 座墓中共出土了随葬马头 37 个，在其中 7 件标本（PWM1：D6、PWM4：D2、PWM4：D3、PWM4：D4、PWM4：D9、PWM4：D22 和 PWM4：D23）上都可观察到清晰的使用过马衔的痕迹。人类为了掌握和控制马的行动在马的口腔内使用了马衔，马衔的尺寸、形状和结构是人类根据马的口腔情况和实际需要而设置的。由于不同个体的马秉性不同、行动各异，人类对不同马匹使用马衔的频率和强度也不可能相同。因此在不同个体的马牙上，马衔使用痕迹的部位尽管大体上相同，但使用马衔对牙齿所产生的磨蚀和破坏程度却不可能是相同的。以上这些马的标本中除 PWM4：D22 上、下颌均无犬齿外，其余要么上、下颌都有犬齿，要么只下颌有上颌没有。这也就是说，在这 7 件马的标本中，至少有 6 件为雄性成年个体，而且除 PWM1：D6 外有 6 头都集中在 PWM4 墓中。根据对这个墓地人骨的研究，PWM4 的主人是一个大约 40～45 岁的男子，而在四座墓主人为男性的墓葬中，PWM4 随葬的动物的数量也是最多的。马衔作用痕迹的发现，为我们今后遗址中家马的鉴定，特别为我国商代晚期以前遗址中出土的马骨的鉴定提供了一个重要的线索和十分有效的方法。

附表 2－1　家畜动物牙齿的萌出和脱落

马：

齿式：3.1.4－3.3/3.1.3.3

牙齿	发生期	换齿期
第 1 门（切）齿	初生～生后 1 周	2.5 年
第 2 门（切）齿	4～6 周	3.5 年
第 3 门（切）齿	6～9 个月	4.5 年
犬齿		4～5 年
第 1 前臼齿（狼齿）		5～6 月
第 2 前臼齿	初生～生后 2 周	2.5 年
第 3 前臼齿	初生～生后 2 周	3 年
第 4 前臼齿	初生～生后 2 周	4 年
第 1 臼齿	9～12 月	
第 2 臼齿	2 年	
第 3 臼齿	3.5～4 年	

牛：

齿式：0.0.3.3/4.0.3.3（或 3.1.3.3）

牙齿	发生期	换齿期
第 1 门（切）齿	生后 2 周	1.5～2 年
第 2 门（切）齿	生后 2 周	2～2.5 年
第 3 门（切）齿	生后 2 周	3 年
第 4 门齿（或犬齿）	生后 2 周	3.5～4 年
第 2 前臼齿	生后几天	2～2.5 年
第 3 前臼齿	生后几天	1.5～2.5 年

续附表 2-1

牙齿	发生期	换齿期
第 4 前臼齿	生后几天	2.5~3 年
第 1 臼齿	5~6 个月	
第 2 臼齿	1~1.5 年	
第 3 臼齿	2~2.5 年	

羊：

齿式：与牛相似

牙齿	发生期	换齿期
第 1 门（切）齿	初生或生后 1 周	1~1.5 年
第 2 门（切）齿	生后 1~2 周	1.5~2 年
第 3 门（切）齿	生后 2~3 周	2.5~3 年
第 4 门齿（或犬齿）	生后 3~4 周	3.5~4 年
第 2 前臼齿	2~6 周	1.5~2 年
第 3 前臼齿	2~6 周	1.5~2 年
第 4 前臼齿	2~6 周	1.5~2 年
第 1 臼齿	上齿 5 个月，下齿 3 个月	
第 2 臼齿	9~12 个月	
第 3 臼齿	1.5~2 年	

（根据苏联塞普提摩斯·谢逊所著《家畜解剖学》科学出版社 1962 年出版）

第五节　随葬马牙上马衔作用痕迹的发现与研究

在对王大户墓地殉葬动物的鉴定和整理过程中，我们观察到一个非常有趣的现象，即在一些马的上、下颌骨的牙齿上，有明显使用过马衔的痕迹。在我国，古代墓葬中发现马衔已不是什么新鲜的事，但观察到有关马衔在马的牙齿上造成痕迹的这却是第一次。

PWM1~PWM7 七座墓葬中，有 5 座随葬了马、牛、羊三种动物，2 座只随葬了牛和羊。5 座墓中共出土了随葬马头 37 个，在其中 7 件标本（PWM1：D6、PWM4：D2、PWM4：D3、PWM4：D4、PWM4：D9、PWM4：D22 和 PWM4：D23）上都可观察到清晰的使用过马衔的痕迹。

马的齿式为 3.1-0.4-3.3/3.1-0.4-3.3，即上、下颌每侧都有 3 个门齿（I）、1 个（或没有）犬齿（C）、4（或 3）个前臼齿（P）和 3 个臼齿（M）。马一般都缺失上、下犬齿和第一前臼齿（P^1 和 P_1），有时雄性的马也有犬齿但极不发育，个别马也有上、下第一前臼齿，但只是一个单根的钉状小齿。无论是上颌还是下颌，在第三门齿（C^3、C_3）和第二或第一前臼齿（P^2、P_2 或 P^1、P_1）之间都有较长的齿隙。

PWM1：D6 是一件较完整的下颌骨，从具有下犬齿来看，是一个雄性个体。马衔磨蚀痕迹出现在左、右两侧的第一下臼齿的舌侧，其靠前部分垂直下凹，这部分的齿质和珐琅质都有缺失（彩版 2 - 5）。

PWM4：D2 包括较完整的头骨和下颌骨。上颌牙齿保存完整，下颌左侧第三门齿脱落，只有左侧犬齿而右侧犬齿天然阙如。马衔的磨蚀痕迹出现在上、下第二前臼齿的前面，而在下颌上这部分的磨蚀更厉害些（彩版 2 - 63）。

PWM4：D3 包括完整的头骨和基本完整的下颌骨。上颌牙齿完整而下颌左、右两侧的第三门齿都脱落了。马衔使用痕迹主要出现在上颌的第二前臼齿和第一臼齿以及下颌第二前臼齿上。上颌两侧的第一臼齿其前面一半已成一凹坑，齿质和珐琅质都遭受强烈的损坏。在下颌两侧的第二前臼齿上，齿质和珐琅质也遭受了强烈的损坏（彩版 2 - 64、65）。

PWM4：D4 也包括基本完整的头骨和下颌骨。头骨上缺失左、右第一门齿和右侧犬齿，马衔的使用痕迹主要出现在上、下颌两侧的第二前臼齿上（彩版 2 - 66 ~ 68）。

PWM4：D9 包括完整的头骨和下颌骨。上颌无犬齿、下颌只保留了左侧的犬齿而右侧的缺失。上颌马衔的使用痕迹出现在第二前臼齿前面，下颌上马衔的使用痕迹不仅出现在第二前臼齿前面，而在第一臼齿的前面磨损更深（彩版 2 - 71、72）。

PWM4：D22 包括较完整的头骨和下颌骨，上、下颌都无犬齿。马衔的磨蚀痕迹出现在上颌的第二前臼齿和第一臼齿的前面，以及下颌的第二前臼齿前面。特别是上颌的第一臼齿嚼面前半部已被磨损成一个凹坑（彩版 2 - 73、74）。

PWM4：D23 包括较完整的头骨和下颌骨，上、下颌都有犬齿。使用马衔的痕迹出现在上、下颌的第二前臼齿和第一臼齿上。与 M4D22 一样，特别是上颌的第一臼齿嚼面前半部已被磨损成一个凹坑（彩版 2 - 75 ~ 77）。

以上是我们对这些标本的初步观察。之所以认定它们是使用马衔所造成的痕迹，是因为这些痕迹与马正常生活中由于咀嚼食物（草料）所造成的磨蚀有本质的区别。由于上述马衔使用痕迹基本上都出现在颊齿（包括前臼齿和臼齿）上，这里我们先粗略地回顾一下一般情况下马颊齿的萌出、磨蚀以及磨蚀后的情况：

上面已经提到马一般没有第一前臼齿，如有，也是一个单根的钉状小齿，一般都在出生后 5 ~ 6 个月萌出，在马的生长过程中可以说不起什么作用。第二、第三和第四前臼齿一般都在出生后 2 周萌出，分别在 2 岁半、3 岁和 4 岁时脱落换为恒齿。第一、第二和第三臼齿一般分别在 1 岁、2 岁和 4 岁萌出，因它们都是恒齿，萌出后就不再更换①。由此

① （苏联）塞普提摩斯·谢逊：《家畜解剖学》，552 ~ 559 页，科学出版社，1962 年。

可知，在正常情况下如果我们观察未使用过马衔的成年马牙，应该是第一臼齿遭受磨蚀最厉害，因为它被使用的时间最长。接下来被磨蚀的程度依次应该为第二臼齿、第二前臼齿、第三前臼齿、第四前臼齿和第三臼齿，后两者基本上差不多。尽管如此，这些牙齿之间磨蚀程度的差别不应该很大。另外很重要的一点是，由于咀嚼食物（草料）对牙齿所造成的磨耗一般表现在牙冠高度整体减小，换言之即整个牙面上齿质（dentine）和珐琅质（enamel）同时遭受磨蚀。再看看上述王大户墓地的 7 件我们认为使用过马衔的标本，被马衔磨蚀的部位大都出现在牙齿（无论是第二前臼齿还是第一臼齿）的前半部。这种前后部分磨耗程度差距如此巨大，绝非正常情况下（由于咀嚼食物）产生的，而且被磨蚀的部分常常表现为比周围牙面低下很多的凹坑。

人类为了掌握和控制马的行动在马的口腔内使用了马衔，马衔的尺寸、形状和结构是人类根据马的口腔情况和实际需要而设置的。由于不同个体的马秉性不同、行动各异，人类对不同马匹使用马衔的频率和强度也不可能相同。因此在不同个体的马牙上，马衔使用痕迹的部位尽管大体上相同，但使用马衔对牙齿所产生的磨蚀和破坏程度却不可能是相同的。

以上这些马的标本中除 PWM4：D22 上、下颌均无犬齿外，其余要么上、下颌都有犬齿，要么只下颌有上颌没有。这也就是说，在上述 7 件马的标本中，至少有 6 件为雄性成年个体，而且除 PWM1：D6 外有 6 件都集中在 PWM4 中。根据对这个墓地人骨的研究，PWM4 的主人是一个大约 40～45 岁的男子，而在 6 座墓主人为男性的墓葬中，PWM4 随葬的动物的数量也是最多的。

上述使用马衔痕迹的发现，其主要意义并不在于说明这些墓地的马是已经被驯化的。因为在这些战国时代的墓葬中，与马的头骨一起也发现了金属制作的马衔，据此已足以说明这些马是已经被驯化了的。但使用马衔痕迹的发现，为我们今后遗址中家马的鉴定，特别为我国商代晚期以前遗址中出土的马骨的鉴定提供了一个相当可靠的方法，也可说在某种程度上解决了这方面的一个难题。当然，鉴定家马的方法并非只此一种，特别是目前分子生物学的测定和研究已开始运用在家畜动物的鉴定上，但后者所做结果准确与否常受许多因素（如动物骨骼保存的情况、实验室的条件和操作人员的水平等）的制约。

马的驯化是人类历史上一个非常重要的事件，它在很大程度上影响了人类文明的进程。马不仅为人类提供肉、奶等蛋白质食物，而且极大地提高了人类运输的效率和战争中的进攻能力，对语言和文化的传播以及民族迁徙、种族融合等都起过十分重要的作用。因此关于家马的起源和传播一直都是世界考古学术界关注和研究的热点。目前学者们普遍认为，在世界范围内最早的驯化马出现在公元前 4000 年的乌克兰到哈萨克斯坦一带，其证据也是比较令人信服的。如在乌克兰的德累夫卡遗址（Dereivka Site）中，发现有 23%～25% 的马是在 5 岁前就被屠宰了，整个遗址中年轻个体的马占有相当高的比例，绝大多数

（88%～90%）成年马的下颌骨是雄性的，另外在此遗址中还发现了鹿角制作的马具（perforated antler artifacts），因此这里作为家马的起源证据应该说是比较充分的①。但是关于中国家马的起源，目前学术界则有不同的认识，主要集中在对家马起源的时间和地点上。有学者认为：中国新石器时代就出现了家马，中国古代的家马是本地区起源的。也有学者认为：中国的家马最早出现在商代晚期，有可能是传入的，并非土生土长②。之所以出现这两种观点，主要是因为晚商之前中国有关马的考古材料非常少，又很破碎，很难断定是家马还是野马，因此早期驯化阶段的缺失和商代晚期马车在黄河中下游地区的突然大量出现，使中国家马起源变得更加扑朔迷离。即便家马是从外部地区引进的，其传播路线又是怎样的呢？目前仍然不清楚。要解决这一问题，关键是要获得更多的考古学资料和鉴定家马的方法。因此从马的牙齿上观察是否有使用马衔的痕迹来确认早期的家马，无疑是一种既简单又有效的方法。

最早的马衔是用皮条和木棒穿在马牙之间，这些很难在考古遗址中保存下了，但为了防止马衔的两侧松开，在其两端用镳来固定，这种镳往往是用鹿角做的，有可能被保存下来。王振铎先生曾对中国早期的马衔进行过考证，他引用《说文解字》中有关马衔的记载："衔，马勒口中，从金从行，衔行马者也"。认为衔为一种链条形铁，有两段式或三段式之别，置马口中，两端拧成环，用以贯镳连辔。另引《玉篇》中的"镳、鑣、角鹿"字，均指马衔③。这些都说明中国上古时期有用鹿角包敛马口，以后才逐渐改用金属马衔的。理论上讲，用鹿角制成的马衔对马牙齿的损伤程度应该不及金属马衔的，但痕迹应该还是存在的。只要我们今后在工作中多加关注这方面的内容，这种证据是有可能被找到的。另外，也要注意用鹿角制作的马衔有可能被保存下来。因此，对商代晚期以前遗址出土的马骨进行观察并寻找与马具有关的遗物是相当有必要的。

我们也搜集到一些国外有关鉴定考古遗址马衔证据的资料，其中有些鉴定方法可供我们借鉴和参考。如美国学者布朗（Dorcas Brown）和安瑟尼（David Anthony）用显微镜观察马的下第二前臼齿嚼面所做的损伤分析和用测量马的下第二前臼齿前部斜面的方法来确认马衔使用痕迹的存在④。

另外，英国学者本德瑞（R. Bendrey）不久前也提出了通过马的下第二前臼齿珐琅质或齿质暴露和齿隙损伤程度，来确认马衔使用痕迹的新方法⑤。他认为：使用马衔会对马

---

① Olsen, S. L. 2006, Early horse domestication: Weighing The Evidence. In S. L. Olsen, S. Grant, A. M. Choyke and L. Bartosiewicz (eds.), *Horses and Humans: The Evolution of Human - Relationships*. Oxford: BAR, International Series 1560, 81 - 113.

② 陈星灿：《也谈家马的起源及其他》，《考古随笔》，51～56 页，文物出版社，2002 年。

③ 王振铎：《东汉车制复原研究》，93 页，科学出版社，1997 年。

④ Dorcas Brown and David Anthony 1998, Bit Wear, Horseback Riding and the Botai Site in Kazakstan, *Journal of Archaeological Science*, 25: 331 - 347.

⑤ Bendrey, R. 2007, New methods for identification of evidence for bitting on horse remains from archaeological site, *Journal of Archaeological Science* 34 (7): 1036 - 1050.

的下第二前臼齿前缘造成影响，表现为下第二前臼齿前角的磨蚀、前缘釉质和齿质的带状暴露，并将5毫米设定为一个界限，小于5毫米的釉质/齿质暴露为正常咬合创伤范围之内，而大于5毫米的釉质/齿质暴露则为马衔作用的痕迹（图2－117）。[1]

笔者在翻译本德瑞这篇文章时，曾就王大户这批材料请教过他，他通过观看图片认为其中的几例很可能是马衔留下的损伤。

然而我们也注意到，外国学者在墓葬中发现的和他们所观察的马衔，在制作材料、形状结构等方面与我们目前在王大户村所发现的马衔确有

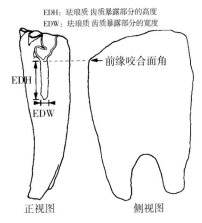

图2－117　釉质/齿质暴露的测量：釉质/齿质暴露的高（EDH）和宽（EDW）

不同图2－118，因此使用马衔在马牙上所造成痕迹的主要部位以及对马牙所造成的损伤程度也应该不完全相同。这篇文章的目的是想引起人们对遗址中出土马骨与马衔作用痕迹的关注，进一步探讨马在中国的起源及传播问题。

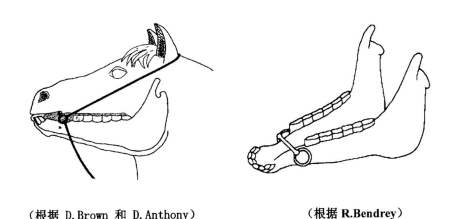

（根据 D.Brown 和 D.Anthony）　　　　（根据 R.Bendrey）

图2－118　外国学者所观察的马衔

第六节　金属器保护修复和制作技术研究

一　制作技术研究

王大户墓地出土器物中金属器为大宗，数量较多，包括兵器、工具、车马器、饰品、铃等器形，既有兽形牌饰、鸟头饰、鹿形饰、铜柄铁剑等北方特色青铜器，又有戈等中原典型器物，为研究宁夏及周边地区春秋战国时期遗存的文化面貌提供了非常有价值的资料。针对

---

[1]　R. 本德里著，陈哲、安家瑗译：《从考古遗址马骨分辨马衔证据的新方法》，《南方文物》2012年第4期，140～141页。

这批金属器的制作技术，利用宏观观察、X 射线荧光光谱分析仪、金相分析、扫描电镜能谱等手段，对其开展了青铜器合金技术、铸造技术、表面处理和铜柄铁剑制作技术的初步研究，以期揭示该批金属器制造技术面貌，为相关考古学研究提供技术视角的科学证据。

（一）无损成分检测

利用手持式 X 射线荧光光谱分析仪（XRF）对宁夏王大户墓地出土的 14 件金属器进行了无损成分检测。仪器型号：Bruker TRACER III SD，检测时间：30 秒，模式：标准合金。结果见表 2－6。

表 2－6　宁夏王大户墓地出土金属器的 XRF 成分分析结果

编号	器物	Mn	Fe	Co	Ni	Cu	Zn	As	Ag	In	Sn	Sb	Pb	Bi	Other	备注
PWM1：20	马衔	0.26	1.55	0.11	0.47	85.98	0.33	0.88	nd.	nd.	1.84	0.03	4.96	0.22	3.37	轻锈
PWM1：25	马衔	0.24	1.07	0.13	0.55	79.85	0.35	1.69	nd.	nd.	3.20	0.03	2.99	0.27	9.63	轻锈
PWM1：37	戈	0.23	0.74	0.14	0.44	81.04	0.36	1.61	nd.	nd.	4.28	nd.	3.08	0.28	7.80	轻锈
PWM1：40	神兽牌饰镀锡面	0.29	0.68	0.13	0.55	74.95	0.33	0.51	nd.	nd.	8.60	0.10	6.83	0.36	6.67	无锈
	神兽牌饰锈蚀背面	0.28	1.44	0.13	0.58	25.99	0.06	3.05	nd.	nd.	3.36	0.07	nd.	0.59	64.45	重锈
PWM1：68	鸟头饰	0.22	0.78	0.11	0.50	79.89	0.38	1.82	nd.	nd.	3.69	0.03	2.60	0.24	9.74	轻锈
PWM1：69	鸟头饰	0.21	0.54	0.11	0.45	82.73	0.39	1.59	nd.	nd.	2.93	0.02	3.40	0.26	7.37	轻锈
PWM2：3	泡饰	0.21	0.79	0.10	0.38	87.94	0.43	1.03	nd.	nd.	2.12	0.01	3.80	0.22	2.97	轻锈
PWM2：7	铃	0.25	0.96	0.11	0.53	76.86	0.36	1.82	nd.	nd.	4.55	0.05	1.69	0.34	12.48	轻锈
PWM2：12	环	0.27	0.79	0.16	0.49	82.83	0.33	1.42	nd.	nd.	5.38	0.03	3.41	0.30	4.59	轻锈
PWM2：22	泡饰	0.22	0.42	0.11	0.47	79.70	0.36	2.09	nd.	nd.	2.67	0.03	1.00	0.28	12.65	轻锈
PWM4：26	泡饰	0.20	0.43	0.11	0.48	83.44	0.37	0.80	nd.	nd.	2.52	0.01	6.40	0.24	5.00	轻锈
采：1	斧	0.21	0.56	0.12	0.45	90.54	0.42	0.56	nd.	nd.	1.96	0.02	3.89	0.21	1.06	轻锈
PWM4：45	银耳环	nd.	1.26	nd.	nd.	1.13	0.05	nd.	94.40	0.09	1.31	nd.	0.73	0.06	0.97	无锈
PWM4：46	银耳环	nd.	0.60	nd.	nd.	1.30	0.08	nd.	95.40	0.07	1.11	nd.	0.87	0.07	0.50	无锈

说明：数据未进行归一化处理，其他成分数据主要为锈蚀引入的 O 等轻元素和少量 Al、Ti 等可能来自土壤的成分。

（二）金矿相分析

对 9 件铜器的残片或断茬、1 件泡饰内泥芯和 1 件铜柄铁剑剑身残片进行了取样，用于金相和扫描电镜能谱分析。

所有样品均以断面为检测面，用镶样机镶样，用不同粒度的砂纸磨光，再用抛光机抛光以达到样品制备要求。所有铜器样品先不经浸蚀，在金相显微镜下观察夹杂物及铅的形态，然后用三氯化铁盐酸酒精溶液浸蚀样品，在金相显微镜下观察其组织形态。铁剑样品因完全锈蚀，未作浸蚀。金相分析所用显微镜型号为 ZEISS Scop. A1。各样品取样情况及分析结果见图 2－119～132 及表 2－7。

图 2-119 镦 PWM1:19 金相（浸蚀）

（铸造组织，α固溶体，沿晶界严重锈蚀，可见一定量锈蚀或未锈
蚀铅颗粒及少量夹杂物分布）

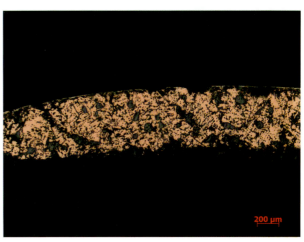

图 2-120 牌饰 PWM1:40 金相（未浸蚀）

（铸造组织，α固溶体树枝晶，沿晶界严重锈蚀，铅沿晶界或在晶
内以小颗粒分布，弧凸外表见镀锡层，内表无）

图 2-121 牌饰 PWM1:40 金相（未浸蚀）

（镀锡层外表平滑，局部向金属基体延伸，局部因锈蚀缺失）

图 2-122 泡饰 PWM1:43 金相（未浸蚀）

（铸造组织，α固溶体树枝晶，沿晶界严重锈蚀，铅沿晶界或在晶
内以小颗粒分布）

图 2-123 泡饰 PWM2:3 金相（浸蚀）

（铸造受热均匀化组织，铅以大小不等颗粒不均匀分布，可见细
小夹杂物分布）

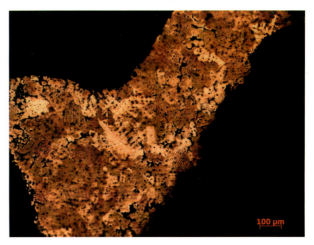

图 2-124 铃 PWM2:7 金相（浸蚀）

（铸造组织，α固溶体，沿晶界轻微锈蚀，铅沿晶界或在晶内以小
颗粒分布，可见细小夹杂物）

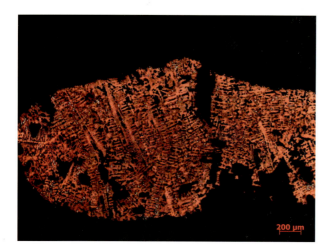

图 2 – 125　泡饰 PWM2：21 金相（浸蚀）
（铸造组织，α 固溶体树枝晶和少量岛屿状 ［α＋δ］ 共析体，沿
晶间锈蚀严重，铅呈不均匀分布，可见少量细小的夹杂物）

图 2 – 126　环 PWM6：16 金相（浸蚀）
（铸造组织，α 固溶体树枝晶和少量岛屿状 ［α＋δ］ 共析体，铅
颗粒呈弥散状分布）

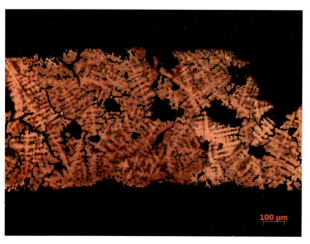

图 2 – 127　泡饰 PWM6：25 金相（浸蚀）
（铸造组织，α 固溶体树枝晶，沿晶间锈蚀严重，铅呈不均匀分
布，可见少量细小的夹杂物）

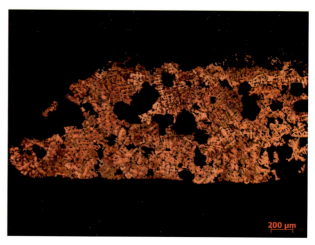

图 2 – 128　饰件 PWM7：18 金相（浸蚀）
（铸造组织，α 固溶体树枝晶，沿晶间锈蚀严重，铅呈不均匀分布，
可见少量细小的夹杂物）

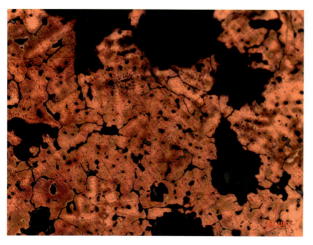

图 2 – 129　饰件 PWM7：18 金相（浸蚀）
（铸造组织，α 固溶体树枝晶，沿晶间锈蚀严重，铅呈不均匀分布，
可见少量细小的夹杂物）

图 2 – 130　泡饰 PWM4：38 内泥芯显微照片
（可见一定数量孔洞分布，矿物颗粒大多小于60μPWM，属粉砂质）

图2-131　铜柄铁剑PWM4：43剑身金相（未浸蚀）　　　图2-132　铜柄铁剑PWM4：43剑身金相（未浸蚀）

（完全锈蚀，锈蚀呈层状）　　　　　　　　　　（内部较致密锈蚀区域可见疑似珠光体残留痕迹）

表2-7　取样及金矿相分析情况

序号	编号	器物	取样位置	性质判断	备注
1	PWM1：19	镦	口端边缘	铸造组织，见夹杂物	图2-119
2	PWM1：40	牌饰	断茬	铸造组织，见镀锡层	图2-120、121
3	PWM1：43	泡饰	边缘断茬	铸造组织	图2-122
4	PWM2：3	泡饰	边缘断茬	铸造后受热组织，见夹杂物	图2-123
5	PWM2：7	铃	顶部	铸造组织，见夹杂物	图2-124
6	PWM2：21	泡饰	边缘断茬	铸造组织，见夹杂物	图2-125
7	PWM6：16	环	背面断茬	铸造组织	图2-126
8	PWM6：25	泡饰	边缘断茬	铸造组织，见夹杂物	图2-127
9	PWM7：18	饰件	边缘	铸造组织，见夹杂物	图2-128、129
10	PWM4：38	泡饰	泥芯	粉砂质，见孔洞	图2-130
11	PWM4：43	铜柄铁剑	剑身残片	可能为钢	图2-131、132

金相分析表明，9件铜器均为铸造成形，其中个别样品有铸造后受热迹象。牌饰PWM1：40表明银白色富锡层高锡锡相局部向基体延伸，推断是使用热镀锡技术形成的。铁剑残片的检测表明剑身材质可能为钢，残留珠光体组织。

（三）扫描电镜能谱分析

对以上样品中的4件铜器样品、1件泥芯样品和1件铜柄铁剑剑身残片的镶嵌样品重新抛光后喷覆碳膜，利用TESCAN VEGA3扫描电镜配备EDAX GENESIS能谱仪对抛光喷碳后的镶嵌样品进行显微组织和成分分析，工作电压15kV，工作距离15～25毫米，能谱分析计数时间50秒。

具体分析结果见以下图2-133～144。

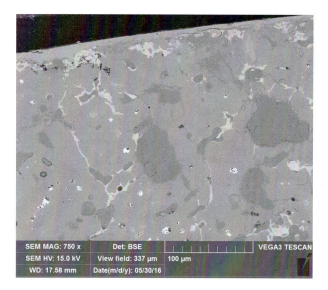

图 2-133 牌饰 PWM1：40 背散射像
（基体以 a 相为主，铅沿晶界不均匀分布，沿晶界发生锈蚀，镀
锡层厚约 4~25μPWM）

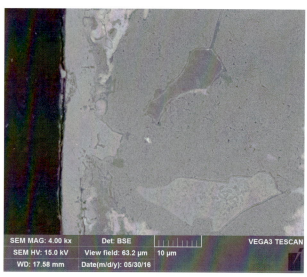

图 2-134 牌饰 PWM1：40 镀锡层背散射像
（镀锡层据下图能谱分析为高锡相，局部向内延伸，并与基体作
用形成少量 [α+δ] 共析体）

c:\edax31\genesis\genmaps.spc 30-May-2013 09:52:54

< pt. 7 Spot >

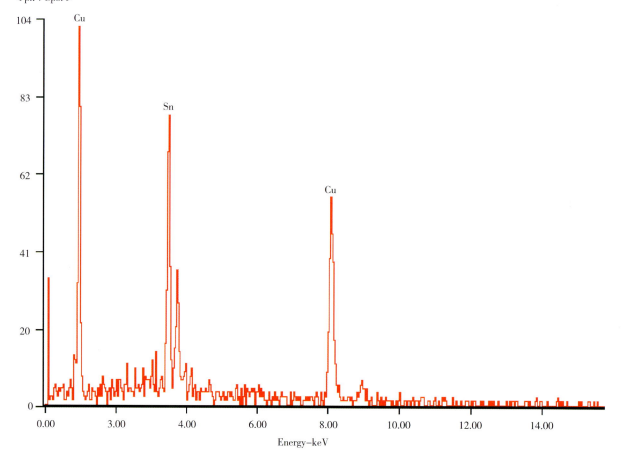

图 2-135 牌饰 PWM1：40 镀锡层能谱
（铜、锡相对含量分别为 39.9%、60.1%，可能为 ε 相）

图 2-136　泡饰 PWM1：43 背散射像

（沿晶界严重锈蚀，基体中铅大部分因锈蚀迁移出基体在外表以
锈蚀产物沉积）

图 2-137　泡饰 PWM2：21 背散射像

（基体以 a 相为主，铅沿晶界不均匀分布，不均匀锈蚀，基体中
部分区域的铅因锈蚀迁移在外表或局部富集沉积）

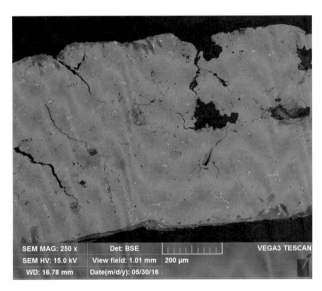

图 2-138　泡饰 PWM6：25 背散射像

（基体以 a 相为主，铅呈弥散状分布，可见细小夹杂物）

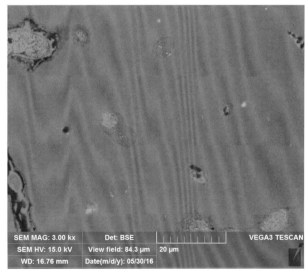

图 2-139　泡饰 PWM6：25 背散射像

（基体中细小灰色夹杂物颗粒为铜银的硫化物，成分为 S 34.94%，
Ag 32.83%，Cu 32.23%，与铅伴存）

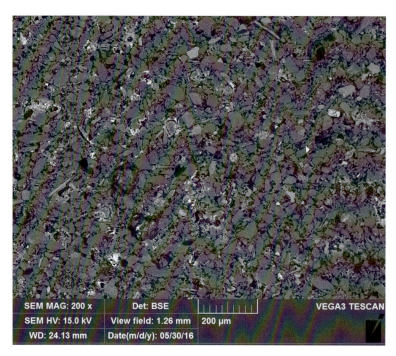

图 2-140   泡饰 PWM4：38 泥芯背散射像

（矿物颗粒大多在 60μPWM 以下，以石英为主，还有一定量的长石和富铁矿物等）

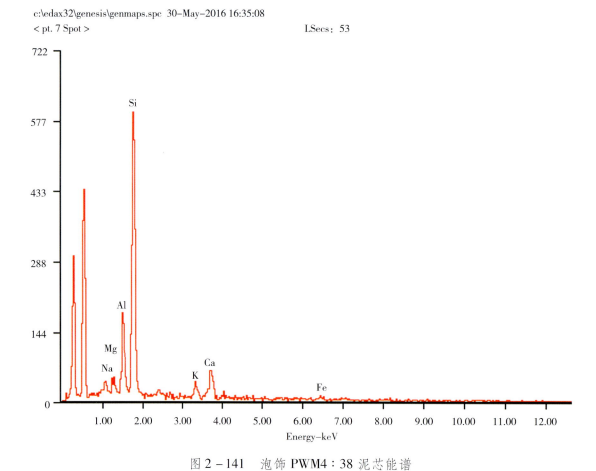

c:\edax32\genesis\genmaps.spc 30-May-2016 16:35:08

< pt. 7 Spot >   LSecs：53

图 2-141   泡饰 PWM4：38 泥芯能谱

（泥芯基体能谱，各元素相对含量为 Na 3.31%，PWMg 2.95%，Al 13.27%，Si 61.19%，K 4.25%，Ca 9.69%，Fe 5.34%）

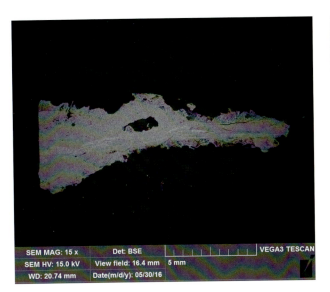

图 2 – 142　铜柄铁剑 PWM4：43 剑身背散射像
（通体锈蚀，未见金属残留，锈蚀呈层状，局部形成空鼓）

图 2 – 144　铜柄铁剑 PWM4：43 剑身背散射像
（锈蚀基体中可见珠光体残留痕迹，中部灰白颗粒为残留夹杂物，
较为彻底的检查共发现 6 处残留的长粒状夹杂物，成分为铁的
氧化物，宽约 2 ~ 6μm，长约 3 ~ 15μm，未见硅酸盐或其他成
分夹杂物）

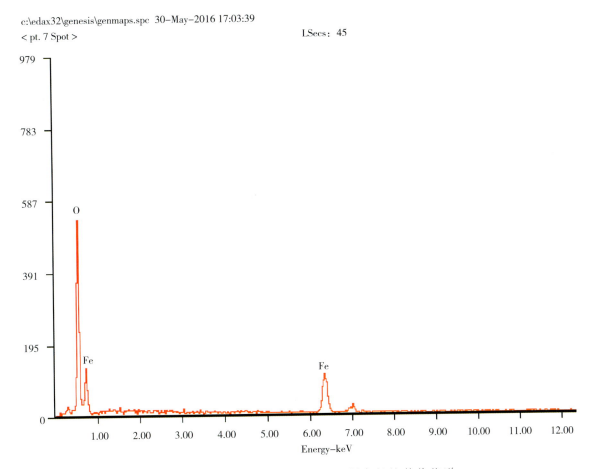

图 2 – 143　铜柄铁剑 PWM4：43 剑身锈蚀基体能谱
（剑身基体锈蚀为铁的氧化物，未检测出镍、钴等其他成分）

（四）宏观观察

对部分器类进行了制作痕迹的观察。

1. 马衔

PWM1：25，由两链套成，两链外端环较大，内端相套两环较小。A链两环在同一水平面，在环体方向上分范。B链大环和小环在相互垂直方向，大环和链杆水平分范，小环外端一段与主体有错位，应为镶嵌范错位造成。B链小环内两侧各有凸起铸痕，应为沟通两链的浇道残留。

PWM1：20，由两链套成，两链外端环较大，内端相套两环较小。A链两环在同一水平面，在环体方向上分范。B链大环和小环在相互垂直方向，大环和链杆在环体方向上分范，小环外端一段与主体有错位，应为镶嵌范错位造成。B链小环近杆内侧和A链小环外侧各有凸起铸痕，应为沟通两链的浇道残留（图2-145）。B链大环外侧范线局部变粗，应为浇口位置。

图2-145　马衔PWM1：20的铸造痕迹

通过观察可知马衔均有使用痕迹，是实用器，两链应是一次铸成，分范面在A链两环、B链大环所在平面。B链小环在垂直于分范面方向。B链小环内两侧在分范面上各有一连接浇道与A链小环外段内外侧连通。B链小环外端一段、环内空间及两个连接浇道通过两块小的镶嵌范组合铸出。浇口在B链大环外端。

马衔以双合范加镶嵌范组合一次浇铸成，浇铸后打断两链小环间连接部分打磨处理后成品。

2. 铃

PWM3：10，范线从两侧向上延伸至纽顶，纽下的铃身顶部为方孔，可知纽内和铃身的芯为一体，铃身一面右侧见一长孔，从内部可见左侧亦有长孔，但未铸穿。铃身另一面流铜不足，两长方孔连成大孔洞。铃身下端边缘因合范不严而有一圈突起，其中一面下端局部粗厚，应为浇口位置。

3. 短剑、戈、刀

短剑　PWM5：2，浑铸，两侧剑刃均有砍斫痕，剑茎侧边中部见范线，剑茎一面槽内见细长铸疵。PWM3：4，浑铸，剑首、茎、格外缘中部见范线。PWM6：7，浑铸，剑首、茎外缘中部局部见范线。

戈　PWM1：37，浑铸，戈内下缘中部见范线，上缘可见打磨痕和位于中部的范线，援部和内部两面较平滑，也应经过打磨。

刀　PWM7：17，浑铸，范线在刀背中部，柄后端有一穿。

此三类器物以双合范铸成。

4. 镞

PWM6：17，三翼，铤銎见一小孔。经打磨，铸造痕迹不明显。标本 PWM6：13，三翼，铤銎不同侧面各见一大一小两孔。经打磨，三翼下至銎口略有范线痕迹。

两件三翼镞均为三合范加铤芯铸造而成。

5. 鹤嘴斧

PWM6：4，近管銎斧身两侧中部见范线，表面见打磨痕。PWM5：6，斧身两侧中部见范线，表面见打磨痕。鹤嘴斧以双合范加銎部芯组合铸造。

6. 斧

采集：1，两条范线扭曲不直，分别从长方銎短边中部向下延伸至刃端两侧，长方銎长边局部凸起，可能为浇口位置。从銎内观察，两侧斧身均有，其中一侧销钉孔未铸穿。

7. 环

PWM2：12，沿环体方向中部分范，环体内外侧均可见范线，表面经打磨，浇道或浇口位置不明。PWM3：9，沿环体方向中部分范，环体外侧可见范线，表面经打磨，外侧范线不存，浇道或浇口位置不明。均为双合范铸成。

8. 管

PWM7：22 和 PWM6：15，外壁两侧各有一条沿管身方向范线。均为双合范加芯铸造。

9. 镦

PWM1：19，高 9.2、外径 4.2 厘米。管形器身，外端作三阶斜收成尖端，管体一侧有一不规则销孔，从内部看对侧也有一个未铸透孔。管内残存带单侧木销钉的木柱。外表通体镀锡。未见范线。

10. 银耳环

PWM4：45 和 PWM4：46，表面均可见锻制痕迹。

（五）讨论

1. 铜器合金成分特征

由于铜器表面不同程度的锈蚀，其中 Cu、Sn、Pb 各合金元素会有不同程度的流失或富集；除锈蚀引入的 O、Cl、C、S 等元素外，土壤中的 Si、Al 等成分也会进入锈蚀表面。

从扫描电镜能谱的分析可知，样品均不同程度锈蚀，基体中铅因锈蚀迁移在外表或局部不均匀沉积，同时囿于取样量和电镜分析视场的限制，基体分析的面积很难一次性达到 1 平方毫米以上，很难避免锈蚀样品因元素的不均匀迁移和沉积造成的成分偏差。便携式 XRF 虽然所检测为器物表面成分，但其分析面积能达到几平方毫米以上，远大于电镜能谱的区域分析面积，能在一定程度上减少成分元素不均匀迁移和沉积造成的显微成分偏差，其分析结果可供参考讨论。

为减小以上因素造成的分析结果与金属原始合金成分的差异，在便携式 XRF 分析过程中尽量选取锈蚀较轻区域作检测。

从检测结果可知，所检测 12 件铜器均为 Cu－Sn－Pb 三元合金，合金组分锡和铅的含量都不高，且呈现较大波动。成分的不稳定有检测方式的因素，应当也在相当程度反映了对合金比例控制的水平或要求较低。各器类的成分也未能发现明显规律，可能与检测数量的限制有关，也同样可能与合金比例的控制有关。

其中神兽牌饰 PWM1：40 镀锡面银白亮色。背面锈蚀较重，XRF 成分结果未能反映真实成分特征。扫描电镜的断面的区域成分分析则很好显示了以 a 相为主的基体与镀锡层的成分特征和相互作用。

2. 铸造工艺

该批铜器中马衔、铃等器物需要多块范和芯组合，浇铸系统相对复杂，可能是用陶范铸造的。马衔组范方式与山东新泰周家庄及其他中原出土东周马衔相似，显示其铸造技术有来自中原王朝的明显影像。而短剑、镞、斧等简单器形没有复杂结构，一般为双合范或双合范加芯组合铸造。

3. 镀锡工艺

部分铜器表面的镀锡处理是该批铜器特色之一。所分析一件牌饰镀锡层的成分及其与基体作用形成的物相证明应当是采用了热镀锡技术。目前经检测确认的镀锡器多为春秋中晚期至战国、汉代，主要出土于鄂尔多斯地区[①]、巴蜀地区[②]、云南古滇地区[③]以及宁夏[④]、甘肃、陕西[⑤]及长江中下游的吴越地区。河南、陕西及甘肃东部出土少量商至西周铜器也见有表面银亮富锡层的存在，暗示东周时期流行于中原文化圈周边的镀锡技术很

① 韩汝玢、埃玛·邦克：《表面富锡的鄂尔多斯青铜饰品的研究》，《文物》1993 年第 9 期，80～96 页。
② 崔剑锋、吴小红、刘弘、唐亮：《四川盐源出土的一件镀锡九节鱼纹鸡首杖》，《文物科技研究》（第 5 辑），18～23 页，科学出版社，2007 年。
③ 韩汝玢、李晓岑：《云南古滇地区的金属制作技术与北方草原青铜文化》，《文物科技研究》（第 5 辑），1～10 页，科学出版社，2007 年。
④ 孙淑云：《宁夏固原春秋战国时期两件青铜饰物表面镀锡层的 SEM－EDS 分析与研究》，《文物科技研究》（第 5 辑），11～17 页，科学出版社，2007 年。
⑤ 马清林、大卫·A. 斯科特：《春秋战国时期镀锡青铜板带镀锡技术研究》，《文物科技研究》（第 5 辑），24～40 页，科学出版社，2007 年。

有可能是商周金属工艺的扩散结果。山西天马曲村晋国遗址①和陕西宝鸡强国墓地②出土的两批经过鉴定的西周锡器则证明了热镀锡技术存在的基础。张子高结合考古证据考证《诗经》和《说文》中的"鋈"其实指的是在青铜器上镀锡的工艺③，也从文献角度佐证了周代的镀锡技术传统。该批铜器中的牌饰、皮带铜饰、车軎等均见镀锡处理，数量不少，可见其流行程度，镀锡层与基体也有较好的结合，至今保存较好，技术比较成熟。

4. 铜柄铁剑制作技术

金相和电镜能谱分析在铜柄铁剑剑身基体中发现的珠光体残留及单纯铁氧化物夹杂说明其材质为块炼渗碳钢，是人工冶炼的块炼铁经锻打渗碳处理得到的，与以往在宁夏固原、西吉、彭阳发现的4件铜柄铁剑剑身材质及制作工艺相同。

铜质剑柄首端两侧分别可见一小方孔，为内部泥芯自带芯撑。下文所揭X光检测显示铁质剑身深入三叉剑格内，考虑到青铜相较于钢的机械性能，韧性较差，机械插接可能导致剑格破碎，推测其铜质剑柄可能为制成剑身后铸上。

5. 银器

中国目前考古发现最早的银器，出土于甘肃火烧沟遗址，年代相当于夏代，同时出土金器等，都是耳环、鼻饮等小件饰品④。中原王朝地域内还未见有殷商、西周时期银制品出土的报告，年代最早的发现为河南扶沟古城出土一批金银币，其中18枚铲形银布分别属于春秋中期至战国早期，通长10～15.7厘米，总重量3072.9克⑤，战国中期以后银的应用开始多见，和金一样，常被用于制造小件饰品、器物构件以及错金银工艺和包金银工艺。

所检测两件银耳环（PWM4：45、PWM4：46）含银均在95%左右，另有铁、铜、锡、铅等少量杂质，成分相近，推测是同批材料同时制作的。从其年代看，也属于中国发现的少数银制品之一，具有重要意义。银的应用在中原多作为错银等铜器装饰，甚至扶沟发现的银币也是孤例，而以银锻制独立的饰品是其本地文化特征。

二　保护修复

2015年8月，受宁夏文物考古研究所委托，陕西省考古研究院派遣3名文物保护技术人员前往进行该批文物的保护修复以及检测工作，修复前期调查访问该批文物的背景信息，拍摄文物现状照片，记录文物病害情况并拍摄病害特征照片，后期进行无损分析，微

① 北京大学考古学系商周考古组、山西省考古研究所：《天马—曲村》，308、520～524、1172～1180页，科学出版社，2000年。
② 苏荣誉、胡智生、卢连成、陈玉云、陈依慰：《国墓地青铜器铸造工艺考察和金属器物检测》，《宝鸡强国墓地》（附录二），530～638页，文物出版社，1988年；陈玉云、陈依慰、苏荣誉：《西周强国墓地锡器金相考察》，《考古与文物》1988年第4期，99～100、64页。
③ 张子高：《从镀锡铜器谈到鋈字本意》，《考古学报》1958年第3期，73页。
④ 甘肃省博物馆：《甘肃省文物考古工作三十年》，《文物考古工作三十年》，139～153页，文物出版社，1979年。
⑤ 河南省博物馆、扶沟县文化馆：《河南扶沟古城村出土的楚金银币》，《文物》1980年第10期，61～66页。

量取样分析等。

王大户墓地金属器发掘出土后未进行全面保护修复工作。本次修复包括涉及青铜器、铜柄铁剑的保护修复，并对铜饰皮带进行了保护性复原。

根据文物病害调查和相关检测分析情况，按照 WW/T0009 - 2007《青铜器文物保护修复方案编制规范》要求开展科学、严谨的文物保护修复工作。并根据宁夏文物考古研究所的实际情况提出了保存环境的建议，以使该批文物能够得到最好的保存和展陈。保护修复中我们遵循"保护为主、抢救第一"和"有效保护、合理利用、加强管理"的文物工作方针和原则。

（一）项目实施对象及保存现状

此次保护修复主要针对金属文物，包括青铜器 136 件、铜柄铁剑 1 件和铜饰皮带 1 件。根据《馆藏铁质文物病害与图示》（WW/T0005 - 2007）、《馆藏青铜器病害与图示》等标准，对金属文物进行了详细的病害调查，根据每件文物的具体病害状况，编制病害图。

1. 普通青铜器

小件青铜器物共 136 件，其中包括 50 件泡饰、1 件镦、2 件马衔、1 件戈、4 件牌饰、4 件鸟头饰、34 件饰件、5 把剑、3 把刀、2 件矛、5 件环、3 件锥、2 件铃、1 件凿、3 件斧、4 件扣、3 件锛、4 件鹿形饰、2 件镞、2 件管、1 件佩饰等共计 136 青铜器，大部分器物保存较好，主要病害包括以下几种：表面锈蚀、粉状锈、残断、裂隙、缺失、剥落、表面硬结物等（图 2 - 146 ~ 151）。

2. 青铜皮带

依据出土原状信息绘制复原图，该青铜皮带由青铜饰件与皮革组成，青铜饰件包括 1 件虎牌扣饰及 13 件大小、纹饰基本相似的云纹铜饰件。所有青铜饰件均为铜镀锡材质，

图 2 - 146 残断

图 2 - 147 表层剥落

保存状况基本完好。表面仅有少量附着物和蓝色锈蚀。皮革残存 11 块（不包括小残屑）残段。这些残断皮革薄厚不均，变形严重，皮质老化，少量残块上可见似火烧黑色痕迹，保存状态较差（图 2 – 152 ~ 157）。

图 2 – 148　粉状锈、断裂

图 2 – 149　裂隙

图 2 – 150　表面硬结物

图 2 – 151　结晶盐

图 2 – 152　残断皮革

图 2 – 153　青铜饰件

图 2-154 牌饰

图 2-155 饰件与皮革的连接

图 2-156 饰件与皮革的连接（背面）

图 2-157 皮革上的小孔及残损变形

3. 三叉格铜柄铁剑

铜柄铁剑（PWM4：43）的病害包括锈蚀、残断、裂隙、残缺表层剥落、起翘、表面硬结物等（图 2-158~161）。剑为铜质剑柄铁质剑身，共断裂为三大段和两小块，均可拼合。铜柄保存状态较好，仅在侧边近剑身处因铁质剑身锈蚀膨胀稍有开裂。剑柄首部为椭圆状半球形，茎上成排的细乳钉装饰，剑格为三叉形。铁质剑身严重锈蚀，强度较差，较为脆弱。表面粘附有硬结土垢，存在多处裂隙，从断面观察仅有少量铁芯存在。从侧面观察剑身已经分层起翘，十分脆弱。剑身一面表面有大量的木质痕迹留存，剑身另一面有少量皮质痕迹留存。此把铜柄铁剑在出土时已经做过一次抢救性修复，使用胶粘剂对内部进行填充。

对各残段及部位尺寸和重量进行了测量（图 2-162），结果如下：第一节铜柄部分：总长约 22.3 厘米，重约 0.38 千克，铁身长 8.7 厘米；第二节剑身中间区域：长 25.2 厘米，宽 5.2 厘米，重 0.24 千克；第三节剑身锋区域：长 21.6 厘米，重 0.12 千克。残断小块：长 3.8 厘米，宽 1.7 厘米；长 2.5 厘米，宽 1.2 厘米。

利用 X 光摄像对铜柄铁剑进行了检查（图 2-172），可见该铜柄铁剑，铁剑部分锈蚀

图 2 - 158　铜柄铁剑整体状况

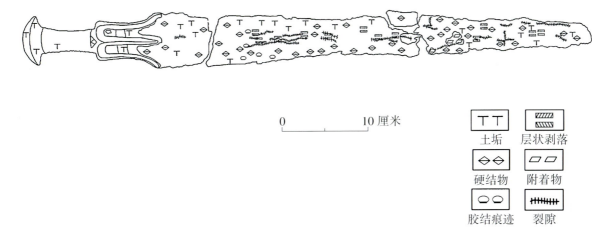

0   10 厘米

土垢　　层状剥落

硬结物　　附着物

胶结痕迹　　裂隙

图 2 - 159　铜柄铁剑病害图

图 2 - 160　木剑鞘表面保存状况

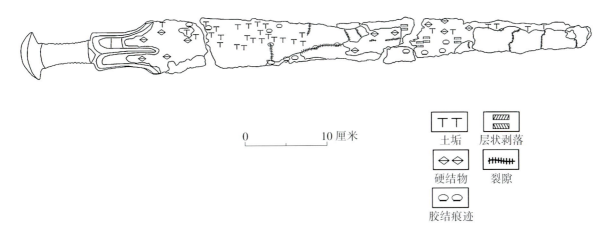

0   10 厘米

土垢　　层状剥落

硬结物　　裂隙

胶结痕迹

图 2 - 161　木剑鞘表面病害图

较为严重，基体保存较少，其中有大量的裂隙存在，保存状况较差。铜柄部保存状况较好（图2-163）。

通过实体显微镜对铜柄铁剑表面进行全面观察，发现该剑表面可见多种有机质及其痕迹存在，包括木剑鞘、少量皮革与其他物质（图2-164~171）。

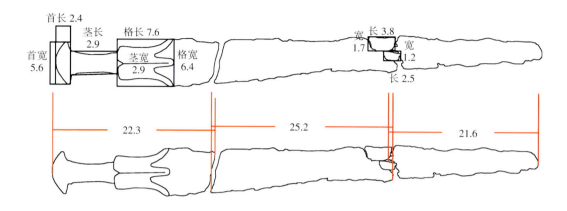

图2-162　铜柄铁剑尺寸绘图（单位：厘米）

图2-163　柄部保存状况

图2-164　胶粘剂痕迹

图2-165　铁芯状况

图2-166　木剑鞘残留

图 2 - 167 锈蚀情况

图 2 - 168 层状剥落

图 2 - 169 木质剑鞘

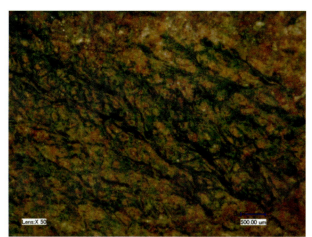

图 2 - 170 皮革残留

图 2 - 171 起翘分层

4. 铸造工艺信息与残损的辨别

该批青铜泡饰可见铸造缺陷，造成边缘缺失的假象，经反复观察大多属于铸造缺陷。部分器物表面可见原始打磨痕迹以及范芯存在。部分器物内部可见铸造芯土残留。在病害调查过程中均给予了重点记录，以便与器物残损、附着土垢等病害相区别，避免误修复（图 2 - 173 ~ 176）。

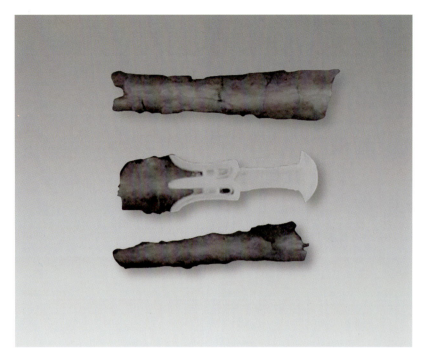

图 2 – 172　铜柄铁剑 X 光片

图 2 – 173　铸造缺陷

图 2 – 174　PWM2：7 表面加工痕迹

图 2 – 175　内腔范土

5. 附属有机质

部分器物还附属有木、骨质器物部件，如鸟头饰中存留的木芯、铃中的骨质铃舌等，需要在保护处理过程兼顾青铜和有机质的不同性质和病害状况（图2-177、178）。

图2-176　PWM1：19表面镀锡痕迹

（二）保护修复目标和路线

1. 保护修复目标

文物修复过程中需达到以下目标：

（1）清理　对该批文物表面、茬口进行细致的清理或清洗，完成后，器物表面附着物被完全去除（除表面含有信息区域予以保留，如木纹痕迹）。

（2）加固　器物加固后无明显颜色变化，表面无炫光现象出现，所使用的加固材料具有抗老化能力和可逆性。

（3）粘接　粘接部分无明显岔口不合、凹凸不平、胶粘剂残留、颜色改变。

（4）补全　与表面的弧度完全融合但又有区别，补全材料具有良好的抗老化能力。

图2-177　PWM1：69木质支撑

（5）在修复时遇到不同以往的问题，需查阅资料、探讨、实验等方式以达到使用最科学、最安全的修复方法。

（6）保护修复档案按照各类文物材质保护行业的标准严格编写。

（7）边修复边在该批文物修复上学习、积累修复经验，为以后的保护修复工作提供更科学、更安全的依据，尤其是铜柄铁剑的修复以及青铜皮带的复原。

2. 保护修复技术路线

保护修复遵循"最小干预原则"、"可逆原则"、"协调及可辨识原则"的思路，修复中所使用的材料、工艺等都是经过试验与长期安全使用的，对文物无害。

图2-178　骨质铃舌

　　基于前期制作技术分析、病害调查结果，按照文物的保护要求的需要，设计了具体的保护修复操作流程，见图2-179。另外对于青铜皮带的保护性复原参考原始出土信息及复原图，还进行了多次试验。

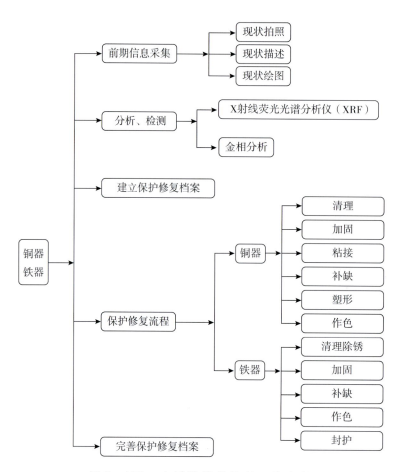

图2-179　金属器保护修复工作流程

（三）保护修复过程

1. 普通青铜器保护修复

1）表面清理

在对铜器清理前首先要观察该器物是否需要预加固，以免清理中出现断裂、脱落等状况。使用毛刷、竹签将表面疏松浮土进行处理，对于较硬的附着物用无水乙醇浸泡软化，清理或使用超声波洁牙机仔细清除（图2-180）。

图2-180　表面清理

2）粘接

清理完成后首先要对残断的残块进行预拼接，无误后固定好残块在器物上的位置，再用 AAA 环氧树脂进行粘接，由于固化时间较长，将其固定在较为未定的区域内，避免晃动造成错位现象，待固化。粘接区域残留的粘接剂及时清理。

3）补缺

使用 AAA 环氧树脂进行补缺。用 AAA 环氧树脂＋矿物颜料＋填料搅拌均匀，填入缺失区域，待凝固（图 2 - 181）。

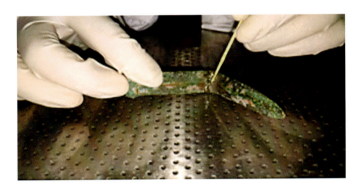

图 2 - 181　补缺

4）塑形

主要对表面多余的环氧树脂进行打磨修整，打磨时注意边缘纹饰、弧度。完成后，需要对一些边缘纹饰做刻画，使其与器物自然衔接（图 2 - 182）。

图 2 - 182　塑形

5）作色

①对补缺部分选用矿物颜料做基底色；

②选择颜料色粉，调制均匀；

③反复以点、涂、拨等方式进行作色处理，使之与器身颜色相协调，统一；

④置于通风处干燥。（图 2 - 183）

图 2 - 183　作色

2. 铜柄铁剑修复

1）渗透加固

剑身表面裂隙松动部位用3％B72丙酮溶液进行渗透加固，材料浓度依据实际操作情况进行细微调整，对于层状裂隙处借助细针向内部渗透加固，待凝固后用手术刀及打磨机清理表面多余的环氧树脂。加固时注意留存于表面的木剑鞘的痕迹，以免木质遭到污染。表面残留木制剑鞘强度较差，选择使用1％～3％AC33浓度由低到高每个浓度加固3遍（图2－184）。

图2－184　加固

2）表面清理

铜柄铁剑的清理主要采用机械物理的清理方法，这样能够避免对文物造成过大的损伤。铜柄铁剑的铜柄与剑身木痕处用纸张做以筒状套于其上，避免在清理过程中对木痕以及铜柄造成损害或污染。在不对文物造成损伤的前提下，清理表面锈蚀物，并且尽量去除往期修复的粘接痕迹以及填充物。清理时用打磨机与喷砂机交替使用的方法对表面附着物与锈蚀进行去除。首先用微型打磨机将表面锈蚀逐层清理，待接近铁器表面时停止，换用喷砂机对剩余薄层锈蚀进行扫除，由于喷砂机能量相对较容易控制所以对接近铁剑基体表面的清理更为安全。如此反复交替使用，直至出现铁质基体。为保证铁剑原始残留信息的完整性，清理过程中避开皮质残留与木质残留的边缘，以免对残留部位造成损害。对断面进行细致的清理，用无水乙醇进行擦拭，便于后期粘接工作（图2－185～190）。

图2－185　显微镜清理

图2－186　对木剑鞘保护

图 2 - 187　表面填充物去除

图 2 - 188　去除填充物

图 2 - 189　喷砂机清理

图 2 - 190　木剑鞘保护清理

清理中发现铜柄与铁剑连接区域可见一个近圆形的铁质突出物，可能为剑上的小饰件。

3）加固

由于清理时会产生轻微晃动，表面出现少量松动现象，所以进行再次加固。

4）粘接

选择采用德国 Araldite 环氧树脂，它具有高度的黏合力、流动性强、抗老化能力强、耐酸碱、耐热、机械强度高、吸水率小、收缩性小、化学性质稳定等特性，是经过实践的良好文物粘接剂。将残块拼接、支撑、固定后，将调制均匀胶粘剂用细小的工具灌入缝隙，清理多余胶粘剂，以免污染表面（图 2 - 191）。

5）剑身补缺

剑身区域粘接完成后发现有小面积缺失。采用环氧树脂 + 矿物颜料 + 填料搅拌均匀后填充于缺失部分，这样增加了铁剑自身的强度。补缺时应尽量避免粘接剂涉及面积太广，

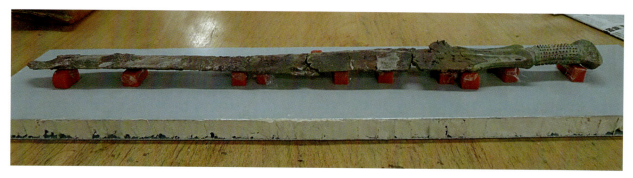

图 2-191 支撑粘接

图 2-192 补缺中

图 2-193 木剑鞘补缺

以免造成表面污染（图 2-192）。

6）木剑鞘补缺

对于木剑鞘表面缺失处用以木补木的方法进行补缺，选择较薄的木皮进行覆盖补缺（图 2-193）。

7）打磨、修整

将多余表面的环氧树脂打磨修整为与剑身周围高度、弧度相统一，无突兀。

8）作色

①选用合适矿物颜料颜色粉补缺部分做基底色；

②选择的颜料色粉，调制均匀；

③反复以点、涂、拨等方式进行作色处理，使之与器身颜色相协调，做到表面整体颜色统一，又有区别；

④置于通风处干燥。

9）表面封护

采用2%~3% B72丙酮溶液作为封护剂进行封护处理，用喷壶进行2~3遍的喷涂，颜色变深；对于表面炫光处使用无水乙醇进行擦除，再次喷涂。

3. 铜饰皮带复原

青铜饰件共14件，其中一件为虎饰铜牌，兽首长约7.9厘米，宽约5.1厘米，另13件青铜饰件纹饰基本相似，大小也基本相等，长约4.5厘米，宽约2.6厘米。

皮革部分共11块（不包括小残屑）皮革残段，最大一块皮革残段长13.8厘米，宽4.1厘米；最小一块皮革残段的长约4厘米，宽1.8厘米。

1）清理

青铜饰件锈蚀与附着物较少，选择使用物理清理方法以减少对文物造成的损伤。采用手术刀对表面的蓝色锈蚀做以清理，发现蓝色锈蚀呈层状剥落，未对表面造成任何伤害，由于蓝色锈蚀并不属于有害锈，也并不影响文物本身的欣赏性，因此不对蓝色锈蚀物做过多处理。仅对表面的土垢及其他附着物做以清理，并同时用无水乙醇对表面进行擦拭。

2）保护性复原

①复原依据

经过反复观察、测量，该皮带皮革颜色暗红偏黄，整体宽约3.9厘米，穿孔直径约2.5毫米，穿孔线宽约2毫米，总长度无法确定，皮带尾部与带扣之间的连接方法待定（图2-194）。此次带饰复原主要依据出土时所绘制的复原图（图2-195）与带饰残件所提供的信息同时做参考，进行复原。

②挑选合适皮革

挑选的实验皮子为牛皮，颜色暗红偏黄（和原皮颜色稍有差色），依据观察的各种信息，对其进行裁剪，打孔，剪线。总皮长97厘米，26个孔和一个长1.5、宽0.5厘米的带扣孔（图2-196~198）。

③确定13件青铜饰件位置

青铜饰件的顺序是依据复原图上所绘制的青铜件饰的外形确定的。经过反复的对比，确定了具体位置，并为其临时编号。

④穿系组合

将前期准备好的皮带放置平整，用剪好的2毫米的线将排好顺序的青铜饰件穿于皮带之上，将虎牌饰皮带扣固定到剪裁好的带扣孔上（图2-199）。

图 2 – 194   残损皮带饰呈现的连接方式等信息

　　该带饰共 14 件青铜饰件，皮带长度不能确定，最后参照实物信息与复原图，将饰件按照一定的距离穿于皮带之上。复原后的青铜带饰长度大约是一个成年人的腰围，但青铜饰件并不是均匀排列在其上的，而是按照原始排列的固定距离，从虎牌饰一边开始往尾部排列（图 2 – 200）。

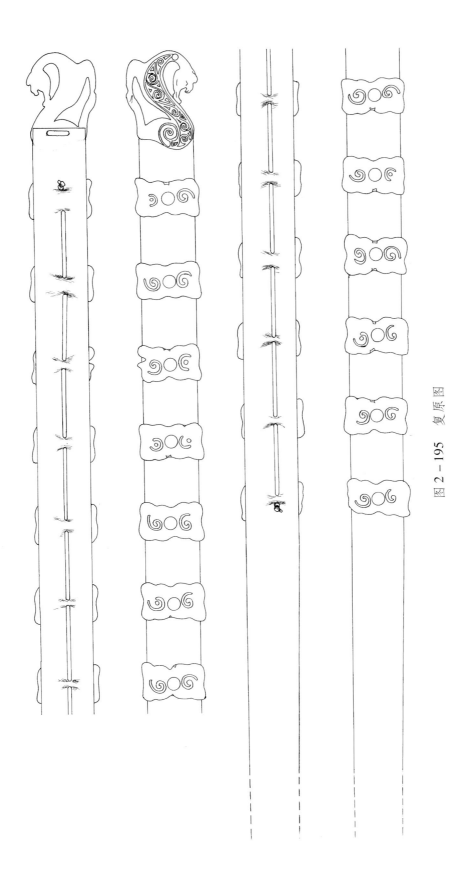

图 2－195　复原图

图 2 - 196 虎牌饰清理

图 2 - 197 裁剪

图 2 - 198 打孔

图 2 - 199 穿饰件

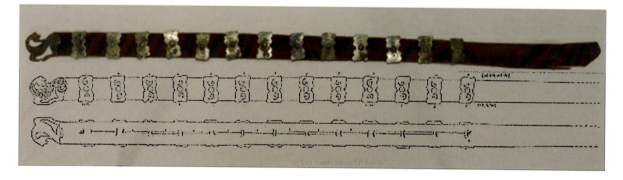

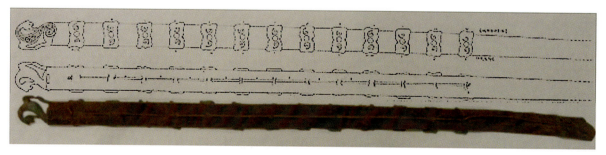

图 2 - 200 复原后正面、背面与复原图的对比

（四）小结

宁夏彭阳县王大户春秋战国墓出土金属文物提供了研究北方青铜文化的重要实物资料，具有极其重要历史、文化、艺术价值。对该批文物的保护修复及时遏制了部分文物，如铜柄铁剑的快速锈蚀过程，为文物本体的长期保存奠定了基础，同时也对尚未严重发展的锈蚀、裂隙等病害进行了消除或控制，避免了可能的重大病害威胁。

对铜饰皮带的保护性复原是先秦皮带具相关研究的首例，其中发掘现场记录的原始信息和后期对带具残留有机质的观察研究成为复原关键，不单填补了先秦带具复原的空白，也为类似多材质复合文物的复原积累了重要经验。

在保护修复同时开展的科学检测分析揭示了文物制作技术的基本特征，为考古学及技术史研究提供了重要的科学证据。科学检测同时达到了揭示技术信息和病害分析的目的，这种集合保护与研究为一体的研究型保护修复是值的推广的。

在保护修复过程中我们一直遵循保持文物历史的真实性与艺术性、最小干预、可辨识、可逆、安全耐久等文物修复的基本原则，并根据每件器物的不同状况在具体实际操作中灵活采用不同的方法，探索修复技术与方法改进，为保护好历史文化的珍贵载体做出贡献。

第七节　小结

王大户墓地共清理墓葬 8 座，其中 7 座未被盗，基本保存了墓葬所蕴含的文化信息。下面从墓葬形制、殉牲、出土遗物、时代几方面对王大户墓地做一总结。

一　墓葬形制

王大户墓地墓葬形制除 PWM1 带短斜坡墓道外，其余墓葬均为竖穴墓道洞室墓，洞室均朝东。洞口有的为圆形竖穴，有的直接掏挖为洞室，底部均呈东向渐低的斜坡。墓道方形或梯形，墓道内均放置殉牲。现将墓葬的形制统计如下表：

表 2-8　王大户墓地墓葬形制统计表

墓号	方向	形制	墓道	洞室		备注
				竖穴	洞室与墓道或殉坑的位置关系	
PWM1	36		短斜坡	有	中部	殉牲坑圆角倒梯形；竖穴有 2 个生土二层台
PWM2	75	"凸"字形	圆角梯形	无	偏南	
PWM3	88	"凸"字形	梯形	无	偏南	

续表 2 - 8

墓号	方向	形制	墓道	洞室		备注
				竖穴	洞室与墓道或殉坑的位置关系	
PWM4	90	刀把形	长方形	有	东南部	竖穴有 3 个生土二层台
PWM5	88	"凸"字形	圆角方形	有	偏北	
PWM6	75	"凸"字形	圆角方形	有	偏南	
PWM7	108	"凸"字形	圆角梯形	有	偏北	

注：洞室与墓道或殉坑的位置关系指洞室与墓道或殉坑中轴线的位置关系。

从表 2 - 8 可知，王大户墓地的墓葬形制，除 PWM1 有短斜坡墓道外，其余均是竖穴墓道洞室墓。墓葬形制分为三种：斜坡墓道墓、"凸"字形墓和刀把形墓，以"凸"字形墓为主，斜坡墓道墓和刀把形墓各 1 座。洞室均朝东，洞室底呈东向渐低的斜坡。洞室与墓道或殉牲坑的位置关系，除 PWM1 位于中部外，其余 6 座墓均偏离墓道或殉牲坑中轴线，其中 PWM5、PWM7 的洞室向北偏离，PWM2、PWM3、PWM4、PWM6 的洞室向南偏离，而 PWM4 的洞室位于墓道的东南部从而形成刀把形墓。

根据以上分析，将王大户墓地墓葬形制总结如下：

1. 墓葬均呈东—西向，洞室朝东，洞口位于墓道或殉牲坑的东部，呈西高东低的斜坡，属成熟期的土洞墓。

2. 以"凸"字形墓为主，刀把形墓较少，新出现了带斜坡墓道的墓葬，这种墓殉牲坑成为独立的单元。

3. "凸"字形墓墓道的形制多样。洞室与墓道中轴线的关系有偏北和偏南，没有完全在同一中轴线上。

4. 洞室分为没有竖穴洞口、有竖穴洞口和竖穴洞口内带生土二层台的洞室三类。第一类洞室的墓为幼儿和儿童墓，第二类洞室的墓均为成年人墓，而第三类洞室的墓随葬品的种类和数量相对较多，这可能反映着墓主人相关的身份信息：未成年人墓的洞室没有竖穴洞口，成年人墓的洞室有竖穴洞口，身份或地位较高者带生土二层台。

二　殉牲

王大户墓地每座墓均有殉牲，除 PWM1 放置于殉坑外，其余 6 座墓的殉牲均放置于墓道内，以马、牛、羊的头骨为主，另外有少量的蹄骨。从头骨的完整性尤其是马头带第一寰椎分析，这些殉牲是殉葬时宰杀。上文对殉牲的种类、年龄等做了统计分析，这里重点将殉牲的放置方法做一归纳总结。

PWM1 殉葬马、牛、羊的头骨 25 件，分为二层。一层殉牲 4 件，其中马头 2 件，牛头和羊头各 1 件。1 件马头位于殉坑东北角，1 件马头和牛头位于殉坑中部临东壁处。羊头位于殉坑西壁中部。二层殉牲从殉坑的东壁处一直放置殉牲于西壁处，从清理过程分析，先放置 PWM1：D6～D9 吻部朝东的 4 件马头，其后放置 PWM1：D12、D13、D21、D23 羊头和 D22 马头，最后放置 PWM1：D18、D16、D15 马头和 D17、D11、D14、D19 羊头及 D20 牛头。殉牲动物头骨的放置方法，有平置、侧置、倒置和插置，除吻部朝东的 4 件马头平置排列整齐外，其余的头骨放置有平置、侧置、倒置和插置，吻部的朝向也多样，没有一定的规律。

PWM2 殉葬马和牛的头骨 7 件，其中马头 5 件，牛头 2 件，大部分头骨带第一寰椎，出土于同一平面上。根据头骨的空间关系分为三部分：墓道东南角为 1 件牛头；中部略偏西为 4 件马头；西北角为 1 件马头和 1 件牛头。头骨的放置有平置和侧置两种，以平置为主，而吻部尤其是马头吻部以朝东者居多。

PWM3 殉葬马、牛、羊的头骨 11 件，其中马头 4 件，牛头 3 件，羊头 4 件，他们在墓道内的分布略呈半开口的圆环形，3 件马头（PWM3：D7～9）和 1 件牛头（PWM3：D10）相依直插于墓道东部和东北部，1 件马头平置、2 件牛头斜插于墓道西部，4 件羊头放置于此环内的东部和西部。殉牲动物头骨的放置有平置、侧置、倒置和插置四种，马头均直插吻部朝下，牛头平置 1 件，直插或斜插 2 件，羊头倒置 3 件，侧置 1 件，说明 PWM3 的殉牲马头和牛头以插置为主，吻部朝下，而羊头以倒置为主。

PWM4 殉葬马、牛、羊的头骨 24 件，其中马头 7 件，牛头 3 件，羊头 14 件，马头和牛头均带第一寰椎。殉牲动物主要放置于洞室竖穴墓道部分，从东向西放置。首先放置的是 1 件羊头（PWM4：D24），回填部分土后再放置 7 件马头，其中 5 件平置，吻部朝东，2 件侧置，吻部分别朝西南和东南，分布齐整，系有意为之。其次放置的是 3 件牛头和 1 件羊头，其中 2 件牛头平置，叠压侧置的马头，1 件牛头侧置，叠压东北部平置马头，而羊头侧置，叠压东南部平置马头。最后放置的是羊头，位于马头和牛头的西部，呈堆状，以侧置为主，平置、倒置也有一定的比例，而吻部的朝向不一。

PWM5 殉葬牛、羊的头骨和舌骨 24 件，其中牛头 4 件，牛舌骨 1 件，羊头 19 件，个别的牛头带第一寰椎，分层放置于墓道，墓室仅牛舌骨 1 件。首先放置的是牛舌骨，位于骸骨北侧。然后放置的是二层殉牲，位于墓道东部洞室竖穴洞口的上部，有牛头 1 件，羊头 5 件。最后放置的是一层殉牲，位于墓道中部、西南和西北部，以墓道中部为主。墓道中部放置牛头 2 件，羊头 9 件，分布集中；墓道西北部放置羊头 5 件，略呈弧线形；墓道东北部放置牛头 1 件。牛头平置 2 件，吻部均朝东；侧置和倒插各 1 例，吻部分别朝西和朝下。羊头共 19 件，其中平置 3 件，侧置 13 件，倒置、竖置和倒插各 1 件，吻部朝向以朝南为主，次为朝东，其他朝向较少。说明 PWM5 殉牲头骨的放置，牛头以平置吻部朝东为主，羊头以侧置为主，吻部的朝向不一。

　　PWM6 共殉葬马、牛、羊的头骨 27 件，其中马头 4 件、牛头 2 件、羊头 21 件。PWM6 的殉牲分上、下二层，上层放置于墓道中东部，呈堆状；下层放置于洞室内，仅羊头 1 件。从清理的过程分析，先放置下层殉牲后回填洞室和墓道，然后在墓道内放置上层殉牲。上层殉牲的底部放置 1 件马头和 9 件羊头，呈三角形；然后放置马头和羊头，最后放置牛头。

　　马头 4 件均侧置，其中吻部朝东南 2 件，朝西北和西南各 1 件；牛头 2 件，平置和竖置各 1 件，吻部分别朝西南和朝上。羊头能辨别置向的共 19 件，其中平置 5 件，侧置 13 件，倒置 1 件，吻部朝向以朝东为主，次为东南，未见朝北者。说明 PWM6 的殉牲放置中，殉牲头骨的放置以侧置为主，羊的吻部朝向以朝东为主，而马、牛大型动物的置向多样。

　　PWM7 共殉葬牛、羊的头骨和蹄骨 33 件，其中牛头 5 件、羊头 26 件，牛蹄骨和羊蹄骨各 1 件。PWM7 的殉牲动物放置于墓道内，上层殉牲分南、北两列，呈条状分布。北列仅牛和羊头骨 2 件，编号 PWM7：D1、D2。南列从墓道东壁直至西壁，共放置牛、羊的头骨和蹄骨 24 件，分为西、中、东三组，每组有 1 件或 2 件牛头。西组牛头编号 PWM7：D3，羊头编号 PWM7：D4 ～ D8。中组牛头编号 PWM7：D9，羊头 6 件，分别编号 PWM7：D10 ～ 15。东组牛头编号 PWM7：D16、D17；羊头 9 件，分别编号 PWM7：D18 ～ 26。下层殉牲共 6 件，其中羊头 4 件，编号 PWM7：D27 ～ 30。羊蹄骨 1 件，编号 PWM7：D32，牛蹄骨 1 件，编号 PWM7：D33。

　　牛头的放置方法平置 1 件、侧置 3 件，倒置 1 件，以侧置为主；牛头的吻部朝向朝东北 2 件，朝东南、西和下各 1 件。羊头平置 2 件，侧置 16 件，倒置和倒插分别 5 件和 2 件，说明羊头也以侧置为主，其他放置方法较少。羊头的吻部朝向中，朝东、西和西北各 1 件；朝下 2 件；朝南 3 件，朝东南和北各 4 件，朝东北 9 件，说明羊头的朝向中，以朝东北为主，未见朝西南者。

　　综合上文记述，现将王大户墓地殉牲特征总结如下：

　　1. 殉牲以马、牛、羊的头骨为主，另有少量的牛舌骨和羊蹄骨。由于头骨的组织结构完整，有的并带第一寰椎，系殉葬时一次性宰杀。

　　2. 殉牲头骨有的墓分层放置，主要放置于墓道，洞室较少。

　　3. 马头和牛头以平置吻部朝东部居多（与洞室的方向一致），但个别墓（PWM2）马头以插置吻部朝下为主。羊头以侧置为主，吻部朝向不一。

三　遗物

　　王大户墓地出土遗物的质地有铜、铁、骨、石及费昂斯饰件等，以铜和骨为主，石质和铁质器物较少。根据出土遗物的功能有炊器、兵器、工具、车器、马器和饰件等，饰件有带饰、骨饰、杆头饰、扣饰、管状饰、绿松石珠饰等，但各墓在数量上多寡不一，PWM1、PWM4 和 PWM7 相对较多，其他墓葬数量较少。

1. 出土遗物的组合

根据表二，将王大户墓地出土遗物的特征总结下：

（1）王大户墓地的遗物有炊器、兵器、工具、车马器和饰件。饰件包括带饰、泡饰、杆头饰、圆雕动物形饰、骨饰及费昂斯和玛瑙饰件等，各墓遗物以饰件为主。

（2）王大户墓地 7 座墓葬中，工具和饰件是每座墓葬均出土的遗物。而炊器、兵器、工具、车马器和饰件均出土的墓葬有 2 座（PWM1、PWM6）。

（3）PWM2 和 PWM3 的遗物组合为炊器—兵器—工具—饰件；PWM4 的遗物组合为兵器—工具—车马器—饰件；PWM5 的遗物组合为兵器—工具—饰件；PWM6 的遗物组合为炊器—工具—饰件。

2. 出土遗物的空间分布

王大户墓地遗物根据第二章对各墓遗物出土位置的记述，出土于墓道和墓室，而且分层放置。现根据第二章的记述，将王大户墓地遗物的空间分布特点总结如下：

（1）遗物的出土位置有墓道和洞室。PWM5、PWM6 的遗物均在洞室，其余 5 座墓的遗物在墓道和洞室均有分布，除 PWM4 的墓道遗物较多外，其余各墓墓道遗物较少，主要分布在洞室，而且墓道遗物主要是炊器、少量的铜泡饰。

（2）遗物分层放置。PWM1 墓道遗物分为三层，洞室遗物也分为三层。PWM2 墓道遗物和殉牲头骨同层，洞室遗物分为三层。PWM3 墓道遗物和殉牲头骨同层，洞室遗物和骸骨同层。PWM4 墓道遗物出土于殉牲头骨之上的墓道填土中和殉牲头骨间，分为五层；洞室遗物除费昂斯珠饰外，与骸骨同层，而费昂斯珠饰在洞室填土中均有分布。PWM5 的遗物出土于洞室，分为二层。PWM6 的遗物也出土于洞室，分为三层。PWM7 墓道遗物与殉牲头骨同层，洞室遗物分为五层。

（3）洞室遗物的位置各墓也不同。PWM1 围绕骸骨放置遗物，主要在胸骨至盆骨的南北两侧，头骨周围和脚部较少，主要是饰件。PWM2 的遗物主要位于胸骨以东及胸上，腿部仅铜泡饰 1 件。PWM3 的遗物也主要位于胸骨以东及胸上，脚西仅铁矛和铁器各 1 件。PWM4 洞室遗物围绕骸骨放置，主要在骸骨的南北两侧、头部和腿部，但数量较少，胸上仅出土 1 件。PWM5 遗物主要在胸部上和下、骨盆上和下，头部和腿部遗物较少。PWM6 遗物主要位于胸和骨盆南部，头部和腿部遗物较少。PWM7 遗物位于洞室西部的竖穴洞口部分，洞室骸骨周围未发现遗物。

四　文化属性与时代

王大户墓地墓葬形制主要为"凸"字形土洞墓，另有 1 座刀把形土洞墓，新出现 1 座带斜坡墓道的土洞墓，洞室呈西高东低的斜坡，除斜坡墓道的土洞墓外，其他墓葬形制在已正式发掘的宁南地区的杨郎墓地①、马庄墓地②、陈阳川墓地③和张街村墓地④均有发现，而斜坡墓道的土洞墓除斜坡外，殉牲坑和洞室的形制与"凸"字形墓的形制形同。在殉牲动物方面，王大户墓地均殉葬马、牛、羊的头骨，另有少量的蹄骨和舌骨，主要放置于墓道（PWM1 放置于殉牲坑）内，少量的放置于洞室内，殉牲动物均属于殉葬时宰杀，殉牲动物的种类、放置位置及殉牲的习俗与上述墓地相同。随葬遗物方面，王大户墓地的随葬遗物有炊器、兵器、工具、车马器和饰件，饰件有铜泡饰、铜带饰、铜铃、铜管、铜环、腹中空的铜鹿饰、铜扣饰、骨饰件、珠饰等，其形制与上述墓地的相同或相近，而且这类相同或相近的遗物在宁南地区及陇山东西有广泛的发现⑤，这说明王大户墓地与上述地区发现的同类遗物的文化属性相同。这类遗存在我国北方长城沿线广泛分布⑥，我们将该类遗存归于北方青铜文化。

王大户墓地出土的遗物中，未发现银南地区中卫狼窝子墓地中宁县倪丁村墓地及固原槐湾、孟塬、撒门 M2 等墓地属于宁夏地区北方青铜文化早期的遗物⑦，而与固原马庄墓地、于家庄墓地的同类遗物形制相同或相近，根据近年的研究成果，这类遗存属于宁南地区北方青铜文化的中期和晚期，而其时代上限定在春秋晚期到战国早期、下限定在战国晚期到秦⑧，由于该墓地位于秦长城以内，据此我们将王大户墓地的时代初步定在战国中期。

五　葬俗

王大户墓地的葬俗与马庄墓地、于家庄墓地的葬俗相同，由于在发掘过程中注意殉牲和遗物的空间分布，注意埋葬过程中的行为发生过程，其实是对上述墓地的葬俗的补充，注意体现在以下几个方面：

1. 殉牲动物有的墓分层放置，主要放置于墓道（PWM1 放置于殉牲坑）。在放置殉牲动物的头骨时，马、牛的头骨多平置，吻部朝东（与洞室的方向一致），反映出一种朝东的文化情感。

2. 随葬遗物分层放置，即边掩埋边放置遗物，实为埋葬时的行为发生过程，而这种

---

① 宁夏文物考古研究所、宁夏固原博物馆：《宁夏固原杨郎青铜文化墓地》，《考古学报》1993 年第 1 期。
② 宁夏文物考古研究所：《宁夏彭堡于家庄墓地》，《考古学报》1995 年第 1 期。
③ 宁夏文物考古研究所、西吉县博物馆：《西吉县陈阳川墓地发掘简报》，《宁夏考古文集》，宁夏人民出版社。
④ 宁夏回族自治区文物考古研究所、彭阳县文物站：《宁夏彭阳县张街村春秋战国墓地》，《考古》2002 年第 8 期。
⑤ 罗丰：《以陇山为中心甘宁地区春秋战国时期北方青铜文化研究》，《内蒙古文物考古》1993 年第 1、2 期。
⑥ 杨建华：《春秋战国时期中国北方文化带的形成》，文物出版社，2004 年。
⑦ 据研究，中宁倪丁村 M1、M2 与中卫狼窝子坑除 M1 的墓葬时代较早，下限在春秋晚期。见周兴华：《宁夏中卫县狼窝子坑的青铜短剑墓》，《考古》1989 年第 1 期；宁夏回族自治区博物馆考古队：《宁夏中宁县青铜短剑墓清理简报》，《考古》1987 年第 9 期；罗丰、韩孔乐：《宁夏固原近年来发现的北方系青铜器》，《考古》1990 年第 5 期；杨建华：《春秋战国时期中国北方文化带的形成》，文物出版社，2004 年，8～43 页。
⑧ 杨建华：《春秋战国时期中国北方文化带的形成》，文物出土社，2004 年，8～43 页。

过程可能是某种葬仪的反映。

3. 费昂斯饰是项饰，应该出土于墓主人颈部，但是，出土费昂斯饰的墓尤其是PWM4，费昂斯饰件除颈部外，在洞室的填土中均有零星发现（这种情况在马庄墓地也有发现），而且没有一定的分布规律，好像是边回填边抛撒费昂斯饰。这种过程可能也是墓中葬仪的反映。

1. 墓地外景（东—西）

2. 墓地外景（南—北）

彩版2-1　王大户墓地

2. PWM1 第二层下部殉牲（西—东）

1. PWM1 第一层和第二层上部殉牲（西—东）

彩版2-2　PWM1殉牲出土情形

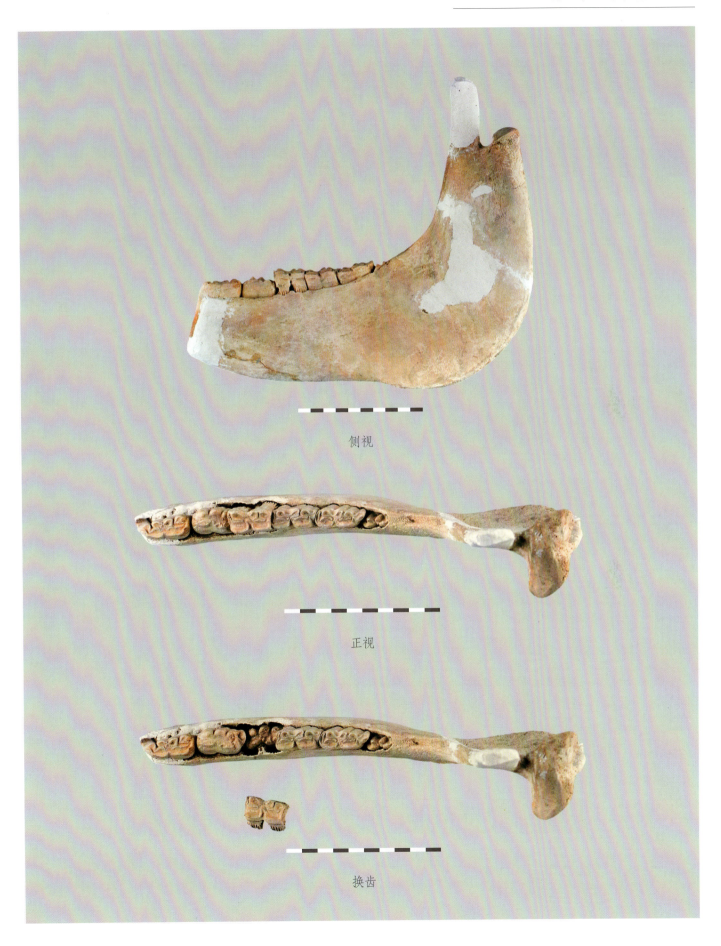

侧视

正视

换齿

彩版2-3　PWM1殉牲（马PWM1：D1下颌骨）

侧视

正视

换齿

彩版2-4　PWM1殉牲（马PWM1：D1上颊齿）

正视

侧视

M1D6

正视（局部）

舌侧P₂前有使用马衔的痕迹

彩版2-5　PWM1殉牲（马PWM1：D6下颌骨）

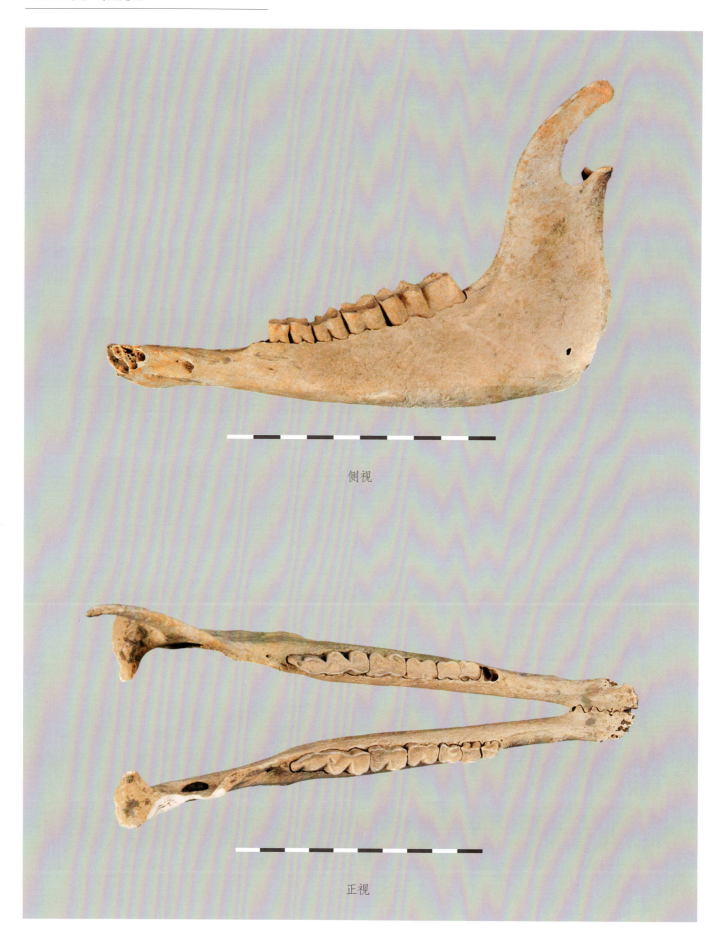

侧视

正视

彩版2-6　PWM1殉牲（马PWM1：D8下颌骨）

側視

正視

彩版2-7 PWM1殉牲（马PWM1：D12下颌骨）

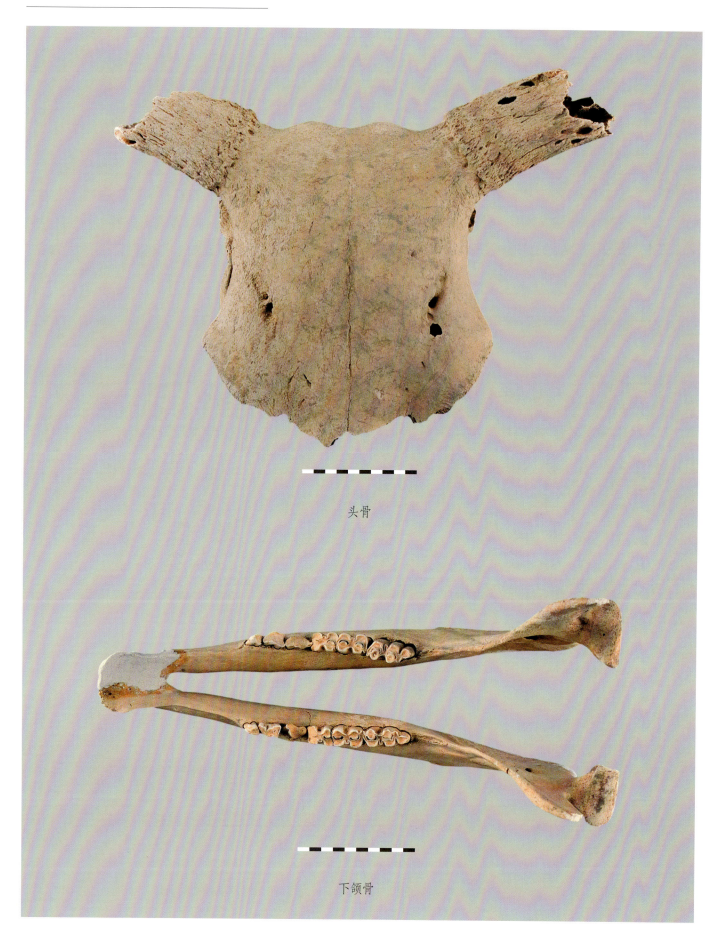

头骨

下颌骨

彩版2-8 PWM1殉牲（牛PWM1：D20）

側視

正視

側視

側視

彩版2-9　PWM1殉牲（牛PWM1：D20上颌骨）

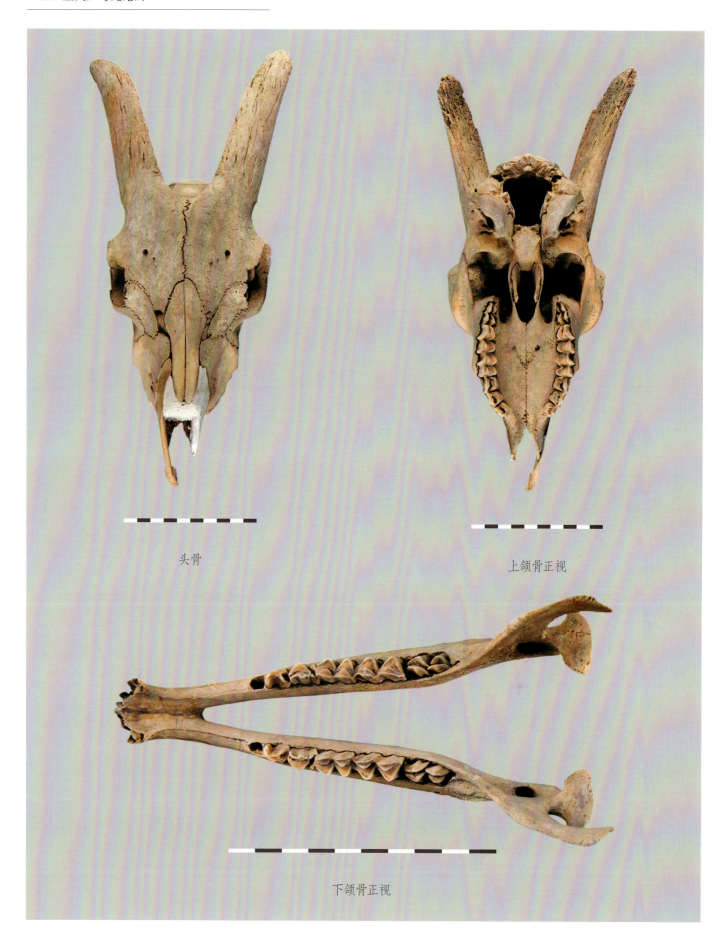

头骨

上颌骨正视

下颌骨正视

彩版2-10　PWM1殉牲（山羊PWM1：D11）

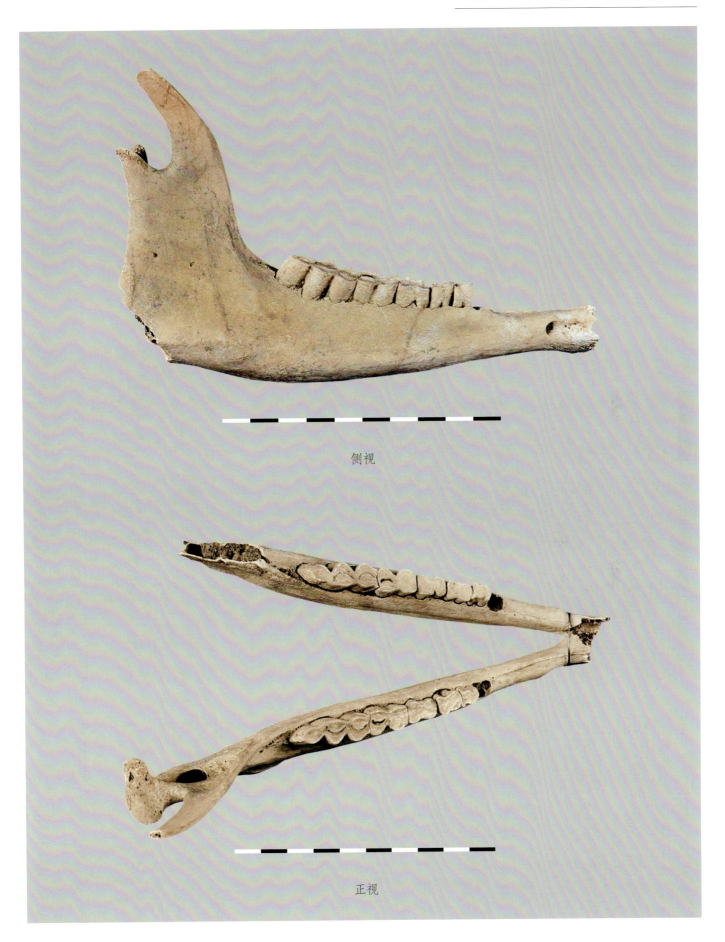

侧视

正视

彩版2-11 PWM1殉牲（绵羊PWM1：D2下颌骨）

彩版2-12 PWM1殉牲（绵羊PWM1：D14下颌骨）

侧视

正视

彩版2-13　PWM1殉牲（绵羊PWM1：D21下颌骨）

1. 殉坑第三层遗物（西—东）

2. 洞室北部第一层北部马镳（南—北）

3. 洞室北部第一层北部遗物（南—北）

彩版2-14　PWM1遗物出土情形

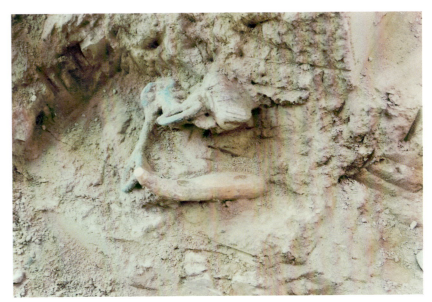

1. 洞室北部第一层北部遗物（南—北）

2. 洞室北部第一层北部遗物（南—北）

3. 洞室北部第一层北部遗物（南—北）

彩版2-15 PWM1遗物出土情形

1. 洞室第一层南部遗物（北—南）

2. 洞室第一层南部遗物（南—北）

3. 铜带饰和带鞓（西北—东南）

彩版2-16　PWM1遗物出土情形

1. 漆皮（西北—东南）

2. 洞室第二层遗物（西—东）

3. 洞室第三层遗物（东—西）

彩版2-17　PWM1遗物出土情形

1. 头部饰件（西—东）

3. 陶罐（PWM1：3）

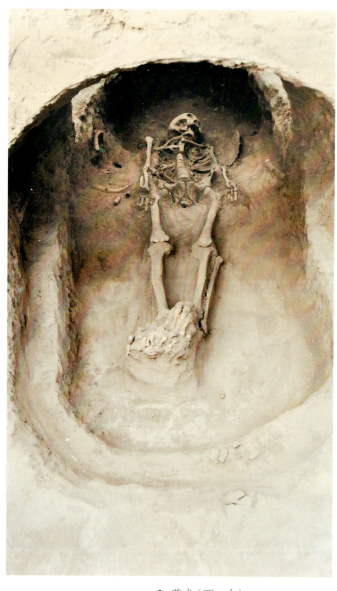

2. 葬式（西—东）

4. 铜剑（PWM1：38）

彩版2—18　PWM1遗物出土情形、葬式及出土陶罐、铜剑

1. 戈（PWM1：37）

2. 镦（PWM1：19）

3. 刀（PWM1：39）

彩版2-19　PWM1出土铜戈、镦、刀

1. 带鞓

2. 带鞓与穿带饰的皮条

3. 带鞓与穿带饰的皮条

4. 卷曲的带鞓(局部)

5. 卷曲的带鞓(局部)

6. 卷曲的带鞓(局部)

彩版2-20　PWM1出土带具

1. 带鞓残件

2. 带鞓与铜带饰

3. 铜带饰及粘连的布纹

4. 带鞓与铜带饰

彩版2-21 PWM1出土带具

正面   背面

1. PWM1：40

正面   背面

2. PWM1：41

彩版2-22　PWM1出土动物形铜牌饰

彩版2-23　PWM1出土卷云纹铜带饰

1. 马衔

2. 泡饰

3. 泡饰（PWM1：31）   4. 泡饰（PWM1：75）

彩版2-24　PWM1出土铜马衔、泡饰

彩版2-25 PWM1出土铜泡饰

69

68　　　　　木柄

彩版2-26　PWM1出土鸟头形铜杆头饰（放大至2倍）

1. 镞（PWM1：80）

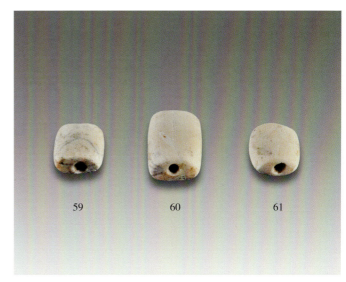

59　　　　60　　　　61

2. 珠

3. 三瓣形饰（PWM1：79）

彩版2-27　PWM1出土骨镞及饰件

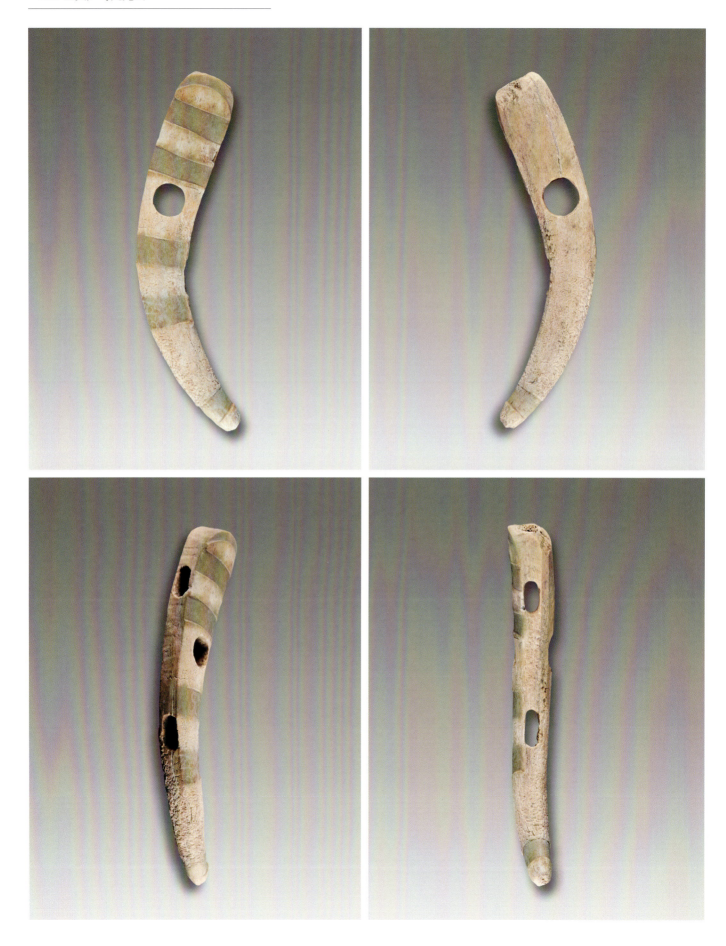

彩版2-28　PWM1出土骨马镳（PWM1：4）

彩版2-29　PWM1出土骨马镳（PWM1：27）

1. 马镳（PWM1：64）

2. 马镳（PWM1：65）

彩版2-30　PWM1出土骨马镳

1. 马镳（PWM1：76）

2. 马镳（PWM1：78）

彩版2-31　PWM1出土骨马镳

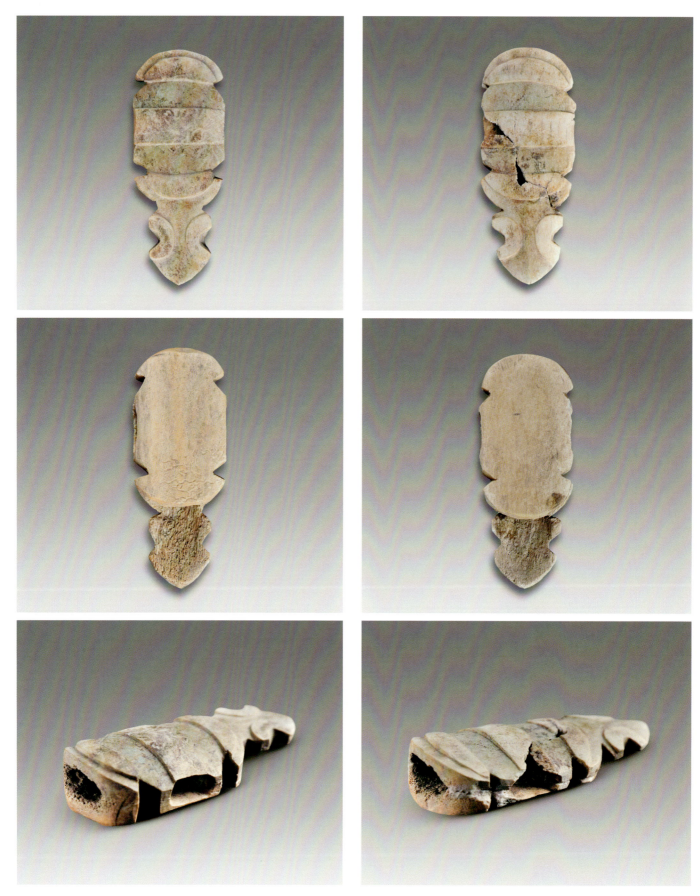

1. 节约 (PWM1:5)   2. 节约 (PWM1:11)

彩版2-32　PWM1出土骨节约

彩版2-33　PWM1出土骨节约

彩版2-34 PWM1出土骨节约

1. 节约

2. 管（PWM1：1）

3. 管（PWM1：2）

4. 管（PWM1：85）

5. 管

彩版2-35　PWM1出土骨节约、管

1. 方形骨饰

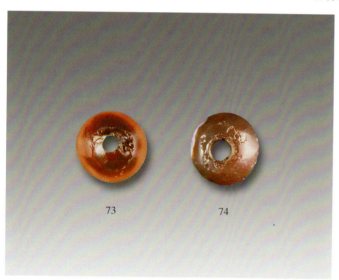

2. 玛瑙珠

3. 绿松石珠

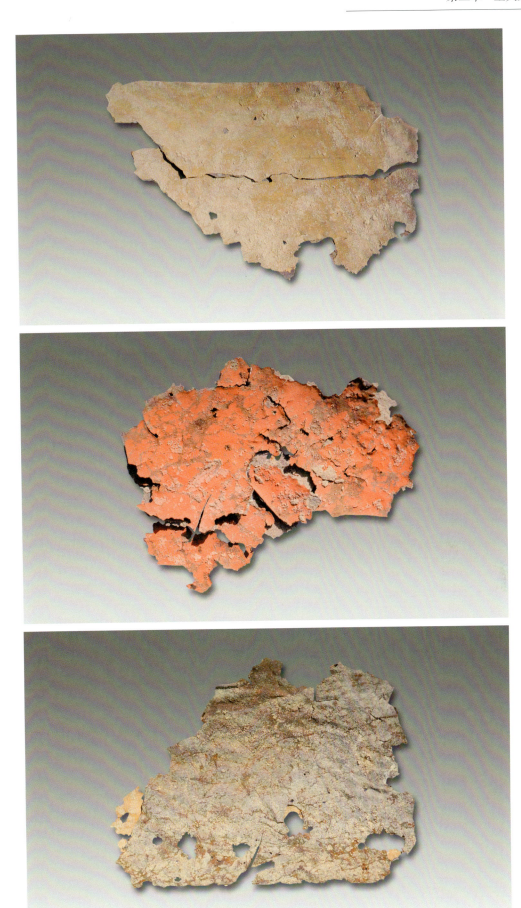

彩版2-37 PWM1出土漆皮残片

1. 墓道（西—东）

2. 洞室（西—东）

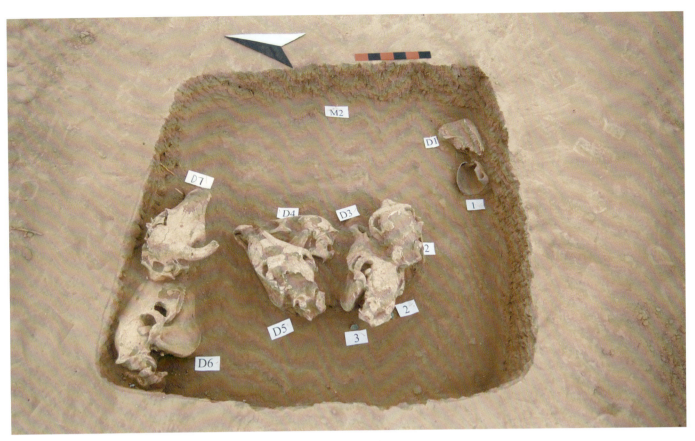

1. 殉牲（西—东）

2. 墓道内遗物（西—东）

彩版2-39 PWM2殉牲及墓道内遗物出土情形

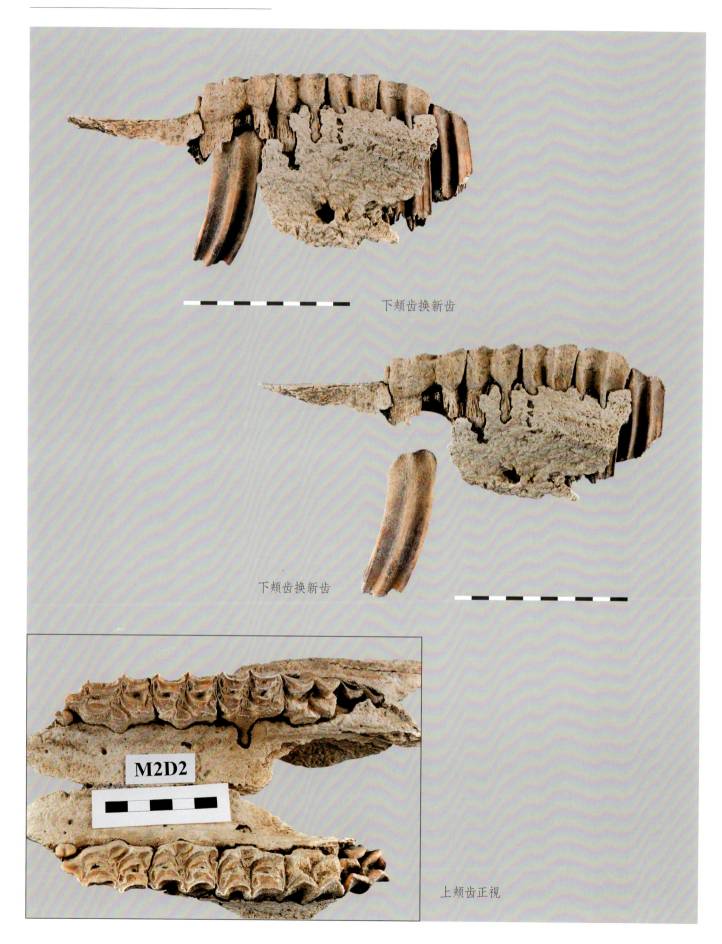

下颊齿换新齿

下颊齿换新齿

M2D2

上颊齿正视

彩版2-40　PWM2殉牲（马PWM2：D2）

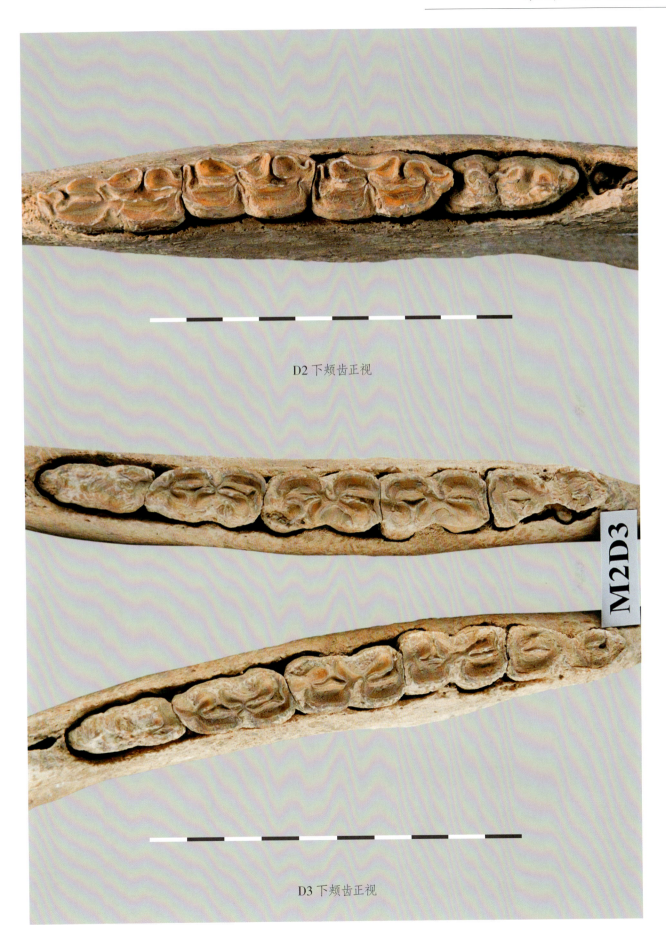

D2 下颊齿正视

D3 下颊齿正视

彩版2-41　PWM2殉牲（马）

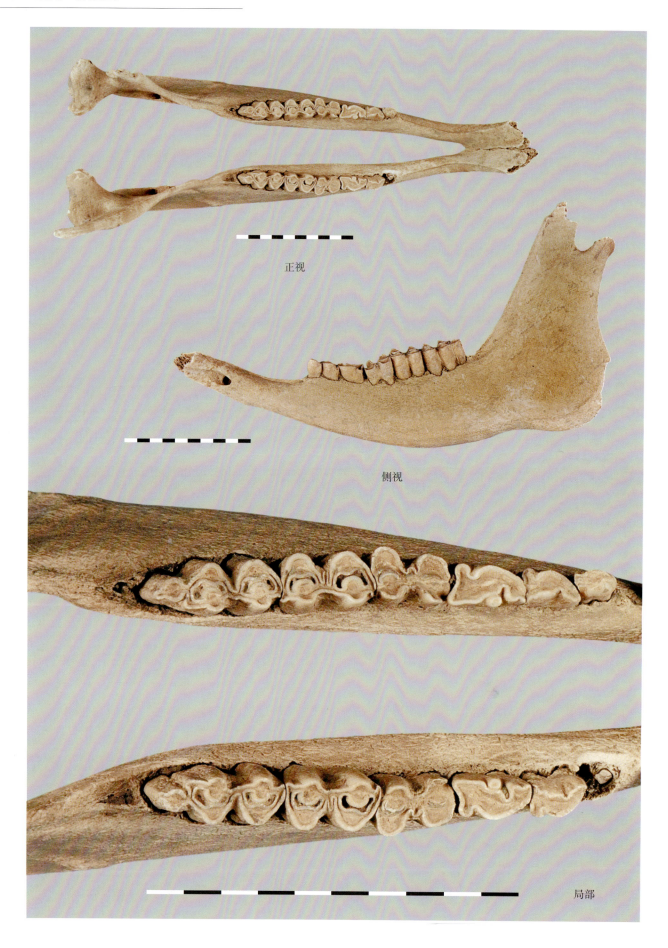

正视

侧视

局部

彩版2-42　PWM2殉牲（牛PWM2：D7下颌骨）

1. 洞室第一层遗物（北—南）

2. 洞室第二层遗物（北—南）

3. 洞室第三层遗物（西—东）

彩版2-43　PWM2遗物出土情形

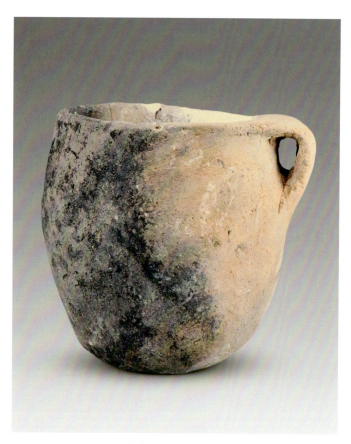

1. 陶单耳罐（PWM2：1）

2. 骨镞（PWM2：17）

4. 铜刀（PWM2：14）

3. 铜矛（PWM2：8）

5. 铜环（PWM2：12）

彩版2-44　PWM2出土陶单耳罐、骨镞及铜矛、刀、环

正面   背面

1. 动物形牌饰（PWM2：15）

侧面

正面

2. 铜铃（PWM2：7）

彩版2-45 PWM2出土铜牌饰、铃

彩版2-46　PWM2出土铜泡饰

彩版2-47　PWM2出土铜泡饰

彩版2-48 PWM2出土费昂斯及玛瑙饰件

1. 墓道与洞室（西—东）

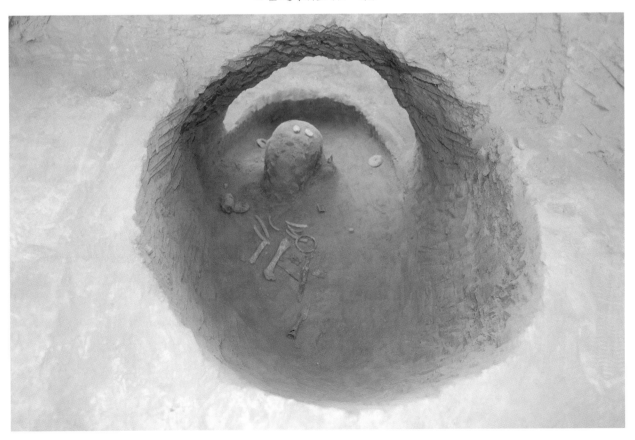

2. 洞室（西—东）

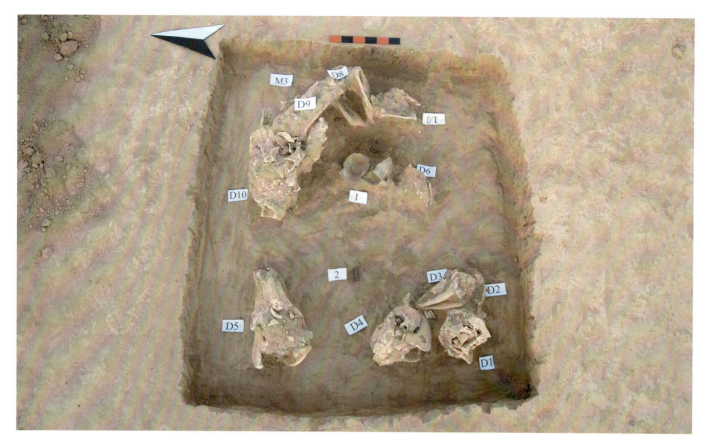

1. 殉牲（西—东）

2. 殉牲（东—西）

彩版2-50　PWM3殉牲出土情形

正视

侧视

彩版2-51　PWM3殉牲（牛PWM3：D4下颌骨）

正视

侧视

彩版2-52 PWM3殉牲（羊PWM3：D11下颌骨）

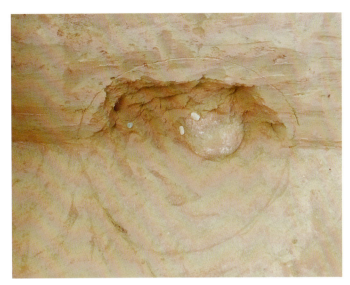

1. 头部饰件（东—西）

2. 头部饰件（东—西）

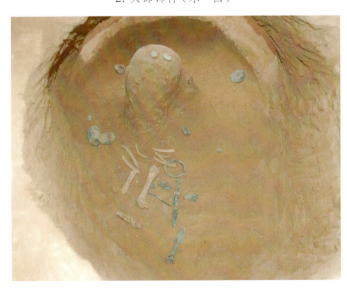

3. 洞室遗物（西—东）

4. 洞室遗物（东—西）

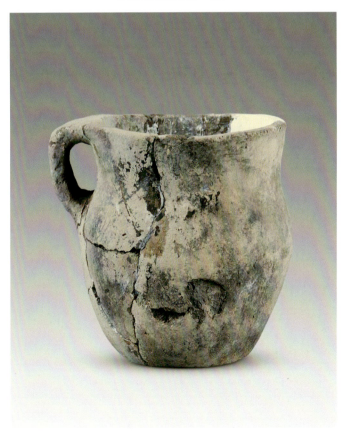

5. 陶单耳罐（PWM3：1）

彩版2—53　PWM3遗物出土情形及出土陶罐

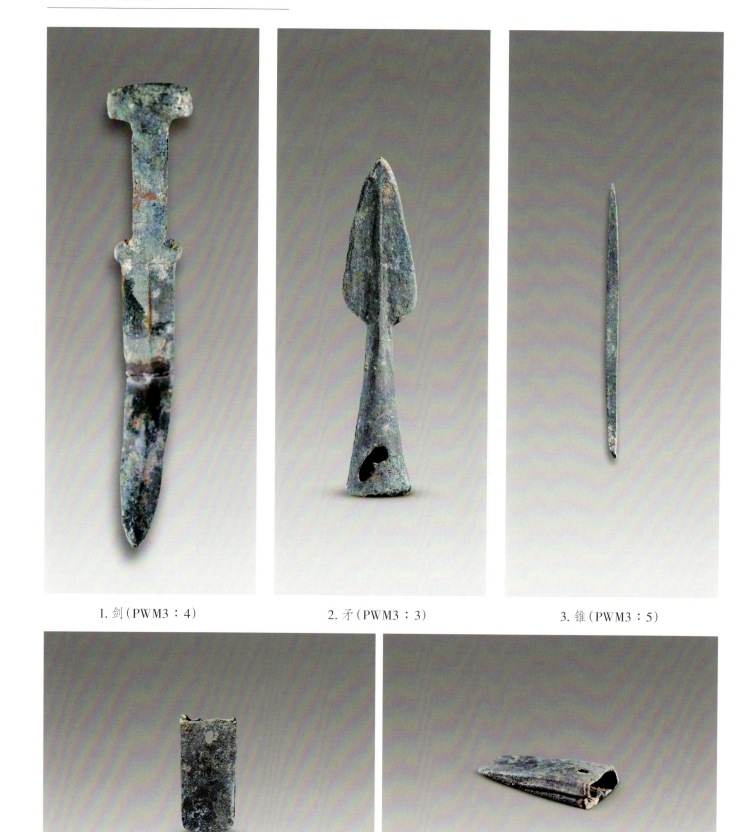

1. 剑（PWM3：4）   2. 矛（PWM3：3）   3. 锥（PWM3：5）

4. 锛（PWM3：14）

彩版2-54　PWM3出土铜剑、矛、锥、锛

1. 鸟纹铜带饰（PWM3：6）

2. 连珠纹铜带饰（PWM3：7）

3. 铜铃（PWM3：10）

4. 铜环（PWM3：9）

5. 铁器（PWM3：20）

彩版2-55　PWM3出土铜带饰、铃、环及铁器

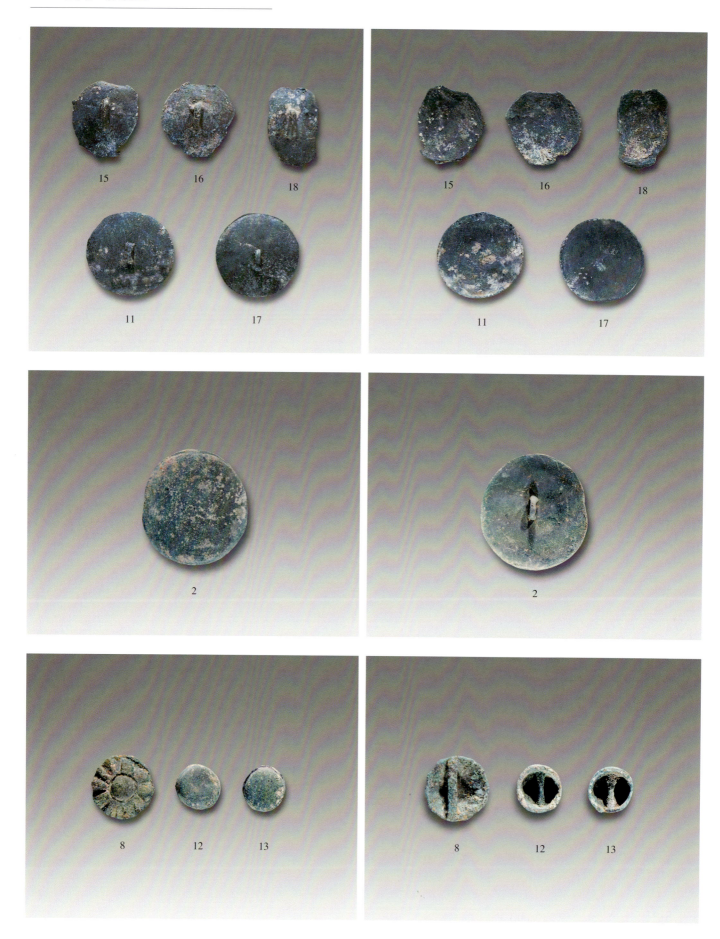

彩版2-56　PWM3出土铜泡饰

彩版2-57　PWM3出土费昂斯及玛瑙饰件（PWM3：19）

1. 墓道与洞室（西—东）

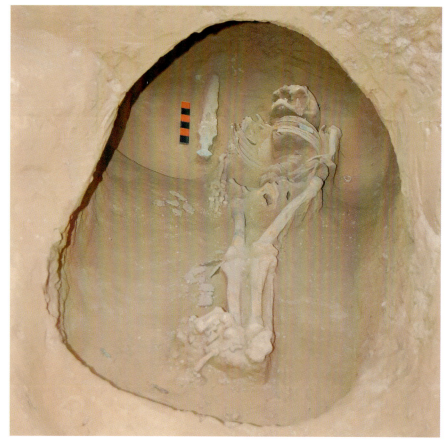

2. 洞室（西—东）

1. 墓道殉牲（西—东）

2. 殉牲骨骼间红色绒毛残迹

彩版2-59　PWM4殉牲出土情形

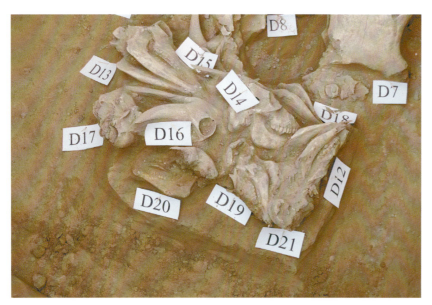

1. 第一层殉牲（西—东）

2. 第二层殉牲（东—西）

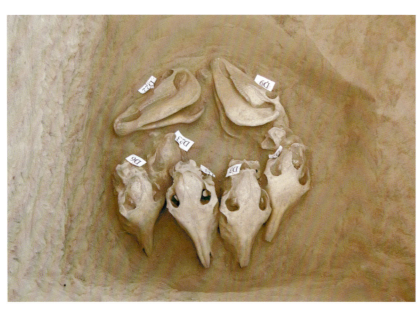

3. 第三层殉牲（东—西）

彩版2-60　PWM4殉牲出土情形

1. 第三层殉牲（西—东）

2. 第三层下部殉牲（北—南）

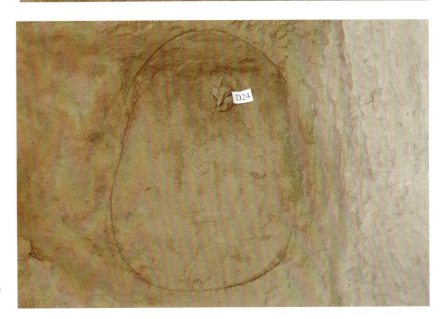

3. 第四层殉牲（东—西）

彩版2—61　PWM4殉牲出土情形

头骨

上颌骨侧视

舌骨

第一寰椎

彩版2-62　PWM4殉牲（马PWM4：D2）

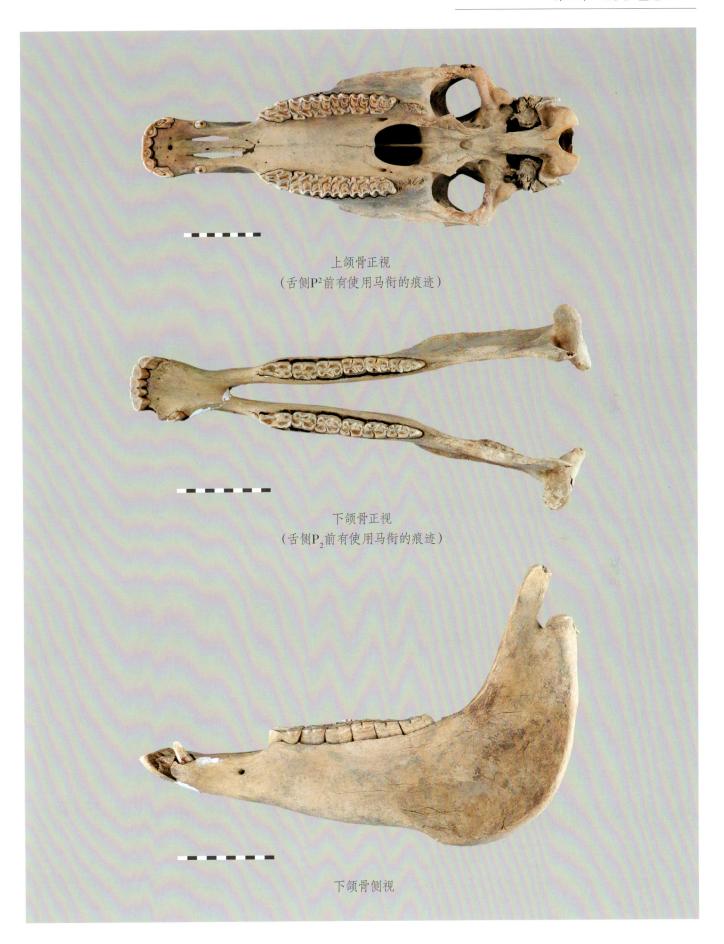

上颌骨正视
（舌侧P² 前有使用马衔的痕迹）

下颌骨正视
（舌侧P₂ 前有使用马衔的痕迹）

下颌骨侧视

彩版2-63　PWM4殉牲（马PWM4：D2）

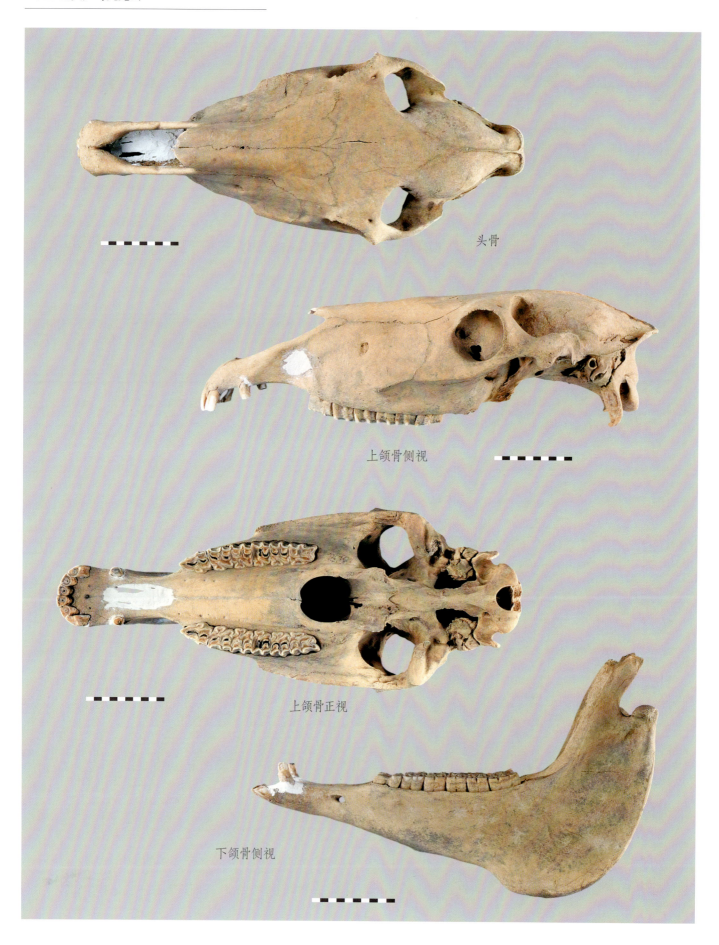

头骨

上颌骨侧视

上颌骨正视

下颌骨侧视

彩版2-64 PWM4殉牲（马PWM4：D3）

P²和M¹嚼面有使用马衔的痕迹

上颊齿磨蚀

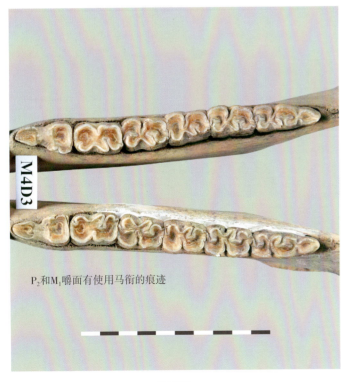

P₂和M₁嚼面有使用马衔的痕迹

下颊齿

下颊齿磨蚀

彩版2-65 PWM4殉牲（马PWM4：D3）

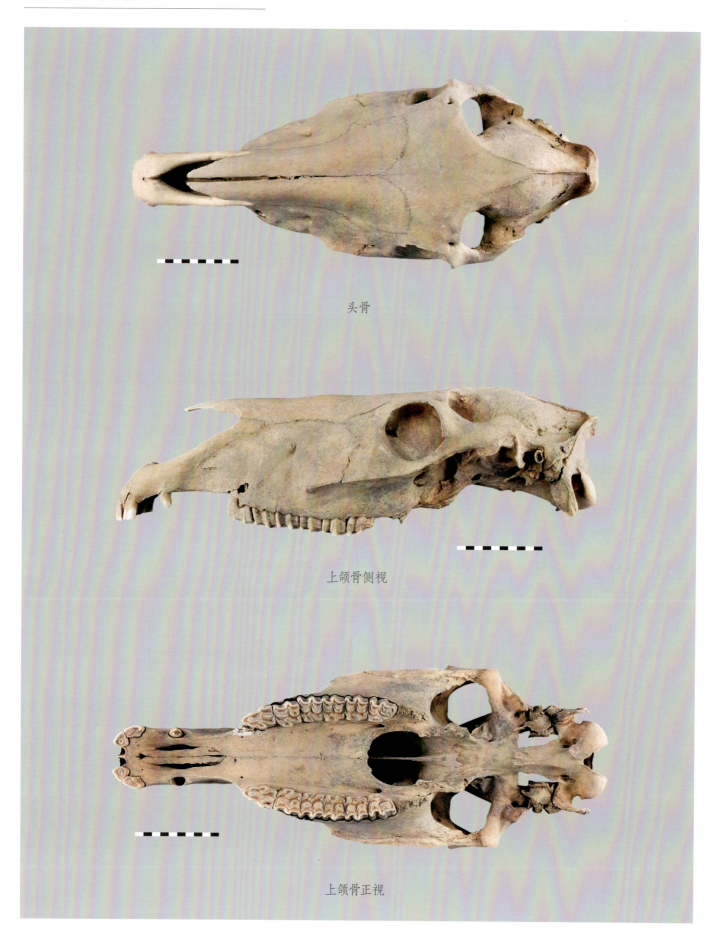

头骨

上颌骨侧视

上颌骨正视

彩版2-66 PWM4殉牲（马PWM4：D4）

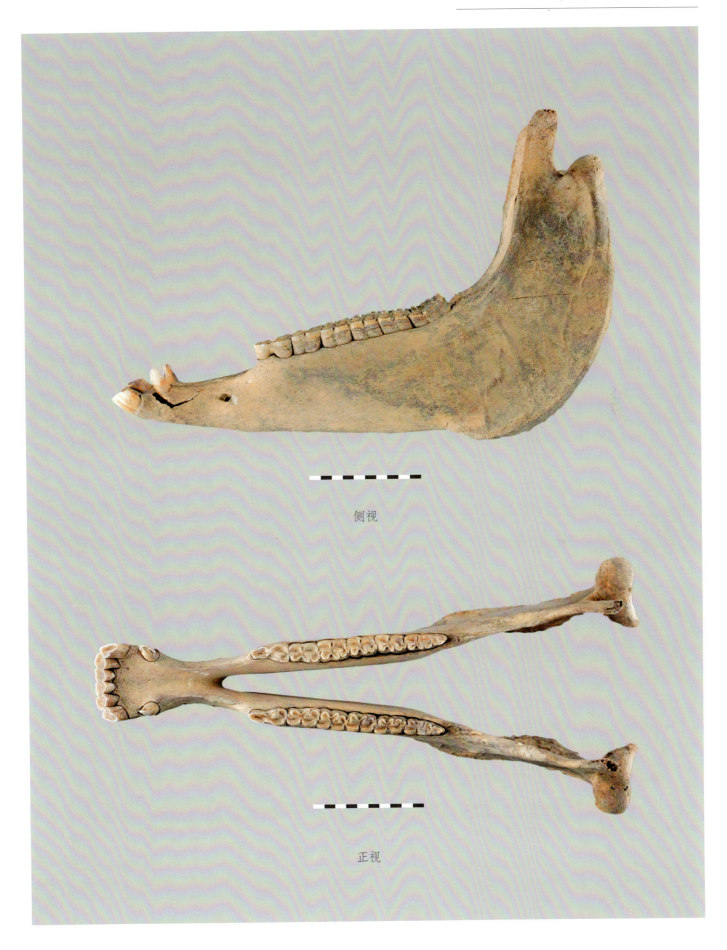

侧视

正视

彩版2-67 PWM4殉牲（马PWM4：D4下颌骨）

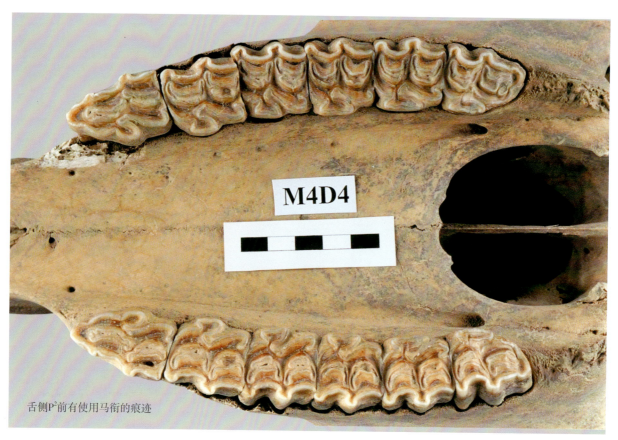

舌侧P²前有使用马衔的痕迹

1. 上颊齿（正视）

舌侧P₂前有使用马衔的痕迹

2. 下颊齿磨蚀（正视）

彩版2-68　PWM4殉牲（马PWM4：D4）

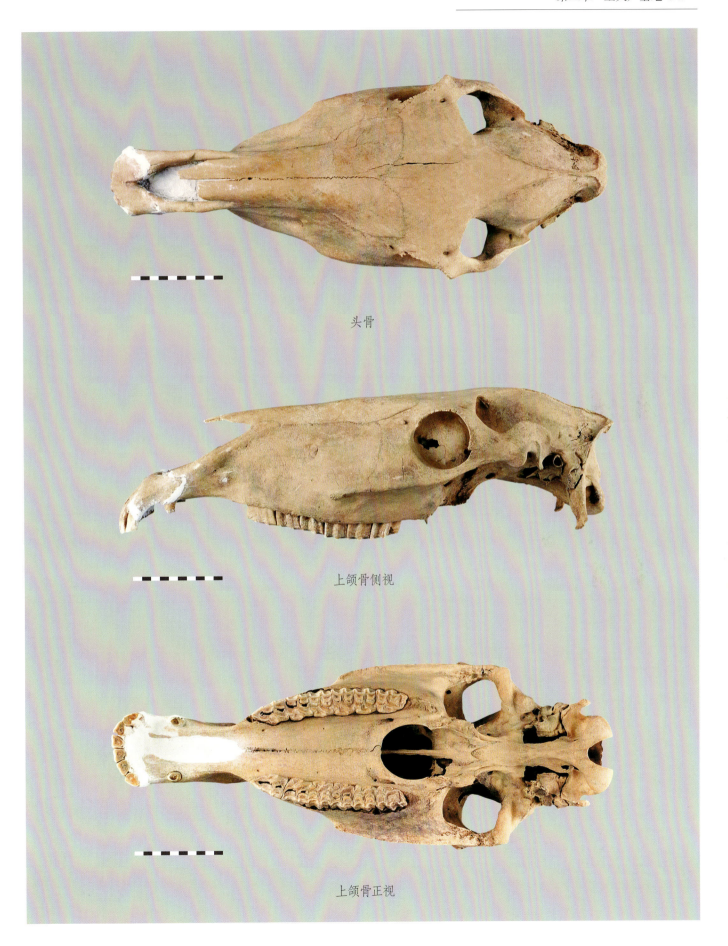

头骨

上颌骨侧视

上颌骨正视

彩版2-69　PWM4殉牲（马PWM4：D6）

侧视

正视

彩版2-70　PWM4殉牲（马PWM4：D6下颌骨）

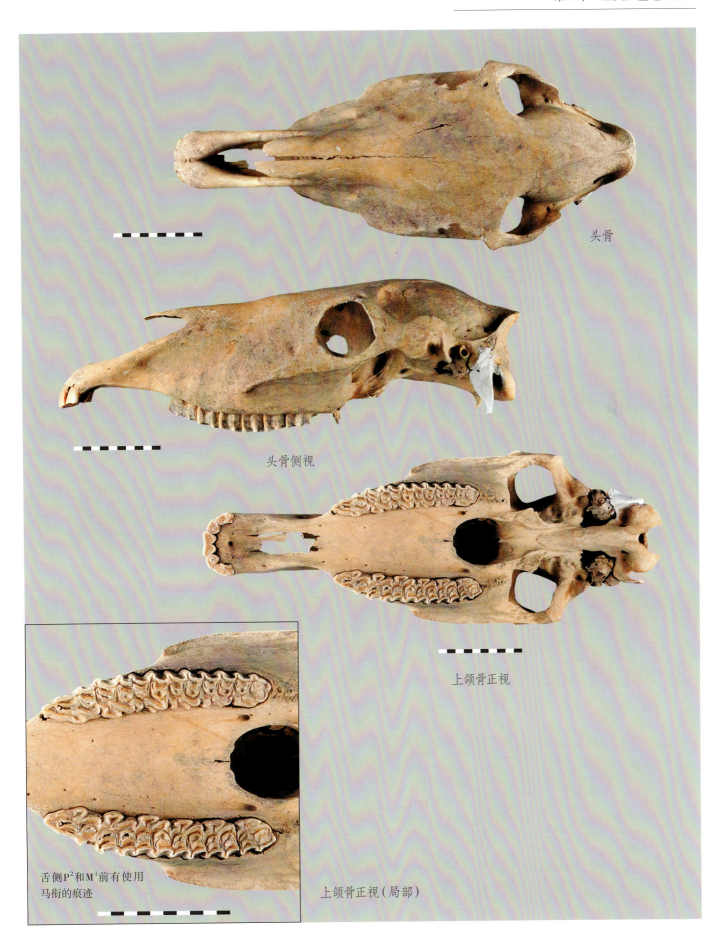

头骨

头骨侧视

上颌骨正视

舌侧P²和M¹前有使用
马衔的痕迹

上颌骨正视（局部）

彩版2-71 PWM4殉牲（马PWM4：D9）

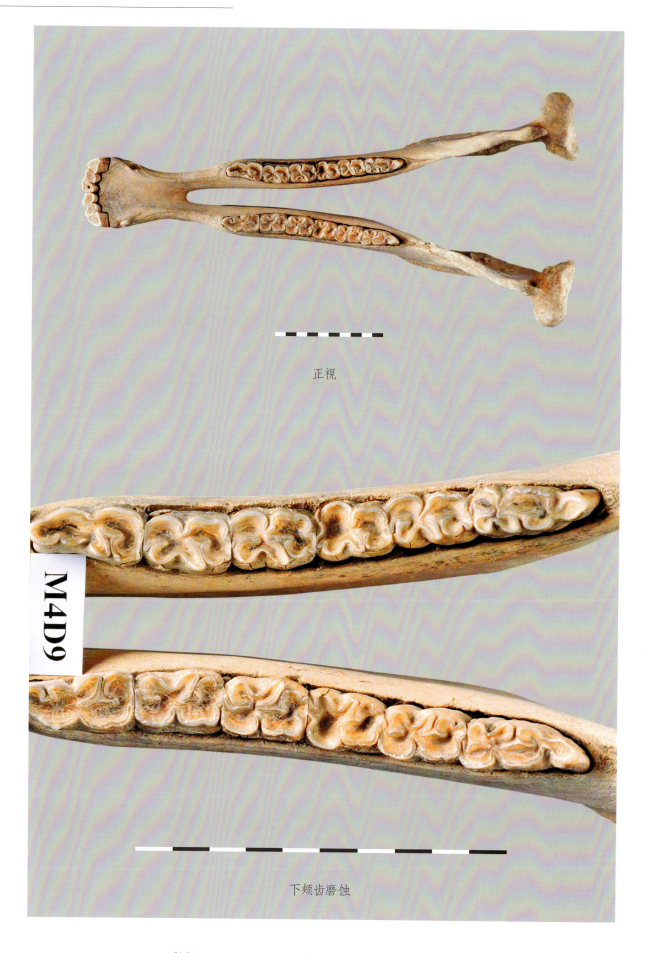

正视

M4D9

下颊齿磨蚀

彩版2-72　PWM4殉牲（马PWM4：D9下颌骨）

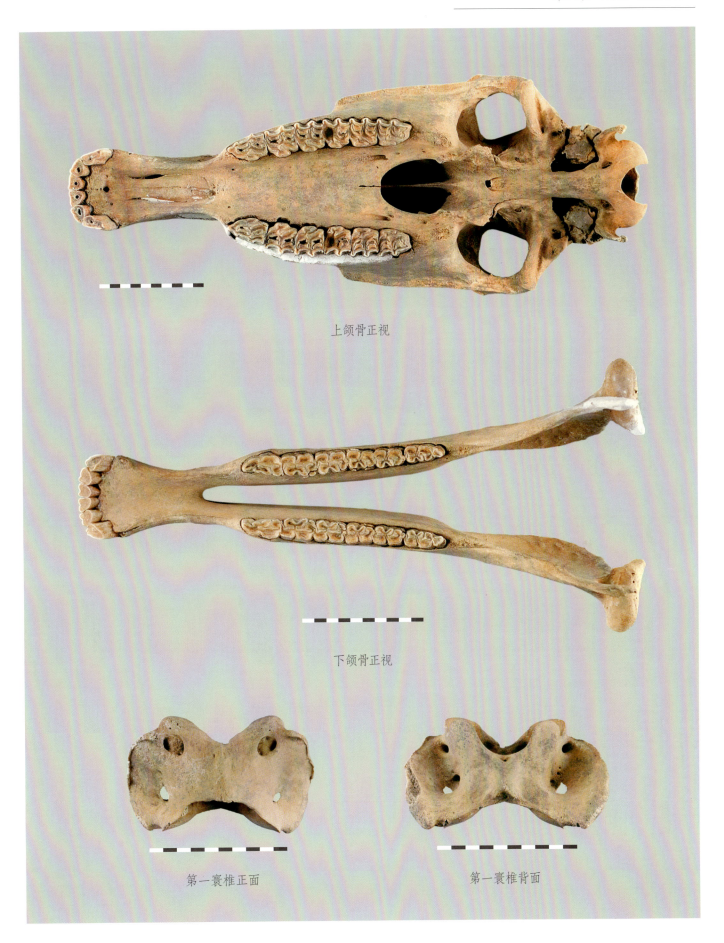

上颌骨正视

下颌骨正视

第一寰椎正面

第一寰椎背面

彩版2-73 PWM4殉牲（马PWM4：D22）

M4D22

舌侧P²和M¹前有使用马衔的痕迹

上颊齿磨蚀

M4D22

舌侧P₂前有使用马衔的痕迹

下颊齿磨蚀

彩版2-74　PWM4殉牲（马PWM4：D22）

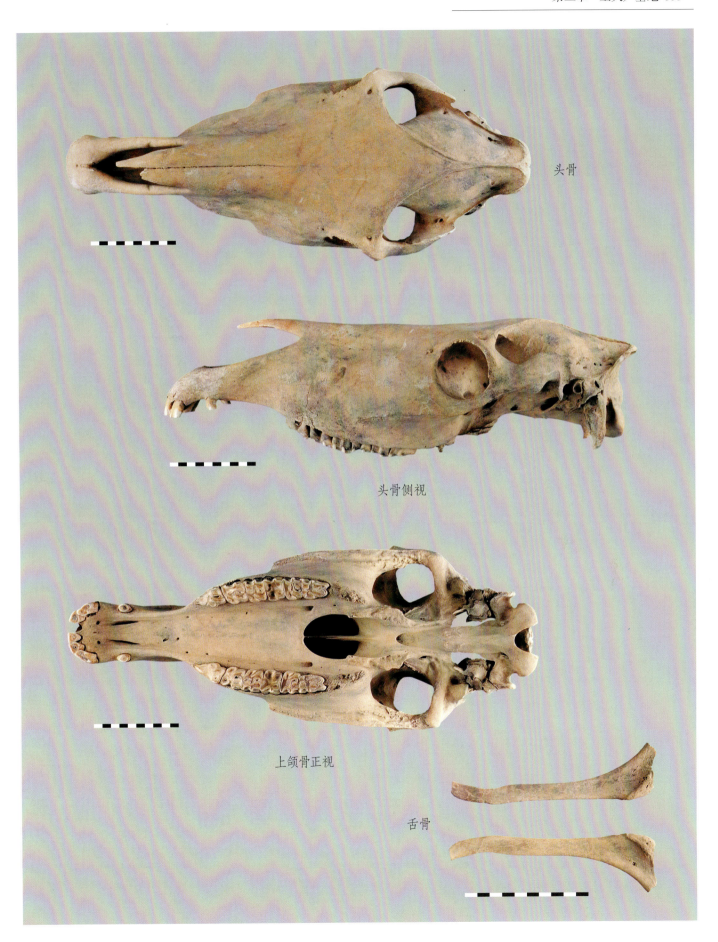

头骨

头骨侧视

上颌骨正视

舌骨

彩版2-75 PWM4殉牲（马PWM4：D23）

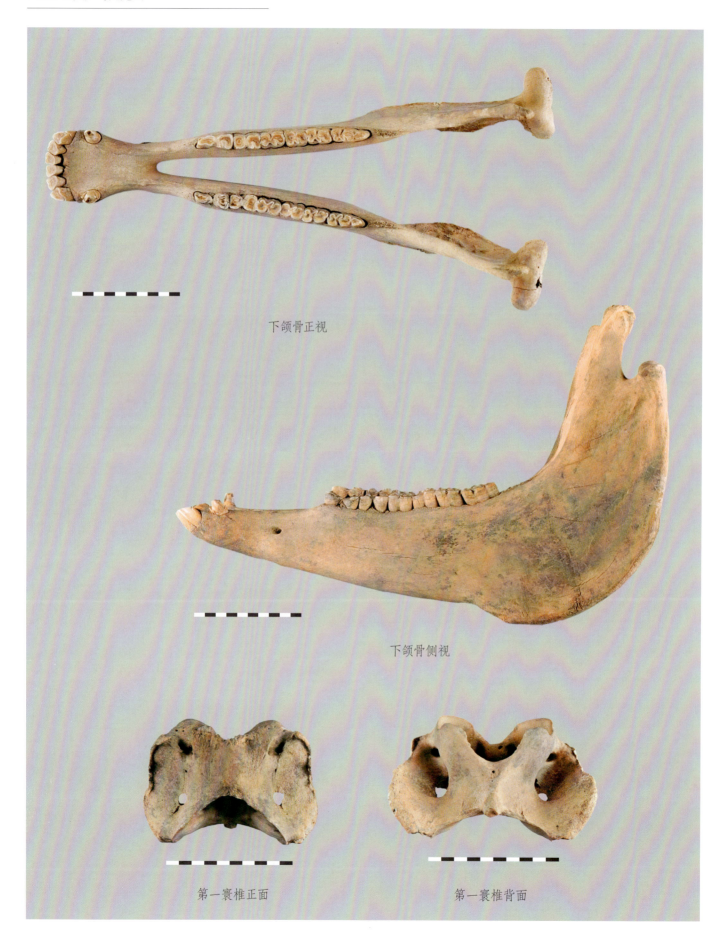

下颌骨正视

下颌骨侧视

第一寰椎正面

第一寰椎背面

彩版2-76　PWM4殉牲（马PWM4：D23）

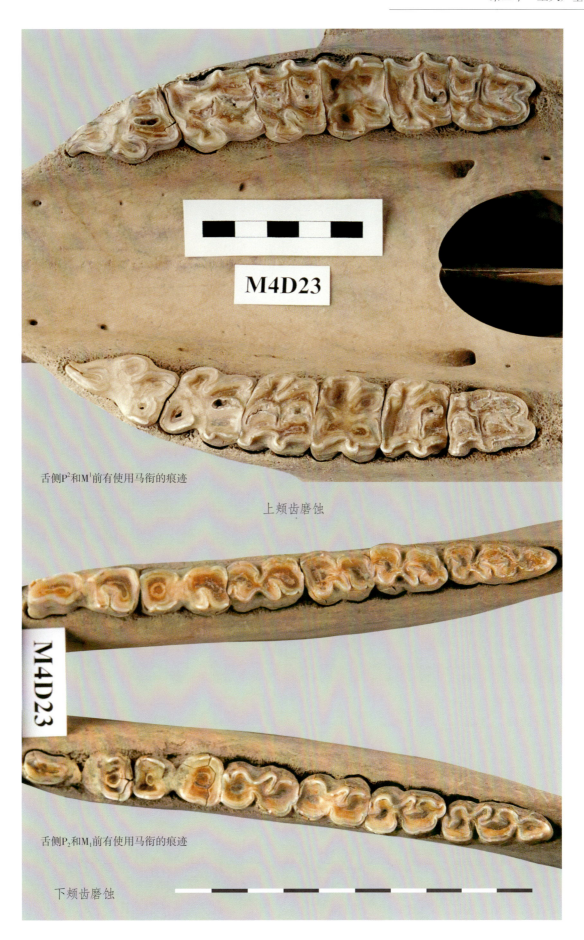

M4D23

舌侧P²和M¹前有使用马衔的痕迹

上颊齿磨蚀

M4D23

舌侧P₂和M₁前有使用马衔的痕迹

下颊齿磨蚀

彩版2-77　PWM4殉牲（马PWM4：D23）

上颌骨正视

下颌骨侧视

下颌骨正视

下颊齿磨蚀

彩版2-78　PWM4殉牲（牛PWM4：D7）

D13 下颌骨正视

D13 下颌骨侧视

D18 头骨

彩版2-79　PWM4殉牲（山羊）

正视

侧视

彩版2-80　PWM4殉牲（绵羊PWM4：D11下颌骨）

1. 墓道第一、二层遗物（北—南）

2. 墓道第三层上部遗物（北—南）

3. 墓道第三层下部遗物（北—南）

彩版2-81　PWM4墓道遗物出土情形

1. 墓道第四层遗物（东—西）

2. 墓道第五层遗物（东—西）

3. 洞室西部遗物（西—东）

彩版2-82　PWM4遗物出土情形

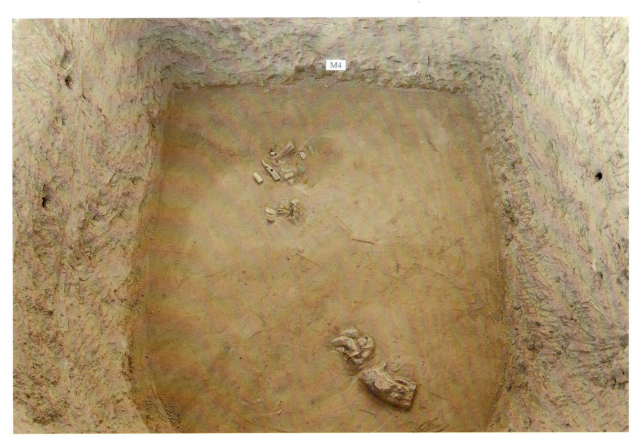

1. 墓道第三层遗物与殉牲（西—东）

2. 墓道第四层遗物与殉牲（西—东）

彩版2-83　PWM4墓道遗物与殉牲

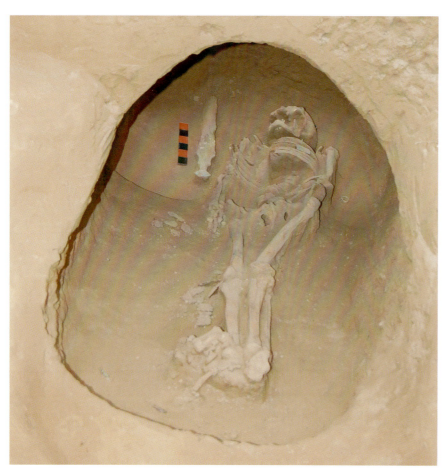

1. 洞室遗物（西—东）

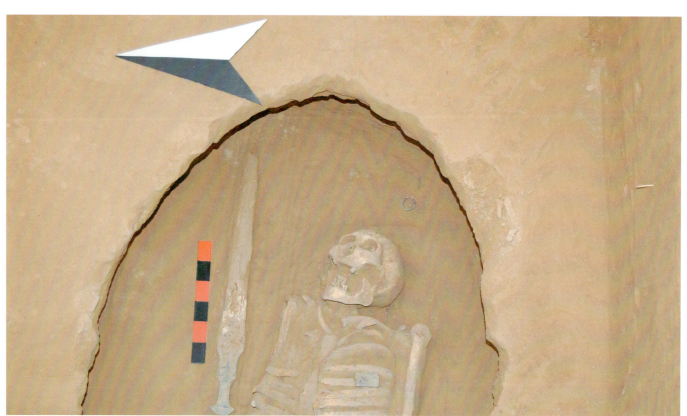

2. 洞室东部遗物（西—东）

彩版2-84　PWM4洞室遗物出土情形

1. 铜斧（PWM4：44）

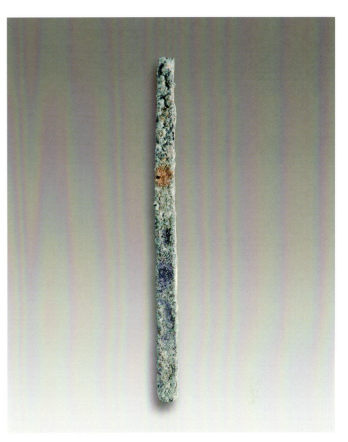

2. 铜凿（PWM4：42）

3. 铜柄铁剑（PWM4：43）

4. 铜剑柄（PWM4：43局部）

彩版2-85　PWM4出土铜斧、凿及铜柄铁剑

彩版2-86　PWM4出土铜泡饰

1. 铁矛（PWM4：1）

2. 铁马衔（PWM4：22）

3. 铁马衔（PWM4：2）

4. 铁饰残片（PWM4：48）

5. 铁饰残片（PWM4：49）

6. 银耳环

彩版2-87　PWM4出土铁矛、马衔、饰件及银耳环

1. 马镳（PWM4：24）

2. 马镳（PWM4：23）

彩版2-88　PWM4出土骨马镳

1. 马镳（PWM4：8）

2. 马镳（PWM4：53）

3. 马镳（PWM4：11）

彩版2-89　PWM4骨马镳

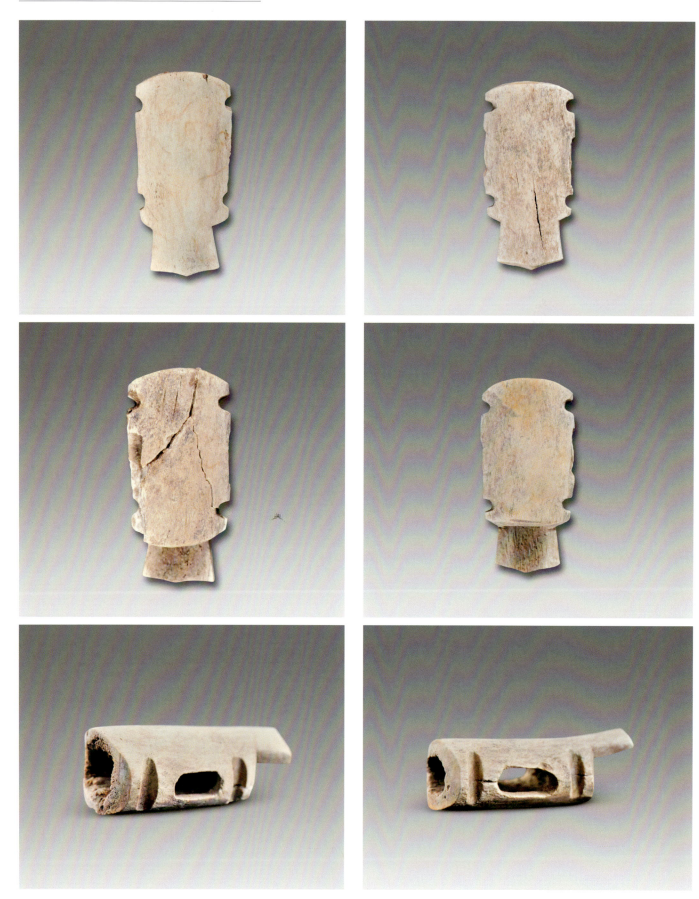

1. 节约（PWM4∶15）　　　　　　　　2. 节约（PWM4∶25）

彩版2-90　PWM4出土骨节约

1. 节约（PWM4：12）

2. 节约（PWM4：27）

3. 节约（PWM4：19）

彩版2-91　PWM4出土骨节约

 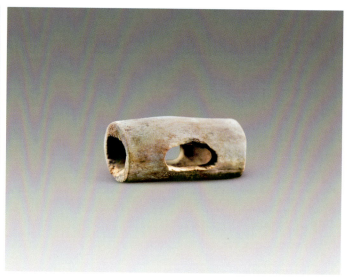

1. 节约（PWM4：30）

2. 节约（PWM4：31）

3. 节约（PWM4：40）

彩版2-92　PWM4出土骨节约

 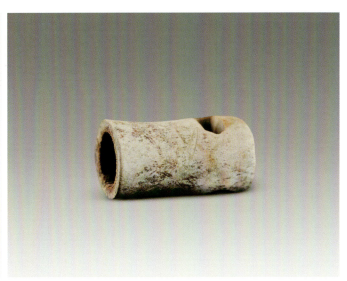

1. 节约（PWM4：7）

2. 节约（PWM4：28）

 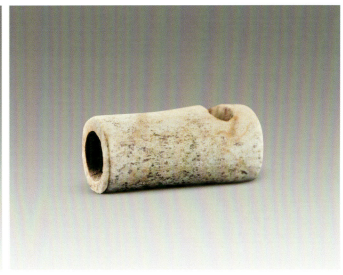

3. 节约（PWM4：36）

彩版2-93　PWM4出土骨节约

6   50

13   18

1. 节约（PWM4：9）

51   37

2. 管

彩版2-94　PWM4出土骨节约、管

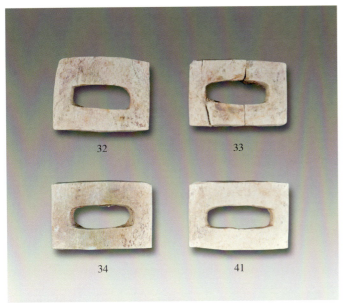

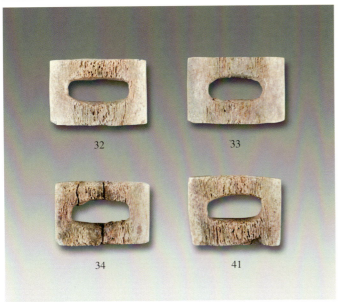

2. 纺轮状饰

1. 长方形饰

彩版2-95 PWM4出土骨饰件

彩版2-96　PWM4出土费昂斯及玛瑙饰件

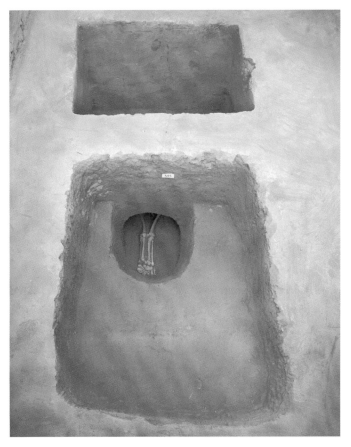

1. 墓道与洞室（西—东）

2. 墓道（南—北）

3. 第一层殉牲（西—东）

彩版2-97　PWM5及第一层殉牲出土情形

1. 第二层殉牲（西—东）

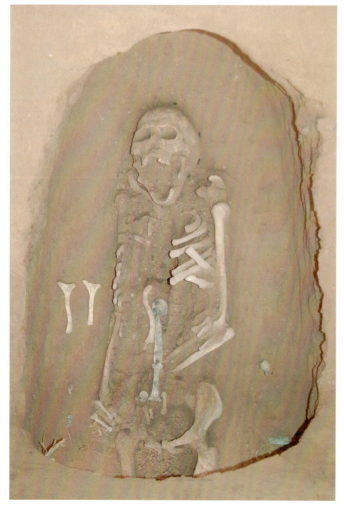

2. 洞室殉牲（北—南）

彩版2-98　PWM5殉牲出土情形

D1

D15

彩版2-99　PWM5殉牲（牛下颌骨）

1. 洞室上层中东部遗物（北—南）

2. 洞室上层中部遗物（东—西）

3. 洞室上层西部遗物（西—东）

4. 洞室下层遗物（西—东）

彩版2-100　PWM5遗物出土情形

1. 剑（PWM5：2）

3. 锛（PWM5：7）

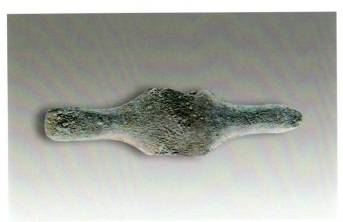

2. 鹤嘴斧（PWM5：6）

4. 环（PWM5：9）

彩版2-101　PWM5出土铜剑、鹤嘴斧、锛、环

1. 连珠纹带饰（PWM5：10）

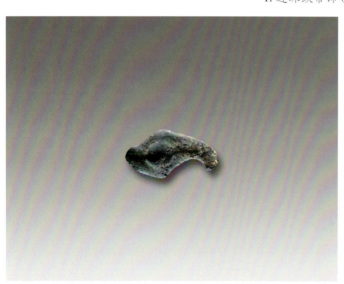

2. 扣饰（PWM5：3）

3. 条状饰

彩版2-102　PWM5出土铜带饰、扣饰、条状饰

1. 铜泡饰（PWM5：1）　　　　　　　　　　　　2. 铜泡饰（PWM5：5）

3. 骨珠（PWM5：4；放大）

4. 骨条状饰

彩版2-103　PWM5出土铜泡饰及骨珠、条状饰

1. 墓道与洞室（西—东）

2. 洞室（西—东）

1. 上层上部殉牲（西—东）

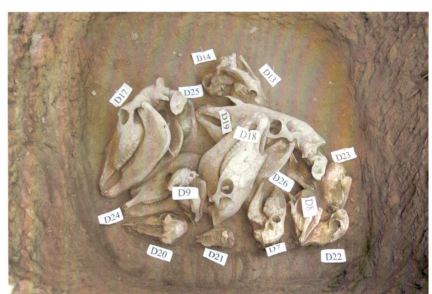

2. 上层中部殉牲（东—西）

3. 上层下部殉牲（西—东）

彩版2-105 PWM6殉牲出土情形

正视

牙齿磨蚀

彩版2-106　PWM6殉牲（马PWM6：D17下颌骨）

上颌骨正视

下颌骨正视

上颊齿磨蚀

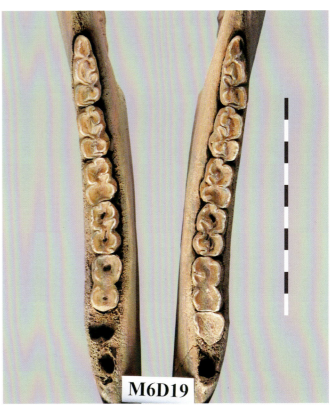

下颊齿磨痕

彩版2-107 PWM6殉牲（马PWM6：D19）

上颊齿侧视

下颌骨侧视

上颊齿正视

下颊齿正视

彩版2-108　PWM6殉牲（马PWM6：D24）

D15 正视

D15 侧视

D16 正视

D16 侧视

彩版2-109 PWM6殉牲(牛下颌骨)

头骨正视

上颊齿磨痕

头骨侧视

彩版2-110　PWM6殉牲（牛PWM6：D16）

舌骨　　　　　　　　　第一寰椎正面　　　　　　　第一寰椎背面

1. 牛（PWM6：D16）

2. 山羊角（PWM6：D5）

3. 山羊头骨（PWM6：D25）

彩版2-111　PWM6殉牲（牛、山羊）

D9 上颌骨正视

D9 下颌骨正视

D22 上颌骨正视

D22 下颌骨正视

彩版2-112　PWM6殉牲（绵羊）

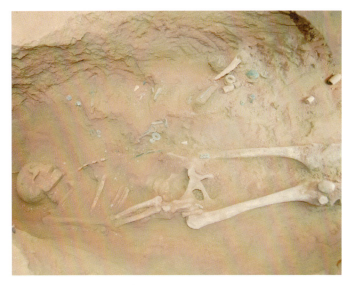

1. 第一层遗物（北—南）

2. 第一层铜器（北—南）

3. 第一层骨镞、铜镞和铜锛（北—南）

4. 第一层铜泡饰、骨马镳等（北—南）

5. 第二层铜剑等（北—南）

6. 第二层铜剑下饰件（北—南）

彩版2-113　PWM6遗物出土情形

1. 第三层遗物（北—南）

2. 人体骸骨（西—东）

3. 陶鬲足（PWM6∶30）

4. 铜短剑（PWM6∶7）

彩版2-114　PWM6遗物出土情形及出土陶鬲足、铜短剑

1. 镞

2. 锥（PWM6：18）

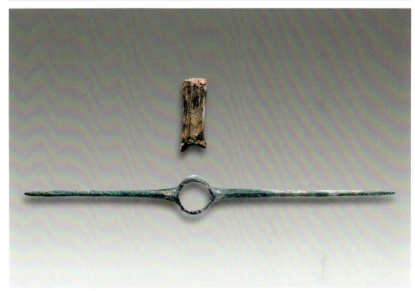

3. 鹤嘴斧（PWM6：4）

4. 锛（PWM6：14）

彩版2-115　PWM6出土铜镞、锥、鹤嘴斧、锛

1. 带扣（PWM6：19）

8

9

2. 扣饰（PWM6：47）

3. 扣饰

4. 坠饰（PWM6：42）

彩版2-116　PWM6出土铜带扣、扣饰、坠饰

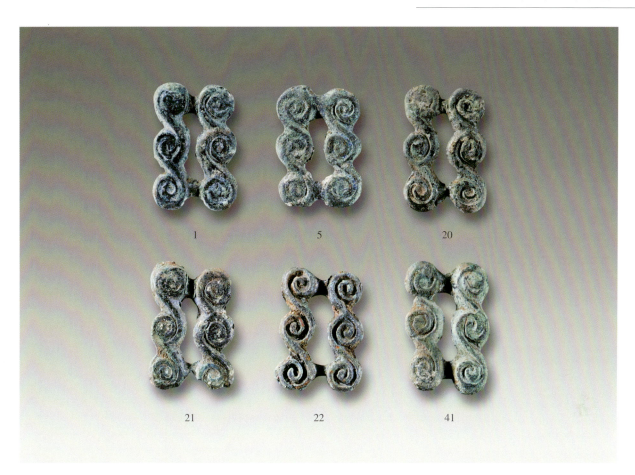

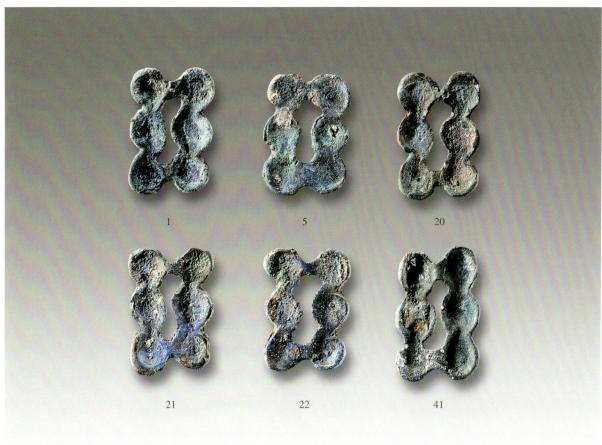

彩版2-117　PWM6出土连珠纹铜带饰

25 28 45

26 27

25 28 45

26 27

彩版2-118 PWM6出土铜泡饰

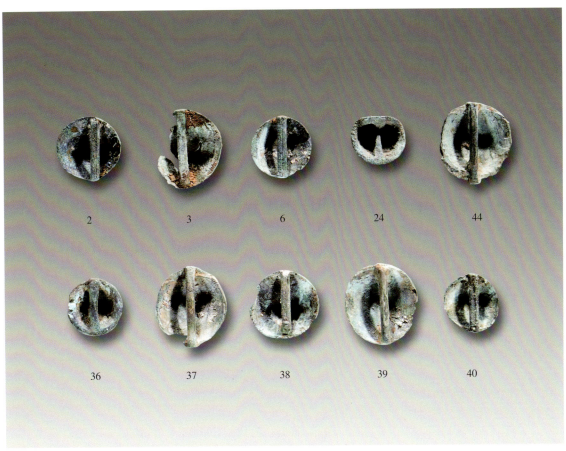

彩版2-119 PWM6出土铜泡饰

1. 铜环（PWM6：16）

2. 铜管（PWM6：15）

11　10　12

3. 骨镞

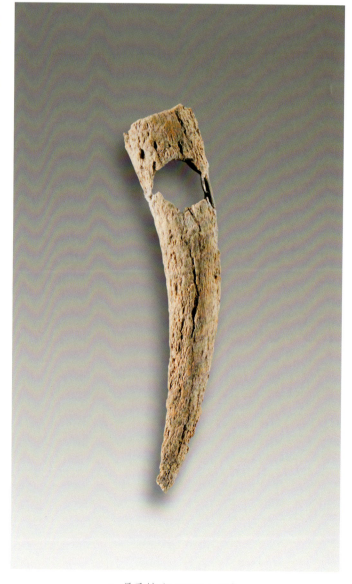

4. 骨马镳（PWM6：29）

彩版2-120　PWM6出土铜环、管及骨镞、马镳

1. 节约（PWM6：46）

2. 节约（PWM6：34）

3. 节约（PWM6：31）

彩版2-121　PWM6出土骨节约

1. 墓道与洞室（西—东）

3. 人体骸骨（西—东）

2. 洞室与人体骸骨（西—东）

4. 竖穴部分洞口（东—西）

1. 上层殉牲（西—东）

2. 下层殉牲（东—西）

彩版2-123　PWM7殉牲出土情形

1. 上层西部殉牲（北—南）

2. 上层东部殉牲（北—南）

3. 上层中部殉牲（东—西）

4. 上层东南部殉牲（南—北）

5. 牛头骨（南—北）

6. 陶器与殉牲（东—西）

彩版2-124　PWM7殉牲出土情形

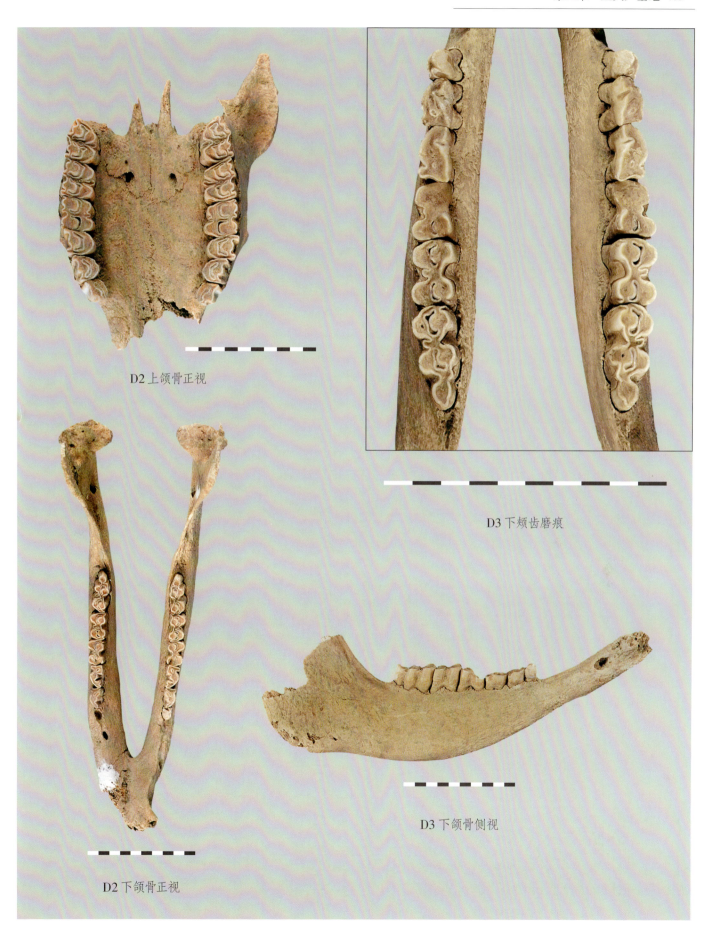

D2 上颌骨正视

D3 下颊齿磨痕

D2 下颌骨正视

D3 下颌骨侧视

彩版2-125　PWM7殉牲（牛）

D27 下颌骨侧视

D27 头骨侧视

D30 头骨后视

D30 头骨正视

彩版2-126　PWM7殉牲（山羊）

彩版2-127　PWM7殉牲（绵羊PWM7：D12）

1. 洞室第一、二层遗物（西—东）

2. 洞室第三层遗物（南—北）

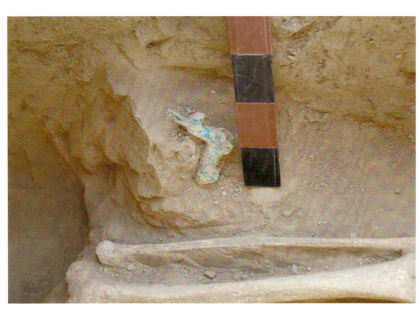

3. 洞室第四层遗物（北—南）

彩版2-128　PWM7洞室遗物出土情形

1. 洞室第五层遗物（西—东）

2. 陶双耳罐（PWM7：1）

彩版2-129　PWM7洞室遗物出土情形及出土陶罐

1. 刀（PWM7：17）

2. 刀（PWM7：17）木鞘残痕

3. 锥（PWM7：31）

4. 针筒（PWM7：22）

彩版2-130　PWM7出土铜刀、锥、针筒

1. 带扣（PWM7：8）

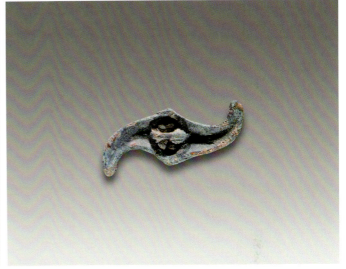

2. 扣饰（PWM7：24）

3. 动物形牌饰（PWM7：29）

彩版2-131　PWM7出土铜带扣、扣饰、牌饰

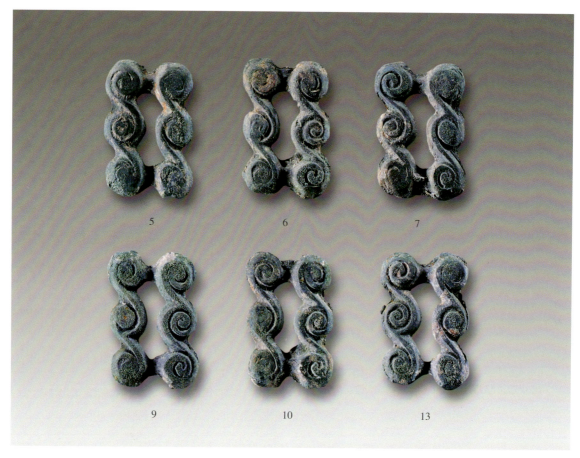

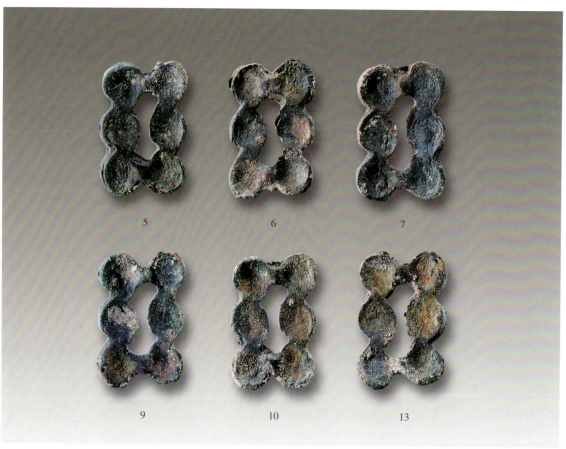

彩版2-132　PWM7出土连珠纹铜带饰

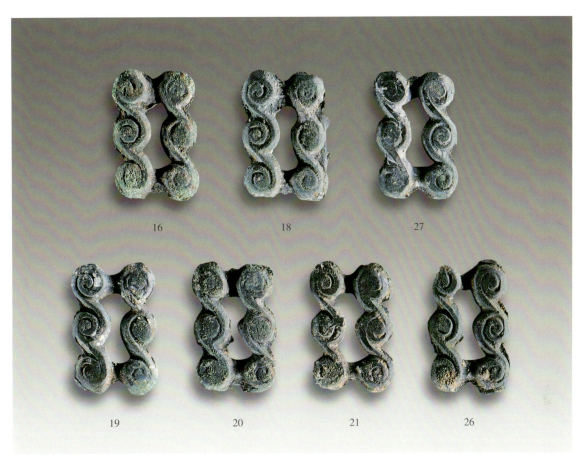

彩版2-133　PWM7出土连珠纹铜带饰

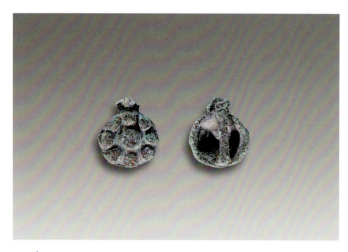

1. 泡饰（PWM7：3）

2. 泡饰（PWM7：2）

14　　　　　　15　　　　　　25

14　　　　　　15　　　　　　25

3. 泡饰

4. 环（PWM7：23）

彩版2-134　PWM7出土铜泡饰、环

1. 鹿形饰（PWM7：4）

2. 鹿形饰（PWM7：28）

彩版2-135 PWM7出土铜鹿形饰

1. 鹿形饰（PWM7：30）

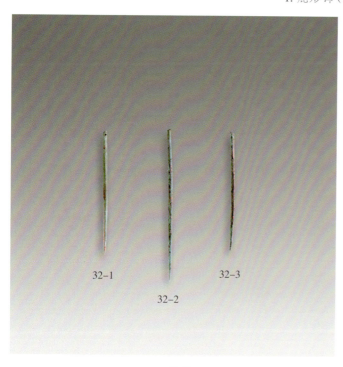

32-1   32-3
32-2

2. 骨针

3. 玛瑙珠（PWM7：11）

4. 玛瑙珠（PWM7：12）

彩版2-136　PWM7出土铜鹿形饰、骨针、玛瑙珠

宁夏文物考古研究所丛刊之三二

王大户与九龙山

——北方青铜文化墓地

（下）

宁夏文物考古研究所
彭阳县文物管理所　编著

文物出版社

北京·2016

Wangdahu and Jiulongshan

A Cemetery of Northern Bronze Culture

(Ⅱ)

(*with an English abstract*)

by

Institute of Cultural Relics and Archaeology of Ningxia Hui Autonomous Region

Administration Office of Cultural Relics of Pengyang County

Cultural Relics Press

Beijing · 2016

第三章　中庄墓地

　　中庄春秋战国墓地位于彭阳县白杨镇中庄柳台一队虎洼沟西侧的台地上，西南距彭阳县城约40千米。墓地原为坡地，后平整为梯田，并有一户李姓住家。2006年该住户在平整院落修建牛舍时发现了马、牛、羊的头骨并遗弃，2008年3月盗墓分子在知悉情况后将此墓盗毁。同年8月我所对该墓地进行了考古钻探和清理工作，共勘探面积2万余平方米，发现春秋战国时期墓葬2座，分别编号PZM1、PZM2，其中PZM2被盗毁（图3-1；彩版3-1）。

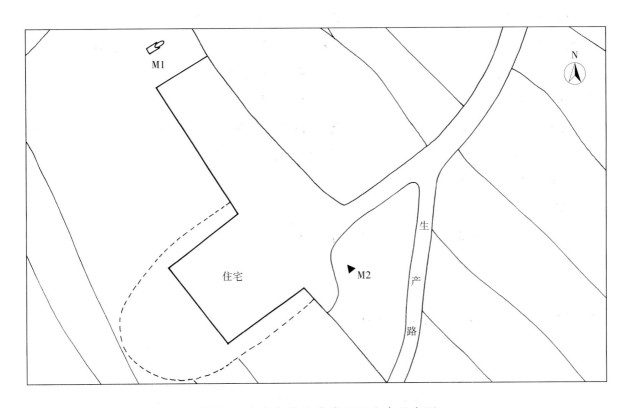

图3-1　中庄墓地墓葬平面分布示意图

第一节 地层堆积

PZM1 所在地现为坡地，种植苜蓿、果树，地表未见大的改动，地层堆积分为二层，第一层为耕土层，厚 0.20 ~ 0.45 米。第二层黄褐色，土质较硬，包含较厚的植物根系，厚 0.10 ~ 0.45 米。墓葬开口于第二层下。墓葬开口的地形与西高东低的坡地同，呈坡状未修整平。

第二节 墓葬介绍

一 PZM1

PZM1 位于中庄春秋战国墓地的北部，与 PZM2 南北并列，相距约 70 米。

（一）墓葬形制

PZM1 为"凸"字形竖井墓道准洞室墓，东西向，方向 50°，由墓道和洞室两部分组成（图 3 - 2；彩版 3 - 2）。

1. 墓道

墓道位于洞室西部，平面略呈弧角梯形，坑口依西—东向倾斜的山坡而倾斜，东壁南北宽 1.55、西壁南北宽 1.30、东西长 2.10 米，四壁较直，均凸凹不平，未发现修整痕和工具痕。坑底略呈西高东低斜坡状，墓道东部深 1.20、西部深 1.18 米。

墓道内放置大量的马、牛、羊的头骨和蹄骨及少量的遗物，因此，墓道兼有殉牲坑的功能。墓道内填土为黄褐色土夹少量的黑土和红胶土，非常坚硬。观察 PWM1 殉牲坑和洞室壁面，未发现有褐色和红胶土的存在，而墓地附近的虎洼沟沟底的地层中发现了这两种土，说明这两种土很可能取自虎洼沟。

2. 洞室

洞室位于墓道中东部，从墓道底中东部略偏南掏挖而成，由竖穴洞口和洞室两部分构成。

（1）竖穴

竖穴洞口位于墓道底中东部略偏南，呈圆角长方形，东西长 0.25、南北宽 0.60 ~ 0.83、深 0.80 米，南、北壁较直，西壁倾斜，底部呈斜坡与洞室底相连。

（2）洞室

洞室位于竖穴洞口东部，从竖穴东壁东向斜下掏挖形成，拱形顶。南、北壁较直，东壁呈尖圆形，底部呈不规则的长方形斜坡，坡度 20°，中部略宽，东、西部略窄。洞室壁

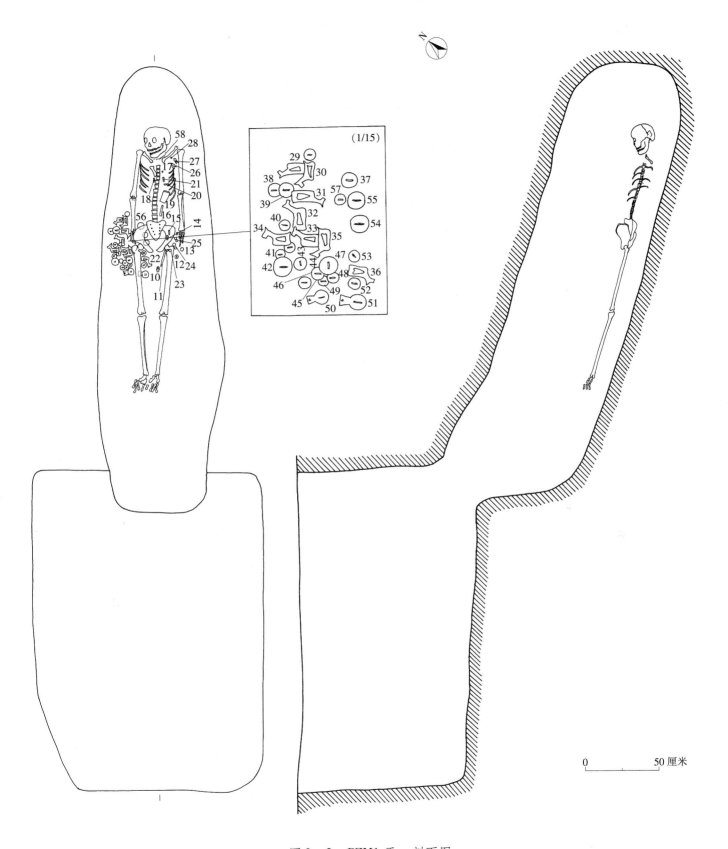

图 3 - 2 PZM1 平、剖面图

凸凹不平，未发现修整痕和工具痕。洞室底东西长 2.9~3.0 米（包括竖穴底部）、南北宽 0.60~0.83、内高 0.80~0.98 米。

洞室内放置人体尸骸、遗物和少量的殉牲，填土与墓道填土同。

（二）殉牲

PZM1 共殉葬马、牛、羊的头骨寰椎、角和蹄骨 63 件，其中马头 4 件、马蹄骨 1 件；牛头 7 件、牛蹄骨 3 件，牛角 1 件，羊头 44 件，羊寰椎 1 件；另有 1 件掌骨（PZM1：D54）和 1 件蹄骨（PZM1：D60）难以确定种属。除乳羊头骨呈粉末外，其余头骨组织结构完好，应是一次性宰杀殉葬。

1．殉牲的位置

63 件动物骨骼放置于墓道和洞室竖穴洞口上部及洞室上部，根据殉牲的出土位置，从上而下分为四层。

（1）第一层殉牲

第一层殉牲沿墓道北壁放置，系第二层殉牲放置完毕后回填墓道再放置，距第二层殉牲约有 0.18 米厚的填土，共殉葬羊头 3 件，分别编号 PZM1：D1~D3。PZM1：D1 为乳羊头，清理时呈粉末状，置向不详；PZM1：D2、D3 贴北壁偏西，均平置，前者吻部朝东，后者吻部朝东南（图 3-3；彩版 3-3：1）。

（2）第二层殉牲

第二层殉牲位于墓道中部，呈堆状分布，共有马、牛、羊的头骨和蹄骨等 53 件。为了更清晰地反映殉牲的放置情况，根据骨骼的出土位置和叠压关系我们将第二层殉牲分为上、下两部分。

第二层上部殉牲

第二层上部殉牲有牛头、羊头和蹄骨 32 件，其中牛头 4 件、羊头 27 件、牛蹄骨 1 件，编号 PZM1：D4~D24、D26~D36（图 3-3；彩版 3-3：1）。

牛头分别编号 PZM1：D6、D13、D21、D22，前 3 件放置于第二层的边缘，后 1 件放置于中部。PZM1：D6 位于西南部，平置，吻部朝东，PZM1：D13 位于殉牲中南部，斜插，吻部斜朝下；PZM1：D21 位于 PZM1：D22 东部，斜插，吻部斜朝下；PZM1：D22 平置，吻部朝西。

羊头分别编号 PZM1：D4、D5、D7~D12、D14~D20、D23、D24、D26~D34、D36。PZM1：D4 叠压 PZM1：D6 的吻部，斜插，吻部斜下；PZM1：D5 位于 PZM1：D6 的南部，侧置，吻部朝西；PZM1：D7 位于 PZM1：D6 东南部，叠压 PZM1：D13、D23，侧置，吻部朝西北；PZM1：D8 叠压 PZM1：D13，侧置，吻部朝西。PZM1：D9~D12、D14~D18 位于第二层殉牲的东部，放置较集中，从部分头骨叠压 PZM1：D13（牛头）分析，它们

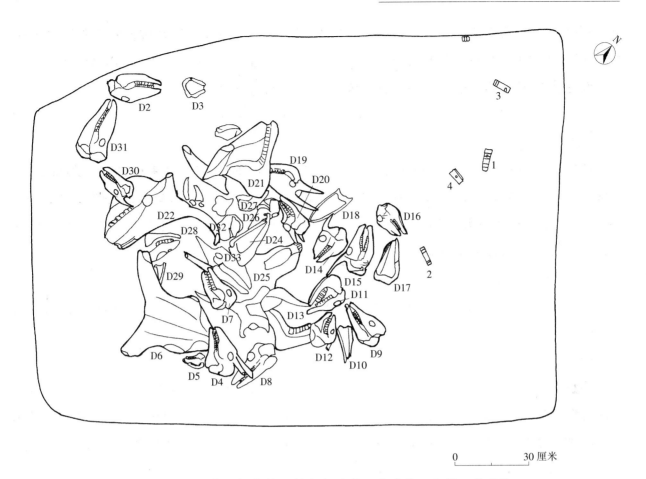

0　　　　　　　　30厘米

图3-3　PZM1 第一层和第二层上部殉牲、墓道第一和第二层遗物

系西部殉牲放置后放置。PZM1：D9 位于第二层殉牲的东南部，倒置，吻部朝西北；PZM1：D10 位于 PZM1：D9 的西部，为 PZM1：D9、D12 所压，倒置，吻部朝南；PZM1：D11 叠压 PZM1：D13 的吻部，侧置，吻部朝西；PZM1：D12 叠压 PZM1：D13 的下颌骨和 PZM1：D10，侧置，吻部朝西；PZM1：D14 叠压 PZM1：D18，侧置，吻部朝西；PZM1：D15 侧置，吻部朝东北；PZM1：D16 侧置，吻部朝南；PZM1：D17 倒置，吻部朝东北；PZM1：D18 被 PZM1：D14 所压，倒置，吻部朝西。PZM1：D19、D20、D23、D24、D26～D33 主要位于第二层殉牲的西部4件牛头间，除 PZM1：D33 外，从头骨之间的叠压关系分析，其余头骨的放置应早于4件牛头的放置。PZM1：D19 被 PZM1：D21 所压，叠压 PZM1：D20，侧置，吻部朝西；PZM1：D20 被 PZM1：D19 所压，侧置，吻部北；PZM1：D23 被 PZM1：D7 所压，叠压 PZM1：D25，侧置，吻部朝东南；PZM1：D24 叠压 PZM1：D26，倒置，吻部朝东北；PZM1：D26 被 PZM1：D20 所压，侧置，吻部朝西；PZM1：D27 倒置，吻部朝南；PZM1：D28 被 PZM1：D6 角所压，侧置，吻部朝东；PZM1：D29 被 PZM1：D6 角部所压，倒置，吻部朝南，PZM1：D30 位于第二层殉牲的西北部，侧置，吻部朝西北，面部残甚；PZM1：D31 侧置，吻部朝北；

PZM1：D32 被 PZM1：D22、D24 所压，侧置，吻部朝西；PZM1：D33 叠压 PZM1：D20，侧置，吻部朝西；PZM1：D34 位于 PZM1：D2 下部，为乳羊头骨，残甚；PZM1：D36 位于 PZM1：D7 下部，叠压 PZM1：D37，倒置，吻部朝东。

牛蹄骨编号 PZM1：D35，位于 PZM1：D21、22 之间。

第二层下部殉牲

第二层下部殉牲指被上部殉牲遮掩难以反映置位的殉牲，共有马、牛、羊的头骨、寰椎和蹄骨 21 件，其中马头 3 件、牛头 3 件、羊头 10 件、寰椎 1 件、蹄骨 4 件，编号 PZM1：D25、D37 ~ D53（图 3 - 4；彩版 3 - 3：2）。

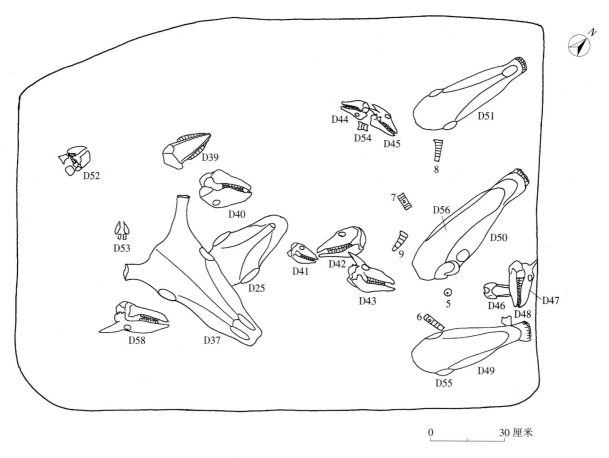

图 3 - 4　PZM1 第二层下部殉牲和墓道第三至第五层遗物

马头 3 件，位于东部，编号 PZM1：D49 ~ D51，均平置，吻部朝东。

牛头 3 件，位于墓道西部，编号 PZM1：D25、D37、D39，PZM1：D25 被 PZM1：D13、D22、D24、D37 所压，竖置，吻部斜朝上；PZM1：D37 为 PZM1：D6 所压，平置，吻部朝东，PZM1：D39 位于西北部，倒置，吻部朝东北。

羊头 10 件，编号 PZM1：D38、D40 ~ D48，PZM1：D38 位于西南部，侧置，吻部朝东；PZM1：D40 位于中部偏西，侧置，吻部朝东；PZM1：D41 位于中部偏南，侧置，吻部朝南；PZM1：D42 位于东南部，侧置，吻部朝西南；PZM1：D43 位于东南部，侧置，吻部朝东；PZM1：D44 位于东北部，侧置，吻部朝西北；PZM1：D45 位于东北部，侧置，吻部朝东；PZM1：D46 位于东部，倒置，吻部朝东；PZM1：D47 位于东部，侧置，吻部朝南；PZM1：D48 位于东部，侧置，吻部朝南。

蹄骨 4 件，编号 PZM1：D52 ~ D55，PZM1：D52、D53 位于西部，为完整的牛蹄骨，朝东北；PZM1：D54 为掌骨（种属不详），位于 PZM1：D44、D45 之间；PZM1：D55 为马蹄骨，出土于 PZM1：D49 马头下。

羊寰椎 1 件，编号 PZM1：D56，出土于 PZM1：D50 左眼下部。

（3）第三层殉牲

第三层殉牲位于洞口上部，共殉葬马头、羊头、蹄骨、牛角 7 件，其中马头 1 件、羊头 4 件、蹄骨和牛角各 1 件，编号 PZM1：D57 ~ D63（图 3 - 5；彩版 3 - 4：1）。

马头 1 件，编号 PZM1：D57，位于洞口北部，平置，吻部朝东。

羊头 4 件，编号 PZM1：D58、D59、D61、D62，PZM1：D58 位于洞口南部，侧置，吻部朝南；PZM1：D59 位于 PZM1：D58 东部，倒置，吻部朝东；PZM1：D61 侧置，吻部朝东；PZM1：D62 位于洞室中部临北壁处，侧置，吻部朝西。

蹄骨 1 件（种属不详），编号 PZM1：D60，尖部朝西。

牛角 1 件，编号 PZM1：D63。

（4）第四层殉牲

第四层殉牲位于第三层殉牲 PZM1：D58 马头下临洞室北壁处，距马头有厚 0.10 米左右的填土，为蹄骨，编号 PZM1：D64（3 - 4：2）。

2. 殉牲的种类

彭阳中庄村春秋战国的一座墓中出土了一批随葬的动物，有马、牛、羊，其中羊有山羊、绵羊和难以确定具体种属的羊三种，多数是随葬这几种动物的头骨，少数为蹄骨，单独的寰椎仅发现 1 件。动物的头骨在殉坑内保存较好，组织结构完整，但由于骨质较薄和朽化，在清理、搬运和室内整理过程中大多残为碎块或碎片。

（1）马（*Equus* sp.）

①记述

PZM1：D47，属同一个体的头骨骨片 8 件，带 P^2—M^1 的左右上颌骨各 1 件，带 P_2—M_1 的左右下颌骨各 1 件，脱落门齿 5 件，舌骨 1 副，寰椎 1 件。M^2、M_2 均刚刚萌出，应为一幼年个体。

PZM1：D50，较完整的头骨 1 件，属同一个体的带全部 I 及 P^2—M^3 左右上颌骨各 1 件，带发育 C 2 件，带 P_2—M_3 的左右下颌骨各 1 件，带发育 C 2 件，舌骨 1 付。有发育犬齿，M^3 刚刚磨蚀，应为一雄性青年个体（图 3 - 6；彩版 3 - 5、6）。

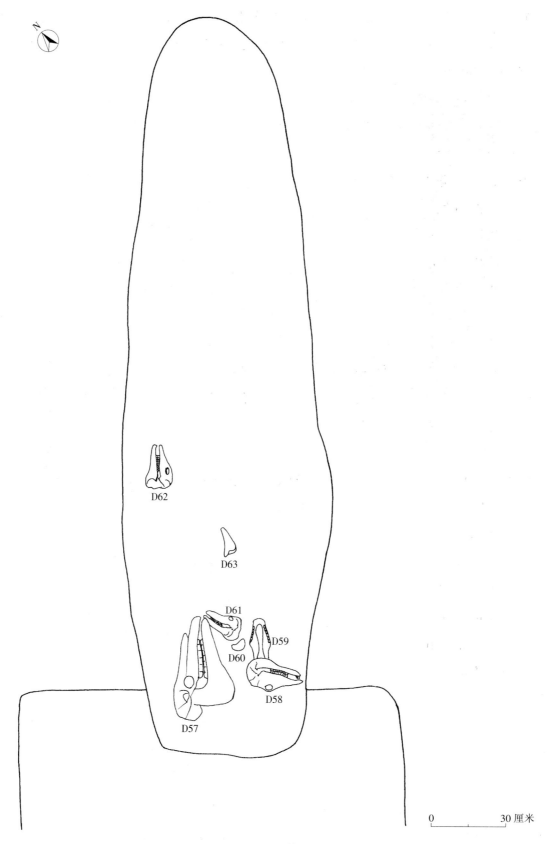

N

D62

D63

D61

D59

D60

D57

D58

0   30 厘米

图 3 – 5　PZM1 第三层殉牲

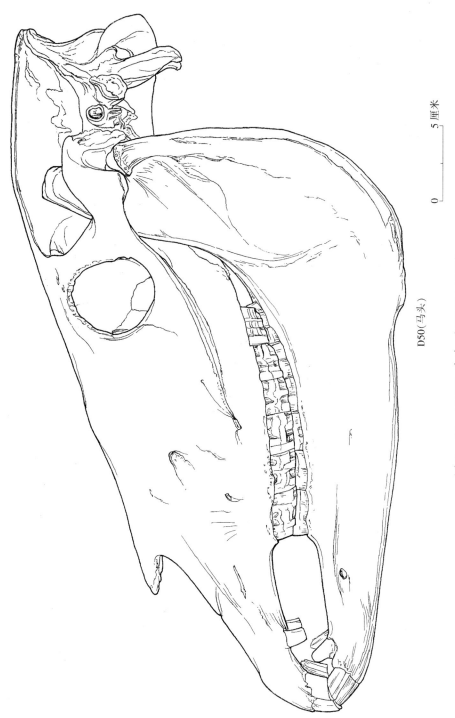

D50（马头）

0   5 厘米

图 3 – 6A　PZM1　马头（PZM1 : D50）

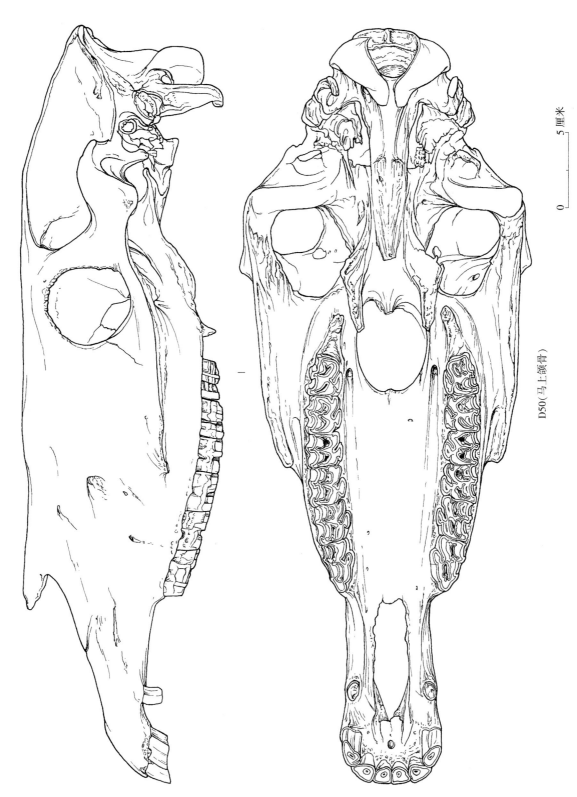

D50（马上颌骨）

5 厘米

0

图 3 – 6B PZM1 马上颌骨（PZM1：D50）

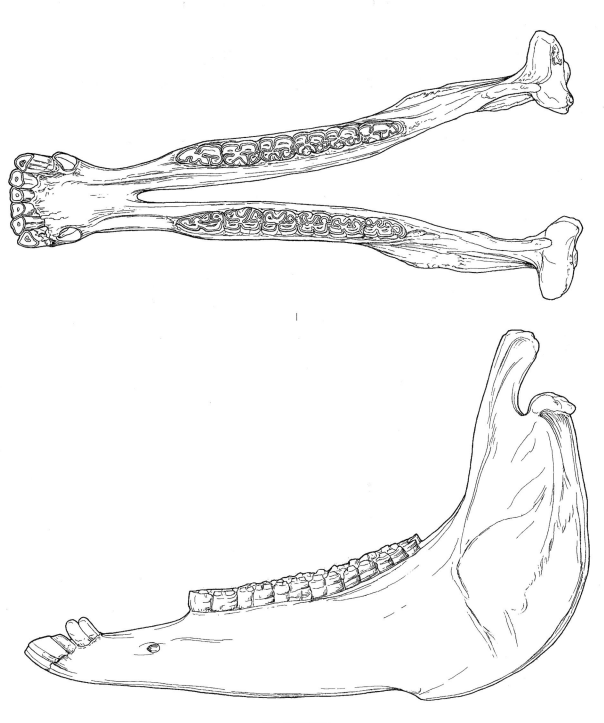

D50(马下颌骨)

0   5厘米

图 3 - 6C　PZM1 马下颌骨（PZM1∶D50）

PZM1：D51，属同一个体的头骨碎块 2 件，带 M^1—M^3 的左上颌骨 1 件，脱落颊齿 10 件，脱落 14 件，带 dp_2—dp_4 的左下颌骨 1 件，带 M_1—M_3 的右下颌骨 1 件，寰椎 1 件。乳齿未退，应为一幼年个体。

PZM1：D55，属同一个体的第 2 趾骨 1 件，第 3 趾骨 1 件。

PZM1：D57，属同一个体的头骨骨片 4 件，带全部 I 及 P^2—M^3 左右上颌骨的较完整的头骨 1 件，带 P_3—M_3 的左下颌骨 1 件，带 P_4—M_3 的右下颌骨 1 件，脱落的下 I 5 件，舌骨 1 件。无犬齿，M^3 刚刚磨蚀，应为一雌性青年个体。

②测量

马头骨和上颊齿测量（单位：mm；标本数：N）

头长	521—490	（N = 2）
额长	232—230	（N = 2）
额宽	201	（N = 2）
前额最大长	144—141	（N = 2）
P^2—M^3 长	154—153	（N = 2）
P^2 长	39—31	（N = 3）
宽	23—21	（N = 3）
P^3 长	31—25	（N = 3）
宽	24—22	（N = 3）
P^4 长	30.5—25	（N = 3）
宽	24.5—21.5	（N = 3）
M^1 长	30—22	（N = 3）
宽	26—21.5	（N = 3）
M^2 长	24—23.0	（N = 2）
宽	25—23.2	（N = 2）
M^3 长	31—21.5	（N = 2）
宽	24—21.5	（N = 2）

马下颌和下颊齿测量（单位：mm；标本数：N）

下颌骨长	370—350	（N = 2）
下颌骨垂直高	267—255	（N = 2）
下前颌长	105—38	（N = 2）
P_2—M_3 长	159—155	（N = 2）
P_2 长	32—31	（N = 2）
宽	24.35—15	（N = 2）

P$_3$ 长	28.5—27	（N = 3）
宽	24.5—17	（N = 3）
P$_4$ 长	30—24	（N = 3）
宽	24—17	（N = 3）
M$_1$ 长	28—19.5	（N = 3）
宽	17—12	（N = 3）
M$_2$ 长	23—22	（N = 2）
宽	19.5—11.5	（N = 2）
M$_3$ 长	32—27	（N = 2）
宽	15—14	（N = 2）

马寰椎测量（单位：mm；标本数：N）

寰椎前后长	37—36	（N = 2）
寰椎宽	81—78	（N = 2）
寰椎前关节面宽	75—72	（N = 2）
寰椎后关节面宽	50—45	（N = 2）

（2）牛（*Bos* sp.）

①记述

PZM1：D6，带 P^2—M^3 的左右上颌骨各 1 件，带 P$_2$—M$_3$ 的左右下颌骨各 1 件，属同一个体的脱落 13 件，舌骨 1 副，残破寰椎 2 件。M^3、M$_3$ 磨蚀中等，应为一中年个体（彩版 3 - 8：1）。

PZM1：D13，带右残角头骨 1 件，左角残块 1 件，属同一个体的头骨残块 15 件，带 M^2—M^3 的左右上颌骨各 1 件，脱落上颊齿 3 件，带 P$_2$—M$_3$ 的左右下颌骨各 1 件，舌骨 1 件（左右 P$_4$ 的后端与 M$_1$、M$_2$ 有相当深的下凹，左 M$_3$ 的外侧有明显的劈裂痕迹，似金属物磕碰所致）。M^3、M$_3$ 磨蚀中等，应为一中年个体（图 3 - 7；彩版 3 - 7）。

PZM1：D21，带左右残角的头骨 1 件，属同一个体的角、头骨及下颌残块 11 件，带 P^2—M^3 的右上颌骨 1 件，带 M^1—M^2 的左上颌骨 1 件，脱落的上颊齿 4 件，带 P$_2$—M$_3$ 的左右下颌骨各 1 件，舌骨残块 1 件（左侧 P$_4$ 及 M$_1$ 有明显的下凹，右侧 P$_4$ 及 M$_1$ 也有下凹，但不及左侧的深）。寰椎 1 件。M^3、M$_3$ 磨蚀中等，应为一中年个体（图 3 - 8、3 - 9；彩版 3 - 9）。

PZM1：D22，带残角头骨 1 件，残破角 1 件，属同一个体的头骨残块 27 件，带 P^2—M^3 的左上颌骨 1 件，带 M^1—M^3 的右上颌骨 1 件，带 P$_2$—M$_3$ 的左右下颌骨各 1 件，脱落的颊齿 2 件，舌骨 1 件。寰椎 1 件。M^3、M$_3$ 磨蚀中等，应为一中年个体。

PZM1：D25，带残角头骨 1 件，残破角 2 件，属同一个体的头骨残块 6 件，下颌骨残

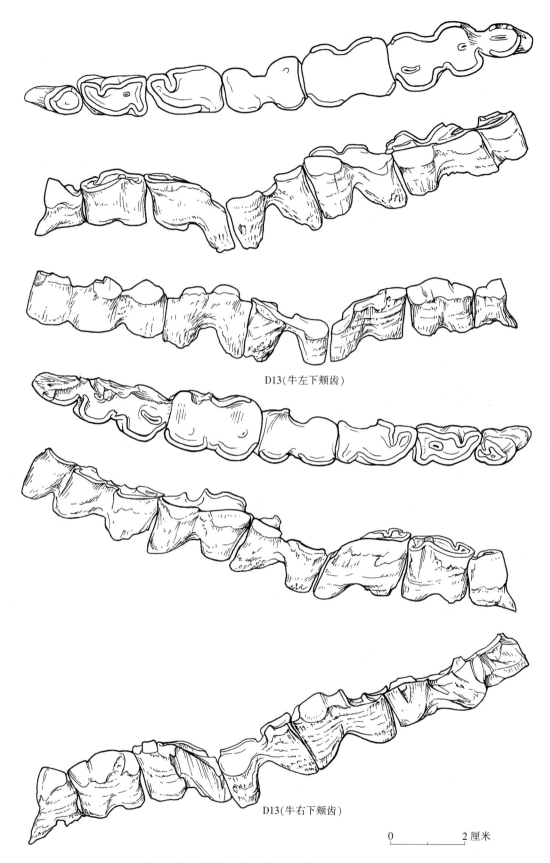

D13(牛左下颊齿)

D13(牛右下颊齿)

0 　　　　2 厘米

图 3 - 7　PZM1 牛下颊齿磨蚀（PZM1：D13）

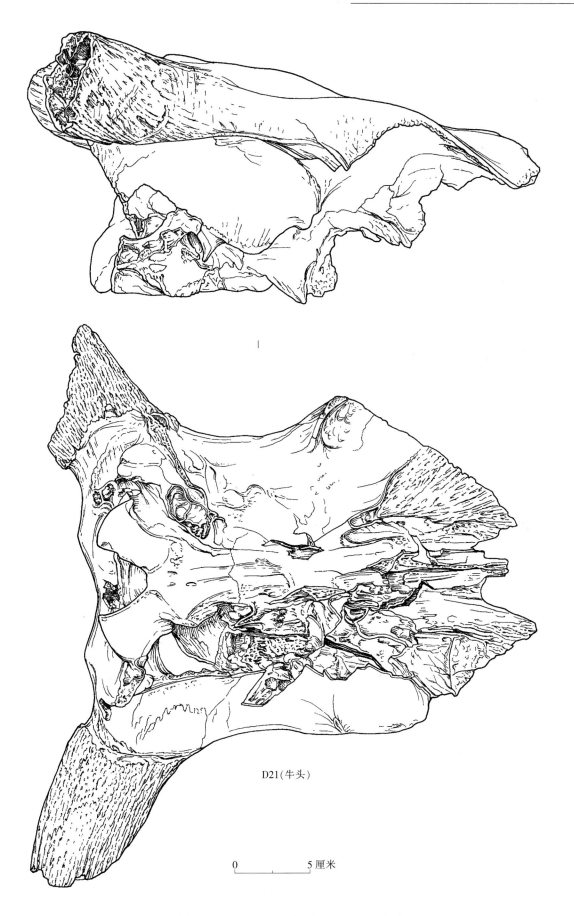

D21（牛头）

0 _____ 5 厘米

图 3 - 8　PZM1 牛头（PZM1∶D21）

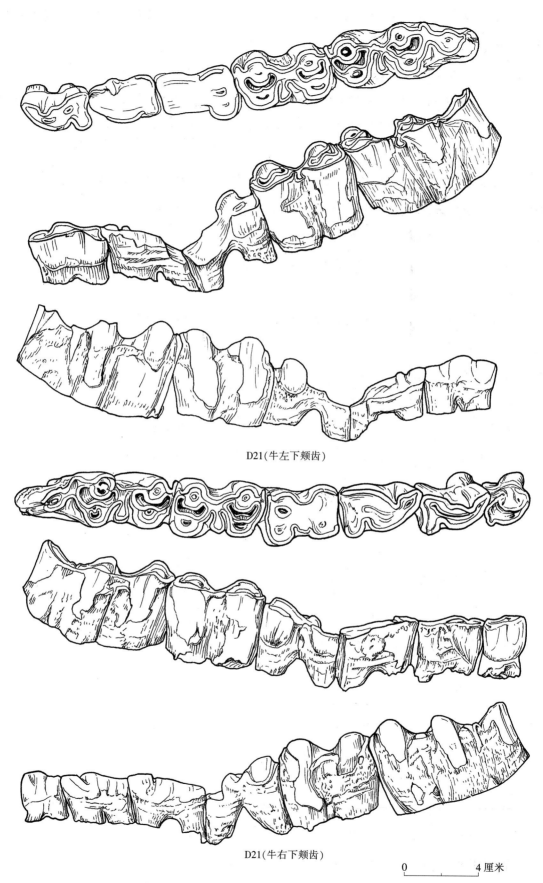

D21(牛左下颊齿)

D21(牛右下颊齿)

0   4 厘米

图 3 - 9   PZM1 牛下颊齿磨蚀（PZM1：D21）

块 1 件，带 P^2—M^3 的左右上颌骨各 1 件，带 P_2—M_3 的左右下颌骨各 1 件，脱落的颊齿 2 件，舌骨 2 件。M^3、M_3 磨蚀中等，应为一中年个体。

PZM1：D35，属同一个体的左右第二趾骨各 1，左右第三趾骨各 1。

PZM1：D37，残角 2 件，头骨残块 20 件，属同一个体的颌骨碎块 3 件，带 M^2—M^3 的左右上颌骨各 1 件，带 P_2—M_3 的左右下颌骨各 1 件，舌骨 1 副，寰椎 1 件。M^3、M_3 磨蚀中等，应为一中年个体。

PZM1：D39，头骨碎块 14 件，属同一个体带 P^2—M^1 的左右上颌各 1 件，带 P_2—M_1 的左右下颌骨各 1 件，破碎下颌支 1 件，舌骨 1 件。M^1、M_1 均刚刚萌出，应为一幼年个体。

PZM1：D51，寰椎骨 1 件。

PZM1：D52，属同一个体的左右第一趾骨各 1，左右第二趾骨各 1，左右第三趾骨各 1（彩版 3 - 8：2）。

PZM1：D53，属同一个体的左右第二趾骨各 1，左右第三趾骨各 1（彩版 3 - 8：3）。

②测量

牛头骨和上颊齿测量（单位：mm；标本数：N）

额长	230	（N = 1）
额宽	210	（N = 1）
P^2—M^3 长	126—121	（N = 3）
P^2 长	19.5—16	（N = 4）
宽	16—13	（N = 4）
P^3 长	24—19	（N = 4）
宽	17—15	（N = 4）
P^4 长	25—16	（N = 4）
宽	21—14.5	（N = 4）
M^1 长	27.5—19	（N = 4）
宽	25—13.5	（N = 4）
M^2 长	28—25	（N = 4）
宽	25—23	（N = 4）
M^3 长	30—28.50	（N = 4）
宽	25—23	（N = 4）

牛下颌骨和下颊齿的测量（单位：mm；标本数：N）

下颌骨长	357—341	（N = 3）
下颌垂直支高	231—228	（N = 3）
下前颌长	75—71	（N = 3）

P_2—M_3 长	134—125	（N ＝ 4）
P_2 长	11—7.5	（N ＝ 5）
宽	10—5.9	（N ＝ 5）
P_3 长	20.5—16	（N ＝ 5）
宽	12.5—10	（N ＝ 5）
P_4 长	32—20	（N ＝ 5）
宽	14—12	（N ＝ 5）
M_1 长	28—20	（N ＝ 5）
宽	17.8—11.	（N ＝ 5）
M_2 长	27—23	（N ＝ 5）
宽	17—16	（N ＝ 5）
M_3 长	38—30.5	（N ＝ 5）
宽	17.5—16	（N ＝ 5）

牛寰椎测量（单位：mm；标本数：N）

寰椎前后长	59—32	（N ＝ 4）
寰椎宽	102—82	（N ＝ 4）
寰椎前关节面宽	99—87	（N ＝ 4）
寰椎后关节面宽	72—52	（N ＝ 4）

（3）山羊（*Capra* sp.）

①记述

PZM1：D4，带左右残角头骨 1 件，头骨残块 2 件，属同一个体的脱落上颊齿 6 件，带 P_2—M_3 的左右下颌骨各 1 件，舌骨 1 件。M^3、M_3 刚刚萌出，应为一中年个体（彩版 3 - 10）。

PZM1：D14，左右残角各 1 件，属同一个体的头骨碎块 3 件，带 P^2—P^3 的左上颌骨 1 件，带 M^1—M^2 的左上颌骨 1 件，带 P_2—M_3 的左、右下颌骨各 1 件，舌骨 1 副。M^3、M_3 刚刚萌出，应为一中年个体。

PZM1：D15，碎角 2 件，头骨碎块 3 件，属同一个体的带 P^2—M^3 的右上颌骨 1 件，带 P^3—M^3 的左上颌骨 1 件，带 P_3—M_3 的左下颌骨 1 件，带 M_1—M_3 的右下颌骨 1 件，下颌支碎块 3 件，脱落颊齿 1 件。M^3、M_3 刚刚萌出，应为一中年个体。

PZM1：D19，左右残角各 1 件，头骨碎块 1 件，属同一个体的带 P^2—M^3 的左右上颌骨各 1 件，带 P_2—M_2 的左右下颌骨各 1 件。M^3、M_3 刚刚萌出，应为一中年个体（彩版 3 - 10）。

PZM1：D20，带左右角的头骨碎块 1 件，头骨碎块 6 件，属同一个体的带 dp^2—dp^4 的

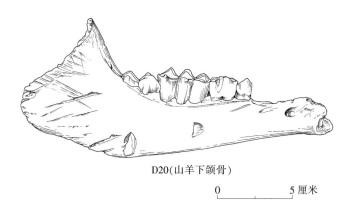

D20(山羊下颌骨)

0 _____ 5厘米

图 3 - 10　PZM1 山羊下颌骨（PZM1∶D20）

右上颌骨 1 件，带 dp^4—M^1 的左上颌骨 1 件，带 dp_2—M_1 的左右下颌骨各 1 件（右下颌骨外侧有坎痕）。为一幼年个体（图 3 - 10；彩版 3 - 10）。

PZM1∶D23，带左右残角的头骨碎块 1 件，残角 1 块，枕骨碎块 1 件，属同一个体的带 dp^2—M^2 的左右上颌骨各 1 件，带 dp_2—M_2 的左右下颌骨各 1 件，下颌碎块 2 件。为一幼年个体。

PZM1∶D26，带左右残角的头骨碎块 1 件，属同一个体的带 P^2—M^3 的右上颌骨 1 件，带 M^1—M^3 的左上颌骨 1 件，带 P_2—M_3 的左右下颌骨各 1 件，右第二趾骨 1 件。M^3、M_3 刚刚萌出，应为一中年个体（图 3 -11；彩版 3 -11）。

PZM1∶D30，残角 1 件，属同一个体的带 dp^2—M^1 的左右上颌骨各 1 件，带 dp_3—M_1 的左下颌骨 1 件，带 dp_2—M_1 的右下颌骨 1 件。M^1、M_1 已萌出，M^2、M_2 尚在萌发之中，应为一幼年个体。

PZM1∶D33，头骨碎块 2 件，属同一个体的带 dp^2—M^1 的左上颌骨 1 件，dp^2—dp^4 的右上颌骨 1 件，带 dp_2—M_1 的左下颌骨 1 件，带 dp_2—dp_4 的右下颌骨 1 件。M^1、M_1 刚刚萌出，应为一幼年个体。

PZM1∶D38，带左右角头骨碎块 1 件，属同一个体的头骨碎块 1 件，带 P^2—M^3 的左右上颌骨各 1 件，带 P_2—M_3 的左右下颌骨各 1 件，脱落 I 5 件，下颌骨碎块 1 件。M^3、M_3 刚刚萌出，应为一中年个体。

PZM1∶D41，角碎块 1 件，头骨碎块 1 件，属同一个体的带 dp_4—M_2 的右下颌骨 1 件，脱落门齿 2 件，脱落的上颊齿 4 件，脱落的下 M_1 1 件，舌骨 1 件。M_2 刚刚萌发，应为一幼年个体。

PZM1∶D43，带残角头骨碎块 1 件，头骨碎块 5 件，属同一个体脱落上颊齿 1 件，带 P_3—M_1 的右下颌骨 1 件，带 M_1 的左下颌骨 1 件，M^1、M_1 刚刚萌出，应为一幼年个体。

PZM1∶D62，带左右残角的头骨 1 件，属同一个体的带 dp^2—M^1 的右上颌骨 1 件（M^1 刚刚萌出），带 dp_2—M_1 的左右下颌骨各 1 件，M^1、M_1 刚刚萌出，应为一幼年个体（彩版 3 -11）。

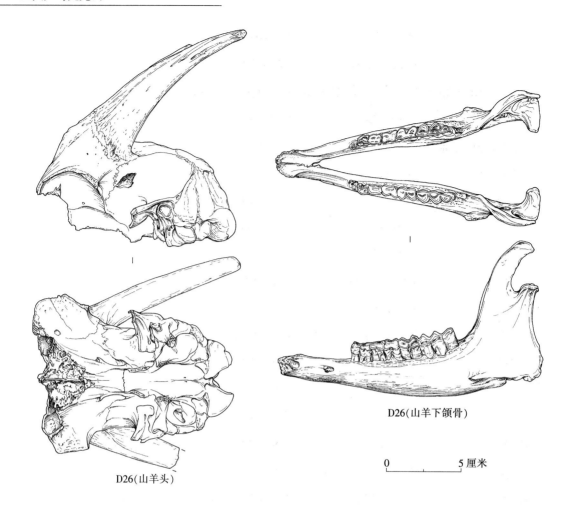

D26(山羊头)

D26(山羊下颌骨)

0 —————— 5厘米

图 3-11　PZM1 山羊头骨和下颌骨（PZM1：D26）

②测量

山羊上颊齿测量（单位：mm；标本数：N）

P² —M³ 长	69—65	（N＝5）
P² 长	10—8	（N＝9）
宽	9—5.5	（N＝9）
P³ 长	14—9	（N＝10）
宽	11—8	（N＝10）
P⁴ 长	15.5—8	（N＝9）
宽	11.5—6.2	（N＝9）
M¹ 长	19—10	（N＝9）
宽	14.5—9.5	（N＝9）
M² 长	19—13	（N＝6）
宽	14—11	（N＝6）

M³ 长	20—15	（N = 4）
宽	14.5—1 0	（N = 4）

山羊下颌骨和下颊齿的测量（单位：mm；标本数：N）

下颌骨长	179—99	（N = 5）
下颌垂直支高	99—65	（N = 5）
下前颌长	36—21	（N = 5）
P₂—M₃ 长	71—59	（N = 6）
P₂ 长	8.5—6	（N = 10）
宽	6.5—3	（N = 10）
P₃ 长	10.1—7	（N = 12）
宽	8—5.5	（N = 12）
P₄ 长	20.5—9	（N = 13）
宽	8—5.5	（N = 13）
M₁ 长	19.5—10	（N = 13）
宽	9—5.5	（N = 13）
M₂ 长	16—14	（N = 8）
宽	9.5—8	（N = 8）
M₃ 长	25—19.5	（N = 6）
宽	10—8	（N = 6）

（4）绵羊（*Ovis* sp.）

①记述

PZM1：D2，带左右双残角的较完整的头骨1件，属同一个体的带 dp²—M² 的左右上颌骨各1件，带 dp₂—M₂ 的左右下颌骨各1件，脱落门齿3件。M²、M₂ 刚刚萌出，应为一雄性幼年个体（彩版3-13、14）。

PZM1：D3，较完整的头骨1件，属同一个体的带 P³—M² 的左右上颌骨各1件，带 P₂—M₂ 的左右下颌骨各1件，脱落门齿5件，舌骨1件。为一雌性幼年个体（图3-12）。

PZM1：D5，头骨碎块3件，属同一个体的脱落牙齿10件，均为乳齿。为一雌性幼年个体。

PZM1：D7，头骨碎块4件，属同一个体的带 dp²—M¹ 的左右上颌骨1件，带 dp₂—M₁ 的左右下颌骨各1件，M¹、M₁ 刚刚萌出，应为一雌性幼年个体。

PZM1：D8，头骨碎块2件，属同一个体的带 P²—M³ 的左上颌骨1件，带 M¹—M³ 的右上颌骨1件，脱落颊齿3件，下颌残块1件。M³、M₃ 刚刚磨蚀，应为一雌性幼年个体。

PZM1：D11，头骨碎块3件，属同一个体的带 P²—M³ 的右上颌骨1件，带 M¹—M³ 的

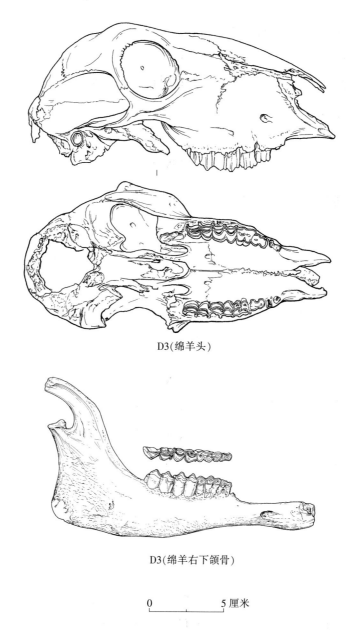

D3(绵羊头)

D3(绵羊右下颌骨)

0   5 厘米

图 3 – 12   PZM1 绵羊头骨和下颌骨（PZM1：D3）

左上颌骨 1 件，带 P_2—M_3 的左右下颌骨各 1 件，颌骨碎块 2 件，舌骨 1 件，左右第一趾骨各 1 件。M^3、M_3 刚刚萌出，应为一青年个体。

    PZM1：D16，头骨碎块 5 件，属同一个体的带 dp^2—M^1 的左右上颌骨 1 件，带 dp_2—M_1 的左右下颌骨各 1 件，M^1、M_1 刚刚萌出，应为一幼年个体（彩版 3 – 12）。

    PZM1：D24，头骨碎块 2 件，属同一个体的带 P^3—M^1 的左右上颌骨各 1 件，带 P_2—M_2 的左右下颌骨各 1 件，脱落门齿 2 件，舌骨 1 件，寰椎 1 件。M_3 尚未萌出，应为一幼年个体（彩版 3 – 12）。

    PZM1：D28，头骨碎块 1 件，属同一个体的带 dp^2—M^1 的右上颌骨 1 件，带 dp^3—M^1

的左上颌骨 1 件，带 dp_2—M_1 的右下颌骨 1 件，带 dp_4—M_1 的左下颌骨 1 件，（M_1 刚刚萌出），脱落上颊齿 2 件，为一雌性幼年个体。

PZM1：D29，头骨碎块 4 件，属同一个体的带 dp^3—M^1 的左上颌骨 1 件，带 dp^4—M^1 的右上颌骨 1 件，带 dp_2—M_1 的左右下颌骨各 1 件（M_1 刚刚萌出），脱落上颊齿 2 件，为一雌性幼年个体。

PZM1：D31，带 P^2—M^3 的较完整的头骨 1 件，属同一个体的带 P_2—M_3 的左右下颌骨各 1 件。M^3、M_3 刚刚萌出，应为一雌性青年个体（彩版 3 – 14）。

PZM1：D34，头骨碎块 7 件，属同一个体的带 P^2—P^4 的左右上颌骨各 1 件，带 dp_3—dp_4 的左右下颌骨 1 件，M^1、M_1 尚未萌出，应为一雌性幼年个体。

PZM1：D40，头骨碎块 4 件，属同一个体的带 P^3—M^1 的左右上颌骨各 1 件，带 P_3—M_2 的左右下颌骨各 1 件，残破寰椎 1 件，M_2 刚刚萌发，应为一幼年个体（彩版 3 – 14）。

PZM1：D45，带左右角心的头骨碎块 1 件，头骨碎块 6 件，属同一个体的脱落上颊齿 4 件，带 dp_3—dp_4 的左下颌骨各 1 件（M_3 尚未出），脱落门齿 5 件，应为一雄性幼年个体。

PZM1：D46，头骨碎块 1 件，属同一个体的带 dp^3—M^2 的左右上颌骨各 1 件，带 dp_3—M_2 的左右下颌骨各 1 件，寰椎残块 3 件。M_2 正在萌发之中，应为一雌性幼年个体。

PZM1：D47，带左右角心的头骨碎块 1 件，头骨碎块 6 件，属同一个体的带 dp^3—M^2 的左右上颌骨各 1 件，带 dp_3—M_2 的右下颌骨 1 件，带 dp_4—M_1 的左下颌骨 1 件，M_2 刚刚萌出，应为一雄性幼年个体。

PZM1：D61，头骨碎块 3 件，属同一个体的带 dp^2—M^1 的左上颌骨 1 件，带 dp^3—M^1 的右上颌骨 1 件，带 dp_2—M_1 左右下颌骨各 1 件，寰椎 1 件。M_2 正在萌发之中，应为一雌性青年个体（彩版 3 – 15：1）。

②测量

绵羊头骨和上颊齿测量（单位：mm；标本数：N）

头长	231—210	（N = 4）
额长	103—89	（N = 4）
额宽	1126—96	（N = 4）
前额长	54—52	（N = 3）
P^2—M^3 长	72—61	（N = 4）
P^2 长	11—6	（N = 9）
宽	8—5.1	（N = 9）
P^3 长	14—7.5	（N = 15）
宽	10—6.8	（N = 15）

P⁴ 长	17—7. 8	（N＝15）
宽	11. 5—8	（N＝15）
M¹ 长	20—10	（N＝14）
宽	13—8. 5	（N＝14）
M² 长	21. 5—14	（N＝9）
宽	14. 5—10. 5	（N＝9）
M³ 长	22—20. 5	（N＝4）
宽	14. 5—12. 0	（N＝4）

绵羊下颌骨和下颊齿的测量（单位：mm；标本数：N）

下颌骨长	200—114	（N＝9）
绵羊下颌垂直支高	110—72	（N＝9）
下前颌长	39—25	（N＝9）
P₂—M₃ 长	75—62	（N＝4）
P₂ 长	8—6	（N＝9）
宽	5—3. 5	（N＝9）
P₃ 长	10—5	（N＝13）
宽	8—4. 5	（N＝13）
P₄ 长	21—9	（N＝14）
宽	8. 5—6	（N＝14）
M₁ 长	20—11. 5	（N＝12）
宽	10—6. 5	（N＝12）
M₂ 长	21—14	（N＝8）
宽	10—7. 5	（N＝8）
M₃ 长	28—22. 5	（N＝3）
宽	10. 0—9. 0	（N＝3）

绵羊寰椎测量（单位：mm；标本数：N）

寰椎前后长	23—22	（N＝2）
寰椎宽	61—54	（N＝2）
寰椎前关节面宽	48—43	（N＝2）
寰椎后关节面宽	46—43	（N＝2）

（5）羊（Caprinae gen. et sp. indet.）

①记述

PZM1：D9，头骨碎块 5 件，属同一个体的带 M¹ 的左上颌骨 1 件，带 M₂ 的右下颌骨 1

件，脱落的颊齿 6 件。碎下颌骨残块 8 件。M_2 刚刚萌发，应为一幼年个体。

PZM1：D10，头骨碎块 4 件，属同一个体的带 dp_2—M_3 的左下颌骨 1 件，带 dp_4—M_3 的右下颌骨 1 件，属另一个体的带 dp_3—M_2 的右下颌骨 1 件，下颌碎块 3 件。为一中年个体。

PZM1：D17，头骨碎块 12 件，属同一个体的带 P^2—M^1 的右上颌骨 1 件，带 P^3—P^4 的左上颌骨 1 件，带 dp_2—M_1 的左下颌骨 1 件，脱落的门齿 4 件，脱落的颊齿 4 件，舌骨 1 件。M_1 刚刚萌发，应为一幼年个体。

PZM1：D27，属同一个体的带 dp_3—M_1 的左下颌骨 1 件，带 dp_4—M_1 的右下颌骨 1 件。M_1 刚刚萌发，应为一幼年个体。

PZM1：D36，头骨碎块 3 件，属同一个体的带 dp^2—dp^4 的右上颌骨 1 件，带 dp_3—M_1 的左右下颌骨 1 件，脱落的上颊齿 2 件，脱落的门齿 4 件。M^1、M_1 均刚刚萌发，应为一幼年个体。

PZM1：D42，属同一个体的带 P^2—M^3 的左右上颌骨各 1 件，带 P_2—M_3 的左右下颌骨各 1 件，脱落的门齿 1 件。为一青年个体（彩版 3 – 15：2）。

PZM1：D44，头骨碎块 6 件，属同一个体的带 dp_2—M_1 的左下颌骨 1 件，脱落的颊齿 6 件。M_1 刚刚萌发，应为一幼年个体。

PZM1：D48，头骨碎块 5 件，颌骨碎块 4 件，属同一个体的带 dp_2—M_2 的右下颌骨 1 件，带 M_1—M_2 的左下颌骨 1 件，脱落的门齿 4 件。M_2 刚刚萌出，应为一幼年个体。

PZM1：D56，寰椎 1 件。

②测量

羊上颌骨和上颊齿的测量（单位：mm；标本数：N）

P^2—M^3 长	69	（N = 1）
P^2 长	9.5—7	（N = 3）
宽	8—6	（N = 3）
P^3 长	12.5—8	（N = 3）
宽	9—7.5	（N = 3）
P^4 长	17.5—8	（N = 3）
宽	11—7	（N = 3）
M^1 长	20—19.5	（N = 2）
宽	12—9.5	（N = 2）
M^2 长	17—15	（N = 3）
宽	11.3—10	（N = 3）
M^3 长	17	（N = 1）
宽	12	（N = 1）

羊下颌骨和下颊齿的测量（单位：mm；标本数：N）

下颌骨长	153—127	（N＝2）
下颌垂直支高	98—89	（N＝3）
P_2—M_3 长	70	（N＝1）
P_2 长	7.5—6	（N＝5）
宽	4.5—3.5	（（N＝5）
P_3 长	11—6.5	（N＝8）
宽	7—5.5	（N＝8）
P_4 长	21—9	（N＝8）
宽	8—6	（N＝8）
M_1 长	21—11	（N＝8）
宽	9.5—6	（N＝8）
M_2 长	21—15	（N＝5）
宽	9—8	（N＝5）
M_3 长	26—22	（N＝2）
宽	9.5	（N＝2）

羊寰椎测量（单位：mm；标本数：N）

寰椎前后长	22	（N＝1）
寰椎宽	52	（N＝1）
寰椎前关节面宽	47	（N＝1）
寰椎后关节面宽	43	（N＝1）

中庄 PZM1 记述、测量的殉牲动物标本个体总数 49 件，其中马 4 件，幼年和青年马各 2 件，青年马中雌性和雄性各 1 件。牛 7 件，其中幼年牛 1 件，中年牛 6 件。山羊 13 件，其中幼年山羊 7 件，中年山羊 6 件。绵羊 17 件，其中幼年绵羊 14 件，青年绵羊 3 件，而幼年绵羊中雄性有 3 件，雌性有 8 件，青年绵羊中雌性有 2 件。羊 8 件，其中幼年羊 6 件，青年和中年羊各 1 件。

（三）遗物

中庄春秋战国墓地出土铜、骨、石等遗物 58 件（组），分别放置于墓道和洞室中。

1. 遗物的位置

遗物放置于墓道和洞室，以洞室为主。

（1）墓道遗物

墓道遗物主要出土于洞口上部的墓道填土中，共 9 件，均为骨器，根据遗物的出土位置，从上至下分为五层（见图 3 - 3、4；彩版 3 - 16：1、2）：

第一层遗物：第一层遗物距离墓道口深 0.65 米，出土骨管 1 件，编号 PZM1：1。

第二层遗物：第二层遗物距离墓道口深 0.85 米，出土骨器 3 件，编号 PZM1：2 ~ 4。PZM1：2、3 为骨管，PZM1：4 为"V"形骨饰。

第三层遗物：第三层遗物距离墓道口深 1 米，出土骨器 2 件，编号 PZM1：5、6。PZM1：5 为纺轮状骨饰，PZM1：6 为骨管。

第四层遗物：第四层遗物距离墓道口深 1.10 米，出土"V"形骨饰 2 件，编号 PZM1：7、8。

第五层遗物：第五层遗物距离墓道口 1.15 米，出土"V"形骨饰 1 件，编号 PZM1：9。

墓道五层遗物间均有墓道回填土分隔，而且间距不大，均分布于洞室口的上部，应是边回填边放置。

（2）洞室遗物

洞室遗物共出土 49 件（组），根据出土位置分为上、下二层。

洞室上层遗物

洞室上层遗物共 20 件（组），分布于盆骨左侧、左肱骨头周围及颅骨周围，编号 PZM1：10 ~ 28（见图 3 - 2；彩版 3 - 16：3；3 - 17：1、2）。骨盆处的遗物共 16 件，分为上、下两部分。上部遗物 12 件，有铜扣饰、刀、泡饰、管、长方形饰和玛瑙珠等。铜双连泡饰 1 件，编号 PZM1：10，位于两股骨内侧，平置，正面朝上；铜刀 1 件，编号 PZM1：11，放置于左股骨与盆骨间，平置，刀尖朝西，原有木质剑鞘，残存朽木痕；铜泡饰 2 件，编号 PZM1：12、13，位于左股骨上部，平置，凹面朝下；铜管状饰 6 件，编号 PZM1：14 ~ 16、18、20、21，位于盆骨左侧，分布集中，除 1 件较长为针筒（PZM1：16）外，其余均较短，均平置，罐口方形不一；铜长方形饰 1 件，编号 PZM1：19，位于盆骨左上部，平置；玛瑙珠 1 件，编号 PZM1：17，位于 PZM1：19 上。骨盆下部遗物 4 件，系上层遗物清理后发现，编号 PZM1：22 ~ 25，有铜铃形饰和扣饰。铜铃形饰 1 件，编号 PZM1：22，位于左股骨内侧，平置；双连泡饰 3 件，编号 PZM1：23 ~ 25，1 件位于左股骨与盆骨间，2 件位于左股骨头外侧，均平置，凹面朝下。胸左上临肱骨头处出土遗物 3 件，编号 PZM1：26 ~ 28，有铜铃形饰和玛瑙珠，前两者为铜铃形饰，平置，后者为玛瑙珠。颅骨周围的遗物有玛瑙珠、骨珠 1 组，其中玛瑙珠 2 颗，骨珠 150 余颗，集中出土于颅骨周围，统一编号 PZM1：58，应是墓主人的项饰。

洞室下层遗物

下层遗物位于盆骨右侧下部和右股骨下部，分布集中，共 29 件，有铜鹿形饰和铜泡饰（见图 3 - 2；彩版 3 - 17：3）。铜鹿形饰 8 件，编号 PZM1：29 ~ 36，均平置，头向不一；铜泡饰 21 件，编号 PZM1：37 ~ 57，均平置，正面朝上，有的相互叠压。

2. 遗物的分类描述

PZM1 遗物有铜器、骨器、玛瑙珠等，未发现铁器。

（1）铜器

共 46 件。有铜工具、服饰器、车马器等。

1）工具

2 件，为刀和针筒。

刀 PZM1：11，长方形柄，斜刃，柄背和刃背略弧。刃长 8.2、通长 17 厘米（图 3 - 13；彩版 3 - 18：1）。

针筒 PZM1：16，管状，一端略残，外表饰螺旋纹，管内残存朽木。管径 1.1、长 9 厘米（图 3 - 13；彩版 3 - 18：2）

2）服饰器

7 件，有双连泡扣饰和铃形饰。

双连泡扣饰 4 件，形制相同（图 3 - 13；彩版 3 - 18：4）。

PZM1：10，中部呈枣核形，两侧为圆泡，圆泡上饰连珠纹。底面内凹，焊接纵向条状直纽。长 3.5、宽 1.5 厘米。

PZM1：23，长 3.6、宽 1.5 厘米。

PZM1：24 形制与标本 PZM1：10 同。长 3.6、宽 1.5 厘米。

PZM1：25 略残，长 3.5、宽 1.5 厘米。

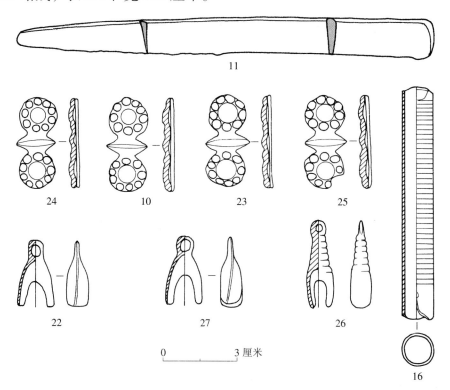

图 3 - 13 PZM1 出土铜刀、双连泡扣饰、铃形饰和针筒

铃形饰 3 件（图 3－13；彩版 3－18：3）。

PZM1：26，铃形，顶部一方形柄，外表饰阴弦纹，柄端一圆环。长 3.4 厘米。

PZM1：22，铃形，顶端方柄中部一圆形穿孔；两侧外伸，其中一侧粘连布纹。长 2.7、宽 1.8 厘米。

PZM1：27，形制、大小与标本 PZM1：26 相同，系同一模具制作。

3）车马器

泡饰 23 件，有大型纽在弧顶铜泡饰、小型纽在弧顶铜泡饰、纽在凹口铜泡饰和带柄铜泡饰四种（图 3－14～17）。

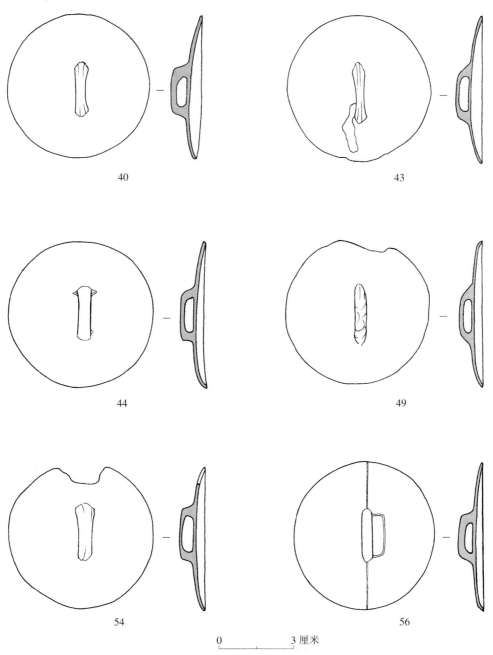

图 3－14　PZM1 出土大型纽在弧顶铜泡饰

大型纽在弧顶泡饰　　圆形，正面略凸，底面内凹，纽位于凸面顶部。6件（图3－14；彩版3－19）。

　　PZM1：40，正面略凸，顶部一小方纽；底面内凹。直径5.6厘米。

　　PZM1：43，略残，顶部一桥状纽。直径5.6厘米。

　　PZM1：44，顶部纽方形。直径5.6厘米。

　　PZM1：49，略扁，桥状纽。

　　PZM1：54，一侧略残，纽桥状。直径5.6厘米。

　　PZM1：56，顶部纽方形。直径5.6厘米。

小型纽在弧顶部铜泡饰　　圆形，形体较小，正面略凸，底面内凹，纽位于凸面顶部。10件（图3－15；彩版3－20）。

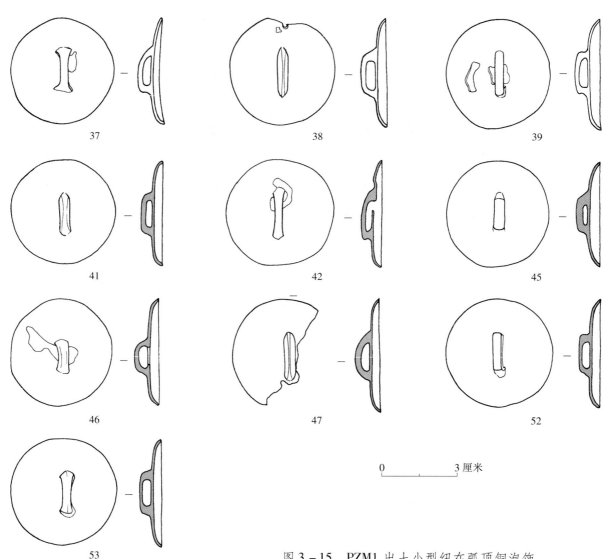

图3－15　PZM1出土小型纽在弧顶铜泡饰

PZM1：37，略残，顶部一小桥状纽。直径4.1厘米。

PZM1：38，一侧略残，纽桥状。直径4.2厘米。

PZM1：39，中部略残，方形纽。直径4.1厘米。

PZM1：41，纽桥状。直径4.1厘米。

PZM1：42，顶部略残，纽方形。直径4.1厘米。

PZM1：45，纽方形。直径4.1厘米。

PZM1：46，一侧和顶部略残，桥状纽。直径4.1厘米。

PZM1：47，残，纽桥状。直径4.1厘米。

PZM1：52，纽方形。直径4.1厘米。

PZM1：53，纽方形。直径4.1厘米。

纽在凹口泡饰　圆形，正面略凸，底面内凹，纽位于凹口。5件。

PZM1：12，正面圆凸，底面内凹，凹口偏一侧焊接一较小的桥状纽，内残存条状革带。直径2.6厘米（图3-16；彩版3-21：1）。

PZM1：13，正面圆凸，底面内凹，凹口焊接一条状直纽。直径2.3厘米（图3-16；彩版3-21：1）。

PZM1：48，正面略凸，顶部一直径0.5厘米的穿孔；底面内凹，凹口纽残。直径3.4厘米（图3-16；彩版3-21：4）。

PZM1：55，正面略凸，顶部残成孔眼；底面内凹，凹口中部一方纽略高于凹口。直径2.9厘米（图3-16；彩版3-21：4）。

PZM1：57，正面略凸，一侧略残；底面内凹中部一小方纽。直径3.4厘米（图3-

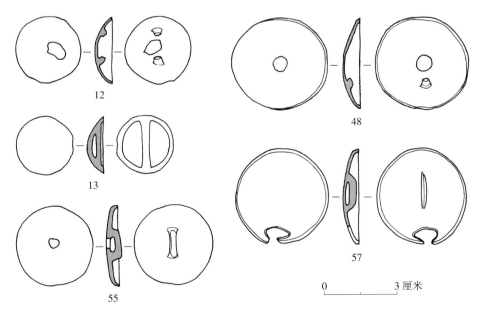

图3-16　PZM1出土纽在凹口铜泡饰

16；彩版 3 - 21：4）。

带柄泡饰   2 件，形制相同。

PZM1：50，一端梯形柄，中空，夹少许朽木，中部一方形铆孔。另一端扁圆形，正面较平，中部一桥状纽，底面内凹。柄长 2.6、通长 7.2 厘米（图 3 - 17；彩版 3 - 21：2）。

PZM1：51，因受压略弯曲。一端梯形柄夹少许革带，柄中部一方形铆孔。另一端圆形，正面较平，一纵向桥状纽，底面内凹。柄长 2.7、通长 6.6 厘米（图 3 - 17；彩版 3 - 21：3）。

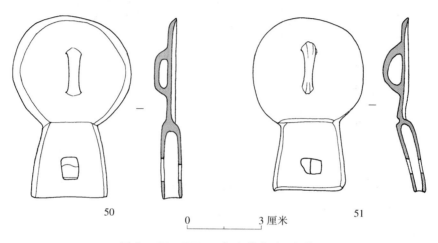

50   0   3厘米   51

图 3 - 17   PZM1 出土带柄铜泡饰

4）其他

有管状饰、长方形饰和鹿形饰。

管状饰   5 件。

PZM1：18，略残，外表饰螺旋纹。管径 0.7、长 2.6 厘米（图 3 - 18；彩版 3 - 22：1）。

PZM1：20，管状，中部 0.8 厘米宽的一段粗于两端且略扁，扁面一相对的圆形穿孔；两端外表饰阴弦纹。管径 0.6、长 4.5 厘米（图 3 - 18；彩版 3 - 22：2）。

PZM1：14，管状略残，一端较细外表饰阴弦纹，一端较粗略扁。管径 0.6 ~ 0.9、长 1.6 厘米（图 3 - 18；彩版 3 - 22：1）。

PZM1：15，略残。一端较细饰螺旋纹，一端较粗。管径 0.6 ~ 0.9、通长 1.6 厘米（图 3 - 18；彩版 3 - 22：1）。

PZM1：21，残。细端外表饰螺旋纹。管径 0.6、残长 1.3 厘米（图 3 - 18；彩版 3 - 22：1）。

长方形饰   1 件。

PZM1：19，呈长方形，一端向下弯曲呈半环形，一端残，中部一个直径 0.6 厘米的铆

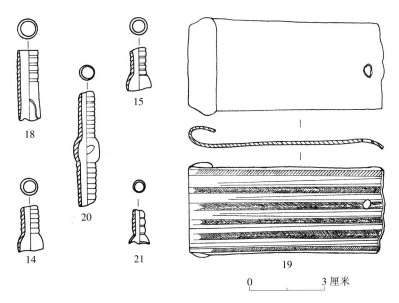

图 3 - 18　PZM1 出土铜管状饰、长方形饰

孔。正面刻划 12 条横向直线，将正面分割为 6 道相间的宽 0.3 厘米横条和五道 0.6 厘米宽的横条，前者上、下两条刻划斜线纹，中间四道刻划"人"字形纹，后者五道压印浅槽纹。宽 3.5、残长 7.7 厘米（图 3 - 18；彩版 3 - 22：3）。

鹿形饰　8 件，卧姿，形制基本相同。

PZM1：29，卧姿；筒状嘴略残；双竖耳，直颈，空腹，曲足相连，其中左侧足残；短锥状尾。高 6、长 8.4 厘米（图 3 - 19；彩版 3 - 23：1）。

PZM1：30，筒状最，双竖耳外撇，直颈，空腹，前、后足相连；无尾。高 6、长 8.5 厘米（图 3 - 19；彩版 3 - 23：2）。

PZM1：31，筒状最略残；双竖耳外撇，直颈，空腹，左侧曲足相连，右侧前、后退和尾残失。高 6、残长 7.2 厘米（图 3 - 19；彩版 3 - 24：1）。

PZM1：32，筒状嘴，双竖耳略外撇，直颈，空腹，前、后足相连略呈弧形；短扁尾略偏向一侧。高 6、残长 8.8 厘米（图 3 - 19；彩版 3 - 24：2）。

PZM1：33，筒状最略残，双竖耳外撇，直颈，空腹，前、后足相连，其中左足略残；短方柱尾。高 6、长 8.8 厘米（图 3 - 20；彩版 3 - 25：1）。

PZM1：34，筒状嘴，双竖耳外撇，直颈，空腹，前、后足相连，其中右足残；短柱状尾。高 6、长 8.8 厘米（图 3 - 20；彩版 3 - 25：2）。

PZM1：35，筒状嘴略残，双竖耳外撇，直颈，空腹，前、后足相连，其中右侧残失；端锥状尾。高 6、长 8.8 厘米（图 3 - 20；彩版 3 - 26：1）。

PZM1：36，筒状嘴和右耳残，右侧足残失；尾短柱状略残。高 6、残长 8.4 厘米（彩

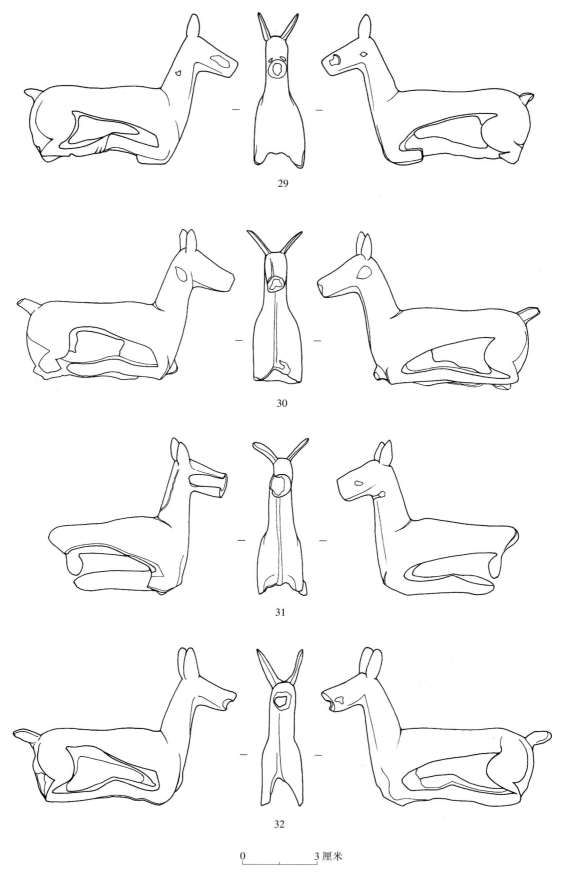

29

30

31

32

0   3厘米

图 3-19 PZM1 出土铜鹿形饰

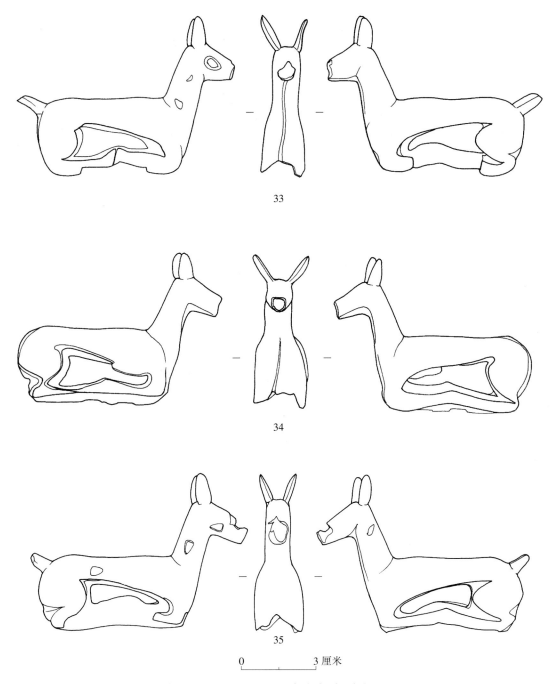

33

34

0 _____ 3 厘米

35

图 3 - 20　PZM1 出土铜鹿形饰

版 3 - 26：2）。

（2）骨器

共 48 件，为服饰器和车马器。

1）服饰器

1 组，均为珠。

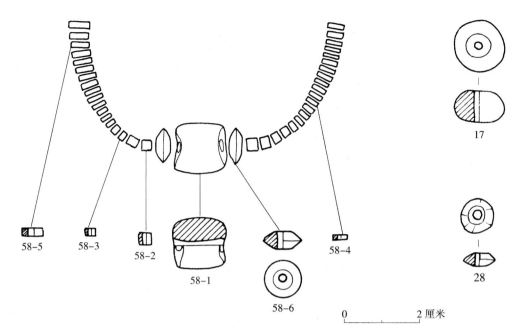

图 3 - 21　PZM1 出土骨珠、玛瑙珠

珠　出土于颅骨周围，有片状、短柱状和轮状共 150 余颗（其中有 2 颗为玛瑙珠），统一编号为 PZM1：58（图 3 - 21；彩版 3 - 27：1）。

片状珠

PZM1：58 - 1，略呈方形，通体打磨光滑；从两端对钻穿孔，中部略凹。

短柱状珠

PZM1：58 - 2，柱状，中部一纵向穿孔。直径 0.4、长 0.4 厘米。

PZM1：58 - 3，直径 0.3、长 0.3 厘米。

轮状珠

PZM1：58 - 4，直径 0.4、长 0.2 厘米。

PZM1：58 - 5，直径 0.6、长 0.3 厘米。

2）车马器

9 件，有管和饰件。

管　4 件，其中 2 件侧面对钻圆形穿孔。

PZM1：1，上、下端截面和外表刮磨光滑。外表两端各留存宽 0.5 ~ 0.7 的凸棱，其间凹面饰绿色颜料。上端径 2 ~ 2.4、下端径 2.5 ~ 2.7 厘米，长 8.2 厘米（图 3 - 22；彩版 3 - 28：1）。

PZM1：2，略残。通体刮磨光滑。外表刮磨形成相间的凸棱和凹面，凹面饰绿色颜料。上端孔径较小，仅掏去部分疏质骨形成扁圆形的穿孔；下端孔径较大，将疏质骨掏挖干净仅留存密质骨。上端径 2.1 ~ 2.4、下端径 2.6 ~ 2.8 厘米，长 8.2 厘米（图 3 - 22；彩

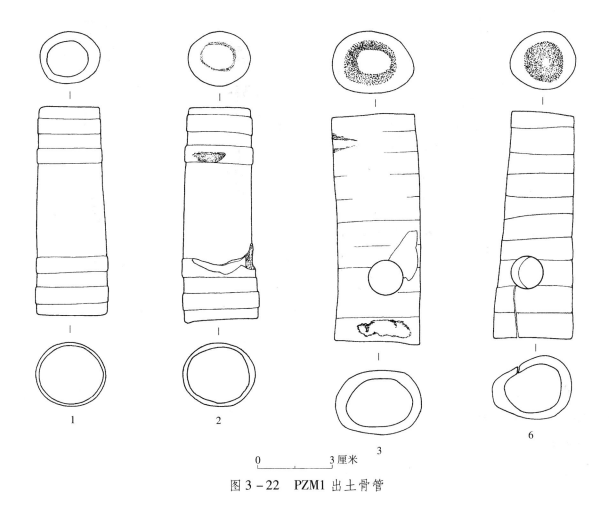

图 3 - 22　PZM1 出土骨管

版 3 - 28：2）。

PZM1：3，扁体，管状。外表刮磨光滑，饰五周相间的绿色彩带，临粗端从扁面对钻直径 1.5 厘米的穿孔。上端截面光滑，掏去部分疏质骨形成长方形的穿孔；下端截面粗糙，掏去疏质骨形成较大的穿孔。上端径 2.4～3.2、下端径 2.4～3.3 厘米，长 8.9 厘米（图 3 - 22；彩版 3 - 28：3）。

PZM1：6，扁体，呈筒状。外表刮磨光滑，饰五周绿色彩带，临粗端对钻径 1.2～1.5 厘米的扁圆形穿孔。上端截面光滑，中部仅一 0.5 厘米的圆孔，可能系疏质骨脱落所致，上端应无孔眼。下端截面粗糙，掏去疏质骨形成较大的孔眼。上端径 2.2～2.5、下端径 2.4～3.3 厘米，长 8.8 厘米（图 3 - 22；彩版 3 - 28：4）。

饰件　有"V"形饰件和纺轮状饰件。

"V"形饰　4 件，其中 2 件两面对钻一圆形穿孔。

PZM1：8，取材于哺乳动物的角，将哺乳动物的角切段破裂为两半、掏去疏质骨而成，破裂面粗糙，截面和外表刮磨光滑，外表饰六道绿色彩带，因颜料脱落浅淡。长 9.5 厘米（图 3 - 23；彩版 3 - 29：1）。

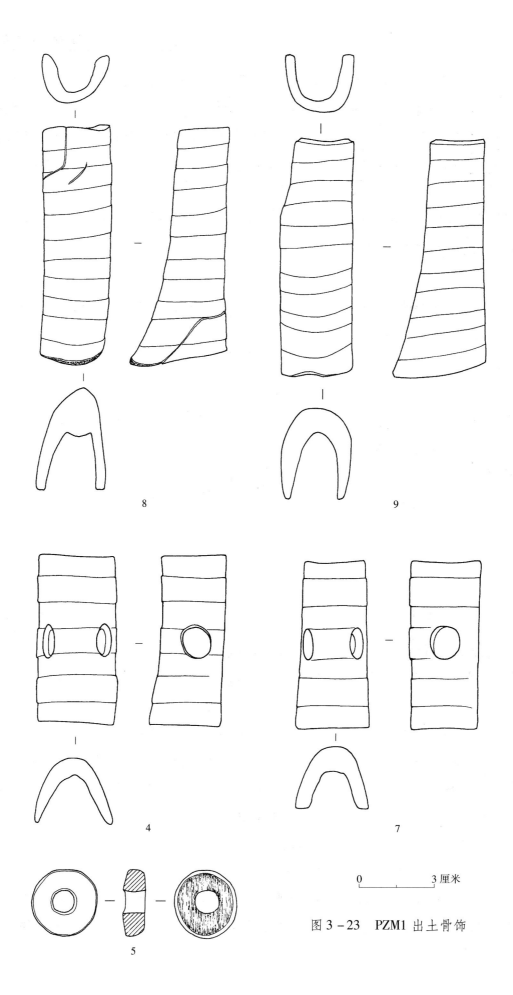

8

9

4

7

5

0   3厘米

图 3 - 23   PZM1 出土骨饰

PZM1：9，形制、制作方法与 PZM1：8 相同。长 9.2 厘米（图 3 – 23）。

PZM1：4，将哺乳动物的骨骼截断、破裂为两半、掏去疏质骨而成。破裂面粗糙不平；两端截面较平滑。外表光滑，刮磨形成宽 1 厘米的三条凸棱和四条凹面，凹面饰绿色颜料。两面中部对钻直径 1.3 厘米的穿孔。长 6.6 厘米（图 3 – 23；彩版 3 – 29：2）。

PZM1：7，形制、制作方法与 PZM1：4 相同，四条绿色彩带因颜料脱落角淡；中部穿孔直径 1.4、长 9.4 厘米（图 3 – 23；彩版 3 – 29：3）。

纺轮状饰　1 件。

PZM1：5，圆形略凸，中部一直径 1 厘米的穿孔；外表饰绿色颜料。直径 2.4、高 0.7 厘米（图 3 – 23；彩版 2 – 29：4）。

（3）玉石器

玛瑙珠　4 颗（见图 3 – 21；彩版 3 – 27）。

PZM1：17，红色。扁圆形，中部对钻直径 0.3 厘米的穿孔。直径 1.4、高 0.8 厘米。

PZM1：28，棕红色。两端对钻直径 0.8 厘米的穿孔，钻孔周围有冰裂痕。直径 0.8、高 0.5 厘米。

PZM1：58 – 6，形制与 PZM1：28 同。直径 1.2、长 0.7 厘米。

（四）葬式

PZM1 为单人葬，头朝东，面向北，上身直肢略向北倾，下肢直肢双脚并拢；左臂大部压于身躯下，右臂伸直并拢于身侧。经鉴定是一位年龄 35 ~ 45（？）的男性。未发现葬具，也未发现使用葬具的痕迹。

PZM1 的埋葬过程有以下几个阶段：

挖掘墓穴→放置洞室下层遗物→放置尸骸→放置洞室上层遗物→回填洞室→放置第四层殉牲→回填洞室→放置第三层殉牲→回填洞室至墓道底部→放置第二层殉牲→回填墓道→放置墓道第一层遗物→回填→放置墓道第四层遗物→回填→放置墓道第三层遗物→回填→放置墓道第二层遗物→回填→放置墓道第一层遗物→放置第一层殉牲→回填墓道与原地表平。

二　PZM2

PZM2 位于 PZM1 的南部，系房东修建牛舍时发现，2008 年 4 月被盗毁。这次进行了清理，墓葬形制被彻底平毁，仅出土了部分遗物，收集了人体骸骨和部分殉牲标本。

（一）殉牲

收集被盗毁的动物骨骼4件，有马、羊等。

PZM2：D1，马（*Equus* sp.）的左趾骨1件。

PZM2：D2，山羊（*Capra* sp.）属同一个体的左右残角各1件，带右角的破碎头骨1件，属同一个体头骨碎块2件，带P^2—M^1的左上颌骨1件（M^1刚刚萌出）。

PZM2：D3，绵羊（*Ovis* sp.）的残破头骨1件，属同一个体的带P^2—M^3的左右上颌骨各1件，带P_2—M_3的左右下颌骨各1件。

PZM2：D4，羊（Caprinae gen. et sp. indet.）的寰椎1件。

（二）遗物

5件，有铁器和骨器。

（1）铁器

铜柄铁剑　1件。

PZM2：5，残为数段，尖较锋，临柄端残留铜锈，说明原装铜柄，应是一件铜柄铁剑。残长39厘米（图3-24；彩版3-30：1）。

（2）骨器

4件，有兵器和车马器。

镞　1件。

PZM2：4，呈三角形，刮磨光滑，制作精细。中脊，尖锋，无铤。底端一径0.3厘米的锥状竖孔。长3.2厘米（图3-24；彩版3-30：2）。

2）车马器

3件。均为节约（图3-24；彩版3-30：3）。

PZM2：1，略呈长方体，"十"字形穿孔。正面略弧凸，刮刻形成上、下相对的残月纹和中部宽1.2厘米的凸棱；背面平整光滑；两侧面较平，中部对刻长1.4、宽0.5厘米的圆角长方形穿孔，穿孔两侧刮刻较深的"V"形槽；上、下断面弧凸，掏去疏质骨形成圆角长方形穿孔。长5.2、宽2.1、厚2.3厘米。

PZM2：2，呈扁柱体，略残。正面饰纹与PZM2：1同；背面略弧较粗糙；两侧中部对刻长1.2、宽0.6厘米的圆角长方形穿孔，穿孔两侧刻较深的"V"形槽。上、下端面弧凸，掏去疏质骨形成扁圆形的穿孔。长5.2、宽2.8、厚1.6厘米。

PZM2：3，略呈方柱体，形制、制作方法、穿孔与PZM2：1相同。长5.2、宽2.6、厚2.2厘米。

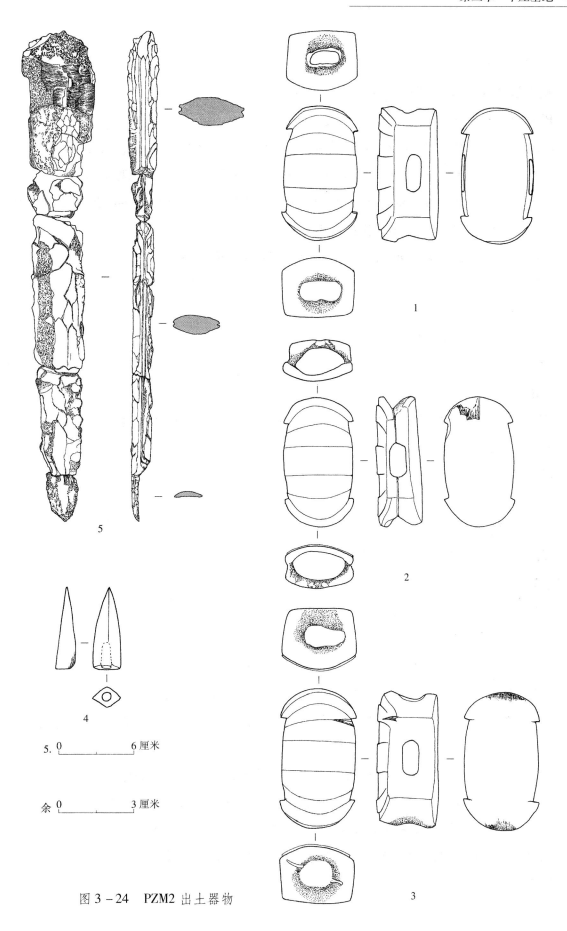

5. 0 _____ 6 厘米

余 0 _____ 3 厘米

图 3 - 24　PZM2 出土器物

第三节　人骨鉴定[*]

本文对中庄墓地清理出土的 2 例颅骨标本进行了观测，现将研究结果报告如下。

一　观察与测量

作者对本文所研究的颅骨标本进行了人类学测量与形态观察。各项测量与观察参照《人体测量手册》[①] 和《人体测量方法》[②] 中的各项标准。

PZM1：女性，年龄为 30～35 岁。保存完整，卵圆形颅，属圆颅型、正颅型和阔颅型。额部较平直。矢状缝的前囟段、顶段、顶孔段和后段均为深波型。眉弓、乳突发育中等，枕外隆突稍显。无鼻根凹，犬齿窝较浅，鼻棘为 Broca Ⅰ 级，颧骨转角处欠圆钝，颧弓宽度中等。面宽较大，水平方向上具有较大的面部扁平度。圆角斜长方形的眼眶，属中眶型。狭鼻型和鼻前窝型的梨状孔下缘。腭形属 U 形，崎状腭圆枕。颏形方形，下颌角区外翻，有较弱的下颌圆枕（表 3－1）。

表 3－1　中庄组颅骨测量表 PZM1（女性）

（长度：毫米；角度：度；指数:%）

测量项目	测量值	测量项目		测量值	测量项目	测量值
颅长（g－op）	180.00	鼻骨最小宽高		3.00	额角（∠n－m FH）	86.00
颅宽（eu－eu）	151.00	眶宽（mf－ek）	R.	42.00	前囟角（∠g－b FH）	48.00
颅高（ba－b）	134.00		L.	41.00	鼻颧角（∠fmo－n－fmo）	148.00
耳上颅高	114.00	眶宽（d－ek）	R.	—	上面三角（∠n－pr－ba）	73.00
最小额宽（ft－ft）	97.00		L.	—	（∠pr－n－ba）	63.00
颅矢状弧（arc n－o）	360.00	眶高	R.	32.00	（∠n－ba－pr）	44.00
额矢状弧（arc n－b）	130.00		L.	34.00	颅指数	83.88
顶矢状弧（arc b－l）	115.00	眶间宽（mf－mf）		18.00	颅长高指数	74.44
枕矢状弧（arc l－o）	115.00	（d－d）		—	颅宽高指数	88.74
额矢状弦（chord n－b）	117.00	两眶外缘宽（fmo－fmo）		96.00	垂直颅面指数（pr）	52.99
顶矢状弦（chord b－l）	109.00	颧骨高（zm－fmo）	R.	—	（sd）	54.48
枕矢状弦（chord l－o）	99.00		L.	—	鼻指数	45.28
颅周长	540.00	齿槽弓长（pr－alv）		52.00	眶指数 I	R.	76.19

＊　本节由吉林大学边疆考古研究中心张全超、朱泓执笔，该研究得到了教育部人文社会科学重点研究基地重大项目（15JJD780004）、霍英东教育基金会青年教师基金基础性研究课题（141111）、吉林大学基本科研业务费（2012QY090）的资助。

①　邵象清：《人体测量手册》，上海辞书出版社，1985 年。

②　吴汝康、吴新智、张振标：《人体测量方法》，科学出版社，1984 年。

续表 3-1

测量项目	测量值	测量项目	测量值	测量项目	测量值
颅横弧	320.00	齿槽弓宽（ekm－ekm）	68.00	L.	82.93
颅基底长（ba－n）	98.00	腭长（ol－sta）	44.00	眶指数 II　　R.	—
面基底长（ba－pr）	91.00	腭宽（enm－enm）	40.00	L.	—
上面高（n－pr）	71.00	枕骨大孔长（ba－o）	39.50	鼻根指数	37.50
（n－sd）	73.00	枕骨大孔宽	32.00	上面指数（pr）	51.08
颧宽（zy－zy）	139.00	耳点间宽（au－au）	136.00	（sd）	52.52
中部面宽（zm－zm）	107.00	总面角（∠n－pr FH）	88.00	腭指数	90.91
鼻宽	24.00	中面角（∠n－ns FH）	91.00	额宽指数	64.24
鼻高（n－ns）	53.00	齿槽面角（∠ns－pr FH）	75.00	面部突度指数	92.86
鼻骨最小宽	8.00	额侧面角（∠g－m FH）	83.00	枕骨大孔指数	81.01

　　PZM2：男性，年龄为 35～40 岁。保存完整，颅形为卵圆形，属圆颅型、正颅型和阔颅型。额部中等倾斜，矢状缝的前囟段为微波型，顶段、顶孔段属锯齿型，后段属深波。眉弓显著，乳突较大，颧弓粗壮。无鼻根凹和犬齿窝，鼻棘为 BrocaⅡ级，颧骨转角处欠圆钝。中等偏大的面部扁平度。高眶型，眼眶呈圆角斜长方形。狭鼻型配合以鼻前窝型的梨状孔下缘。腭形属 U 形，嵴状腭圆枕。颏形方形，下颌角区外翻，下颌圆枕发育较弱（表 3-2）。

表 3-2　中庄组颅骨测量表 PZM2（男性）

（长度：毫米；角度：度；指数:%）

测量项目	测量值	测量项目	测量值	测量项目	测量值
颅长（g－op）	178.50	鼻骨最小宽高	2.00	额角（∠n－m FH）	84.00
颅宽（eu－eu）	148.00	眶宽（mf－ek）R.	42.00	前囟角（∠g－b FH）	45.00
颅高（ba－b）	133.00	L.	44.00	鼻颧角（∠fmo－n－fmo）	146.00
耳上颅高	115.00	眶宽（d－ek）R.	—	上面三角（∠n－pr－ba）	67.00
最小额宽（ft－ft）	98.00	L.	42.00	（∠pr－n－ba）	65.00
颅矢状弧（arc n－o）	375.00	眶高　　　　R.	36.00	（∠n－ba－pr）	48.00
额矢状弧（arc n－b）	130.00	L.	35.00	颅指数	82.91
顶矢状弧（arc b－l）	135.00	眶间宽（mf－mf）	18.00	颅长高指数	74.51
枕矢状弧（arc l－o）	110.00	（d－d）	—	颅宽高指数	89.86
额矢状弦（chord n－b）	117.00	两眶外缘宽（fmo－fmo）	97.00	垂直颅面指数（pr）	54.14
顶矢状弦（chord b－l）	121.00	颧骨高（zm－fmo）R.	—	（sd）	56.39
枕矢状弦（chord l－o）	91.00	L.	—	鼻指数	43.64
颅周长	530.00	齿槽弓长（pr－alv）	51.00	眶指数 I　　R.	85.71
颅横弧	320.00	齿槽弓宽（ekm－ekm）	63.00	L.	79.55
颅基底长（ba－n）	96.00	腭长（ol－sta）	44.00	眶指数 II　　R.	—

续表 3 - 2

测量项目	测量值	测量项目	测量值	测量项目	测量值
面基底长（ba－pr）	95.00	腭宽（enm－enm）	40.00	L.	95.45
上面高（n－pr）	72.00	枕骨大孔长（ba－o）	35.00	鼻根指数	30.77
（n－sd）	75.00	枕骨大孔宽	28.00	上面指数（pr）	51.06
颧宽（zy－zy）	141.00	耳点间宽（au－au）	135.00	（sd）	53.19
中部面宽（zm－zm）	101.00	总面角（∠n－pr FH）	86.00	腭指数	90.91
鼻宽	24.00	中面角（∠n－ns FH）	94.00	额宽指数	66.22
鼻高（n－ns）	55.00	齿槽面角（∠ns－pr FH）	75.00	面部突度指数	98.96
鼻骨最小宽	6.50	额侧面角（∠g－m FH）	80.00	枕骨大孔指数	80.00

在非测量性形态特征方面的观察结果表明，该组颅骨标本上所反映出的简单的颅顶缝、欠发达的犬齿窝和鼻根凹、颇为扁平的面形、转角处欠圆钝的颧骨上颌骨下缘、下颌圆枕、铲形齿和鼻前窝型梨状孔下缘的较高出现率等特点，我们认为该组颅骨应归属于亚洲蒙古人种的范围。

二　比较与分析

1. 与亚洲各近代组的比较

为了进一步考察中庄组男性个体与现代亚洲蒙古人种各个地区居民在种族类型上的渊源关系，我们共选择华北组、抚顺组、爱斯基摩（东南）组、爱斯基摩（勒俄康）组、楚克奇（河滨）组、楚克奇（驯鹿）组、蒙古组、布里亚特组[①]等 8 个近代颅骨组进行比较，参加对比的项目和对比组详见表 3 - 3。本文采用计算中庄组与各近代组之间欧氏距离系数的方法进行定量分析，并根据欧氏距离系数绘制聚类图（图 3 - 25）。

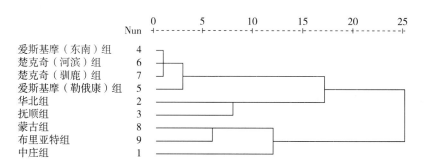

图 3 - 25　中庄组与亚洲蒙古人种各近代组之聚类图

---

① 潘其风、韩康信：《柳湾墓地的人骨研究》，《青海柳湾》附录一，文物出版社，1984 年。
韩康信：《沈阳郑家洼子的两具青铜时代人骨》，《考古学报》1975 年第 1 期。
韩康信、潘其风：《安阳殷墟中小墓人骨的研究》，《安阳殷墟头骨研究》，文物出版社，1985 年。

表 3 - 3　中庄组与近代颅骨组的比较（男性）

（长度：毫米；角度：度；指数：%）

比较项目	中庄组	华北组	抚顺组	爱斯基摩（东南）组	爱斯基摩（勒俄康）组	楚克奇（河滨）组	楚克奇（驯鹿）组	蒙古组	布里亚特组
1 颅长（g - op）	178.50	178.50	180.80	181.80	183.90	182.90	184.40	182.20	181.90
8 颅宽（eu - eu）	148.00	138.20	139.70	140.70	143.00	142.30	142.10	149.00	154.60
17 颅高（ba - b）	133.00	137.20	139.20	135.00	137.10	133.80	136.90	131.40	131.90
9 最小额宽	98.00	89.40	90.80	94.90	98.10	95.70	94.80	94.30	95.60
45 颧宽（zy - zy）	141.00	132.70	134.30	137.50	140.90	140.80	140.80	141.80	143.50
48 上面高（n - sd）	75.00	75.30	76.20	77.50	78.20	78.00	78.90	78.00	77.20
52 眶高 R	36.00	35.50	35.50	35.90	35.90	36.30	36.90	35.80	36.20
51 眶宽（mf - ek）R	42.00	44.00	42.90	43.40	44.50	44.10	43.60	43.20	42.20
54 鼻宽	24.00	25.00	25.70	24.40	23.50	24.60	24.90	27.40	27.30
55 鼻高（n - ns）	55.00	55.30	55.10	54.60	54.70	55.70	56.10	56.50	56.10
72 面角（n - prFH）	86.00	83.39	83.60	83.80	85.60	83.20	83.10	87.50	87.70
8 : 1 颅指数	82.91	77.56	77.30	77.60	77.50	77.90	77.20	82.00	85.10
17 : 1 颅长高指数	74.51	77.02	77.10	[74.26]	[74.55]	[73.15]	[74.24]	[72.12]	[72.51]
17 : 8 颅宽高指数	89.86	99.53	100.00	[95.95]	[95.87]	[94.03]	[96.34]	[88.19]	[85.32]
52 : 51 眶指数 R	85.71	80.66	83.00	83.00	80.80	82.40	84.50	82.90	86.00
54 : 55 鼻指数	43.64	45.23	46.90	44.80	43.00	44.70	44.50	48.60	48.70
9 : 8 额宽指数	66.22	64.69	[65.00]	[67.45]	[68.60]	[67.25]	[66.71]	[63.29]	[61.84]

注：[ ] 中的数值是根据平均数计算所得的近似值。

表 3 – 4 中庄组与亚洲蒙古人种各近代组之 *Dij* 值（男性）

	1	2	3	4	5	6	7	8	9
1	0.00								
2	20.58	0.00							
3	25.72	9.64	0.00						
4	13.40	10.61	13.85	0.00					
5	13.53	15.80	17.98	7.06	0.00				
6	11.71	14.63	17.94	4.97	6.13	0.00			
7	14.16	14.03	15.66	5.82	6.76	5.21	0.00		
8	10.58	22.23	27.68	15.72	16.18	13.06	15.59	0.00	
9	12.75	28.54	34.11	22.23	21.91	19.58	21.37	8.27	0.00

1 中庄组 2 华北组 3 抚顺组 4 爱斯基摩（东南）组 5 爱斯基摩（勒俄康）组 6 楚克奇（河滨）组 7 楚克奇（驯鹿）组 8 蒙古组 9 布里亚特组

根据表 3 – 4 的欧氏距离系数值，我们进一步对其进行聚类分析（Cluster analysis），聚类分析的基本思想是根据一批样品的多个观测指标，具体找出一些能够度量样品或指标之间的相似程度的统计量，以这些统计量为划分类型的依据，把一些相似程度较大的样品（或指标）聚为一类，把另外一些彼此之间相似程度较大的样品（或指标）又聚为另一类……关系密切的聚合到一个小的分类单位，关系疏远的聚到一个大的分类单位，直到把所有的样品（或指标）都聚合完毕，把不同的类型一一划分出来，形成一个由小到大的分类系统。最后再把整个分类系统画成一张分群图（又称谱系图），用它把所有样品（或指标）间的亲属关系表示出来[1]，基于以上思想我们绘制出聚类图 1，清晰地反映出了中庄组男性个体与各近代组之间的关系，在小于刻度 25 的范围内，9 个颅骨组大致可以区分为两个聚类群，第一聚类群（2—7 组）基本代表了现代蒙古人种中的东亚和东北亚类型群体，第二聚类群（1、8—9 组）除中庄组以外，主要代表了现代蒙古人种中的北亚类型群体。中庄组与代表现代蒙古人种中的蒙古组和布里亚特组聚为一类，可见该组古代居民与现代蒙古人种北亚类型居民在颅骨特征上较为一致。

2. 与各相关古代组的比较

为了进一步探讨中庄组古代居民与各有关古代居民在人种类型上的关系，我们将中庄古代居民放到西北地区先秦时期这一更加广阔的时空范围内，考察不同考古学文化间古代居民的地理分布态势及其亲缘关系。我们共选择了西北地区先秦时期的 10 组古代人群，现将这 10 组古代人群的背景情况简要介绍如下：

三角城组：出自甘肃省金昌市永昌县三角城古墓地，墓葬的文化性质属于沙井文化，研究结果表明，该组居民的体质特征与现代亚洲蒙古人种中的北亚类型最为接近。在古代

① 何晓群：《多元统计分析》，55～56 页，中国人民大学出版社，2004 年。

对比组中，与宁夏的彭堡组最为相近①。其体质特征属先秦时期北方古代人种类型中的"古蒙古高原类型"。

核桃庄组：出自青海省民和县核桃庄乡小旱地墓地和马排墓地，马排墓地则属于马厂类型，小旱地墓地属于辛店文化。人种学研究结果表明，小旱地遗址和马排遗址出土的人骨在体质形态上是一致的，与现代亚洲蒙古人种的东亚类型非常相似，同时在面部扁平度上，与现代北亚蒙古人种的分化趋势一致。在与其他古代人群比较时，核桃庄组居民与干骨崖组、火烧沟组、东灰山组、李家山组等甘青地区古代组关系密切②。其体质特征属先秦时期西北地区古代人种类型中的"古西北类型"。

火烧沟组：出自甘肃省玉门市火烧沟清泉遗址，遗址年代大约为公元前 16 世纪。其文化定名为"火烧沟类型"，被认为可能是羌族的一支③。研究结果表明，火烧沟组居民的体质特征与现代亚洲蒙古人种东亚类型较为接近。在与其他古代人群比较时，其形态特征接近步达生的甘肃史前组和殷墟中小墓②组，而与仰韶合并组间较大的形态学距离④。其体质特征属先秦时期西北地区古代人种类型中的"古西北类型"。

柳湾组：出自青海省乐都县柳湾墓地，该墓地在文化上包含了马家窑文化的半山类型、马厂类型和齐家文化及辛店文化，时代跨度从新石器时代到早期青铜时代。据研究者意见，柳湾的半山组、马厂组和齐家组的居民在形态学上没有本质差别，属于相同的体质类型，本文选用的是马厂组。柳湾组在体质特征上与现代东亚蒙古人种较为接近，与东亚类型中的现代华北类型关系最为密切。在古代对比组中，与甘肃河南新石器组、史前混合组和杨家洼组之间的关系较为接近。此外，与殷墟中小墓①组也呈现比较接近的趋势，而与仰韶合并组和西夏侯组之间的关系较为疏远⑤。其体质特征属西北地区先秦时期古代人种类型中的"古西北类型"。

李家山组：出自青海省湟中县李家山下西河村潘家梁卡约文化墓地，人骨标本的碳十四测年为距今 2740 ± 150 年。研究者认为，该组居民的体质类型属于大的蒙古人种范畴，与现代亚洲蒙古人种各区域性类型相比较，"在形态学上的地区类群性质似乎不特别明确"，只是与南亚存在明显差异。在古代对比组中，李家山组居民与甘肃史前组、阿哈特拉山组及殷墟中小墓组较为接近。在现代对比组中，该组居民与现代华北组以及现代藏族 B 组有很近的形态学联系⑥。其体质特征亦属西北地区先秦时期古代人种类型中的"古西北类型"。

干骨崖组：出自甘肃省酒泉市干骨崖墓地，文化性质属四坝文化中后期，时代约当夏代

① 韩康信：《甘肃永昌沙井文化人骨种属研究》，《永昌西岗柴湾岗—沙井文化墓葬发掘报告》附录，甘肃人民出版社，2001 年。
② 王明辉、朱泓：《民和核桃庄史前文化墓地人骨研究》，《民和核桃庄》，科学出版社，2004 年。
③ 甘肃省博物馆：《甘肃省文物考古工作三十年》，《文物考古工作三十年》，文物出版社，1979 年。
④ 韩康信、谭婧泽、张帆：《甘肃玉门火烧沟古墓地人骨的研究》，《中国西北地区古代居民种族研究》，复旦大学出版社，2005 年。
⑤ 潘其风、韩康信：《柳湾墓地的人骨研究》，《青海柳湾》附录一，文物出版社，1984 年。
⑥ 张君：《青海李家山卡约文化墓地人骨种系研究》，《考古学报》1993 年第 3 期。

至夏商之际。研究结果表明，干骨崖组居民的体质特征与现代亚洲蒙古人种的东亚类型更为接近。表现为偏长的中颅型，偏高的正颅型结合偏狭的中颅型，中鼻型和中眶型，较大的面部扁平度，面部侧面突度为中颌型，鼻面突度为平颌型，齿槽突度为突颌型①。这些体质形态特征与甘青地区古代居民的体质特征较为一致，也应归属于"古西北类型"的范畴。

菜园组：出自宁夏西南部海原县菜园村墓地，距今约4500年，属新石器晚期文化遗存。人种学研究结果表明，该组居民的形态特征与现代亚洲蒙古人种中的东亚类型接近。在古代对比组中，菜园组古代居民与甘青地区新石器时代及青铜时代古代居民较为接近，尤其与甘肃的古代居民之间存在更密切的形态学联系②。其体质特征也属于西北地区先秦时期古代人种类型中的"古西北类型"。

彭堡组：出自宁夏固原县彭堡乡于家庄墓地，年代相当于春秋晚期或战国早期，推测可能属于西戎的一支。研究结果表明，该组颅骨形态特征与现代亚洲蒙古人种中的北亚类型非常接近，"甚至与蒙古族类型的头骨非常接近"。在古代对比组中，彭堡组古代居民与内蒙古东部的扎赉诺尔组和南杨家营子组古代居民最为接近，而与宁夏新石器时代的海原菜园村组、甘肃的铜石时代组以及火烧沟组之间存在明显的形态学偏离③。其体质特征应属先秦时期北方古代人种类型中的"古蒙古高原类型"。

上孙家寨组：出自青海省大通县上孙家寨墓地，该墓地文化和时代比较复杂，基本上属于两个时期，即较早的卡约文化和较晚的汉晋时代，本文选用的是卡约组。研究结果表明，该组居民的体质特征接近于现代亚洲蒙古人种中的东亚类型。在古代对比组中，上孙家寨卡约组居民与青海境内的其他卡约文化（如李家山组、阿哈特拉山组等）的居民有密切的人类学联系④，故也应归属于"古西北类型"。

阿哈特拉山组：出自于青海省循化县托伦都阿哈特拉山墓地，文化性质属卡约文化。研究结果表明，该组居民在体质特征上与现代亚洲蒙古人种中的东亚类型接近，与北亚及南亚类群区分明显，并且与现代华北组及现代藏族B组较为接近。在古代对比组中，阿哈特拉山组古代居民与火烧沟组、甘肃史前组、殷墟中小墓组以及李家山组比较接近⑤。其体质特征属西北地区先秦时期古代人种类型中的"古西北类型"。

仍然采用计算中庄组与各古代组之间欧氏距离系数的方法进行定量分析，并根据欧氏距离系数绘制聚类图。具体项目和数据见表3-5，比较的结果见表3-6。

① 郑晓瑛：《甘肃酒泉青铜时代人类头骨种系类型的研究》，《人类学学报》1993年第4期。
② 韩康信：《宁夏海原菜园村新石器时代墓地人骨的性别年龄鉴定与体质类型》，《宁夏菜园—新石器时代遗址、墓葬发掘报告》附录二，科学出版社，2003年。
③ 韩康信：《宁夏彭堡于家庄墓地人骨种系特点之研究》，《考古学报》1995年第1期。
④ 韩康信、谭婧泽、张帆：《青海大通上孙家寨古墓地人骨的研究》，《中国西北地区古代居民种族研究》，复旦大学出版社，2005年。
⑤ 韩康信：《青海循化阿哈特拉山古墓地人骨研究》，《考古学报》2000年第3期。

表 3－5 中庄组与其他古代颅骨组比较（男性）

（长度：毫米；角度：度；指数：%）

比较项目	中庄组	三角城组	核桃庄组	火烧沟组	柳湾组	李家山组	干骨崖组	菜园组	彭堡组	上孙家寨组	阿哈特拉山组
1 颅长（g－op）	178.50	178.60	179.23	182.78	186.37	182.20	181.20	179.60	182.20	182.70	182.90
8 颅宽（eu－eu）	148.00	148.50	137.97	138.78	137.82	140.00	138.70	135.60	146.80	139.90	140.30
17 颅高（ba－b）	133.00	129.20	136.35	139.27	139.78	136.50	136.60	140.10	131.90	137.90	138.20
48 上面高（n－sd）	75.00	75.10	75.40	73.82	78.62	77.30	74.30	71.90	77.80	76.70	74.80
45 颧宽（zy－zy）	141.00	141.60	134.72	136.25	136.74	138.60	133.60	131.20	139.80	136.10	133.70
9 额宽（ft－ft）	98.00	90.10	90.12	90.07	90.61	91.20	89.40	93.70	96.00	90.60	90.00
52 眶高 R	36.00	33.30	34.13	33.31	34.53	35.40	34.80	33.30	33.80	34.90	35.20
51 眶宽（mf－ek）R	42.00	41.90	43.46	42.50	43.63	42.80	42.10	40.50	42.60	42.00	42.80
54 鼻宽	24.00	26.50	26.52	26.73	27.39	26.70	25.90	25.80	26.80	26.50	26.10
55 鼻高（n－ns）	55.00	56.80	53.90	53.59	55.53	57.00	52.90	51.00	58.60	56.10	55.20
72 面角（n－prFH）	86.00	91.30	87.05	86.70	88.75	87.00	85.00	93.30	90.70	85.70	85.80
77 鼻颧角（fmo－n－fmo）	146.00	151.30	146.96	145.10	145.85	147.40	147.40	145.80	146.60	146.90	144.30
8:1 颅指数	82.91	83.30	77.17	75.90	74.39	76.93	76.60	75.20	81.10	76.70	76.70
17:1 颅长高指数	74.51	72.40	75.94	76.12	75.00	74.96	74.20	78.40	72.40	75.70	75.60
17:8 颅宽高指数	89.86	87.00	98.28	100.66	100.26	97.60	98.49	103.80	89.70	98.50	98.80
48:45 上面指数	53.19	53.00	56.00	54.40	55.44	55.88	55.60	54.90	55.60	56.50	56.00
52:51 眶指数 R	85.71	82.90	78.56	78.47	79.44	82.02	82.50	82.20	83.10	81.80	82.60
54:55 鼻指数	43.64	46.80	49.21	49.90	51.48	47.01	48.70	50.70	46.20	47.30	47.40

表3-6 中庄组与西北地区各古代组之 *Dij* 值（男性）

	1	2	3	4	5	6	7	8	9	10	11
1	0.00										
2	13.46	0.00									
3	20.62	21.66	0.00								
4	22.56	24.50	6.50	0.00							
5	24.67	25.84	10.20	7.59	0.00						
6	17.05	19.00	7.94	9.21	9.40	0.00					
7	20.11	22.05	5.91	7.55	11.02	8.18	0.00				
8	27.31	29.85	13.16	12.22	14.99	16.91	13.66	0.00			
9	10.25	10.69	18.46	20.59	20.48	14.14	18.92	25.99	0.00		
10	19.40	22.19	7.50	7.17	8.33	4.94	6.70	15.07	17.33	0.00	
11	19.57	22.76	7.48	7.02	9.68	7.23	5.37	14.05	17.95	4.72	0.00

1 中庄组　2 三角城组　3 核桃庄组　4 火烧沟组　5 柳湾组　6 李家山组　7 干骨崖组　8 菜园组　9 彭堡组　10 上孙家寨组　11 阿哈特拉山组

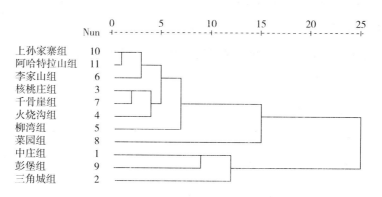

图3-26 中庄组与西北地区各古代组之聚类图

图3-26直观地反映出了中庄组古代居民与西北地区其他相关古代居民之间的关系，在刻度小于25的范围内，11个颅骨组大致可以区分为两个大的聚类群，第一聚类群包括：上孙家寨组、阿哈特拉组、李家山组、核桃庄组、干骨崖组、火烧沟组、柳湾组、菜园组等代表了新石器时代—早期青铜时代与现代蒙古人种东亚类型颅骨形态特征相似的"古西北类型"群体；第二聚类群包括中庄组、彭堡组和三角城组，代表了与现代蒙古人种北亚类型颅骨形态特征相似的"古蒙古高原类型"群体。反映了进入东周时期中庄组等"古蒙古高原类型"群体出现在西北地区，与西北新石器—早期青铜时代古代居民在体质特征上存在很大的差异，暗示了这一时期很可能存在人群上的迁徙与文化上的交流与传播。

3. 讨论与结论

中庄东周时期居民的人骨标本是宁夏地区该时段非常具有代表性的古人种学资料，在探讨该时期人群迁徙与文化融合的历史过程问题上具有重要的学术价值，根据上述对该墓地出土人骨的人种学分析，我们得出以下几点结论。

（1）我们通过对该组颅骨进行观测和研究，该组居民的体质特征可以概括为，颅形为卵圆形，颅顶缝结构普遍发育简单。乳突男性发育较大，而女性则以中等发育。眶形以圆角长方形为主。梨状孔为梨形，梨状孔下缘为鼻前窝型，鼻前棘较为低矮，犬齿窝均欠发达，鼻根凹多数表现为 0 级，翼区以 H 形为多见，颧骨上颌骨下缘转角处多欠圆钝，腭型为 U 形，嵴状腭圆枕，方形颏形，外翻的下颌角区，下颌圆枕和铲形齿均有较高的出现率。

（2）主要的颅、面部形态特征可以概括为：中庄组居民具有圆颅型、正颅型、阔颅型相结合的颅形特点，颇大的颧宽绝对值和中等偏大上面部扁平度等一系列特点，表明其基本的颅骨形态特征与现代北亚蒙古人种十分一致。

（3）与现代亚洲各个蒙古人种的欧式距离的计算结果表明：中庄组古代居民与近代蒙古组和布里亚特组居民在颅骨的基本形态特征方面最为接近。

（4）与西北地区相关的古代居民的聚类分析的结果显示：中庄组男性居民在 10 个古代对比组中，与永昌三角城组和宁夏彭堡组等代表"古蒙古高原类型"的古代居民较为一致，而与西北地区新石器时代—早期青铜时代的"古西北类型"的土著居民在体质特征上存在较大差异。

古西北类型的主要体质特征为：颅型偏长，高颅型和偏狭的颅型，中等偏狭的面宽，高而狭的面型，中等的面部扁平度，中眶型、狭鼻型和正颌型。它与现代东亚蒙古人种中的华北类型显得颇为相似。该类型的先秦时期居民主要分布在黄河流域上游的甘青地区，向北可扩展到内蒙古额济纳旗的居延地区，向东在稍晚近的时期可渗透进陕西省的关中平原及其临近地区。在西北地区属于该类型的古代居民主要包括：菜园墓地的新石器时代居民，柳湾墓地的半山文化、马厂文化和齐家文化居民，杨洼湾墓地的齐家文化居民，阳山墓地的半山文化居民，火烧沟墓地、干骨崖墓地和东灰山墓地的早期青铜时代居民，核桃庄墓地的辛店文化居民，阿哈特拉山墓地的卡约文化居民等。至于青海湟中李家山组和新疆哈密焉不拉克 M 组的基本种系特征与"古西北类型"的其他居民并没有本质的区别，所不同的也许是面宽值略大一些或颅高值偏低一些，或许反映的是一种较之其他"古西北类型"居民保留了更多原始特征的地方性变体的性状[①]。东周时期以降，一类与现代北亚类型居民体质特征相似的"古蒙古高原类型"居民出现在西北地区，例如：宁夏固原彭堡组、中庄组、永昌三角城组等等。这些古代居民的年代普遍偏晚一些。他们的种系特征与"古西北类型"差别较为明显，表现为圆颅型、正颅型、阔颅

---

① 朱泓：《中国西北地区的古代种族》，《考古与文物》2006 年第 5 期。

型相结合的颅型特点，颇大的颧宽绝对值和中等偏大上面部扁平度等一系列特点，在很大程度上都带有某些与现代北亚蒙古人种接近的体质因素。这种现象在内蒙古中南部地区和内蒙古东部地区都有出现，也可以说这种现象遍及整个"中国北方长城地带游牧文化带"，而这类人群的体质特征与新石器时代——早期青铜时代的蒙古高原早期居民有很大的相似之处，因此，一些学者将其命名为"古蒙古高原类型"[①]。

"古蒙古高原类型"居民的南下使这一时期"中国北方长城地带游牧文化带"在考古学文化、经济生业模式和人群的体质特征上变得极为复杂，而林沄先生对这一时期复杂的文化融合及人群迁徙现象给出了一个合理的解释模式"不同体质形态的人群犬牙交错的状态，证明了长城地带的既有共同因素又各有特点的多种文化，不是同一族源的人群在文化上分化所致，而是不同族源的人群各自创造而又互相渗透的结果"[②]，而这一结果最终导致了"战国中期开始，是一个中原各国向北方长城地带扩张势力，蒙古高原上来的北亚蒙古人种集团大批南下，使该地带原有居民或被中原各国同化，或投向'胡'人方面的大动荡、大分化时期。……只是在这种大分化和大动荡之后，长城总体上进一步向北推移，在长城之外才形成了一个文化上更为统一，基本上是纯游牧的文化带。但同时也开始了游牧人对长城以南地区的反复入侵，于是，北方长城地带开始了一个新的历史时代。"[③]

第四节   动物鉴定

中庄墓地共清理了2座墓，其中1座被盗毁。前文对2座墓出土的动物头骨进行了动物考古学方面的观察、测量和记述，并做了动物种属和年龄方面的鉴定，本节在前文的基础上就殉牲及其与墓葬的关系进行简单的讨论。

一   动物总数

中庄 PZM1 殉葬动物个体总数——49 其中：

马——4（幼年2，青年2，青年马中雌雄各1）

牛——7（幼年1，中年6）

羊——38（山羊13，绵羊17，羊8）

山羊——13（幼年7，中年6）

绵羊——17（幼年15，其中雄性3，雌性9，青年2，其中雌性1）

羊——8（幼年6，青1，中1）

---

① 张全超：《内蒙古和林格尔县新店子墓地人骨研究》，吉林大学博士学位论文，2005年。
② 林沄：《关于中国的对匈奴族源的考古学研究》，《林沄学术文集》，中国大百科全书出版社，1998年。
③ 林沄：《夏至战国中国北方长城地带游牧文化带的形成过程》，《燕京学报》2003年第14期。

PZM2 被盗，采集马、山羊、绵羊、羊标本各 1 件。

二　讨论

1. 中庄墓地作为随葬品的动物只有马、牛、羊的头部及少数这三类动物的蹄骨，显然这是当地的一种埋葬风俗。这种风俗可见于许多北方草原地区的游牧民族，西周至春秋时期，新疆察吾乎口一号墓的许多墓葬中都随葬了马、牛、羊的头骨[1]，战国时期的内蒙古桃红巴拉墓群发现了割取牲畜头骨和蹄骨殉葬的例子[2]，内蒙古毛庆沟狄人或楼烦人的墓地也发现了以牛头和牛蹄殉葬的现象[3]，王大户春秋战国墓的七座墓葬里都随葬了马、牛、羊头。所不同的是这几种动物的组合和比例。

2. 中庄墓地无论从时代还是地域上，都应该与王大户墓地有更多的可比性。比如这两处墓地都是以随葬马、牛、羊头的组合为主，很少数的是伴有这几种动物的蹄子。但随葬这几种动物的数量比例上却是有很大的区别，王大户春秋战国墓的七座墓葬里，马头的数量是从 0～14 件不等，牛是 2～5 件不等，山羊是 0～4 件不等，绵羊是 0～14 件不等，羊是 0～11 件不等。中庄村已发掘的完整墓葬只有一座，其特点是牛和羊的比例大大超过王大户墓地的。这种现象是否可解释为各个墓葬随葬的动物种类、数量的不同是取决于墓主的年龄、性别、身份，以及当时年景与家庭的经济状况。我们注意到，中庄村墓地随葬动物的特点是以幼年动物个体为主，尤其是羊的幼年比例占了绝大多数，有的是不足三个月龄的羊羔。这里是否暗示出当时年景或墓主家庭经济状况比较差，用众多的幼年个体的羊头可能是为了充数，成本相对较低。

3. 中庄村墓地有两例中年个体牛头的下颌骨有非正常食草导致的深度磨蚀痕迹，例如从它们的左右 P_4 后端起陡然下凹直到 M_1 和 M_2 都有相当严重的磨蚀。这让我们联想到有可能是带金属嚼子引起的，我们试图用战国时期的一套较大的铁制马衔放在这两个牛的下颌骨上，结果恰巧可吻合地卡在 P_4—M_2 下凹的部分。过去我们一般认为，驾驭马和牛的方法是不同的，马是带嚼子的，而牛是带鼻环的。牛鼻环的考古学证据最早可追溯到公元前3000年左右苏美尔人使用的红铜牛鼻环[4]，现代人制服牛更是离不开鼻环。但这两例的发现，提供了非常直接和有力的证据，那就是让我们重新认识了马衔，特别是这时期这一地区的马衔，有可能不仅仅是用在驾驭马上，还有可能用在驾驭牛上。

① 安家瑗、袁靖：《新疆和静县察吾乎沟口一、三号墓地动物骨骼研究报告》，《考古》1998 年第 7 期。
② 田广金：《桃红巴拉墓群》，《鄂尔多斯式青铜器》，209 页，文物出版社，1986 年。
③ 内蒙古文物工作队：《毛庆沟墓地》，《鄂尔多斯式青铜器》，238 页，文物出版社，1986 年。
④ 戈登·柴尔德：《考古学导论》，78 页，上海三联书店，2008 年。

第五节   小结

中庄墓地发现墓葬 2 座，其中 1 座被盗毁。由于 PZM2 盗毁严重，资料不全，这里主要介绍 PZM1。

一   墓葬形制

PZM1 呈"凸"字形，方向 50°，由墓道和洞室组成，洞室东向偏离墓道中轴线，底部呈东向渐低的斜坡。

二   殉牲

PZM1 共出土马、牛、羊的头骨、蹄骨和寰椎等共 63 件，放置于墓道和洞室竖穴口上部及洞室上部，根据殉牲的出土位置，从上而下分为四层。马和牛的置位以平置、吻部朝东为主。

三   遗物

PZM1 出土铜、骨、石质遗物 58 件，未见陶器，由铜刀、铜泡饰、带柄铜泡饰、腹中空的铜鹿、铜铃形饰、铜管饰、铜长方形饰、骨管、"V"形骨饰、纺轮状骨饰、玛瑙珠、骨珠等。

1. 出土遗物的空间分布

PZM1 遗物分布于墓道和洞室，分层放置。墓道遗物主要是骨管和"V"形骨饰，根据前文描述，将墓道遗物分层统计如下：

一层：骨管 1 件

二层：骨管 2 件，"V"形骨饰 1 件

三层：骨管 1 件，纺轮状骨饰 1 件

四层："V"形骨饰 2 件

五层："V"形骨饰 1 件

洞室遗物分布于骸骨骨盆和胸部处，分两层放置，统计如下：

表 3–7   PZM1 洞室遗物统计

层位	头部	胸部	骨盆	骨盆与腿部
一	骨珠	左上：铜铃形饰 2、玛瑙珠 1	左：铜刀 1、带柄铜泡饰 2、铜管状饰 6、铜长方形饰 1、玛瑙珠 1、铜铃形饰 1、铜扣饰 4	股骨间：铜扣饰 1

续表 3 – 7

层位	头部	胸部	骨盆	骨盆与腿部
二				骨盆右下与右股骨下：腹中空铜鹿形饰 8、铜泡饰 21

2. 出土遗物的分类

根据出土遗物的功能，将 PZM1 遗物分类为如下：

表 3 – 8　PZM1 出土遗物分类

工具	服饰器	车马器	其他饰件
铜刀 1、铜针筒 1	铜双连泡饰 4、铜铃形饰 3、骨珠 150 余颗，玛瑙珠 3 颗	铜泡饰 23、骨管 4、骨饰件 5	铜管状饰 5、铜长方形饰 1、铜鹿形饰 8

四　文化属性与时代

PZM1 的墓葬形制呈"凸"字形，与固原马庄墓地[①]、于家庄墓地[②]"凸"字形墓的墓葬形制基本一致，也与王大户墓地"凸"字形墓的形制相同；均有殉葬动物头骨的习俗；遗物有工具、服饰器和车马器等，与马庄墓地、于家庄墓地和王大户墓地的同类遗物形制相近或相同，因此其文化属性为北方青铜文化。

由于 PZW1 出土的铜刀、腹中空的铜鹿饰、两侧为圆泡中间兽面简化为枣核状的铜双连泡扣饰、铜铃形饰均属于战国中期遗物[③]，因此，将 PZM1 的时代定在战国中期。由于 PZM2 出土铁剑和骨节约，铁剑刃部较长，属于铁器较为流行的时期，故将该墓的时代定为战国中期。

---

① 宁夏文物考古研究所、宁夏固原博物馆：《宁夏固原杨郎青铜文化墓地》，《考古学报》1993 年第 1 期。
② 宁夏文物考古研究所：《宁夏彭堡于家庄墓地》，《考古学报》1995 年第 1 期。
③ 杨建华：《春秋战国时期中国北方文化带的形成，8~43 页》，文物出版社，2004 年。

彩版3-1 中庄墓地（东—西）

1. 墓道与洞室（西—东）

2. 洞室（西—东）

3. 人体骸骨（西—东）

彩版3-2　PZM1

1. 第一层和第二层上部殉牲（东—西）

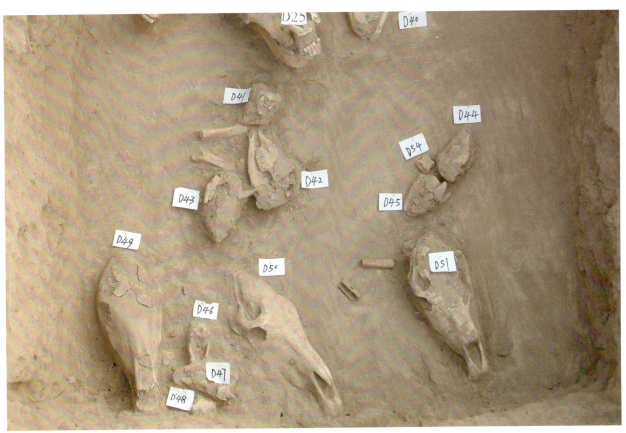

2. 第二层下部殉牲（东—西）

彩版3-3 PZM1殉牲出土情形

1. 第三层殉牲（西—东）

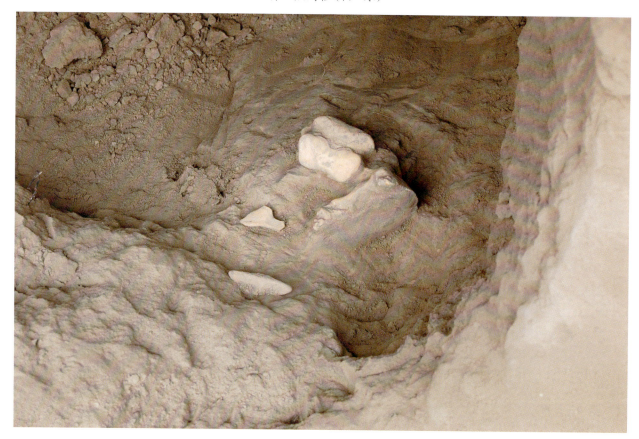

2. 第四层殉牲（东—西）

彩版3-4　PZM1殉牲出土情形

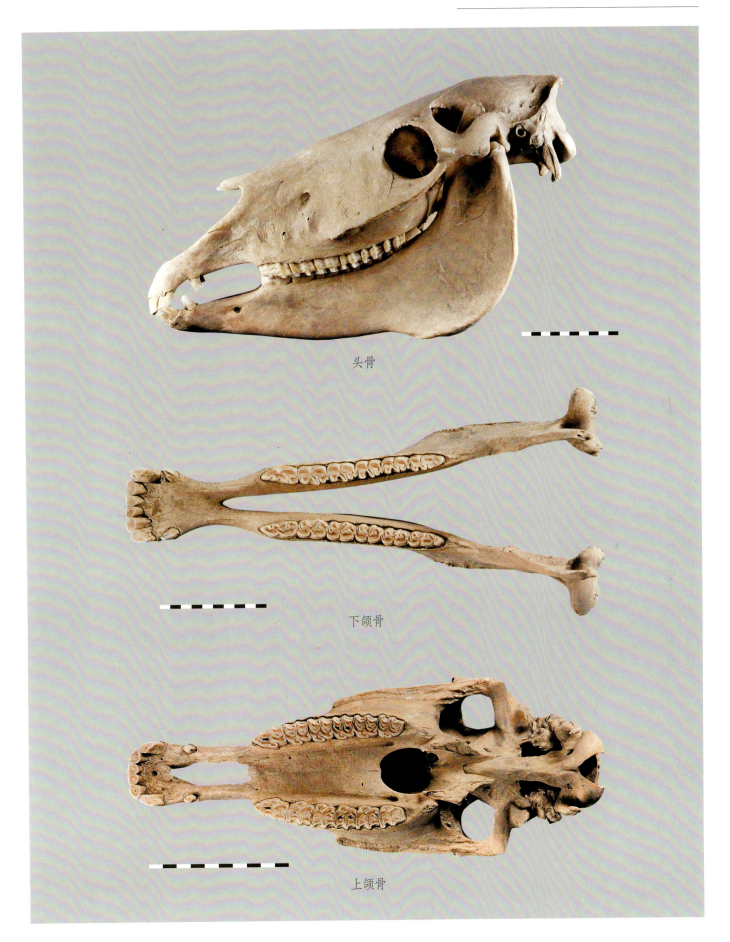

头骨

下颌骨

上颌骨

彩版3-5 PZM1殉牲（马PZM1：D50）

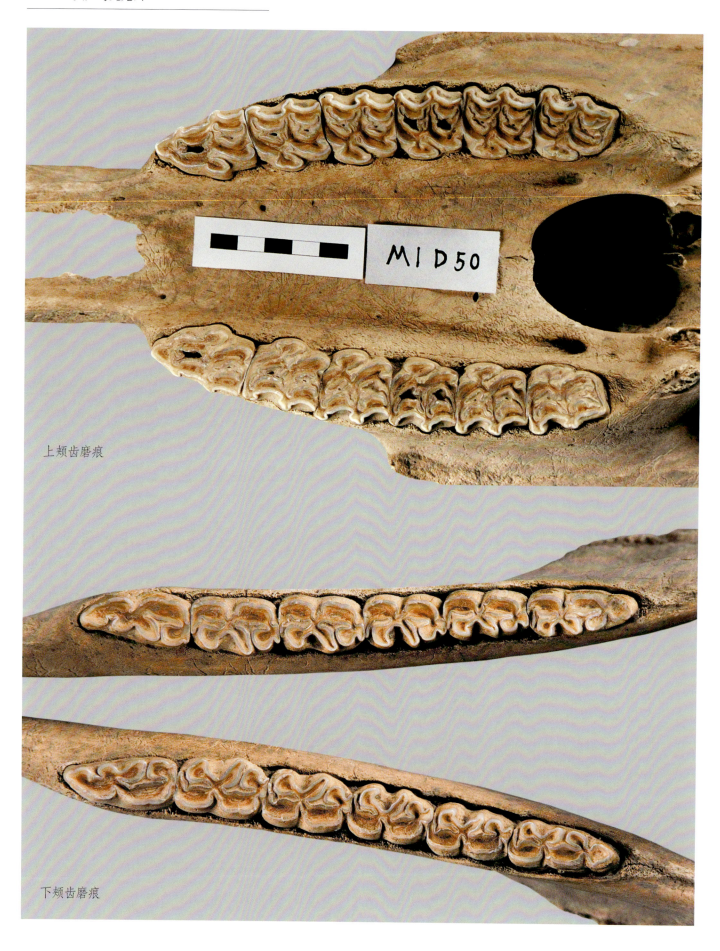

上颊齿磨痕

下颊齿磨痕

彩版3-6　PZM1殉牲（马PZM1：D50）

1. 磨痕

2. 迸裂痕（外侧）

3. 迸裂痕（内侧）

彩版3-7　PZM1殉牲（牛PZM1：D13下颊齿）

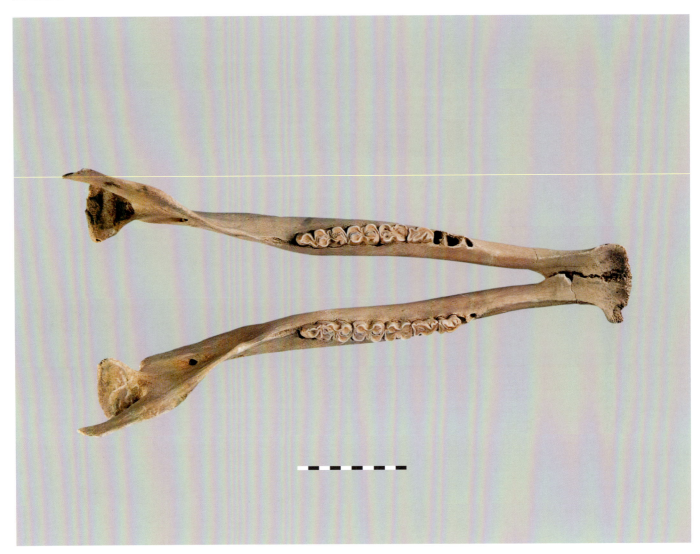

1. 下颌骨（PZM1：D6）

2. 蹄骨（PZM1：D52）

3. 蹄骨（PZM1：D53）

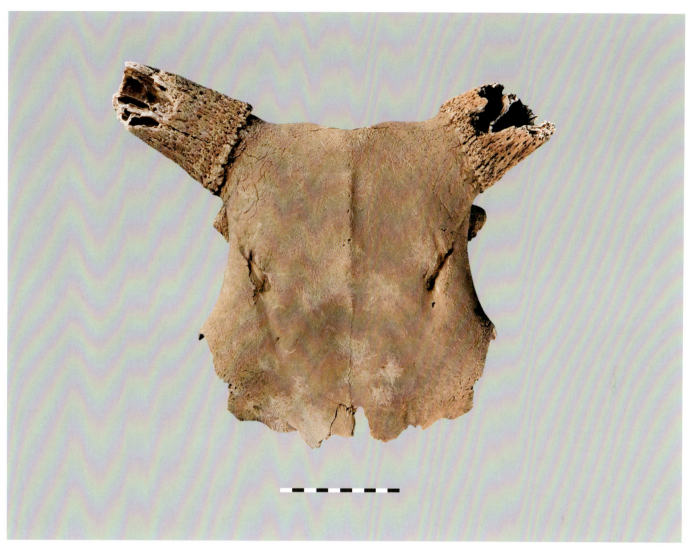

1. 头骨

2. 下颊齿磨痕

3. 下颊齿磨痕与马衔示意

彩版3-9　PZM1殉牲（牛PZM1：D21）

D19 下颌骨侧视

D4 舌骨

D20 头骨

D20 下颌骨正视

彩版3-10 PZM1殉牲（山羊）

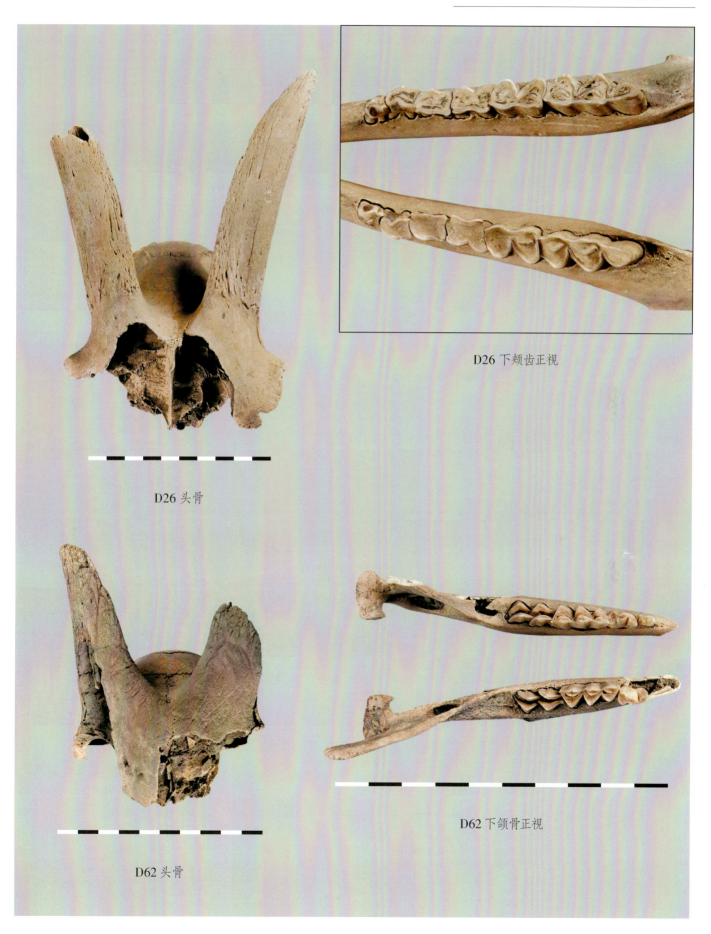

D26 下颊齿正视

D26 头骨

D62 头骨

D62 下颌骨正视

彩版3-11　PZM1殉牲（山羊）

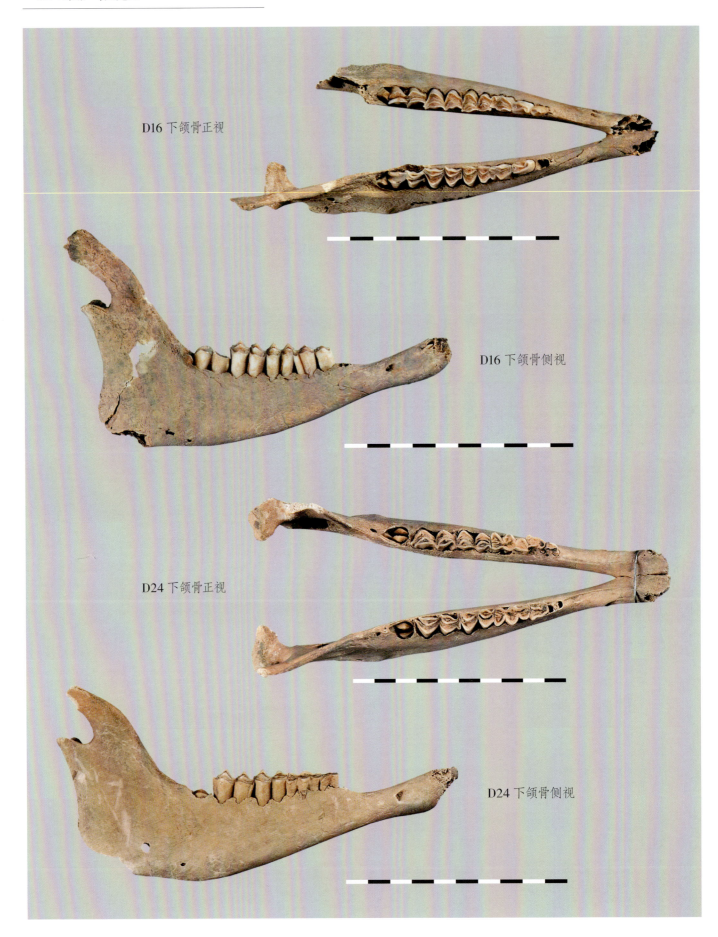

D16 下颌骨正视

D16 下颌骨侧视

D24 下颌骨正视

D24 下颌骨侧视

彩版3-12 PZM1殉牲（绵羊）

头骨

下颌骨侧视

上颌骨正视

彩版3-13　PZM1殉牲（绵羊PZM1：D2）

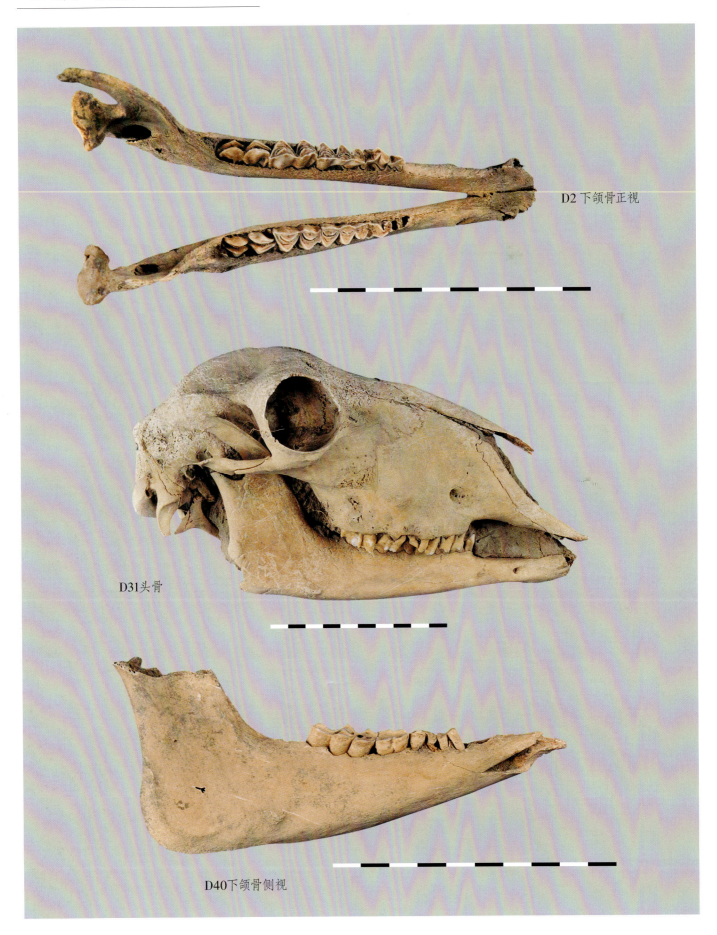

D2 下颌骨正视

D31头骨

D40下颌骨侧视

彩版3-14　PZM1殉牲（绵羊）

正视

侧视

1. 绵羊下颌骨（PZM1：D61）

正视

侧视

2. 羊下颌骨（PZM1：D42）

彩版3-15　PZM1殉牲（绵羊、羊）

1. 墓道第一至四层遗物（东—西）

2. 墓道第五层遗物（东—西）

3. 洞室上层遗物（北—南）

彩版3-16　PZM1遗物出土情形

1. 洞室上层骨盆左侧遗物（南—北）

2. 洞室上层左肩胛部遗物（西—东）

3. 洞室下层遗物（南—北）

彩版3-17　PZM1遗物出土情形

1. 刀（PZM1∶11）

2. 针筒（PZM1∶16）

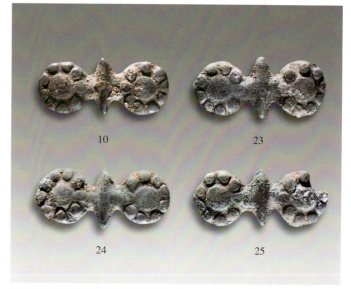

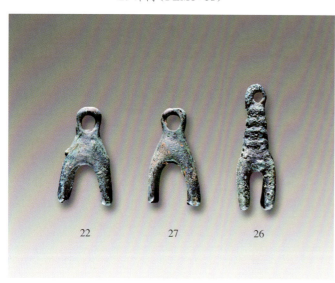

3. 铃形饰

4. 双连扣饰

彩版3-18　PZM1出土铜刀、针筒、铃形饰、双连扣饰

40　43　44

49　54　56

40　43　44

49　54　56

彩版3-19　PZM1出土铜泡饰

37 38 39 41

42 45 46 52 53

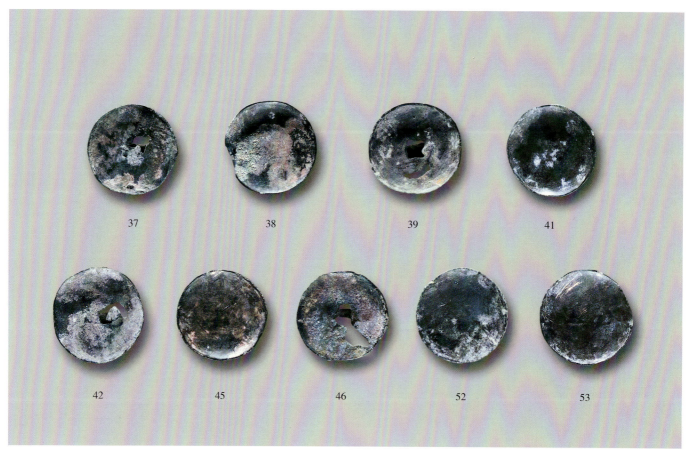

37 38 39 41

42 45 46 52 53

彩版3-20 PZM1出土铜泡饰

2. 方柄泡饰（PZM1：50）

1. 泡饰

3. 方柄泡饰（PZM1：51）

4. 泡饰

彩版3-21　PZM1出土铜泡饰

1. 管状饰

2. 管状饰

3. 长方形饰（PZM1：19）

彩版3-22　　PZM1出土铜饰件

1. 鹿形饰（PZM1:29）

2. 鹿形饰（PZM1:30）

彩版3-23　PZM1出土铜鹿形饰

1. 鹿形饰（PZM1：31）

2. 鹿形饰（PZM1：32）

彩版3-24　PZM1出土铜鹿形饰

1. 鹿形饰（PZM1：33）

2. 鹿形饰（PZM1：34）

彩版3-25 PZM1出土铜鹿形饰

1. 鹿形饰（PZM1:35）

2. 鹿形饰（PZM1:36）

彩版3-26　PZM1出土铜鹿形饰

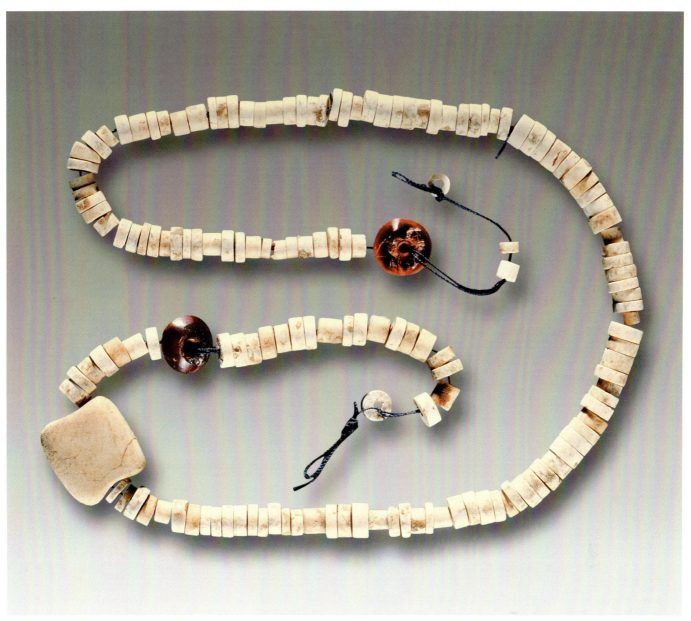

1. 骨珠、玛瑙珠（PZM1∶58）

2. 玛瑙珠（放大）

彩版3-27 PZM1出土骨珠、玛瑙珠

1. 管（PZM1：1）

3. 管（PZM1：3）

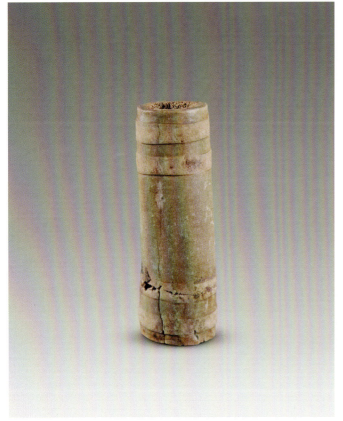

2. 管（PZM1：2）

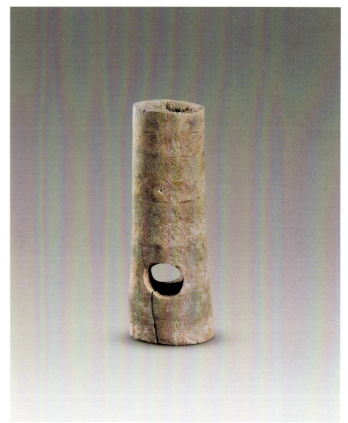

4. 管（PZM1：6）

彩版3-28　PZM1出土骨管

1. "V"形饰（PZM1∶8）

2. "V"形饰（PZM1∶4）

3. "V"形饰（PZM1∶7）

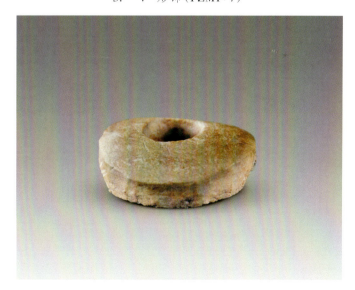

4. 纺轮状饰（PZM1∶5）

彩版3-29　PZM1出土骨饰件

1. 铁剑（PZM2：5）

2. 骨镞（PZM2：4）

3. 骨节约

彩版3-30　PZM2出土铁剑及骨镞、节约

第四章　九龙山墓地

第一节　地层堆积

九龙山所在山势为南北走向，北低南高，现为农耕地，因长年水土流失和农耕，墓地原始地貌已遭到极大破坏，地层堆积较为单一。墓葬所处台地地势较为平坦，大部分墓葬开口于扰土层下，有的在耕土层之下即为墓道。地层堆积相对较薄，可划分为二层。

第一层：耕土层，厚 0.12～0.2 米。土色呈黄褐色，土质疏松，夹杂有大量粮食作物根系和少量植物腐朽根系等，包含少许黑釉小瓷片及近代白釉瓷片等。

第二层：扰土层，厚 0.1～0.25 米。主要堆积于东南部。土色呈灰褐色黏土，土质较硬，夹杂有植物腐朽根系及少许的黑釉瓷片等，包含有少量动物骨骼。该层应为平整耕地时形成。墓葬大多开口于扰土层下，距地表 0.18～0.45 米。

第二节　墓葬介绍

九龙山墓地共清理春秋战国墓葬 11 座（图 4–1；彩版 4–1），分别编号 YJM1、YJM2、YJM3、YJM4、YJM5、YJM6、YJM7、YJM8、YJM9、YJM10、YJM11，墓葬均被盗，殉牲和人体骸骨分布凌乱，随葬遗物几乎被盗掘一空。

一　YJM1

YJM1 位于墓地中北部，东南距 YJM2 约 24 米，西北距 YJM3 约 22 米。

（一）墓葬形制

YJM1 为竖井墓道半洞室墓（墓室由竖穴和洞室组成。为了便于对墓室的描述，我们

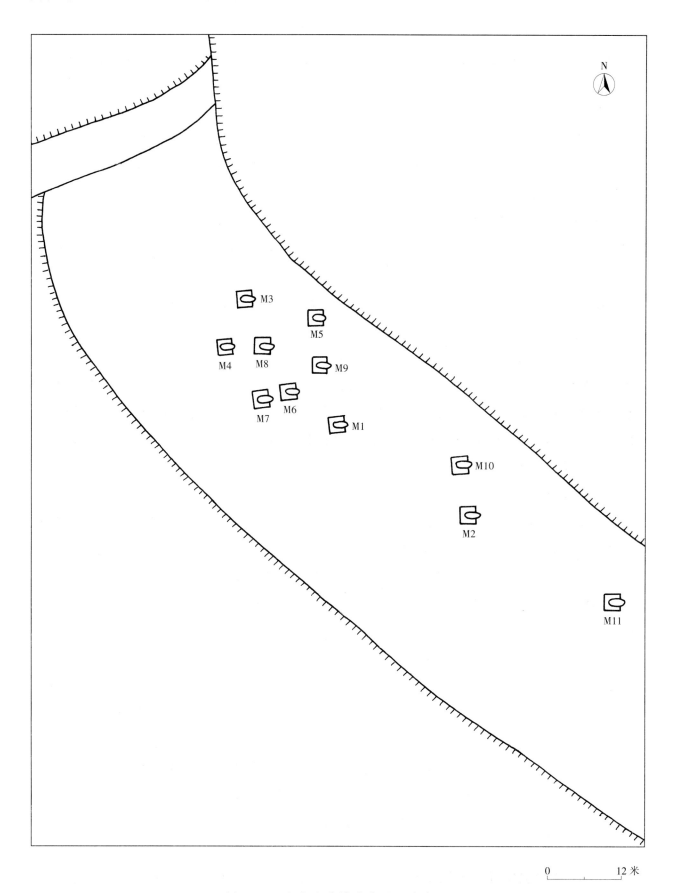

图 4-1　九龙山墓地墓葬平面分布图

将竖穴长而洞室短的墓室称之为半洞室墓；下同），东西向，方向47°（以洞室顶部中线为准；下同），平面呈"凸"字形，由竖井土坑墓道和半洞室组成（图4－2；彩版4－2）。

1. 墓道

墓道位于墓室上部，开口平面位于西高东低的坡地。平面近方形，口大底小，由于早期坍塌各壁面凹凸不平，未见有明显的修理加工痕迹，底部较平。坑口东西长2.25米，东部南北宽2.25、中部南北宽2.47、西部南北宽2.5米；坑底部东西长2.02米，东部南北宽2、中部南北宽2.06、西部南北宽2.11米；东部深1.66、西部深1.76米。内填土为灰褐色花土，土质较疏松，夹杂少量的植物腐朽根系和碎骨渣。

2. 半洞室

半洞室位于墓道底部的中东部，由竖穴和洞室两部分组成，平面呈"T"字形。

（1）竖穴

竖穴位于墓道中东部，呈长方形竖穴土坑式，系从墓道底部东西向沿东壁中部向下掏挖而成，东西长1.75、南北宽0.53~0.6、深0.58米。竖穴土坑南、北壁面较直，西壁略呈弧形。填土上部土色呈灰褐色，厚0.45米，土质较硬；下部土色呈黄色淤土，厚0.14~0.16米，土质硬并夹杂褐色土块。竖穴底部西端放置马下颌骨1件；中东部有人的下肢骨、肋骨及脊椎骨，堆积较凌乱，其中夹杂有羊下颌骨1件。

（2）洞室

洞室位于竖穴的东部，系从长方形竖穴的东壁掏挖而成，平面略呈半椭圆形。洞口呈窑洞式，开口稍偏向南部，距墓道北壁0.7米，距墓道南壁0.67米；拱形顶，顶部高出墓道底部约0.1米，洞口南北宽0.6、高1.05米。底部呈椭圆形斜坡，西高东低，坡度为11°，自西向东进深0.22米处底部坡度逐渐加大。洞室东西长0.8、南北宽0.6~1.05、最高1.13米。洞室入口处南、北壁较直，向内渐进呈内弧形，与东壁相交略呈半圆形。洞室顶部西高东低呈弧状内收，壁面粗糙不平，未见修整及工具加工痕迹。洞室内填土多为灰褐色花土，土质较硬，放置有大量的殉牲头骨。

（二）殉牲

YJM1共随葬马、牛、羊动物的头骨总数为23件，其中马头2件、牛头4件、羊头17件，另外发现马和羊的下颌骨各1件；部分头骨连带第一寰椎，在洞室内保存完好，头骨的组织结构完整，应属殉葬时一次性宰杀放置。

1. 殉牲的位置

YJM1被严重盗扰，殉牲原始的摆放位置已完全打破，现只能根据动物遗骨的出土位置，从上至下分为二层。

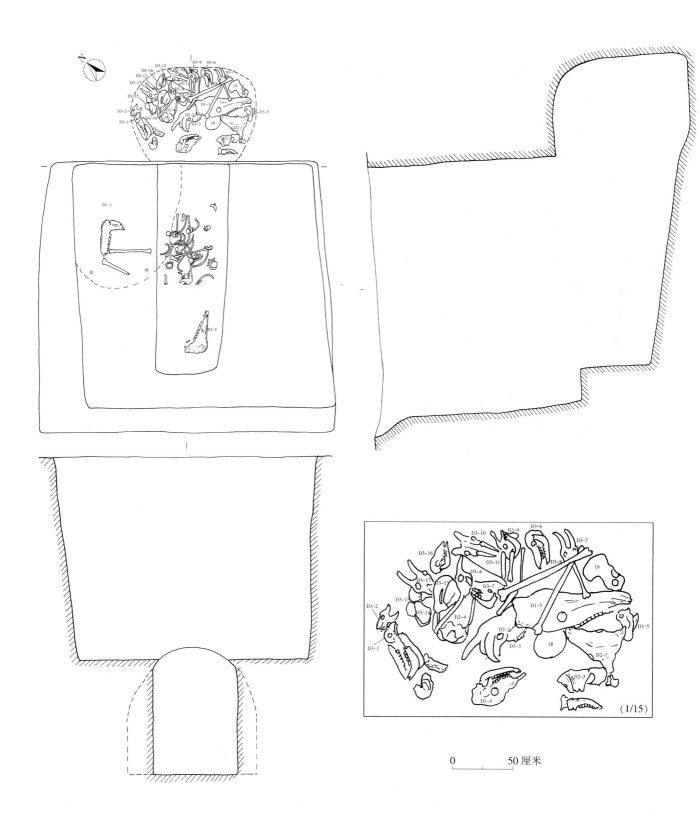

0　　　　50厘米

图4-2　YJM1平、剖面图

（1）第一层殉牲

第一层殉牲位于墓道东北角，与该墓的盗洞位置一致，置于墓道和盗洞底部的生土台之上，仅存马的残破头骨 1 件，编号 YJM1：D1 - 1，平置，吻部朝西，颌骨下有 0.08 米厚的回填土，从此件遗骨独立存在的位置分析，应属盗扰者所为。

（2）第二层殉牲

第二层殉牲位于竖穴和洞室内。其中竖穴内仅在西南角和中部发现马和羊的下颌骨各 1 件，编号分别为 YJM1：D1 - 3、YJM1：D3 - 1，平置，吻部均朝东；第二层殉牲的动物头骨主要集中堆放在洞室内，从洞室入口处一直堆积至洞室东壁，几乎占满了洞室底部的全部空间，所有的动物头骨互相叠压，放置无序。从分布较乱、无规律堆放所提供的信息判断，这种现象是盗墓者人为所致，而非原始的殉牲形式。

洞室内殉牲的动物头骨大部分组织结构较完整，能够完全看清头骨形态的殉牲，共22 件。其中马头 2 件，牛头 4 件，羊头 17 件（彩版 4 - 2：2）。

马头保存较完整，分别编号为 YJM1：D1 - 1、2。YJM1：D1 - 1 位于洞室中南部，面部向东斜置，吻部朝南，犬齿保留完整，有明显的磨损痕；YJM1：D1 - 2 位于洞室北部临近洞口，面部向下倒置，吻部朝东，上唇部稍残，部分牙齿脱落。

牛头保存较好，有的头骨连带第一寰椎，清理和提取时牛角尖稍残，分别编号为YJM1：D2 - 1、2、3、4。YJM1：D2 - 1 位于洞室南部，叠压在 YJM1：D1 - 3 马头的底部偏南，面部向北斜置，吻部向下，牛角尖部残缺，颌骨完整，舌骨 1 件，头骨连带第一寰椎。YJM1：D2 - 2 位于洞室中部，平置，吻部向东，面部和牛角残缺。YJM1：D2 - 3 位于洞室中东部，侧置，面向北，吻部朝下，带右残角，头骨残破，保存较差。YJM1：D2 - 4 位于洞室中北部，头部残缺，仅存左、右下颌骨，寰椎保存完整。

羊头骨大部分保存较为完整，其中有山羊头 11 件，绵羊头 6 件，部分羊角在清理和提取时残缺。山羊头编号为 YJM1：D3 - 2、4、6～9、11、12、15～17；绵羊头编号为 YJM1：D - 3、5、10、13、14、18。YJM1：D3 - 1 位于洞室入口西北部，侧置，面部朝西，吻部向南；YJM1：D3 - 2 位于洞室北部，组织结构完整，侧置，面部朝东，吻部向北；YJM1：D3 - 3 位于洞室中部，保存一般，侧置，面部朝北，吻部向东；YJM1：D3 - 4 位于洞室中部略偏北，组织结构完整，平置，面部朝北，吻部向西；YJM1：D3 - 5 位于洞室最东部，组织结构完整，倒置，面部朝下，吻部向西；YJM1：D3 - 6 位于洞室东北部，结构完整，平置，吻部朝西；YJM1：D3 - 7 位于洞室东北部，面部和左、右角提取时有残缺，平置，吻部朝向西南；YJM1：D3 - 8 位于洞室最东部偏北，平置，组织结构不完整，吻部向南；YJM1：D3 - 9位于洞室最东部，保存较好，下颌骨稍有残缺，侧置，面部朝北，吻部向西；YJM1：D3 -10 位于洞室内最东部偏北，组织结构完整，侧置，面部朝北，吻部向东；YJM1：D3 - 11 位于洞室内东北部，组织结构不完整，右角残缺，平置，吻部向西；YJM1：D3 - 12 位于洞室内东北部，保存较差，吻部及面部残缺，倒置，面部朝西，吻部向下；YJM1：D3－13 位于洞室内东北部，保存较差，仅存头盖骨，侧置，面部朝北，吻部不详；YJM1：D3－14 位于洞室内西北部，保存差，侧置，面部不详，吻部向东；YJM1：D3－15 位于洞室内北部，保存差，平置，吻部向西北；YJM1：D3－16 位于洞室内北部，保存差，侧置，仅存头盖骨，面部朝北，吻部不详；YJM1：D3－17 位于洞室西北部，仅存右角残破头骨，平置，吻部朝南。

2. 殉牲的种类

YJM1 随葬动物的个体总数有 24 件。形态结构完整的马头骨有 2 件，单体下颌骨 1 件，经鉴定其中有成年马 1 件，幼年马 2 件；结构较完整的牛头骨 3 件，单体下颌骨 1 件，经鉴定其中有成年牛 2 件，幼年牛 2 件；羊头骨分山羊和绵羊共计 17 件，单体下颌骨 1 件，经鉴定的山羊头骨有 11 件，其中成年羊 7 件，幼年羊 4 件；绵羊共有 6 件，均为成年羊。

（1）马（*Equus* sp.）

YJM1 共出土马的头骨或头骨残件 3 件，分别编号为 YJM1：D1－1～3，有的出土时完整，搬运或清理时因骨质薄脆而残碎。

①记述

YJM1：D1－1，残破头骨 1 件，属同一个体头骨碎块 6 件，带 P^4—M^1 的左上颌骨 1 件，带 P^2—M^1 的右上颌骨 1 件，左下颌残块 1 件，带 M_1 右下颌骨 1 件，属同一个体下颌骨残块 1 件，游离左下 M_1 1 件，游离右下 P_4 1 件（图 4－3；彩版 4－3）。

YJM1：D1－2，较完整头骨 1 件，带 I^3、C^1、P^2—M^3 的左上颌骨 1 件，带 I^2、I^3、C^1、P^2—M^3 的右上颌骨 1 件（犬齿较发育），带 I_3、C_1、P_2—M_3 的左下颌骨 1 件，第三趾骨 1 件（图 4－4；彩版 4－4、5）。

YJM1：D1－3，带 P_2—M_3 左下颌骨 1 件。

②测量

马头骨和上颊齿测量（单位：mm；标本数：N）

头长	535—505	（N＝2）
额长	233—224	（N＝2）
额宽	193	（N＝2）
前额最大长	141.5—138	（N＝2）
P^2—M^3 长	159—158	（N＝2）
P^2 长	39.5—34.0	（N＝4）
宽	25.0—13.05	（N＝4）
P^3 长	29.0—26.5	（N＝4）
宽	27.0—14.0	（N＝4）

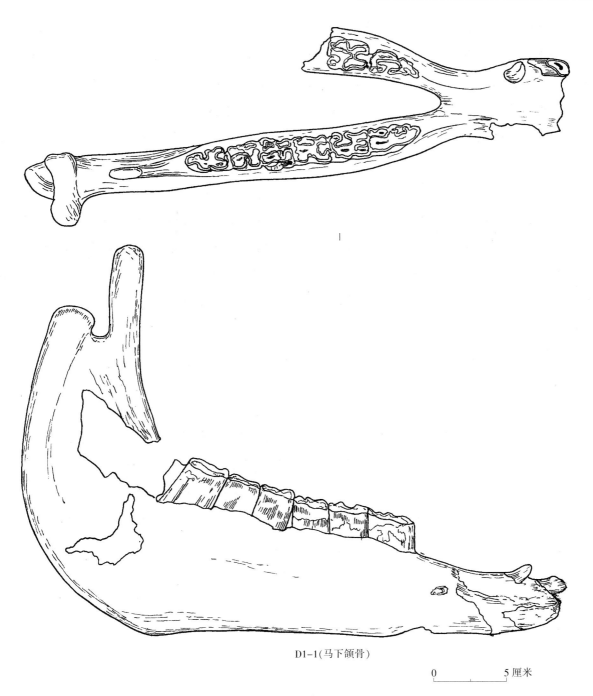

D1-1(马下颌骨)

0 _____ 5厘米

图4-3　YJM1 马下颌骨（YJM1：D1-1）

P⁴ 长	35.0—25.5	（N＝4）
宽	29.5—14.0	（N＝4）
M¹ 长	30.0—22.0	（N＝3）
宽	27.0—24.0	（N＝3）
M² 长	24.0	（N＝2）
宽	26.0—25.0	（N＝2）

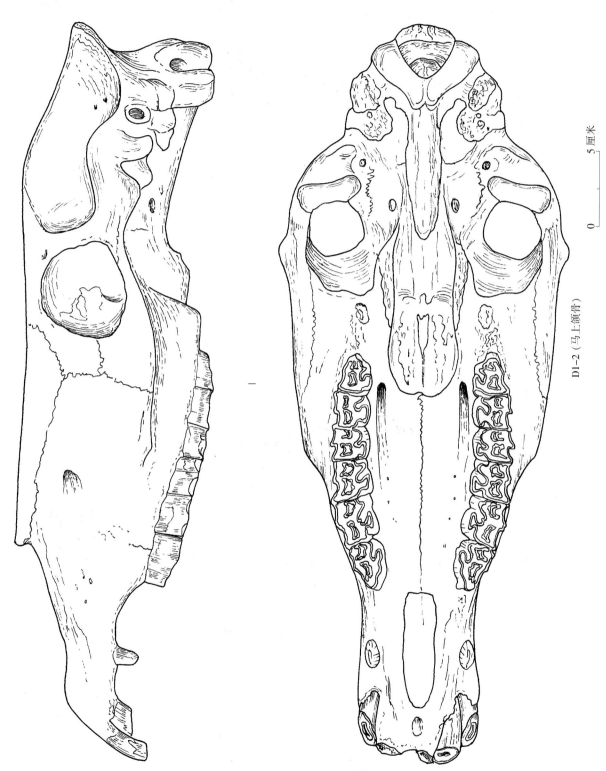

D1-2（马上颌骨）

5厘米

0

图 4 - 4　YJM1 马上颌骨（YJM1∶D1 - 2）

| M³ 长 | 31.0—27.85 | （N = 2） |
| 宽 | 25.5—24.0 | （N = 2） |

马下颌和下颊齿测量（单位：mm；标本数：N）

下颌骨长	408	（N = 1）
下颌骨垂直高	258—245	（N = 2）
下前颌长	95—59	（N = 2）
P_2—M_3 长	164.5—157.5	（N = 3）
P_2 长	35.0—33.0	（N = 4）
宽	17.5—12.5	（N = 4）
P_3 长	36.5—26.0	（N = 4）
宽	19.0—13.0	（N = 4）
P_4 长	35.0—25.0	（N = 5）
宽	19.0—12.0	（N = 5）
M_1 长	23.0	（N = 3）
宽	17.0—15.5	（N = 3）
M_2 长	34.0—23.0	（N = 3）
宽	16.5—15.0	（N = 3）
M_3 长	35.0—25.0	（N = 3）
宽	16.5—15.0	（N = 3）

马寰椎测量（单位：mm；标本数：N）

寰椎前后长	45.0	（N = 1）
寰椎宽	73.0	（N = 1）
寰椎前关节面宽	70.0	（N = 1）
寰椎后关节面宽	81.0	（N = 1）

（2）牛（*Bos* sp.）

YJM1 出土牛的头骨 4 件，分别编号为 YJM1：D2 - 1 ~ 4，有的骨骼带寰椎。

①记述

YJM1：D2 - 1，较完整头骨 1 件，舌骨 1 件，游离上 I^1 1 件，带 P^3—M^3 的左、右上颌骨各 1 件，带 P_2、P_4、M_1—M_3 的左下颌骨 1 件，带 P_2—M_3 的右下颌骨各 1 件，残破寰椎 1 件（彩版 4 - 6）。

YJM1：D2 - 2，属同一个体头骨碎块 13 件，舌骨 1 件，游离右上 I^1 1 件，带 M^1—M^2 的左上颌骨 1 件，dp^2—M^2 的右上颌骨 1 件，带 dp_4—M_2 的右下颌骨 1 件，游离右下 dp_2 1 件，游离 dp_3 1 件。

YJM1：D2-3，带右残角残破头骨1件，属同一个体头骨碎块6件，带 P^3—M^3 左上颌骨1件，带 P^2—M^3 的右上颌骨1件，带 P_3—M_3 的左、右下颌骨各1件，下颌碎块1件。

YJM1：D2-4，左下颌骨1件，带 dp_2—M_2 右下颌骨1件，寰椎1件。

②测量

牛头骨和上颊齿测量（单位：mm；标本数：N）

头长	516—306	（N=4）
额长	230—139	（N=8）
额宽	215—138	（N=7）
P^2—M^3 长	134.5—118	（N=5）
P^2 长	23.0—8.5	（N=15）
宽	23.5—7.0	（N=15）
P^3 长	24.0—17.0	（N=18）
宽	20.0—11.0	（N=18）
P^4 长	30.0—14.5	（N=18）
宽	22.0—15.0	（N=18）
M^1 长	31.0—24.0	（N=18）
宽	24.0—14.0	（N=18）
M^2 长	32.0—21.5	（N=15）
宽	25.0—12.5	（N=11）
M^3 长	32.0—26.5	（N=6）
宽	24.5—19.0	（N=6）

牛下颌骨和下颊齿的测量（单位：mm；标本数：N）

下颌骨长	388—238	（N=11）
下颌垂直支高	241—131	（N=14）
下前颌长	66.5—34.0	（N=16）
P_2—M_3 长	143.5—122	（N=4）
P_2 长	12.0—7.5	（N=14）
宽	10.0—6.90	（N=14）
P_3 长	20.5—16.0	（N=14）
宽	12.0—9.0	（N=14）
P_4 长	32.0—19.0	（N=16）
宽	23.0—11.5	（N=16）
M_1 长	30.0—19.5	（N=16）

宽	16.0—10.5	（N = 16）
M$_2$ 长	31.0—22.5	（N = 9）
宽	18.0—10.0	（N = 9）
M$_3$ 长	40.0—35.0	（N = 5）
宽	16.0—14.0	（N = 5）

牛寰椎测量（单位：mm；标本数：N）

寰椎前后长	84—69	（N = 3）
寰椎宽	89—75	（N = 3）
寰椎前关节面宽	45—39	（N = 3）
寰椎后关节面宽	111—101	（N = 3）

（3）山羊（*Capra* sp.）

YJM1 出土山羊的头骨 12 件，编号为 YJM1：D3 - 1、2、4、6 ~ 9、11、12、15 ~ 17，大多数残碎，完整者较少。

①记述

YJM1：D3 - 1，残缺，仅存带 P$_3$—M$_3$ 的左下颌骨 1 件。

YJM1：D3 - 2，较完整头骨 1 件，带 P^2—M^3 的左上颌骨 1 件。

YJM1：D3 - 4，带左角破碎头骨 1 件，碎角 1 件，属同一个体头骨碎块 1 件，带 M^1—M^2 的左上颌骨 1 件，带 M^1—M^3 的右上颌骨 1 件，带 P$_3$—M$_3$ 的右下颌骨 1 件，下颌骨碎块 4 件。

YJM1：D3 - 6，残破头骨 1 件，带左、右角各 1 件，带 dp^2—M^1 的右上颌骨 1 件。

YJM1：D3 - 7，较完整头骨 1 件，带左、右角各 1 件（右角稍残），带 P^2—M^3 的左、右上颌骨各 1 件，带 P$_3$—M$_3$ 的左、右下颌骨各 1 件（彩版 4 - 7）。

YJM1：D3 - 8，较完整头骨 1 件，带左、右角各 1 件，带 P^2—M^3 的左上颌骨 1 件，带 P$_4$—M$_3$ 的右下颌骨 1 件（彩版 4 - 7）。

YJM1：D3 - 9，带左、右残角较完整头骨 1 件，属同一个体头骨碎块 8 件，带 dp^2—M^1 的左、右上颌骨各 1 件，左下颌残块 1 件，带 dp$_3$—M$_1$ 的右下颌骨 1 件。

YJM1：D3 - 11，带左、右残角较完整头骨 1 件，带 P^2—M^3 的左、右上颌骨各 1 件，带 P$_2$—M$_3$ 的右下颌骨 1 件。

YJM1：D3 - 12，残破头骨 1 件，属同一个体头骨碎块 11 件，带 dp^2—M^1 的左、右上颌骨各 1 件，带 dp$_2$—M$_1$ 的左、右下颌骨各 1 件。

YJM1：D3 - 15，较完整头骨 1 件，属同一个体头骨碎块 1 件，带 dp^4—M^1 的左、右上颌骨各 1 件，带 dp$_2$—M$_2$ 的右下颌骨 1 件。

YJM1：D3 - 16，较完整头骨 1 件，属同一个体头骨碎块 1 件，带 P^2—M^3 的左、右上颌骨各 1 件，带 P₂—M₃ 的左下颌骨 1 件。

YJM1：D3 - 17，带右角残破头骨 1 件，带 P^2—M^3 的左、右上颌骨各 1 件，带 P₃—M₃ 的左下颌骨 1 件。

②测量

山羊头骨和上颊齿测量（单位：mm；标本数：N）

头长	257—160	（N = 30）
额长	99—59	（N = 45）
额宽	130—84	（N = 52）
P₂—M₃ 长	75—60.5	（N = 29）
P₂ 长	9.5—5.5	（N = 57）
宽	10—3.5	（N = 57）
P₃ 长	13—7.0	（N = 59）
宽	12—6.0	（N = 59）
P₄ 长	19—7.0	（N = 58）
宽	14.5—6.0	（N = 58）
M₁ 长	18.5—8.0	（N = 59）
宽	14.5—7.0	（N = 59）
M₂ 长	20—12	（N = 41）
宽	17—6.0	（N = 41）
M₃ 长	24.5—12	（N = 33）
宽	15.5—8.5	（N = 33）

山羊下颌骨和下颊齿的测量（单位：mm；标本数：N）

下颌骨长	206—105	（N = 42）
下颌垂直支高	104.5—58.5	（N = 40）
下前颌长	40—16.5	（N = 44）
P₂—M₃ 长	76.5—63	（N = 16）
P₂ 长	9.5—5.0	（N = 40）
宽	7.0—3.0	（N = 40）
P₃ 长	13—6.0	（N = 51）
宽	10—4.5	（N = 51）
P₄ 长	21—8.0	（N = 54）
宽	11.5—6.0	（N = 54）
M₁ 长	21.5—8.0	（N = 54）

宽	13.5—5.0	（N = 54）
M$_2$ 长	27—11.5	（N = 36）
宽	13.5—6.0	（N = 36）
M$_3$ 长	28.5—18.5	（N = 28）
宽	13—6.0	（N = 28）

山羊寰椎测量（单位：mm；标本数：N）

寰椎前后长	48—43	（N = 2）
寰椎宽	38—24	（N = 2）
寰椎前关节面宽	34—18	（N = 2）
寰椎后关节面宽	52—49	（N = 2）

（4）绵羊（*Ovis* sp.）

YJM1 出土绵羊头骨 6 件，分别编号为 YJM1：D3 - 3、5、10、13、14、18，出土时大多完整，有的连带寰椎和枢椎。在搬运和室内清理时，有的头骨因骨质薄脆而破碎。

①记述

YJM1：D3 - 3，带右角较完整头骨 1 件，带 M^1—M^3 的左上颌骨 1 件，带 M^3 右上颌骨 1 件，带 M$_1$ 的左下颌骨 1 件，带 I$_1$、I$_2$、I$_3$ 的右下颌骨 1 件（图 4 - 5；彩版 4 - 8）。

YJM1：D3 - 5，较完整头骨 1 件，带 P^2、P^3、M^1—M^3 的左上颌骨 1 件，带 P^2—M^2 的右上颌骨 1 件，带 M$_2$—M$_3$ 的右下颌骨 1 件。

YJM1：D3 - 10，残破头骨 1 件，带 P^2—M^3 的左、右上颌骨各 1 件，带 P$_2$—M$_3$ 的左下颌骨 1 件，带 P$_3$—M$_3$ 的右下颌骨 1 件。

YJM1：D3 - 13，残破头骨 1 件，属同一个体头骨碎块 1 件，带 P^2—M^3 的左、右上颌骨各 1 件，带 P$_2$—M$_3$ 的左、右下颌骨各 1 件。

YJM1：D3 - 14，较完整头骨 1 件，属同一个体头骨碎块 4 件，下颌残块 1 件，带 P^2—M^3 的左、右上颌骨各 1 件，带 P$_3$—M$_3$ 的左下颌骨 1 件，带 M$_2$—M$_3$ 的右下颌骨 1 件，磨蚀严重（图 4 - 6；彩版 4 - 8）。

YJM1：D3 - 18，破碎头骨 1 件，带残破左、右角各 1 件，属同一个体头骨残块 1 件，带 dp^2—M^1 的右上颌骨 1 件，寰椎及枢椎各 1 件（套接在一起）。

②测量

绵羊头骨和上颊齿测量（单位：mm；标本数：N）

头长	257—190	（N = 19）
额长	104—67	（N = 44）
额宽	130—83.5	（N = 46）
P^2—M^3 长	79—66	（N = 38）

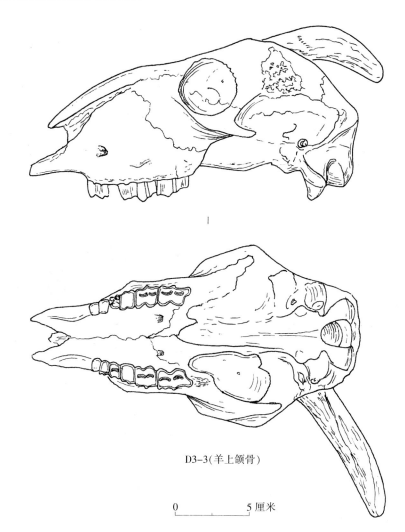

D3-3(羊上颌骨)

0 _____ 5 厘米

图 4-5 YJM1 绵羊上颌骨（YJM1：D3-3）

P² 长	9.5—6.5	（N＝54）
宽	8.5—5.5	（N＝54）
P³ 长	14.5—6.0	（N＝61）
宽	10—7.0	（N＝61）
P⁴ 长	17—6.5	（N＝61）
宽	12—8.0	（N＝61）
M¹ 长	17.5—9.0	（N＝62）
宽	14.5—7.0	（N＝62）
M² 长	19.5—8.0	（N＝51）
宽	18—9.0	（N＝51）
M³ 长	24—15	（N＝45）
宽	15—8.5	（N＝45）

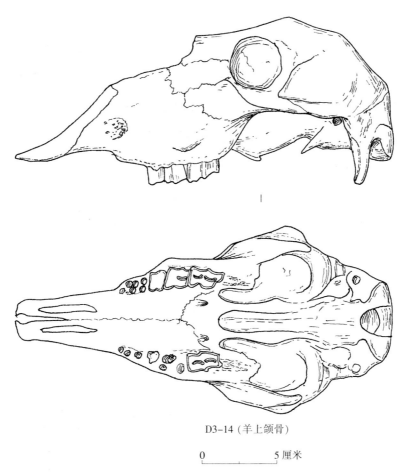

D3-14（羊上颌骨）

0 ————— 5厘米

图 4－6　YJM1 绵羊上颌骨（YJM1：D3－14）

绵羊下颌骨和下颊齿的测量（单位：mm；标本数：N）

下颌骨长	223—116	（N＝45）
下颌垂直支高	119—67.5	（N＝49）
下前颌长	39—17	（N＝50）
P_2—M_3 长	81.5—64	（N＝27）
P_2 长	7.0—4.0	（N＝37）
宽	9.5—3.0	（N＝37）
P_3 长	10.5—6.5	（N＝58）
宽	7.5—4.5	（N＝58）
P_4 长	29.5—7.5	（N＝59）
宽	9.0—6.0	（N＝59）
M_1 长	18—6.0	（N＝60）
宽	9.5—6.0	（N＝60）
M_2 长	20—12	（N＝51）

宽	10.5—7.0	（N＝51）
M₃长	28—19.5	（N＝43）
宽	11—4.5	（N＝43）

绵羊寰椎测量（单位：mm；标本数：N）

寰椎前后长	59—46	（N＝7）
寰椎宽	43—36	（N＝7）
寰椎前关节面宽	26—21	（N＝7）
寰椎后关节面宽	53—49	（N＝7）

（三）遗物

YJM1 被严重盗扰，除殉牲外，未发现其他遗物。

（四）葬式与葬俗

1. 葬式

YJM1 为单人葬，被盗扰严重，人骨分散，葬式不详。人体骨骼大多集中在洞室中东部，其头骨叠压在洞室中南部动物骨之下，侧置，头部朝西、面向东南；股骨位于洞室中东部头骨之上；盆骨位于洞室东北部紧临东壁；上肢骨、肋骨及脊椎骨主要集中在竖穴墓室中部，置放较凌乱；部分小腿骨位于墓道底部东北角（即盗洞底部）。经鉴定，M1 墓主是一位年龄在 15 ~ 20 岁的男性。

2. 葬俗

YJM1 早期虽被盗扰，但其形制结构基本保存完整，营建方法及顺序大致有以下几个行为阶段：首先是从地表往下先挖一近似方形的、口大底小的竖穴坑作为墓道，其次在墓道的近中部东西向挖一长方形竖穴，在竖穴的东壁掏挖与墓道相垂直的浅洞室，洞室底部西高东底略呈坡状。从竖穴和洞室的大小分析，洞室的主要功能在于埋葬尸骸上半身，腰部以下则置于洞室外的竖穴墓坑中，且头端较低，脚端稍高。在发掘过程中，未发现有使用葬具的痕迹。

（五）盗洞

YJM1 的盗洞位于墓道东北角，由于后期塌陷范围较大，现存形制呈不规则形，东西长 1.05、南北宽 0.73 ~ 0.9 米。盗洞从开口到底部由北向南斜向抵达墓室，盗洞内填土为深褐色夹杂少量黄土块，质地较硬，包含少量动物碎骨渣，底部仅发现墓主的下肢骨和马下颌骨 1 件。

二 YJM2

YJM2 位于墓地中南部，西北距 YJM3 约 40 米。

（一）墓葬形制

YJM2 为竖井墓道半洞室墓，东西向，方向 45°。整体平面形状呈"凸"字形，由竖井土坑墓道和半洞室组成（图 4-7；彩版 4-9）。

1. 墓道

墓道位于墓室上部，平面略呈倒梯形，口大底小。由于早期塌陷除西壁略直外，南、北、东壁开口略呈弧状，各壁面凸凹不平，未见修理加工痕迹；底部较平。坑上口东西长 2.68 米，东部南北宽 2.3、中部南北宽 2.7、西部南北宽 2.45 米；底部东西长 2.15 米，东部南北宽 2.34、中部南北宽 2.7、西部南北宽 2.35 米；墓道深 1.6 米。内填土为灰褐色花土，土质较疏松，夹杂少量的腐朽植物根系和碎骨渣。

2. 半洞室

半洞室墓室位于墓道底部中东部，由竖穴和洞室两部分组成，平面呈"T"字形。

（1）竖穴

竖穴位于墓道中东部，系从竖穴土坑墓道底部东西向沿东壁中部向下掏挖而成，南北壁略直，壁面凸凹不平，西壁开口至底部略呈弧形，壁面内凹。竖穴开口东部宽于西部，东西长 1.82、南北宽 0.68~0.8、深 0.6~0.9 米。填土上部土色呈灰褐色，厚 0.53 米，土质较硬；下部土色呈黄色淤土，厚 0.07~0.35 米，土质硬并夹杂褐色土块，包含有少量的动物骨渣。

（2）洞室

洞室位于竖穴东部，系从竖穴东壁掏挖而成。洞室平面略呈半椭圆形，洞口呈窑洞式，开口稍偏向南部，距墓道北壁 0.95 米，距墓道南壁 0.65 米；拱形顶；底部呈西高东低椭圆形斜坡，坡度为 17°。洞室东西长 0.53、南北宽 0.68~0.8、室内最高 0.9 米。洞室入口处南、北壁较直，向内渐外弧，与东壁相交略呈半圆形。洞室顶部西高东低内收呈弧状，壁面粗糙不平，未见修整及加工痕迹。洞室内填土多为灰褐色花土，土质较硬，从洞室口至洞室内放置有大量的殉牲头骨。

（二）殉牲

YJM2 共殉葬马、羊动物总数 17 件，其中有马下颌骨和寰椎各 1 件，羊头骨 16 件。大部分头骨的组织结构完整，应属殉葬时一次性宰杀放置。

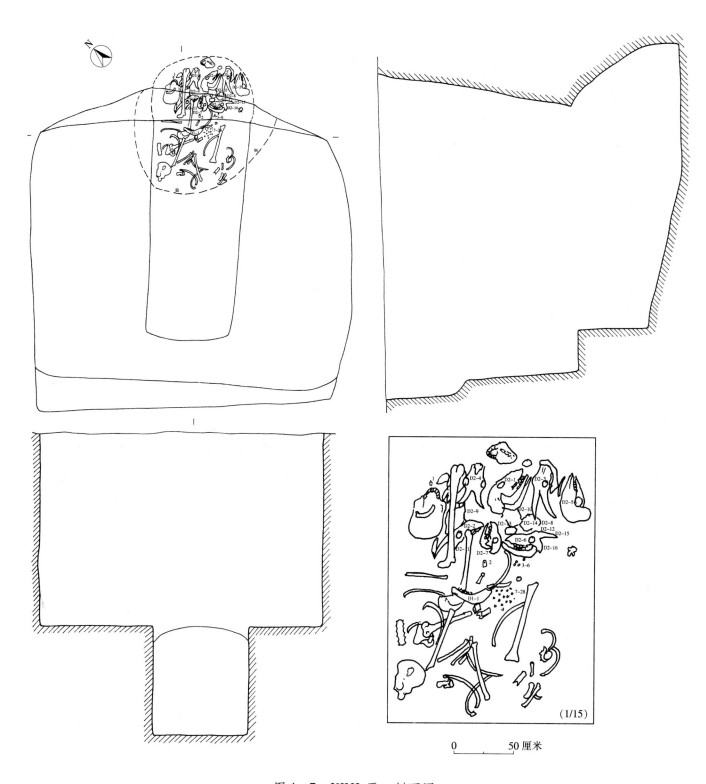

0   50 厘米

图 4 - 7   YJM2 平、剖面图

1. 殉牲的位置

YJM2 历史上已盗扰，殉牲原始的摆放位置已被完全打破，动物头骨全部分布在墓室东部土洞内。主要以羊头骨为主，并配置有 3 件蹄骨，由于被盗扰，分布混乱，无规律，所以是否每个头骨都配置有蹄骨不详。

未见组织结构完整的马头骨，仅存下颌骨和寰椎，编号为 YJM2：D1-1。

可辨认的羊头有 16 件，其中山羊头骨 12 件，绵羊头骨 4 件，编号为 YJM2：D2-1～16。YJM2：D2-1 位于墓室东部土洞内中部，头骨提取时破碎，侧置，面部朝北，吻部向东南；YJM2：D2-2 位于墓室东部土洞内中部，组织结构不完整，右角及头骨右侧残缺，提取时残破，侧置，面部朝北，吻部向东；YJM2：D2-3 位于墓室东部土洞内东南部，组织结构完整，斜置，面部朝北，吻部向东；YJM2：D2-4 位于墓室东部土洞内中部略偏北，组织结构完整，右角残缺，平置，面部朝上，吻部向东；YJM2：D2-5 位于墓室东部土洞内东南部，组织结构完整，右角残缺，平置，吻部向东；YJM2：D2-6 位于墓室东部土洞入口南部，组织结构完整，斜置，面部朝东，吻部向西北；YJM2：D2-7 位于墓室东部土洞内东南部，组织结构完整，倒置，面朝向南，吻部向下；YJM2：D2-8 位于土洞内东南部，侧置，面部朝西，吻部向南；YJM2：D2-9 位于洞室北中部，倒置，面部朝下，吻部向西；YJM2：D2-10 位于土洞内中部，保存一般，侧置，面部朝北，吻部向东；YJM2：D2-11 位于土洞口中部，组织结构完整，右角残缺，侧置，面部朝南，吻部向东；YJM2：D2-12 位于土洞内东南部，组织结构较完整，左角残缺，侧置，面部朝西，吻部向北；YJM2：D2-13 位于土洞内东南部，保存一般，侧置，面部朝北，吻部向西；YJM2：D2-14 位于土洞内东南部，组织结构较完整，倒置，面部朝下，吻部向西；YJM2：D2-15 位于土洞内东南部，保存一般，侧置，面部朝北，吻部向东；YJM2：D2-16 位于土洞内东南部，组织结构较完整，右角尖稍残，面部朝南，吻部向西。上述羊头骨从洞室入口处一直堆积至洞室东壁，几乎占满了洞室底部的全部空间，所有羊头骨互相叠压，放置无序。从分布较乱、无规律堆放所提供的信息判断，这种现象是盗墓者所致，而非原始的殉牲形式。

2. 殉牲的种类

YJM2 随葬动物的个体总数有 17 件。组织结构不完整的马左、右下颌骨各 1 件，经鉴定为幼年马；结构较完整的羊头骨分山羊和绵羊共计 16 件，经鉴定山羊头骨有 12 件，其中成年羊 2 件，幼年羊 10 件；绵羊有 4 件，均为幼年羊。

（1）马（*Equus* sp.）

YJM2：D1-1，带 dp_2—dp_4 的左、右下颌骨各 1 件，寰椎 1 件。

（2）山羊（*Capra* sp.）

YJM2 出土山羊头骨 12 件，YJM2：D2-1 和 YJM2：D2-2 已残损，采选标本 10 件，

编号为 YJM2：D2 - 5、6、8、9、10、11、13、14、15、16，大多数出土时较完整，因骨质薄脆在提取或室内清理时部分残碎。

①记述

YJM2：D2 - 5，较完整头骨 1 件，带左、右角各 1 件（左角残），属同一个体头骨碎块 2 件，带 P^2—M^3 的左、右上颌骨各 1 件，带 P_3—M_3 的左下颌骨 1 件，带 P_2—M_3 的右下颌骨 1 件（彩版 4 - 10）。

YJM2：D2 - 6，较完整头骨 1 件，带左、右角各 1 件（左角稍残），带 dp^4—M^2 的左上颌骨 1 件，带 dp^2—M^2 的右上颌骨 1 件，带 dp_3—M_2 的左、右下颌骨各 1 件（图 4 - 8；彩版 4 - 10）。

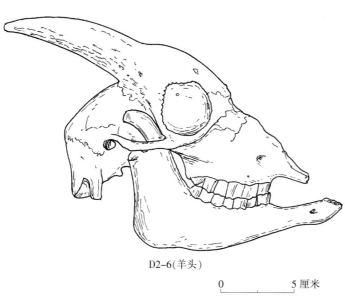

D2-6(羊头)

0　　　　　5厘米

图 4 - 8A　YJM2 山羊头（YJM2：D2 - 6）

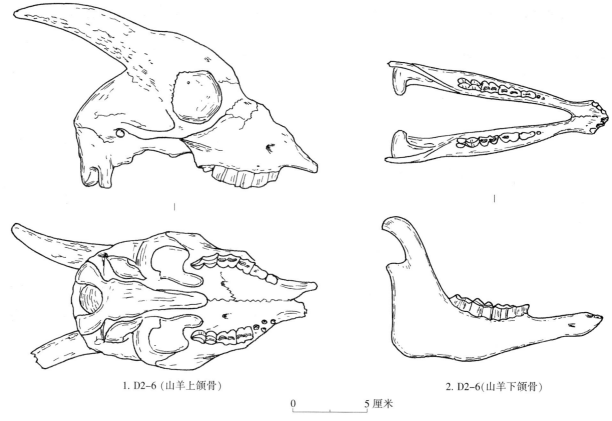

1. D2-6 (山羊上颌骨)

2. D2-6(山羊下颌骨)

0　　　　　5厘米

图 4 - 8B　YJM2 山羊上、下颌骨（YJM2：D2 - 6）

YJM2：D2-8，较完整头骨 1 件，带左、右角各 1 件，带 dp^2—M^1 的左、右上颌骨各 1 件，带 dp_2—M_1 的左、右下颌骨各 1 件。

YJM2：D2-9，较完整头骨 1 件，带左角，带 P^2—M^3 的左、右上颌骨各 1 件，带 P_2—M_3 的左、右下颌骨各 1 件。

YJM2：D2-10，残破头骨 1 件，带左、右角各 1 件。

YJM2：D2-11，较完整头骨 1 件，带左角 1 件，带 dp^2—M^1 的左、右上颌骨 1 件，带 dp_2—M_1 的左、右下颌骨各 1 件。

YJM2：D2-13，较完整头骨 1 件，带左、右角各 1 件，带 dp^2—M^1 的左、右上颌骨 1 件，带 dp_2—M_1 的左、右下颌骨各 1 件（图 4-9；彩版 4-10）。

YJM2：D2-14，较完整头骨 1 件，带左、右角各 1 件，带 dp^3—M^1 的左上颌骨 1 件，带 dp^2—M^1 的右上颌骨 1 件（图 4-10；彩版 4-11）。

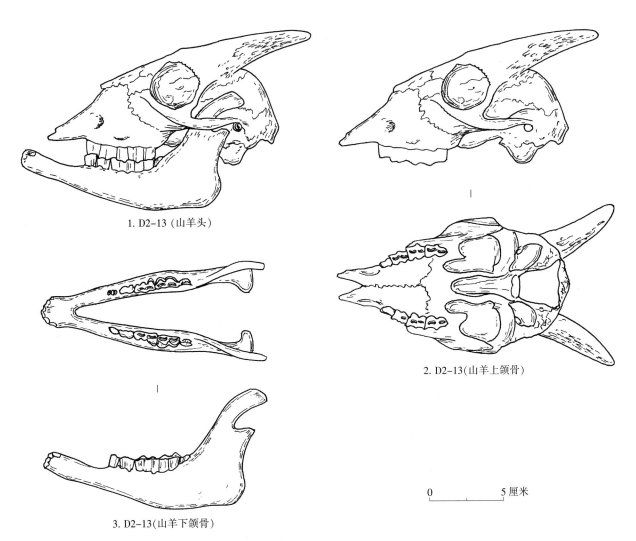

1. D2-13（山羊头）

2. D2-13（山羊上颌骨）

3. D2-13（山羊下颌骨）

0   5 厘米

图 4-9　YJM2 山羊头（YJM2：D2-13）

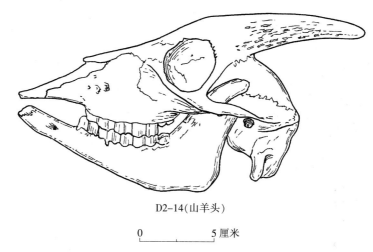

D2-14(山羊头)

0 |_____| 5 厘米

图 4 - 10A　YJM2 山羊头（YJM2：D2 - 14）

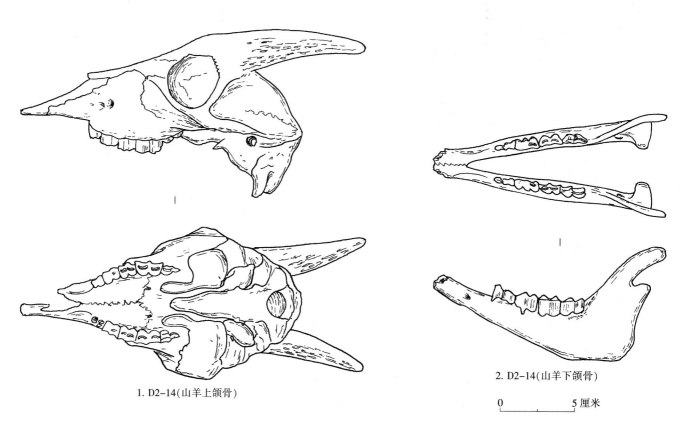

1. D2-14(山羊上颌骨)

2. D2-14(山羊下颌骨)

0 |_____| 5 厘米

图 4 - 10B　YJM2 山羊上颌骨与下颌骨（YJM2：D2 - 14）

　　YJM2：D2 - 15，带右角较完整头骨 1 件，带 dp^2—M^1 的左、右上颌骨各 1 件，带 dp_2—M_1 的左、右下颌骨各 1 件。

　　YJM2：D2 - 16，较完整头骨 1 件，带左、右角各 1 件（右角尖稍残），带 dp^2—M^1 的左、右上颌骨各 1 件，带 dp_2—M_1 的左、右下颌骨各 1 件（图 4 - 11；彩版 4 - 11）。

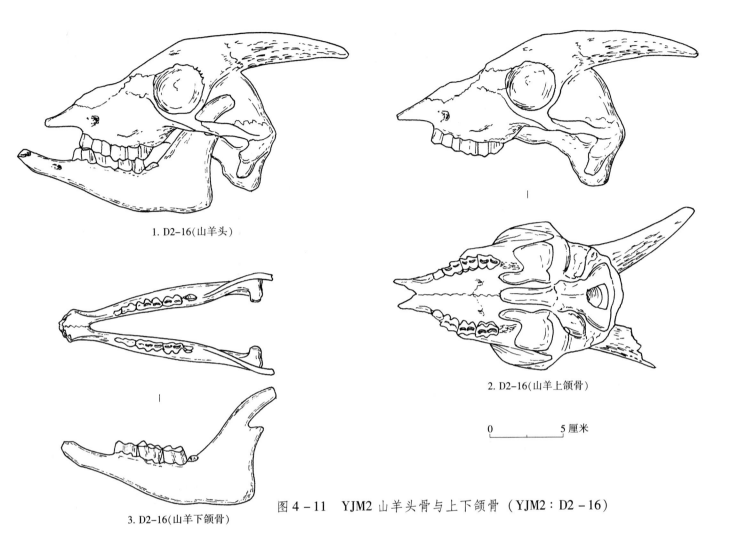

1. D2-16(山羊头)

2. D2-16(山羊上颌骨)

0   5 厘米

3. D2-16(山羊下颌骨)

图 4 - 11   YJM2 山羊头骨与上下颌骨 (YJM2：D2 - 16)

②测量

测量数据可参见本节 YJM1 山羊头骨测量数据。

（3）绵羊 (*Ovis* sp.)

YJM2 出土绵羊头骨 4 件，较为完整，分别编号 YJM2：D2 - 3、4、7、12。

①记述

YJM2：D2 - 3，较完整头骨 1 件，带 dp^2—M^1 的左、右上颌骨各 1 件，带 dp_2—M_1 的左、右下颌骨各 1 件（图 4 - 12；彩版 4 - 12）。

YJM2：D2 - 4，较完整头骨 1 件，带 dp^2—M^1 的左、右上颌骨各 1 件，带 dp_2—M_1 的左、右下颌骨各 1 件。

YJM2：D2 - 7，较完整头骨 1 件，带左、右角各 1 件，带 dp^2—M^2 的左、右上颌骨各 1 件，带 dp_2—M_2 的左、右下颌骨各 1 件（图 4 - 13；彩版 4 - 12）。

YJM2：D2 - 12，较完整头骨 1 件，带 P^2—M^3 的左、右上颌骨各 1 件，带 P_2—M_1 的左、右下颌骨各 1 件（图 4 - 14；彩版 4 - 13）。

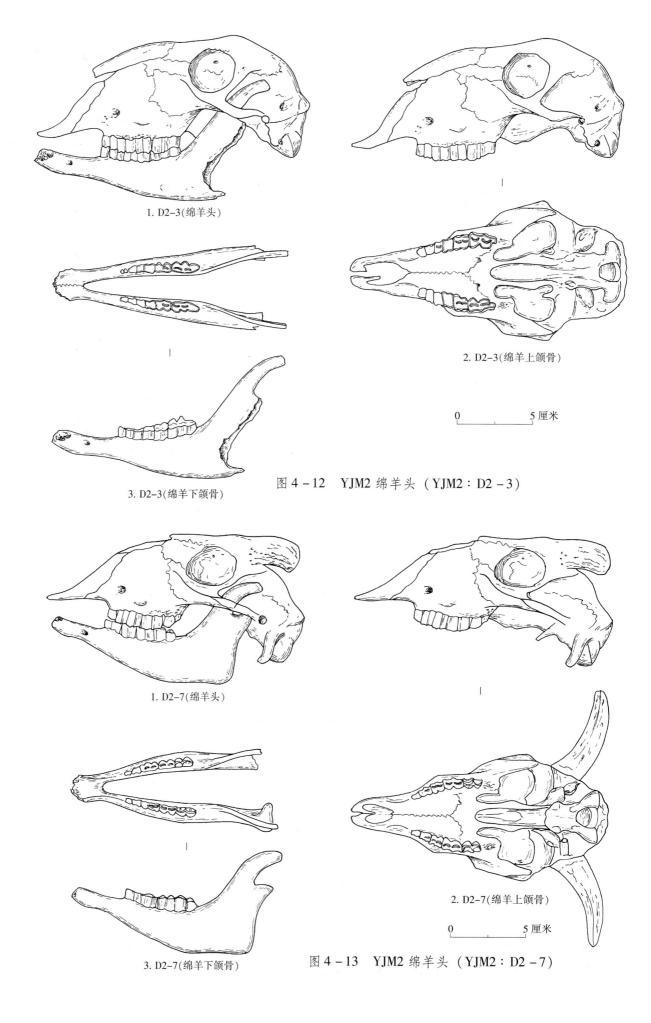

1. D2-3(绵羊头)

2. D2-3(绵羊上颌骨)

3. D2-3(绵羊下颌骨)

0   5 厘米

图 4 - 12   YJM2 绵羊头（YJM2：D2 - 3）

1. D2-7(绵羊头)

2. D2-7(绵羊上颌骨)

3. D2-7(绵羊下颌骨)

0   5 厘米

图 4 - 13   YJM2 绵羊头（YJM2：D2 - 7）

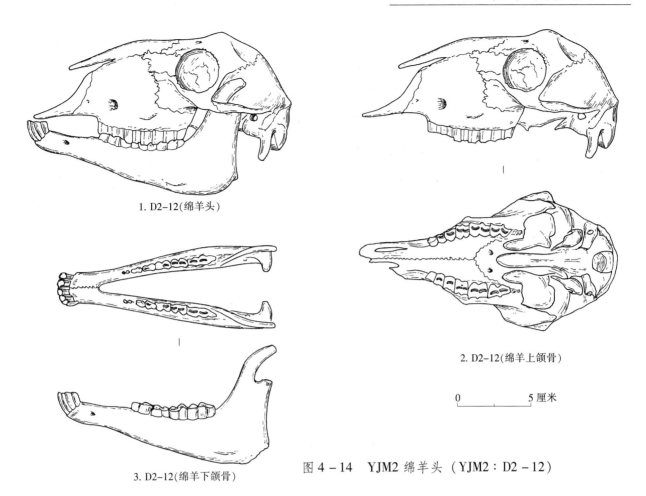

1. D2-12(绵羊头)

2. D2-12(绵羊上颌骨)

0   5 厘米

3. D2-12(绵羊下颌骨)

图 4-14 YJM2 绵羊头（YJM2：D2-12）

②测量

测量数据可参考本节 YJM1 绵羊的测量数据。

（三）遗物

仅在洞室内发现小件随葬品，计有铜器和砺石器各 1 件，绿松石及串珠饰件若干。

1. 铜器

出土扣饰 1 件，位于洞室中北部。

YJM2：1，兽首状，面部、耳朵、长唇鼓起，五官不清晰，素面，边缘下折，背面凹，中间有一长方形纽，残。长 2.9、宽 2.1、厚 0.1~0.15 厘米（图 4-15；彩版 4-14：1）。

2. 石器

石器有工具和服饰器，均出土于洞室中部。

（1）工具

仅砺石 1 件。

YJM2：2，为深灰色砂岩，长条状，上窄下宽呈圆角梯形，两侧、底部微鼓，通体打磨光滑，顶端中部正反面对钻打磨成直径 0.45 厘米左右的穿孔，钻孔外大里小，俗称

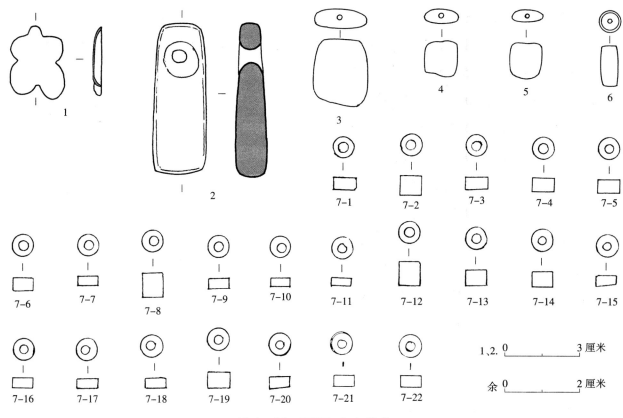

图 4 - 15   YJM2 出土器物

"马蹄眼"，做工精细。长 5.7、上宽 1.5、下宽 2.0、厚 0.8 ~ 1.2 厘米（图 4 - 15；彩版 4 - 14：2）。

（2）服饰器   有绿松石坠饰、玛瑙珠和串珠。

绿松石坠饰   3 颗。扁柱体，通体打磨光滑，上、下端对钻直径 1.5 ~ 2 毫米的穿孔（图 4 - 15；彩版 4 - 14：2）。

YJM2：3，呈圆角梯形，扁平状，浅绿色，穿孔位于中心位置，一端孔眼周围有细微磨损痕，应系墓主生前常用器。长 1.8、宽 1.35 ~ 1.5、厚 0.3 厘米。

YJM2：4，呈圆角梯形，扁柱状，浅绿色，有黑色斑纹，上端穿孔位于中部，下端孔眼偏向一侧，长 1.1、宽 0.6 ~ 0.8、厚 0.4 厘米。

YJM2：5，呈圆角方形，扁柱状，浅绿色，有黑色斑点，下端孔眼一侧略残，长 0.9、宽 0.8 ~ 0.9、厚 0.45 厘米。

玛瑙珠   1 颗。

YJM2：6，圆柱形，通体磨制光滑，中间穿孔，孔眼上端大，下端略小，长 1.1、直径 0.65 厘米，孔径 0.1 ~ 0.13 厘米（图 4 - 15；彩版 4 - 14：3）。

串珠   1 组，共 305 颗。均系白色或乳白色石珠磨制而成，形制相同，有的表面有黑色斑点，均为圆柱形，中间穿孔，大小略有不同，个别较长。大部分发现于洞室扰土中，仅 22 件散布于绿松石坠饰周围（图 4 - 15；彩版 4 - 14：3）。

YJM2：7 - 1，圆柱形，有黑色斑点，中间穿孔，上大下小，孔径较大。长 0.35、直径 0.6 厘米，孔径 0.25 厘米。

YJM2：7 - 2，长 0.52、直径 0.55 厘米。

YJM2：7 - 3，长 0.32、直径 0.62 厘米。

YJM2：7 - 4，长 0.35、直径 0.58 厘米。

YJM2：7 - 5，长 0.33、直径 0.6 厘米。

YJM2：7 - 6，长 0.35、直径 0.55 厘米。

YJM2：7 - 7，长 0.24、直径 0.55 厘米。

YJM2：7 - 8，长 0.65、直径 0.55 厘米。

YJM2：7 - 9，长 0.25、直径 0.55 厘米。

YJM2：7 - 10，长 0.22、直径 0.52 厘米。

YJM2：7 - 11，长 0.2、直径 0.55 厘米。

YJM2：7 - 12，长 0.62、直径 0.55 厘米。

YJM2：7 - 13，长 0.41、直径 0.55 厘米。

YJM2：7 - 14，长 0.4、直径 0.55 厘米。

YJM2：7 - 15，长 0.3、直径 0.55 厘米。

YJM2：7 - 16，长 0.25、直径 0.55 厘米。

YJM2：7 - 17，长 0.25、直径 0.55 厘米。

YJM2：7 - 18，长 0.27、直径 0.55 厘米。

YJM2：7 - 19，长 0.42、直径 0.6 厘米。

YJM2：7 - 20，长 0.3、直径 0.55 厘米。

YJM2：7 - 21，长 0.3、直径 0.55 厘米。

YJM2：7 - 22，一端稍残。长 0.3、直径 0.55 厘米。

（四）葬式与葬俗

1. 葬式

YJM2 为单人葬，该墓早年盗扰，人骨放置较凌乱，葬式不详。人骨多集中在洞室中西部，头骨位于洞室中北部，倒置，头部向东、面部朝下；腿骨、盆骨及肋骨等人体骨骼位于墓室东部土洞入口处。经鉴定，M2 墓主是一位年龄在 30 岁左右的女性。

2. 葬俗

葬俗与 YJM1 同。

（五）盗洞

YJM2 的盗洞位于墓道东壁近中部，直通墓室。由于后期塌陷，盗洞口大底小，平面形状呈不规则形，东西长 1.19、南北宽 0.8～0.95 米。盗洞从开口到底部直达墓室，盗洞内填土为深褐色夹杂少量黄土块，质地较硬，包含有少量动物碎骨渣。从洞室内混乱堆积的人骨和动物头骨判断，盗墓者潜入墓室后，应先清理了洞室，将所有遗物的原有状态破坏并移至洞室外，然后再一次将竖穴墓室内的所有不用遗物又转移到洞室内，最后才清理了竖穴墓室，窃取了有价值的所有遗物。

三　YJM3

YJM3 位于墓地北部，西南距 YJM4 约 5 米，东南距 YJM5 约 9 米。

（一）墓葬形制

YJM3 为竖井墓道半洞室墓，东西向，方向 42°，整体平面形状呈"凸"字形，由竖井墓道和半洞室组成（图 4 - 16；彩版 4 - 15）。

1. 墓道

墓道位于墓室上部，平面略呈倒梯形，口大底小。四壁较直，各壁面凸凹不平，未见有明显的工具修理痕迹，底部较平整，土质坚硬。墓道上口东西长 1.7、中部南北宽 2.35 米；底部东西长 1.5、中部南北宽 2.15 米；墓道深 1.25 米。内填土为灰褐色花土，土质较松散，包含有少量的植物腐朽根系和碎骨渣。

2. 半洞室

半洞室位于墓道底部的中东部，由竖穴和洞室两部分组成，平面。

（1）竖穴

竖穴位于墓道中东部，系从竖井墓道底部东西向沿东壁中部向下掏挖而成。西、北壁略直，壁面凸凹不平，南壁由于受到早期盗洞的破坏略呈弧形，壁面内凹；竖穴开口东部宽于西部，底部呈斜坡状；竖穴东西长 1.3、南北宽 0.5～0.55、深 0.53～0.7 米。竖穴填土呈灰褐色，土质较硬，底部紧邻南壁东、西两端各放置一块人体下肢骨骼，填土中包含有少量的动物骨渣。

（2）洞室

洞室位于竖穴部，系从竖穴东壁向东掏挖而成，平面略呈圆角方形。洞口呈窑洞式，开口稍偏向南部，距墓道北壁 0.85 米，距墓道南壁 0.72 米；拱形顶，顶部与竖穴开口基本持平。洞口南北宽 0.6、洞开口高 0.72 米。底部呈圆角方形斜坡，坡度 13°，坡度变化不甚明显。洞室南、北壁外弧，顶较平缓呈弧状与东壁相交，壁面粗糙，未见修整及工具

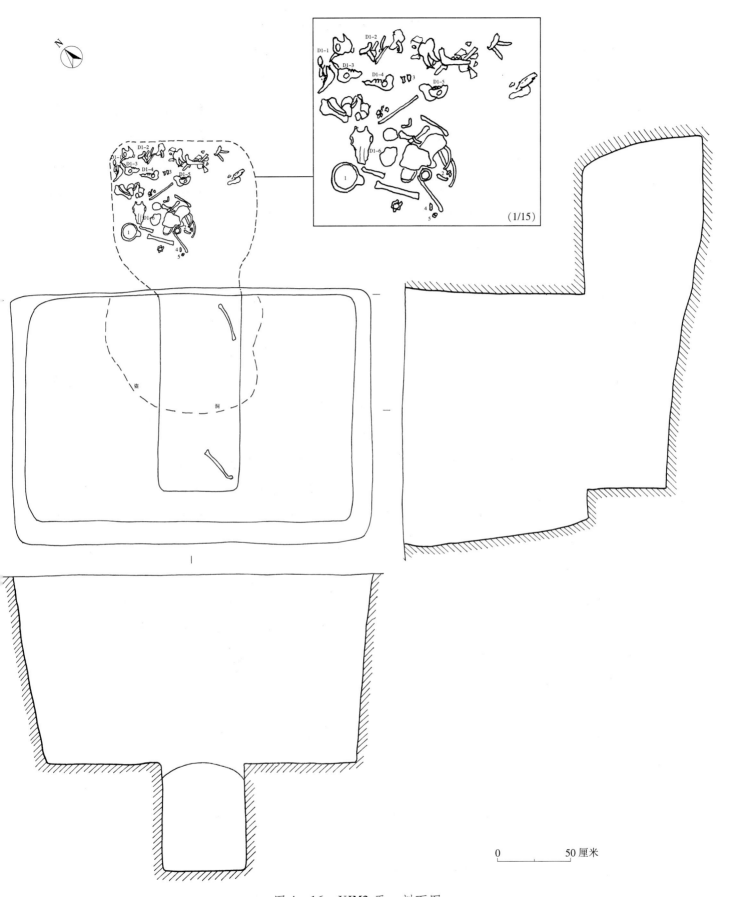

(1/15)

0　　　　　50厘米

图 4-16　YJM3 平、剖面图

加工痕迹。洞室东西长 1.1、洞室内最宽 0.95、最高 0.8 米。洞室内填土多为灰褐色花土，土质较硬。洞室内出土少量的殉牲头骨和人体骸骨，均凌乱，殉牲头骨形态结构完整者较少。

（二）殉牲

YJM3 共殉葬牛、羊动物头骨总数 10 件，其中牛的头骨 1 件残碎，仅存牙齿，羊头骨共计 9 件，尚可辨清形态的羊头骨 5 件。山羊头骨居多，共 4 件，绵羊头骨 1 件。大部分头骨的组织结构不甚完整。除头骨以外，另发现羊下颌骨 8 件，山羊角 5 件，上颌骨 2 件，零散的牙齿 15 件，其中包含有牛牙 9 件。

1. 殉牲的位置

YJM3 殉牲的动物头骨全部分布在墓室东部土洞内。殉牲均为羊头骨，牛头骨仅存牛的臼齿，编号 YJM3：D1－1；尚可辨认的羊头有 6 件，分别编号为 YJM3：D2－1～6。YJM3：D2－1 位于洞室内偏北部，头骨形态不完整，下颌骨与头骨分离，平置，吻部朝向西南；YJM3：D2－2 位于洞室东北部，头骨保存较差，角残，侧置，面部残缺，朝北，吻部向东；YJM3：D2－3 位于洞室东北角，组织结构不完整，平置，面部朝上，吻部向东；YJM3：D2－4 位于洞室中部略偏北，保存状态差，左角残缺，侧置，面部朝西，吻部向北；YJM3：D2－5 位于洞室中东部，组织结构不完整，左角残缺，平置，吻部残损向东；YJM3：D2－6 位于洞室入口东北部，组织结构不完整，斜置，面部朝北，吻部向西南。

YJM3 殉牲的小山羊头骨，骨质脆弱较薄，形态结构保存不够完整。除羊头骨以外，零乱散布在洞室的羊上、下颌骨及羊角和牙齿均放置无序，无规律可循。

2. 殉牲的种类

YJM3 随葬动物的个体总数有 10 件。从残存的牙齿判断，原应有牛头骨 1 件，经鉴定为成年牛；结构不甚完整的羊头骨分山羊和绵羊共计 5 件。出土单体上、下颌骨共计 10 件，经鉴定山羊头骨有 5 件，均为幼年，绵羊有 1 件，为成年羊。另外有 3 件幼年羊仅从牙齿判断无法确定其种类。

（1）牛（*B os* sp.）

YJM3：D1－1，牛的头骨残碎，仅见牙齿。游离上左、右 M^3 各 1 件，游离下 M^2、M^3 各 1 件，游离上、下臼齿 9 件。

（2）山羊（*Capra* sp.）

YJM3 出土山羊头骨 4 件，分别编号 YJM3：D2－2～5，大多残碎。

①记述

YJM3：D2－2，带左角残破头骨 1 件。

YJM3：D2－3，残破头骨 1 件，带左、右角各 1 件，带 dp^2—M^1 的左、右上颌骨各 1

件，带 dp$_2$—M$_1$ 的左、右下颌骨各 1 件。

YJM3：D2 - 4，带左角残破头骨 1 件。

YJM3：D2 - 5，带左角残破头骨 1 件。

②测量

测量数据可参见本节 YJM1 山羊的测量数据。

（3）绵羊（*Ovis* sp.）

出土绵羊头骨 1 件，残碎。YJM3：D2 - 1，破碎头骨 1 件，带 M^3 的右上颌骨 1 件，带 P$_3$ 及 M$_2$、M$_3$ 的右下颌骨 1 件。

（4）羊（Caprinae gen. et sp. indet.）

均残碎，临时编号如下：

YJM3：D2 - 6，带 dp$_2$—M$_1$ 的左下颌骨 1 件，带 dp$_3$—M$_1$ 的右下颌骨 1 件。

YJM3：D2 - 7，带 dp$_3$—M$_1$ 的左、右下颌骨各 1 件。

YJM3：D2 - 8，带 dp$_2$—M$_1$ 的左、右下颌骨各 1 件。

YJM3：D2 - 9，带 M^1—M^2 的左、右上颌骨各 1 件，带 M$_1$ 的左下颌骨 1 件，带 dp$_2$—M$_1$ 的右下颌骨 1 件。

（三）遗物

共出土陶器、铜器随葬品 5 件，均放置于洞室内。

1. 陶器

出土红陶单耳罐 1 件，置于洞室北壁。

YJM3：1，红褐色，夹细砂。素面，手制。敛口稍残，圆唇，斜肩，深腹略鼓，平底微凹，最大腹径在中上部，腹上部与口沿平齐处粘贴宽 4.5 厘米的半环形带状耳，没单耳的一侧器壁有较厚的烟炱痕迹。口径 8.2、底径 6.6、高 9.4、壁厚 0.7、最大腹径 10.2 厘米（图 4 - 17；彩版 4 - 16：1）。

2. 铜器

有服饰器和车马器，均置于洞室入口中北部。

1）服饰器

有带扣和单排连珠饰。

带扣 1 件。

YJM3：2，扣环平面近似正方形，正面鼓起呈弧状，背面凹，正面其中一边缘对称压一凹槽，扣舌位于方扣外缘，舌尖斜伸出方扣，外形似鸟头，其对称一端饰两个长方形柱，外缘残缺，应为扣纽，方形扣面四角均有圆形小孔，其中一穿孔残。外边宽 3 ~ 3.3、内边宽 1.7 ~ 1.8、厚 0.2 ~ 0.3 厘米（图 4 - 17；彩版 4 - 16：2）。

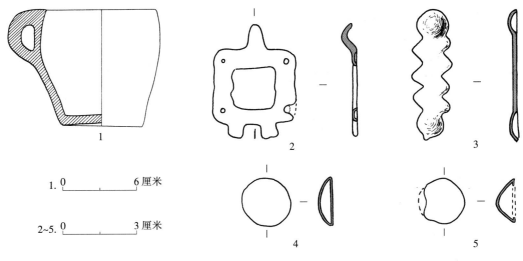

图 4 - 17 YJM3 出土器物

单排连珠饰 1 件。

YJM3：3，中间由锯齿纹反向联结而成，上、下两端饰分别为圆泡状和桃形，正面微鼓，边缘下折，背面略凹。长 5.2、宽 1.6、厚 0.2 厘米（图 4 - 17；彩版 4 - 16：3）。

2）车马器

泡饰 2 件，形制相同，大小不一（图 4 - 17；彩版 4 - 16：4）。

YJM3：4，正面鼓起，边缘平折，背面凹，中间有一条状拱形纽略残。直径 1.9、厚 0.15 厘米。

YJM3：5，稍残，正面圆鼓，边缘下折，背面凹，中间有一条状纽。直径 1.8 厘米。

（四）葬式与葬俗

1. 葬式

YJM3 为单人葬，该墓早年盗扰，人骨堆放较凌乱，葬式不详。除下肢骨位于竖穴墓室外，其余人体骨骼主要集中于洞室中北部。头骨位于洞室北部，已破损，头向不明；经牙齿鉴定，M3 墓主是一位年龄在 6～10 岁左右的未成年人，性别不详。

2. 葬俗

YJM3 虽然被盗，但墓葬形制基本保存完整，其营造方法与 YJM1、YJM2 大致相同，所不同的是，YJM3 埋葬的是一个未成年人，在挖长方形竖穴墓室时比例相对缩小，而洞室埋葬空间增大。依据死者年龄推测洞室在此墓中的功能在于，人骨应完全陈放在洞室内。

未发现有使用葬具的痕迹。

（五）盗洞

YJM3 的盗洞位于墓道东壁近中部，由于后期塌陷，盗洞平面形状呈不规则形，东西宽0.83、南北长1.06米。盗洞从开口到底部直达墓室，盗洞内填土为深褐色，质地较硬，包含有少量动物碎骨渣。

四 YJM4

YJM4 位于墓地西北部，东北距 YJM5 约12.5米，东南距 YJM8 约3米。

（一）墓葬形制

YJM4 为竖井墓道半洞室墓，东西向，方向46°。整体平面形状呈"凸"字形，由竖井墓道和半洞室组成（图4-18；彩版4-17）。

1. 墓道

墓道位于墓室上部，开口于扰土层下，距现地表深0.35~0.4米。墓道开口表面西高东低呈缓坡状，平面形状略呈梯形，四壁较直，各壁面凸凹不平，底部较平整，未发现明显的修理加工痕迹。墓道东西长2.55米，东部南北宽2.3、深1.4米，西部南北宽2.57、深1.45米。内填土为灰褐色花土，土质较疏松，夹杂少量的植物腐朽根系和碎骨渣。

2. 半洞室

半洞室位于墓道底部的中东部，由竖穴和洞室两部分组成，平面呈"T"字形。

（1）竖穴

竖穴位于墓道中东部，系从竖井土坑墓道底部东西向沿东壁向下掏挖而成。平面呈长方形，东西长1.81、南北宽0.65~0.73、深1.1米。竖穴南、北壁上部均有轻微坍塌，壁面凸凹不平，西壁略直。竖穴填土呈灰褐色，土质较硬，夹杂有黄色土块和碎骨屑。竖穴底部中东部放置有人体下肢骨和肱骨，未见其他遗物。

（2）洞室

洞室位于竖穴东部，是从方形竖穴东壁向东掏挖而成，平面略呈半椭圆形。洞口呈窑洞式，开口稍偏向北部，距墓道北壁0.78米，距墓道南壁0.8米，拱形顶，顶部高出墓道底部约0.05米。洞口南北宽0.73、高1.15米。底部呈西高东低的椭圆形斜坡，坡度为12°，坡度变化较小。洞室东西长0.9、室内最宽0.9、最高1.2米。洞室入口处南、北壁被盗墓者破坏，向内渐进南、北壁向外扩展呈弧形，与东壁相交略呈半圆形。洞室顶部西高东低呈弧状内收，壁面粗糙，未见修整及工具加工痕迹。洞室内填土多为灰褐色花土，土质较硬，放置有大量的殉牲头骨。

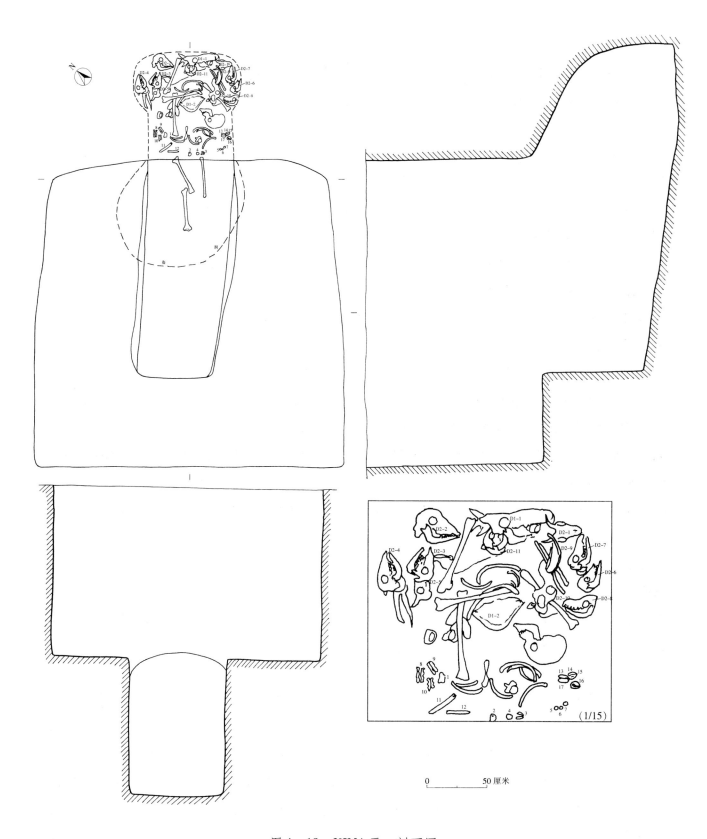

图 4－18　YJM4 平、剖面图

（二）殉牲

YJM4 共殉葬形态较完整的牛、羊的头骨 13 件，其中牛头 2 件，羊头 11 件，部分头骨连带第一寰椎，保存完好，头骨的组织结构完整，应属殉葬时一次性宰杀放置。

1. 殉牲的位置

YJM4 历史上已遭盗扰，殉牲原始的摆放位置已完全打破，现出土的殉牲头骨均集中堆放在洞室内，几乎布满了洞室的全部空间。殉牲间有的相互叠压，方向不一，放置无序。从分布较乱、无规律堆放所提供的信息判断，这种现象是盗墓者人为所致，所幸头骨形态保存相对较完整。

牛头保存较好，头骨连带第一寰椎，清理和提取时牛角尖已残，分别编号为 YJM4：D1 – 1、2。YJM4：D1 – 1 位于洞室最东部，颌骨完整，舌骨 1 件，连带第一寰椎，斜置，面部朝东，吻部向南，牛角残缺，下颌骨第四颗牙齿对称磨损出凹槽，无疑是长期口含衔镳形成。YJM4：D1 – 2 位于洞室中部，倒置，面部朝下，吻部向东南，清理和提取时牛角和唇部残缺。

羊头大部分保存较好，其中以山羊头较多，共 8 件，绵羊头仅 3 件，部分羊角在清理和提取时残缺。编号分别为 YJM4：D2 – 1 ~ 11。YJM4：D2 – 1 位于洞室东北部，保存较差，侧置，面部朝南，吻部向东；YJM4：D2 – 2 位于洞室最北部，组织结构较完整，侧置，面部朝北，吻部向东；YJM4：D2 – 3 位于洞室北部，保存较差，斜置，面部朝北，吻部向东；YJM4：D2 – 4 位于洞室中部略偏北，组织结构完整，侧置，面部朝北，吻部向东；YJM4：D2 – 5 位于洞室东南部，保存一般，平置，吻部朝南；YJM4：D2 – 6 位于洞室最南部，结构完整，斜置，面部朝北，吻部朝东；YJM4：D2 – 7 位于洞室南部，面部稍残，保存基本完整，侧置，面部朝北，吻部向东；YJM4：D2 – 8 位于洞室东部偏南，斜置，组织结构完整，面部朝东，吻部向北；YJM4：D2 – 9 位于洞室东部，斜置，组织结构不完整，面部朝东，吻部向南；YJM4：D2 – 10 位于洞室东部，平置，保存一般，吻部向南；YJM4：D2 – 11 位于洞室东北部，斜置，组织结构完整，面部朝东，吻部向西南。

2. 殉牲的种类

YJM4 随葬动物的个体总数有 13 件。形态结构完整的牛头骨有 2 件，经鉴定其中有成年牛 1 件，幼年牛 1 件；结构较完整的羊头骨分山羊和绵羊共计 11 件，其中山羊头骨共 8 件，经鉴定均为成年羊，绵羊头骨有 3 件，其中成年羊 2 件，幼年羊 1 件。

（1）牛（*Bos* sp.）

YJM4 出土牛的头骨 2 件，分别编号 YJM4：D1 – 1、D1 – 2。头骨有的带寰椎，相对完整。

①记述

YJM4：D1－1，带残角较完整的头骨 1 件，属同一个体的头骨及颌骨碎块 3 件，舌骨 1 对，带 P^3—M^3 的左上颌骨 1 件，带 P^2—M^3 的右上颌骨 1 件，带 P_2—M_3 的左、右下颌骨各 1 件（其中上、下均有深凹槽），寰椎 1 件（图 4－19；彩版 4－18、19）。

YJM4：D1－2，带残角破碎的头骨 1 件，属同一个体的头骨及颌骨碎块 2 件，舌骨 1 对，带 dp^2—M^2 的左、右上颌骨各 1 件，带 dp_2—M_2 的左、右下颌骨各 1 件。

②测量

测量数据可参见本节 YJM1 牛的测量数据。

（2）山羊（*Capra* sp.）

YJM4 出土山羊的头骨 8 件，分别编号 YJM4：D2－3、4、5、6、7、8、9、11，大部分头骨出土时相对完整，因骨质薄脆在搬运过程和室内清理时残碎。有的带寰椎。

①记述

YJM4：D2－3，带左残角破碎头骨 1 件，带 M^2—M^3 的左上颌骨 1 件，带 P_3—M_3 的左下颌骨 1 件，带 M_2—M_3 的右下颌骨 1 件。

YJM4：D2－4，带左残角较完整的头骨 1 件，带 P^2—M^3 的左、右上颌骨各 1 件，带 P_2—M_3 的左、右下颌骨各 1 件（图 4－20）。

YJM4：D2－5，带左残角破碎头骨 1 件，属同一个体的头骨碎块 1 件，带 P^2—M^3 的左上颌骨 1 件，游离右上 M^2 1 件，带 P_3—M_3 的左下颌骨 1 件，带 M_1—M_3 的右下颌骨 1 件。

YJM4：D2－6，较完整的头骨 1 件，带左、右残羊角各 1 件，带 P^2—M^3 的左、右上颌骨各 1 件，带 P_2—M_3 的左、右下颌骨各 1 件，寰椎 1 件。

YJM4：D2－7，带左、右残角破碎头骨 1 件，带 P^2—M^3 的左、右上颌骨各 1 件，带 P_4—M_3 的左下颌骨 1 件，带 P_3—M_3 的右下颌骨 1 件。

YJM4：D2－8，带左残角较完整的头骨 1 件，带 P^2—M^2 的左、右上颌骨各 1 件，带 P_2—M_3 的左下颌骨 1 件，带 P_3—M_3 的右下颌骨 1 件。

YJM4：D2－9，带左残角较完整的头骨 1 件，带 P^2—M^3 的左、右上颌骨各 1 件，带 P_4—M_3 的左下颌骨 1 件，带 P_3 的右下颌骨 1 件。

YJM4：D2－11，带左角较完整的头骨 1 件，带 P^2—M^3 的左、右上颌骨各 1 件，带 I_2、I_3、P_2—P_3 的左下颌骨 1 件，带 I_3、I_4、P_2—M_3 的右下颌骨 1 件（图 4－21；彩版 4－19）。

②测量

测量数据可参见本节 YJM1 山羊的测量数据。

（3）绵羊（*Ovis* sp.）

YJM4 出土绵羊头骨 3 件，分别编号 YJM4：D2－1、2、10，头骨出土时较完整，其中

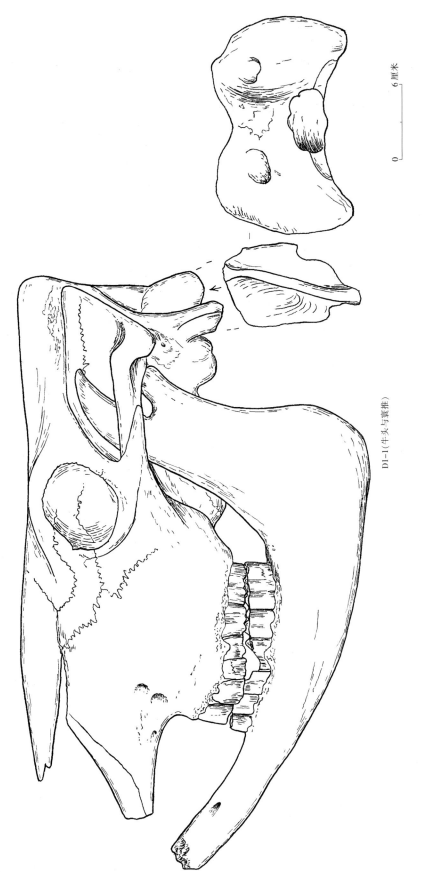

D1-1(牛头与寰椎)

0　6厘米

图4-19A YJM4 牛头与寰椎 (YJM4：D1-1)

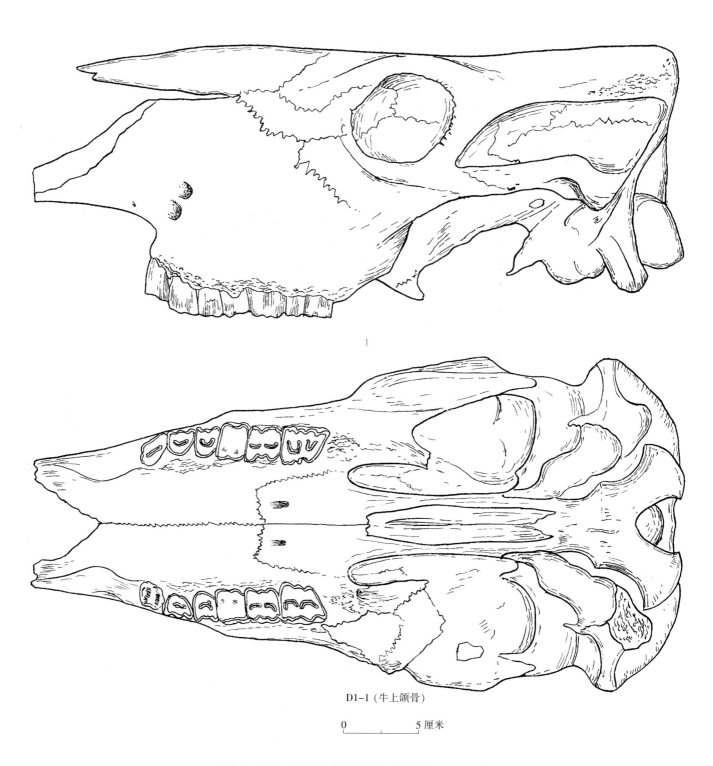

D1-1（牛上颌骨）

0   5厘米

图 4-19B YJM4 牛上颌骨（YJM4：D1-1）

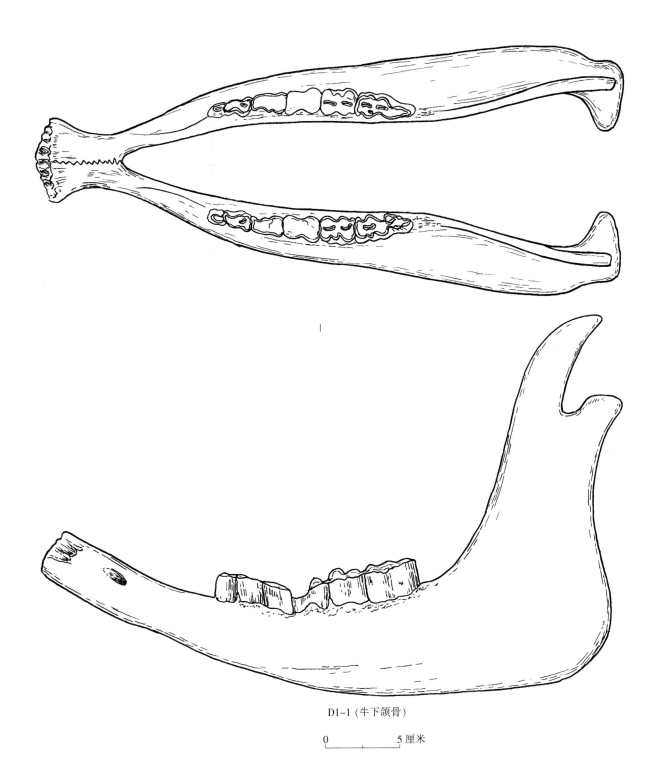

D1-1（牛下颌骨）

0 ————— 5厘米

图 4 - 19C　YJM4 牛下颌骨（YJM4：D1 - 1）

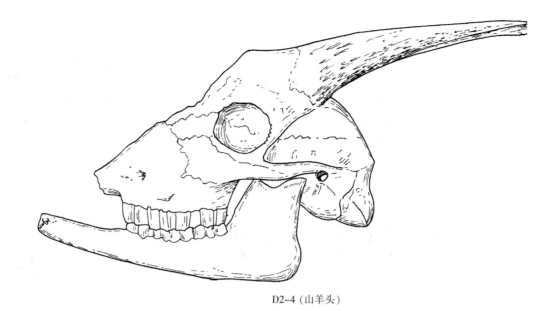

D2-4（山羊头）

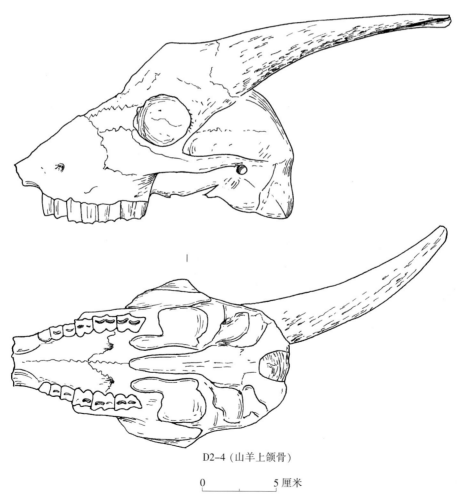

D2-4（山羊上颌骨）

0 —————— 5厘米

图 4 - 20A   YJM4 山羊头（YJM4：D2 - 4）

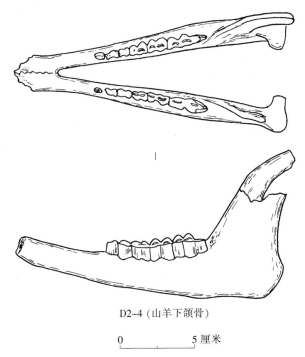

D2-4（山羊下颌骨）

0　　　　　5厘米

图4－20B　YJM4 山羊下颌骨（YJM4∶D2－4）

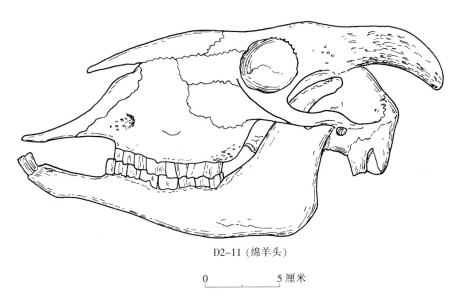

D2-11（绵羊头）

0　　　　　5厘米

图4－21A　YJM4 绵羊头（YJM4∶D2－11）

1件为小羊。

①记述

YJM4∶D2－1，带左角头骨残块1件，属同一个体的头骨碎块1件，带 P^2—M^1、M^3 的左上颌骨1件，带 P^2—M^3 的右上颌骨1件，带 I_2、M_3 的左下颌骨1件，带 M_3 的右下颌骨1件。

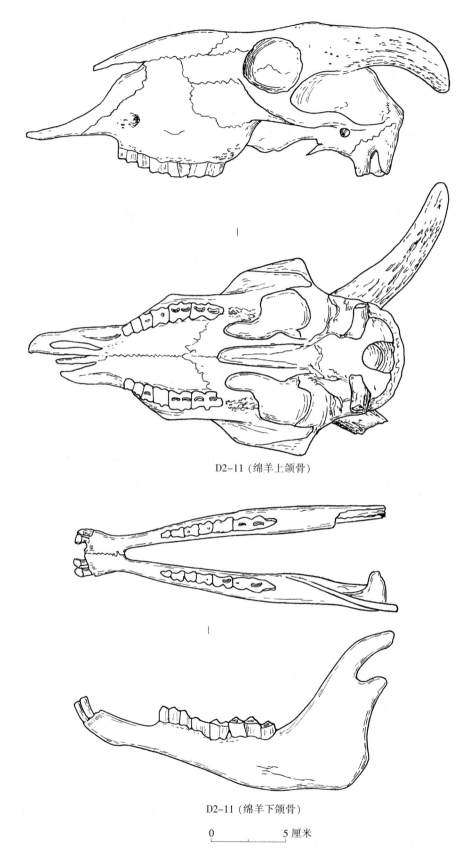

D2-11（绵羊上颌骨）

D2-11（绵羊下颌骨）

0 _____ 5 厘米

图 4-21B　YJM4 绵羊上颌骨与下颌骨（YJM4：D2-11）

YJM4：D2－2，较完整头骨 1 件，带 P^2—M^3 的左、右上颌骨各 1 件，带 P_3—M_3 的左下颌骨 1 件，带 P_2—M_3 的右下颌骨 1 件，寰椎 1 件。

YJM4：D2－10，残破头骨 1 件（小羊）。

②测量

测量数据可参见本节 YJM1 绵羊的测量数据。

（三）遗物

出土随葬品相对较为丰富，计有铜器、骨器、石器和贝币等 18 件。

1. 铜器

有服饰器和车马器共 9 件，均散置在洞室南侧动物头骨最下层。

1）服饰器

有单排连珠纹饰、连珠纹带饰和耳环。

单排连珠纹饰　1 件。

YJM4：1，呈长条形，中间由锯齿纹反向联结而成，上、下两端饰为圆泡状，正面微鼓，边缘下折，背面略凹。长 5.1、宽 1.5、厚 0.2 厘米（图 4－22；彩版 4－20：1）。

连珠纹带饰　4 件（图 4－22；彩版 4－20：2）。

YJM4：7，呈长方形，正面由两组连珠饰联结而成，上、下四角为圆形乳突横向连接，中间两组锯齿纹之间镂空，正面微鼓，背面中部平，乳突相对处内凹，边缘下折。长 5、宽 2.9、厚 0.15 厘米。

YJM4：16，正面略鼓，背面乳突处内凹，边缘下折，器形相对较厚。长 5、宽 3.0、厚 0.25 厘米。

耳环　3 件。形制相同，大小不同。

YJM4：5，圆形，环面由两道圆形铜丝相互缠绕叠压，铜丝两个断面有人为折断痕迹。内径 1.7、外径 2.2 厘米（图 4－22；彩版 4－20：3）。

YJM4：6、8，形制、大小相同，均有残缺。圆形，由圆形铜丝单圈制作而成，对接处有 0.5～0.7 厘米的间隙。内径 1.5～1.7、外径 1.9～2.1 厘米（图 4－22；彩版 4－20：3）。

2）车马器

环　1 件。

YJM4：4，圆形，素面，环面为扁平状。器表锈迹斑驳。内径 1.6、外径 2.5、厚 0.3 厘米（图 4－22；彩版 4－20：3）。

2. 骨器

有工具和车马器。放置于洞室东南角，叠压在动物头骨之间。

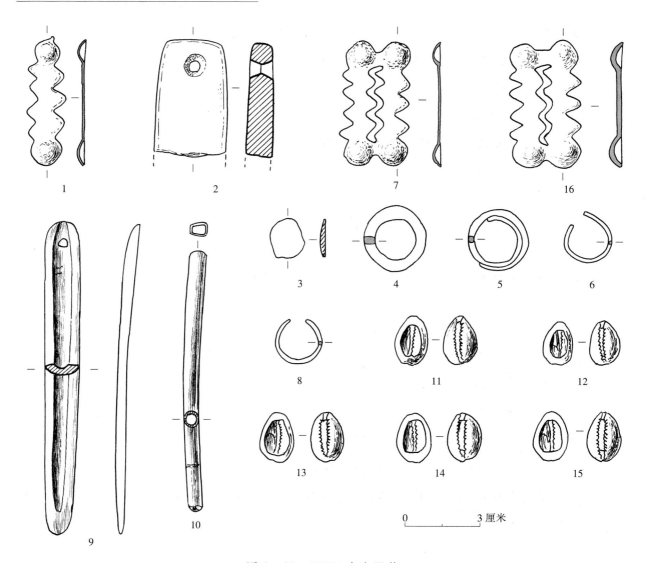

图 4 - 22　YJM4 出土器物

1）工具

削　1 件，取材于动物肢骨。

YJM4：9，扁长条形，正面微鼓，侧面略弧，柄背厚而扁平，柄端穿有三角形圆孔，中间至刃端逐渐变薄。刃部正反面均有磨痕并有绿锈浸染，背面为取材的肢骨疏质骨自然内凹，器表通体刮磨光滑。长 12.5、宽 0.8 ~ 1.5、孔径 0.2、厚 0.3 ~ 0.4 厘米（图 4 - 22；彩版 4 - 21：1）。

2）车马器

管　1 件，用飞禽类肢骨制作而成。

YJM4：10，圆管状，自然中空，顶端有明显的截断痕迹，截面略呈椭圆形，骨身由粗渐细，正面呈圆形，背面略平，侧面微弧，管尾饰一圈凹槽，尾端有残缺，器表刮磨光滑。长 10.4、直径 0.7 ~ 0.8 厘米（图 4 - 22；彩版 4 - 21：1）。

3. 石器

仅出土砺石器和不明石器（石片）各1件。均位于洞室中部偏南。

砺石　1件。

YJM4：2，为红褐色砂岩。尾端残缺，长条状，上窄下宽呈圆角梯形，正、反面较平，两侧微鼓，顶端中部正反面对钻打磨成直径0.35厘米左右的穿孔，钻孔外大里小。石质低劣，做工较粗。残长4.5、上宽2.5、下宽2.8、厚0.6~0.9厘米（图4-22；彩版4-21：2）。

不明石器　1件。

YJM4：3，为灰色砂岩。边缘残缺，呈椭圆形，扁平状，中间微鼓，边缘较薄且局部稍残。直径1.4~1.6、厚0.1~0.2厘米（图4-22；彩版4-21：3）。

4. 海贝

共5件。形制相同，大小有别。均位于洞室南侧人头骨东部。

YJM4：11~15，为白色骨质。呈椭圆形，正面中间有自然缝隙相通，两侧呈锯齿形半月牙状，背面为椭圆形空壳，器表局部有朱砂痕。长1.8~2.1、宽1.2~1.5厘米（图4-22；彩版4-21：4）。

（四）葬式与葬俗

1. 葬式

YJM4为单人葬，该墓盗扰严重，人骨放置较分散，因此葬式不详。人体骨骼大多集中在洞室入口处，其头骨位于洞室入口偏南部，侧置，头部朝西、面向北；上肢骨位于洞室中部，叠压在头骨之上；盆骨紧邻洞室东壁；小肢骨、肋骨及脊椎骨主要集中在洞室入口处，置放较凌乱。经鉴定，YJM4墓主是一位年龄在16~20岁的女性。

2. 葬俗

YJM4虽早期盗扰，但其形制结构基本上保存完整，它的建造方法及顺序大致是从地表往下先挖一近似方形的竖穴土坑作为墓道，其次在墓道的近中部东西向挖一长方形竖穴的同时，再在竖穴的东壁掏挖出与墓道相垂直的浅洞作为墓室的全貌，整个墓室的底部西高东底（即头低脚高）略呈坡状。从竖穴和洞室的大小分析，洞室的主要功能在于墓主在埋葬时其头部及上半身应置身于洞室内，腰部以下则置于洞室外的竖穴墓坑中，除人骨以外的墓室空间应是放置随葬品和殉牲的地方，虽然殉牲的置位顺序和规律无从考详，但从发掘清理结果看，所有的随葬品和殉牲应围绕墓主均集中在墓室内展开。

在发掘过程中，未发现有使用葬具的痕迹。

（五）盗洞

YJM4的盗洞痕迹位于墓道东北角，由于后期塌陷，平面形状呈不规则形，现存盗洞东西宽 0.88、南北长 1.17 米。盗洞从开口到底部直达墓室，盗洞内填土为深褐色夹杂少量黄土块，质地较硬，包含有少量动物碎骨渣，底部发现有墓主的腿骨和肱骨。

五 YJM5

YJM5 位于墓地东北部，西距 YJM3 约 9 米，南距 YJM6 约 10 米。

（一）墓葬形制

YJM5 为竖井墓道半洞室墓，东西向，方向 33°。整体平面形状呈"凸"字形，由竖井墓道和半洞室组成（图 4 – 23；彩版 4 – 22）。

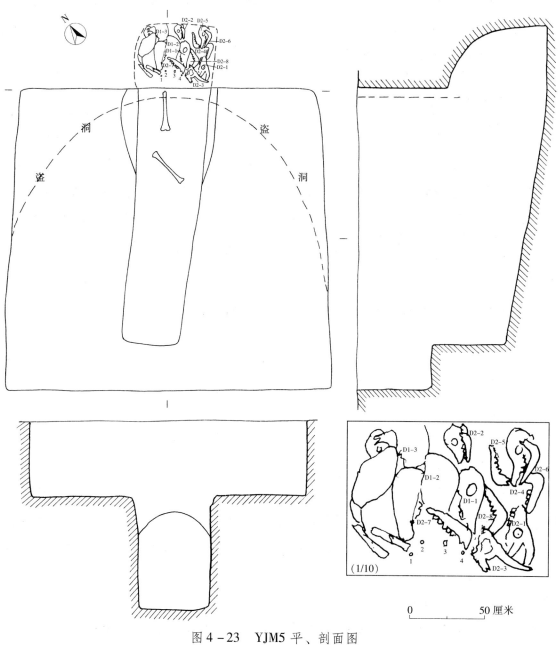

图 4 – 23 YJM5 平、剖面图

1. 墓道

墓道位于墓室上部，平面形状略呈方形。由于早期塌陷，各壁面凸凹不平，未见有明显的修理加工痕迹，底部较平整。东西长 2 米，东部南北宽 2、西部南北宽 2.2 米，墓道深 0.5 米。内填土为灰褐色花土，土质较疏松，包含有少量的植物腐朽根系。

2. 半洞室

半洞室位于墓道底部的中东部，由竖穴和洞室两部分组成，平面呈"T"字形。

（1）竖穴

竖穴位于墓道中东部，系从竖井墓道底部东西向沿东壁中部向下掘挖而成，平面为长方形，北壁略直，南壁外弧，壁面凸凹不平，西壁略弧，壁面内凹，不甚规整。竖穴开口在墓道底部，略呈西北—东南向倾斜，东部偏南，西部偏北，东部开口宽于西部，东西长 1.7、南北宽 0.38~0.5、深 0.5~0.6 米。竖穴填土呈灰褐色掺杂有黄褐色土块，土质较硬，包含有少量的动物骨渣；竖穴底中部出土一段胫骨。

（2）洞室

洞室位于竖穴东部，系从竖穴东壁向东掘挖而成。洞口稍偏向南部，距墓道北壁 0.78、距墓道南壁 0.7 米；由于盗洞的破坏，洞口原形制不详；拱形顶，顶部低于竖穴 0.15 米。洞口南北宽 0.5、高 0.63 米。底部呈西高东低的方形斜坡，坡度为 16°，从洞室入口至东壁坡度变化较大。洞室东西长 2.13 米，南北宽 0.55、最高 0.65 米。洞室入口处南壁较直，北壁外弧向内渐进弧度加大，与东壁相交略呈圆角。洞室顶部西高东低呈弧状内收，壁面粗糙不平，未见修整及工具加工痕迹。洞室内填土多为灰褐色花土，土质较硬，从洞室入口至洞室内放置有大量的殉牲头骨。

（二）殉牲

YJM5 共殉牲 12 件，其中较完整的牛头骨 3 件，另出土牛下颌骨 1 件，羊头骨 8 件。大部分头骨的组织结构完整，应属殉葬时一次性宰杀放置。

1. 殉牲的位置

YJM5 早期盗扰，殉牲原始的摆放位置已被完全破坏，动物头骨全部分布在洞室内，堆积混乱，方向无规律。

尚可辨别的牛头 3 件，保存状况一般，分别编号为 YJM5：D1－1~3。YJM5：D1－1 位于洞室中部偏南，头骨形态不完整，左、右角稍残，侧置，面部朝南，吻部向西；YJM5：D1－2 位于洞室中部偏北，组织结构完整，左角及吻部残缺，平置，吻部朝东；YJM5：D1－3 位于洞室最北部，保存较差，左角残，斜置，面部朝北，吻部向东南。另有牛下颌骨 1 件，YJM5：D1－4 位于洞室北侧，仅存右下颌骨，稍残。

羊头骨共 8 件，其中山羊头 3 件，绵羊头 5 件，保存状况一般，分别编号为 YJM5：D2－

1~8。YJM5：D2－1 位于洞室中部偏南，组织结构不完整，残破，斜置，面部朝南，吻部向东；YJM5：D2－2 位于洞室东南部，组织结构较完整，侧置，面部朝北，吻部向西；YJM5：D2－3 位于洞室入口南部，保存差，斜置，面部朝南，吻部向东北；YJM5：D2－4 位于洞室东南部，组织结构不完整，侧置，面部朝北，吻部向西；YJM5：D2－5 位于洞室东南角，斜置，保存差，面部朝北，吻部向西；YJM5：D2－6 位于洞室东北部，头骨形态残缺，斜置，面部朝北，吻部向西；YJM5：D2－7 位于洞室中南部，组织结构较完整，倒置，面部朝下，吻部向西；YJM5：D2－8 位于洞室东南部，保存较差，侧置，面部朝南，吻部向东。

上述动物头骨从洞室入口处一直堆积至洞室东壁，所有头骨互相叠压，放置无序。从分布较乱、无规律堆放所提供的信息判断，这种现象非原始的殉牲形式。

2. 殉牲的种类

YJM5 随葬牛和羊个体总数为 12 件。组织结构较完整的牛头骨有 3 件，另发现 1 件牛下颌骨，经鉴定均为幼年牛；山羊头骨有 3 件，其中成年 2 件，幼年 1 件；绵羊头骨共有 5 件，经鉴定有成年羊 3 件，幼年羊 1 件，老年羊 1 件。

（1）牛（*Bos* sp.）

YJM5 出土牛头 3 件和下颌骨 1 件，分别编号 YJM5：D1－1、D1－2、D1－3、D1－4，大多残碎。

①记述

YJM5：D1－1，带左、右残角残破头骨 1 件，带 dp_2—M_1 的左、右下颌骨各 1 件。

YJM5：D1－2，带左残角残破头骨 1 件，带 dp^2—M^2 的左上颌骨 1 件，带 dp^3—M^1 的右上颌骨 1 件，带 dp_4—M_2 的左下颌骨 1 件，带 dp_3—M_1 的右下颌骨 1 件。

YJM5：D1－3，带左残角破碎的头骨 1 件，属同一个体的头骨及颌骨碎块 6 件，带 dp^4—M^1 的左上颌骨 1 件，带 dp^3—M^1 的右上颌骨 1 件，带 dp_4—M_1 的左下颌骨 1 件，带 dp_2—M_1 的右下颌骨 1 件，脊椎碎块 1 件。

YJM5：D1－4，带 dp_3—M_1 的右下颌骨 1 件。

②测量

测量数据参见本节 YJM1 牛头的测量。

（2）山羊（*Capra* sp.）

YJM5 出土山羊头骨 3 件，分别编号 YJM5：D2－4、5、8，均残碎。

YJM5：D2－4，带左角残破头骨 1 件，dp_3—M_2 的左下颌骨 1 件。

YJM5：D2－5，带 P_2—M_3 的左下颌骨 1 件。

YJM5：D2－8，残破头骨 1 件，带左、右角各 1 件（右角稍残），属同一个体头骨碎块 2 件，带 P^2—M^2 的左上颌骨 1 件，带 M^1—M^3 右上颌骨 1 件。

（3）绵羊（*Ovis* sp. ）

YJM5 出土绵羊头骨 5 件，分别编号 YJM5：D2 - 1、2、3、6、7，多数残碎。

YJM5：D2 - 2，较完整头骨 1 件，带左、右角各 1 件（右角稍残），带 P^2—M^3 的左上颌骨 1 件，带 P_2—M_3 的左下颌骨 1 件。

YJM5：D2 - 1，残破头骨 1 件，残角 1 件，属同一个体头骨碎块 1 件，带 dp^2—M^3 的右上颌骨 1 件。

YJM5：D2 - 3，带 P^3—M^3 的左上颌骨 1 件，带 M_1—M_3 的右下颌骨 1 件。

YJM5：D2 - 6，破碎头骨 1 件，属同一个体头骨碎块 1 件，带 dp^2—M^1 的左、右上颌骨各 1 件，带 dp_3—M_1 的左下颌骨 1 件，带 dp_2—M_1 的右下颌骨 1 件。

YJM5：D2 - 7，较完整头骨 1 件，带 P^3—M^2 的左上颌骨 1 件，带 P^4—M^2 的右上颌骨 1 件，带 P_3—M_3 的左、右下颌骨各 1 件（磨蚀严重）。

（三）遗物

仅在洞室内发现 4 件青铜器，均为箍，系小件车马器。

铜箍　4 件。位于洞室中北部，夹杂在动物头骨之间。器形相似，大小有别，系不同模具制作（图 4 - 24；彩版 4 - 22：4）。

YJM5：1，圆柱状，上、下两端束有凹槽，腹部鼓起，两侧铸缝明显，中空，孔径较直。长 1、宽 0.9、孔径 0.6 厘米。

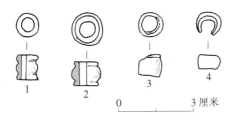

图 4 - 24　YJM5 出土器物

YJM5：2，圆柱状，上、下两端凹进，腹部呈圆鼓状，腹径大于两端，中空，孔径较大。长 0.8、宽 1.2、孔径 0.75 厘米。

YJM5：3，圆筒状，上、下两端残，腹部微鼓，中空。长 0.9、宽 1、孔径 0.6 厘米。

YJM5：4，圆筒状，器形残缺，腹部微鼓，中空。长 0.6、宽 0.9、孔径 0.5 厘米。

（四）葬式与葬俗

1. 葬式

YJM5 为单人葬，该墓早年盗扰，人骨放置较凌乱，葬式不详。出土人骨不完整，头骨已残，仅存头盖骨，位于洞室北部，叠压在动物头骨下，方向不明；腿骨位于洞室入口处，其他骨骼无存。经鉴定，M5墓主是一位成年人，性别、年龄不确定。

2. 葬俗

葬俗与YJM4同。

（五）盗洞

YJM5的盗洞痕迹位于墓道西部，其准确位置不详，由于后期坍塌严重，致使墓道内的大部分填土为盗洞内填土，现呈现出盗洞的形状为半椭圆形，东西长1.94、南北宽2.2米。盗洞内填土为深褐色夹杂少量黄土块，质地较硬，包含有少量动物碎骨渣。

六　YJM6

YJM6位于墓地中北部，与YJM7和YJM9东西向相邻，间距2~3米。

（一）墓葬形制

YJM6为竖井墓道半洞室墓，东西向，方向50°。整体平面形状呈"凸"字形，由竖井墓道和半洞室组成（图4-25；彩版4-23：1、2）。

1. 墓道

墓道位于墓室上部，开口于扰土层下，平面形状呈横向长方形，北壁略直，东、西、南壁开口处塌陷，口大底小，不甚规整，各壁面凸凹不平，底部修理较平，未发现明显的工具修理痕迹。墓道上口东西长1.35~1.55、南北宽2.13米，底部东西长1.45、南北宽2.1米，深0.85米。内填土为灰褐色花土，土质较疏松，夹杂少量的植物腐朽根系和碎骨渣。

2. 半洞室

半洞室位于墓道底部的中东部，由竖穴和洞室两部分组成，平面呈"T"字形。

（1）竖穴

竖穴位于墓道中东部偏北处，系从竖井墓道底部东西向沿东壁中部向下掏挖而成，东部宽于西部。东西长1.05、南北宽0.43~0.6、深0.3~0.65米。北壁上部有轻微坍塌，南壁外弧，壁面凸凹不平，西壁略直。竖穴填土呈灰褐色，土质较硬，夹杂有黄色土块和碎骨屑，未见其他遗物。

（2）洞室

洞室位于竖穴东部，是从竖穴东壁向东掏挖而成，平面略呈半椭圆形。洞口呈窑洞式，开口偏向北部，距墓道北壁0.7米，距墓道南壁0.85米，拱形顶，顶部高出墓道底部约0.15米。洞口南北宽0.6、洞高0.65米。底部呈椭圆形斜坡，西高东低，坡度变化

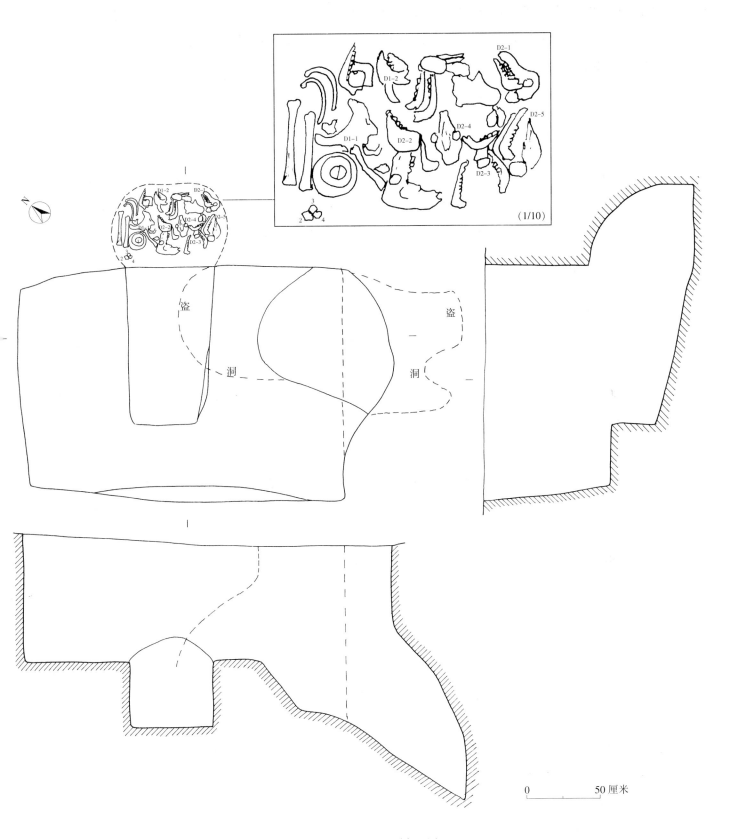

图 4-25 YJM6 平、剖面图

较大，坡度为 17°。洞室东西长 0.55、最宽 0.77、最高 0.67 米。洞室入口处北壁被盗墓者破坏，原始壁面无存，向内渐进南北壁向外扩展呈弧形，与东壁相交略呈半椭圆形。洞室顶部西高东低呈弧状内收，壁面粗糙，未见修整及工具加工痕迹。洞室内填土多为灰褐色花土，土质较硬，放置有大量的殉牲头骨。

（二）殉牲

YJM6 共殉葬动物头骨 7 件，其中牛头骨 2 件，羊头骨 5 件。大部分头骨的组织结构完整，应属殉葬时一次性宰杀放置。

1. 殉牲的位置

YJM6 早期盗扰，殉牲原始的摆放位置已完全破坏，现存动物头骨全集中在洞室内，无顺序，无规律，相互叠压堆积混乱，方向不一。

尚可辨别头骨形态的有牛头骨 2 件，保存状况一般，分别编号为 YJM6：D1 - 1、2。YJM6：D1 - 1 位于洞室北部，头骨结构不完整，牛角提取时右角残缺，倒置，面部朝南，吻部向下；YJM6：D1 - 2 位于洞室中部偏北，保存较差，吻部及左角残缺，倒置，面部朝下，吻部向西。

羊头骨共 5 件，其中山羊头 2 件，绵羊头 3 件，保存状况一般，分别编号为 YJM6：D2 - 1 ~ 5。YJM6：D2 - 1 位于洞室东部，组织结构不完整，斜置，面部朝西北，吻部向东北；YJM6：D2 - 2 位于洞室入口北部，组织结构不完整，侧置，面部朝北，吻部向东；YJM6：D2 - 3 位于洞室入口南部，保存差，倒置，面部朝下，吻部向北；YJM6：D2 - 4 位于洞室东南部，组织结构较完整，侧置，面部朝东，吻部向北；YJM6：D2 - 5 位于洞室中部，结构完整，平置，保存一般，面部朝上，吻部向东。

2. 殉牲的种类

YJM6 随葬结构较完整的动物头骨共 7 件。其中牛头骨有 2 件，均为幼年牛。羊头骨共 5 件，其中山羊有 2 件，均为成年羊；绵羊有 3 件，其中成年羊 2 件，幼年羊 1 件。

（1）牛（*Bos* sp.）

YJM6 牛头骨出土 2 件，分别编号为 YJM6：D1 - 1、D1 - 2，残碎。

①记述

YJM6：D1 - 1，带右残角残破头骨 1 件，属同一个体的头骨及颌骨碎块 3 件，带 dp^3—M^1 的左上颌骨 1 件，带 dp^2—M^1 的右上颌骨 1 件，带 dp_3—M_1 的左下颌骨 1 件，带 dp_2—M_1 的右下颌骨 1 件。

YJM6：D1 - 2，带左残角残破头骨 1 件，属同一个体的头骨及颌骨碎块 14 件，带 dp^2—M^1 的左、右上颌骨各 1 件，带 dp_2—M_1 的左下颌骨 1 件，带 I_1、I_2、dp_2—M_1 的右下颌骨 1 件，第 II 趾骨 1 件。

②测量

测量数据参见本节 YJM1 牛头的测量数据。

（2）山羊（*Capra* sp.）

YJM6 出土山羊 2 件，分别编号为 YJM6：D2－2、D2－5，其中 1 件较完整。

①记述

YJM6：D2－2，带 P^3—M^3 左上颌骨 1 件，带 P_3、P_4、M_2、M_3 的右下颌骨 1 件。

YJM6：D2－5，较完整的头骨 1 件，带左、右角各 1 件，带 P_2—M_3 的左、右下颌骨各 1 件。

②测量

测量数据参见本节 YJM1 山羊的测量数据。

（3）绵羊（*Ovis* sp.）

YJM6 出土绵羊头骨 3 件，分别编号为 YJM6：D2－1、D2－3、D2－4，其中 1 件较为完整。

①记述

YJM6：D2－1，带左、右残角残破头骨 1 件，带 M^1—M^2 右上颌骨 1 件。

YJM6：D2－3，残破头骨 1 件，带 P_2—M_3 的左下颌骨 1 件，带 P_2—M_1 的右下颌骨 1 件。

YJM6：D2－4，较完整头骨 1 件，带 M^2—M^3 的左上颌骨 1 件，带 P^2—M^3 的右上颌骨 1 件，带 P_3—M_3 的左、右下颌骨各 1 件（图 4－26）。

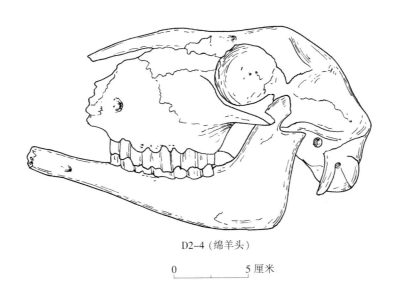

D2-4（绵羊头）

0　　　　　5 厘米

图 4－26A　YJM6 绵羊头（YJM6：D2－4）

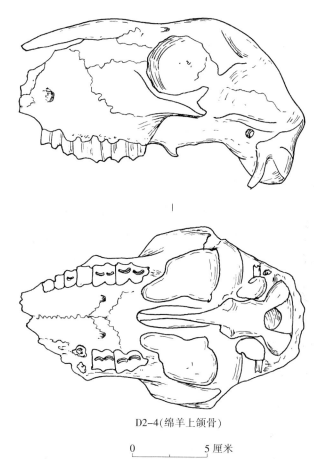

D2-4(绵羊上颌骨)

0   5厘米

图 4 - 26B　YJM6 绵羊上颌骨（YJM6：D2 - 4）

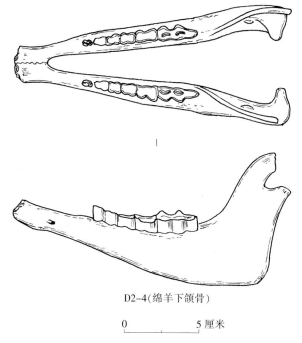

D2-4(绵羊下颌骨)

0   5厘米

图 4 - 26C　YJM6 绵羊下颌骨（YJM6：D2 - 4）

②测量

测量数据参见本节 YJM1 绵羊的测量。

（三）遗物

YJM6 出土陶器和石质随葬品 4 件，均放置于洞室内。

1. 陶器

仅出土红陶双耳罐 1 件，置于洞室入口中部偏北。

YJM6：1，红褐色，夹细砂。素面，手制。肩部以上残缺。侈口、圆唇，束颈，深腹略鼓，平底微凹，腹上部与口沿平齐处粘贴宽 5 厘米的半环形带状耳，双耳均残，仅存根部。器壁周身有较厚的烟炱痕迹。残口径 11.8、底径 7.7、高 16.5、壁厚 0.6、最大腹径 13 厘米（图 4 - 27；彩版 4 - 23：3）。

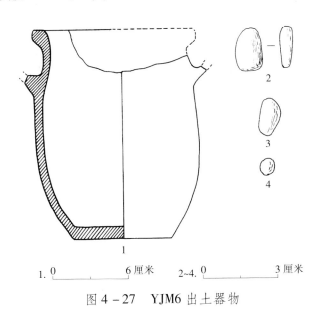

1. 0   6 厘米   2~4. 0   3 厘米

图 4 - 27　YJM6 出土器物

2. 石器

仅出土弹丸 3 件，均位于洞室东部偏南。

弹丸　3 件。形制相似，大小不同（图 4 - 27；彩版 4 - 23：4）。

YJM6：2，灰质砂岩。呈扁状椭圆形，一端大一端略小，正、反面较平，两侧微鼓，磨制光滑。长 1.7、上宽 0.8、下宽 1.1、厚 0.3 ~ 0.5 厘米。

YJM6：3，灰质砂岩。形状近似椭圆形，一侧较平，另一侧鼓起。形制不规则，系河床卵石磨制而成。长 1.5、宽 0.5 ~ 0.8 厘米。

YJM6：4，圆球状，器身有磨损痕。直径 0.6 厘米。

（四）葬式与葬俗

1. 葬式

YJM6 为单人葬，该墓盗扰严重，人骨放置较分散，因此葬式不详。人体骨骼主要集中在洞室北部，未见头骨，仅存几颗牙齿，上、下肢骨和部分肋骨位于洞室北部动物头骨之上；置放较凌乱。经牙齿鉴定，M6 墓主是一位年龄在 3～5 岁的小孩，性别不详。在发掘过程中，未发现有使用葬具的痕迹。

2. 葬俗

YJM6 虽遭早期盗扰，但其形制结构基本上保存完整，它的建造方法与成年人墓稍有不同，即挖长方形竖穴墓室时比例相对缩小，但洞室埋葬空间增大，依据死者年龄推测人骨应完全陈放在洞室内。

（五）盗洞

YJM6 的盗洞痕迹位于墓道东南角，盗洞位置相对不够精确，盗墓者先顺墓道东南角掏挖至底部，未发现墓室，然后又转向北部才直达竖穴墓室。由于盗洞塌陷，墓道东南壁面破坏，盗洞形状呈不规则形，东西宽 0.83、南北长 1.06 米。盗洞内填土为深褐色夹杂少量黄土块，质地较硬，包含有少量动物碎骨渣。

七　YJM7

YJM7 位于墓地中北部，东距 YJM6 约 2.5 米，北距 YJM8 约 5 米。

（一）墓葬形制

YJM7 为竖井墓道半洞室墓，东西向，方向 44°。整体平面形状呈 "凸" 字形，由竖井土坑墓道和半洞室组成（图 4-28；彩版 4-24：1）。

1. 墓道

墓道位于墓室上部，平面略呈梯形，东部窄西部宽，南、北壁较直，东壁东北角呈圆角弧形，西壁中部以下由大渐小，形成开口大底渐小，由于早期坍塌各壁面凸凹不平，未见有明显的修理加工痕迹，底部较平整。墓道东西长 1.64 米，东部南北宽 2.25、中部南北宽 2.45、西部宽 2.62 米，深 0.76 米。内填土为灰褐色花土，土质较疏松，夹杂少量的植物腐朽根系和碎骨渣。

2. 半洞室

半洞室位于墓道底部的中东部，由竖穴和洞室两部分组成，平面呈 "T" 字形。

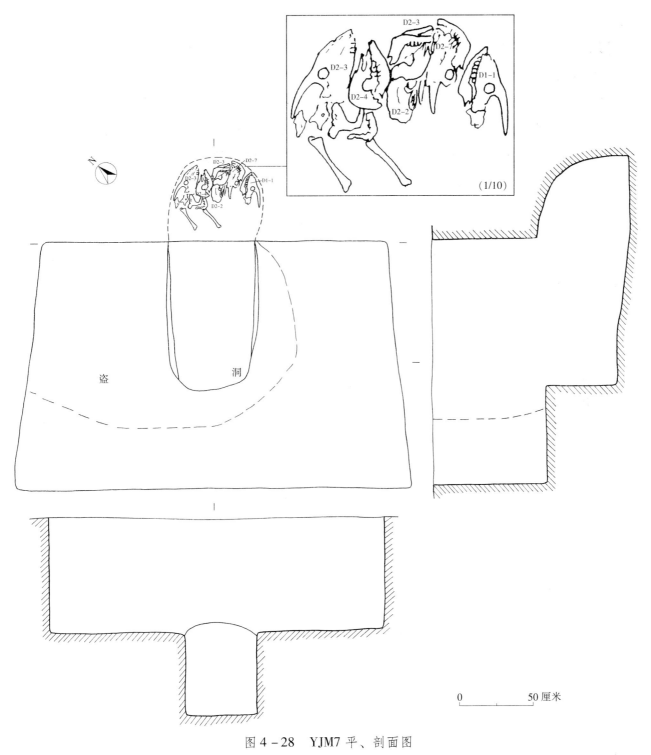

图4-28 YJM7平、剖面图

（1）竖穴

竖穴位于墓道中东部，系从墓道底部东西向沿东壁中部向下掏挖而成，平面呈长方形，东部宽于西部。东西长0.98、南北宽0.45~0.56、深0.48米。南、北壁开口坍塌呈弧形，口大底小。竖穴内填土呈灰褐色，土质较硬。含有少许动物骨渣，未见其他遗物。

（2）洞室

洞室位于竖穴东部，系从竖穴东壁向东掏挖而成，平面略呈半椭圆形。洞口呈窑洞式，开口稍偏向北部，距墓道北壁 0.8 米，距墓道南壁 0.87 米；拱形顶，顶部高出墓道底部约 0.06 米。洞口南北宽 0.58、进深 0.55、高 0.6 米。底部呈西高东低的椭圆形斜坡，坡度为 14°，坡度变化较明显，自西向东进深 0.15 米处底部坡度逐渐加大，其余较平缓。洞室东西长 0.55、最宽 0.63、最高 0.62 米。洞室入口处南、北壁凸凹不平，向内渐进呈弧形，与东壁相交呈半椭圆形。洞室顶部西高东低呈弧状内收，壁面粗糙不平，未见修整及工具加工痕迹。洞室内填土多为灰褐色花土，土质较硬，放置有少量的殉牲头骨（彩版 4 - 24：2）。

（二）殉牲

YJM7 共殉葬牛、羊头骨 6 件，其中牛头 1 件，羊头 5 件，大部分头骨的组织结构完整，应属殉葬时一次性宰杀放置。

1. 殉牲的位置

殉牲的动物头骨集中堆放在洞室中东部，所有的动物头骨互相叠压，放置无序，大部分组织结构较完整，能够完全看清头骨的形态。

牛头 1 件，保存较差，下颌骨和牛角在清理和提取时残损。YJM7：D1 - 1 位于洞室南部紧靠南壁，侧置，面部朝南，吻部向东，牛角残缺，上颌骨完整，头骨连带第一寰椎。

羊头大部分保存较为完整，其中有山羊头 3 件，绵羊头 2 件，部分羊角在清理和提取时残缺。编号分别为 YJM7：D2 - 1 ~ 5。YJM7：D2 - 1 位于洞室中部偏南，保存较差，侧置，面部朝南，吻部向东；YJM7：D2 - 2 位于洞室中部偏东，组织结构较完整，斜置，面部略朝北，吻部向东；YJM7：D2 - 3 位于洞室东部，保存一般，左角残缺，斜置，面部朝南，吻部向东；YJM7：D2 - 4 位于洞室东北部，组织结构不完整，侧置，面部朝北，吻部向东；YJM7：D2 - 5 位于洞室东北部，保存较好，倒置，面部朝下，吻部向东。

2. 殉牲的种类

YJM7 随葬动物的个体总数共 6 件。其中牛头骨 1 件，经鉴定为幼年牛；山羊头骨 3 件，均为成年羊；绵羊头骨 2 件，其中成年羊 1 件，幼年羊 1 件。

（1）牛（*Bos* sp.）

YJM7 出土牛头骨 1 件，残碎。

YJM7：D1 - 1，残破头骨 1 件，属同一个体头骨碎块 2 件，带 dp^2—M^1 的左、右上颌骨各 1 件，带 dp_2—M_1 的左下颌骨 1 件，带 dp_2—M_1 的右下颌骨 1 件。

（2）山羊（*Capra* sp.）

YJM7 出土山羊头骨 3 件，分别编号 YJM7：D2 - 2、D2 - 3、D2 - 5，较为完整。

YJM7：D2 - 2，较完整的头骨 1 件，带左、右角各 1 件，带 P^2—M^3 左、右上颌骨各 1 件，带 P_2—M_3 的左、右下颌骨各 1 件，脊椎 1 件（图 4 - 29）。

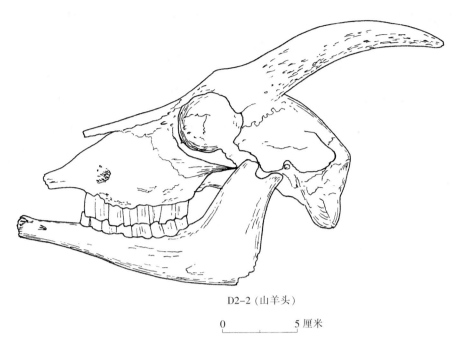

D2-2（山羊头）

0 _____ 5 厘米

图 4 - 29A　YJM7 山羊头骨（YJM7：D2 - 2）

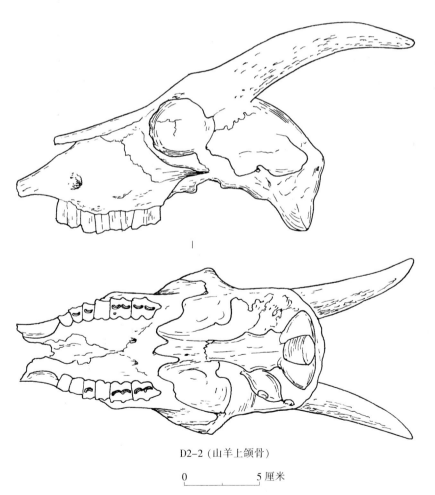

D2-2（山羊上颌骨）

0 _____ 5 厘米

图 4 - 29B　YJM7 山羊上颌骨（YJM7：D2 - 2）

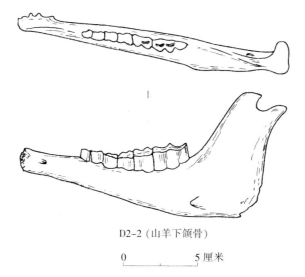

D2-2（山羊下颌骨）

0 ———————— 5 厘米

图 4-29C　YJM7 山羊下颌骨（YJM7∶D2-2）

YJM7∶D2-3，带左残角较完整的头骨 1 件，属同一个体头骨碎块 3 件，带 M^1—M^3 的左上颌骨 1 件，带 P^2—M^3 的右上颌骨 1 件，带 P_2—M_3 的左、右下颌骨各 1 件，寰椎 1 件。

YJM7∶D2-5，较完整的头骨 1 件，带左、右角各 1 件（左角稍残），舌骨 1 件，带 P^2—M^3 的左、右上颌骨各 1 件，带 M_2—M_3 的左下颌骨 1 件，寰椎 1 件。

（3）绵羊（*Ovis* sp.）

YJM7 出土绵羊头骨 2 件，分别编号 YJM7∶D2-1、D2-4，残碎。

①记述（测量见本节 YJM1 绵羊的测量）

YJM7∶D2-1，残破头骨 1 件，属同一个体头骨碎块 1 件，带 dp^4—M^1 的右上颌骨 1 件，带 dp_3—M_1 的左右下颌骨各 1 件。

YJM7∶D2-4，残破头骨 1 件，属同一个体头骨碎块 4 件，带 P^4—M^1 左上颌骨 1 件，带 P^2—M^3 的右上颌骨 1 件，带 P_3—M_3 的左下颌骨 1 件，带 P_2—M_3 的右下颌骨 1 件。

（三）遗物

YJM7 盗洞痕迹明显，覆盖了整个墓室，在发掘清理过程中未发现任何随葬品。

（四）葬式与葬俗

1. 葬式

YJM7 为单人葬，该墓盗扰严重，人骨几乎无存，因此葬式不详。清理中未见头骨，仅在洞室入口处发现两件肢骨，其他骨骼无存。肢骨形体较小，推测该墓可能为未成年小孩墓，具体年龄和性别不详。在发掘过程中，未发现有使用葬具的痕迹。

2. 葬俗

YJM7 虽遭早期盗扰，但其形制结构基本上保存完整，它的营造方法与 YJM3 大致相同，YJM7 埋葬的也是一个未成年人，在挖长方形竖穴墓室时比例相对缩小。

（五）盗洞

YJM7 的盗洞痕迹位于墓道东壁近中部，由于后期坍陷，墓道南壁已被破坏，盗洞平面形状呈不规则形，东西宽 0.98~1.25、南北长 1.42~1.77 米。盗洞开口从南至北倾斜直达墓室，盗洞内填土为深褐色，质地较硬，包含有少量动物碎骨渣。

八 YJM8

YJM8 位于墓地北部，西距 YJM4 约 3.5 米，东南距 YJM9 约 7 米。

（一）墓葬形制

YJM8 为竖井墓道半洞室墓，东西向，方向 33°。整体平面形状呈"凸"字形，由竖井墓道和半洞室组成（图 4-30；彩版 4-25）。

1. 墓道

墓道位于墓室上部，平面近似方形，除北壁口大底小略有弧度外，其他各壁面较直，底部修理规整平齐，但未见有明显的修理加工痕迹。墓道东西长 2 米，东部南北宽 1.92、西部南北宽 2 米，深 1.55 米。内填土为灰褐色花土，土质较疏松，包含有少量的植物腐朽根系和碎骨渣，另出土 5 块直径约 0.3~0.6 米的青石块（彩版 4-26：2）。

2. 半洞室

半洞室位于墓道底部的中东部，由竖穴和洞室两部分组成，平面呈"T"字形。

（1）竖穴

竖穴位于墓道中东部，系从竖井墓道底部东西向沿东壁中部向下掏挖而成，呈长方形竖穴土坑式，东部宽于西部。东西长 1.82、南北宽 0.57~0.62、深 0.85 米。竖穴南、北壁开口处坍塌，中部以下壁面较直，西壁略凹。竖穴填土呈灰褐色，土质较硬，开口往下 0.15 米处发现 13 块形态、大小不一的青石块，其中有 4 块放置在竖穴墓室中部偏西处，呈东西向"一"字形排列，中部有 3 块南北向倾斜置放，其余 6 块散置在东部。石块以四棱斜边者居多，俗称"羊肝石"，未见有明显的人为加工痕迹，直径约 0.4~0.85 米，其用途不详。填土中另含有少许动物骨渣，未见其他遗物。

（2）洞室

洞室位于竖穴东部，系从竖穴东壁向东掏挖而成，平面略呈半椭圆形。洞口呈窑洞式，开口稍偏向南部，距墓道北壁 0.68 米，距墓道南壁 0.62 米；拱形顶，顶部高出墓道

图 4－30　YJM8 平、剖面图

底部约 0.13 米，洞口南北宽 0.6、进深 0.7、高 1.08 米。底部呈西高东低的椭圆形斜坡，坡度为 8°，坡度变化不甚明显。洞室东西长 0.7、最宽 0.75、最高 1.08 米。洞室入口处南、北壁较直，向内渐进呈弧形，与东壁相交略呈半椭圆形。洞室顶部西高东低呈弧状内收，壁面粗糙不平，未见修整及工具加工痕迹。洞室内填土多为灰褐色花土，土质较硬，放置有大量的殉牲头骨。

（二）殉牲

YJM8 共殉葬羊头骨 28 件，其中绵羊头骨 26 件，山羊头骨仅 2 件，另配置有少量蹄骨，仅见牛的下颌骨 1 件。羊头骨在洞室内保存完好，头骨的组织结构完整，应属殉葬时一次性宰杀放置。

1. 殉牲的位置

YJM8 历史上已被盗扰，殉牲原始的摆放位置已完全打破，现清理出土的羊头骨集中堆放在洞室内，从洞室入口 0.12 米处一直堆积至洞室东壁，几乎占满了洞室底部的全部空间，所有羊头骨互相叠压，放置无序。从分布较乱、无规律堆放所提供的信息判断，这种现象是盗墓者人为所致，而非原始的殉牲形式。

洞室内殉牲的牛头骨仅有 1 件，已完全破碎，编号 YJM8：D1－1，仅存下颌骨，叠压在羊头骨下。

羊头骨有近 1/3 的组织结构非常完整，能够完全看清头骨的形态，其中以绵羊头骨居多，部分羊角在清理和提取时残缺。编号分别为 YJM8：D2－1～28。YJM8：D2－1 位于洞室中北部，保存一般，平置，面部朝上，吻部向东南；YJM8：D2－2 位于洞室中部，组织结构完整，侧置，面部朝西，吻部向北；YJM8：D2－3 位于洞室中南部，保存较好，斜置，面部朝北，吻部向东；YJM8：D2－4 位于洞室中部偏南，组织结构不完整，斜置，面部朝北，吻部向东；YJM8：D2－5 位于洞室东南部，保存较差，侧置，面部朝北，吻部向东；YJM8：D2－6 位于洞室南部，结构完整，斜置，面部朝西，吻部向北；YJM8：D2－7 位于洞室东部，吻部提取时有残缺，斜置，面部朝北，吻部向西南；YJM8：D2－8 位于洞室中部偏南，组织结构完整，侧置，面部朝东，吻部向北；YJM8：D2－9 位于洞室中部偏南，保存一般，侧置，面部朝北，吻部向东；YJM8：D2－10 位于洞室内最东部偏北，稍残，侧置，面部朝南，吻部向东；YJM8：D2－11 位于洞室内东部，组织结构完整，平置，吻部向东；YJM8：D2－12 位于洞室内北部，斜置，面部朝北，吻部向东；YJM8：D2－13 位于洞室内北部，组织结构完整，平置，吻部向东；YJM8：D2－14 位于洞室内东北部，保存较差，倒置，面部朝北，吻部向下；YJM8：D2－15 位于洞室内东北部，保存较好，平置，吻部向东南；YJM8：D2－16 位于洞室内最北部，侧置，面部朝北，吻部向东。YJM8：D1－17 位于洞室中西部，保存一般，斜置，面部朝西北，吻部向东；YJM8：D2-18 位于洞室中西部，组织结构不甚完整，平置，吻部向东北；YJM8：D2-19 位于洞室中部偏南，保存较差，斜置，面部朝北，吻部向西；YJM8：D2-20 位于洞室东部，组织结构完整，平置，吻部向东；YJM8：D2-21 位于洞室东部，保存较好，倒置，面部朝北，吻部向下；YJM8：D2-22 位于洞室东南部，结构不完整，倒置，面部朝下，吻部向南；YJM8：D2-23 位于洞室中部，羊角提取时有残缺，斜置，面部朝北，吻部向西；YJM8：D2-24 位于洞室中部偏西，组织结构完整，侧置，面部朝南，吻部向西；YJM8：D2-25 位于洞室南部，保存较差，侧置，面部朝北，吻部向东；YJM8：D2-26 位于洞室内最东部，保存一般，侧置，面部朝北，吻部向东；YJM8：D2-27 位于洞室内东北部，组织结构不完整，倒置，面部朝西，吻部向上；YJM8：D2-28 位于洞室内东北部，组织结构完整，倒置，面部朝东，吻部向下。

2. 殉牲的种类

YJM8 随葬动物的个体总数有 29 件。牛类未发现形态结构完整的头骨，仅存下颌骨 1 件，经牙齿鉴定应为幼年牛。山羊头骨 2 件，其中有成年羊 1 件，老年羊 1 件；绵羊头骨在该墓出土数量较多，共计 26 件，其中有成年绵羊 8 件，幼年羊 7 件，老年羊 11 件。

（1）牛（*Bos* sp.）

YJM8 出土牛头 1 件，残碎。

YJM8：D1-1，带 I_1、I_2、dp_2—M_1 的左下颌骨 1 件，带 I_2、dp_2—M_1 的右下颌骨 1 件。

（2）山羊（*Capra* sp.）

YJM8 出土山羊头骨 2 件，分别编号 YJM8：D2-13、D2-14，较为完整。

①记述（测量见本节 YJM1 山羊的测量）

YJM8：D2-13，较完整的头骨 1 件，带左、右角各 1 件（左角稍残），带 P^2—M^3 的左、右上颌骨各 1 件，带 P_2—M_3 的左、右下颌骨各 1 件（磨蚀严重）。

YJM8：D2-20，较完整的头骨 1 件，带左、右角各 1 件，带 P^2—M^3 的左、右上颌骨各 1 件，带 P_2—M_3 的左下颌骨 1 件，带 I_1、I_2、I_3、P_2—M_3 的右下颌骨 1 件（M_3 未萌全）（图 4-31；彩版 4-26：1）。

（3）绵羊（*Ovis* sp.）

YJM8 出土绵羊头骨 26 件，分别编号 YJM8：D2-1~12、D2-14~19、D2-21~28，大部分头骨出土时较完整，部分因骨质薄脆在搬运过程和室内清理时残碎；有的头骨带寰椎。

①记述（测量见本节 YJM1 绵羊的测量）

YJM8：D2-1，带右角较完整头骨 1 件，带 P^3—M^3 的左上颌骨 1 件，带 P^3、P^4、M^2、M^3 的右上颌骨 1 件，带 P_3—M_3 的左、右下颌骨各 1 件（磨蚀严重）。

YJM8：D2-2，较完整头骨 1 件，带 P^3、P^4、M^2、M^3 的左上颌骨 1 件，带 M^3 的右上颌骨 1 件，带 P_2—M_3 的左下颌骨 1 件，带 P_3—M_3 的右下颌骨 1 件（磨蚀严重）（图 4-32）。

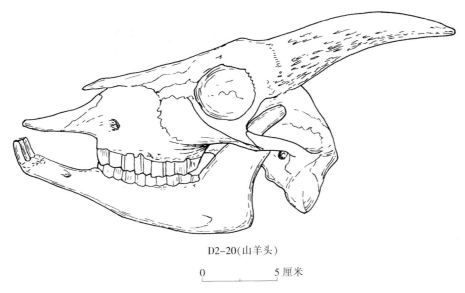

D2-20(山羊头)

0   5 厘米

图4-31A   YJM8 山羊头（YJM8∶D2-20）

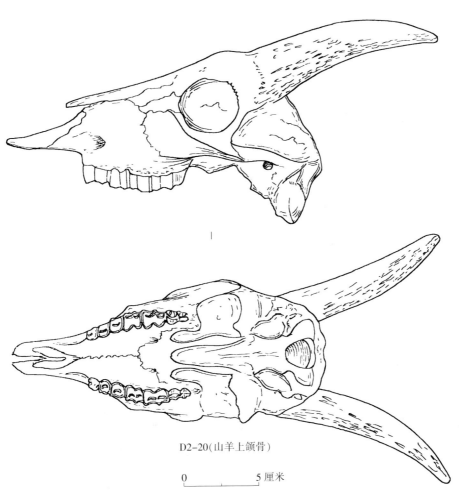

D2-20(山羊上颌骨)

0   5 厘米

图4-31B   YJM8 山羊上颌骨（YJM8∶D2-20）

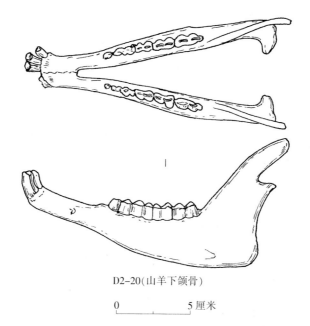

D2-20(山羊下颌骨)

0 ————— 5厘米

图4-31C　YJM8 山羊下颌骨（YJM8：D2-20）

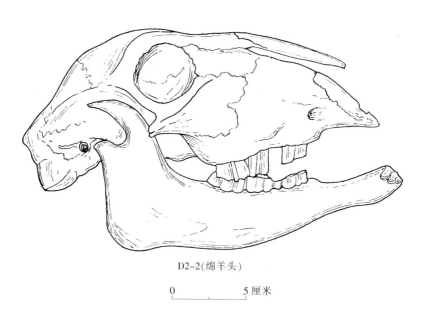

D2-2(绵羊头)

0 ————— 5厘米

图4-32A　YJM8 绵羊头（YJM8：D2-2）

　　YJM8：D2-3，较完整头骨1件，带左、右角各1件（右角稍残），带 P^2—M^3 的左、右上颌骨各1件，带 P_2—M_3 的左、右下颌骨各1件（磨蚀严重）。

　　YJM8：D2-4，带左、右残角残破头骨1件，带 P^2—M^3 的左、右上颌骨各1件，带 P_3—M_3 的左下颌骨1件，带 P_2—M_3 的右下颌骨1件（磨蚀严重），寰椎1件。

　　YJM8：D2-5，残破头骨1件，带 P^2—M^3 的左、右上颌骨各1件，带 P_2—M_3 的左下颌骨1件，带 P_3—M_3 的右下颌骨1件（磨蚀严重），游离 $I_2$1件。

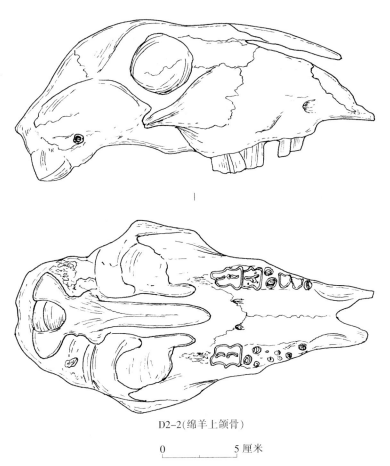

D2-2(绵羊上颌骨)

0   5 厘米

图 4 - 32B YJM8 绵羊上颌骨（YJM8：D2 - 2）

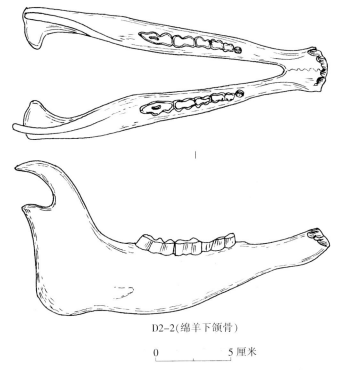

D2-2(绵羊下颌骨)

0   5 厘米

图 4 - 32C YJM8 绵羊下颌骨（YJM8：D2 - 2）

YJM8：D2－6，残破头骨1件，带P^2—M^{3}的左、右上颌骨各1件，带P$_3$—M$_3$的左、右下颌骨各1件（磨蚀严重），寰椎1件。

YJM8：D2－7，较完整头骨1件，带dp^2—M^{1}的左、右上颌骨各1件，带dp$_2$—M$_1$的左下颌骨1件。

YJM8：D2－8，较完整头骨1件，带左、右角各1件，带P^2—M^{3}的左、右上颌骨各1件，带P$_3$—M$_3$的左下颌骨1件（左下颌骨外侧有一洞，疑似外伤愈合），带I$_2$、P$_3$—M$_3$的右下颌骨1件（图4－33）。

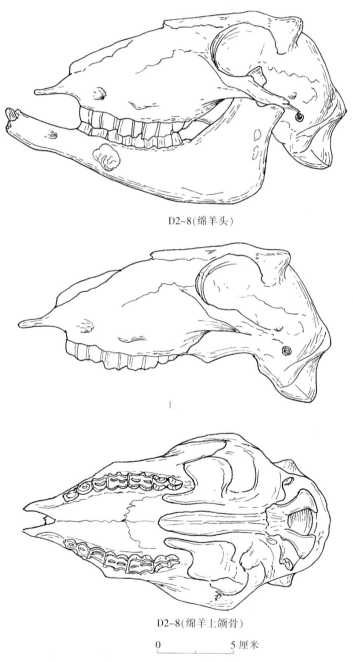

D2-8(绵羊头)

D2-8(绵羊上颌骨)

0 ————— 5 厘米

图4－33A　YJM8 绵羊头（YJM8：D2－8）

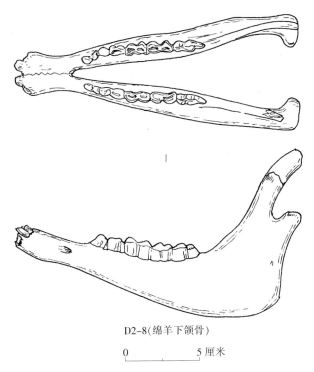

D2-8(绵羊下颌骨)

0 　　　　　5 厘米

图 4 – 33B　YJM8 绵羊下颌骨（YJM8：D2 – 8）

YJM8：D2 – 9，较完整头骨 1 件，带左、右角各 1 件，带 P^2—M^3 的左、右上颌骨各 1 件。

YJM8：D2 – 10，残破头骨 1 件，带 P^2、P^3、P^4、M^1、M^3 的左上颌骨 1 件，带 M^2—M^3 的右上颌骨 1 件。

YJM8：D2 – 11，残破头骨 1 件，带 dp^2—M^1 的左、右上颌骨各 1 件，带 dp_2—M_1 的右下颌骨 1 件，寰椎 1 件。

YJM8：D2 – 12，残破头骨 1 件，带 P^2—M^3 的左、右上颌骨各 1 件，带 P_2—M_3 的左、右下颌骨各 1 件（磨蚀严重）。

YJM8：D2 – 14，残破头骨 1 件，带 P^2—M^3 的左上颌骨 1 件，带 P^3—M^3 的右上颌骨 1 件，带 P_4—M_3 的左下颌骨 1 件，带 P_3、M_1—M_3 的右下颌骨 1 件（磨蚀严重）。

YJM8：D2 – 15，较完整头骨 1 件，带 dp^2—M^2 的左、右上颌骨各 1 件，带 dp_2—M_2 的左、右下颌骨各 1 件，寰椎 1 件（与头骨相连）。

YJM8：D16，较完整头骨 1 件，带 dp^2—M^1 的左上颌骨 1 件，带 dp^2、dp^4、M^1 的右上颌骨 1 件，带 dp_3—M_1 的右下颌骨 1 件。

YJM8：D2 – 17，残破头骨 1 件，带 P^2—M^3 的左、右上颌骨各 1 件，带 P_2—M_3 的左、右下颌骨各 1 件，寰椎 1 件。

YJM8：D2 – 18，较完整头骨 1 件，带左、右角各 1 件（左角稍残），带 P^2—M^3 的左上颌骨 1 件，带 P^3—M^3 的右上颌骨 1 件，带 M_2—M_3 的左下颌骨 1 件，带 P_2—M_3 的右下颌骨 1 件（磨蚀严重）（图 4 – 34）。

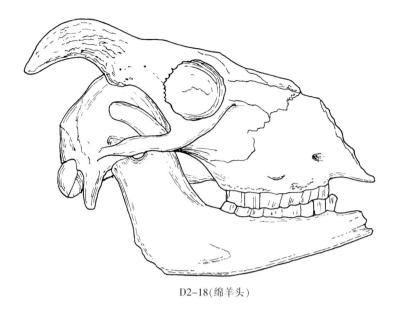

D2-18(绵羊头)

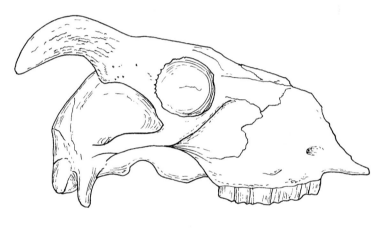

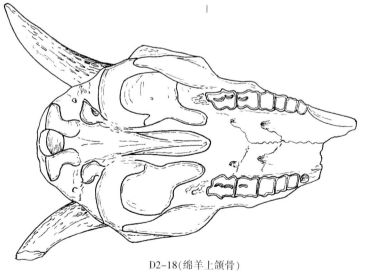

D2-18(绵羊上颌骨)

0 _____ 5厘米

图4-34A YJM8 绵羊头（YJM8：D2-18）

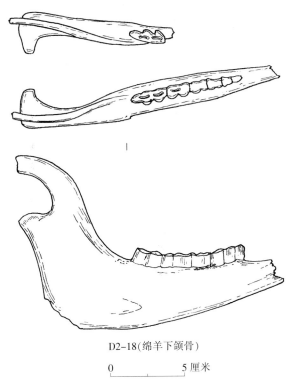

D2-18(绵羊下颌骨)

0   5厘米

图 4 – 34B   YJM8 绵羊下颌骨（YJM8：D2 – 18）

YJM8：D2 – 19，残破头骨 1 件，带 P^2—M^3 的左、右上颌骨各 1 件，带 P_2—M_3 的左、右下颌骨各 1 件。

YJM8：D2 – 21，残破头骨 1 件，属同一个体头骨碎块 1 件，带 P^3—M^3 的左、右上颌骨各 1 件，带 P_3—M_3 的左下颌骨 1 件，带 P_2—M_3 的右下颌骨 1 件。

YJM8：D2 – 22，残破头骨 1 件，带 dp^2—M^1 的左、右上颌骨各 1 件，带 dp_2—M_1 的左、右下颌骨各 1 件。

YJM8：D2 – 23，较完整头骨 1 件，带左、右角各 1 件，带 P^2—M^3 的左上颌骨 1 件，带 M^1—M^3 的右上颌骨 1 件，带 P_3—M_3 的左、右下颌骨各 1 件。

YJM8：D2 – 24，较完整头骨 1 件，带左、右角各 1 件，带 P^2—M^3 的左、右上颌骨各 1 件，带 P_2—M_3 的左下颌骨 1 件，带 P_3—M_3 的右下颌骨 1 件（磨蚀严重）。

YJM8：D2 – 25，带左角较完整头骨 1 件，带 P^2—M^3 的左、右上颌骨各 1 件，带 P_2—M_3 的左、右下颌骨各 1 件。

YJM8：D2 – 26，较完整头骨 1 件，带 P^2—M^3 的左上颌骨 1 件，带 P_2—M_3 的左、右下颌骨各 1 件，寰椎 1 件（磨蚀严重）。

YJM8：D2 – 27，残破头骨 1 件，带 dp^2—M^1 的左上颌骨 1 件，带 dp_2—M_1 的左下颌骨各 1 件，带 M_1 右下颌骨 1 件。

YJM8：D2-28，残破头骨1件，带左、右角各1件，带 dp^2—M^1 的左上颌骨1件，带 dp_2—M_1 的左、右下颌骨各1件。

（三）遗物

YJM8遗物仅存3件青铜器，均为扣饰，属服饰器。位于洞室内动物头骨最下层。

连珠扣饰　3件。形制、大小相同，残损程度不一，由同一模具制成（图4-35）。

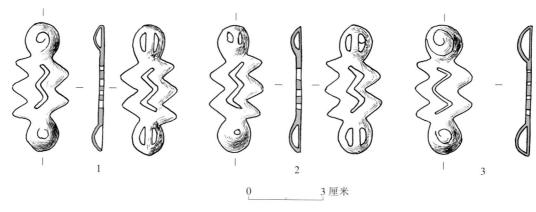

图4-35　YJM8出土器物

YJM8：1，位于洞室入口北部。扁平长条形，正面中部由两组锯齿纹相向对称联结，一侧为三齿，另一侧为二齿，中间镂空，正面微鼓，背面略平；上、下两端为乳突圆泡饰，乳突正面饰云纹，背面相对处内凹，竖向饰桥形纽。长5.2、泡径1.4、中部宽2.4、厚0.3厘米（彩版4-26：2）。

YJM8：2，位于洞室中部偏北处。器形相同，两端乳突圆泡饰破损，一端乳突中心残缺，一端乳突内凹（彩版4-26：3）。

YJM8：3，位于洞室北部。器形相近，正面略鼓，中间镂空线条较细，背部平整，乳突正面上端饰卷云纹，下端纹饰不清晰。

（四）葬式与葬俗

1. 葬式

YJM8为单人葬，该墓盗扰严重，人骨放置凌乱，葬式不详。残留的人体骨骼均放置在洞室内，头骨叠压在洞室北部动物头骨之间，头盖骨残缺，牙齿尚存，倒置，头部朝东南、面部向下；大腿肢骨位于洞室南部；上肢骨、肩胛骨、肋骨及脊椎骨主要集中在洞室中部，置放较凌乱。经鉴定，YJM8墓主是一位年龄在60岁左右的女性。

2. 葬俗

YJM8虽遭早期盗扰，但其形制结构基本上保存完整，它的建造方法及顺序与其他墓葬大致相同。该墓的突出特点在于，墓主是一位年长的女性，墓室在营建过程中无论掏挖的深度、壁面的修整，还是洞室的埋葬空间等方面均做了精心处理，建造得较为规整细致。在竖穴墓室开口处置放石块的用途，大致有两种可能：一种是这些大小不等的石块，属自然界随处可捡的"羊砟石"，无磨制加工痕迹，其用途可能来源于墓葬平地之上堆积成类似坟丘一样的标志，只是盗墓者在挖掘过程中破坏随盗洞自然塌陷或滑落至此。九龙山墓地发掘的 11 座墓葬及近期盗掘的 7 座墓葬均早年被盗扰，每座墓发现的盗洞几乎直达墓室，位置非常精确，由此推测每座墓葬顶部应有某种明显的标志，所以第一种假设与盗墓者的行为是互为印证的。另一种是 YJM8 是九龙山墓地中目前发现的年龄最大的一位逝者，这些石块的出现可能与某种葬俗有关，但现无从考证。

在发掘过程中，未发现有使用葬具的痕迹。

（五）盗洞

YJM8 的盗洞痕迹位于墓道西北角，由于后期塌陷，形成的盗洞较大，几乎覆盖了整个墓室。平面形状略呈椭圆形，东西长 1.2～1.82、南北宽 0.97～1.8 米。盗洞开口由西北向东南倾斜抵达墓室，盗洞内填土为深褐色夹杂少量黄土块，质地较硬，包含有少量动物碎骨渣。

九　YJM9

YJM9 位于墓地东部，北距 YJM5 约 4.6 米，西南距 YJM6 约 3 米。

（一）墓葬形制

YJM9 为竖井墓道半洞室墓，东西向，方向 33°。整体平面形状呈"凸"字形，由竖井墓道和半洞室组成（图 4 - 36；彩版 4 - 27：1）。

1. 墓道

墓道位于墓室上部，平面形状略呈梯形，在墓道的东南角、西南角、东北角三个不同方向发现三个盗洞痕迹，由此墓道四壁受到不同程度破坏，南、北壁局部凹进，东、西壁面凸凹不平，各壁面中部以下略外弧；底部平面破坏略呈坡状，东部高于西部，未见有明显的工具修理痕迹。墓道东西长 2.3 米，东部南北宽 1.96、西部南北宽 2.13 米，深 1.2 米。内填土为灰褐色花土，土质较疏松，包含有少量的碎骨渣。

2. 半洞室

半洞室位于墓道底部的中东部，由竖穴和洞室两部分组成，平面呈"T"字形。

（1）竖穴

竖穴位于墓道中东部，是从墓道底部东西向沿东壁中部向下掏挖而成，平面呈长方

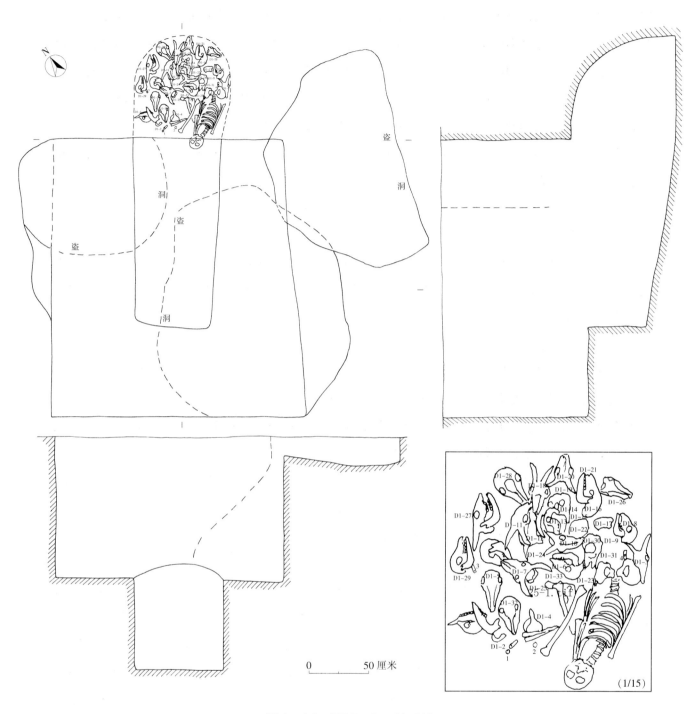

图 4 - 36   YJM9 平、剖面图

形，东部宽于西部。东西长 1. 57、南北宽 0. 63 ~ 0. 75、深 0. 5 米。竖穴土坑北壁开口处坍塌，中部以下壁面较直，南壁外弧，西壁略凹。竖穴内填土呈灰褐色，土质较硬，包含有大量动物骨渣，未见其他遗物。

（2）洞室

洞室位于竖穴东部，系从竖穴东壁向东掏挖而成，平面略呈半椭圆形。洞口呈窑洞式，开口偏向南部，距墓道北壁 0.68 米，距墓道南壁 0.52 米；拱形顶，顶部高出墓道底部约 0.15 米。洞口南北宽 0.75、进深 0.85、高 0.87 米。底部呈西高东低的椭圆形斜坡，坡度变化较为明显，坡度为 16°。洞室东西长 0.85、最宽 0.82、最高 0.86 米。洞室入口处南、北壁较直，向内渐进偏向南部呈弧形，与东壁相交略呈半椭圆形。洞室顶部西高东低呈弧状内收，壁面粗糙不平，未见修整及工具加工痕迹。洞室内填土多为灰褐色花土，土质较硬，从洞室入口至洞室内放置有大量的殉牲头骨，部分头骨已残，形态结构完整者较少（彩版 4 - 27：2、3）。

（二）殉牲

YJM9 共殉葬羊的头骨 33 件，其中绵羊头骨 25 件，山羊头骨 8 件，同时配置有 8 件蹄骨，未见牛、马头骨。羊头骨在洞室内保存较好，头骨的组织结构尚能分辨，应属殉葬时一次性宰杀放置。

1. 殉牲的位置

YJM9 历史上被盗扰严重，殉牲原始的摆放位置已完全打破，现清理出土的羊头骨集中堆放在洞室内，从洞室入口人骨的南、北两侧开始一直堆积至洞室东壁，几乎占满了洞室底部的全部空间，所有羊头骨互相叠压，放置无序。从分布较乱、无规律堆放所提供的信息判断，这种现象是盗墓者人为所致，而非原始的殉牲形式。

洞室内殉牲的羊头骨有近 1/4 的组织结构非常完整，能够完全看清头骨的形态，其中以绵羊头骨居多，部分羊角在清理和提取时残缺。编号分别为 YJM9：D1 - 1 ～ 33。YJM9：D1 - 1 位于洞室入口北部，保存较好，平置，面部朝上，吻部向西；YJM9：D1 - 2 位于洞室中北部，组织结构不完整，平置，吻部向西；YJM9：D1 - 3 位于洞室东北部，保存一般，侧置，面部朝北，吻部向东；YJM9：D1 - 4 位于洞室中部偏南，组织结构完整，斜置，面部朝南，吻部向东北；YJM9：D1 - 5 位于洞室西北部，保存较好，平置，面部朝北，吻部向东南；YJM9：D1 - 6 位于洞室中部，结构完整，平置，吻部向北；YJM9：D1 - 7 位于洞室中部，斜置，面部朝南，吻部向东北；YJM9：D1 - 8 位于洞室东南部，保存较差，侧置，面部朝南，吻部向东；YJM9：D1 - 9 位于洞室中部偏东，保存一般，平置，吻部向西；YJM9：D1 - 10 位于洞室中部偏北，斜置，面部朝北，吻部向东；YJM9：D1 - 11 位于洞室北部，保存较差，侧置，面部朝北，吻部向东；YJM9：D1 - 12 位于洞室中北部，平置，吻部向东；YJM9：D1 - 13 位于洞室北部，组织结构完整，侧置，面部朝西，吻部向南；YJM9：D1 - 14 位于洞室东北部，保存差，倒置，面部朝西，吻部向下；YJM9：D1 - 15 位于洞室中北部，保存一般，倒置，面部朝下，吻部向北；YJM9：D1 - 16 位于洞室东北部，斜置，面部朝南，吻部向东；YJM9：D1 - 17 位于洞室中东部，保存较差，倒置，面部朝南，吻部向下；YJM9：D1 - 18 位于洞室北部，组织结构完整，平置，吻部向西；YJM9：D1-19位于洞室中东部，保存一般，斜置，面部朝北，吻部向西；YJM9：D1-20位于洞室东部，组织结构完整，平置，吻部向东；YJM9：D1-21位于洞室最东部，保存较好，平置，吻部向东；YJM9：D1-22位于洞室中东部，结构不完整，倒置，面部朝下，吻部向西南；YJM9：D1-23位于洞室东部，斜置，面部朝北，吻部向西；YJM9：D1-24位于洞室中部，组织结构完整，侧置，面部朝南，吻部向东；YJM9：D1-25位于洞室南部，保存差，倒置，面部朝下，吻部向东南；YJM9：D1-26位于洞室内最东部，保存一般，斜置，面部朝西南，吻部向北；YJM9：D1-27位于洞室北部，保存差，倒置，面部朝下，吻部向东北；YJM9：D1-28位于洞室东北部，保存一般，斜置，面部朝南，吻部向东北；YJM9：D1-29位于洞室内西北部，组织结构不完整，倒置，面部朝下，吻部向东；YJM9：D1-30位于洞室东部，保存较好，倒置，面部朝下，吻部向西南；YJM9：D1-31位于洞室东南部，结构不完整，平置，吻部向东；YJM9：D1-32位于洞室南部，保存差，倒置，面部朝东，吻部向下；YJM9：D1-33位于洞室中部偏南，组织结构完整，侧置，面部朝西，吻部向南。

2. 殉牲的种类

YJM9随葬动物头骨的数量最多，由于该墓早年多次盗扰，致使积水进入墓室，导致动物头骨的形态结构保存不够完整。经初步鉴定，山羊头骨共有8件，其中成年的3件，幼年的2件，老年的3件；绵羊头骨25件，其中有成年的5件，幼年的12件，老年的8件。

（1）山羊（*Capra* sp.）

①记述

YJM9：D1-1，带右角残破头骨1件，带 dp^2—M^2 的左上颌骨1件，带 dp^3—M^2 的右上颌骨1件，带 dp_2—M_2 的左下颌骨1件，带 dp_3—M_2 的右下颌骨1件。

YJM9：D1-3，带右角残破头骨1件，带 dp^4—M^2 的左上颌骨1件，带 dp^2—M^2 的右上颌骨1件，带 dp_3—M_2 的左、右下颌骨各1件。

②测量

测量数据参见本节YJM1山羊头骨的测量数据。

（2）绵羊（*Ovis* sp.）

①记述

YJM9：D1-4，残破头骨1件，带 P^2—M^3 的左、右上颌骨各1件，带 P_2—M_3 的左、右下颌骨各1件（磨蚀严重）。

YJM9：D1-7，残破头骨1件，属同一个体头骨碎块1件。

YJM9：D1-9，残破头骨1件，带左、右角各1件。

②测量

测量数据参见本节YJM1绵羊头骨的测量数据。

（三）遗物

YJM9 出土遗物共 5 件，有铜器和骨器。均出土于洞室内。

1. 铜器　3 件，均为泡饰。

泡饰　3 件。位于洞室入口人体肋骨南侧。其中 2 件形制相同，大小不一（彩版 4 - 27：4）。

YJM9：1，圆形，正面鼓起，边缘下折，背面凹，中间有一条状桥形纽。直径 2.0、厚 0.15、纽宽 0.4 厘米（图 4 - 37）。

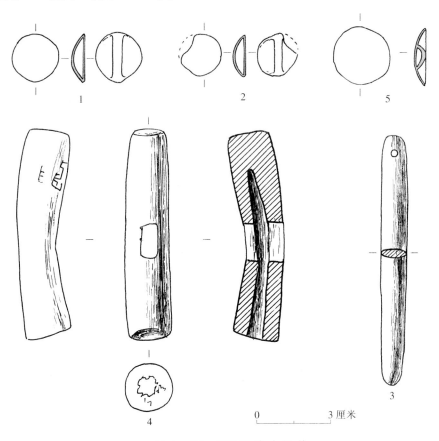

图 4 - 37　YJM9 出土器物

YJM9：2，稍残，正面圆鼓，边缘下折，背面凹，中间有一条状桥形纽，边缘局部残缺。直径 1.8、厚 0.13、纽宽 0.3 厘米（图 4 - 37）。

YJM9：5，圆形，正面圆鼓，背内凹，中间有一条状纽。直径 2.3、厚 0.13、纽宽 0.2 厘米（图 4 - 37）。

2. 骨器

出土削和节约各 1 件。骨匕位于洞室北部羊头骨之下，节约位于人体盆骨东侧。

削　1 件，用动物肢骨制作而成。

YJM9∶3，扁长条形，正面微鼓，反面略平，中间上下有一道细微凹痕，侧面圆润，柄端直穿一圆孔，孔径较直，中间至刃端逐渐变薄，刃部正、反面均有磨痕，器表通体刮磨光滑。长9.8、宽0.8～1.1、孔径0.2、厚0.15～0.2厘米（图4-37；彩版4-27∶5）。

节约　1件，用羊角制作而成。

YJM9∶4，圆管状，侧面呈弧形，外表和截面刮磨光滑，截面一端有孔，一端封闭，竖孔由粗渐细变小，系掏挖角的疏质骨形成；中部对刻一长1.6、宽0.7厘米的圆角长方形穿孔，开口孔眼比另一侧孔眼略大，孔眼周围有明显的刮刻痕迹；器身封闭一端刻划有两个字，字体浮浅不甚明晰。长8.3、直径1.5～1.7厘米，竖孔径0.3～0.6厘米（图4-37；彩版4-27∶6）。

（四）葬式与葬俗

1. 葬式

YJM9为单人葬，该墓曾遭多次盗扰，人骨原有的摆放形式已被破坏，因此葬式不详。YJM9人骨架是九龙山墓地唯一保存相对较完整的，其头骨连带颈椎上半身置于洞室入口南侧，仰身斜置，头部朝西北，面部向上；下肢右腿骨连带盆骨呈屈曲状搭在上半身的左侧（北侧），人骨完全扭曲，腿骨下有近0.32米的淤土层，下肢骨及肱骨自然落在淤土层底部。经鉴定，YJM9墓主是一位年龄在55岁左右的女性。

2. 葬俗

YJM9虽经盗扰，但其形制结构基本上保存完整，它的建造方法及顺序与YJM8墓葬大致相同。该墓的突出特点在于，墓主是一位年长的女性，洞室的埋葬空间处理得较大，殉牲的数量也最多。

在发掘过程中，未发现有使用葬具的痕迹。

（五）盗洞

YJM9是九龙山墓地发现盗洞最多的一座墓葬，盗洞痕迹共有三处：盗洞一痕迹位于墓道东南角，由东向南掏挖出距地表约0.4～1.1米的斜坡深坑，由此破坏了墓道南壁，并打破了盗洞二，平面形状不规则，东西长0.9～1.76、南北宽0.55～1.14米，盗洞填土多为黄褐色花土，未包含任何遗物，该盗洞对墓室未直接造成破坏。盗洞二痕迹位于墓道西南角，由于后期塌陷，形成的盗洞较大，平面形状略呈椭圆形，东西长1.56～1.92、南北宽1.1～1.65米，盗洞开口由西南向东北斜向抵达墓室，盗洞内填土为深褐色夹杂少量黄土块，质地较硬，包含有少量动物碎骨渣。盗洞三痕迹位于墓道东北角，平面形状近似椭圆形，东西长0.96、南北宽1.23米，开口至底部直达墓室，该盗洞对墓室造成的破坏最为直接。从三处盗洞的痕迹和包含物观察，盗洞三早于盗洞二，盗洞一时代最晚。

十 YJM10

YJM10 位于墓地中南部，东南距 YJM11 约 29 米，西北距 YJM1 约 17 米。

（一）墓葬形制

YJM10 为竖井墓道半洞室墓，东西向，方向 35°。整体平面形状呈"凸"字形，由竖井墓道和半洞室组成（图 4 - 38；彩版 4 - 28：1）。

1. 墓道

墓道位于墓室上部，平面形状略呈方形，北壁略直，东、西、南壁开口处塌陷，口大底小，不甚规整，各壁面凸凹不平，东壁中部以上坍塌呈斜坡状，底部较平整，未发现明显的工具修理痕迹。墓道上口东西长 2.15 ~ 2.2、南北宽 2.1 ~ 2.35 米，底部东西长 1.68、南北宽 2 ~ 2.15、深 1.45 米。内填土为灰褐色花土，土质较疏松，夹杂少量的植物腐朽根系和碎骨渣。

2. 半洞室

半洞室位于墓道底部的中东部，由竖穴和洞室两部分组成，平面形状略呈"T"形。

（1）竖穴

竖穴位于墓道中东部偏南处，系从竖井墓道底部东西向沿东壁中部向下掏挖而成，平面呈长方形，东部宽于西部。东西长 1.03、南北宽 0.5 ~ 0.6、深 0.6 ~ 0.9 米。南壁上部有轻微坍塌，壁面外弧，西壁内弧，壁面凸凹不平，北壁略直。竖穴内填土呈灰褐色，土质较硬，夹杂有黄色土块和碎骨屑，未见其他遗物（彩版 4 - 28：2）。

（2）洞室

洞室位于竖穴东部，是从竖穴东壁向东掏挖而成，平面略呈半椭圆形。洞口呈窑洞式，开口偏向南部，距墓道北壁 0.8 米，距墓道南壁 0.48 米；拱形顶，顶部低于墓道底部约 0.05 米。洞口南北宽 0.6、进深 0.85、高 0.85 米。底部呈西高东低的椭圆形斜坡，坡度为 17°，坡度变化较大。墓室东西长 0.85、最宽 0.83、最高 0.9 米。洞室入口处南壁被盗墓者破坏，原始壁面无存，向内渐进南北壁向外扩展呈弧形，与东壁相交略呈半椭圆形。洞室顶部西高东低呈弧状内收，壁面粗糙，未见修整及工具加工痕迹。洞室内填土多为灰褐色花土，土质较硬，放置有大量的殉牲头骨（彩版 4 - 28：3 ~ 5）。

（二）殉牲

YJM10 共殉葬动物头骨 17 件，其中牛头骨 2 件，羊头骨 15 件。大部分头骨的组织结构完整，应属殉葬时一次性宰杀放置。

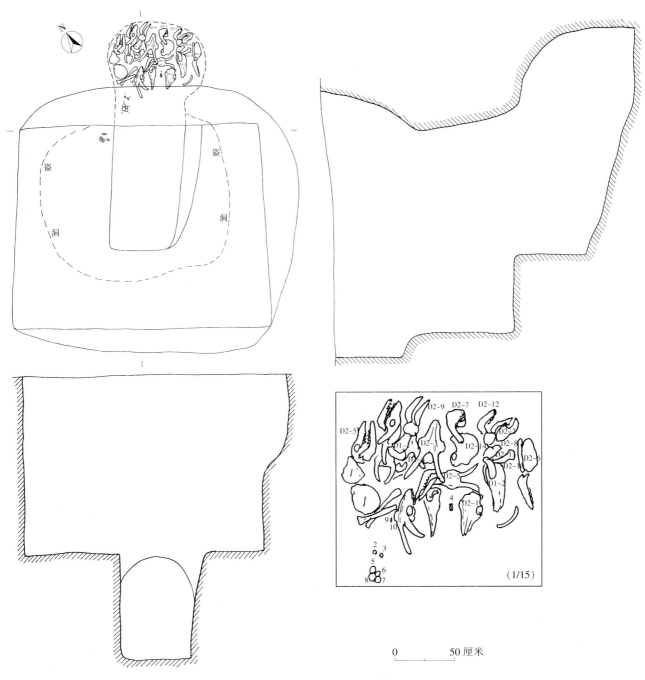

图 4 - 38   YJM10 平、剖面图

1. 殉牲的位置

YJM10 早期盗扰，殉牲原始的摆放位置已被完全破坏，现存动物头骨全部集中在洞室内，无顺序，无规律，相互叠压，堆积混乱，方向不一。

尚可辨别头骨形态的有牛头骨 2 件，保存状况较好，分别编号为 YJM10：D1 - 1 ~ 2。YJM10：D1 - 1 位于洞室中部，头骨结构完整，牛角提取时残缺，斜置，面部朝南，吻部向东；YJM10：D1 - 2 位于洞室南部，保存较好，头骨连带第一寰椎，吻部稍残，侧置，面部朝北，吻部向西。

出土羊头骨共 15 件，其中山羊头 7 件，绵羊头 8 件，头骨形态大部分较完整，分别编号为 YJM10：D2 - 1 ~ 15。YJM10：D2 - 1 位于洞室南部，组织结构完整，平置，吻部朝西；YJM10：D2 - 2 位于洞室东部，组织结构完整，平置，吻部向东；YJM10：D2 - 3 位于洞室中部，保存较差，平置，吻部向东北；YJM10：D2 - 4 位于洞室中东部，组织结构不完整，倒置，面部朝下，吻部向西；YJM10：D2 - 5 位于洞室中南部，保存一般，斜置，面部朝北，吻部向东。YJM10：D2 - 6 位于洞室东部，组织结构完整，倒置，面部朝下，吻部向东；YJM10：D2 - 7 位于洞室东北部，组织结构不完整，侧置，面部朝南，吻部向东；YJM10：D2 - 8 位于洞室中东部，保存较差，倒置，面部朝下，吻部向西；YJM10：D2 - 9 位于洞室东北部，组织结构完整，斜置，面部朝北，吻部向东；YJM10：D2 - 10 位于洞室东南部，组织结构不完整，斜置，面部朝西，吻部向西南；YJM10：D2 - 11 位于洞室东南部，保存一般，倒置，面部朝下，吻部向东；YJM10：D2 - 12 位于洞室东部，保存差，倒置，面部朝东，吻部向下；YJM10：D2 - 13 位于洞室东北部，组织结构完整，倒置，面部朝下，吻部向西；YJM10：D2 - 14 位于洞室中东部，组织结构完整，侧置，面部朝北，吻部向西；YJM10：D2 - 15 位于洞室东北部，组织结构不完整，斜置，面部朝南，吻部向东。

2. 殉牲的种类

YJM10 随葬动物的个体总数为 17 件。其中牛头骨有 2 件，经鉴定均为幼年；山羊头骨有 7 件，其中包括成年羊 5 件，幼年羊 1 件，老年羊 1 件；绵羊头骨有 8 件，其中包括成年羊 5 件，幼年羊 1 件，老年羊 2 件。

（1）牛（*Bos* sp.）

YJM10 出土牛头骨 2 件，分别编号 YJM10：D1 - 1、D1 - 2，较为完整。

①记述

YJM10：D1 - 1，较完整头骨 1 件，带左、右角各 1 件（右角稍残），带 dp^2—M^2 的左、右上颌骨各 1 件，带 dp_2—M_2 的左、右下颌骨各 1 件（图 4 - 39；彩版 4 - 29）。

YJM10：D1 - 2，较完整头骨 1 件，带左、右角各 1 件，带 dp^2—M^1 的左、右上颌骨各 1 件，带 I_{1-4}、dp_2—M_1 的左下颌骨 1 件，带 I_{2-4}、dp_2—M_1 的右下颌骨 1 件（图 4 - 40；彩版 4 - 30）。

②测量

测量数据见本节 YJM1 牛头骨的测量数据。

（2）山羊（*Capra* sp.）

YJM10 出土山羊头骨 7 件，分别编号 YJM10：D2 - 1 ~ 7，较为完整。

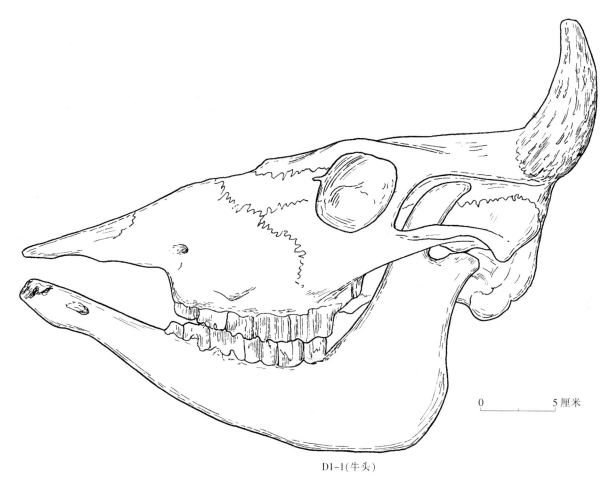

D1-1(牛头)

图4－39A　YJM10牛头（YJM10：D1－1）

①记述

YJM10：D2－1，较完整头骨1件，带左、右角各1件，带 P^2—M^3 的左、右上颌骨各1件，带 P_2—M_3 的左、右下颌骨各1件（磨蚀严重）（图4－41；彩版4－31）。

YJM10：D2－2，较完整头骨1件，带左、右角各1件，带 P^2—M^3 的左、右上颌骨各1件，带 I_3、P_2—M_3 的左下颌骨1件，带 P_2—M_3 的右下颌骨1件（左、右下 M_2 均有一洞，疑似龋齿）（图4－42：3；彩版4－31）。

YJM10：D2－3，较完整头骨1件，带左、右角各1件（右角稍残），带 P^2—M^3 的左、右上颌骨各1件，带 P_3—M_3 的左下颌骨1件（图4－43；彩版4－32）。

YJM10：D2－4，较完整头骨1件，带左、右角各1件，带 dp^2—M^2 的左、右上颌骨各1件，带 dp_2—M_2 的左、右下颌骨各1件。

YJM10：D2－5，较完整头骨1件，带左、右角各1件，带 P^2—M^3 的左、右上颌骨各1件，带 P_2—M_3 的左、右下颌骨各1件（图4－44；彩版4－32）。

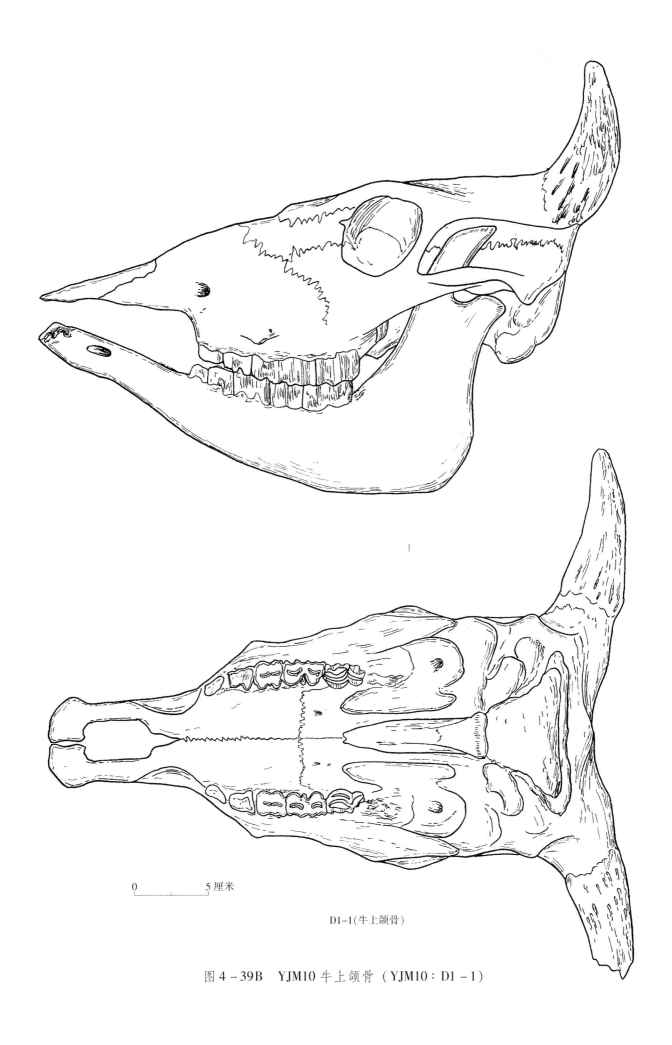

0 ———— 5 厘米

D1-1(牛上颌骨)

图 4 - 39B YJM10 牛上颌骨 (YJM10：D1 - 1)

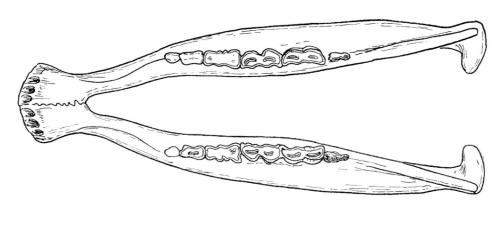

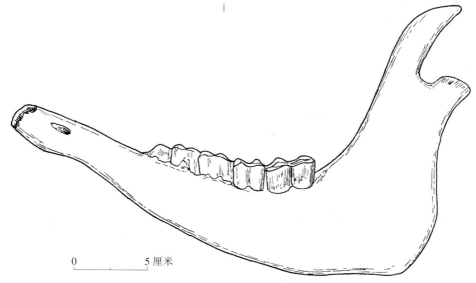

0　　　　　5 厘米

D1-1(牛下颌骨)

图 4 - 39C　YJM10 牛下颌骨（YJM10：D1 - 1）

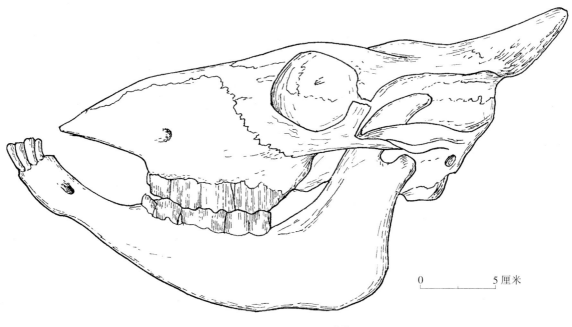

0　　　　　5 厘米

D1-2(牛头)

图 4 - 40A　YJM10 牛头（YJM10：D1 - 2）

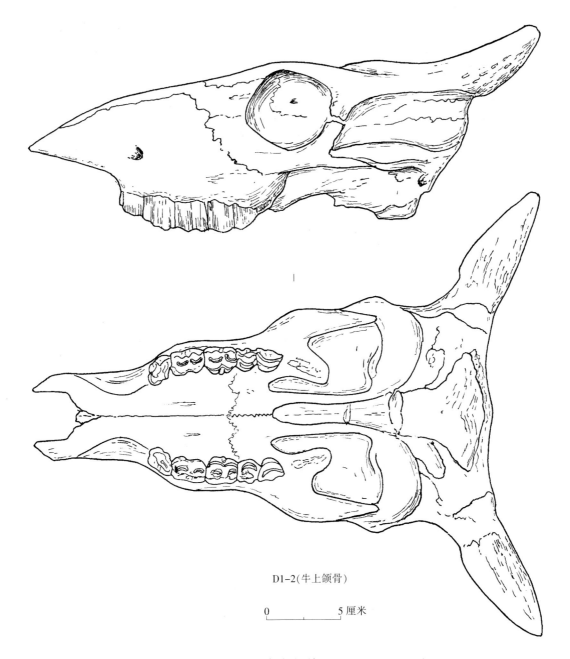

D1-2(牛上颌骨)

0 ____ 5 厘米

图 4 - 40B　YJM10 牛上颌骨（YJM10：D1 - 2）

　　YJM10：D2 - 6，较完整头骨 1 件，带左、右角各 1 件，带 P²—M³ 的左、右上颌骨各
1 件（图 4 - 45；彩版 4 - 33）。

　　YJM10：D2 - 7，较完整头骨 1 件，带左、右角各 1 件，带 P²—M³ 的左、右上颌骨各
1 件。

　　②测量

　　见本节 YJM1 山羊头骨的测量数据。

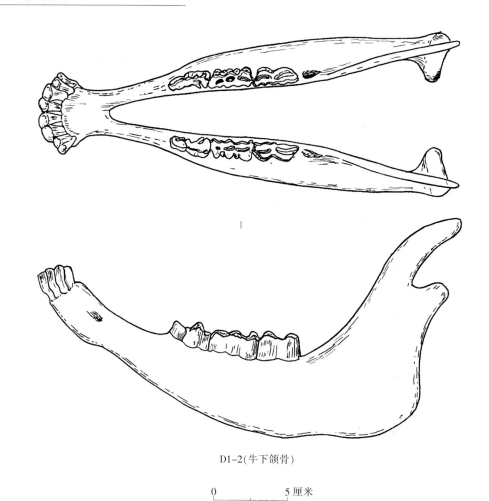

D1-2(牛下颌骨)

0 _____ 5厘米

图4-40C　YJM10 牛下颌骨（YJM10：D1-2）

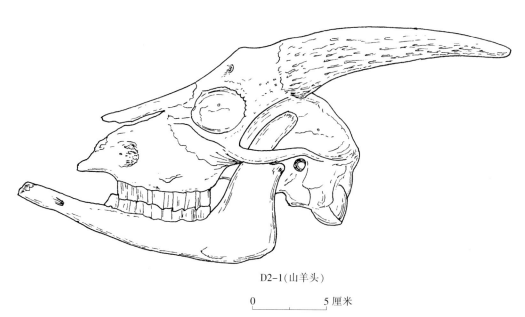

D2-1(山羊头)

0 _____ 5厘米

图4-41A　YJM10 山羊头（YJM10：D2-1）

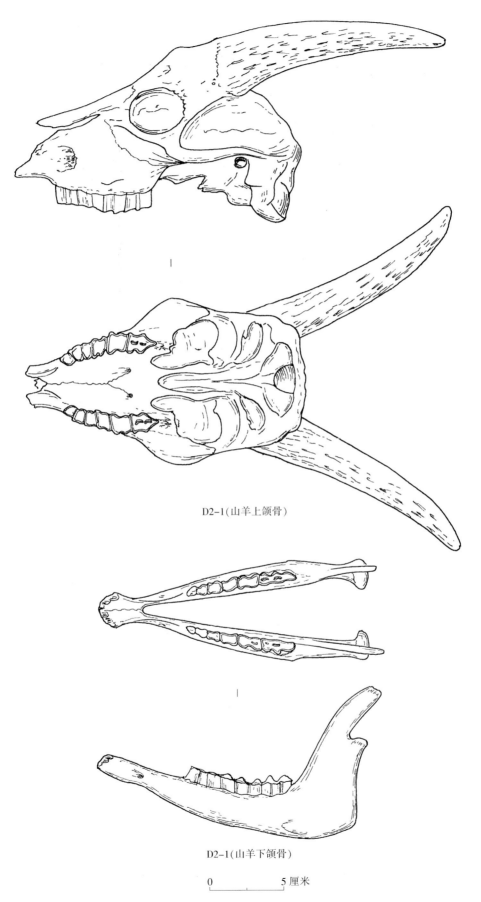

D2-1(山羊上颌骨)

D2-1(山羊下颌骨)

0   5厘米

图4-41B YJM10 山羊上、下颌骨（YJM10：D2-1）

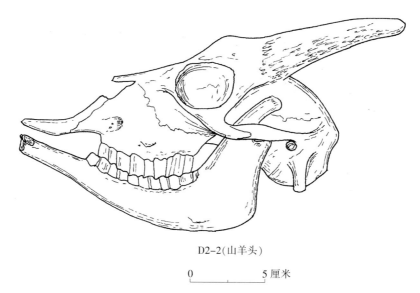

D2-2(山羊头)

0   5厘米

图 4－42A　YJM10 山羊头（YJM10：D2－2）

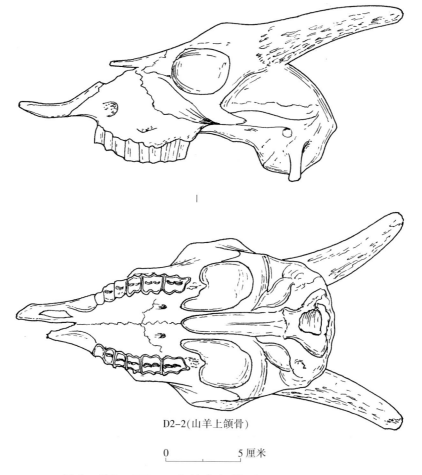

D2-2(山羊上颌骨)

0   5厘米

图 4－42B　YJM10 山羊上颌骨（YJM10：D2－2）

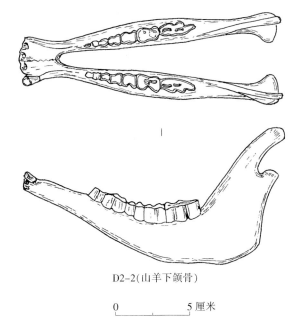

D2-2(山羊下颌骨)

0 _____ 5 厘米

图 4 – 42C YJM10 山羊下颌骨（YJM10：D2 – 2）

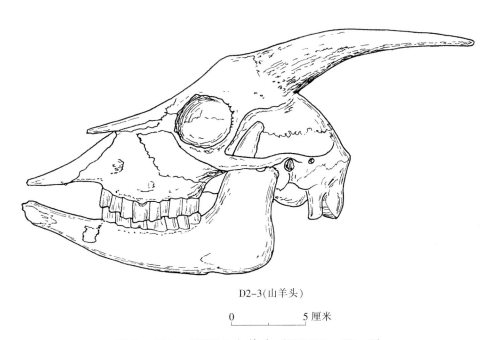

D2-3(山羊头)

0 _____ 5 厘米

图 4 – 43A YJM10 山羊头（YJM10：D2 – 3）

（3）绵羊（*Ovis* sp.）

YJM10 出土绵羊头骨 8 件，分别编号标本 M10：D2 – 8 ~ 15，较为完整。

①记述

YJM10：D2 – 8，较完整头骨 1 件，带 P^2—M^3 的左、右上颌骨各 1 件。

YJM10：D2 – 9，较完整头骨 1 件，带左、右角各 1 件，带 P^2—M^3 的左、右上颌骨各

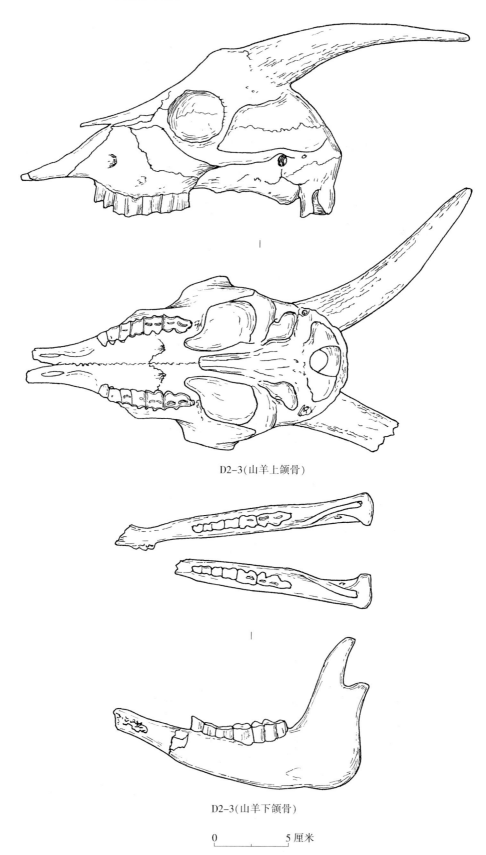

D2-3(山羊上颌骨)

D2-3(山羊下颌骨)

0 —————— 5厘米

图 4-43B YJM10 山羊上、下颌骨（YJM10：D2-3）

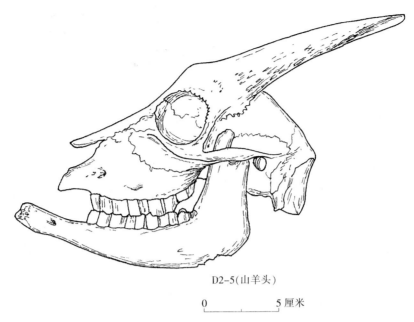

D2-5(山羊头)

0   5厘米

图 4 - 44A   YJM10 山羊头（YJM10：D2 - 5）

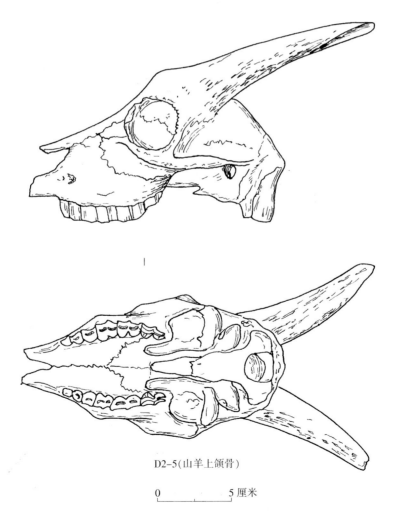

D2-5(山羊上颌骨)

0   5厘米

图 4 - 44B   YJM10 山羊上颌骨（YJM10：D2 - 5）

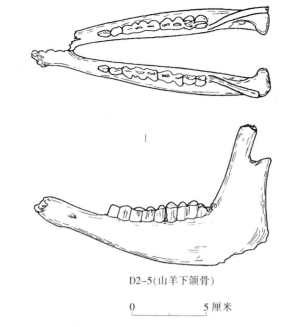

D2-5(山羊下颌骨)

0   5 厘米

图 4 - 44C   YJM10 山羊下颌骨（YJM10：D2 - 5）

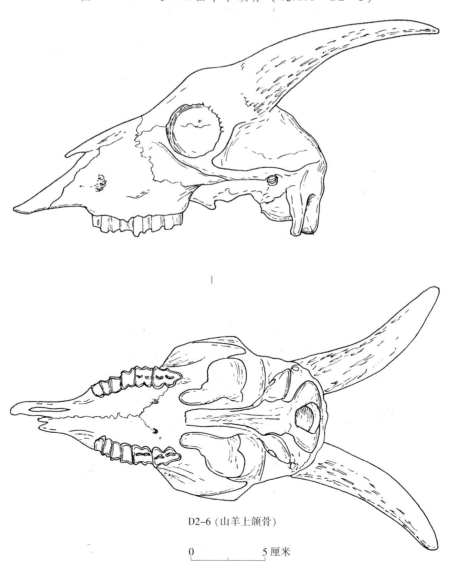

D2-6（山羊上颌骨）

0   5 厘米

图 4 - 45   YJM10 山羊上颌骨（YJM10：D2 - 6）

1件，带 P_2—M_3 的左、右下颌骨各1件（磨蚀严重）。

　　YJM10：D2 - 10，较完整头骨1件，带左、右角各1件，带 P^2—M^3 的左、右上颌骨各1件，带 P_3—M_3 的左、右下颌骨各1件。

　　YJM10：D2 - 11，较完整头骨1件，带左、右角各1件，带 P^2—M^3 的左、右上颌骨各1件，带 P_2—M_3 的左、右下颌骨各1件（图4 - 46；彩版4 - 34）。

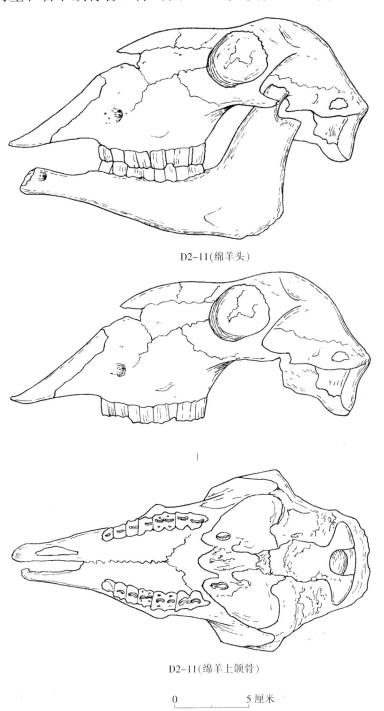

D2-11(绵羊头)

D2-11(绵羊上颌骨)

0　　　　　5厘米

图4 - 46A　YJM10绵羊头（YJM10：D2 - 11）

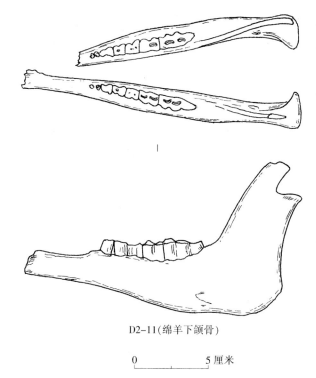

D2-11(绵羊下颌骨)

0　　　　　5厘米

图4-46B　YJM10绵羊下颌骨（YJM10：D2-11）

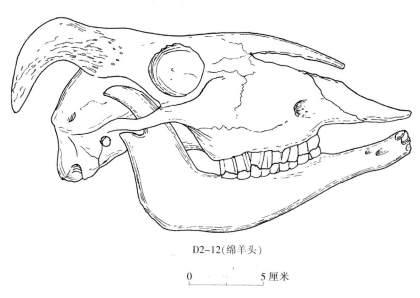

D2-12(绵羊头)

0　　　　　5厘米

图4-47A　YJM10绵羊头（YJM10：D2-12）

YJM10：D2-12，较完整头骨1件，带P^2—M^3的左、右上颌骨各1件，带P_2—M_3的左下颌骨1件，带I_1、I_3、P_2—M_3的右下颌骨1件（图4-47；彩版4-34）。

YJM10：D2-13，较完整头骨1件，带P^2—M^3的左、右上颌骨各1件，带P_3—M_3的

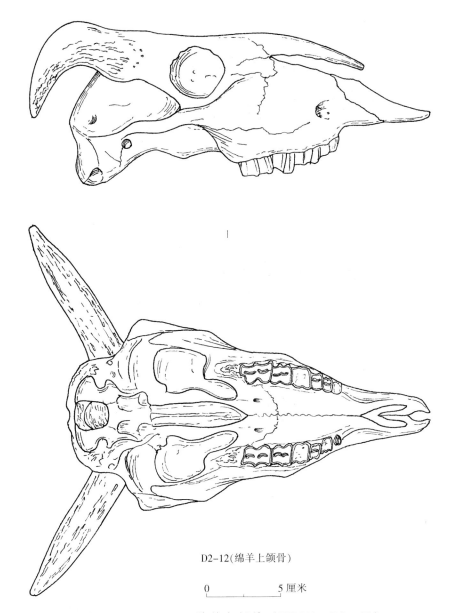

D2-12(绵羊上颌骨)

0   5厘米

图 4-47B　YJM10 绵羊上颌骨（YJM10∶D2-12）

左下颌骨 1 件，带 P_2—M_3 的右下颌骨 1 件（磨蚀严重）（图 4-48；彩版 3-35）。

　　YJM10∶D2-14，较完整头骨 1 件，带 P^2—M^3 的左、右上颌骨各 1 件，带 I_1、P_2—M_3 的左下颌骨 1 件，带 I_2、P_2—M_3 的右下颌骨 1 件（图 4-49；彩版 4-36）

　　YJM10∶D2-15，较完整头骨 1 件，带 dp^2—M^2 的左、右上颌骨各 1 件，带 dp^2—M^2 的左、右下颌骨各 1 件（图 4-50；彩版 4-36）。

　　②测量

　　见本节 YJM1 绵羊头骨的测量数据。

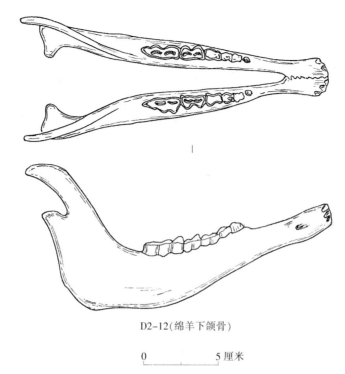

D2-12(绵羊下颌骨)

0 ⸻ 5厘米

图4-47C　YJM10绵羊下颌骨（YJM10：D2-12）

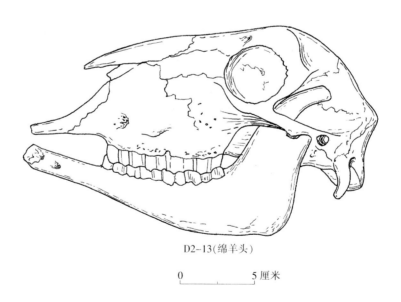

D2-13(绵羊头)

0 ⸻ 5厘米

图4-48A　YJM10绵羊头（YJM10：D2-13）

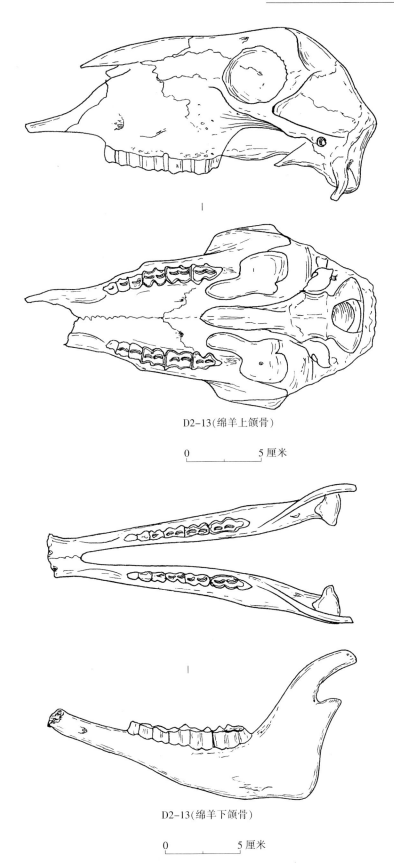

D2-13（绵羊上颌骨）

0 —————— 5 厘米

D2-13（绵羊下颌骨）

0 —————— 5 厘米

图 4 - 48C YJM10 绵羊下颌骨（YJM10：D2 - 13）

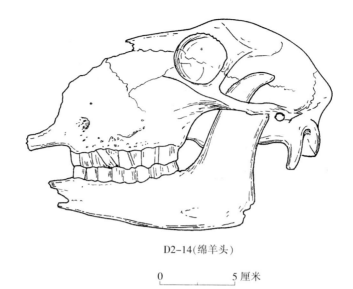

D2-14(绵羊头)

0　　　　　　5厘米

图 4 - 49A　YJM10 绵羊头（YJM10：D2 - 14）

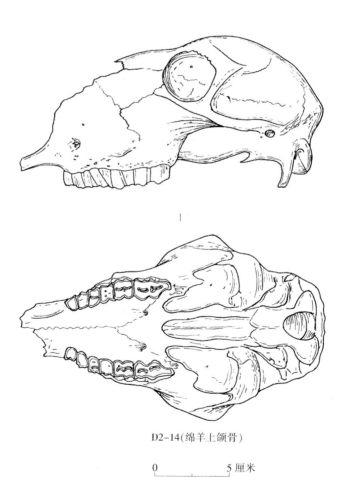

D2-14(绵羊上颌骨)

0　　　　　　5厘米

图 4 - 49B　YJM10 绵羊上颌骨（YJM10：D2 - 14）

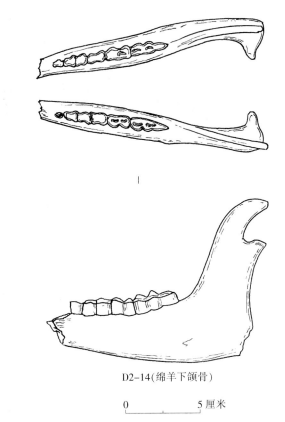

D2-14(绵羊下颌骨)

0 _____ 5厘米

图 4-49C YJM10 绵羊下颌骨 (YJM10∶D2-14)

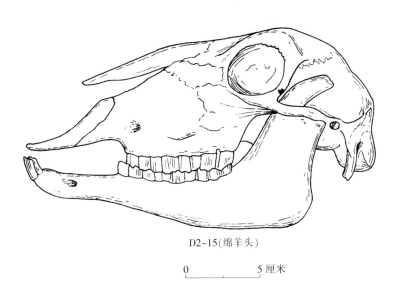

D2-15(绵羊头)

0 _____ 5厘米

图 4-50A YJM10 绵羊头 (YJM10∶D2-15)

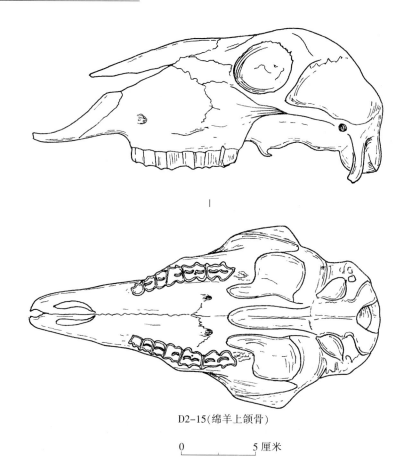

D2-15(绵羊上颌骨)

0   5厘米

图 4 – 50B   YJM10 绵羊上颌骨（YJM10：D2 – 15）

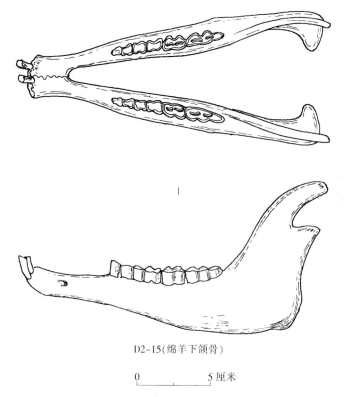

D2-15(绵羊下颌骨)

0   5厘米

图 4 – 50C   YJM10 绵羊下颌骨（YJM10：D2 – 15）

（三）遗物

YJM10 出土遗物 10 件，有陶器、铜器、骨器，均放置于洞室内。

1. 陶器

仅出土红陶罐 1 件，底部残缺，出土时破损为两块残片，分别置于洞室南、北两侧。

YJM10：1，红褐色，夹细砂。素面，手制。敛口，圆唇，溜肩，深腹略鼓，最大腹径在中部，平底已残。腹上部与口沿平齐处饰一周三角形斜线刻划纹。器壁周身有较厚的烟炱痕迹。口径 11、底径 8、残高 13.5、壁厚 0.7、最大腹径 13 厘米（图 4 - 51；彩版 4 - 37：1）。

2. 铜器

7 件，有服饰器和车马器。

（1）服饰器　4 件，有带扣、连珠饰和耳环。

带扣　2 件。其中一件残缺。位于洞室入口处。

YJM10：2，扣环平面呈椭圆形，正面鼓起，背面略凹，环面饰有凹纹，扣舌位于环外缘，舌尖外突伸出环外，扣纽呈方形，中部各饰两道凹纹。长 4.3、环径 2.8、厚 0.35 ~ 0.5 厘米（图 4 - 51；彩版 4 - 37：2）。

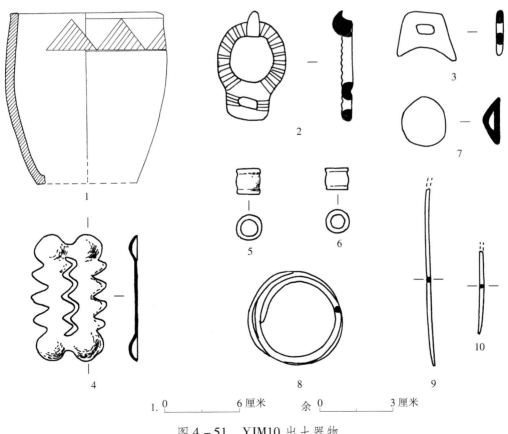

图 4 - 51　YJM10 出土器物

YJM10：3，扣环残缺，仅存扣纽，平面略呈梯形，正、反面微鼓。长2、宽1.6~2.5厘米（图4-51；彩版4-37：2）。

连珠饰 1件。位于洞室中部偏南。模制。

YJM10：4，呈长方形，正面由两组锯齿纹连珠连结而成，上、下四角为圆形乳突横向连接，中间两组锯齿纹之间镂空，正面微鼓，背面中部平，乳突相对处内凹，边缘下折。长5、宽3、厚0.2厘米（图4-51）。

耳环 1件。位于洞室中部偏北。

YJM10：8，圆形，环面由三道圆形铜丝缠绕相互叠压，铜丝断面有折断痕迹。内径2.7、外径3.8厘米，铜丝直径0.2厘米（图4-51；彩版4-37：3）。

（2）车马器 3件，有箍和泡饰。

箍 2件。位于洞室中部。器形相同，大小有别，系不同模具制作。

YJM10：5，圆柱状，上、下两端束有凹槽，腹部鼓起，中空。长1、宽1、孔径0.6厘米（图4-51；彩版4-37：4）。

YJM10：6，圆柱状，上、下两端束有凹槽，腹部微鼓，中空，孔径较直。长0.9、宽1、孔径0.55厘米（图4-51；彩版4-37：4）。

泡饰 1件。位于洞室北侧。

YJM10：7，平面呈圆形，正面圆鼓，边缘下折，背面凹，中间有一长条形纽。直径1.8、厚0.2厘米（图4-51）。

3. 骨器

仅出土针2件，位于洞室入口北侧。

YJM10：9，针眼处残缺，圆形骨针由粗渐细，针尖锋芒。器身刮磨光滑，局部浸透绿锈痕迹。残长7.2、直径0.15~0.2厘米（图4-51；彩版4-37：5）。

YJM10：10，器形相同。出土时已残。残长3.4、直径0.15厘米（图4-51；彩版4-37：5）。

（四）葬式与葬俗

1. 葬式

YJM10为单人葬，该墓盗扰严重，人骨放置较分散，因此葬式不详。人体骨骼主要集中在洞室中北部。头骨位于洞室入口北侧，倒置，头朝西，面部向下，部分肢骨和脊椎骨位于洞室中部动物头骨之下；置放较凌乱。经鉴定，YJM10墓主是一位年龄在8~11岁的小女孩。

2. 葬俗

YJM10虽早期盗扰，但其形制结构基本上保存完整，它的建造方法及顺序大致与前文叙述的 YJM1、YJM3 相同，在此不再赘述。

在发掘过程中，未发现有使用葬具的痕迹。

（五）盗洞

YJM10 的盗洞痕迹位于墓道中部，紧邻东壁，致使墓道东壁后期坍塌，盗洞直达竖穴墓室，形状略呈椭圆形，东西宽 1.27～1.4、南北长 1.6 米，盗洞内填土为深褐色夹杂少量黄土块，质地较硬，包含有少量动物碎骨渣。

十一　YJM11

YJM11 位于墓地最南部，西北距 M2 约 23 米，南邻登山便道约 16 米。

（一）墓葬形制

YJM11 为竖井墓道半洞室墓，东西向，方向 27°。整体平面形状呈"凸"字形，由竖井墓道和半洞室组成（图 4－52；彩版 4－38：1）。

1. 墓道

墓道位于墓室上部，平面略呈倒梯形，口大底小。由于早期塌陷，除西壁中部以下略直外，南、北、东壁开口均外弧，各壁面凸凹不平，未见有明显的修理加工痕迹，底部较平。坑上口东西长 1.7～2.45 米，东部南北宽 1.9、中部南北宽 2.68、西部南北宽 2.45 米；底部东西长 1.75～2.15 米，东部南北宽 2.3、中部南北宽 2.5、西部南北宽 2.45 米；墓道深 1.7 米。内填土为灰褐色花土，土质较疏松，夹杂少量的植物腐朽根系和碎骨渣。

2. 半洞室

半洞室位于墓道底部的中东部，由竖穴和洞室两部分组成，平面呈"T"字形。

（1）竖穴

竖穴位于墓道中东部，系从墓道底部东西向沿东壁中部向下掏挖而成。平面略呈长方形，东部宽于西部，东西长 1.45、南北宽 0.5～0.63、深 0.55～0.7 米。南、北壁外弧，壁面凸凹不平。竖穴内填土上部土色呈灰褐色，厚 0.53 米，土质较硬；下部土色为黄色淤土，厚 0.07 米～0.35 米，土质硬并夹杂褐色土块，包含有少量的动物骨渣（彩版 4－38：3）。

（2）洞室

洞室位于竖穴东部，系从竖穴东壁掏挖而成，平面略呈半椭圆形。洞口呈窑洞式，距墓道北壁 0.78 米，距墓道南壁 0.8 米；拱形顶，顶部低于竖穴墓室开口约 0.47 米。洞口南北宽 0.62、进深 0.65、洞高 0.6 米。底部呈西高东低的椭圆形斜坡，坡度为 19°，坡度变化较大。洞室东西长 0.65、最宽 0.75、最高 0.7 米。洞室入口处南、北壁较直，向内渐

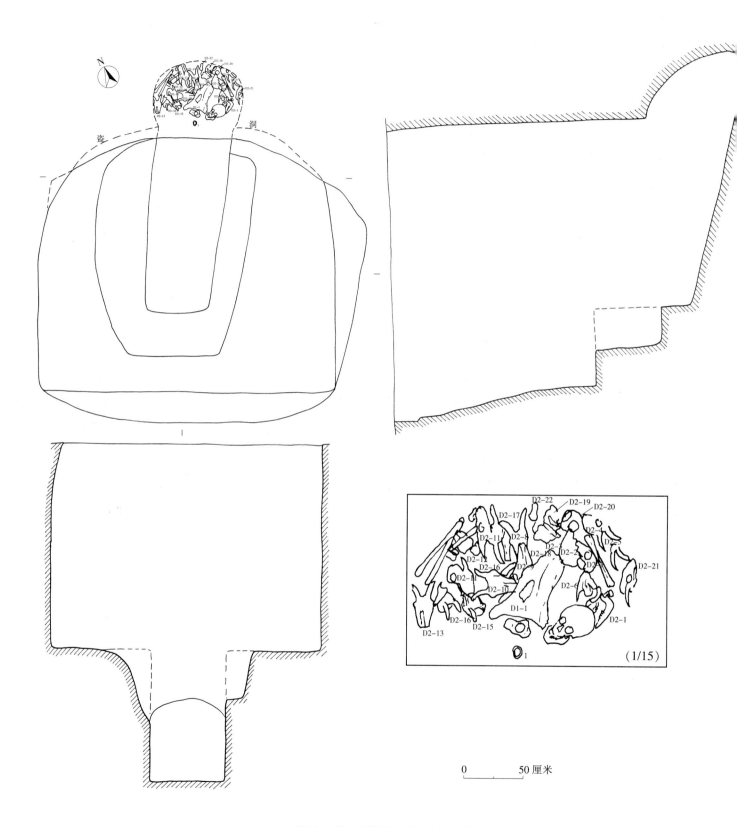

盗　　洞

D2-22　D2-19　D2-20
D2-17
D2-11　D2-5
D2-12
D2-16
D2-16　D2-15
D2-13

D1-1

D2-21

D2-6

D2-1

O₁

(1/15)

0　　　　　50厘米

图 4－52　YJM11 平、剖面图

进呈外弧形，与东壁相交略呈半圆形。洞室顶部西高东低呈弧状内收，壁面粗糙不平，未见修整及工具加工痕迹。洞室内填土多为灰褐色花土，土质较硬，从洞室入口至洞室东壁放置有大量的殉牲头骨（彩版4－38：2）。

（二）殉牲

YJM11共殉葬动物头骨23件，其中牛头骨1件，羊头骨22件。大部分头骨的组织结构基本完整，应属殉葬时一次性宰杀放置。

1. 殉牲的位置

YJM11早年业已被盗，殉牲原始的摆放位置已被完全破坏，动物头骨全部分布在洞室内，由于被盗扰且反复移动，堆积混乱，相互叠压，致使动物头骨的组织结构多已分离。现在可辨认的动物头骨有牛头1件，羊头22件。

牛头位于洞室入口中部，牛角、唇部及下颌骨残缺，连带第一寰椎。编号YJM11：D1－1，倒置，面部朝北，吻部向上。

羊头骨以山羊头骨为大宗，共计15件，绵羊头骨7件。分别编号为YJM11：D2－1～22。YJM11：D2－1位于洞室内南部，头骨形态完整，侧置，面部朝北，吻部向东南；YJM11：D2－3位于洞室内中部，组织结构完整，侧置，面部朝北，吻部向东；YJM11：D2－4位于洞室内东南部，组织结构完整，斜置，面部朝北，吻部向东；YJM11：D2－5位于洞室内东南部，组织结构完整，平置，面部朝上，吻部向东；YJM11：D2－6位于洞室内东南部，组织结构完整，平置，吻部向东；YJM11：D2－7位于洞室内东南部，组织结构完整，斜置，面部朝东，吻部向西北；YJM11：D2－8位于洞室内东北部，组织结构完整，倒置，面朝向南，吻部向下；YJM11：D2－9位于洞室内东南部，侧置，面部朝西，吻部向南；YJM11：D2－10位于洞室中北部，倒置，面部朝下，吻部向西；YJM11：D2－11位于洞室内中部，保存一般，侧置，面部朝北，吻部向东；YJM11：D2－12位于洞室中部，组织结构完整，侧置，面部朝南，吻部向东；YJM11：D2－13位于洞室内西南部，组织结构较完整，侧置，面部朝西，吻部向北；YJM11：D2－14位于洞室内西南部，保存一般，侧置，面部朝北，吻部向西；YJM11：D2－15位于洞室内西南部，组织结构较完整，倒置，面部朝下，吻部向西；YJM11：D2－16位于洞室内西南部，保存一般，侧置，面部朝北，吻部向东；YJM11：D2－17位于洞室内中北部，组织结构较完整，面部朝南，吻部向西；YJM11：D2－18位于洞室内中部，保存一般，侧置，面部朝北，吻部向东；YJM11：D2－19位于洞室内东部，保存一般，侧置，面部朝北，吻部向东；YJM11：D2－20位于洞室内东部，保存一般，侧置，面部朝北，吻部向东；YJM11：D2－21位于洞室内东南部，保存一般，侧置，面部朝北，吻部向东；YJM11：D2－22位于洞室内东南部，保存一般，侧置，面部朝北，吻部向东。上述羊头骨从洞室入口处一直堆积至洞室东壁，几乎占满了洞室底部的全部空间，所有动物头骨互相叠压，置放混乱无序，方向不一；从分布较乱、无规律堆放所提供的信息判断，这种现象是盗墓者人为所致，而非原始的殉牲形式。

2. 殉牲的种类

YJM11 随葬动物的个体总数有 23 件，其中有成年牛头骨 1 件；山羊头骨 15 件，经鉴定包括有成年羊 2 件，幼年羊 11 件，老年羊 2 件；绵羊头骨 7 件，包括有成年羊 1 件，幼年羊 4 件，老年羊 2 件。

（1）牛（*Bos* sp.）

YJM11 出土牛头 1 件，较为完整（测量见本节 YJM1 牛头骨的测量）。YJM11：D1 – 1，带左、右残角较完整头骨 1 件，带 P^2—M^3 的左、右上颌骨各 1 件，带 P_2—M_3 的左、右下颌骨各 1 件，寰椎 1 件（图 4 – 53；彩版 4 – 39）

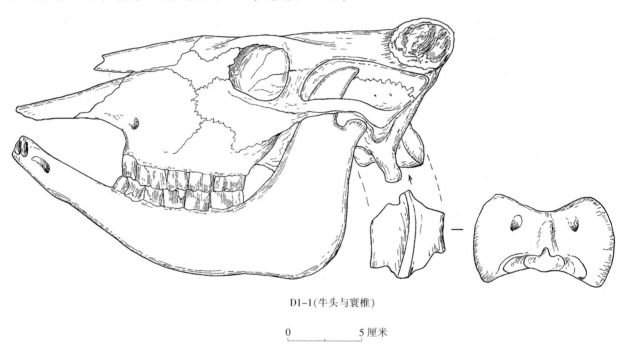

D1-1(牛头与寰椎)

0 ———— 5 厘米

图 4 – 53A　YJM11 牛头与寰椎（YJM11：D1 – 1）

（2）山羊（*Capra* sp.）

YJM11 出土山羊头骨 15 件，分别编号为 YJM11：D2 – 2 ~ 4、D2 – 6 ~ 9、D2 – 11、D2 – 13 ~ 14、D2 – 17 ~ 18、D2 – 20 ~ 22，较为完整。

①记述

YJM11：D2 – 2，较完整头骨 1 件，带左、右角各 1 件，带 dp^2—M^1 的左、右上颌骨各 1 件，带 dp_2—M_1 的左、右下颌骨各 1 件。

YJM11：D2 – 3，带左、右残角较完整头骨 1 件，带 dp^2—M^1 的左、右上颌骨各 1 件，

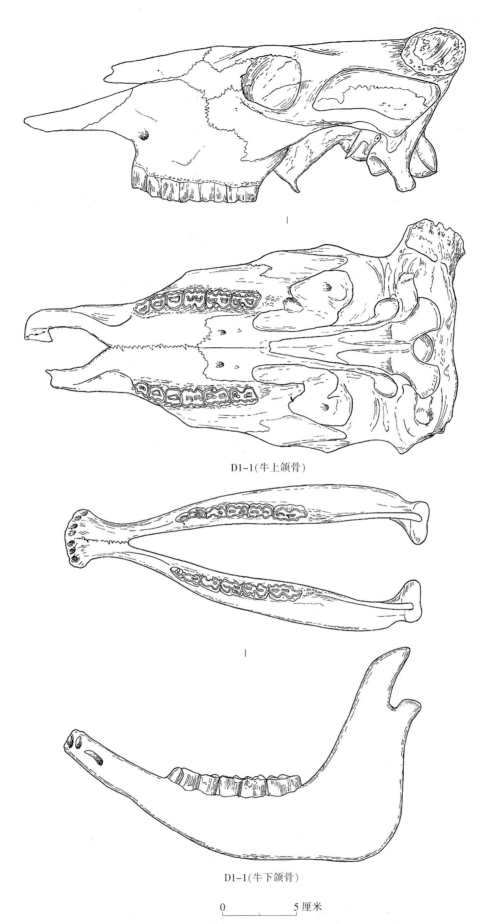

D1-1(牛上颌骨)

D1-1(牛下颌骨)

0 _____ 5 厘米

图 4-53B   YJM11 牛上、下颌骨（YJM11：D1-1）

带 dp_2—M_1 的左、右下颌骨各 1 件。

　　YJM11：D2 - 4，较完整头骨 1 件，带左、右角各 1 件，带 dp^2—M^1 的左、右上颌骨各 1 件，带 dp_3—M_1 的左下颌骨 1 件。

　　YJM11：D2 - 6，较完整头骨 1 件，带左、右角各 1 件，带 dp^2—M^1 的左、右上颌骨各 1 件。

　　YJM11：D2 - 7，较完整头骨 1 件，带左、右角各 1 件，带 dp^2—M^1 的左、右上颌骨各 1 件，带 dp_2—M_1 的左、右下颌骨各 1 件。

　　YJM11：D2 - 8，带右角较完整头骨 1 件，带 dp^2—M^1 的左、右上颌骨各 1 件，带 dp_2—M_1 的左下颌骨 1 件，带 $I_{1\sim3}$、dp_2—M_1 的右下颌骨 1 件。

　　YJM11：D2 - 9，较完整头骨 1 件，带左、右角各 1 件，带 dp^2—M^1 的左、右上颌骨各 1 件，带 dp_2—M_1 的左、右下颌骨各 1 件（图 4 - 54；彩版 4 - 40）。

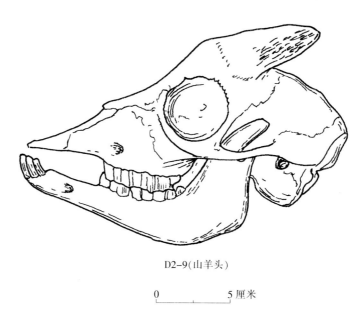

D2-9(山羊头)

0 ——————— 5厘米

图 4 - 54A　YJM11 山羊头（YJM11：D2 - 9）

　　YJM11：D2 - 11，带左、右残角较完整头骨 1 件，带 P^2—M^3 的左、右上颌骨各 1 件，带 P_4、M_2、M_3 的左下颌骨 1 件，带 P_2—M_3 的右下颌骨 1 件（磨蚀严重）。

　　YJM11：D2 - 13，较完整头骨 1 件，带左、右角各 1 件（右角稍残），带 P_2—M_3 的左、右上颌骨各 1 件，带 P_2—M_3 的左、右下颌骨各 1 件。

　　YJM11：D2 - 14，带左角较完整头骨 1 件，带 dp^3—M^2 的左、右上颌骨各 1 件。

　　YJM11：D2 - 17，带左残角较完整头骨 1 件，带 dp^2—M^1 的左、右上颌骨各 1 件，带 dp_2—M_1 的左、右下颌骨各 1 件。

　　YJM11：D2 - 18，较完整头骨 1 件，带左、右角各 1 件，带 P^2—M^3 的左、右上颌骨各

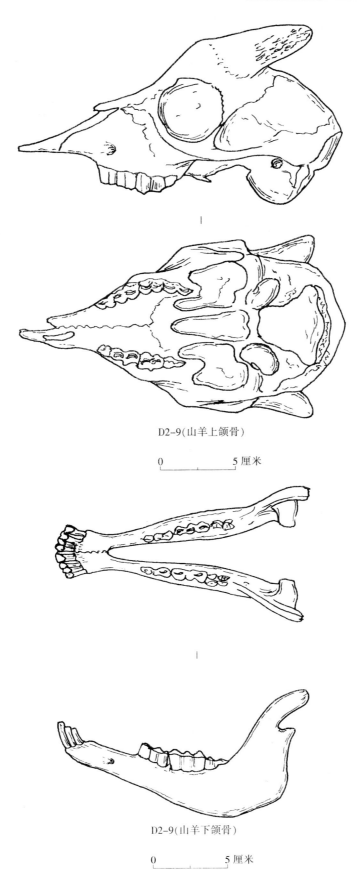

D2-9(山羊上颌骨)

0   5 厘米

D2-9(山羊下颌骨)

0   5 厘米

图 4 - 54B　YJM11 山羊上、下颌骨（YJM11：D2 - 9）

1 件，带 I_1、I_2、I_4、P_3—M_3 的左下颌骨 1 件，带 I_1、I_3、P_3—M_3 的右下颌骨 1 件。

　　YJM11：D2－20，带左、右残角较完整头骨 1 件，带 P^2—M^3 的左、右上颌骨各 1 件，带 P_2—M_3 的左、右下颌骨各 1 件（磨蚀严重）。

　　YJM11：D2－21，较完整头骨 1 件，带左、右角各 1 件，带 dp^2—M^2 的左、右上颌骨各 1 件，带 dp_2—M_2 的左、右下颌骨各 1 件（图 4－55；彩版 4－40）。

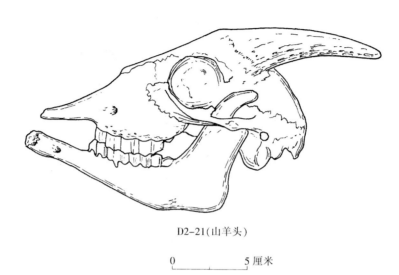

D2-21(山羊头)

0 ────── 5 厘米

图 4－55A　YJM11 山羊头（YJM11：D2－21）

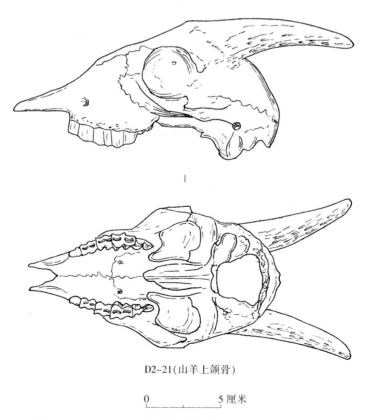

D2-21(山羊上颌骨)

0 ────── 5 厘米

图 4－55B　YJM11 山羊上颌骨（YJM11：D2－21）

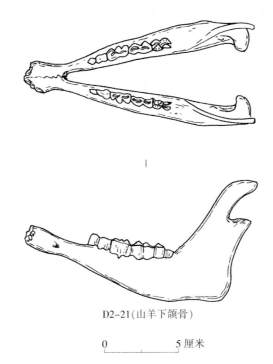

D2-21(山羊下颌骨)

0 ————— 5厘米

图4-55C　YJM11山羊下颌骨（YJM11：D2-21）

YJM11：D2-22，较完整头骨1件，带左、右角各1件，带dp^2—M^{1}的左、右上颌骨各1件，带dp$_2$—M$_1$的左、右下颌骨各1件（图4-56；彩版4-41）。

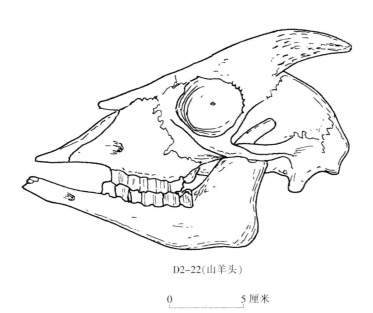

D2-22(山羊头)

0 ————— 5厘米

图4-56A　YJM11山羊头（YJM11：D2-22）

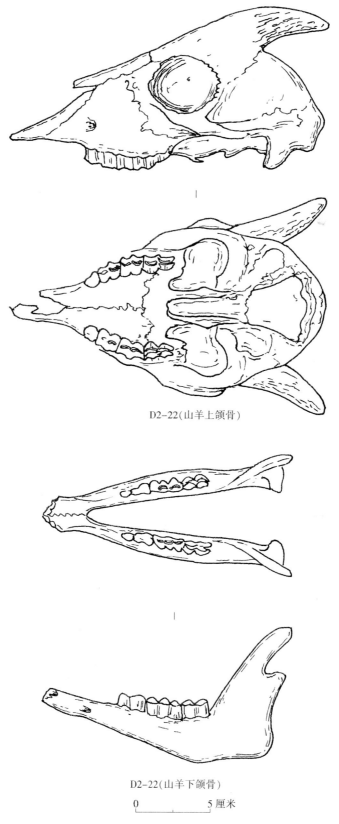

D2-22(山羊上颌骨)

D2-22(山羊下颌骨)

0   5厘米

图4-56B YJM11 山羊上、下颌骨（YJM11：D2-22）

②测量

参见本节 YJM1 山羊头骨的测量数据。

（3）绵羊（*Ovis* sp.）

YJM11 出土绵羊头骨 7 件，分别编号为 YJM11：D2 - 1、D2 - 5、D2 - 10、D2 - 12、D2 - 15、D2 - 16、D2 - 19，较为完整。

①记述

YJM11：D2 - 1，较完整头骨 1 件，带 dp^2—M^2 的左上颌骨 1 件，带 dp^3—M^2 的右上颌骨 1 件，带 dp_3—M_2 的左下颌骨 1 件。

YJM11：D2 - 5，较完整头骨 1 件，带 dp^2—M^1 的左、右上颌骨各 1 件，带 dp_3—M_1 的左、右下颌骨各 1 件。

YJM11：D2 - 10，较完整头骨 1 件，带左、右角各 1 件（右角稍残），带 dp^3—M^1 的左、右上颌骨各 1 件，带 dp_3—M_1 的左下颌骨 1 件，带 dp_2—M_1 的右下颌骨 1 件。

YJM11：D2 - 12，较完整头骨 1 件，带左、右角各 1 件（右角稍残），带 dp^2—M^2 的左、右上颌骨各 1 件，带 dp_2—M_2 的左、右下颌骨各 1 件。

YJM11：D2 - 15，较完整头骨 1 件，带左、右角各 1 件，带 P^2—M^3 的左上颌骨 1 件，带 P^4—M^3 的右上颌骨 1 件，带 P_2—M_3 的左下颌骨 1 件，带 P_3—M_3 的右下颌骨 1 件（磨蚀严重）。

YJM11：D2 - 16，带左、右残角较完整头骨 1 件，带 P^2、P^4、M^1—M^3 的左上颌骨 1 件（P^3 天生缺失），带 P^2—M^3 的右上颌骨 1 件，带 P_2—M_3 的左下颌骨 1 件，带 I_3、P_2—M_3 的右下颌骨 1 件（磨蚀严重）（图 4 - 57；彩版 4 - 42）。

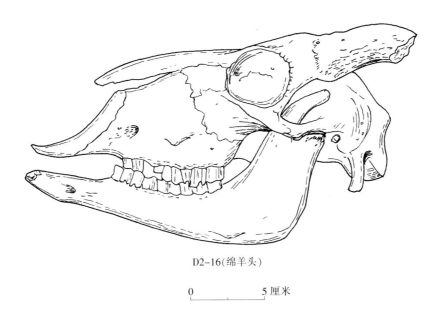

D2-16（绵羊头）

0 ————— 5 厘米

图 4 - 57A　YJM11 绵羊头（YJM11：D2 - 16）

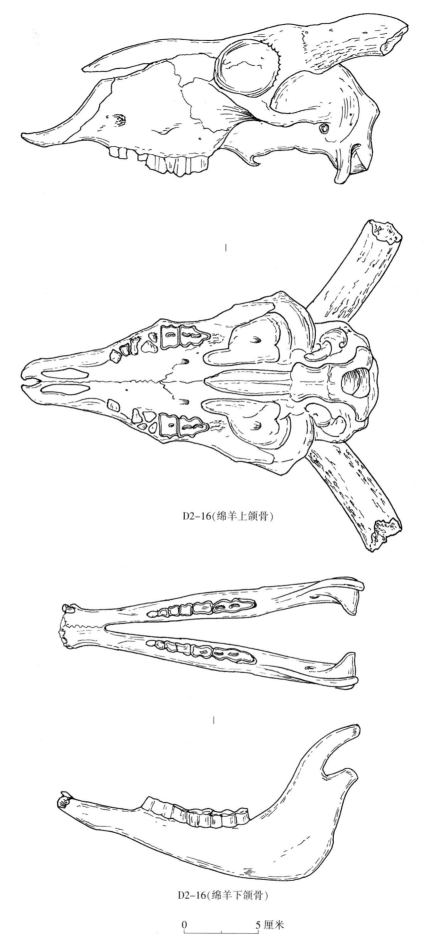

D2-16(绵羊上颌骨)

D2-16(绵羊下颌骨)

0   5厘米

图 4-57B YJM11 绵羊上、下颌骨（YJM11：D2-16）

YJM11：D2-19，带左角较完整头骨1件，带P²—M³的左、右上颌骨各1件，带I₁、I₂、P₃—M₃的左下颌骨1件，带I₁₋₃、P₂—M₃的右下颌骨1件。

②测量

参见本节 YJM1 绵羊头骨的测量数据。

（三）遗物

YJM11 仅出土铜环1件，位于洞室中北部。

YJM11：1，模制。圆形，环正反面呈扁平状，环面略鼓，周身饰有凹纹，粗细不均。外径5、内径3.6、厚0.3厘米（图4-58；彩版4-38：4）。

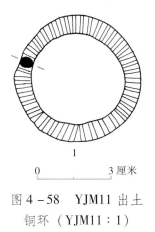

图4-58　YJM11 出土铜环（YJM11：1）

（四）葬式与葬俗

1. 葬式

YJM11 为单人葬，该墓早年盗扰，人骨放置较凌乱，葬式不详。其头骨与骨架分离位于洞室入口处，平置，面部朝向西北；腿骨、上肢骨及盆骨等分别随意堆积置于洞室南、北两侧的动物头骨之上。经鉴定，M11 墓主是一位年龄50岁左右的男性。

2. 葬俗

YJM11 虽经盗扰，但其形制结构基本上保存完整，它的建造方法及顺序大致有以下几个行为阶段：首先是从地表往下先挖一近似方形口大底小的竖穴土坑作为墓道；其次在墓道的近中部挖一东西向长方形竖穴的同时，再在墓室的东壁掏挖出椭圆形的浅洞，整个墓室的底部西高东底（即头低脚高）略呈坡状；从竖穴和洞室的大小分析，在埋葬墓主时其头部及上半身应置身于洞室内，腰部以下则置于洞室外的竖穴墓坑中，除人骨以外的墓室空间应是放置随葬品和殉牲的地方，虽然殉牲的置位顺序和规律无从考详，但从发掘清理结果看，所有的随葬品和殉牲应围绕墓主均集中在墓室内展开。

在发掘过程中，未发现有使用葬具的痕迹。

（五）盗洞

YJM11 虽未发现明显的盗洞痕迹，但从墓道和墓室的破坏程度观察，该墓早年应遭多次盗扰。墓道东壁破坏最为严重，原始壁面几乎无存；南、北、西壁除近底部较直外，上部全部早期塌陷，致使壁面凸凹不平；竖穴墓室也遭破坏，开口原为直壁毁坏呈喇叭口，中部以下形成生土二层台，台面宽窄不一，粗糙不平，应为盗墓者所为。从墓道东壁破坏程度看，对该墓造成直接破坏的应是靠近东壁的盗洞，由于后期塌陷，盗洞的准确位置及形状不详。从洞室内混乱堆积的人骨和动物头骨判断，盗墓者潜入墓室后，也应与其他墓葬一样先清理了洞室，将所有遗物的原有状态破坏并移至洞室外，然后再将竖穴墓室内弃用的遗物随意堆积到洞室内，最后才清理了竖穴墓室，窃取了有价值的所有遗物。从人骨架的分离程度看，该墓被盗与下葬时间相隔年代较长。墓主与 YJM9 年龄接近，如果同期被盗，则 YJM11 下葬时间较早，YJM9 下葬时间应较晚。

第三节　殉牲鉴定

1. 关于墓葬中出土动物的个体数

九龙山和硝河村春秋战国墓地出土的动物个体数总共为 178 个，九龙山墓地出土动物个体为 166 个（马 4，牛 18，羊 144），硝河村墓地出土动物 12 个（马 2，牛 3，山羊 3，绵羊 4）。由于标本编号有重号现象，所以我们在统计个体数时还采用了动物考古学中常用的 NMI 统计方法[①]，即动物的最小个体数统计方法，这样算出的个体数应当是比较精确的，如果墓葬号没有弄错的话，每座墓每种动物的个体数也是准确的。

2. 对墓葬中动物寰椎、脊椎及蹄骨的解释

九龙山和硝河村春秋战国墓地作为殉葬品出土的马、牛、羊只有头部骨骼，几乎没有头后部分，只发现 1 个马的寰椎、5 个牛的寰椎、4 个山羊的寰椎和 7 个绵羊的寰椎，这些寰椎的出现显然是在取头骨时砍刀稍向动物头的下部所致，其中一例绵羊的寰椎与枢椎套接在一起出土的情况，似更好地说明了这一点。至于在墓中发现的零星其他部位的骨骼，如一个牛的第 2 趾骨，一个马的第 3 趾骨，一个牛的脊椎骨和一个羊的脊椎骨，则很可能是人们无意偶然带入墓中的。

3. 随葬动物牙齿上的病理现象

这批随葬动物不仅数量多，而且保存得比较好，尤其是羊的绝大多数的头骨都保留了矢状脊等特点，由此可以准确地分辨出山羊和绵羊来。另外，还在九龙山墓葬中随葬的几例羊的牙齿或颌骨上发现了不同病理现象，值得我们特别关注，例如 Y5M11：D2 - 16 绵羊左上颌骨的 P^3 先天缺失；YJM8：D2 - 8 绵羊的左下颌颊侧有一凹坑，坑的边缘呈钝状突起，像是绵羊活着时受过外伤愈合所致；YJM10：D2 - 2 山羊左、右 M_2 各有一洞，疑似龋齿引起。

4. 又一例马衔痕迹证据？

硝河村墓地出土的一具马头上发现了疑似使用马衔的痕迹，即 PXM2：D1 - 1 的马的左 M^1 磨蚀特别严重，齿冠几乎凹到牙齿的根部。这种现象不像是马在正常咀嚼食物时造

---

① 　塞普提摩斯、谢逊：《家畜解剖学》，科学出版社，1962 年。

成的，倒是像某种外力所致。因此，我们推测有可能是佩戴马衔时使用不当形成的。类似的情况在王大户战国墓地中也发现过[1]，不过王大户墓中的一例为 M_1，齿冠凹下得很深。关于马衔在马牙上引起的痕迹这一问题，在国际学术界一直存在争议，没有定论。英国学者本德里认为："使用马衔会对马的第二下前臼齿前缘以及齿隙造成损伤，表现为下第二臼齿前角的磨蚀，前缘釉质和齿质的带状暴露，为了和马牙的自然损耗相区别，在分辨马衔磨蚀时，需要检视这种磨蚀是否与上第二臼齿的咬合对应，马匹是否患咬合不正等。"[2]王大户墓中的马有几例是合乎本德里这种定义的，而硝河村墓地的这一例显然是不同的，看来从考古遗址马骨分辨马衔证据是相当复杂的一件事情，但无论如何，硝河村的这一例证为从考古遗址马骨分辨马衔痕迹上提供了新的资料。

5. 牛下颌骨 M_1 的深度磨蚀

硝河村墓地出土的一个牛头，编号为 PXM2：D2-1，其左、右下颌骨 M_1 深度磨蚀呈"V"字形，这种现象与中庄村墓地，发现的两例牛的下颌骨非常相似[3]，中庄村的两例牛的下颌骨从它们的左、右 P_4 后端起陡然下凹直到 M_1 和 M_2 都有相当严重的磨蚀。这种现象显然并非由正常食草所引起的，很可能是带金属嚼子引起的，或使用金属嚼子不当引起。这两例的发现，提供了非常直接和有力的证据，那就是让我们重新认识了马衔，特别是这时期这一地区的马衔，有可能不仅仅是用在驾驭马上，还有可能用在驾驭牛上。硝河村的这例标本无疑又为这一说法增添了新的例证。

6. 与同期相近地区同类墓葬之比较

从随葬的动物部位和动物种类的组合上，固原九龙山、硝河村春秋战国墓与彭阳王大户、中庄村的春秋战国墓地都有着非常相似之处，即它们都是用马、牛或羊这三类动物的头骨来随葬，从这一点来看应该把它们归于是同一地区同一民族的相同墓葬习俗。但这四个地点的墓葬中也有一些细微的不同之处，比如九龙山11座墓中，随葬马头、牛头和羊头的有1座墓，随葬马头和羊头的有1座墓，随葬牛头和羊头的有8座墓，仅随葬了羊头的只有1座墓；硝河村1座墓中随葬了2个马头、3个牛头和7个羊头；王大户的7座墓葬中，随葬马头、牛头和羊头的有5座墓，随葬马头和牛头的有1座墓，随葬牛头和羊头的也只有1座墓；中庄村1座墓中，随葬了马头、牛头和羊头。再来看墓葬中随葬的动物头骨数量也是相差极大的，九龙山11座墓葬中，最少随葬6个动物头骨，最多则随葬29个动物头骨；王大户7座墓中，最少随葬7个动物头骨，最多随葬了32个动物头骨；硝河村的1座墓中随葬了12个动物头骨；中庄村的1座墓中则随葬了49个动物头骨，其中

① 祁国琴、安家瑗：《彭阳王大户春秋战国墓出土的动物骨骼》，本书第二章第四节。

② 安家瑗：《彭阳中庄村春秋战国墓随葬的动物骨骼》，本书第三章第四节。

③ R. Bendrey, 2007, New methods for the identification of evidence for bitting on horse remains from archaeological sites, *Journal of Archaeological Science* 34：1036-1050.

马头 4 个、牛头 7 个、羊头 38 个。总的说来，王大户和中庄村墓地随葬马和牛的比例都高于九龙山和硝河村墓地的，但每处墓地的每座墓随葬动物头骨的组合和比例都不尽相同，从对比墓主的性别和年龄上，似乎也看不出其与随葬动物种类和多寡之间有何规律性。但有一点可以肯定，随葬较多马头和牛头的墓比没有随葬或少有随葬马头和牛头的墓的家庭经济状况要好，随葬多的动物头骨墓比随葬少的动物头骨墓的家庭经济状况要好，这很可能从侧面传递出春秋战国时期游牧民族经济的不稳定性，我们是否可以理解为年景好时，多用几种动物的头骨随葬，相反只好减少动物的种类和数量。

第四节 人骨鉴定[*]

2012 年 12 月，宁夏回族自治区文物考古研究所朱存世先生和樊军先生邀请本文作者赴固原工作站，对九龙山墓地清理出土的 6 例颅骨标本进行了观测，现将研究结果报告如下。

一 观察与测量

作者对本文所研究的颅骨标本进行了人类学测量与形态观察（彩版 4 - 43 ~ 48）。各项测量与观察参照《人体测量手册》[①] 和《人体测量方法》[②] 中的各项标准。

固原九龙山墓地男性颅骨的主要体质特征可以概括为：颅型为圆颅型、正颅型结合阔颅型，多呈卵圆形；矢状缝结构上，前囟段多为微波型，顶段皆为复杂型，顶孔段多为微波型，后段皆为复杂型；前额倾斜，多狭额型；眶部中等，多呈椭圆形；鼻部中等偏狭，梨状孔皆为梨形，其下缘多为钝型和鼻前窝型，鼻前棘多为 Broca I 级；腭部多呈 U 形，为阔腭型；面部宽度值中等，高度中等，垂直方向突出不明显，水平方向扁平度较大，颧骨上颌骨下缘欠圆钝；乳突发育均较大；枕外隆突发育均显著；上门齿皆为铲形；犬齿窝发育多显著；矢状脊均较明显；下颌骨颏部多为方形，少数为圆形；下颌角多外翻，多数无下颌圆枕。

女性除了前额中等偏直、乳突中等偏小、枕外隆突显著偏中等、下颌角多内翻等反映性别特征的差异外，其种族特征与男性相同。

在非测量性形态特征方面的观察结果表明，该组颅骨标本上所反映出的简单的颅顶缝、欠发达的犬齿窝和鼻根凹、颇为扁平的面形、转角处欠圆钝的颧骨上颌骨下缘、铲形

* 本节由吉林大学边疆考古研究中心张全超、周亚威、韩涛、张群、朱泓执笔，该研究得到了教育部人文社会科学重点研究基地重大项目（15JJD780004）、霍英东教育基金会青年教师基金基础性研究课题（141111）的资助。
① 吴汝康、吴新智、张振标：《人体骨骼测量手册》，科学出版社，1984 年。
② 邵象清：《人体测量手册》，上海辞书出版社，1985 年。

齿和鼻前窝型梨状孔下缘的较高出现率等特点，我们认为该组颅骨应归属于亚洲蒙古人种的范围。

二　比较与分析

1. 与亚洲各近代组的比较

为了进一步考察九龙山东周时期男性个体与现代亚洲蒙古人种各个地区居民在种族类型上的渊源关系，我们共选择华北组、抚顺组、爱斯基摩（东南）组、爱斯基摩（勒俄康）组、楚克奇（河滨）组、楚克奇（驯鹿）组、蒙古组、布里亚特组、通古斯组[①]等 9 个近代颅骨组进行比较，参加对比的项目和对比组详见表 4-1。本文采用计算九龙山组与各近代组之间欧氏距离系数的方法进行定量分析，并根据欧氏距离系数绘制聚类图。

表 4-1　九龙山东周组与亚洲蒙古人种各近代组之 Dij 值（男性）

	1	2	3	4	5	6	7	8	9
1	0.0								
2	23.9	0.0							
3	30.9	9.6	0.0						
4	19.4	10.6	13.9	0.0					
5	20.7	15.8	18.0	7.1	0.0				
6	18.1	14.6	17.9	5.0	6.1	0.0			
7	21.1	14.0	15.7	5.8	6.8	5.2	0.0		
8	9.9	22.2	27.7	15.7	16.2	13.1	15.6	0.0	
9	11.9	28.5	34.1	22.2	21.9	19.6	21.4	8.3	0.0

1. 九龙山东周组　2. 华北组　3. 抚顺组　4. 爱斯基摩（东南）组　5. 爱斯基摩（勒俄康）组　6. 楚克奇（河滨）组　7. 楚克奇（驯鹿）组　8. 蒙古组　9. 布里亚特组

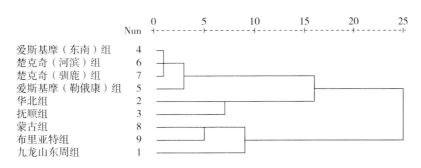

图 4-59　九龙山东周组与亚洲蒙古人种各近代组之聚类图

---

① 潘其风、韩康信：《柳湾墓地的人骨研究》，《青海柳湾》附录一，文物出版社，1984 年。韩康信：《沈阳郑家洼子的两具青铜时代人骨》，《考古学报》1975 年第 1 期。韩康信、潘其风：《安阳殷墟中小墓人骨的研究》，《安阳殷墟头骨研究》，文物出版社，1985 年。

根据表4－1的欧氏距离系数值，我们进一步对其进行聚类分析（Cluster analysis），聚类分析的基本思想是根据一批样品的多个观测指标，具体找出一些能够度量样品或指标之间的相似程度的统计量，以这些统计量为划分类型的依据，把一些相似程度较大的样品（或指标）聚为一类，把另外一些彼此之间相似程度较大的样品（或指标）又聚为另一类……关系密切的聚合到一个小的分类单位，关系疏远的聚到一个大的分类单位，直到把所有的样品（或指标）都聚合完毕，把不同的类型一一划分出来，形成一个由小到大的分类系统。最后再把整个分类系统画成一张分群图（又称谱系图），用它把所有样品（或指标）间的亲属关系表示出来①。基于以上思想我们绘制出聚类图4－59，清晰地反映出了九龙山东周组男性个体与各近代组之间的关系，在小于刻度25的范围内，9个颅骨组大致可以区分为两个聚类群，第一聚类群（2～7组）基本代表了现代蒙古人种中的东亚和东北亚类型群体，第二聚类群（1、8～9组）除九龙山组以外，主要代表了现代蒙古人种中的北亚类型群体。九龙山组与代表现代蒙古人种中的蒙古组和布里亚特组聚为一类，可见该组古代居民与现代蒙古人种北亚类型居民在颅骨特征上较为一致。

2. 与各相关古代组的比较

为了进一步探讨九龙山东周时期居民与周边地区其他古代居民的亲缘关系，我们选择了在时空上与之关系密切的中庄东周组②、于家庄东周组③、王大户东周组、西郊唐代组、明珠园唐代组、李营汉代组、宣河汉代组、常乐汉代组、九龙山南塬汉代组、九龙山南塬唐代组等10组④古代人群进行比较研究。仍然采用计算九龙山东周组与各古代组之间欧氏距离系数的方法进行定量分析，并根据欧氏距离系数绘制聚类图。具体项目和数据见表4－2，比较的结果见图4－60。

表4－2 九龙山东周组与相关古代组之 *Dij* 值（男性）

	1	2	3	4	5	6	7	8	9	10	11
1	0.0										
2	12.6	0.0									
3	12.4	10.2	0.0								
4	11.9	14.1	10.3	0.0							
5	33.0	28.0	26.3	29.4	0.0						
6	25.2	20.6	19.2	22.7	11.2	0.0					
7	17.9	15.8	17.1	17.2	22.5	14.8	0.0				
8	20.0	17.8	17.3	16.6	17.1	11.9	10.1	0.0			

① 何晓群编著：《多元统计分析》，中国人民大学出版社，2004年。
② 见本书第三章第四节。
③ 韩康信：《宁夏彭堡于家庄墓地人骨种系特点之研究》，《考古学报》1995年第1期。
④ 韩康信、谭婧泽：《宁夏古人类学研究报告集》，科学出版社，2009年。

续表4-2

	1	2	3	4	5	6	7	8	9	10	11
9	22.2	18.2	18.6	17.2	17.9	11.3	11.8	7.8	0.0		
10	15.9	12.4	8.6	13.7	20.0	13.5	14.8	12.5	14.5	0.0	
11	25.5	21.6	19.8	21.9	10.6	7.1	16.4	10.7	12.0	13.5	0.0

1. 九龙山东周组 2. 中庄东周组 3. 于家庄东周组 4. 王大户东周组 5. 西郊唐代组 6. 明珠园唐代组 7. 李营汉代组 8. 宣河汉代组 9. 常乐汉代组 10. 九龙山南塬汉代组 11. 九龙山南塬唐代组

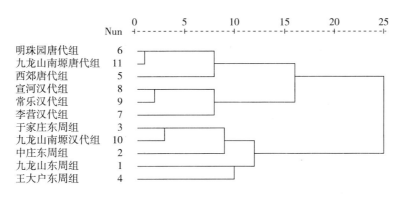

图4-60 九龙山组与相关各古代组之聚类图

图4-60直观地反映出了九龙山组东周时期居民与宁夏平原其他相关古代居民之间的关系。在刻度小于25的范围内，11个颅骨组大致可以区分为两个大的聚类群，第一聚类群包括了宁夏地区汉唐时期的各个古代人群，第二聚类群包括九龙山南塬汉代组和宁夏平原东周时期的各个组，反映了宁夏平原地区东周时期与汉代以后的人群在体质类型上存在较大的差异，东周时期的各个群体在体质特征上与现代蒙古人种的北亚类型颇为一致，而汉代以后人群的体质特征更加接近现代蒙古人种的东亚类型，暗示汉代以后该地区可能出现了大规模的人群迁徙；在刻度15~20的范围内，又可以分为两个小的聚类，第一个小聚类包括（5、6、11组）宁夏地区隋唐时期的各个古代组，而第二个小聚类则包括了（7~9组）宁夏地区汉代的各个古代组，反映了汉代以后宁夏平原地区的人群在体质特征方面虽然趋于一致，但也具有一定的时代性，暗示了人群迁徙和融合的状态在不断延续。还有一个现象值得注意，九龙山南塬汉代组居民在形态特征上与东周时期居民非常相似，而与其他汉唐时代的居民存在形态学差异，是汉代以后宁夏平原各组中唯一一个保留东周时期居民形态特点的群体，这一情况应该在以后的研究中作为一个重点关注。

三 讨论与结论

九龙山东周时期居民的人骨标本是宁夏固原地区先秦时期非常具有代表性的古人种学资料，在探讨该时期游牧人群迁徙与文化融合的历史过程问题上具有重要的学术价值，根据上述对该墓地出土人骨的人种学分析，我们得出以下几点结论。

1. 我们通过对该组颅骨进行观测和研究，可知该组居民的体质特征可以概括为，颅形为卵圆形，颅顶缝结构普遍发育简单。乳突男性发育较大，而女性则以中等发育为主。眶形以椭圆形为主。梨状孔皆为梨形，梨状孔下缘多为钝型和鼻前窝型，鼻前棘较为低矮，鼻根凹多数表现为 0 级，颧骨上颌骨下缘转角处多欠圆钝，腭形为 U 形，崤状腭圆枕，方形颏形，外翻的下颌角区，铲形齿均有较高的出现率。

2. 主要的颅、面部形态特征可以概括为：九龙山组居民具有圆颅型、正颅型、阔颅型相结合的颅形特点，颇大的颧宽绝对值和中等偏大上面部扁平度等一系列特点，表明其基本的颅骨形态特征与现代北亚蒙古人种十分一致。

3. 与现代亚洲各个蒙古人种的欧式距离的计算结果表明：九龙山组东周居民与近代蒙古组和布里亚特组居民在颅骨的基本形态特征方面最为接近。

4. 与宁夏平原相关的古代居民的聚类分析的结果显示：九龙山组男性居民在 10 个古代对比组中，与固原地区东周时期的中庄组、于家庄组、王大户组等代表"古蒙古高原类型"的居民较为一致，而与汉代以后宁夏平原的居民在体质特征上存在较大差异。结合考古学的研究，该类居民的墓葬中往往伴随大量羊、马等动物骨骼标本，体现了浓郁的游牧文化特征，同时也再一次证明了该类"古蒙古高原类型"居民的南下使这一时期"中国北方长城地带游牧文化带"在考古学文化、经济生业模式和人群的体质特征上变得极为复杂，而这一结果最终导致了游牧文化带的最终形成。

第五节　小结

九龙山墓地位于自然环境相对优越的固原城南的一个制高点，其东北有清水河和饮马河两水环绕，周围地貌大都是低山丘陵地区，宜耕宜牧，水资源丰富，还有一定的林地资源可以利用。20 世纪 80 年代至今，在九龙山东北约 1.5 千米的范围内先后调查发掘了大量的古墓葬，上至新石器时期，下至汉唐、宋、明清各个时期的墓葬均有发现，本次发掘极大丰富了春秋战国墓地的分布范围，为研究这一时期风格迥异的墓葬形制与葬俗提供了新的资料。

一　九龙山墓地文化特征

九龙山墓地的墓葬地表均没有封土和其他标志。墓葬集中在台地北部，分布无规律，各墓间距不等。墓葬形制统一，均为"凸"字形土洞墓，东西向，死者均为单人葬，无葬具。在葬俗上，墓主依据洞室底部的斜坡状，头放在低处，脚置于高处，呈现出头低足高的状态。在方位上，墓主人头东足西，表现出了他们崇敬日月的信仰。且盛行殉牲习俗，墓葬形制及墓主年龄无论大小，都陪葬有数量不等的牛、马、羊头骨，多者33 具、少者仅6具，全部为完整的牛、马、羊头骨，其中羊头骨最多，几乎每墓必有。这些随葬的动物头骨原始的摆放位置已遭盗墓者破坏，现多置于洞室内，相互叠压，方向不一，无次序，无规律，人骨和动物头骨分布混乱，显然是盗墓者所为。九龙山墓地所发掘的土洞墓有一共同特点就是洞室底部均低于竖穴墓坑，前高后低，呈斜坡状；殉牲的动物头骨及遗存的随葬品均围绕墓主在墓室内展开，这种与其他地区土坑墓风格明显不同的葬制，是春秋战国时期流行于本地区独有的墓葬形制，其主要依据是模仿墓主生前所居住的窑洞形式营造的，这也为黄土高原上的先民们居住窑洞的古老历史提供了佐证。

随葬器以各种小件青铜服饰品居多，其中又以小型铜泡、连珠饰、环饰、管状饰与长方形铜饰数量最多，应为上衣或腰带上的饰品。不过，带饰中缺少形体较大的动物形饰牌。女性墓葬中则有铜耳环和由石珠、绿松石等构成的项饰。陶器和骨器很少，陶器流行圆肩或斜肩单耳和双耳罐，器身均有烟炱痕迹，应为墓主生前实用器。随葬品均发现于洞室内。

二　时代

九龙山和硝河墓地与固原杨郎墓地、彭堡于家庄墓地、西吉陈阳川墓地、彭阳张街、王大户及中庄墓地的埋葬习俗基本相同，均从不同侧面体现了北方游牧民族的文化特色。从殉牲种类、数量及随葬品中的生活用具看，九龙山和硝河墓地的经济形态无疑体现出了一些较发达的畜牧业经济的特点。此墓地在墓葬形制、墓向及殉牲方面与彭堡于家庄墓地非常相似，于家庄墓地也以"凸"字形土洞墓为主体，可能他们基于共同的葬俗观念，应该把他们归于是同一地区同一民族相同的埋葬习俗。由于九龙山和硝河墓地早年均被盗扰，出土随葬品极其有限，文化遗存缺乏比对性，因此，墓地的年代大致推定为春秋晚期—战国早期，应属于匈奴族还没有进入该地区的时期，文化的主人可能是乌氏之戎。《史记·匈奴列传》有乌氏戎，班固注云："乌水，出西北入河"。考乌水，即今原州区清水河。乌氏故县，地当清水河与泾水之源，这里地势高而水草茂，为牧民所乐居。乌氏戎是生活在六盘山境内较早的戎族之一，由于落居乌水河谷，因而县名与水名都取族名"乌"字。由此九龙山墓地文化遗存可推定为"西戎文化"范畴。

彩版4-1 九龙山墓地（西北—东南）

1. 墓道（西南—东北）

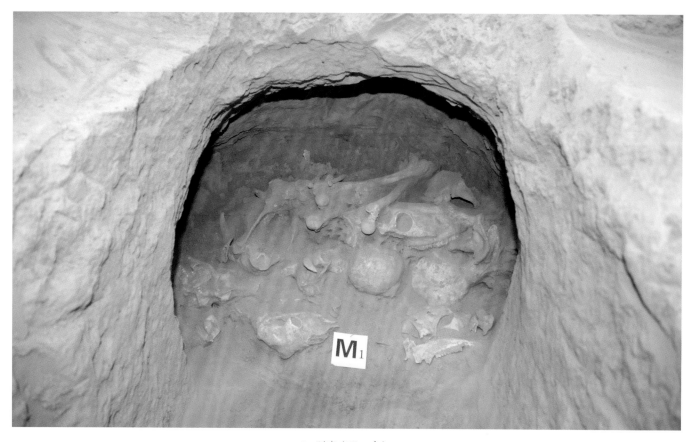

2. 洞室（西—东）

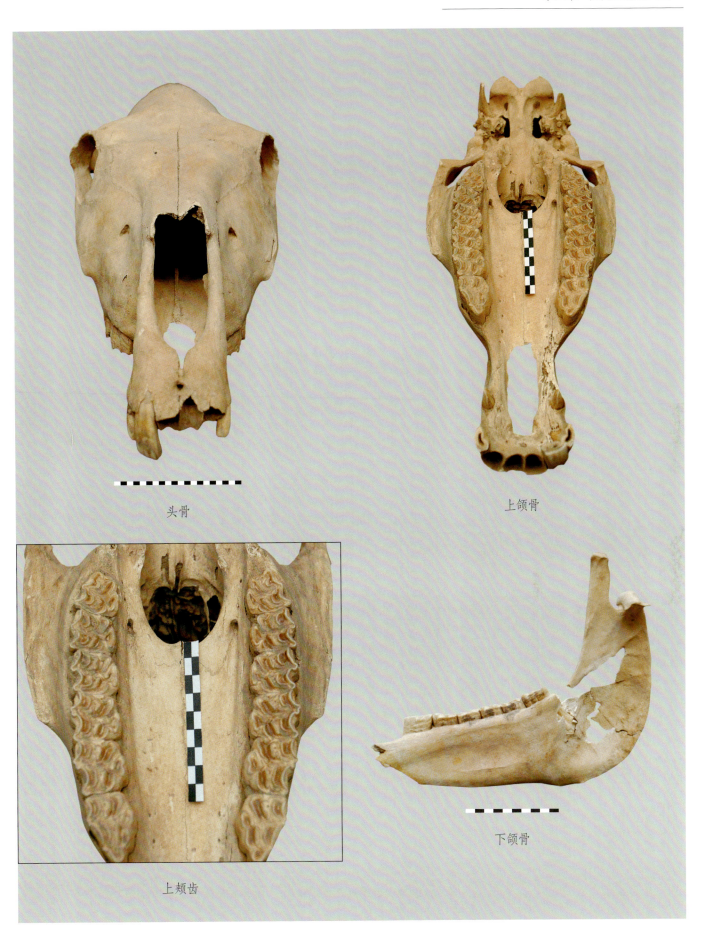

头骨

上颌骨

上颊齿

下颌骨

彩版4-3　YJM1殉牲（马YJM1：D1-1）

正视

侧视

彩版4-4　YJM1殉牲（马YJM1：D1-2头骨）

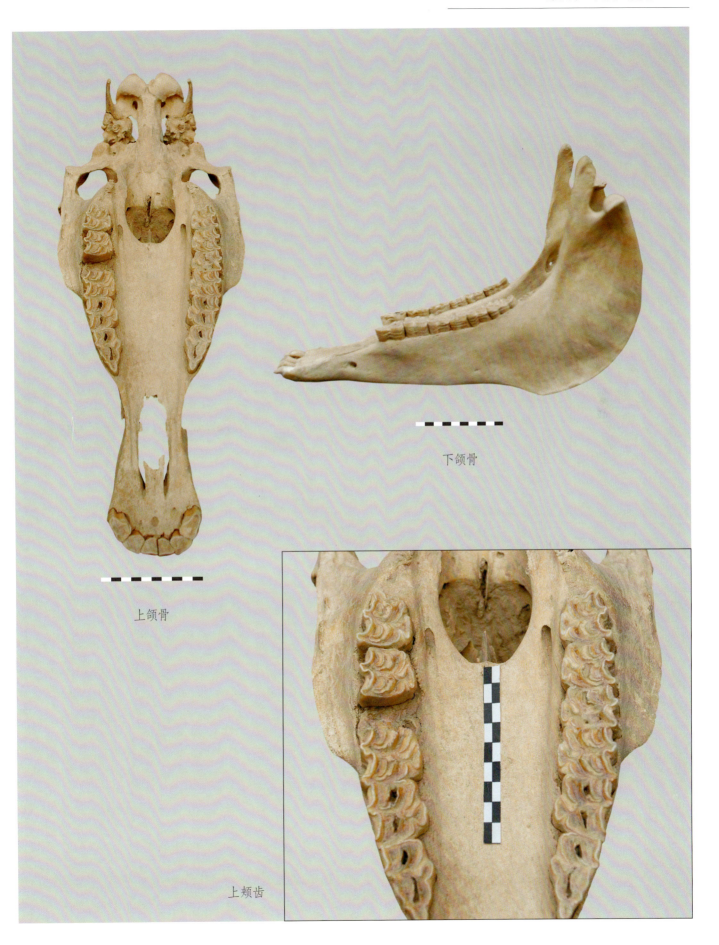

下颌骨

上颌骨

上颊齿

彩版4-5　YJM1殉牲（马YJM1：D1-2）

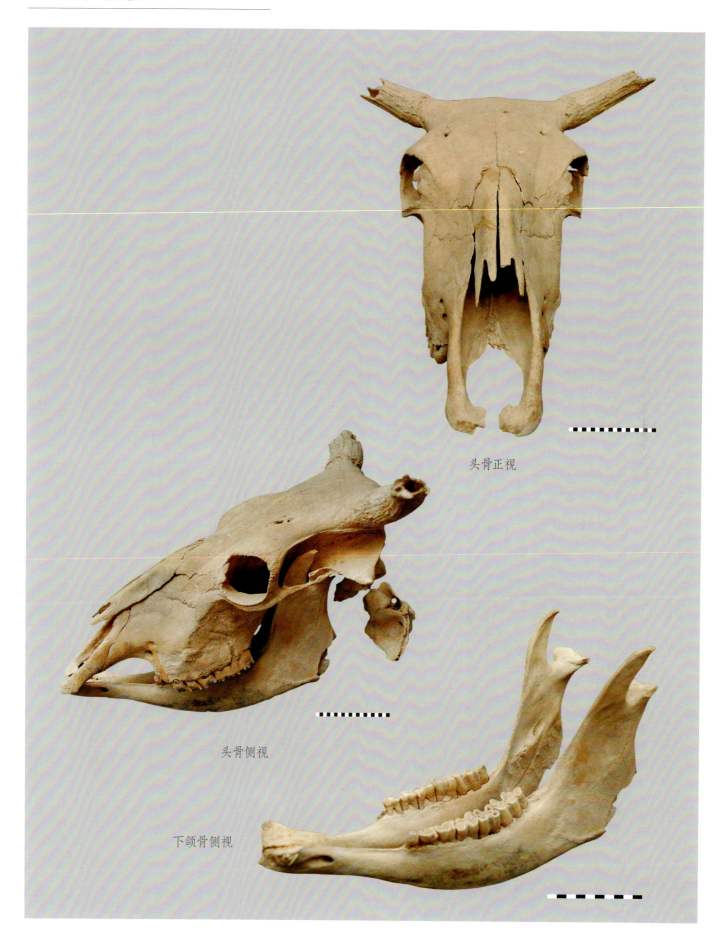

头骨正视

头骨侧视

下颌骨侧视

彩版4-6　YJM1殉牲（牛YJM1：D2-1）

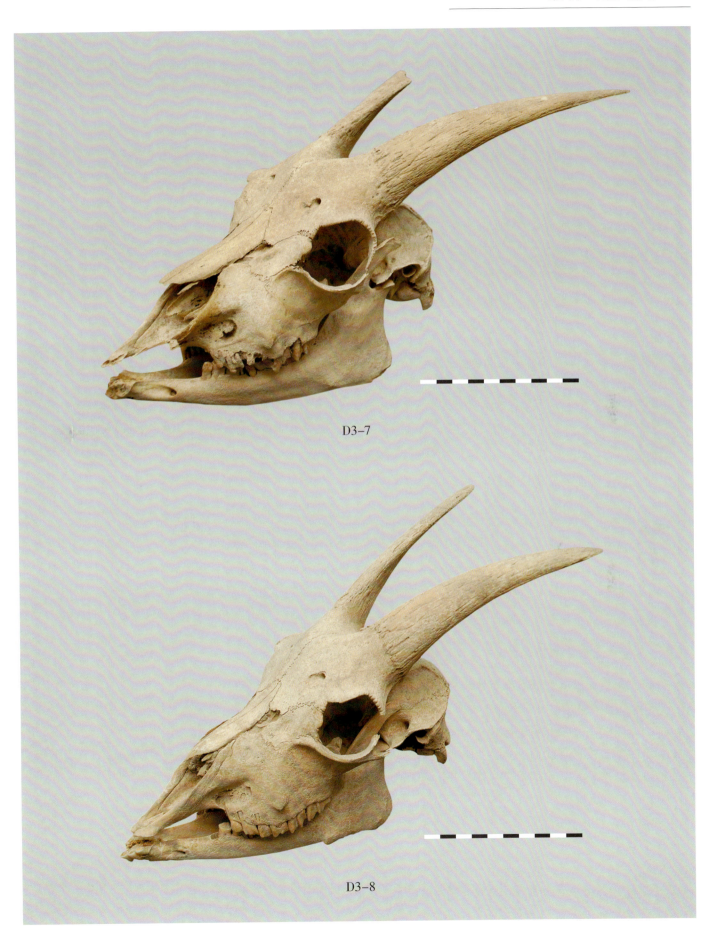

D3-7

D3-8

彩版4-7　YJM1殉牲（山羊头骨）

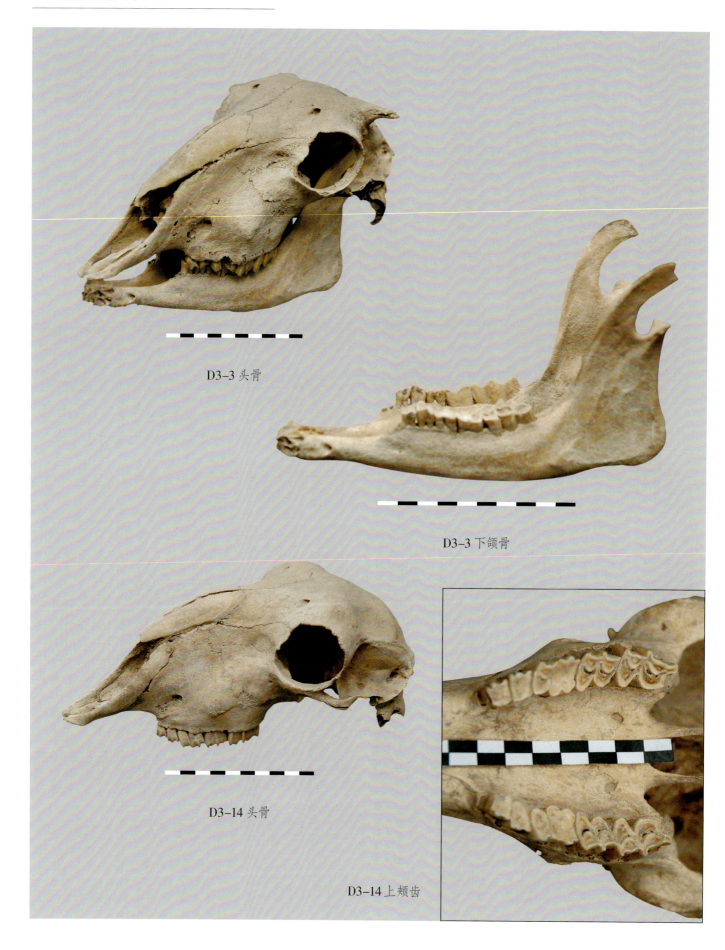

D3-3 头骨

D3-3 下颌骨

D3-14 头骨

D3-14 上颊齿

彩版4-8　YJM1殉牲（绵羊）

1. 全景（西—东）

3. 竖穴墓坑与洞室（西南—东北）

2. 墓道（西南—东北）

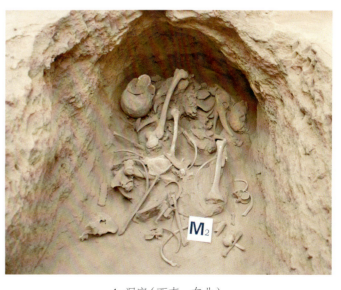

4. 洞室（西南—东北）

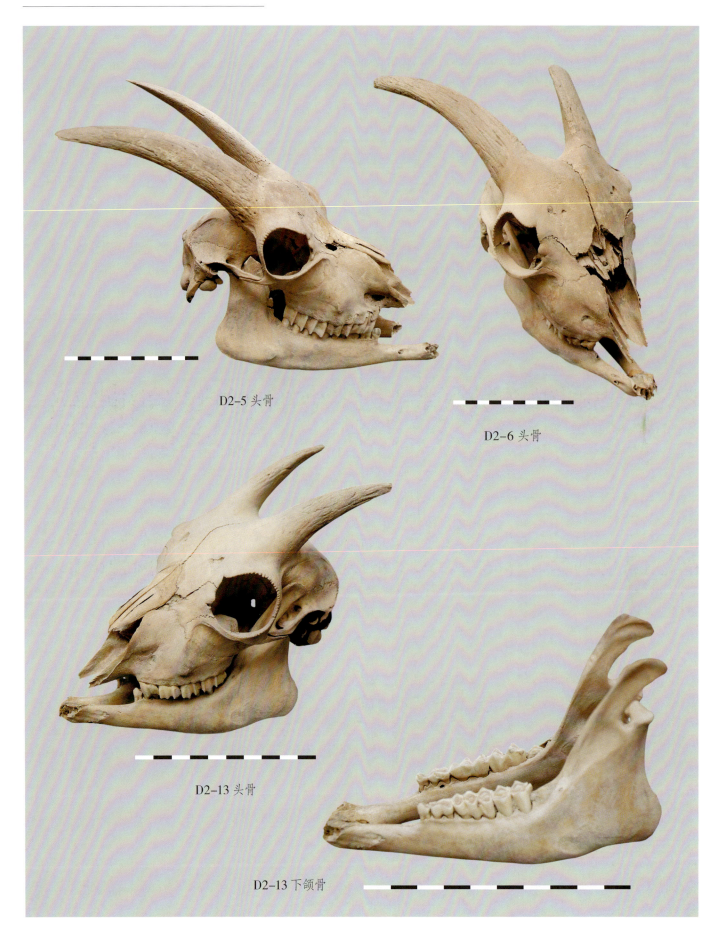

D2-5 头骨

D2-6 头骨

D2-13 头骨

D2-13 下颌骨

彩版4-10　YJM2殉牲（山羊）

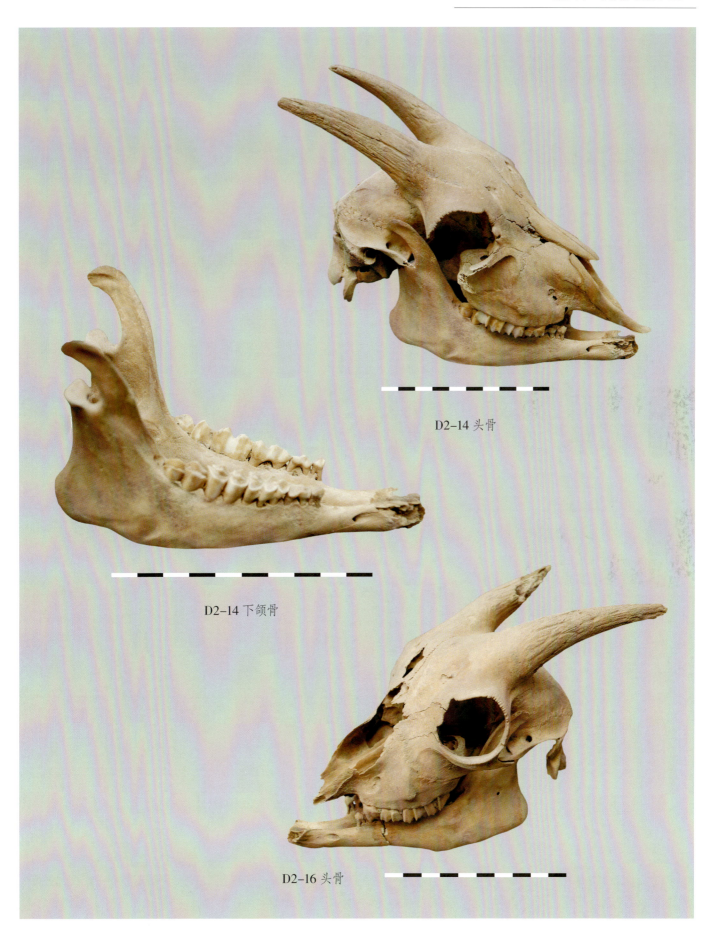

D2-14 头骨

D2-14 下颌骨

D2-16 头骨

彩版4-11　YJM2殉牲（山羊）

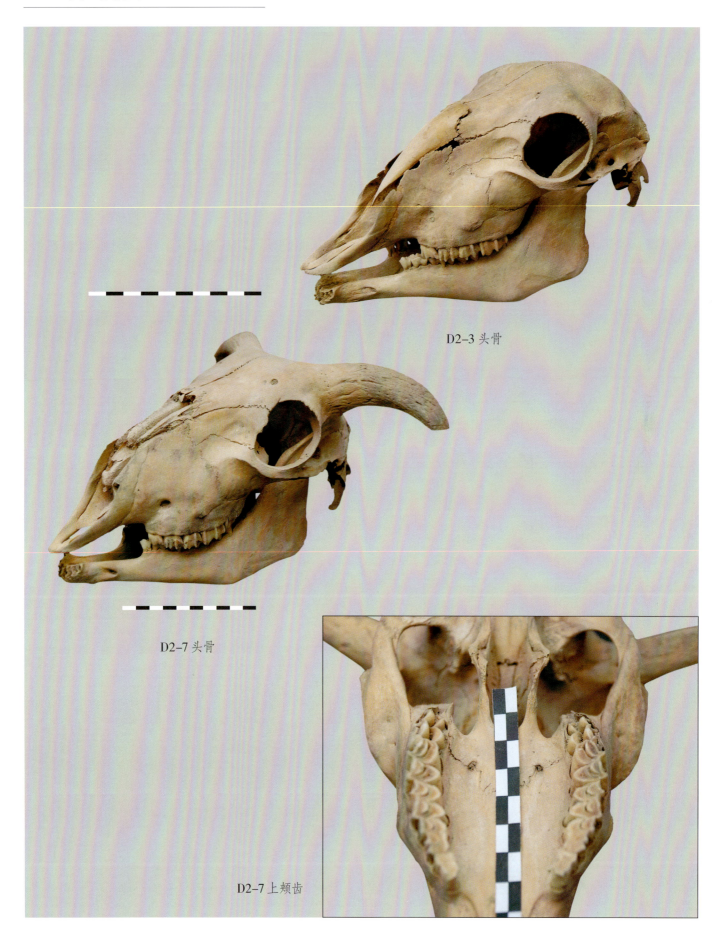

D2-3 头骨

D2-7 头骨

D2-7 上颊齿

彩版4-12　YJM2殉牲（绵羊）

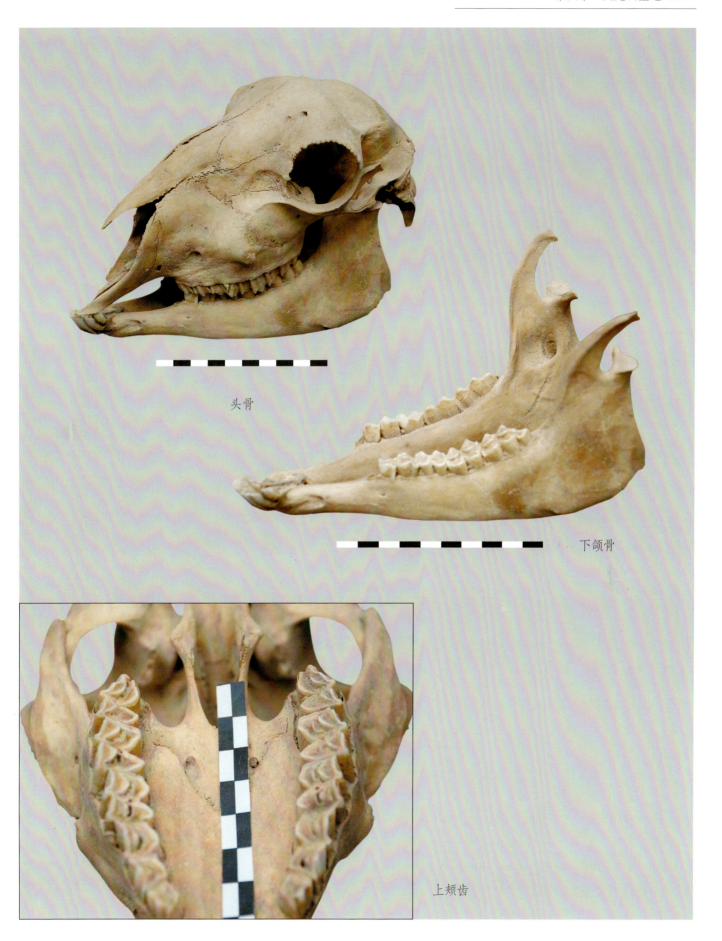

头骨

下颌骨

上颊齿

彩版4-13 YJM2殉牲（绵羊YJM2∶D2-12）

1. 铜扣饰（YJM2：1）   2. 砺石（YJM2：2）

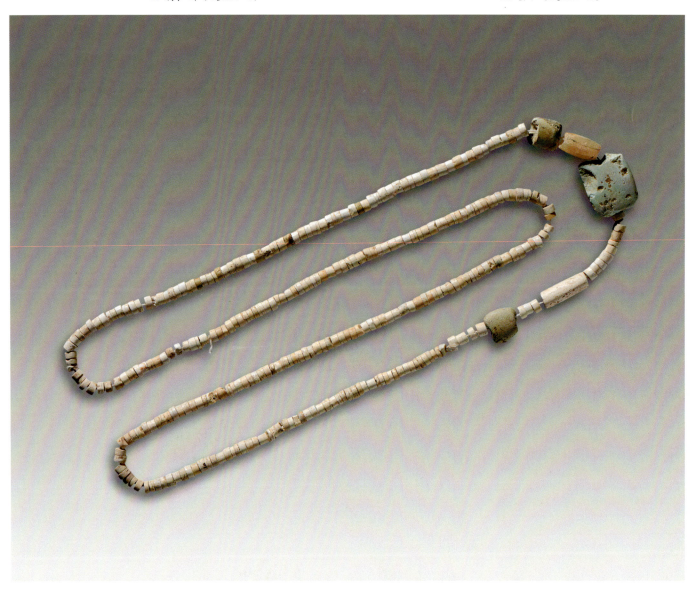

3. 绿松石、玛瑙、石串珠

彩版4-14　YJM2出土铜扣饰、砺石及绿松石、玛瑙、石串珠

1. 墓道与洞室（西南—东北）

2. 洞室遗物（西南—东北）

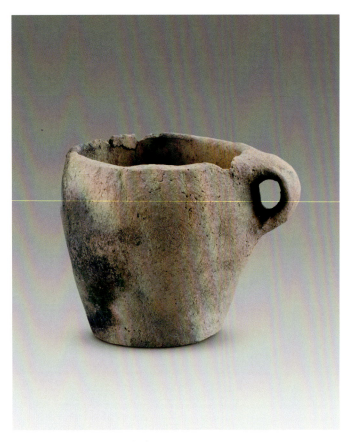

1. 陶单耳罐（YJM3：1）

2. 铜带扣（YJM3：2）

3. 铜单排连珠饰（YJM3：3）

4. 铜泡饰

彩版4-16　YJM3出土陶单耳罐及铜带扣、单排连珠饰、泡饰

1. YJM4 全景（西南—东北）

2. 墓道（西南—东北）

3. 墓室（西南—东北）

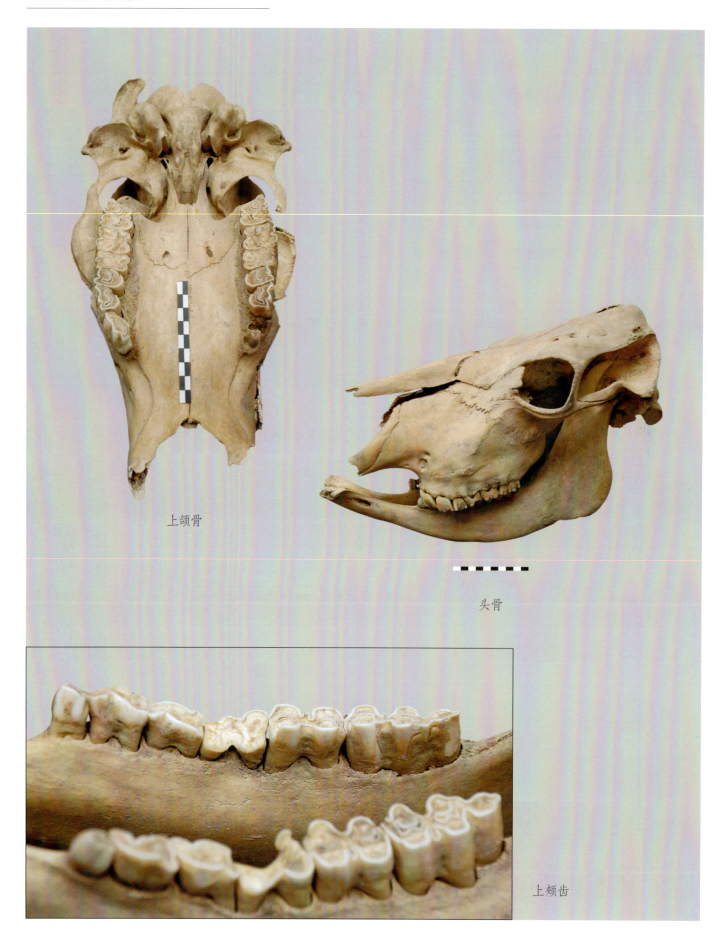

上颌骨

头骨

上颊齿

彩版4-18 YJM4殉牲（牛YJM4：D1-1）

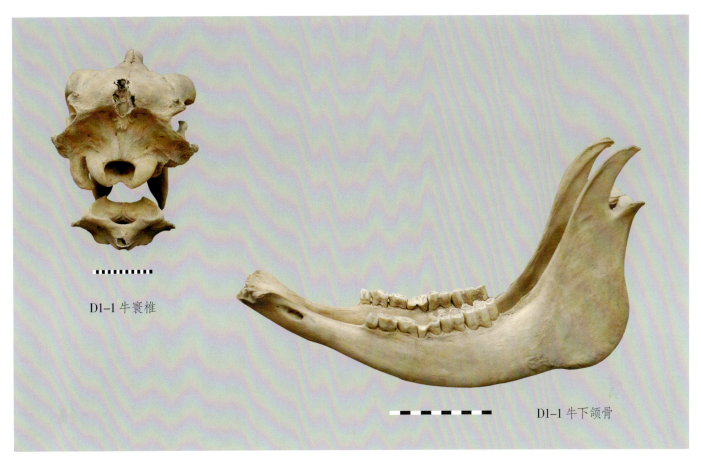

D1-1 牛寰椎

D1-1 牛下颌骨

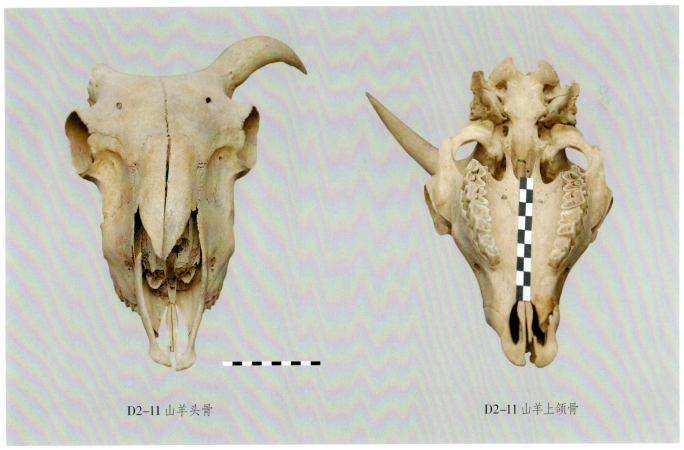

D2-11 山羊头骨

D2-11 山羊上颌骨

彩版4-19 YJM4殉牲（牛、山羊）

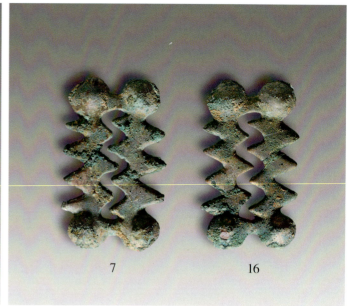

7　　16　　7　　16

1. 连珠纹带饰

8　　6

4　　5

2. 单排连珠饰（YJM4：1）

3. 环、耳环

彩版4-20　YJM4出土铜带饰、环、耳环

10

9

1. 骨管、削

2. 砺石（YJM4：2）

3. 不明石器（YJM4：3）

4. 海贝（YJM4：11~15）

彩版4-21　YJM4出土骨管、削及砺石、海贝等

1. YJM5 全景（西南—东北）

2. 盗洞（北—南）

3. 墓室（西南—东北）

4. 铜箍

彩版4-22　YJM5及其出土铜箍

1. 墓道与墓室（西南—东北）

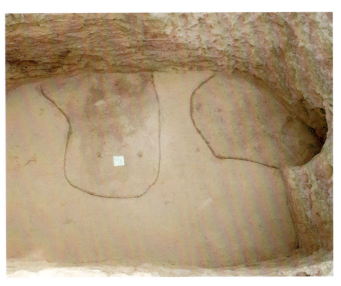

2. 墓道底部（西南—东北）

3. 陶双耳罐（YJM6：1）

4. 石弹丸

彩版4-23　YJM6及其出土陶双耳罐、石弹丸

1. YJM7 全景（西—东）

2. 洞室（东—西）

彩版4-24　YJM7

1. YJM8 全景（西—东）

2. 墓室填土包含物（北—南）

头骨

下颌骨

1. 山羊（YJM8：D2-20）

2.连珠铜扣饰（YJM8：1）

3.连珠铜扣饰（YJM8：2）

彩版4-26　YJM8殉牲及出土铜扣饰

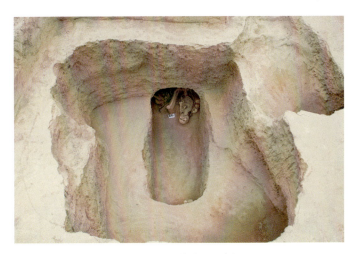

1. YJM9 全景（西—东）

2. 洞室（西—东）

3. 洞室（西—东）

5   1   2

5   1   2

4. 铜泡饰

5. 骨削（YJM9：3）

6. 骨节约（YJM9：4）

彩版4-27　YJM9及出土铜泡饰及其骨削、节约

1. YJM10 全景（西—东）

3. 盗洞（北—南）

2. 墓室（南—北）

4. 盗洞底部（东北—西南）

5. 洞室（西—东）

彩版4-28　YJM10

下颌骨

头骨

上颌骨

彩版4-29　YJM10殉牲（牛YJM10∶D1-1）

上颌骨

头骨

下颌骨

彩版4-30　YJM10殉牲（牛YJM10∶D1-2）

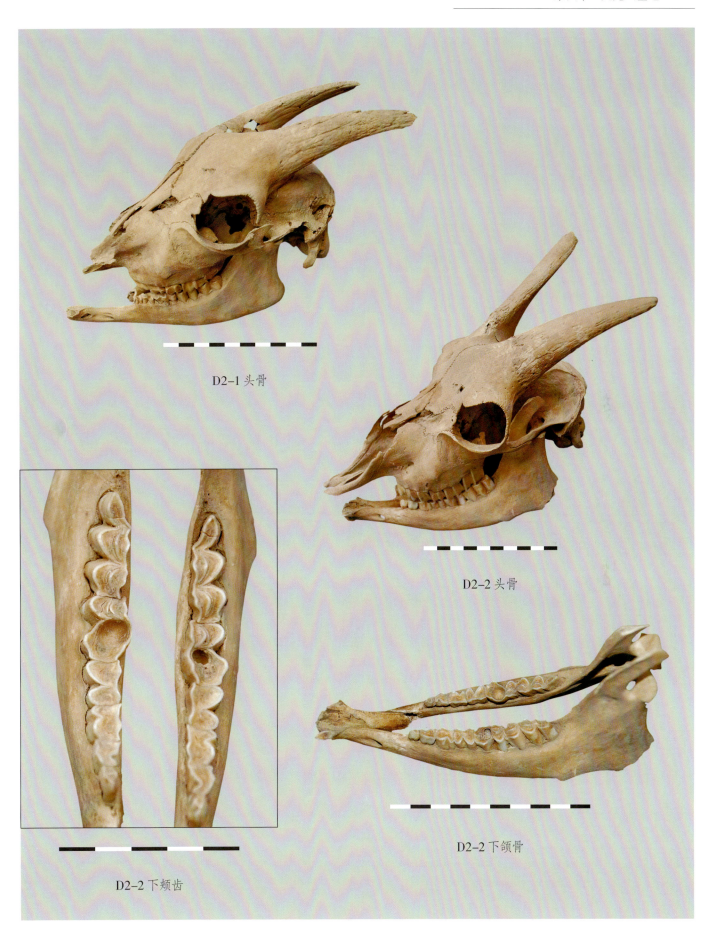

D2-1 头骨

D2-2 头骨

D2-2 下颌骨

D2-2 下颊齿

彩版4-31 YJM10殉牲（山羊）

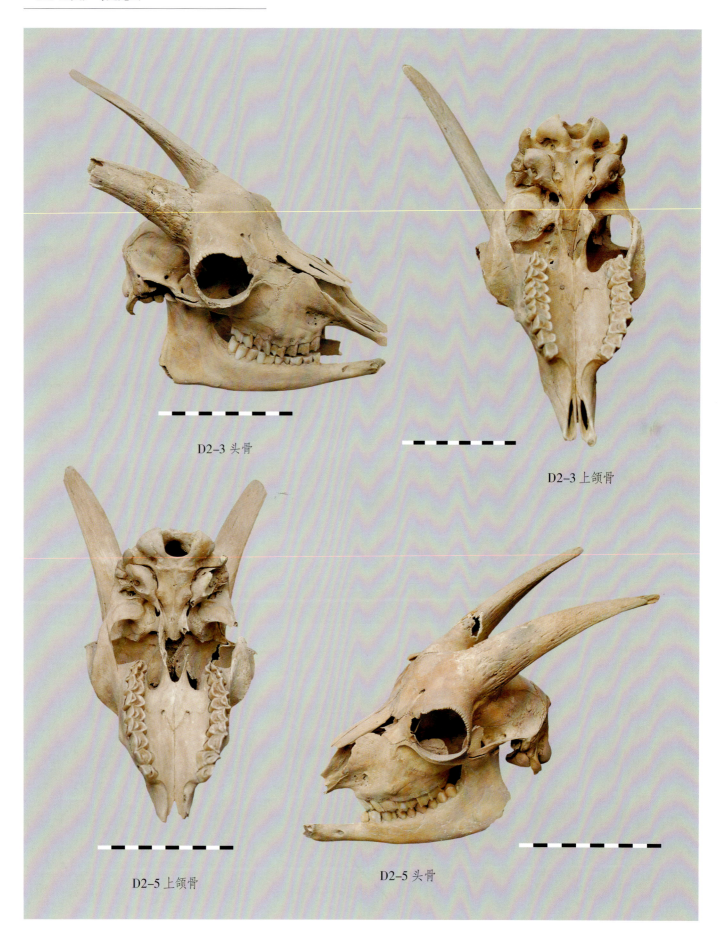

D2-3 头骨

D2-3 上颌骨

D2-5 上颌骨

D2-5 头骨

彩版4-32　YJM10殉牲（山羊）

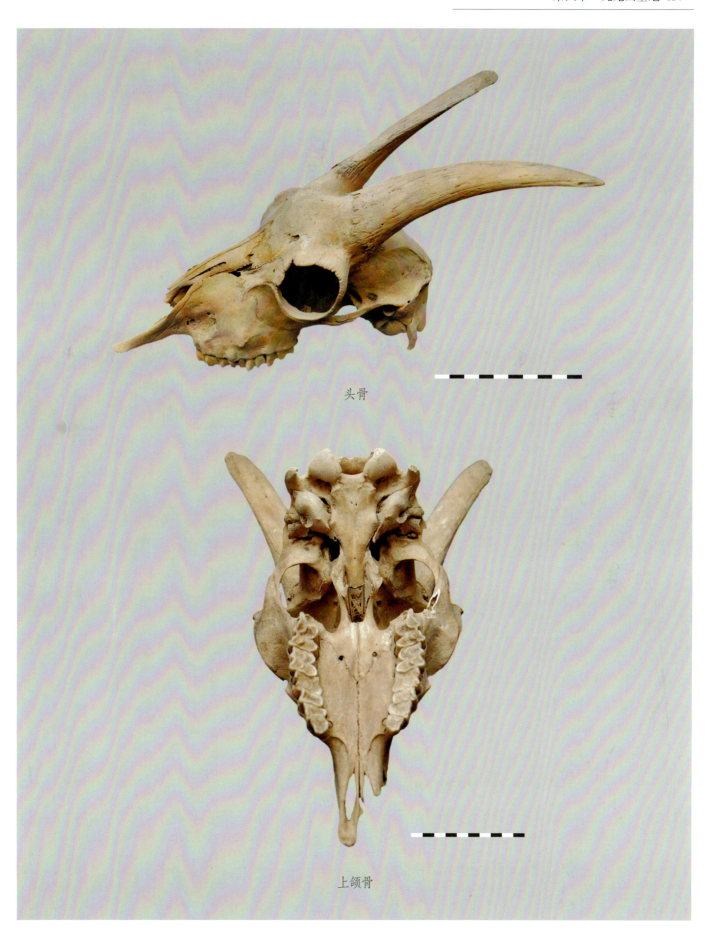

头骨

上颌骨

彩版4-33　YJM10殉牲（山羊YJM10：D2-6）

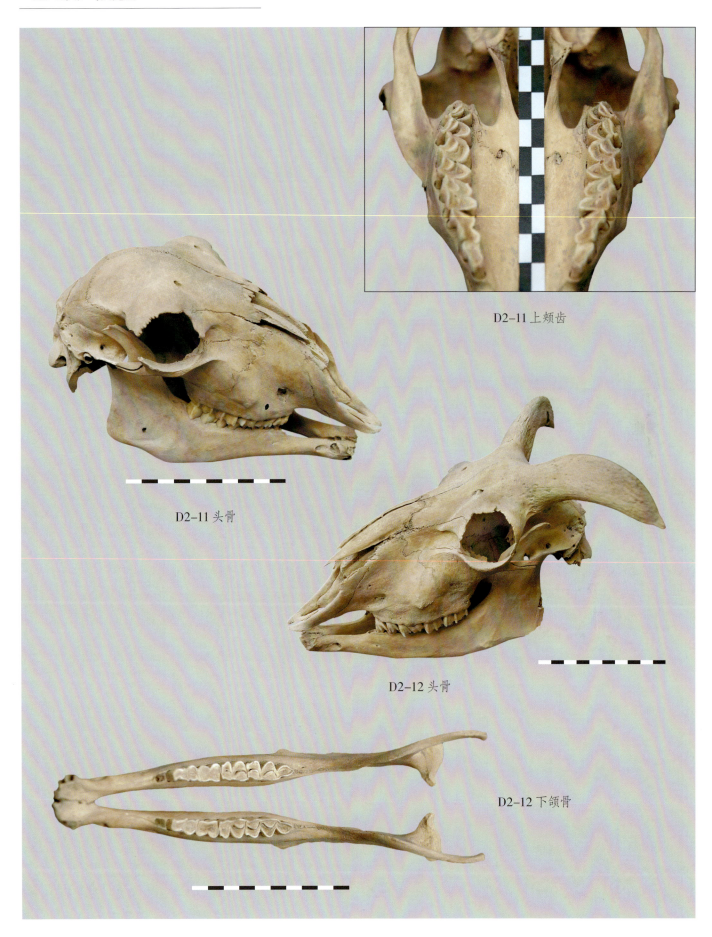

D2-11 上颊齿

D2-11 头骨

D2-12 头骨

D2-12 下颌骨

彩版4-34　YJM10殉牲（绵羊）

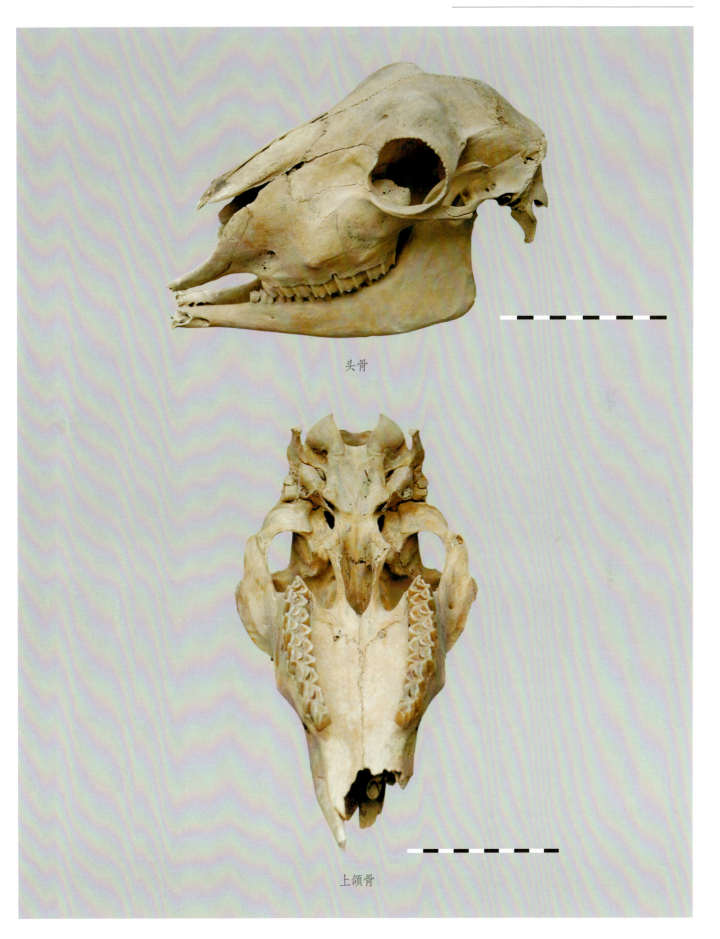

头骨

上颌骨

彩版4-35 YJM10殉牲（绵羊YJM10：D2-13）

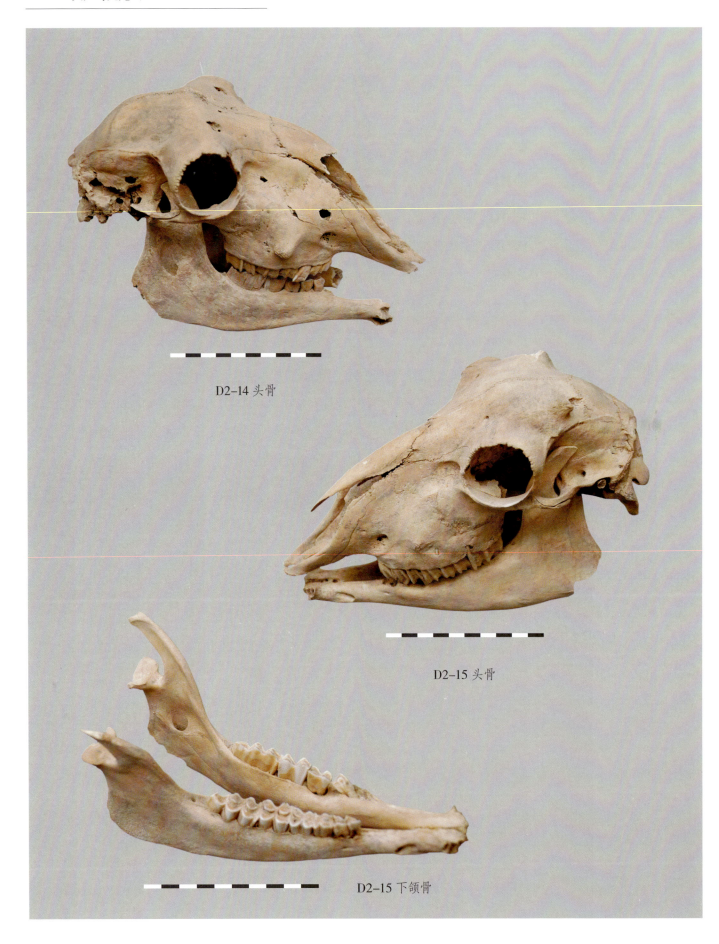

D2-14 头骨

D2-15 头骨

D2-15 下颌骨

彩版4-36　YJM10殉牲（绵羊）

1. 陶罐（YJM10∶1）

3. 铜耳环（YJM10∶8）

3　　　　　2

2. 铜带扣

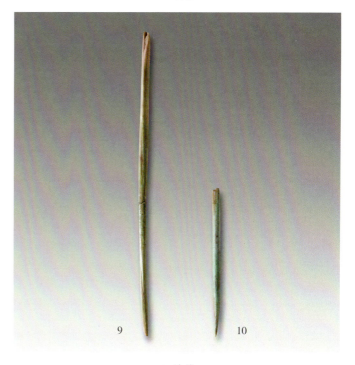

5　　　　　6

4. 铜箍

9　　　　10

5. 骨针

彩版4-37　YJM10出土陶罐及铜带扣、耳环、箍和骨针

1. YJM11 全景（西—东）

2. 洞室（西—东）

3. 墓室（西—东）

4. 铜环（YJM11：1）

彩版4-38　YJM11及其出土铜环

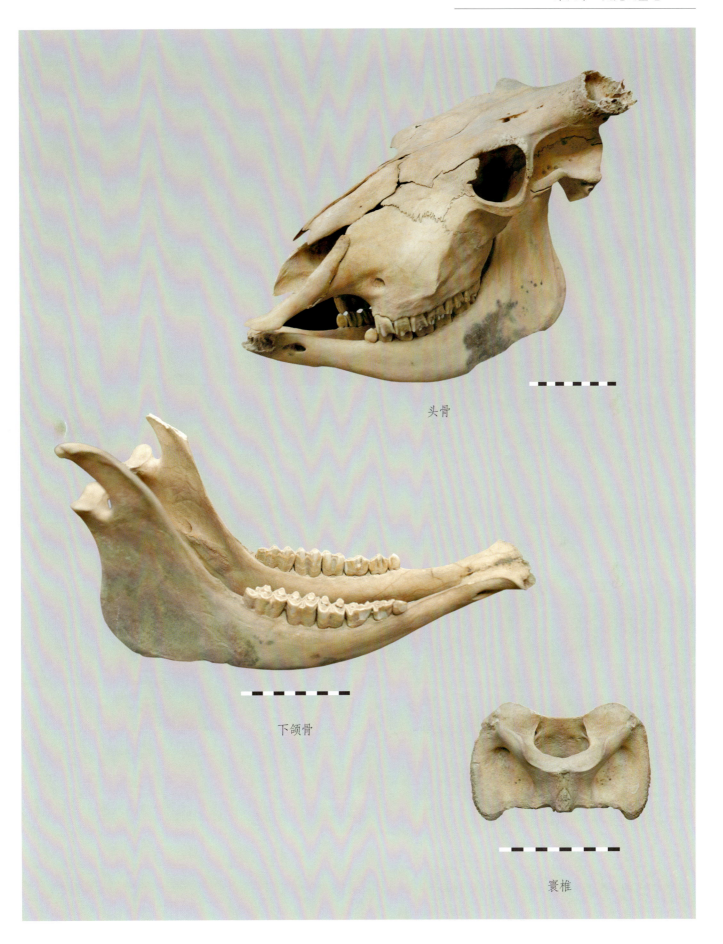

头骨

下颌骨

寰椎

彩版4-39 YJM11殉牲（牛YJM11：D1-1）

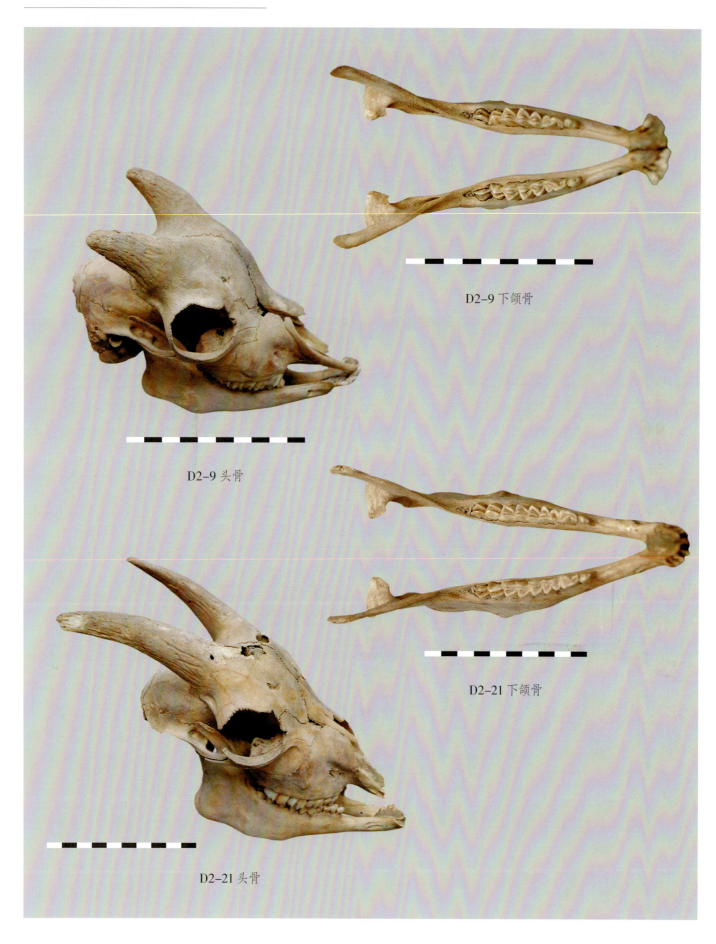

D2-9 下颌骨

D2-9 头骨

D2-21 下颌骨

D2-21 头骨

彩版4-40　YJM11殉牲（山羊）

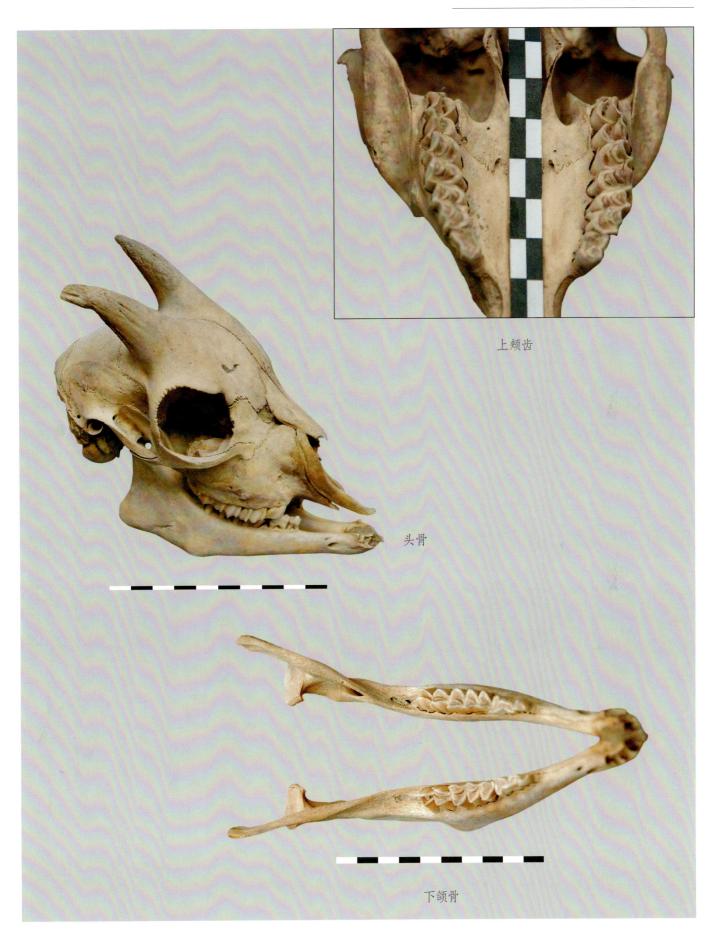

上颊齿

头骨

下颌骨

彩版4-41 YJM11殉牲（山羊YJM11∶D2-22）

头骨

下颌骨

彩版4-42　YJM11殉牲（绵羊YJM11：D2-16）

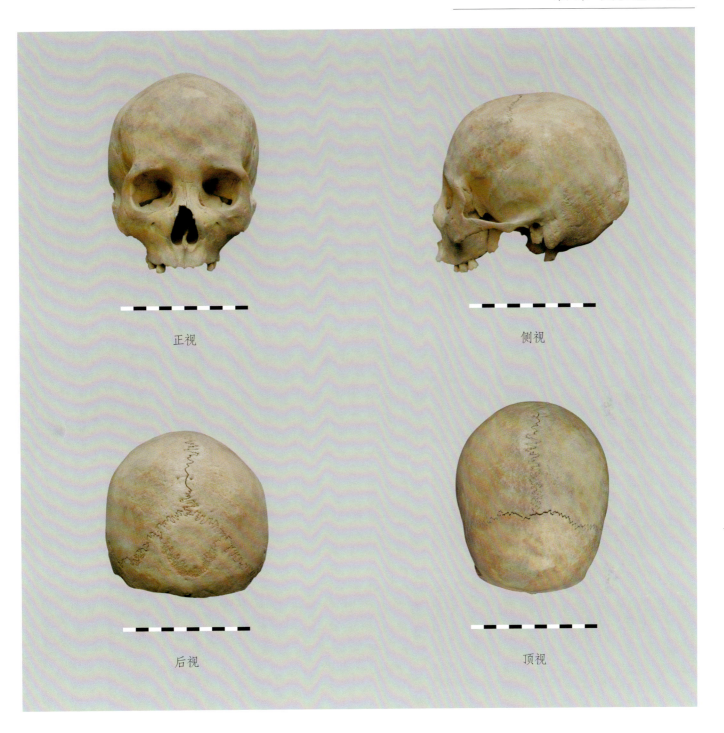

正视　　　　　　　　　　　侧视

后视　　　　　　　　　　　顶视

彩版4-43　YJM1人头骨

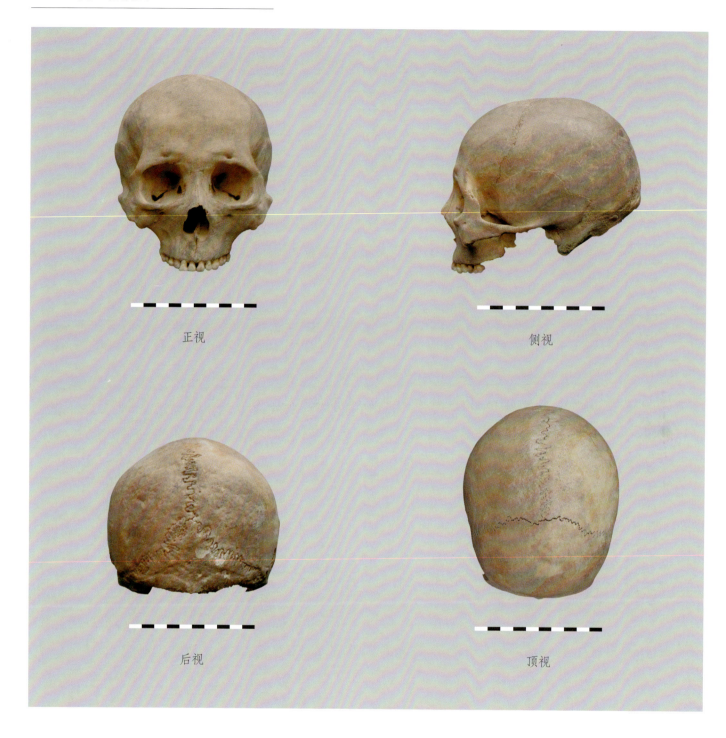

正视

侧视

后视

顶视

彩版4-44　YJM2人头骨

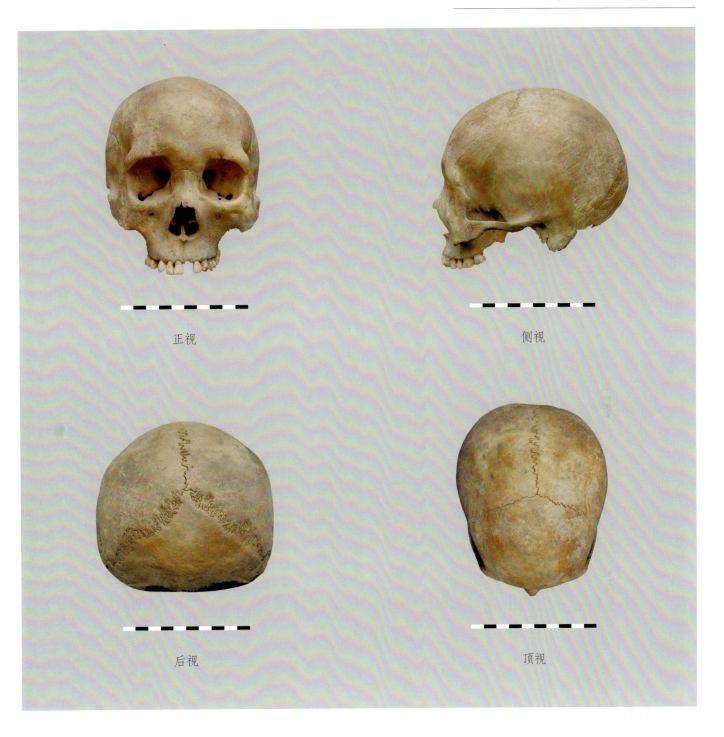

正视

侧视

后视

顶视

彩版4-45 YJM4人头骨

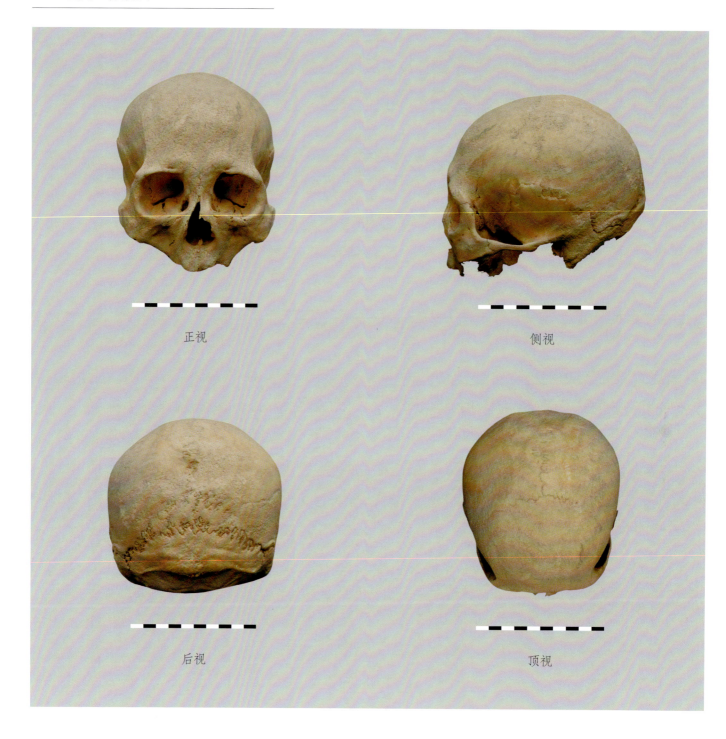

正视

侧视

后视

顶视

彩版4-46 YJM8人头骨

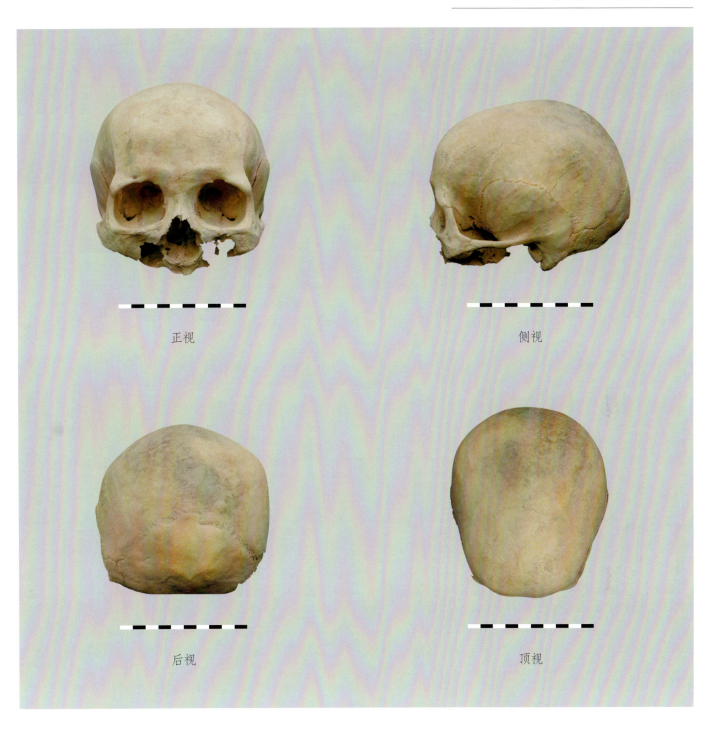

正视

侧视

后视

顶视

彩版4-47 YJM9人头骨

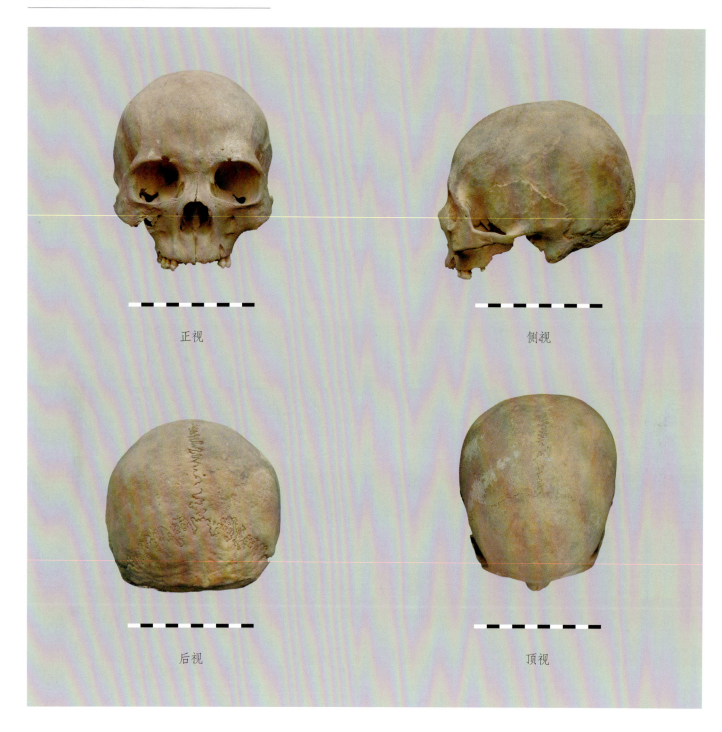

正视　　　　　　　　　　　　　　　侧视

后视　　　　　　　　　　　　　　　顶视

彩版4-48　YJM11人头骨

第五章　墓主的古 DNA 分析[*]

一　前言

对墓葬出土个体的体质人类学分析表明，这些古人的颅骨形态特征与现代北亚蒙古人种很接近，属于"古蒙古高原类型"，与宁夏地区新石器时代农业居民的体质形态及至其他黄河流域的农耕人民的遗骸之间存在明显的差异[①]。结合墓葬中的随葬物品，此墓地表现出游牧畜养民族的特征。为了进一步了解此类居民的 DNA 遗传特征，从分子角度揭示其族属，我们对来自王大户和中庄两个墓地的 6 例个体进行了分子考古学分析，现将结果报告如下。

二　材料与方法

（一）样本处理

样本由宁夏文物考古研究所提供，2 例样本取自中庄村墓地，考古编号 PZM1 和 PZM2，4 例取自王大户墓地，考古编号 PWM4、PWM5、PWM6、PWM7。

我们首先用毛刷清理骨骼表面的灰尘和泥土，紫外线照射 1 小时，截取中间 2 ~ 4 厘米的一段，将骨样的外表面打磨掉 0.5 ~ 1 毫米。将打磨好的样本浸泡在 4.5% 的次氯酸溶液中 20 分钟，样本取出后用 100% 乙醇溶液清洗干净，再次用紫外线照射 30 分钟，最后放入 FREEZER/MILL6850（SPEXP CetriPrep，USA）中，液氮冷却，打磨成粉，－20℃ 冷冻保存。

* 本章由吉林大学边疆考古研究中心蔡大伟、赵永斌、周慧、朱泓执笔，该研究得到了国家社科基金重大项目（11&ZD182）、教育部人文社会科学重点研究基地重大项目（15JJD780004）、霍英东教育基金会青年教师基金基础性研究课题（141111）的资助。

① 韩康信：《彭阳王大户村墓地人骨的鉴定与种系》，本书第二章第三节；张全超、朱泓：《宁夏彭阳县中庄墓地出土人骨研究》，本书第三章第三节。

（二）DNA 提取、PCR 扩增和测序

取 2 克骨粉按照杨东亚等人先前描述的方法将古 DNA 从骨粉中提取出来①。

使用 3 对套叠引物扩增线粒体 DNA 高可变Ⅰ区（Hypervariable Region Ⅰ，HVR Ⅰ）16050 – 16409 长度共 360 bp 的序列，线粒体单倍型类群的鉴定采用 APLP 的方法进行②。利用 1 对引物扩增 AMG 基因进行性别鉴定。通过对 Y 染色体的 M89、M9、M175、M231、M45、M306 以及 M242 等位点进行 PCR 扩增测序来检测，以此来判定 Y 染色体单倍型类群 F、K、O、N、P、R 和 Q。本实验所用全部引物详见表 5 – 1。

表 5 – 1　实验所用引物序列

HVI 片段	引物		扩增长度
HVI – a	L16017　5′TTCTCTGTTCTTTCATGGGGA 3′ H16251　5′GGAGTTGCAGTTGATGTGTGA 3′		235bp
HVI – b	L16201　5′CAAGCAAGTACAGCAATCAAC 3′ H16409　5′AGGATGGTGGTCAAGGGA 3′		209bp
HVI – c	L16165　5′AACCCAATCCACATCAAAAC 3′ H16357　5′AAGGGATTTGACTGTAATGTGC 3′		193bp
M	10400T　5′TAATTATACAAAAAGGATTAGACTGTGCT 3′ 10400C　5′TACAAAAAGGATTAGACAGAACC 3′ 10400R　5′GAAGTGAGATGGTAAATGCTAG 3′	10400T/C	149bp（M） 142 bp
M10	L10600 5′CTACTCTCATAACCCTCAAC3′ H10762 5′CATTGGAGTAGGTTTAGG3′	10646G/A	163bp
D4	3010A　5′TGATCAACGCACCTGAAACAAGA 3′ 3010G　5′ATTGGATCAGGACTTCCCG 3′ 3010R　5′GATCACGTAGGACTTTAATCG 3′	3010G/A	79bp（D4） 75 bp
C	14318T　5′CCTTCATAAATTATTCAGCTTCCAACACTAT3′ 14318C　5′AAAAAGCTACATAAATTATTCAGCTTCCTACTCTAC3′ 14318R　5′TTAGTGGGGTTAGCGATGGA3′	14318T/C	110bp（C） 115bp
Y 染色体 单倍型类群	引物	SNP 位点	扩增长度
F	M89S　　5′CCACAGAAGGATGCTGCTCA 3′ M89A　　5′CACACTTTGGGTCCAGGATCAC 3′	M89	125bp

---

① Yang, D Y, B. Eng, J. S. Waye, *et al*, 1998, Technical Note：Improved DNA extraction from ancient bones using silica-based spin columns. *American Journal of Physical Anthropology*, 105（4）：539-543.

② K. Umetsu, M. Tanaka, I. Yuasa, *et al*. 2001 Multiplex amplified productlength polymorphism analysis for rapid detection of human mitochondrial DNA variations. *Electrophoresis*, 22（16）：3533-3538.

续表 5 – 1

Y 染色体单倍型类群	引物		SNP 位点	扩增长度
K	M9S	5′GGACCCTGAAATACAGAAC 3′	M9	128bp
	M9A	5′AAGCGCTACCTTACTTACAT 3′		
O	M175S	5′GGACCCTGAAATACAGAAC 3′	M175	128bp
	M175A	5′AAGCGCTACCTTACTTACAT 3′		
N	M119S	5′GATCTCAGTTTCAGAGTTTATGC 3′	M119	120bp
	M119A	5′TATGGGTTATTCCAATTCAGC 3′		
P	M45S	5′GGGTGTGGACTTTACGAAC 3′	M45	109bp
	M45A	5′AAATCCTACTATCTCCTGGC 3′		
R	M306	5′	M306	
Q	M242S	5′TATATGTAAGCTTTCTACGGCA 3′	M242	120bp
	M242A	5′GGGGAAAAAACCATGTACG 3′		

性别鉴定所选基因	引物		扩增长度
AMG gene	XBamel – 1	5′CCTGGGCTCTGTAAAGAATAG3′	103bp（F）
	XBamel – 2	5′CAGAGCTTAAACTGGGAAGCTG3′	103 and 109bp（M）

　　PCR 采用 25 μL 反应体系，包括 2 μl DNA 抽提液、1.5 × PCR buffer、2.5 mM MgCl$_2$、0.25 mM dNTPs、每条引物 0.5μM、1.0U Taq 聚合酶以及 2 mM BSA。扩增程序如下：94 ℃变性 5 分钟，94 ℃ 1 分钟，55 ℃ ~54℃ 45 秒，72 ℃ 1 分钟，33 个循环，最后于 72 ℃延伸 10 分钟。扩增产物使用 2% 琼脂糖进行检测。用 QIAEXR Ⅱ GEL Extraction Kit（QIAGen，Germany）纯化 PCR 产物。纯化后 PCR 产物用 ABI 310 DNA 自动测序仪进行测序。

（三）污染的防止

　　本实验采用了严格的防污染措施：所有的研究都在专门的古 DNA 研究实验室中进行，PCR 前与 PCR 后分别在两个相互隔离的空间操作，实验过程中均穿着专用的实验防护服，并配戴口罩和一次性乳胶手套，一次性耗材与所用器皿都经过高温蒸汽灭菌（121℃、15 分钟）。每个样本都要进行至少两次抽提，每次抽提液至少要进行 2~3 次 PCR，并在抽提与 PCR 操作过程设置阴性对照，来监测可能的污染。

（四）DNA 数据分析

　　DNA 序列用 Clustal X 1.83 软件进行对位比对，确定变异位点及单倍型。人群之间的遗传距离（*dA*）值由 ARLEQUIN 2.0 软件计算，基于遗传距离使用 S PSS 16.0 软件进行了多维尺度分析。

三 结果与分析

（一）线粒体变异

我们从 6 个样本中均获得了真实可靠的线粒体高可变 I 区 360bp 的序列，将这些序列与剑桥标准序列 CRS[①] 比对发现共存在 13 个变异位点，具体如下：中庄 PZ1 （16223 － 16311 － 16362）、PZ2 （16082 － 16223 － 16362）；王大户 PW4 （16171 － 16223 － 16298 － 16327 － 16344 － 16357）、PW5 （16223 － 16362）、PW6 （16223 － 16287 － 16362）、PW7 （16093 － 16129 － 16193 － 16223 － 16311 － 16357）。

所有样本都带有 16223 变异位点。

（二）性别鉴定

我们对 6 例个体的性别进行了鉴定。首先，我们设计了 1 对引物扩增牙釉蛋白编码基因 AMG，该基因是 X 和 Y 染色体同源基因，如果检测个体是男性（含 X 和 Y 染色体），PCR 扩增出现两条条带（X 和 Y）；如果是女性（含 X 和 X 染色体），PCR 扩增将出现一条条带（X）。我们检测 PZ2、PW4、PW5 和 PW6 为男性，PZ1 与 PW7 为女性，其结果体质人类学的鉴定结果完全一致。

（三）线粒体单倍型类群归属

我们利用 APLP 方法对 6 个样本进行分析，结果显示 PZ1、PZ2、PW5 和 PW6 归属于 D4 单倍型类群，PW4 归属于 C 单倍型类群、PW7 归属于 M10 单倍型类群。线粒体 DNA 遵循严格的母系遗传，在线粒体 DNA 中存在许多不同的类群，我们称之为单倍型类群（Haplogroup），这些类群呈现明显的地理分布特征，对于我们揭示人群的起源、迁徙具有重要的作用。这三个单倍型类群都普遍存在于欧亚大陆北部[②]，其中，单倍型类群 D4 分布最为广泛，在北亚人群中有很高的分布频率；单倍型类群 C 则在现代西伯利亚人群中频率很高；而单倍型类群 M10 也主要分布于欧亚北部。从线粒体单倍型类群的地理分布上看，彭阳古代居民可能与北亚人群有关。

① R. M. Andrews, I. Kubacka, P. F. Chinnery, *et al.* 1999, Reanalysis and revision of the Cambridge reference sequence for human mitochondrial DNA. *Nat Genet*, 23 （2）：147.

② Wallace, D. C. Brown, M. D. & Lott, M. T. 1999, Mitochondrial DNA variation in human evolution and disease. *Gene*, 238 （1）：211 － 230.

Kivisild T. Tolk HV, Parik J, *et al.* 2002, The emerging limbs and twigs of the East Asian mtDNA tree. *Mol. Biol. Evol.*, 19 （10）：1737 － 1751.

（四）Y 染色体单倍型类群归属

通过对 AMG 基因的扩增，从 6 个样本中鉴定出 4 例男性。这 4 例个体都具有如下突变：M89 位点 C→T；M9 位点 C→G；M175 位点没有 5bp 缺失；M231 位点没有突变发生；M45 位点 G→A；M306 位点没有突变发生；M242 位点 C→T。根据这些变异位点，所有男性均为 Y 染色体 O 单倍型类群，一般认为其起源于 20 000 ~ 15 000 年前的西伯利亚地区[①]，是西伯利亚人群、中亚人群以及美洲土著人群的祖先，在现代西伯利亚人群中有很高的分布频率，而在其他人群中则频率较低。这更进一步说明了彭阳古代居民与北亚人群有较近的遗传关系。

（五）遗传多维尺度分析

为了进一步研究彭阳古代居民与现存人群的关系，并追溯这一人群的可能来源，我们选取了北亚的蒙古人、雅库特人、布里亚特人和鄂温克人，东亚的韩国人、日本人、中国汉族人，中亚的维吾尔人、哈萨克人、吉尔吉斯人、库尔德人、土库曼人和乌兹别克人，近东的土耳其人，以及欧洲人群作为比对人群，基于群体间的遗传距离进行遗传多维尺度分析（图 5 - 1）。遗传多维尺度图可以很好地将群体间的遗传距离反映在二维空间上，能够直观地揭示人群间的相互关系。在图 5 - 1 中，我们发现各个人群几乎按照地理分布聚集在一起，彭阳古代居民与北亚的蒙古人、雅库特人、布里亚特人和鄂温克人聚集在一起，暗示彭阳古代居民可能起源于北亚。

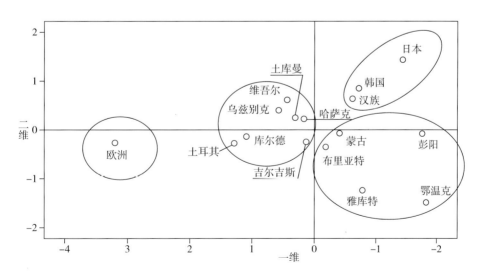

图 5 - 1 彭阳古代居民与现代人群构建的遗传多维尺度分析图

① Zegura SL, Karafet TM, Zhivotovsky LA, 2004, Hammer MF. High - resolution SNPs and microsatellite haplotypes point to a single, recent entry of Native American Y chromosomes into the Americas. *Mol. Biol. Evol.*, 21（1）: 164 - 75.

四　讨论和结论

宁夏南部地区紧邻河西走廊与中原地区，历史上是早期游牧民族与农耕民族交替生活的地区，在此生活的古代居民种族属性十分复杂。准确揭示这些古代居民的种族来源，探究他们的迁移演化历程，对于我们揭示北方游牧民族与农耕民族的相互作用、相互影响具有重要的意义。

在本研究中，我们对宁夏彭阳王大户和中庄两个遗址出土的六例人骨进行了古 DNA 分析，通过重建遗传结构，从分子角度上揭示了此地区古代居民的种族来源。我们首先分析了古代居民的母系遗传结构，发现了三个北亚人群常见的单倍型类群 D4、C 和 M10，尤其是 D4 的频率高达 67%。值得注意的是，在先前对古代鲜卑人群的研究中，我们曾发现高频率的 C 和 D 型分布[①]。这些研究暗示 C 和 D 单倍型类群可能是此地区古代人群的主体。对父系遗传的 Y 染色体分析表明，四例男性全部为 O 单倍型类群，这在西伯利亚地区人群中分布广泛。为了进一步探讨彭阳人群可能的起源，我们将其与现代群体进行对比，结果显示彭阳古代居民与北亚人群遗传关系较近。结合两处墓地的考古遗物以及体质人类学证据，我们认为彭阳居民与北亚人群关系密切，很可能是南下的北方游牧民族。

史学记载，东周时期即有以北亚蒙古人种为主的北方游牧民族开始向南迁移，东周末年，位于宁夏以北内蒙古长城地带就已经变为由北亚蒙古人种主导的游牧文化带，其因素可能与这一时期北方地区环境变化有关，气候明显变冷及草场的大规模退化[②]，游牧人群追逐水草放牧而逐渐南迁。此外，春秋时期，各诸侯国不断发生战乱，使得中原地区对周边的影响力和控制力不断下降，从而造成蒙古高原和外贝加尔地区的游牧人南迁，将游牧文化带到了农耕边缘地带。而彭阳在地理位置上处于更南端，本文的研究暗示了在春秋战国时期，北方的一些游牧民族向南迁移的纵深更大，已经到达宁夏南部地区，说明在东周时期，活动于这一地区的古代人类，其中有相当一部分来自于北方游牧民族。随着对该地区的更多古代人群的深入的研究，必将更加清晰地揭示农耕边缘地带的民族迁移、融合和演化历史。

---

①　Yu CC，Xie L，Zhang XL，Zhou H，Zhu H. 2006, Genetic analysis on Tuoba Xianbei remains excavated from Qilang Mountain Cemetery in Qahar Right Wing Middle Banner of Inner Mongolia. *FEBS Lett*，26；6242 – 6246.

②　林沄：《中国北方长城地带游牧文化带的形成过程》，《燕京学报》2003 年第 14 期。

第六章　殉牲的古 DNA 分析[*]

一　前言

　　宁夏回族自治区，简称宁，位于中国西部的黄河上游地区，东邻陕西省，北接内蒙古自治区，西、南与甘肃省相连[①]。作为甘青地区的重要组成部分，宁夏不仅是东西方人类迁徙和文化交流的驿站，也是沟通西北与中原地区的重要桥梁。宁夏属于温带大陆性半湿润半干旱气候，四季分明，夏无酷暑，冬无严寒，自然地貌以丘陵、平原、山地、沙地为主，分布有多条黄河支流，适合人类居住。早在距今约 3 万年前的旧石器时代晚期，就有古人类在此生活。近年来，除了著名的水洞沟遗址，宁夏境内还发现了 30 余处旧石器时代晚期遗址[②]。在新石器时代中晚期，气候温暖湿润，宁夏古代居民采取农业为主、兼营牧业和狩猎的混合生业模式[③]。随着距今 5500 年[④]和 4000 年[⑤]的两次极端降温事件的发生，西北地区的气候开始变得干旱[⑥]，造成水资源的缺乏或不稳定，不利于农业生产。西北地区以农耕为主的齐家文化开始衰落，随后的辛店文化和卡约文化的生业模式开始向游牧经济转变[⑦]，内蒙古岱海地区处于农牧交错带上的老虎山原始农业发生中断，鄂尔多斯

　*　本章由蔡大伟、朱存世、栾伊婷、郭家龙、杨宁国、孙玮璐、朱司祺执笔。
　　本文受到以下基金项目资助：国家社科基金（14BKG023）、国家文物局文化遗产保护领域科学和技术研究资助（2013 – YB –
HT – 025）、吉林大学青年学术领袖项目（2015FRLX01、2014ZZ006）、第 48 批教育部留学回国人员科研启动基金。

① 刘高焕：《中国国家地理地图》，中国大百科全书出版社，2010 年。
② 高星、裴树文、王惠民等：《宁夏旧石器考古调查报告》，《人类学学报》2004 年第 4 期，第 307 ~ 325 页。
③ 马强：《宁夏出土北方系青铜器综合研究》，陕西师范大学硕士学位论文，2009 年。
④ 吴文祥、刘东生：《5500aBP 气候事件在三大文明古国古文明和古文化演化中的作用》，《地学前缘》2002 年第 1 期，第 155 ~
162 页。
⑤ 吴文祥、刘东生：《4000aB. P. 前后东亚季风变迁与中原周围地区新石器文化的衰落》，《第四纪研究》2004 年第 3 期，第 278 ~
284 页。
⑥ a. 吴文祥、周扬、胡莹：《甘青地区全新世环境变迁与新石器文化兴衰》，《中原文物》2009 年第 4 期，第 31 ~ 37 页。
　　b. 安成邦、冯兆东、唐领余等：《甘肃中部 4000 年前环境变化与古文化变迁》，《地理学报》2003 年第 5 期，第 743 ~ 748 页
⑦ 水涛：《论甘青地区青铜时代文化和经济形态转变与环境变化的关系》，《环境考古研究》（第二辑），第 65 ~ 71 页，科学出版
社，2000 年。

地区朱开沟农业生产向畜牧业转变①，至春秋战国时期，西北和内蒙古地区出现了大量以蓄养马、牛、羊为主的游牧人群。

固原位于宁夏南部的六盘山地区，正处在北方农牧交错带上，自古以来就是中原农耕文化与草原游牧文化碰撞、交流、融合之地。目前，在固原地区发现、发掘和清理的春秋战国时期游牧人群的墓葬有百余座，文化分布地点有 50 处左右，除了出土典型的北方系青铜器，几乎每座墓葬都有许多马、牛、羊头骨随葬②，这表明这些家畜与古人的关系非常密切。通常，家畜的驯化受到人工选择的强烈影响，反映了人类的特殊喜好和社会需求。此外，不同遗址的家畜还能够反映人群间的贸易和文化交流活动。因此，对这一地区家畜的研究对于我们揭示游牧人群的生业形态、畜牧业的发展以及不同地区考古学文化的交流互动具有重要意义。近年来，分子生物学技术广泛介入到动物考古学研究中，动物细胞中的线粒体 DNA 具有多拷贝数、母系遗传、极少发生重组、进化速率快等特点，是古 DNA 研究最常用的遗传标记，已经被广泛地用于家畜的起源研究，揭示了一些主要家畜如猪③、马④、牛⑤、羊⑥的起源与扩散过程。本研究是利用古 DNA 技术对王大户、中庄、九龙山三个遗址春秋战国墓地的马、牛、羊殉牲进行分子考古学研究，重建这一时期主要家畜的遗传结构，并通过与其他地区家畜的对比分析，揭示宁夏南部春秋战国时期与周边地区的交流联系。

① 连鹏灵、方修琦：《岱海地区原始农业文化的兴衰与环境演变的关系》，《地理研究》2001 年第 5 期，第 623～628 页。
② a. 苏银梅：《春秋战国至秦汉时期固原地域文化变迁的考古学观察》，《西北第二民族学院学报（哲学社会科学版）》2008 年第 1 期，第 47～50 页。
　　b. 马建军：《宁夏南部春秋战国时期青铜文化的发现及其特征》，《西北第二民族学院学报（哲学社会科学版）》2008 年第 1 期，第 41～46 页。
③ a. Larson G，Dobney K，Albarella U，et al. 2005，Worldwide phylogeography of wild boar reveals multiple centers of pig domestication. Science. 307（5715）：1618－1621.
　　b. 王志、向海、袁靖等：《利用古代 DNA 信息研究黄河流域家猪的起源驯化》，《科学通报》2012 年第 12 期，第 1011～1018 页。
④ a. Cai D，Tang Z，Han L，et al.，2009，Ancient DNA provides new insights into the origin of the Chinese domestic horse. Journal of Archaeological Science. 36（3）：835－842.
　　b. 蔡大伟、曹建恩、陈全家等：《内蒙古凉城县春秋时期古代马线粒体 DNA 分析》，《边疆考古研究》，2008 年，第 328～333 页。
　　c. 蔡大伟、韩璐、谢承志等：《内蒙古赤峰地区青铜时代古马线粒体 DNA 分析》，《自然科学进展》2007 年第 3 期，第 385～390 页。
⑤ a. Cai D，Sun Y，Tang Z，et al.，2014，The origins of Chinese domestic cattle as revealed by ancient DNA analysis. Journal of Archaeological Science. 41：423－434.
　　b. Cai D，Luan Y，Gao Y，et al. 2015，Molecular Archaeological Research on Ancient Cattle from the Early Bronze Age Changning Site, Qinghai Province. Asian Archaeology. （3）：167-175.
　　c. 蔡大伟、孙洋、汤卓炜等：《中国北方地区黄牛起源的分子考古学研究》，《第四纪研究》2014 年第 1 期，第 166～172 页。
⑥ Cai D，Tang Z，Yu H，et al. 2011，Early history of Chinese domestic sheep indicated by ancient DNA analysis of Bronze Age individuals. Journal of Archaeological Science. 38（4）：896-902.

二 材料与方法

（一）样本的采集及遗址信息背景

本研究所用马、牛、羊殉牲样本均由宁夏文物考古研究所提供，采集于宁夏固原地区的三个考古遗址：王大户遗址、中庄遗址、九龙山遗址。国家博物馆安家瑗先生对这些标本进行了种属鉴定，均为家养，其中羊包括绵羊和山羊。

我们在王大户墓地殉牲中采集了 2 个马（WDH01H、WDH02H）、2 个牛（编号 WDH01C、WDH02C）、1 个绵羊（编号 WDH01S）、1 个山羊（编号 WDH01G），在中庄墓地殉牲中采集了 4 个马（ZZ01H ~ ZZ04H）、6 个牛（编号 ZZ01C ~ ZZ06C）、4 个绵羊（ZZ01S ~ ZZ04S）、4 个山羊（ZZ01G ~ ZZ04G），在九龙山墓地殉牲中采集了 3 个马（JLS01H ~ JLS03H）、8 个牛（编号 JLS01C ~ JLS08C）、4 个绵羊（JLS01S ~ JLS04S）和 2 个山羊（JLS01G ~ JLS02G），共计采集 41 个样本，其中马 9 个、牛 16 个、绵羊 9 个、山羊 7 个，进行古 DNA 分析。

（二）样本处理

首先用毛刷除去样品表面损坏和受污染的表层，随后用电动打磨工具去除表层 2 ~ 3 毫米，然后用 10% 漂白粉溶液浸泡古代材料 5 ~ 10 分钟，依次用超纯水、100% 乙醇清洗样品，在紫外线照射下晾干，随后将样品放入液氮冷冻粉碎机 FREEZER/MILL6750（SPEXP CetriPrep，USA）之中，液氮冷却，打磨成粉，－20℃冷冻保存。

（三）古 DNA 抽取、扩增和测序

古 DNA 提取参照 Yang 等人[1]的方法进行。

依据参考序列分别设计了牛、马、羊的套叠引物，详见表 6 - 1。

表 6 - 1 马、牛、绵羊、山羊扩增引物

物种	扩增区域	引物名称	引物序列	长度
马	15473 - 15772	L15473 H15692	5′- CTTCCCCTAAACGACAACAA - 3′ 5′- TTTGACTTGGATGGGGTATG - 3	220bp
		L15571 H15772	5′- AATGGCCTATGTACGTCGTG - 3′ 5′- GGGAGGGTTGCTGATTTC - 3′	202bp

[1] 蔡大伟、孙洋、汤卓炜等：《中国北方地区黄牛起源的分子考古学研究》，《第四纪研究》2014 年第 1 期，第 166 ~ 172 页。

续表6-1

物种	扩增区域	引物名称	引物序列	长度
绵羊	15391-15661	L15391 H15534	5′-CCACTATCAACACCCAAAG-3′ 5′-AAGTCCGTGTTGTATGTTTG-3′	144bp
		L15496 H15661	5′-TTAAACTTGCTAAAACTCCCA-3′ 5′-AATGTTATGTACTCGCTTAGCA-3′	166bp
山羊	15780-16068	L15780 H15986	5′-ACATTACATTTTATGATCTACTTCA-3′ 5′-TACTGCCGATAGAGACATTATAC-3′	207bp
		L15882 H16068	5′-AAGCACGTACATCAGTATTAATG-3′ 5′-TCTAGTGGACAGGATACGCA-3′	187bp
牛	16022-16315	L16022 H16178	5′-GCCCCATGCATATAAGCAAG-3′ 5′-CACGCGGCATGGTAATTAAG-3′	157bp
		L16137 H16315	5′-TTCCTTACCATTAGATCACGAGC-3′ 5′-GGAAAGAATGGACCGTTTTAGAT-3′	179bp

扩增程序如下：首先进行95℃预变性5分钟，随后进行36个循环反应（92℃变性1分钟，50~55℃退火1分钟，72℃延伸1分钟），最后72℃延伸10分钟，4℃保持。扩增反应均在 Mastercycler® personal 热循环仪（Eppendorf，Germany）上进行。25μL 反应体系中含3μL 模版、1U *TransStart*™ *TopTaq* DNA 聚合酶（全式金公司，中国）、1× Buffer，0.2 mM dNTPs，0.2 μM 每条引物。PCR 扩增产物通过2%琼脂糖（Biowest，German）凝胶电泳检测，并用 QIAEX® Ⅱ GEL Extraction Kit 胶回收试剂盒（QIAGen，Germany）纯化 PCR 产物。纯化产物用 ABI PRISM® 310Genetic Analyzer 全自动遗传分析仪（Applied Biosystems，USA）通过 Dyeprimer 试剂盒进行正反双向直接测序。

（四）污染的防止

为了保证古 DNA 序列的真实可靠，在本研究中采取了以下严格的防污染措施：（1）所有的实验都是在一个专门的古 DNA 实验室内完成的，非本实验室人员不得入内，而且没有做过现代马、牛、羊的 DNA 分析，极大地降低了外源污染的可能性。（2）样本处理、DNA 抽提、PCR 扩增以及 PCR 产物检测均在专用的相互隔离的操作间（配备有专用超净台）进行，实验的每一个步骤都有专用的设备（例如移液枪和离心机等），不能相互混用，而且在 PCR 加样室安装有紫外灯和空气过滤正压排风系统。（3）实验前都预先使用紫外灯照射，并且使用排风装置净化操作间。（4）实验中穿双层防护服，戴一次性帽子和口罩、乳胶手套，每完成一步操作，立即更换手套，随时用 DNA-off（DNA 去除剂）擦拭超净台和用紫外线照射以消除污染。（5）在实验中所使用的试剂和一次性实验耗材（离心管、PCR 管、枪头）为 DNA-free 级别。（6）对同一样本至少要经过2次独立抽提，对不同的 DNA 提取液分别进行 3 次 PCR 扩增，同时在 DNA 的抽提过程和 PCR 扩增过程中设立空白对照，以保证结果的重现性和真实性。

（五）DNA 数据分析

DNA 序列利用 Clustal X 1.83 软件①进行序列对位比对，确定变异位点及单倍型。利用 MEGA 6.0 软件②构建系统发育树，利用 NetWork 4.6 软件③构建系统发育网络。

为了进一步探讨宁夏游牧人群的殉牲与其他地区的殉牲之间的联系，我们选择了一些时代相近的遗址作对比分析。

于家庄遗址位于宁夏回族自治区固原县西北约 15 千米的彭堡乡，1987 年秋宁夏文物考古研究所对其进行了发掘，墓葬中随葬器物除戈、矛、短剑外，以车马器和日常用具较多，并以随葬牛、马、羊的头骨和蹄骨为其显著特点。从出土遗物分析，此墓地的年代约为春秋晚期或战国早期。④

小双古城墓地和板城墓地分别位于内蒙古凉城县岱海的南岸和北岸，2003 年 5 月至 10 月间，内蒙古文物考古研究所对这两个遗址进行了抢救性考古发掘。小双古城墓地面积很小，占地仅 3000 平方米，清理墓葬 16 座。墓穴底部放置殉牲的马、牛、羊头骨及蹄骨，头骨均正置，吻部朝前，蹄骨散放于头骨之间。其中羊头骨最多，马、牛头骨较少。根据墓葬的性质，陪葬的器物，推测此墓地的年代为战国早期。⑤ 板城墓地占地面积 15 000 平方米，共清理墓葬 67 座。除被破坏的墓葬外，墓穴前部填土中均见殉牲，种类有马、牛、羊、狗的头骨和蹄骨。动物头骨多下颌朝上摆放，头向与人骨一致，马、牛等大型动物的头骨置于前部，羊、狗的头骨放在后边，蹄骨散落于其间，推测该墓地年代属春秋晚期。⑥

和林格尔新店子墓地位于内蒙古和林格尔新店子乡小板申村北，浑河岸边向阳的山坡上。1999 年内蒙古文物考古研究所对该墓地进行了科学发掘。该墓地总面积达 30 000 平方米，分为东、西两区，中间以一条巨大的冲沟为界，东区墓葬共 46 座，西区墓葬 11 座，绝大多数是土坑竖穴墓。随葬品主要为装饰品、武器、工具，散见于人骨的周围，以青铜器为大宗，同时殉牲现象普遍，多为牛、马、羊，呈现出北方草原民族的文化特色，

① Thompson, J D, Gibson, T J, Plewniak, F, et al. 1997, The CLUSTAL_ X windows interface: flexible strategies for multiple sequence alignment aided by quality analysis tools. *Nucleic Acids Res.* 25 (24): 4876–4882.
② Tamura, K, Stecher, G, Peterson, D, et al. 2013, MEGA6: Molecular Evolutionary Genetics Analysis version 6.0. *Mol Biol Evol.* 30 (12): 2725–2729.
③ Bandelt, H J, Forster, P, 1999, Rohl, A. Median–joining networks for inferring intraspecific phylogenies. *Mol Biol Evol.* 16 (1): 37–48.
④ 钟侃、陈晓桦、延世忠：《宁夏固原于家庄墓地发掘简报》，《华夏考古》1991 年第 3 期，第 55~63 页。
⑤ 曹建恩：《内蒙古中南部商周考古研究的新进展》，《内蒙古文物考古》2006 年第 2 期，第 16~26 页。
⑥ 曹建恩：《内蒙古中南部商周考古研究的新进展》，《内蒙古文物考古》2006 年第 2 期，第 16~26 页。

通过墓葬类型和出土文物推定，其年代应在春秋中期至战国早期①。

井沟子遗址西区墓葬位于赤峰市北部的林西县井沟子自然村北，年代大致在春秋晚期至战国前期，属于中国北方青铜时代晚期文化遗存。从遗址所反映出来的经济形态上看，是一个发达的畜牧业类型遗存，马的地位在畜群中显得尤为突出，从时间、地域和经济形态等方面看，井沟子类型与文献记载的古族东胡有着紧密的联系。②

毛园民宅二号车马坑位于河南省新郑市"郑韩故城"东城区毛园民宅的西南部。河南省文物考古研究所于2003年1月27日开始清理，至2004年2月14日清理结束。2号车马坑为长方形竖穴土坑，东西向，坑底葬3辆车、8匹马、1只狗。从坑内所出车辆的形制以及出土物观察，该车马坑应属于春秋时期。

为了观察基因的连续性，我们还选择了一些新石器时代晚期以及早期青铜时代的遗址进行对比。

青海长宁遗址位于青海省西宁市大通县长宁乡长宁村西南约3千米处，这是一处齐家文化时期的大型聚落遗址，距今约4200～3700年。长宁遗址发掘面积大、聚落形制保存完整，对探索黄河上游史前文明的起源具有十分重要的意义。

小河墓地位于罗布泊地区孔雀河下游河谷南约60千米的荒漠之中，1934年瑞典考古学家贝格曼首次发现小河墓地，2002年底新疆文物考古研究所开始了对小河墓地的考古工作，^{14}C鉴定结果显示小河墓地的使用年代在距今3900～3600年之间。

陶寺遗址位于山西省襄汾县陶寺村南，是黄河中游地区以龙山文化遗存为主的一处重要的史前遗址，年代距今约4500～3900年。

二里头遗址位于河南省偃师市二里头村，遗址距今大约3900～3500年，其所处的时间和地域分布，与史书记载的夏代相对应。

大山前遗址位于赤峰市西南部的喀喇沁旗永丰乡大山前村，文化面貌以夏家店下层文化为主，属于中国北方青铜时代早期文化遗存，距今约4000～3500年。遗址中发现了大量适于农业生产的石制工具以及保存有炭化谷物的祭祀坑，墓葬中殉牲以猪为主，其次是牛、羊，表现出以农业为主，兼营畜牧、狩猎的复合经济形态③。

---

① 曹建恩：《内蒙古中南部商周考古研究的新进展》，《内蒙古文物考古》2006年第2期，第16～26页。

② a. 吉林大学边疆考古研究中心：《2002年内蒙古林西县井沟子遗址西区墓葬发掘纪要》，《考古与文物》2004年第1期，第6～19页。

　b. 朱泓、张全超、常娥：《探寻东胡遗存——来自生物考古学的新线索》，《吉林大学社会科学学报》2009年第1期，第63～68页。

③ a. 朱延平、郭治中、王立新：《内蒙古喀喇沁旗大山前遗址1996年发掘简报》，《考古》1998年第9期，第43～49页。

　b. 王立新：《大山前遗址发掘资料所反映的夏家店下层文化的经济形态与环境背景》，《边疆考古研究》，2007年，第350～357页。

三　结果与讨论

(一) 宁夏古代马的遗传分析

在新石器时代晚期，家马的出现是人类社会发展史中的重要转折点之一，直接促进了人类交通方式、农牧业以及战争方式的改变，同时随着骑马民族的扩张活动导致人类的迁徙、种族的融合、语言和文化传播，使得原本各地相对独立的历史逐渐转变为相互沟通的世界史，对人类文明的发展产生了深远的影响。因此，家马的起源与驯化一直是考古学家、历史学家和遗传学家共同关注的热点问题。线粒体 DNA 被广泛应用于家马的起源研究中，Vila 等发现现代家马的线粒体 DNA 具有广泛的起源，Jansen[1] 等将现代家马划分为 7 个线粒体 DNA 世系（A、B、C、D、E、F、G），其中几个较大的世系之中又可以进一步划分为多个亚组，世系 A 共有 7 个亚组 A1～A7，世系 B 和 C 各有 2 个亚组 B1、B2 和 C1、C2，世系 F 和 D 各有 3 个亚组 F1～F3 和 D1～D3。世系 E 和 G 是相对较小，没有进一步划分亚组。

春秋时期是一个家马迅速发展的时期，马已经成为六畜之首，战车和战马盛行，马已经成为军事上的首要动力。本研究的马全部为春秋战国时期，从 10 个样本中一共获得 5 个 DNA 序列数据，其中九龙山 3 个、中庄 2 个（表 6－2），这五个序列都不相同，说明这些马匹具有很高的基因型多态性。根据序列变异位点，我们进行了世系归属分析，除了 JS02H 的世系不能确定，其他 4 个样本都能够确定世系，分别属于 D、D2、B2、A6（表 6－2）。先前的研究表明，世系 D 的 D1 亚组在西班牙伊比利亚半岛的现代家马中的频率最高，因而世系 D1 被认为起源于伊比利亚地区[2]，但最近的研究指出世系 D1 是后来很晚的时候才迁入伊比利亚地区的[3]。世系 D 的 D2 亚组最早出现在青铜时代中欧摩尔多瓦 Miciurin 遗址（1500～1000BC），在铁器时代出现在图瓦（619～609BC）、蒙古（400～300BC）。世系 B2 亚组最早也是出现在 Miciurin 遗址，在春秋战国宁夏于家庄墓地（500BC）以及铁器时代的哈萨克斯坦 Berel 遗址（300BC）也曾出现。从出现的时间段来看，这些世系都晚于西方，考虑到中亚草原是家马的起源中心，我们的研究显示宁夏古代马的母系都是来自西方。

[1] Jansen, T, Forster, P, Levine, M A, et al. 2002, Mitochondrial DNA and the origins of the domestic horse. *Proc Natl Acad Sci U S A*. 99 (16): 10905 - 10910.

[2] Jansen, T, Forster, P, Levine, M A, et al. 2002, Mitochondrial DNA and the origins of the domestic horse. *Proc Natl Acad Sci U S A*. 99 (16): 10905 - 10910.

[3] Lira, J, Linderholm, A, Olaria, C, et al. 2010, Ancient DNA reveals traces of Iberian Neolithic and Bronze Age lineages in modern Iberian horses. *Mol Ecol*. 19 (1): 64 - 78.

表6－2 宁夏古代马序列变异和世系归属

样品编号	变异位点															世系归属
	1	1	1	1	1	1	1	1	1	1	1	1	1	1	1	
	5	5	5	5	5	5	5	5	5	5	5	5	5	5	5	
	4	4	4	5	5	5	5	6	6	6	6	6	6	7	7	
	9	9	9	3	3	4	8	0	0	4	5	5	6	0	2	
	4	5	6	8	2	1	2	3	9	0	9	6	9	0	0	
X79547*	T	T	A	C	G	C	T	A	A	T	G	C	G			
JLS01H**	C	C	G	T	.	.	.	–	–	–	–	–	–	–	–	D
JLS02H***	.	C	.	.	.	.	.	–	–	–	–	–	–	–	–	不确定
JHS03H	.	C	.	.	.	G	.	T	.	.	G	.	.	T	A	B2
ZZ04H	C	C	G	T	.	.	A	.	C	G	.	C	.	.	A	D2
ZZ03H	.	C	.	.	.	T	A	T	.	.	G	.	A	.	A	A6

* X79547 为参考序列，"."代表与参考序列位点一致，"－"代表位点缺失

** JLS01H 由于缺乏识别位点，不能进一步确定世系亚组

*** JLS02H 由于缺乏识别位点，不能确定世系

　　为了进一步探讨宁夏春秋时期的古代马与同时期古代马之间的关系，我们选择了宁夏于家庄、内蒙古凉城县板城墓地和小双古城墓地、和林格尔新店子墓地、赤峰井沟子遗址出土的古代马进行对比，这几个遗址都位于北方农牧交错带上，墓葬的文化面貌呈现游牧人群的特征，而且都埋藏有马、牛、羊，是非常好的对比材料。此外，我们还加入内蒙古赤峰大山前遗址青铜时代以及河南郑韩故城毛园民宅遗址春秋战国时期古代马，从经济形态上看，这两个遗址都不是典型的游牧人群的遗迹。但是在年代上，内蒙古大山前遗址属于青铜时期，有助于我们寻找春秋时期游牧人群马匹的来源，而河南的样本有助于我们了解游牧人群马匹的扩散问题。

　　中介网络分析显示了11个基因单倍型（图6－1），其中JLS02H所在的基因单倍型在所有的遗址中都曾出现，说明这个基因型在古代非常重要。ZZ03H也是一个非常重要的基因单倍型，在大山前遗址、新店子遗址和板城墓地均有发现。JLS01H基因单倍型同样在内蒙古板城墓地出现。JLS03H和ZZ04H基因单倍型并没有在其他遗址出现，是宁夏所特有的基因单倍型。从时间上看，在青铜时代早期，宁夏部分古代马基因单倍型就已经在内蒙古赤峰地区出现，至春秋战国时期已经扩散到宁夏以及中原河南地区，这可能与北方游牧人群的扩张以及不同地区间的贸易活动有关。

　　为了了解宁夏古代马的基因延续性，我们在美国国家生物技术信息中心（NCBI）的核酸数据库中进行了共享序列搜索，JLS01H、JLS02H、JLS03H、ZZ03H基因单倍型均在现代样本中搜索到共享序列，表明这些基因单倍型历经2500年的岁月，依然延续下来，同时也反映了人类对家畜的强烈遗传选育倾向。

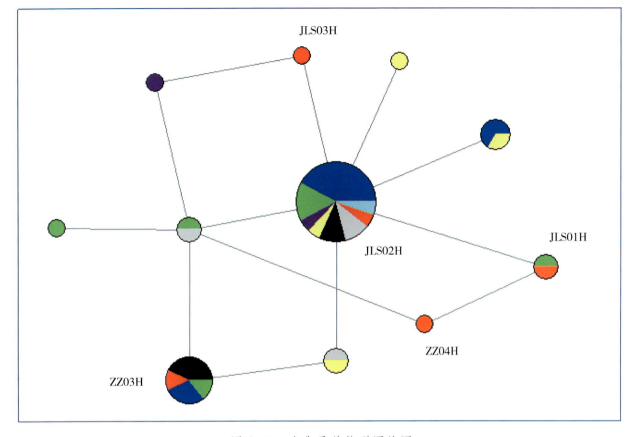

图 6-1　古代马单倍型网络图

（圆圈代表单倍型，圆圈的大小与个体数目成正比，不同颜色代表不同的遗址：红色代表本研究中宁夏的 3 个遗址，蓝色代表新店子墓地，绿色代表板城墓地，灰色代表小双古城墓地，黄色代表井沟子墓地，黑色代表大山前墓地，紫色代表于家庄墓地，亮蓝色代表河南郑韩故城毛园民宅车马坑）

（二）宁夏古代黄牛的遗传分析

在中国古代，人们习惯上根据家牛常见的毛色将其称为黄牛，从生物学的角度讲，中国的黄牛是泛指牦牛（*Bos grunniens*）和水牛（*Bubalus bubalis*）以外的所有家牛，其毛色不仅仅限于黄色。黄牛包括有 2 个牛亚种：普通牛（*Bos taurrus*）和瘤牛（*Bos indicus*），两者形态的主要区别在于背部的肩峰。考古资料研究显示，普通牛的最初驯化发生大约11 000 年前，地点在近东地区，而瘤牛被认为是 9500 年前在印度河河谷地区被驯化的。对现代黄牛群体的大规模线粒体 DNA 分析显示，在普通牛群体中主要存在 5 个线粒体 DNA 世系：T、T1、T2、T3 和 T4[1]；在瘤牛群体中存在 2 个线粒体 DNA 世系 I1 和 I2[2]。这些世系

---

[1]　a. Mannen，H，Kohno，M，Nagata Y，*et al*. 2004，Independent mitochondrial origin and historical genetic differentiation in North Eastern Asian cattle. *Mol Phylogenet Evol*. 32（2）：539 – 544. b. Troy C S，Machugh D E，Bailey J F，*et al*. 2001，Genetic evidence for Near – Eastern origins of European cattle. *Nature*. 410（6832）：1088 – 1091.

[2]　Baig，M，Beja – Pereira A，Mohammad R，*et al*. 2005，Phylogeography and origin of Indian domestic cattle. *Current Science*. 89（1）：38 – 40.

呈现一定的地理分布特征，T1 主要分布在非洲，T、T2、T3 主要分布在近东和欧洲，T4 是东北亚的特殊类型；而 I1 和 I2 主要分布在印度次大陆。在本研究中，我们从 16 例黄牛遗骸中获得 12 个古代黄牛序列（4 例样本 ZZ04C、WDH02C、JLS01C、JLS05C 扩增失败）。在 12 个黄牛序古代列中一共有 8 个基因单倍型 C1～C8（表 6-3）。从表 6-3 中，我们可以看出，C4 非常重要，在宁夏三个遗址中均有出现。其次是 C2，在九龙山和中庄墓地出现。根据古代序列的变异位点，宁夏古代黄牛均为普通牛，没有瘤牛，进一步识别出近东起源的 T2 和 T3 世系两个世系，其中 T3 占统治地位，频率为 75%。T2 频率较低，为 25%。宁夏古代黄牛的遗传结构与青铜时代的新疆小河遗址黄牛很接近（T3 = 72.7%，T2 = 27.3%），二者同处西北地区，如此相似的遗传结构值得深思。

表 6-3　宁夏古代黄牛序列变异和世系归属

序号	变异位点												样品编号	世系
	16051	16055	16057	16083	16093	16109	16119	16125	16133	16135	16185	16225		
V00654*	T	T	G	A	G	T	T	A	T	T	G	T		
C1	.	.	.	.	.	.	C	.	.	.	.	.	ZZ03C	T3
C2	.	.	C	.	.	.	.	.	.	C	A	C	JLS02C ZZ06C	T2
C4	.	.	.	.	.	.	.	.	.	.	.	.	WDH01C、ZZ05C、ZZ02C JLS04C	T3
C5	.	.	.	G	.	.	.	.	.	.	.	.	JLS03C	T3
C6	C	.	.	.	.	.	.	.	.	.	.	.	JLS07C	T3
C7	.	.	.	.	.	C	.	G	.	.	.	.	JLS08C	T3
C8	.	C	.	.	.	.	.	.	C	.	.	.	ZZ01C	T3

* V00654 参考序列。"." 代表与参考序列位点一致。

为了进一步揭示宁夏古代黄牛与其他地区黄牛的关系，我们选择了西北地区一些古代的黄牛进行对比分析。由于缺乏春秋战国时期的古代黄牛 DNA 数据，因此我们选取了几处青铜时代遗址如新疆小河墓地（距今 3900～3600 年前）及年代稍晚的青海长宁遗址（距今 4000～3500 年前）、陕西泉护村遗址（距今～3000 年前）等出土的黄牛进行了中介网络分析（图 6-2）。我们发现 3 个宁夏春秋战国时期的古代黄牛的基因单倍型（C1、C3

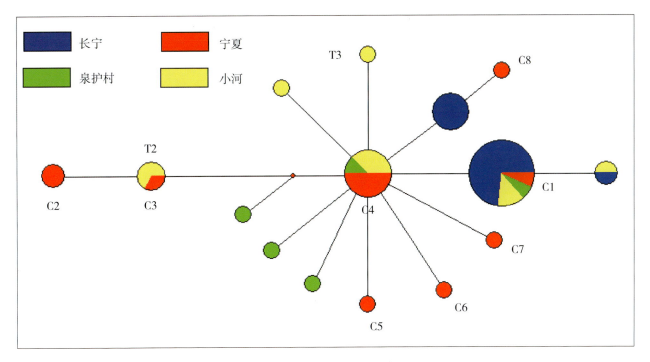

图6-2　4个遗址古代黄牛的中介网络图

（每个圆圈代表一个古代黄牛的基因单倍型，其中C1～C8是宁夏黄牛的基因单倍型。圆圈的大小代表基因单倍型的频率，不同颜色代表不同遗址）

和C4），在青铜时代早期的新疆小河墓地中就已经出现了，并持续到春秋战国时期。值得注意的是，尽管C1在春秋战国时期并不突出，但是实际上C1在所有四个遗址中均出现，表明其在青铜时代占有重要地位。在NCBI数据库中的共享序列搜索，显示这些古代基因单倍型在现代黄牛中也存在，这表明数千年来黄牛基因单倍型在遗传上存在连续性，这充分显示了古人在黄牛育种规程中强烈的选择性。

（三）宁夏古代羊的遗传分析

羊是世界上最重要的经济动物之一，为人类社会提供了大量的产品（例如肉、奶、羊毛纤维等），在人类的早期文明中扮演着重要角色，这一切使得家羊成为新石器时代早期人类驯化最成功的动物之一。人类主要驯化绵羊和山羊，两者为羊亚科（*Caprinae*）的两个不同属：绵羊属（*Ovis*）和山羊属（*Capra*）。尽管绵羊和山羊的驯化历史代表着两个不同的驯化事件，但是两者都是距今大约11 000年前在近东新月沃地被驯化的①。从地理位置上看，绵羊的驯化发生在新月沃地西部，而山羊的驯化发生在新月沃地东部，两者的驯化区域在中部重叠。在本研究中，动物形态分析显示作为殉牲

① Zeder，M. A. 2008，Domestication and early agriculture in the Mediterranean Basin：Origins，diffusion，and impact. *Proc Natl Acad Sci U S A*. 105（33）：11597-11604.

的羊包括绵羊和山羊两种，我们的 DNA 分析也揭示了相同的情况。下面按照绵羊和山羊分别叙述。

1. 绵羊分析

近年来对现代绵羊群体的线粒体 DNA 研究表明，绵羊群体中存在 5 个不同的线粒体 DNA 世系，并命名为 A、B、C、D、E①。其中 A、B 和 C 是主要的世系，D 和 E 数量极少，据推断可能是在三个原有世系的基础上产生的新世系。世系 A 主要集中在亚洲的群体中，而世系 B 主要存在于欧洲的品种中，于是把世系 A 命名为亚洲世系，B 命名为欧洲世系。结合近东地区的考古证据和古 DNA 的数据表明世系 B 起源于近东新月沃地，母系源自欧洲摩弗伦羊（*Ovis musimon*）②。世系 A 在先前的研究中被认为是起源于东亚地区③，但最近基于线粒体 DNA 控制区序列的研究显示世系 A 的母系可能源自近东地区的安纳托利亚野绵羊（*Ovis gmelinii Anatolia*、安纳托利亚野绵羊原先被命名为亚洲摩弗伦羊 *Ovis orientalis*），而且世系 C 和 E 的母系也与安纳托利亚野绵羊有关④。

在本研究中，我们一共获得了 7 个古代绵羊序列，其中九龙山墓地 3 个（JLS02S、JLS03S、JLS04S），中庄墓地 4 个（ZZ01S、ZZ02S、ZZ04S、ZZ03S）。王大户样本 WDH01S 失败。7 个古代绵羊序列中一共存在 5 个基因单倍型，其中 JLS02S、JLS04S、ZZ02S 的序列完全一致。ZZ01S 与单倍型 JLS02S – JLS04S – ZZ02S 仅相差一个位点，根据变异位点，这些绵羊归属于世系 A（表 6 – 4）。另外三个绵羊 JLS03S、ZZ04S、ZZ03S 序列各不相同，其中 ZZ04S 与参考序列 AF010406 完全一致，根据变异位点，这些绵羊归属于世系 B（表 6 – 4）。

① a. Hiendleder, S, Mainz, K, Plante, Y, *et al.* 1998, Analysis of mitochondrial DNA indicates that domestic sheep are derived from two different ancestral maternal sources: no evidence for contributions from urial and argali sheep. *J Hered.* 89 (2): 113 – 120.
b. Guo J, Du L X, Ma Y H, *et al.* 2005, A novel maternal lineage revealed in sheep (Ovis aries). *Animal Genetics.* 36 (4): 331 – 336.
c. Pedrosa, S, Uzun, M, Arranz, J J, *et al.* 2005, Evidence of three maternal lineages in near eastern sheep supporting multiple domestication events. *Proceedings of the Royal Society B: Biological Sciences.* 272 (1577): 2211 – 2217.
d. Meadows, J. R. S, Cemal, I, Karaca, O, *et al.* 2006, Five Ovine Mitochondrial Lineages Identified From Sheep Breeds of the Near East. *Genetics.* 175 (3): 1371 – 1379.
e. Wood, N. J, Phua, S. H. 1996, Variation in the control region sequence of the sheep mitochondrial genome. *Anim Genet.* 27 (1): 25 – 33.
② a. Meadows, J. R. S, Cemal, I, Karaca, O, *et al.* 2006, Five Ovine Mitochondrial Lineages Identified From Sheep Breeds of the Near East. *Genetics.* 175 (3): 1371 – 1379. b. Hiendleder S, Lewalski H, Wassmuth R, *et al.* The complete mitochondrial DNA sequence of the domestic sheep (Ovis aries) and comparison with the other major ovine haplotype. *J Mol Evol.* 1998, 47 (4): 441 – 448.
③ Cai D, Tang Z, Yu H, *et al.* 2011, Early history of Chinese domestic sheep indicated by ancient DNA analysis of Bronze Age individuals. *Journal of Archaeological Science.* 38 (4): 896 – 902.
④ Demirci, S, Koban, B. E, Dagtas, N. D, *et al.* 2013, Mitochondrial DNA diversity of modern, ancient and wild sheep (Ovis gmelinii anatolica) from Turkey: new insights on the evolutionary history of sheep. *PLoS One.* 8 (12): e81952.

表6-4　宁夏古代绵羊序列变异和世系归属

样本编号	变异位点												世系归属
	1 5 4 5 9	1 5 4 8 1	1 5 4 8 4	1 5 4 9 8	1 5 5 4 7	1 5 5 8 3	1 5 5 8 6	1 5 5 9 7	1 5 6 3 5	1 5 6 3 8	1 5 6 3 9	1 5 6 4 6	
AF010406 ∗	C	A	G	A	G	C	A	T	A	C	A	A	B
JLS02S，JLS04S，ZZ02S	T	.	A	.	A	T	.	C	G	T	G	G	A
ZZ01S	T	.	A	G	A	T	.	C	G	T	G	G	A
ZZ04S	.	.	.	.	.	.	.	.	.	.	.	.	B
JLS03S	.	.	.	.	.	.	G	.	.	.	.	.	B
ZZ03S	.	T	.	.	.	.	.	.	.	.	.	.	B

∗ AF010406 为参考序列。"."代表与参考序列位点一致

为了进一步揭示宁夏古代绵羊与其他地区绵羊的关系，我们选择了新石器时代晚期山西陶寺龙山文化遗址和早期青铜时代青海长宁齐家文化遗址、内蒙古大山前夏家店下层遗址、新疆小河墓地、河南二里头遗址以及春秋战国时期的内蒙古凉城县小双古城墓地和板城墓地出土的绵羊，共52个古代绵羊序列（包括宁夏7个绵羊序列）作为对比构建了系统发育树和中介网络图（图6-3）。系统发育树清晰地显示了三个不同分支，每一个分支代表一个世系，红色分支为世系A，绿色分支为世系C，蓝色分支为世系B。宁夏古代绵羊JLS03S、ZZ04S、ZZ03S与内蒙古赤峰大山前遗址、凉城县小双古城墓地和板城墓地的部分绵羊聚集在世系B。从目前的数据上看，世系B在青铜时代早期就出现在内蒙古地区，而在西北的长宁和新疆小河墓地以及中原陕西陶寺和河南二里头地区并没有发现。与之相反，世系A在上述遗址中都有发现，这样的结果暗示世系A和世系B可能存在不同的扩散路线，这需要我们对更古老的样本进行分析最终确认。

为了分析古代绵羊的基因连续性，我们将序列分成青铜时代和春秋战国两个时间进行时间跨度网络分析（图6-4），我们看到除了ZZ01S以外，其他宁夏古代绵羊在其他遗址中都存在，例如在世系B中，ZZ04S和ZZ03S在同时期的小双古城墓地出现，JLS03S在青铜时代早期的大山前遗址出现，这充分显示了宁夏古代绵羊与内蒙古地区古代绵羊的紧密关系。在世系A中，JLS02S-JLS04S-ZZ02S处于世系A的建立者地位，而且在所有考古遗址中都出现，最早出现时间是青铜时代早期，显示了基因连续性。

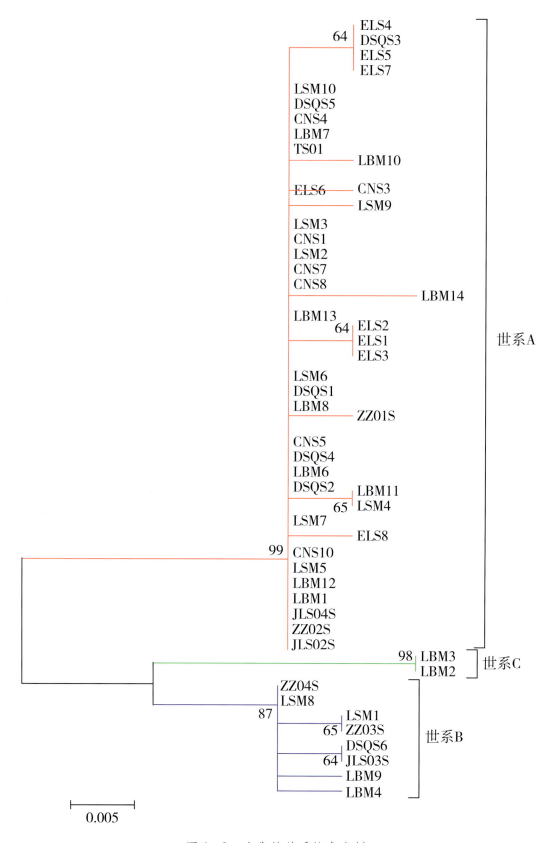

图 6 - 3　古代绵羊系统发育树

（TS 代表陶寺、ELS 代表二里头遗址、CNS 代表长宁遗址、DSQS 代表大山前遗址、LBM 代表板城墓地、LSM 代表小双古城墓地）

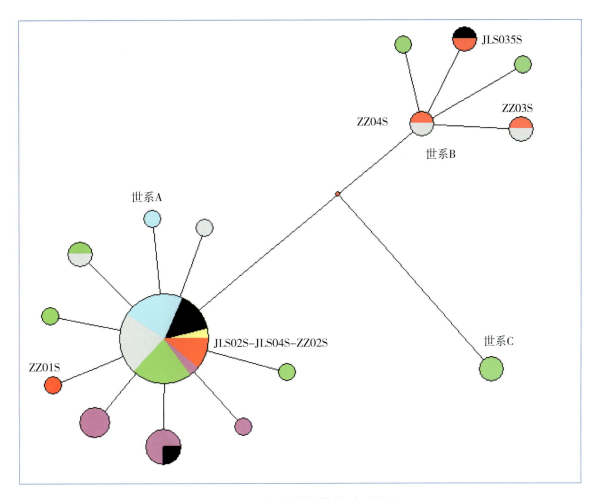

图6-4　古代绵羊单倍型网络图

(图中圆圈代表单倍型，圆圈的大小与个体数目成正比，不同颜色代表不同的遗址：红色代表本研究中宁夏的三个遗址，绿色代表板城墓地，灰色代表小双古城墓地，黄色代表陶寺遗址，黑色代表大山前墓地，紫色代表二里头遗址、亮蓝色代表长宁遗址)

2. 山羊分析

宁夏的考古遗址中，不仅出土绵羊，还有部分山羊。尽管山羊与绵羊是两个不同的物种，其生活习性以及对环境的要求有所不同，但是并不影响古人同时驯养它们。2001 年，Luikart 等人对来自世界各地的 406 个山羊的线粒体 DNA 控制区进行了系统发育分析，发现山羊有三个高度分化的世系 A、B、C，世系 A 和 B 广泛存在于世界范围内的山羊中，而世系 C 仅存在于东亚和南亚的山羊中，其研究结果暗示了山羊有多个母系起源，并且有非常弱的系统地理结构[1]。2003 年，Sultana 等人对巴基斯坦山羊进行了线粒体 DNA 的研究，发现了世系 D[2]。2004 年，Joshi 对印度山羊进行了线粒体 DNA 控制区的研究，发现

① Luikart，G，Gielly，L，Excoffier，L，*et al.* 2001，Multiple maternal origins and weak phylogeographic structure in domestic goats. *Proc Natl Acad Sci U S A.* 98（10）：5927 – 5932.

② Sultana，S，Mannen，H，2003，Tsuji S. Mitochondrial DNA diversity of Pakistani goats. *Anim Genet.* 34（6）：417 – 421.

了新的世系 E①。2006 年，Sardina 等人对西西里岛的家养山羊进行了系统发育分析，发现了一个新的世系 F②。陈善元等对中国山羊进行大规模分析显示，中国山羊主要存在 4 个世系 A、B、C、D。其中世系 A 占统治地位，其次是世系 B，世系 C 和 D 的频率最低，而且在世系 B 中发现两个亚组 B1 和 B2③。刘若余等对中国 9 个山羊品种 128 个个体进行分析显示中国山羊主要包括两个世系 A 和 B，并讨论了世系 B 在中国起源的可能性④。在 2007 年，Naderi 等人对全球 2430 个家养山羊线粒体 DNA 控制区数据进行了归纳总结，将山羊分为 6 个高度分化的世系，分别为世系 A、B、C、D、F、G⑤。2008 年，Naderi 等人对伊朗地区的野山羊 Bezoar 与现代家养山羊的遗传结构进行分析，也进一步地证明了野山羊 Bezoar（Capra aegagrus）是家养山羊的母系祖先⑥。在先前的研究中，韩璐等人对小双古城墓地和板城墓地的 14 个古代山羊进行了古 DNA 分析，也发现了四个世系 A、B、C、D，且 B 分为两组，其情况与陈善元等的结果类似⑦。至于世系的地理分布，山羊与其他家畜不同，呈现微弱的地理分布特征：世系 A 的分布最广泛，无论是个体数还是单倍型数在全世界范围内都有最广泛的分布；世系 B 包括 B1 和 B2 两个亚簇，大部分个体都集中在亚洲，少数个体分布在非洲和欧洲；世系 C 的个体主要集中在亚洲和欧洲；世系 D 的个体主要集中在亚洲和北欧；世系 F 的个体发现在西西里岛上；世系 G 的个体主要在中东、北非以及近东新月沃地附近有发现。

在本研究中，我们成功地从九龙山、王大户和中庄墓地出土的古代山羊中获得 7 个 DNA 序列。目前关于山羊的古 DNA 数据较少，仅有内蒙古小双古城墓地和板城墓地的山羊进行过古 DNA 分析，恰巧这两处遗址也是春秋战国时期北方游牧人群的遗存，因此很方便与宁夏的古代山羊进行对比分析。此外，我们还选择了 22 个世系明确的序列作为参考序列（表 6 - 5）。系统发育育显示了 6 个清晰的分支，宁夏古代山羊聚集在四个不同的分支上（图 6 - 5）。ZZ02G、ZZ03G、ZZ04G 和 WDH01G 聚集在世系 A，该世系还包括内蒙古板城墓地的 6 个山羊和小双古城墓地的 1 个山羊。ZZ01G 聚集在世系 B 的 B2 亚组，

①　Joshi, M. B, Rout, P. K, Mandal, A. K, et al. 2004, Phylogeography and origin of Indian domestic goats. Mol Biol Evol. 21（3）：454 - 462.

②　Sardina, M. T, Ballester, M, Marmi J, et al. 2006, Phylogenetic analysis of Sicilian goats reveals a new mtDNA lineage. Anim Genet. 37（4）：376 - 378.

③　Chen S, Su Y, Wu S, et al. 2005, Mitochondrial diversity and phylogeographic structure of Chinese domestic goats. Molecular Phylogenetics and Evolution. 37（3）：804 - 814.

④　刘若余、杨公社、雷初朝：《中国山羊 mtDNA D - loop 遗传多样性及其起源研究（英文）》，《遗传学报》，2006 年第 5 期，第 420 ~ 428 页。

⑤　Naderi, S, Rezaei, H. R, Taberlet, P, et al. 2007, Large - scale mitochondrial DNA analysis of the domestic goat reveals six haplogroups with high diversity. PLoS One. 2（10）：e1012.

⑥　Naderi, S, Rezaei, H. R, Pompanon, F, et al. 2008, The goat domestication process inferred from large - scale mitochondrial DNA analysis of wild and domestic individuals. Proc Natl Acad Sci U S A. 105（46）：17659 - 17664.

⑦　Han L, Yu H, Cai D, et al. 2010, Mitochondrial DNA analysis provides new insights into the origin of the Chinese domestic goat. Small Ruminant Research. 90（1 - 3）：41 - 46.

表6-5 22个参考序列

世系	国家	Accession No.	参考文献
A	India	AY155721	Joshi *et al.*，2004①
A	Italy	EF618134	Naderi *et al.*，2007②
A	France	EF617779	Naderi *et al.*，2007
A	Jordan	EF618200	Naderi *et al.*，2007
A	Iran	EF617945	Naderi *et al.*，2007
A	Iran	EF617965	Naderi *et al.*，2007
B1	Laos	AB044303	Mannen *et al.*，2001③
B1	Azerbaijan	EF617706	Naderi *et al.*，2007
B2	Mongolia	AJ317833	Luikart *et al.*，2001④
B2	China	DQ121578	Liu *et al.*，2006⑤
C	Switzerland	AJ317838	Luikart *et al.*，2001
C	India	AY155708	Joshi *et al.*，2004
C	China	DQ188892	Liu *et al.*，2005⑥
C	Spain	EF618413	Naderi *et al.*，2007
D	India	AY155952	Joshi *et al.*，2004
D	China	DQ188893	Liu *et al.*，2005
D	Austria	EF617701	Naderi *et al.*，2007
F	Sicily	DQ241349	Sardina *et al.*，2006⑦
F	Sicily	DQ241351	Sardina *et al.*，2006
G	Iran	EF618084	Naderi *et al.*，2007
G	Turkey	EF618535	Naderi *et al.*，2007
G	Egypt	EF617727	Naderi *et al.*，2007

Naderi，S，Rezaei，H. R，Taberlet，P，*et al.* 2007，Large-scale mitochondrial DNA analysis of the domestic goat reveals six haplogroups with high diversity. *PLoS One.* 2（10）：e1012.

① Sardina，M. T，Ballester，M，Marmi J，et al. 2006，Phylogenetic analysis of Sicilian goats reveals a new mtDNA lineage. *Anim Genet.* 37（4）：376-378.

② Naderi，S，Rezaei，H. R，Pompanon F，*et al.* 2008，The goat domestication process inferred from large-scale mitochondrial DNA analysis of wild and domestic individuals. *Proc Natl Acad Sci U S A.* 105（46）：17659-17664.

③ Mannen，H，Nagata，Y，2001，Tsuji，S. Mitochondrial DNA reveal that domestic goat（Capra hircus）are genetically affected by two subspecies of bezoar（Capra aegagurus）. *Biochem Genet.* 39（5-6）：145-154.

④ Sultana，S，Mannen，H，2003，Tsuji，S. Mitochondrial DNA diversity of Pakistani goats. *Anim Genet.* 34（6）：417-421.

⑤ Naderi，S，Rezaei，H. R，Taberlet，P，*et al.* 2007，Large-scale mitochondrial DNA analysis of the domestic goat reveals six haplogroups with high diversity. *PLoS One.* 2（10）：e1012.

⑥ Naderi，S，Rezaei，H. R，Taberlet，P，*et al.* 2007，Large-scale mitochondrial DNA analysis of the domestic goat reveals six haplogroups with high diversity. *PLoS One.* 2（10）：e1012.

⑦ Chen S，Su Y，2005，Wu S，*et al.* Mitochondrial diversity and phylogeographic structure of Chinese domestic goats. *Molecular Phylogenetics and Evolution.* 37（3）：804-814.

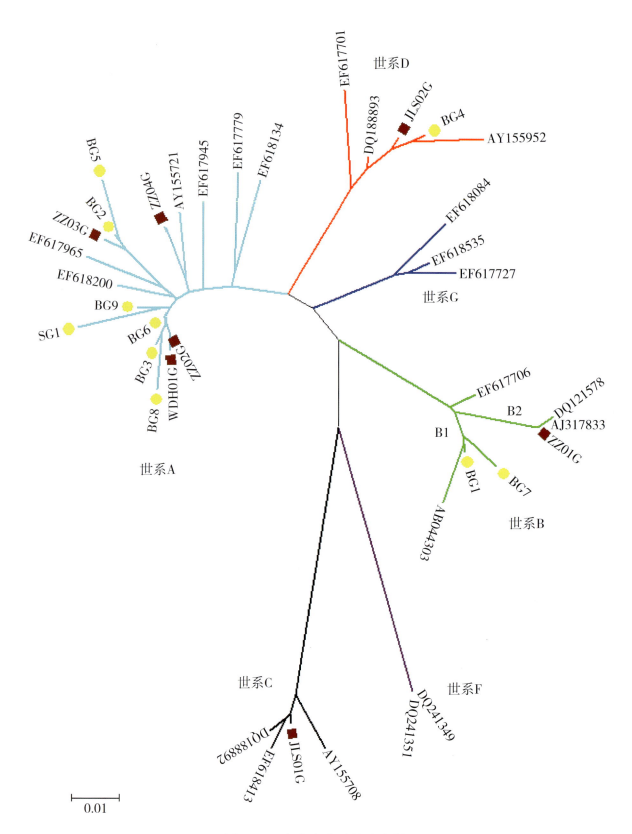

图 6 - 5   古代山羊系统发育树

(不同的世系分支用不同的颜色代表：黄色实心圆圈代表内蒙古古代山羊 ［BG 代表内蒙古板城墓地、SG 代表小双古城墓地］，紫色实心方块代表宁夏古代山羊 ［ZZ 代表宁夏中庄墓地、JLS 代表宁夏九龙山墓地、WDH 代表宁夏王大户墓地］。其他编号的序列为参考序列，见表 6 - 5)

而板城墓地的 2 个山羊位于 B1 亚组。JLS001G 聚集在世系 C 中，该世系并没有内蒙古古代山羊。JLS02G 聚集在世系 D 中，该世系中有一只来自板城墓地的山羊。从世系的组成上看，宁夏古代山羊与内蒙古古代山羊的遗传结构有差异，宁夏的山羊中包含世系 A、B2、C 和 D，而内蒙古古代山羊为世系 A、B1 和 D，不仅缺少世系 C，而且两者为世系 B 的不同亚组。两个遗址的主要特点是高频的世系 A，宁夏古代山羊世系 A 的频率为 57%，内蒙古古代山羊世系 A 的频率为 70%。目前的研究显示，在整个欧亚大陆世系 A 的频率由西向东是逐渐衰减的，这暗示世系 A 起源于欧亚大陆西部。此外，内蒙古和宁夏两地的山羊的世系 B 基因型并不相同，分别属于 B1 和 B2 两个亚组，B1 亚组由不同区域的山羊混杂形成，这表明世系 B1 的山羊被驯化后，经历了大范围的迁徙和传播，并且在东南亚各国都有一定的混合和基因交流。与 B1 组相反，B2 亚组呈现明显的地理分布特征，主要为来自中国的山羊，这表明世系 B2 可能起源于东亚[1]。世系 D 是一个非常小的世系，在研究现代家养山羊与野山羊 Bezoar（*Capra aegagrus*）的遗传关系时，在伊朗地区发现了属于单倍型类群 D 的野山羊 Bezoar（*Capra aegagrus*），这揭示了该地区可能是单倍型类群 D 的起源中心[2]。在春秋战国时期，世系 D 已经扩散至中国，并且很可能是通过中国西部的西藏和青海等地由西向东扩散进入中国的，我国西部地区很有可能是单倍型类群 D 的二次驯化中心之一[3]。世系 C 起源于东安纳托利亚，并没有在内蒙古古代山羊中存在，却在宁夏的古代山羊中存在，暗示其先到达了西部地区。

四　结论

在本研究中，我们对宁夏固原地区春秋战国时期三个游牧人群墓地出土的马、牛、羊殉牲进行了古 DNA 分析，希望通过分析不同时期、不同地区出土家畜的线粒体 DNA 基因单倍型，从时间跨度和地域分布两个方面上探讨古人饲养家畜的来源和基因连续性，及其所反映的古代人群间的联系和互动。通过古 DNA 分析，我们发现不同地区饲养的家畜均存在从新石器时代晚期或青铜时代早期至春秋战国时期，甚至到现代群体的基因连续性。例如在家马的分析过程中，我们发现在青铜时代早期，宁夏部分古代马基因单倍型就已经在内蒙古赤峰地区出现，至春秋战国时期已经扩散到宁夏以及中原河南地区，这可能与北方游牧人群的扩张以及不同地区间的贸易活动有关，而且部分宁夏古代马的基因型甚至延续到现代。在古代黄牛和绵羊的分析过程中我们同样发现了类似情况，这也进一步表明人

①　Chen S, Su Y, Wu S, *et al.* 2005, Mitochondrial diversity and phylogeographic structure of Chinese domestic goats. *Molecular Phylogenetics and Evolution.* 37（3）：804－814.

②　Naderi, S, Rezaei, H. R, Pompanon, F, *et al.* 2008, The goat domestication process inferred from large－scale mitochondrial DNA analysis of wild and domestic individuals. *Proc Natl Acad Sci U S A.* 105（46）：17659－17664.

③　Han L, Yu H, Cai D, *et al.* 2010, Mitochondrial DNA analysis provides new insights into the origin of the Chinese domestic goat. *Small Ruminant Research.* 90（1－3）：41－46.

类在饲养过程中存在强烈的选择倾向性。除了基因连续性问题，我们还关心同一时期不同地区古代家畜之间是否存在相同基因单倍型，这涉及人群间的往来及贸易交流活动。通过古 DNA 分析，我们发现不同的家畜之间可能存在不同的贸易模式。例如，我们发现春秋战国时期不同地区的马、牛和绵羊存在很多相同的基因单倍型，表明这三种家畜是人群间的主要贸易交流对象，尤其是某些重要的基因型在所有考古遗址中均有出现。但是在山羊上我们并没有看到此类现象，宁夏地区的古代山羊和内蒙古地区的古代山羊之间没有共享的基因型，而且两个地区山羊的遗传结构都存在较大的差异，这表明山羊并不是古代人群贸易交流的主要对象。

第七章 食谱分析[*]

利用古代先民骨骼和牙齿进行稳定同位素分析是重建古代食谱的一个十分有效的途。本文通过对王大户墓地和中庄墓地出土人骨中 C、N 同位素比值的测定，初步探讨了两处墓地古代先民的饮食结构，为进一步分析东周时期宁夏固原地区游牧文化先民的饮食结构与经济生产和生活方式提供了重要的科学依据。

一 实验仪器及过程

1. 仪器

同位素比值测定仪器：Thermo Finnigan 公司的 DELTA plus 型同位素比值质谱仪（isotope-ratio mass spectrometers，IRMS），同位素制备系统：Thermo Electron SPA 公司的 FLASH EA 1112 型元素分析仪。

2. 试剂

硝酸、盐酸均为优级纯。实验过程中所使用的玻璃仪器均经 10% 硝酸浸泡 24 小时后，用蒸馏水冲洗，干燥备用。实验用水均为二次去离子水。

3. 标准物质

利用国际原子能机构的稳定同位素 NBS-22（^{13}C 同位素标准物质，$\delta^{13}C$ 值为 -29.7）、和 IEAE-N-1（N 同位素标准物质，$\delta^{15}N$ 值为 +0.4）标准物质标定 CO_2 和 N_2 钢瓶气，以标定的钢瓶气作为标准气体，测定骨胶原 C、N 同位素 δ 值。

4. 骨胶原的制备

选取股骨骨干中段锯取约 $3cm^3$ 作样品，先用无菌刀片和毛刷去除骨样表面污垢，清洗骨样，在研钵中磨碎，过筛，收集介于 0.25 ~ 0.5 毫米之间的粉末骨样。在天平上称取一

* 本章由吉林大学边疆考古研究中心张全超、周亚威、朱泓执笔，该研究得到了教育部人文社会科学重点研究基地重大项目（15JJD780004）、霍英东教育基金会青年教师基金基础性研究课题（141111）、吉林大学基本科研业务费（2012QY090）的资助。

定质量的粉末骨样，倒入事先放有玻璃丝的杀青漏斗中，使骨样较为均匀地分布于玻璃丝上。加入 0.2MHCl 进行脱钙，大约 3 天左右，每隔一天换一次溶液，直到漏斗中看不到颗粒为止。换用蒸馏水洗至中性。再加入 0.125MNaOH，室温放置 20 小时，期间搅拌以除去骨样中掺杂的腐殖酸等。用蒸馏水洗至中性后，在 0.001MHCl（PH＝3）95℃浸泡 10 小时，趁热过滤，烘至近干后冷冻干燥，收集明胶化的骨胶原。

5. 样品的测试

利用锡箔杯将骨胶原包好，放在自动进样器内，通过自动进样器将样品送到元素分析仪氧化炉燃烧（1020℃），所释放出的 NO_2 和 CO_2 通过还原炉还原（650℃），经色谱柱分离、纯化后进入 DELTA plus 型同位素比值质谱仪（isotope-ratio mass spectrometers，IRMS）测定 C 和 N 的稳定同位素比值。C 和 N 均以标定的钢瓶气为标准，用 IAEA-N-1 标定氮钢瓶气（以空气为基准），用 USGS 24 标定碳钢瓶气（以 PDB 为基准），同时与相关单位进行横向校正。C 同位素的分析精度为 0.11‰，N 同位素的分析精度为 0.12‰。C 和 N 稳定同位素比值的计算公式为：

$$\delta^{13}C = \left\{ \frac{\left[(^{13}C/^{12}C)_{sample} - (^{13}C/^{12}C)_{standard} \right]}{(^{13}C/^{12}C)_{standard}} \right\} \times 1000‰$$

$$\delta^{15}N = \left\{ \frac{\left[(^{15}N/^{14}N)_{sample} - (^{15}N/^{14}N)_{standard} \right]}{(^{15}N/^{14}N)_{standard}} \right\} \times 1000‰$$

6. 数据的统计分析

统计分析采用美国社会统计软件 SPSS11.5。

二　结果与分析

1. 骨样的污染检验

判断骨样中稳定同位素是否受到污染，是使用其比值推断古代先民饮食结构的前提条件。当骨样发生污染，其有机成分——骨胶原将在各种因素的影响下发生降解，而 C 和 N 的含量也相应随之降低。因此，骨胶原中 C 和 N 的含量，成为检验骨胶原保存状况的一个重要的指标。一般认为，现代骨骼中骨胶原的 C 含量约为 41%，N 含量为 15%，C/N 比值为 3.20[①]。由表 7－1 可知，两组样品的骨胶原中，C 的含量为 40.4%～44.9%。N 的含量为 14.4%～16.1%，C 和 N 的含量均接近现代骨骼中骨胶原的含量，保持了较高的水平，并没有在长期的埋藏过程中全部分解，非常有利于进行稳定同位素的测试。此外，骨胶原的 C/N 摩尔比值是判断骨样受污染程度的另一项重要指标，DeNiro 等认为，如果 C/

---

① Ambrose, S. H., Butler, B. M., Hanson, D. H., et al. 1997, Stable isotopic analysis of human diet in the Marianas Archipelago, western pacific. *American Journal of Physical Anthropology*. 104：343－361.

N 比值在 2.9～3.6 之间，说明该样品保存较好，测定 ^{13}C 和 ^{15}N 的结果也比较可靠[1]。如果 C/N 比值高于 3.6，说明骨样中可能受到腐殖酸的污染；如果 C/N 比值低于 2.9，说明骨胶原中很可能掺杂了一定量的无机物质[2]。表 7-1 的结果显示，该组样品的 C/N 比值均处在 2.9～3.6 之间，较为理想地落在了未污染样品的范围之内，从而保证了稳定同位素最终测定结果的可靠性。

表 7-1　样品的分析测试值*

墓葬编号	N%	C%	δ^{15}N（‰）	δ^{13}C（‰）	C/N
PWM6	14.4	40.4	10.5	-12.7	3.3
PWM5	15.0	41.8	10.2	-10.3	3.3
PWM7	16.1	44.9	9.9	-10.4	3.3
PWM4	15.1	42.1	11.2	-12.2	3.2
PZM1	15.8	44.0	10.8	-10.4	3.3
PZM2	14.5	40.7	11.0	-11.4	3.3

* PW 代表王大户墓地，PZ 代表中庄墓地。

2. 结果与分析

一般认为，C$_3$ 和 C$_4$ 植物的 δ^{13}C 平均值分别为 -26.5‰和 -12.5‰[3]，在食物被动物吸收并转变为骨胶原的过程中，其 δ^{13}C 约富集 5‰[4]。因此，以 C$_3$ 和 C$_4$ 植物为食的动物，其骨胶原的 δ^{13}C 值应为 -21.5‰和 -7.5‰左右。由表 7-1 的分析结果可知，两组测试的所有样品的 δ^{13}C 值在 -12.7‰～ -10.3‰的范围内，两组样品平均值分别为 -11.4±1.2‰和 -10.9±0.7‰，表明总体上两组先民的植物类食物来源方面应以 C$_4$ 类植物或以 C$_4$ 类植物为食的动物为主。

N 在不同营养级之间存在着同位素的富集现象，按营养级的上升，每上升一级，大约富集 3～4‰，即食草类动物骨胶原中的 δ^{15}N 比其所吃食物富集 3～4‰，以食草类动物为食的食肉类动物又比食草类动物富集 3～4‰[5]。其中，食草类动物的 δ^{15}N 值大约为 3～7‰，杂食类动物的 δ^{15}N 为 7‰～9‰，一级食肉类动物以及各种鱼类则大于 9‰[6]。因此，

[1] DeNiro, M. J. 1985, Post-mortem preservation of alteration of in vivo bone collagen isotope ratios in relation to palaeodietary reconstruction. *Nature*. 317: 806-809.

[2] Van Klinken, G. J. 1999, Bone Collagen Quality Indicators for Palaeodietary and Radiocarbon Measurements. *Journal of Archaeological Science*. 26: 687-695.

[3] Van der Merwe, N. J. 1982, Carbon isotopes, photosysthesis and archaeology. *American Scientist*, 70. 596-606

[4] DeNiro, M. J, Epstein S. 1978, Influence of diet on the distribution of carbon isotopes in animals. *Geochim Cosmochim Acta*, 42: 495-506.

[5] Bocherens, H., Fizet M., Mariotti A. 1994, Diet, physiology and ecology of fossil mammals as inferred from stable carbon and nitrogen isotope biogeochemistry: implications for Pleistocene bears. *Paleogeograpgy*, *Paleoclimatology*, *Paleoecology*. 107: 215-225.

[6] Ambrose, S. H, Katzenberg M A. 2000, *Biogeochemical Approaches to Paleodietary Analysis*. New York: Kluwer Academic/Plenum Publisher.

根据 $\delta^{15}N$ 值，我们大体可以推断先民所处的营养级状态，王大户和中庄两处墓地先民骨骼中的 $\delta^{15}N$ 值为 9.9‰~11.2‰，平均值分别为 10.5±0.6‰和 10.9±0.1‰，表明该组先民食物中应该包含了大量的动物蛋白且两组先民的个体间差异均不大，推测当时食物的总体选择可能较为单一。

三　结论与讨论

通过对王大户和中庄两处先民骨骼中 $\delta^{13}C$ 和 $\delta^{15}N$ 的比值测定，我们对宁夏固原地区东周时期先民的饮食结构有了一个初步了解，得出了以下几点认识：

1. 用于本次测试的 6 例人骨骨骼标本保存状况很好，全部可用于做稳定同位素测试，且获得了比较理想的测试结果，为今后在宁夏地区开展该方向的研究提供了基础资料。

2. 两组墓地人骨中的 $\delta^{13}C$ 值分布较为集中（-12.7‰~-10.3‰），反映了两组先民食物结构以 C_4 类植物或以 C_4 类植物为食的动物为主。粟和黍等北方旱地作物为当地先民提供了肉类食物以外的主要口粮，但我们大量牧草等 C_4 类植物通过马、牛、羊等食草类动物间接影响了两组先民骨骼中的 $\delta^{13}C$ 值。

3. 两处先民骨骼中的 $\delta^{15}N$ 值普遍偏高，表明两组先民在日常饮食习惯中保持着较高比例的动物性食物摄入，暗示出畜牧业在当时先民的经济生活中处于重要的地位。从每座墓葬都有众多的马、牛、羊头骨随葬的现象推断，该地区东周时期先民应该过着"随畜牧而转移，其畜之多，则马、牛、羊"等的原始畜牧生活。其游牧性质的生业方式决定了他们饲养了大量的牲畜，而牛、马、羊等牲畜又为他们提供了充足的肉类及奶制品。偏高的 $\delta^{15}N$ 值恰恰是当时"逐水草迁徙"无"耕田之业"的生活写照。

第八章　费昂斯珠的分析研究

王大户墓地位于宁夏南部彭阳县古城镇王大户村，2008 年宁夏回族自治区文物考古研究所对该墓地进行了发掘，共发掘墓葬 8 座。2009 年，笔者接受宁夏回族自治区文物考古研究所委托对该墓地出土珠饰进行检测，获取其中 5 件费昂斯样本进行有损分析。彭阳王大户出土串珠按材质可分三类：肉红石髓、绿松石和费昂斯。其中仅费昂斯为人工合成材料，本文也仅讨论这类珠子。

一　费昂斯珠的分类

费昂斯珠多呈不透明浅绿色，少数偏蓝色，深浅略有差异。由于其质地异常坚硬，部分样本出土时曾被误认为是绿松石。利用放大倍数 20 倍的放大镜观察，其表面颜色深浅不匀，并有明显玻璃光泽，古代玻璃态材料中常见的规则圆形气孔及残留夹杂物颗粒亦清晰可见。绝大多数样本形态完整，保存状况良好。

对这批费昂斯珠外观形态的描述与分类采用 Beck 分类方法[①]，并做适当简化。全部串珠均为规则圆珠[②]，根据横截面与纵截面的形状，可分为四型。

A 型，筒形珠，横截面为圆形，纵截面为筒形。其中 Aa 型长度与直径相当或长度略大于直径，纵截面为筒形；Ab 型长度显著大于直径，纵截面接近细长橄榄形。

B 型，管珠，横截面为圆形，纵截面为柱状，长度显著大于直径。

C 型，圆珠，横截面为圆形，纵截面为椭圆或扁圆形。纵截面呈椭圆形且个体稍大者为 Ca 型，纵截面呈扁圆形且个体稍小者为 Cb 型。

D 型，横截面为双锥形或菱形，纵截面为扁圆形或柱形。严格来说存在四个亚型，即

[①]　Beck，H. C. 1981，*Classification and Nomenclature of Beads and Pedants*. York，Pennsylvania：George Shumway Publisher，1 – 5. Beck 分类方法定义的基本特征参数如下：横截面为与穿孔垂直的最大截面，纵截面为过穿孔的最大截面，直径为横截面的最大宽度，长度为纵截面上距离最远的两个端点之间的距离（通常即为穿孔长度）。

[②]　即 regular rounded beads，其横截面轮廓线由几条光滑曲线组成或由几条光滑曲线与一条直线组成。

横截面为双锥形、纵截面为扁圆形，横截面为菱形、纵截面为扁圆形，横截面为双锥形、纵截面为柱形，横截面为菱形、纵截面为柱形。前两个亚型的横截面普遍比后两个亚型的横截面更扁平，差异较显著，而这两组亚型在横截面上的差异体现在外观上并不十分显著，故将这两组合并，分别为菱形（Da）和圆角棱形（Db）两个亚型。

以上四型的样本照片见图8-1。

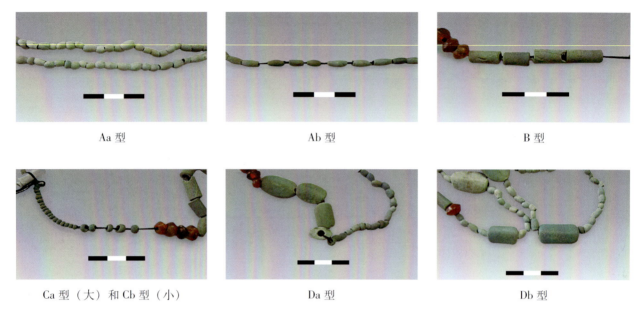

Aa 型   Ab 型   B 型

Ca 型（大）和 Cb 型（小）   Da 型   Db 型

图 8-1　费昂斯珠的类型

二　取样说明与检测方案

费昂斯（faience）是一种玻璃态材料（vitreous material）。它的原料组成与玻璃相同，主要为石英与碱，后者作为助熔剂以降低二氧化硅的熔点，此外还可添加稳定剂和着色剂。实际生产中玻璃与费昂斯的原料配比和烧成温度不同，最终形成的微观结构也有所不同。玻璃生产过程中炉料基本熔化并充分反应，最终玻璃基体为均匀的玻璃相，残留少量未熔原料和气泡。费昂斯的烧成温度较低，通常在700℃~800℃左右，高熔点的二氧化硅原料不能充分熔化，形成不均匀的微观结构。费昂斯一般包含胎体和釉层两部分：胎体以部分反应的石英为主，存在较大和较多的孔隙，玻璃相分布其间充当黏结；表面一般由大量玻璃相聚集形成釉层，有时候在胎体和釉层之间还会形成一层中间反应层。玻璃相除在釉层中分布较为连续之外，在胎体和中间层中多为不连续分布，见图8-2[①]。早期玻璃通常也会包含一些未充分熔化的石英颗粒和其他原料残留以及孔隙和气泡等，但其中玻璃相是连续分布的，这

①　Tite, M. S. & Bimson, M. 1986, Faience: An Investigation of the Microstructures Associated with the Different Methods of Glazing, *Archaeometry* 28（1）: 69-78, Figure 1.

是区分费昂斯与玻璃的常用依据。

　　由于费昂斯并非整体均质，有损分析仍然是最主要和常用的检测手段。一些表面无损检测方法（如XRF 和 PIXE 等）可用于检测费昂斯标本的总体成分（bulk composition），对了解原料组成有一定帮助。但用以判断烧制和成型方法的主要依据，如微观结构的形态，表面釉层、中间反应层和胎体中玻璃

图 8 - 2　费昂斯微观结构
（由上至下依次为表面釉层，中间反应层和胎体）

相的成分以及夹杂物残留等信息都不得不借助有损分析手段方可获取①。这些信息对于判定费昂斯标本的地域性起到关键作用。因此，本文结合多种有损检测方法，以电子探针和激光等离子质谱检测包含所有物相的整体微区成分，以扫描电镜检测玻璃相或夹杂物相的组成，并通过分析和比较这三套数据，既确保检测结果的可靠性②，又充分获取工艺信息。

　　接受委托检测的 5 件样品均为 A 型，而全部样本可分为四型，原则上理应取得其他类型的标本共同分析以保证统计结果的代表性和科学性。但实际上，这四种类型的串珠比较集中地出土于战国中晚期宁夏南部和甘肃东部一批文化面貌相同或相似的墓葬中。在对王大户费昂斯串珠分析之前，笔者已经对其他一些类似的串珠进行过观察、分类和取样分析。结果表明它们均属于同一成分体系，且工艺特征具有高度一致性。因此，基于对文物的"最小干预"原则，力求将有损取样量降低到最小限度，本文仅检测分析这 5 件 Aa 型样本，其他类型的样本则参考相关墓葬出土的同类型标本加以讨论。

　　所获取的 5 件样本依次编号为 PW1 ~ PW5，分别沿横截面切割成直径约 2 ~ 3 毫米的薄片，用透明环氧丙烯酸树脂冷镶样，24 小时固化后进行打磨、抛光（最小到 1/4μ）及超声波清洗。之后，首先在体视显微镜下（放大倍数为 6 ~ 40 倍）观察和照相，记录实际颜色和横截面形态。随后在表面喷碳，使用一台 JEOL 8100 电子探针（配高灵敏度波谱仪）进行微区成分分析，电压 15kV，电流 15 ~ 60 nA，放大倍数 800 倍，选择 7 至 10 处位置分别进行面扫描，扫描面积 20 um²，最后取平均值。再使用一台 JEOL（JSM - 35CF）扫描电镜（配能谱仪）再次进行微区成分分析，电压 20kV，选择 3 处无夹杂物的玻璃相位置分别进行面扫描，取平均值作为玻璃相成分。同时对夹杂物进行分析。观测过程中使用纯钴标样对扫描电镜进行漂移检查和校准，间隔时间约为 30 ~ 40 分钟。考虑到挥发性

①　Tite，M. S. & Shortland，A. J. 2008，Introduction，in Tite，M. S. & Shortland，A. J.（eds）*Production Technology of Faience and Related Early Vitreous Materials*，Oxford：Oxford School of Archaeology，19 - 21.

②　Jones，A. 2002，*Archaeological Theory and Scientific Practice*，Cambridge：Cambridge University Press，72 - 77.

元素如钠等在高强电子束下的损失，对一般夹杂物尽量在 1000 倍以下，更小的夹杂物也尽量在 2500 倍以下。扫描方式以"点分析"为主，针对大面积夹杂物或检测整体成分时采用"面扫描"方式，后者扫描面积力求 0.3mm×0.3mm①。对于每种夹杂物，如同一件样品中出现多处，则分别对至少 3 处进行成分测量。当多次测量的成分基本接近时，不再重复测量；如成分出现异常，则至少测量 5 处，并取成分最为接近的 3 处的平均值为最终成分。扫描电镜使用 OXFORD - INCA 软件。最后使用一台激光剥离等离子体电感耦合质谱仪（LA ICP - MS）进行化学成分分析，以获得更多痕量和稀土元素的含量。检测过程中，通氩气冷却，激光尺寸（烧蚀剥离面积直径）为 $80\mu m \sim 100\mu m$，脉冲频率为 $1Hz \sim 15$ Hz，激光剥离采用点模式，最大功率 2 mJ。预先对样品表面进行 20 秒的预剥离处理，去除表面喷碳或其他污染物；对于主量、次量和痕量元素分别校准和检测，每轮检测之前均进行空白检测以获取背景信息，计算最终结果时予以扣除。

以上检测均为有标样定量分析。校准标样分别采用美国国家标准局 Nist610、Nist612 玻璃标样和美国康宁玻璃博物馆的一套古代玻璃标准样品 A、B、C、D②。电子探针分析采用 Corning A、B、C、D 作为参考标样，由 5 组空白实验结果③计算精密度与准确度（分别用相对误差 RD% 和相对标准差 RSD% 表示，后文同）④，见图 8 - 3。激光剥离等离子体电感耦合质谱分析过程采用 ^{29}Si 作为内标，以 Nist 610（适用于浓度 $500\mu g \cdot g^{-1}$ 的元素）、Nist 612（适用浓度 $50\mu g \cdot g^{-1}$ 的元素）、Corning B 和 Corning D 作为标准样品校准，校准结果在相对误差 10% 以内接受；Corning A 用以检测设备可靠性，由 5 组空白实验结果计算准确度和精密度⑤，见图 8 - 4 和表 8 - 1。扫描电镜测量样品玻璃相基体成分采用 4 个康宁标样作为参考标样，由 6 组空白实验结果计算准确度，见图 8 - 5。上述计算过程中，康宁标样的常用主、次量和痕量元素以 Wt% 为单位，一些浓度较低的次量、痕量和稀土元素以 $\mu g \cdot g^{-1}$ 为单位。

从图 8 - 3 可知电子探针对于不同氧化物或元素的准确度可分为三种情况。第一类，硅、铝、镁、钾、钙、锑及锰等氧化物的 4 项标样空白测试结果（康宁 A ~D）的精密度均小于 10%，准确度均小于 20%，而铁、钠、铜和钛等氧化物有 3 项标样结果的精密度

---

① Tite, M. S. & Shortland, A. J. 2008, Introduction, in Tite, M. S. & Shortland, A. J. (eds) *Production Technology of Faience and Related Early Vitreous Materials*, Oxford: Oxford School of Archaeology, 20.

② 康宁标样分别代表典型的古代玻璃成分：A 为青铜时代晚期的埃及植物灰玻璃，B 为罗马泡碱玻璃，C 为东亚高铅玻璃，D 为中世纪晚期欧洲的树木灰钾玻璃。

③ 康宁标样 C 仅测 1 组空白实验，因所测 5 件标本均非铅钡成分体系，故标样 C 用于实际校准的作用不大。

④ 标样中元素的标准含量根据 Brill, R. H. 1999, *Chemical Analyses of Early Glasses: Volume I Catalogue of Samples*, New York: The Corning Museum of Glass.

⑤ 标样中常用的主、次量和痕量元素的标准含量同标样中元素的标准含量根据 Brill, R. H. 1999, *Chemical Analyses of Early Glasses: Volume I Catalogue of Samples*, New York: The Corning Museum of Glass, 其余元素的标准含量根据: Vicenzi, E. P. et al. 2002, Microbeam characterization of Corning archaeological reference glasses: new additions to the Smithsonian Microbeam standard collection, *Journal of Rearch of the National Institute Standards and Technology* 107: 719 - 727; Shortland, A. et al. 2007, Trace element discriminants between Egyptian and Mesopotamian Late Bronze Age glasses, *Journal of Archaeological Science* 34: 781 - 789.

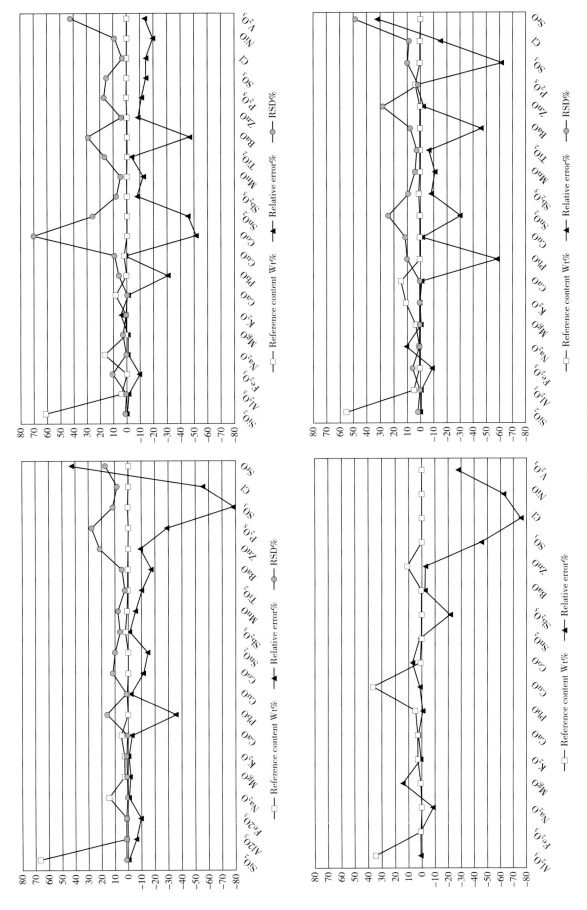

图 8 - 3　电子探针测试康宁标样的准确度和精密度
（A 上左，B 下左，C 上右和 D 下右）

均小于10%，准确度均小于20%，可接受；镍仅有一项结果有效，也可接受。第二类，电子探针对氯和磷等元素的灵敏度偏低，前者浓度达到0.15%~0.20%或更高时结果可接受，后者浓度0~4%时结果可接受。硫的精密度和准确度均不佳，但与磷和氯相同，实际检测值始终低于标样参考值，原因在于这三者的标准含量为配样时的原始含量，但在标样合成过程中不可避免会有部分挥发，故存在误差①。这三组元素的检测结果仍可作定性比较。第三类，铅、钡、钴、锡和锌等氧化物的结果受到设备灵敏度的影响，仅在一定浓度范围可接受，但本次检测的5件样本中的含量均低于设备灵敏度水平，其结果不可接受。锶和钒的精密度和准确度均很差，不予采纳。

根据图8-4，激光等离子体质谱仪检测Wt%水平的氧化物中，除铅、钡和氯以外，其余氧化物的精密度在10%以内，准确度在20%以内，可接受。比较康宁A标样结果，激光等离子体质谱仪对硅、铁、钴、锡、锑、锰、锌、磷和锶等氧化物及氯元素的结果优于电子探针，而对铝、钠、镁、钾、钙、铜、铅、钡和钛等氧化物的结果则逊于后者。根据表8-1，激光等离子体质谱仪对μg·g⁻¹水平的45项元素的分析效果可分为三种情况。第一类，表中第一行，精密度在10%以内，准确度在20%以内，可接受。第二类，表中第二行，锶的精密度为3.21%而准确度为30%，优于电子探针结果，讨论时仍有参考意义；其他元素精密度显著大于10%或准确度显著大于20%，不予采纳。第三类，表中第三行，由于缺乏标准值可参考，无法判断其准确度情况，不予采纳②。

扫描电镜的检测效果由图8-5可分为三种情况。第一类，硅、钙和锑等氧化物的精

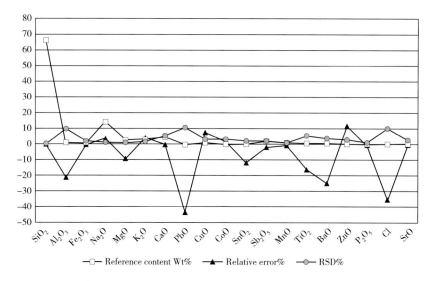

图8-4 激光等离子体电感耦合质谱仪测试康宁标样A的准确度和精密度

---

① Brill, R. H. 1971, A Chemical - Analytical Round - Robin of Four Synthetic Ancient Glasses, *The Proceedings of the IXth International Congress on Glass*, *Versailles*. Paris：La Commission internationale du verre.
② 本文仍保留后两类数据结果，因其对于其他公开发表数据而言仍可作为定性比较的参考。

表 8-1　激光等离子体电感耦合质谱仪测试康宁 A 标样中浓度较低的次量、痕量和稀土元素的准确度和精密度

Element	B	K	Ti	V	Mn	Fe	Co	Ni	Cu	Zn	Rb	Zr	Ag	Ba	Bi	Th
Mean μg·g⁻¹	613.4	21235.3	3999.0	36.59	7708.1	7615.0	1366.7	182.7	9908.1	392.9	89.39	36.47	17.12	3774.4	8.11	0.297
SD	59.48	336.22	225.18	5.29	87.73	160.83	48.91	4.55	341.51	12.65	4.28	2.46	0.93	162.80	0.45	0.02
RSD %	9.70	1.58	5.63	14.45	1.14	2.11	3.58	2.49	3.45	3.22	4.78	6.75	5.46	4.31	5.49	8.24
Reference μg·g⁻¹	621	23825	4736	33.61	7745	7624	1337	157	9586	402	91.44	37.02	18.62	4210	8.97	0.288
Absolute error μg·g⁻¹	-7.60	-2589.7	-737.0	2.98	-36.88	-8.99	29.72	25.73	322.1	-9.08	-2.05	-0.55	-1.50	-435.6	-0.86	0.01
Relative error %	-1.22	-10.87	-15.56	8.88	-0.48	-0.12	2.22	16.39	3.36	-2.26	-2.25	-1.48	-8.06	-10.35	-9.60	3.25

Element	Sr	Li	Cr	Y	Zn	Cs	Ce	Pb	U
Mean μg·g⁻¹	828.6	52.27	20.71	0.398	392.9	0.198	5.268	607.7	0.236
SD	26.57	32.09	1.73	0.08	12.65	0.03	5.09	66.37	0.04
RSD %	3.21	61.38	8.33	20.00	3.22	14.33	96.57	10.92	16.33
Reference μg·g⁻¹	1184	46.45	6.84	0.365	402	0.255	0.236	928	0.182
Absolute error μg·g⁻¹	-355.4	5.82	13.87	0.03	-9.08	-0.06	5.03	-320.25	0.05
Relative error %	-30.02	12.53	202.8	8.93	-2.26	-22.23	2132.2	-34.51	29.88

Element	P	As	Sb	La	Au	Dy	Er	Eu	Hf	Ho	In	Lu	Nb	Nd	Pr	Sm	Ta	Tb	Tm	Yb
Mean μg·g⁻¹	277.5	22.57	12950.0	3.295	0.381	0.053	0.021	0.015	0.932	0.010	6.074	0.018	0.546	0.428	0.148	0.081	0.105	0.021	0.005	0.039
SD	2.94	1.41	296.69	5.85	0.43	0.05	0.00	0.02	0.12	0.00	0.42	0.03	0.05	0.37	0.12	0.08	0.01	0.02	0.00	0.02
RSD %	1.06	6.26	2.29	177.5	114.2	96.87	11.95	107.7	12.42	42.44	6.94	148.0	9.98	86.93	78.26	100.4	13.30	109.4	48.10	41.07

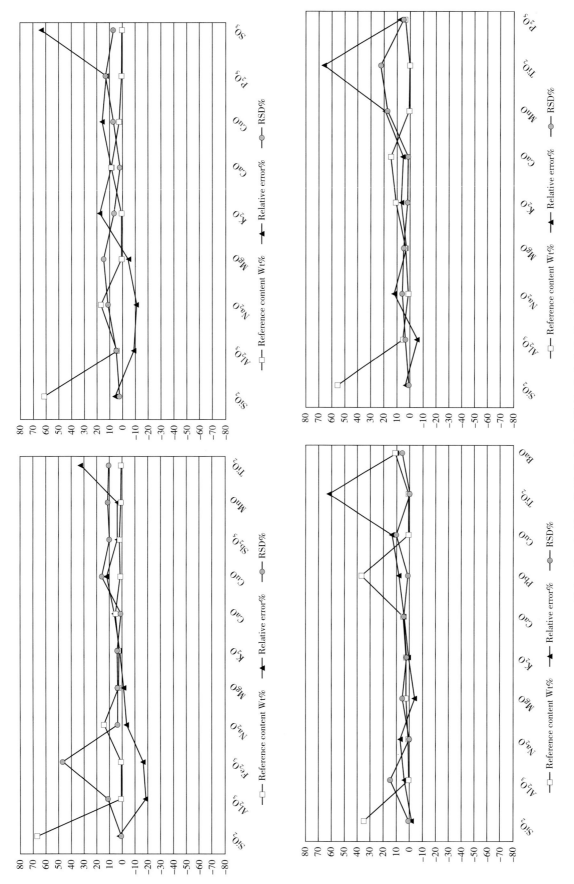

图 8 - 5　扫描电镜测试康宁标样的准确度和精密度

（A 上左，B 上右，C 下左和 D 下右）

密度和准确度均在 10% 以内，不过锑的检出限高于 1%；磷的精密度和准确度约在 15% 以内；铅和钡在浓度较高的情况下，精密度和准确度均在 10% 左右，但检出限高于 0.50%；钠和镁有三项结果的精密度和准确度在 10% 以内，以上结果较好。此外，铝、钾和铜等氧化物至少有三项结果的精密度在 10% 以内或略高，准确度在 15% 以内或略高；锰有一项标样结果略高，而另一项结果尚可，以上几项氧化物的结果可接受。第二类，铁、钛和硫等氧化物精密度显著大于 10% 或准确度显著大于 20%，不十分理想，但铁为七项基本组分之一，仍予采纳。第三类，钴、锡、锌、氯、镍、锶和钒等检出限高，除测出含量水平较高的数据外，予以舍弃。

综合上述结果，本文以电子探针数据结果的第一、二类氧化物及元素来表征主要的主、次量和痕量元素，磷采用等离子体质谱数据，以上单位为 Wt%；其他痕量和稀土元素则采用激光等离子体质谱仪数据结果的第一类元素和第二类中锶的数据，单位为 $\mu g \cdot g^{-1}$。在表示样本中玻璃相的成分时，采用扫描电镜数据结果的第一类元素及第二类中铁的氧化物，单位为 Wt%。对于精密度好但准确度不佳的元素，如准确度呈现出一致的趋势，即始终偏高或偏低，亦可作定性比较数据采用。

三　检测结果分析

（一）材料属性

五件试样中四件的体视显微镜照片见图 8-6（PW5 未拍照）：

几件试样在光学显微镜下均未观察到表面釉层，不具备图 8-2 所示的分层结构。利用扫描电镜进一步观察，它们的显微结构完全一致。以 PW1 为例，见图 8-7（放大倍数 40）和图 8-8（放大倍数 150），伴随着较多气泡（图 8-7 和图 8-8 中 A）和孔隙（图 8-7 和图 8-8 中 C），大量未熔石英颗粒（图 8-7 和图 8-8 中 D）几乎均匀地分布在连续的玻璃相基体中，此外还可观察到一些残留夹杂物（图 8-7 中 E 和 F，图 8-8 中 G 和 H）。根据这一特征，可将这四件试样归为 E 类费昂斯，或称"玻璃化费昂斯"[1]。这种费昂斯中的玻璃相在基体中连续分布，可视为玻璃与费昂斯的混合物[2]，也有学者称之为"不完美的玻璃"[3]，对此学术界并没有一个科学、准确的命名。我国宝鸡强国墓地茹家庄出土的费昂斯珠的显微结构与王大户样本完全一致，被研究者定义为"玻璃化费昂斯"[4]；本文遵循这一命名方式。从工艺角度看，费昂斯与玻璃最主要的区别在于其

---

① 即 variant E，glassy faience，见 Lucas, A. & Harris, J. R. 1999, *Ancient Egyptian Materials and Industries*, Mineola, 164-165.

② Vandiver, P. B. 2008, Raw Materials and Fabrication Methods Used in the Production of Faience, in Tite, M. S. & Shortland, A. J. (eds) *Production Technology of Faience and Related Early Vitreous Materials*, Oxford：Oxford School of Archaeology, 55.

③ 见 Lucas, A. & Harris, J. R. 1999, *Ancient Egyptian Materials and Industries*, Mineola, 164-165.

④ Brill, R. H. et al. 1989, The Chemical Composition of a Faience Bead from China, *Journal of Glass Studies* 31：11-15.

PW1（放大倍数×25）

PW2（放大倍数×40）

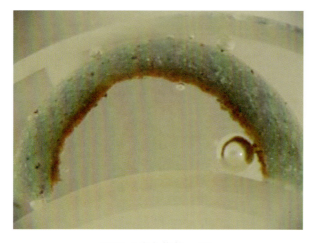

PW3（放大倍数×40）

PW4（放大倍数×25）

图 8 - 6　四件样品的体视显微镜照片

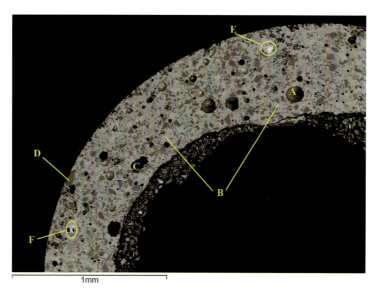

图 8 - 7　样本 PW1 的背散射照片

（放大倍数 40 倍。A - 气泡；B - 玻璃相基体；C - 孔隙；D - 未熔石英颗粒；E、F - 夹杂物）

原料的熔化程度不同：前者通过"烧结"方式加热原料，原料组分未充分熔化故而有相当部分仍以固体状态保留下来，而后者的原料则经过充分和完全的熔化①。据此，本文认为将王大户标本定为费昂斯更为妥当。

玻璃化费昂斯在微观结构上的特征对其外观和硬度等属性存在显著的影响，也由此区别于其他类型的费昂斯。首先，由于表面未形成一层单独的釉层，石英颗粒"稀释"了玻璃相中着色剂造成的颜色效果，因而玻璃化费昂斯多呈现出较浅的色泽②，如图 8 – 1 和图 8 – 6 所示。其次，这些大量分布的石英颗粒，形状不甚规则，少数个体可达 50 ~ 70μm，多数尺寸则集中在 10 ~ 20μm 范围内，甚至更小（图 8 – 8），几乎在基体中构成一种近乎网状的支撑结构，使得样本的质地十分坚硬。古代工匠在生产玻璃和费昂斯时通常将石英原料研磨至 20 ~ 70μm 的粒度③，相比之下，王大户费昂斯的制作工匠们对石英原料进行了极为充分的研磨，这一点可视为地域性的工艺特征。

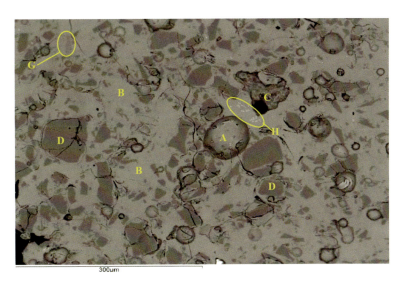

图 8 – 8 样本 PW1 的背散射照片

放大倍数 150 倍。A – 气泡；B – 玻璃相基体；C – 孔隙；D – 未熔石英颗粒；G，H – 夹杂物

需要说明的是，在其他遗址如秦安王洼战国墓地④出土的费昂斯串珠（成分与王大户接近）中，多数样本为这种不分层的玻璃化费昂斯，不过也有一些属于分层结构的普通费昂斯，其胎体玻璃化程度很高，与图 8 – 7 无异，但存在釉层。凭肉眼可大致区分这两种串珠：普通费昂斯串珠的颜色普遍偏深、表面光滑且具有明显的玻璃光泽；玻璃化费昂斯珠则颜色

① Moorey, P. R. S. 1994, *Ancient Mesopotamian Materials and Industries*, New York: Oxford University Press, 167.

② Vandiver, P. B. 2008, Faience Production in Egypt, in Tite, M. S. & Shortland, A. J. (eds) *Production Technology of Faience and Related Early Vitreous Materials*, Oxford: Oxford School of Archaeology, 84.

③ Vandiver, P. B. 2008, Faience Production in Egypt, in Tite, M. S. & Shortland, A. J. (eds) *Production Technology of Faience and Related Early Vitreous Materials*, Oxford: Oxford School of Archaeology, 83.

④ 甘肃省文物考古研究所：《甘肃秦安王洼战国墓地 2009 年发掘简报》，《文物》2012 年第 8 期。

较浅、表面略显粗糙且没有明显的玻璃光泽。根据观察,王大户串珠绝大多数属于后一类,本文也仅讨论这类费昂斯制品。

（二）成型与上釉方法

玻璃器物可由初步烧成的玻璃料再加工成型,热加工或冷加工均可;珠饰多采用热加工,缠绕法是最常用的成型方法。理论上来说,假设以较低的温度（如共晶温度线附近）烧结方式一次烧制后热加工或者再次软化后热加工,即类似玻璃的生产和成型方法也可能获得这种玻璃化程度很高的费昂斯。热加工的情况下,如果模制,则最终串珠的形状与尺寸会非常规整;手制则会导致内部气泡沿缠绕方向形成椭圆或长圆形。对王大户的串珠我们仅检测了 A 型样本,其他遗址的出土品也只有 A、B 和 D 型经过了光学或电子显微镜观察,均没有发现上述现象。我们推测上述三型热加工的可能性不大,C 型的加工方式暂时待定。

费昂斯制品多是冷加工成型后再烧制。费昂斯的制作一般分为制坯、晾干和上釉焙烧等三步操作①。首先是制坯,用石英加入适量的碱溶液,或者石英加碱原料混合后加水,并添加着色剂,调成浆料造型。费昂斯的制坯有多种方法②:1）内模敷料③;2）手制;3）模制;4）轮制。轮制主要用于容器。王大户墓地出土的这批串珠按类型分虽然具有一定的尺寸规格,但大小并不十分一致,模制的可能性也不大。A 型串珠普遍内径大而壁薄,一些样本的边缘十分不规则,有些能观察到轻微的锯齿状边缘,似乎经过切割或打断,另一些边缘也残留锯齿状痕迹但基本光滑,似乎在切割或打断后又经过了热处理以消除这些痕迹。由此推测,A 型珠可能先加工成多节连珠的形状,烧制后在两节连接处进行切割或直接敲断,有些直接使用,有些可能再次加热。在塑造多节连珠的形状时,工匠们很可能借助内模敷料的方法,将浆料薄薄地涂覆在上面,此时外模的辅助也有可能。B 和 D 型可直接手制塑形。因此,王大户串珠的成型可能用到内模敷料和手制两种方法。

制好坯后要通风晾干,同时由于虹吸和毛细作用,水分自内向表面的挥发作用将溶于水中的盐分带到表层;随着水分的丧失,聚集到表面的盐分会逐渐结晶成粉末状并形成一层白色风化层。最后是上釉焙烧,有三种方式④:1）直接施釉法⑤;2）风化法⑥;3）烧

---

① Vandiver, P. B. 1983, The Manufacture of Faience, in Kaczmarczyk, A. & Hedges, R. E. M. *Ancient Egyptian Faience*, Warminster: Aris & Phillips, Appendix A, 1 – 144.

② Vandiver, P. B. 1983, The Manufacture of Faience, in Kaczmarczyk, A. & Hedges, R. E. M. *Ancient Egyptian Faience*, Warminster: Aris & Phillips, Appendix A, 1 – 144.

③ 又称卷芯法,即先用一团稻草（或麦秆、纺织品、填充沙子的布袋等）做成一定形状的内模,再将调好的费昂斯浆料涂抹到上面,并适当修整。

④ Vandiver, P. B. 1983, The Manufacture of Faience, in Kaczmarczyk, A. & Hedges, R. E. M. *Ancient Egyptian Faience*, Warminster: Aris & Phillips, Appendix A, 1 – 144. Figure 23。

⑤ 即 application,把釉料水溶液涂于坯体表面,或将坯体直接浸入釉料水溶液中,然后焙烧即可。

⑥ 即 efflorescence,对晾干的坯体直接焙烧,利用晾干后表面已形成的风化层中的盐作为助熔剂,与表层中的石英颗粒反应形成釉层,胎体内部残留的盐也以同样的方式在石英颗粒之间形成玻璃相,烧成后获得致密的多孔结构。

结法①。这三种方法的原理都是利用晾干过程中已形成的风化层或者促进表面风化层的形成，从而使风化层中的盐与石英反应生成玻璃相。经这三种方法上釉的费昂斯成品一般都会形成如图8-2所示的分层结构，或在表层与内核之间存在一些元素的浓度差异②。本文检测的这几件费昂斯珠没有形成釉层与胎体分离的结构，各处玻璃相成分也很均匀（见后文），显然它们在成型和焙烧阶段均未形成表面风化层，换言之，它们很可能未经上述任何一种上釉处理，其基体中的玻璃相是通过其他方式生成的。由此推测工匠可能的操作步骤如下③：1）对石英料进行适当的研磨；2）将石英料、碱料（可能加入石灰）及着色剂等按比例混合配成釉料并预烧结，随后研磨；3）将上述二者混合，添加水分后塑形；由于经过预烧结的混合料并不溶于水，从而避免了风化盐层的形成；4）焙烧。

考虑到所检测的全部样品均为尺寸很小的A型珠，也不能完全排除施釉的可能性。如向胎体中加入较高比例的釉料，使得基体中生成大量玻璃相，也可获得类似的效果④。在这种情况下，一次烧制即可：1）对石英料进行适当的研磨；2）将石英料、碱料及着色剂等按比例混合配成釉料并进行研磨；3）将上述二者混合（可能加入石灰），添加水分后塑形；4）直接施釉法或烧结法施釉；5）焙烧。

（三）基本原料组成及化学成分体系

电子探针和激光等离子体电感耦合质谱仪的检测结果分别见表8-2和表8-3。两组数据基本一致，可相互验证结果的可靠性。扫描电镜检测玻璃相的结果见表8-4，扫面电镜检测PW1的整体成分结果见表8-5。根据电子探针数据计算七组分简化成分⑤结果见表8-6，同样计算扫描电镜检测玻璃相结果的七组分简化成分见表8-7，以及计算扫描电镜检测PW1整体成分结果的七组分简化成分见表8-8。

五件样本的化学成分一致，七组分简化成分的离散程度不大，应属同一工艺传统。比较表8-6中PW1的检测结果与表8-8，两组数据几乎完全相同，说明该样本的成分组成在整个基体中分布相当均匀。这与图8-7和图8-8所反映的微观特征完全相符，也进一步验证了上文关于工艺的推测，即工匠在烧制之前已将釉料加入基体中并进行了充分混合。基于上述结果，尽管电子探针检测过程中扫描面积不大，表8-6结果可视为整体成

---

① 即 cementation，将坯体埋入研磨成粉末的釉料中焙烧，利用表面接触发生的固相反应自表面向内形成釉层。

② Tite, M. S. *et al*. 1983, Egyptian Faience：An Investigation of the Methods of Production, *Archaeometry* 25（1）：17 - 27.

③ Vandiver, P. B. 2008, Faience Production in Egypt, in Tite, M. S. & Shortland, A. J. （eds）*Production Technology of Faience and Related Early Vitreous Materials*, Oxford：Oxford School of Archaeology, 84.

④ Angelini, I. 2008, Faience Production in Northern and Western Europe, in Tite, M. S. & Shortland, A. J. （eds）*Production Technology of Faience and Related Early Vitreous Materials*, Oxford：Oxford School of Archaeology, 129 - 146.

⑤ Brill, R. H. 提出的七组分简化模型，见706页注④：15 - 17. 该简化模型从玻璃样品的化学成分中提取主要的七项氧化物，归一化处理后追加后缀"＊"，分别以 $SiO_2 * - Na_2O * - Al_2O_3 * - Fe_2O_3 * - CaO * - K_2O * - MgO *$ 的形式来表示，代表未添加其他添加剂之前的玻璃基体成分，长期以来已逐渐被大多数学者所接受与采用。

表 8-2　电子探针检测结果（Wt%）

	SiO₂	Al₂O₃	Fe₂O₃	TiO₂	Na₂O	K₂O	CaO	MgO	Sb₂O₅	MnO	CuO	NiO	P₂O₅	SO₃	Cl	Original Total
PW1	79.9	2.60	1.24	0.16	1.81	8.03	3.13	0.64	0.009	0.07	1.49	0.018	0.39	0.04	0.13	99.9
PW2	80.7	3.18	1.57	0.20	2.09	6.16	2.96	0.68	0.011	0.07	1.52	0.012	0.35	0.05	0.12	94.5
PW3	79.7	2.91	1.43	0.18	2.01	7.01	3.52	0.73	0.007	0.07	1.62	0.005	0.30	0.04	0.14	98.0
PW4	80.9	2.44	1.10	0.15	1.93	7.17	3.03	0.60	0.007	0.07	1.67	0.006	0.39	0.04	0.25	97.6
PW5	77.4	3.09	1.43	0.21	2.99	6.89	3.59	0.78	0.012	0.08	2.38	0.007	0.45	0.05	0.38	96.3
Average	79.7	2.84	1.35	0.18	2.17	7.05	3.24	0.69	0.009	0.074	1.73	0.010	0.37	0.04	0.20	97.3
Stdev	1.39	0.32	0.18	0.03	0.47	0.67	0.29	0.07	0.003	0.006	0.37	0.005	0.06	0.00	0.11	2.02
RSD %	1.74	11.1	13.5	14.4	21.8	9.50	8.87	10.5	27.6	7.85	21.2	55.7	15.5	10.1	54.8	2.07

表 8-3　激光等离子体电感耦合质谱仪检测结果

Wt%	SiO₂	Al₂O₃	Fe₂O₃	TiO₂	Na₂O	K₂O	CaO	MgO	MnO	CuO	NiO	SnO₂	ZnO	SrO	P₂O₅	Cl	Original Total
PW1	79.2	2.58	1.24	0.18	1.65	7.93	3.62	0.66	0.089	1.79	0.006	0.026	0.060	0.017	0.57	0.19	99.9
PW2	78.4	2.92	1.37	0.16	1.91	5.35	3.05	0.69	0.076	1.74	0.004	0.015	0.036	0.020	0.49	0.96	99.9
PW3	79.4	2.98	1.58	0.30	1.97	7.07	3.21	0.68	0.089	1.85	0.004	0.022	0.061	0.019	0.42	0.17	99.9
PW4	78.2	2.82	1.31	0.17	2.49	7.28	3.61	0.72	0.095	2.11	0.005	0.024	0.072	0.021	0.47	0.38	99.9
PW5	80.1	3.02	1.39	0.13	1.84	6.40	2.97	0.65	0.084	1.78	0.005	0.019	0.045	0.025	0.65	0.66	99.9
Average	79.1	2.86	1.38	0.19	1.97	6.81	3.29	0.68	0.09	1.86	0.005	0.021	0.055	0.020	0.52	0.47	99.9
Stdev	0.78	0.18	0.13	0.07	0.31	0.98	0.31	0.02	0.01	0.15	0.001	0.004	0.014	0.003	0.09	0.34	0.01
RSD %	0.99	6.12	9.10	35.5	15.9	14.4	9.31	3.67	8.27	7.94	15.9	20.4	25.8	15.1	17.9	71.2	0.01

μg·g⁻¹	Ag	B	Ba	Bi	Co	Ni	Rb	Sr	Th	Ti	V	Zr
PW1	2.83	22.69	651.81	0.28	6.50	47.78	83.40	139.57	4.73	1063.91	202.25	74.03
PW2	1.98	19.66	806.44	0.40	5.50	32.03	68.05	165.16	4.63	967.23	176.26	68.47
PW3	2.19	26.97	819.79	0.30	6.25	35.06	80.72	157.02	4.09	1811.93	237.32	67.21
PW4	1.35	21.21	855.26	0.30	7.94	37.82	80.91	175.39	4.02	1014.35	246.44	63.64
PW5	4.32	28.52	842.17	0.33	5.69	36.01	85.42	208.40	2.91	769.44	215.18	41.41
Average	2.54	23.8	795.1	0.32	6.38	37.7	79.7	169.1	4.08	1125.4	215.5	63.0
Stdev	1.13	3.79	82.3	0.04	0.97	5.99	6.80	25.6	0.73	399.74	28.06	12.61
RSD %	44.5	15.9	10.4	14.0	15.1	15.9	8.53	15.1	17.8	35.5	13.0	20.0

表 8 - 4 扫描电镜检测玻璃相结果（Wt%）

	SiO$_2$	Al$_2$O$_3$	Fe$_2$O$_3$	TiO$_2$	Na$_2$O	K$_2$O	CaO	MgO	CuO	P$_2$O$_5$	Cl	Original Total
PW1	69.8	2.92	1.53	0.46	3.01	11.3	6.23	1.19	2.32	0.95	0.22	97.3
PW2	73.1	5.78	1.82	0.66	2.62	10.0	3.04	0.97	1.96			94.9
PW3	71.6	3.17	1.76	0.29	2.68	9.56	5.75	1.38	2.82	0.78	0.24	96.9
PW4	72.5	3.00	1.47	0.39	2.86	10.4	4.77	0.81	2.69	0.84	0.35	97.8
PW5	69.8	2.71	2.22		4.48	9.14	5.83	1.39	3.05	0.92	0.47	97.5
Average	71.4	3.51	1.76	0.45	3.13	10.1	5.13	1.15	2.57	0.87	0.32	96.9
Stdev	1.51	1.28	0.30	0.16	0.77	0.84	1.28	0.25	0.43	0.08	0.12	1.18
RSD %	2.11	36.3	16.9	35.0	24.5	8.31	25.0	22.1	16.8	9.16	36.4	1.22

表 8 - 5 扫描电镜检测样本 **PW1** 的整体成分结果（Wt%）

	SiO$_2$	Al$_2$O$_3$	Fe$_2$O$_3$	Na$_2$O	K$_2$O	CaO	MgO	CuO	Original Total
PW1	81.0	2.01	1.07	1.79	8.11	3.58	0.68	1.81	90.6

表 8 - 6 电子探针数据的七组分简化表（Wt%）

	SiO$_2$*	Al$_2$O$_3$*	Fe$_2$O$_3$*	Na$_2$O*	K$_2$O*	CaO*	MgO*	(Na+K)*	(Na/K)*	(Ca, Mg)*/ (Na, K)*	Ca*/ Mg*	CuO	P$_2$O$_5$
PW1	82.1	2.67	1.28	1.85	8.25	3.21	0.66	10.1	0.22	0.38	4.87	1.49	0.57
PW2	82.9	3.26	1.61	2.15	6.33	3.04	0.70	8.48	0.34	0.44	4.37	1.52	0.49
PW3	81.9	2.99	1.47	2.07	7.20	3.61	0.75	9.27	0.29	0.47	4.81	1.62	0.42
PW4	83.3	2.51	1.13	1.99	7.38	3.12	0.61	9.36	0.27	0.40	5.09	1.67	0.47
PW5	80.5	3.21	1.49	3.11	7.17	3.73	0.81	10.3	0.43	0.44	4.61	2.38	0.65
Average	82.1	2.93	1.40	2.23	7.26	3.34	0.71	9.50	0.31	0.43	4.75	1.73	0.52
Stdev	1.07	0.33	0.19	0.50	0.68	0.31	0.08	0.72	0.08	0.04	0.27	0.37	0.09
RSD %	1.31	11.3	13.5	22.4	9.43	9.23	10.8	7.60	25.7	8.32	5.72	21.2	17.9

*P$_2$O$_5$ 为 LA ICP - MS 数据

表 8 - 7 扫描电镜检测玻璃相的七组分简化表（Wt%）

	SiO$_2$*	Al$_2$O$_3$*	Fe$_2$O$_3$*	Na$_2$O*	K$_2$O*	CaO*	MgO*	(Na+K)*	(Na/K)*	(Ca、Mg)*/ (Na、K)*	Ca*/Mg*	CuO	P$_2$O$_5$
PW1	72.7	3.04	1.59	3.14	11.8	6.49	1.24	14.9	0.27	0.52	5.25	2.32	0.95
PW2	75.1	5.94	1.87	2.70	10.3	3.12	1.00	13.0	0.26	0.32	3.13	1.96	
PW3	74.6	3.31	1.83	2.80	10.0	6.00	1.44	12.8	0.28	0.58	4.16	2.82	0.78
PW4	75.7	3.13	1.54	2.99	10.8	4.98	0.85	13.8	0.28	0.42	5.87	2.69	0.84
PW5	73.0	2.83	2.32	4.69	9.56	6.10	1.45	14.2	0.49	0.53	4.20	3.05	0.92
Average	74.2	3.65	1.83	3.26	10.5	5.34	1.20	13.8	0.31	0.47	0.31	2.57	0.87

续表 8 - 7

	SiO₂*	Al₂O₃*	Fe₂O₃*	Na₂O*	K₂O*	CaO*	MgO*	(Na+K)*	(Na/K)*	(Ca、Mg)*/(Na、K)*	Ca*/Mg*	CuO	P₂O₅
Stdev	1.30	1.29	0.31	0.81	0.86	1.36	0.27	0.89	0.10	0.11	0.10	0.43	0.08
RSD %	1.75	35.3	17.0	25.0	8.24	25.4	22.5	6.49	31.2	22.2	31.2	16.8	9.16

表 8 - 8　扫描电镜检测样品 PW001 整体成分的七组分简化表（Wt%）

	SiO₂*	Al₂O₃*	Fe₂O₃*	Na₂O*	K₂O*	CaO*	MgO*	(Na+K)*	(Na/K)*	(Ca、Mg)*/(Na、K)*	Ca*/Mg*	CuO	P₂O₅
PW1	82.5	2.05	1.09	1.82	8.25	3.64	0.69	10.1	0.22	0.43	5.30	1.81	bd

分的代表，反映原料组成的基本信息。以下分别讨论石英和碱这两组最基本原料的来源。

鹅卵石和沙子是早期玻璃及玻璃态材料生产中最常用的两类石英原料。鹅卵石的典型特征是高纯净度、杂质含量非常低[1]。沙子则富含石灰石、长石、铁和钛氧化物等杂质，用于制作碱的原料，如植物灰，也会带入其他一些杂质成分，从而增加基体中的铝、钙、镁、钾、铁和钛等氧化物的含量[2]。此外，研磨工具和盛放原料的容器也会引入部分污染物[3]。根据表 8 - 6 和表 8 - 7，铝、铁和钛等的氧化物含量不论在整体成分还是玻璃相中都很高，而整体成分中氧化铝和氧化铁的皮尔森相关系数达 0.97，为强相关，说明使用沙子的可能性很大。不过，如前文分析，这批费昂斯中残留的石英颗粒度远远小于多数早期费昂斯制品，工匠们势必进行了长时间的研磨，这就不可避免会增加杂质的含量，因而仅凭化学成分还难以确定这些杂质究竟是沙子带入还是研磨造成。借助扫描电镜观察夹杂物的微观形貌并分析其化学组成时，在全部样品中均发现一些指示性的如硅灰石（同见图 8 - 8 中 H）、钾长石（同见图 8 - 8 中 G）、赤铁矿及钛铁矿等夹杂物（见表 8 - 9），故可确定石英原料为沙子无疑[4]。钛铁矿和氧化锆是沙子中最常见的杂质，表 8 - 2 中二氧化钛的含量范围 0.15% ~0.21%，表 8 - 3 中锆的含量范围 41 ~74μg·g⁻¹，均属于极低的水平，说明沙子的纯净度很高[5]。

---

① Brill, R. H. 1999, *Chemical Analyses of Early Glasses: Volume II Tables of analyses*, New York: Corning Museum of Glass; Turner, W. E. S. 1956, Studies in Ancient Glasses and Glassmaking Processes: Part V Raw Materials and Melting Processes, *Journal of Society of Glass Technology* 40: 277 - 300; Hatton, G. D. 2005, *The Technology of Egyptian Blue*, Unpublished DPhil thesis: University of Oxford; 另可见 Vandiver, P. B. 2008, Raw Materials and Fabrication Methods Used in the Production of Faience, in Tite, M. S. & Shortland, A. J. (eds) *Production Technology of Faience and Related Early Vitreous Materials*, Oxford: Oxford School of Archaeology, 38, Table 3. 1.

② Henderson, J. 1985, The Raw Materials of Early Glass Production, *Oxford Journal of Archaeology* 4: 267 - 291.

③ Rehren, Th. 2008, A Review of Factors Affecting the Composition of Early Egyptian Glasses and Faience: Alkali and Alkali Earth Oxides, *Journal of Archaeological Science* 35: 1345 - 1354.

④ Tite, M. S. & Hatton, G. D. 2007, The Production Technology of, and Trade in, Egyptian Blue Pigment in the Roman World, in Gosden, C. et al. (eds) *Communities and Connections: Essays in Honour of Barry Cunliffe*, Oxford: Oxford University Press, 75 - 92.

⑤ Aerts, A. et al. 2003, Change in Silica Sources in Roman and Post - Roman Glass, *Spectrochimica Acta* Part B 58: 659 - 667.

表 8 - 9　典型硅灰石、钾长石、二氧化钛和氧化铁夹杂物的形貌与成分组成

形貌	成分组成			可能物相
 BSE × 1000	Element	Wt%	Atomic%	Ca：Si：O ~ 1：1：3 CaSiO₃（硅灰石）
	O K	41.04	60.35	
	Si K	24.2	20.33	
	K K	0.81	0.49	
	Ca K	32.08	18.83	
	Totals	98.21		
 BSE × 800	Element	Weight%	Atomic%	K：Al：Si：O ~ 1：1：3：8 KAlSi₃O₈（钾长石）
	Al K	8.50	7.16	
	Si K	29.38	23.76	
	K K	12.42	7.22	
	O	43.57	61.87	
	Totals	93.86		
 BSE × 500	Element	Weight%	Atomic%	Fe：O ~ 2：3 Fe₂O₃（赤铁矿） （硅和铝来自基体玻璃相）
	Si K	6.51	7.76	
	K K	1.50	1.29	
	Fe K	62.42	37.40	
	O	25.61	53.56	
	Totals	96.04		
 BSE × 1000	Element	Weight%	Atomic%	TiO₂：FeO ~ 1 FeTiO₃（钛铁矿） （硅、铝和钾等氧化物来自 基体玻璃相）
	O K	35.41	63.31	
	Al K	4.19	4.44	
	Si K	0.72	0.73	
	K K	0.31	0.22	
	Ti K	21.61	12.91	
	Fe K	35.90	18.39	
	Totals	98.13		

　　玻璃和费昂斯在成分体系上的分类，一般是以碱原料的种类为依据[1]。早期费昂斯生产用碱主要有三种类型（见图 8 - 13）：泡碱[2]、沙漠或盐碱地生长的植物[3]烧灰和混合碱（mixed alkaline）。前两种碱应用较为广泛，其主要成分为钠盐。关于混合碱的来源，J. Henderson 推测有可能是将泡碱和植物灰碱两种原料混合而成[4]，R. H. Brill 则提出三种

[1]　Hodges，H. 1976，Artifacts：*An Introduction to Early Materials and Technology*（second edition），London：John Baker，48 - 50；Rye，O. S. 1981，*Pottery Technology：Principles and Reconstruction*（Manuals on Archaeology），Washington DC：Taraxacum Press，44 - 46.

[2]　Natron，一种天然沉积矿物碱。

[3]　如盐角草和猪毛菜等。

[4]　Henderson，J. 1988，Electron Probe Microanalysis of Mixed - Alkali Glasses，*Archaeometry* 30（1）：77 - 91.

假说①：1）经过滤洗与再结晶处理的植物灰；2）某种特殊的含杂质较高的泡碱；3）硝石，其主要成分为硝酸钾。M. S. Tite 等的研究表明，第一种可能性最大，藜科中的猪毛菜属植物经过烧灰和处理后非常适合生产混合碱的玻璃与费昂斯，欧洲青铜时代混合碱费昂斯很可能就采用了这种原料②。全部样本均检测到很高的磷，表 8 – 6 和表 8 – 7 中的平均值分别达到 0.52% 和 0.88%，在早期玻璃和费昂斯中实属罕见。矿物碱中却从未发现含磷，而几乎所有植物风干后都会检测到磷③，五件样本中如此高的磷含量显然来自植物性的碱原料。

目前已发现的混合碱费昂斯在早期三种体系类型中所占比例最小，其钾含量水平较高，同时含有一定量的钠，但钠含量水平不等④，通常仅略高于或低于前者⑤。五件标本的钠与钾的比值在 0.2 ~ 0.4 左右，显著低于大多数植物灰费昂斯，接近却低于大多数混合碱费昂斯的相应比值，其化学成分特征介于植物灰与混合碱之间。考虑到钠含量很低，钠更可能作为杂质带入原料中，本文将这批费昂斯归入植物灰一类，不过讨论其成分特征及来源时则与成分更为接近的混合碱样本进行比较。

表 8 – 6 中硅、铝和铁三项之和固定在 85% ~ 87% 的范围内，经计算离散程度（RSD）仅为 1.12%；钠与钾之和固定在 8% ~ 10% 的范围内，离散程度小于 10%（RSD = 7.60%）。这两组加和分别为二氧化硅和碱原料的主要成分，根据表 8 – 6 计算钠钾与硅铝铁的比例在 1∶10 上下波动，其原料中碱与二氧化硅的重量配比大致在这个范围内。考虑钾在烧制过程中因挥发造成的损失，原始配比中碱的比例可能要更高些。

虽然石灰有可能作为稳定剂单独添加到费昂斯的原料中，不过沙子和植物灰都含有一定水平的氧化钙杂质，鉴于表 8 – 6 中氧化钙的含量并不是很高，本文认为独立添加石灰的可能性不大。

（四）着色剂

全部样本均由铜着色。铜作为着色剂在早期玻璃和费昂斯中常常造成蓝色效果，但王大户串珠绝大多数呈绿色，这与高钾成分有关。金属离子在玻璃中产生的颜色取决于它所形成的配合物的种类与结构，不仅因其价态而异，也与其在玻璃结构中所占据的位置有关⑥。玻璃基体本身的化学成分对后者有显著影响：二价的铜离子在钠钙玻璃中通常会形

① Brill, R. H. 1992, Chemical Analyses of Some Glasses from Frattesina, *Journal of Glass Studies* 34：11 – 22.

② Tite, M. S. et al. 2006, The Composition of the Soda – Rich and Mixed Alkali Plant Ashes Used in the Production of Glass, *Journal of Archaeological Science* 33：1284 – 1292.

③ Turner, W. E. S. 1956, Studies in Ancient Glasses and Glassmaking Processes：Part V Raw Materials and Melting Processes, *Journal of Society of Glass Technology* 40：277 – 300.

④ Henderson, J. 1988, Electron Probe Microanalysis of Mixed – Alkali Glasses, *Archaeometry* 30（1）：77 – 91.

⑤ Angelini, I. 2008, Faience Production in Northern and Western Europe, in Tite, M. S. & Shortland, A. J.（eds）*Production Technology of Faience and Related Early Vitreous Materials*, Oxford：Oxford School of Archaeology, 129 – 146.

⑥ Pollard, A. M. & Heron, C. 1996, *Archaeological Chemistry*, Cambridge：The Royal Society of Chemistry, 163 – 172.

成八面体配合物并呈蓝色；但当玻璃中钾含量增加时，会导致一些铜离子形成四面体配合物，后者呈黄棕色，与原有蓝色叠加则形成绿色[①]。此外，作为杂质带入的铁在五件样本的玻璃相中占 1.54% ~2.32% 的水平，由于其本身呈淡蓝绿色或淡棕绿色，因而也会加深样本的绿色。不过，从现有的分析结果看，还无法确定铜是以何种形式加入炉料的。

（五）其他夹杂物

在一些样本中观察到富锡夹杂物和含锡微区，以 PW1 为例说明。该样本玻璃相中氧化锡含量低于扫描电镜检出限，整体成分中仅测得 0.026%，应属杂质带入。但观察到一些富锡夹杂物的尺寸很小，形状不规则，边界圆滑，似为原料中未熔残留物。含锡的微区中锡含量显著高于基体中水平（见表 8 – 10），铜含量与表 8 – 2 中基本相同，铜锡比完全不符合青铜的比值范围，其他氧化物的含量也与表 8 – 2 中基本一致。锡似乎是以一种较为纯净的形式加入，并且添加量相当微小，仅在极少处微区富集，并未影响玻璃相的整体成分。自然界的锡很少以单质形式存在，多为氧化物或硫化物，其中锡石（SnO_2）的化学性质最为稳定并常用作锡矿原料，以锡石或金属锡的形式加入费昂斯中的可能性均有，需要进一步研究才能确认。

表 8 – 10 样品 PW1 中富锡夹杂物和含锡微区的形貌与成分组成

形貌	成分组成			
BSE × 800	Element	Weight%	Atomic%	Compd%	Formula

Element	Weight%	Atomic%	Compd%	Formula
Si K	20.61	20.99	44.10	SiO_2
K K	17.66	12.92	21.28	K_2O
Sn L	24.41	5.88	30.99	SnO_2
O	33.68	60.21		
Totals	96.36			

BSE × 800

Element	Weight%	Atomic%	Compd%	Formula
Na K	1.50	1.51	2.03	Na_2O
Mg K	0.68	0.64	1.12	MgO
Al K	1.14	0.97	2.15	Al_2O_3
Si K	31.49	25.81	67.37	SiO_2
P K	0.35	0.26	0.79	P_2O_5
K K	8.45	4.97	10.17	K_2O
Ca K	4.72	2.71	6.60	CaO
Fe K	0.85	0.35	1.09	FeO
Cu K	1.82	0.66	2.28	CuO
Sn L	1.40	0.27	1.78	SnO_2
O	43.00	61.86		
Totals	95.39			

① Weyl, W. A. 1999, *Coloured Glasses* (sixth edition), Sheffield: The Society of Glass Technology, 154 – 167.

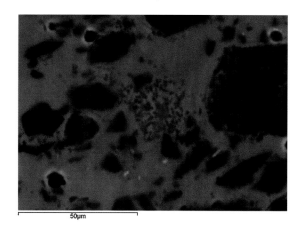

图 8-9 样本 PW1 中二次生长的
二氧化硅微晶体

此外，利用扫描电镜观察到多数石英晶体在基体中以未熔颗粒的形式存在，不过也有一些二次生长的微晶体（见图 8-9）。

这说明沙子在配料中是过量的，此外烧制中可能存在一个保温过程，从而导致过量的石英从玻璃熔体中析出再结晶。最终的焙烧过程可能比较短，温度也并非很高，很可能仅仅控制在共晶温度线附近，生成的玻璃熔体黏度较高，造成锡在某些区域的富集；与此同时，较多的沙子粉末得不到充分熔化，沙子中的难熔杂质如硅灰石、钾长石、赤铁矿及钛铁矿等也大量残留在基体中。

（六）工艺流程

综合前文分析，可基本还原王大户费昂斯生产工艺流程。纯净的沙子与植物性碱是最基本的二元原料，铜为着色剂。以上三组原料充分研磨至粉末状态，混合后进行预烧结生成中间产物。烧结块经研磨后与沙子粉末混合，添加适量水调和成浆料，极为微量的含锡物质也可能在这时加入，最后经手工塑造出串珠形状并烧制成品。这是一个复杂的工艺过程，现将最基本的操作步骤绘成流程图①。图 8-10 表示一次烧制，图 8-11 表示二次烧

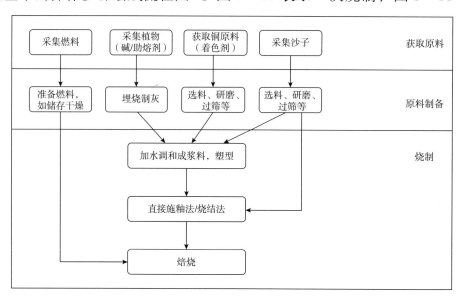

图 8-10 王大户植物灰玻璃化费昂斯的一次烧制工艺流程

---

① 图 8-10 的布局及内容参考 Miller, H. M. - L. 2007, *Archaeological Approaches to Technology*, Burlington, California & London: Elsevier, 131, Figure 4.9.

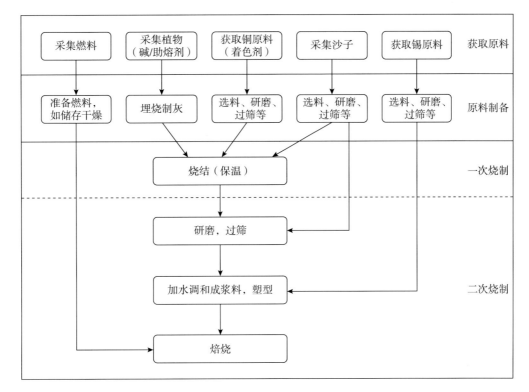

图 8-11　王大户植物灰玻璃化费昂斯的二次烧制工艺流程

制。显然图示均经过了一些简化处理，如最终的焙烧究竟以何种方式进行以及相关容器的制作等，在图中并未体现。由于缺乏实物依据，学术界对此还未形成统一的认识。根据模拟实验结果，费昂斯的烧制不需要很高的温度[1]，且不限于封闭的窑中，可在开放的气氛进行[2]。通常认为，大量的小件器物如串珠会被放置于类似匣钵的容器内同时烧制，石灰或石英粉末则用作分离剂避免粘连[3]。如果这一推测得以证实，那么完整的流程还应包括匣钵类容器的制作这一重要环节。

四　讨论

（一）产地与技术来源

有关我国战国时期费昂斯的使用与生产，没有任何文献记载或民族志资料可供参考，本文虽然将这批费昂斯归为植物灰一类，但以成分最为接近的欧洲青铜时代混合碱费昂斯的研究成果为参照，通过关系类比法[4]讨论王大户费昂斯的生产技术。米诺安克里特工匠

① Eccleston, M. 2008, Replicating Faience in a Bread Oven at Amarna, *Egyptian Archaeology* 32：33-35.
② Nicholson, P. T., Faience Technology, in Wendrich, W. (ed.) *UCLA Encyclopedia of Egyptology*, 1 (1). nelc_uee_7930. Retrieved from：http：//www. escholarship. org/uc/item/9cs9x41z.
③ Eccleston, M. 2008, Replicating Faience in a Bread Oven at Amarna, *Egyptian Archaeology* 32：33-35.
④ Miller, H M. -L. 2007, *Archaeological Approaches to Technology*, Burlington, California & London：Elsevier, 30-32.

不晚于公元前三千纪末期时即已制作出混合碱费昂斯串珠[1]，南俄罗斯高加索地区的工匠也于2500B. C. ~1600B. C. 前后进行少量的生产[2]，随后，欧洲的斯洛伐克、波兰、爱尔兰、英格兰、苏格兰以及意大利、法国和瑞士等地相继出现了本地产业。这些早期制作的规模大多很小，产品数量极为有限。至青铜时代末期（1200B. C. ~900B. C.），混合碱费昂斯的生产逐渐停滞，取而代之的是新兴的混合碱玻璃产业。进入铁器时代后，泡碱先后取代植物灰和混合碱，用于生产玻璃与费昂斯。大约在500B. C. 前后，对应于我国战国时期，混合碱费昂斯在欧洲生产中心完全绝迹[3]。欧洲出土的混合碱费昂斯大多数为普通费昂斯，玻璃化的混合碱费昂斯仅见于意大利和瑞士少数几处青铜时代遗址中。它们很可能是由意大利的多个作坊生产，大部分在今意大利境内流通，少量输出到瑞士；不同的作坊产品中的原料及着色剂的组成与施釉方法都有所差别，至少可以区分出十多种工艺。为便于比较，现将这些工艺整合为一次烧制和二次烧制两大类流程，分别见图8－12和图8－13。一次烧制工艺中三种施釉方法均可能存在，相应的配料组成有所不同：利用风化法上釉时基体中未添加大量釉料，而利用直接施釉法或烧结法时则向基体中加入了大量釉料。

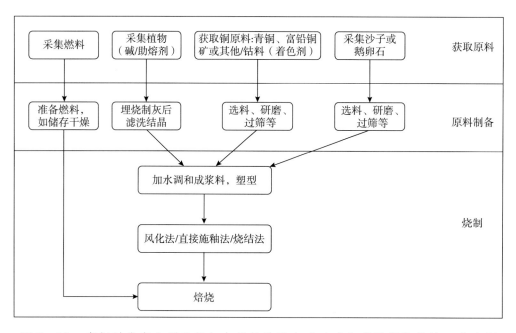

图8-12 青铜时代意大利北部与中部几处混合碱玻璃化费昂斯作坊的工艺流程

① Panagiotaki, M. *et al.* 2004, The production technology of Aegean Bronze Age vitreous materials, in Bourriau, J. & Phillips, J. (eds), *Invention and Innovation – The Social Context of Technological Change II*: Egypt, the Aegean and the Near East, 1650 – 1150 *BC*, Oxford: Oxbow Books, 155 – 180.

② Shortland, A. J. *et al.* 2007, Origins and Production of Faience Beads in the North Caucasus and the Northern Caspian Sea Region in the Bronze Age, in Lyonnet, B *Les cultures du Caucase: leur relations avec le Proche – Orient*, Paris: CNRS Editions, 269 – 283.

③ Angelini, I. 2008, Faience Production in Northern and Western Europe, in Tite, M. S. & Shortland, A. J. (eds) *Production Technology of Faience and Related Early Vitreous Materials*, Oxford: Oxford School of Archaeology, 129 – 146.

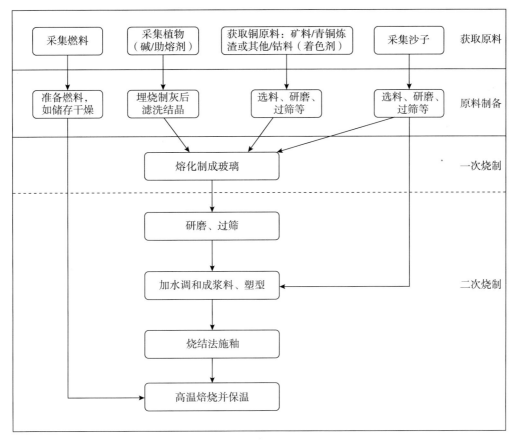

图 8 - 13　青铜时代晚期意大利北部 Frattesina 混合碱玻璃化费昂斯作坊的工艺流程

战国中晚期在我国甘肃、宁夏以及四川等地出现了一大批植物灰玻璃化费昂斯串珠，经分析检测发现其成分、显微结构及夹杂物属性和特征等与王大户费昂斯非常接近，应属同一工艺传统，其工艺流程也相同①。为增加数据容量以便于与欧洲样本进行比较，现选取宁夏彭阳张街村②、甘肃秦安王洼③和张家川马家塬④等三处战国墓地出土的 14 件样本，与王大户的 5 件样本结合，作为战国中晚期甘宁地区玻璃化费昂斯串珠的代表。对比图 8 - 10 ~ 13，意大利青铜时代混合碱玻璃化费昂斯作坊的全部工艺流程中没有任何一种可与战国甘宁地区同类费昂斯的生产完全匹配。除此之外，这两组费昂斯在其他技术层面也存在差异，以下分别从植物灰的制备、原料配比及熔化温度等三个方面进行比较。

---

① 材料未发表。
② 宁夏回族自治区文物考古研究所、彭阳县文物站：《宁夏彭阳县张街村春秋战国墓地》，《考古》2002 年第 8 期。
③ 甘肃省文物考古研究所：《甘肃秦安王洼战国墓地 2009 年发掘简报》，《文物》2012 年第 8 期。
④ 甘肃省文物考古研究所、张家川回族自治县博物馆：《2006 年度甘肃张家川回族自治区马家塬战国墓地发掘简报》，《文物》2008 年第 9 期；早期秦文化联合考古队、张家川回族自治县博物馆：《张家川马家塬战国墓地 2007 ~ 2008 年发掘简报》，《文物》2009 年第 10 期；早期秦文化联合考古队、张家川回族自治县博物馆：《张家川马家塬战国墓地 2008 ~ 2009 年发掘简报》，《文物》2010 年第 10 期；早期秦文化联合考古队、张家川回族自治县博物馆：《张家川马家塬战国墓地 2010 ~ 2011 年发掘简报》，《文物》2012 年第 8 期。

　　图 8 – 14 代表三种不同碱原料制作的玻璃和费昂斯的成分①。欧洲青铜时代混合碱玻璃化费昂斯与我国战国时期的样本相比，钾和镁含量相对较低；两组成分的差别在图 8 – 15 中体现得更为明显。欧洲早期的混合碱费昂斯其钠和钾的比值在 0.5 ~ 1.0 的范围内，钙镁与钠钾的比值则在 0.14 ~ 0.35 之间（图 8 – 15），所使用的植物灰含有一定的钠，而钙和镁杂质较少，可能经过了滤洗去除了其中的难溶杂质②。相比之下，甘宁地区样本中的钠和钾的比值略低，但钙镁和钠钾的比值却显著偏高，在 0.4 ~ 0.7 之间。沙子、研磨工具及分离剂均会带入钙镁杂质，如分离剂可向玻璃相中带入多达 1/4 ~ 1/3 的钙③。然而，即便考虑上述因素，这一指标仍然偏高，可见所使用的植物灰未经过滤洗或滤洗程度并不充分。根据模拟试验结果④，取自英国几处海边生长的猪毛菜属植物制得的烧灰，其钠钾的比值和钙镁与钠钾的比值非常接近王大户样本，说明猪毛菜属植物很可能就是制作这些战国费昂斯的碱原料。此外，欧洲费昂斯样本中磷的含量水平显著低于战国甘宁样本，这是滤洗结晶过程中造成的损失还是相同种属植物因不同生长环境导致的地域性差别现仍不得而知。

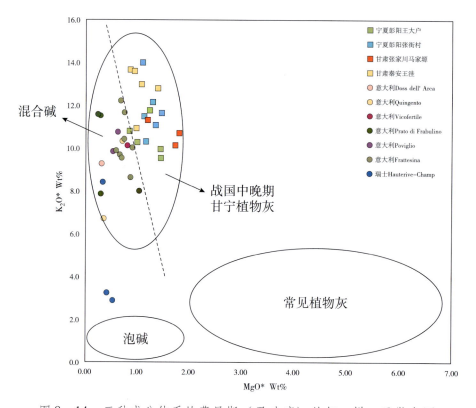

图 8 – 14　三种成分体系的费昂斯（及玻璃）的钾—镁二元散点图

---

①　费昂斯的成分以中间反应层的玻璃相的成分表示，王大户样本数据即为表 8 – 7 结果。
②　Turner，W. E. S. 1956，Studies in Ancient Glasses and Glassmaking Processes：Part V Raw Materials and Melting Processes，*Journal of Society of Glass Technology* 40：277 – 300.
③　Rehren，Th. 2008，A Review of Factors Affecting the Composition of Early Egyptian Glasses and Faience：Alkali and Alkali Earth Oxides，*Journal of Archaeological Science* 35：1345 – 1354.
④　Tite，M. S. et al. 2006，The Composition of the Soda – Rich and Mixed Alkali Plant Ashes Used in the Production of Glass，*Journal of Archaeological Science* 33：1284 – 1292.

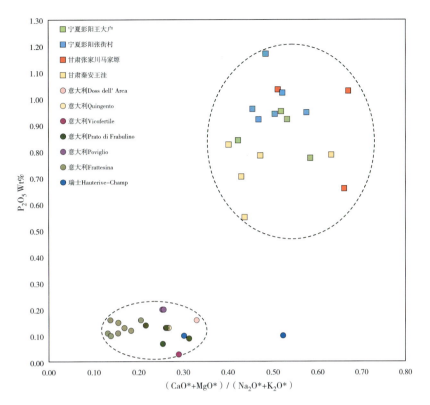

图 8 - 15　欧洲青铜时代中期至末期混合碱玻璃化费昂斯与
我国甘宁地区战国中晚期样本的二元散点图之一

　　欧洲与甘宁两组玻璃化费昂斯均为二元原料，即植物灰与沙子或鹅卵石，故而可以整体成分中硅铝铁与钠钾的比值代表这两组原料的初始重量配比。欧洲组的标本未经检测其整体成分，因而无从直接比较。不过，该比值在玻璃相与整体成分中显然是相关的，前者高则后者亦高，反之亦然。现以玻璃相中硅铝铁与钠钾的关系对比欧洲与甘宁两组样本的原料配比情况，见图 8 - 16。由该图可知，在等量二氧化硅的情况下，欧洲组样本的植物灰的配比高于甘宁组。前文由表 8 - 6 计算王大户费昂斯的炉料中植物灰与沙子的重量配比大致接近 1 : 10，因部分二氧化硅未熔，实际上进入玻璃相中的碱与二氧化硅的比值理应高于这一数值。由表 8 - 7 计算这一比值约为 1 : 6。从已发表的意大利 Frattesina 地区出土玻璃化混合碱费昂斯的微观结构照片[1]看，其玻璃化程度与王大户样本相当甚至更低；意大利其他一些作坊的样本的玻璃相与玻璃相及夹杂物相的面积比值多在 0.40 ~ 0.60 范围内[2]，显然有相当多的二氧化硅颗粒并未熔化。由此推测欧洲费昂斯的植物灰与沙子或鹅卵石的重量比极有可能高于 1 : 10。

　　植物灰成分与原料配比是非常重要的工艺参数，这两项参数的差异必然会影响到熔化

①　Santopader, P. & Verita, M. 2000, Analyses of the Production Technologies of Italian Vitreous Materials of the Bronze Age, *Journal of Glass Studies* 42: 25 - 40.

②　Angelini, I. 2008, Faience Production in Northern and Western Europe, in Tite, M. S. & Shortland, A. J. (eds) *Production Technology of Faience and Related Early Vitreous Materials*, Oxford: Oxford School of Archaeology, 129 - 146.

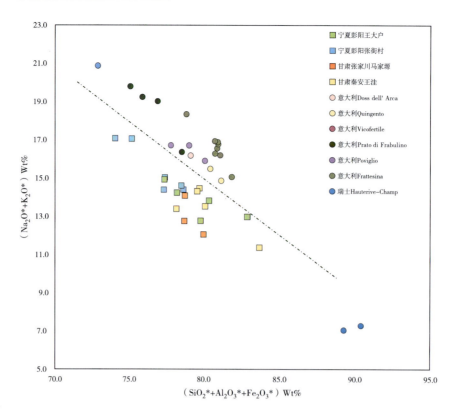

图 8 - 16   欧洲青铜时代中期至末期混合碱玻璃化费昂斯与
我国甘宁地区战国中晚期样本的二元散点图之二

炉料所需要的最低温度，而烧制温度则直接取决于最低化料温度。通过上述分析，相比欧洲样本，在同等二氧化硅含量的情况下，战国甘宁样本的原料中碱含量更低，未经滤洗处理的植物灰所含的杂质如钙和镁含量却显著偏高，其熔化温度势必更高。Rehren 对简化计算的七组分模型继续降维至三组分来代表古代玻璃的基本成分，并用于表示在热力学动力学平衡状态下形成玻璃相所需要的温度范围[1]。为直观比较，本文采用这一模型简化计算得到中外两组样本的玻璃相基本成分，以 SiO_2** 代表硅、铝和铁对玻璃相的综合作用，$CaO**$ 代表钙和镁，K_2O** 则代表钾和钠，见图 8 - 17。甘宁样本的 SiO_2** 和 $CaO**$ 高，而 K_2O** 低，其原始炉料所形成熔体的共晶温度应高于欧洲样本，证实上文的推测合理性。

在战国的历史背景下，这类成分独特的植物灰玻璃化费昂斯珠饰的出土地点集中于宁夏南部和甘肃东南部推测为属西戎文化的墓葬中，单座墓葬动辄出土上百枚之多，而在其他地方的发现则较为零星。这些串珠与欧洲早期同类产物相比在工艺流程和一些重要工艺参数上均有所区别，为本土生产的可能性很大，其制造技术可能与欧洲的工艺传

---

① Rehren，Th. 2000，Rationales in Old World Base Glass Compositions，*Journal of Archaeological Science* 27：1225 - 1234；Shugar，A. & Rehren，Th. 2002，Formation and Composition of Glass as a Function of Firing Temperature，*Glass Technol.* 43C：145 - 150.

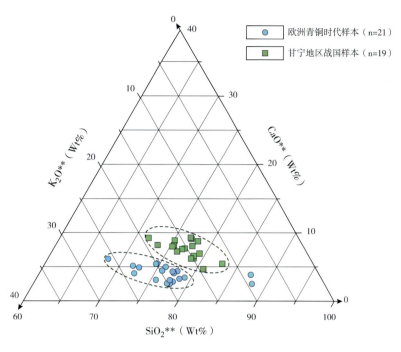

图 8 - 17　欧洲青铜时代中期至末期混合碱玻璃化费昂斯与
我国甘宁地区战国中晚期样本的简化三元图

统并没有直接或密切的传承关系。

　　实际上早至西周中期费昂斯珠即已在陕西、山西及甘肃等地出现[①]，其中宝鸡强国墓地茹家庄出土的几件样本为玻璃化费昂斯[②]，并有一件样本经铅同位素分析后确定系中国本土生产[③]，所以战国中晚期在本地能够制造这种费昂斯并不足为奇。同时，我们可能会很自然地推测战国中晚期的费昂斯生产或许与西周中期的技术传统有着某种联系，不过二者存在的显著差异足以反映其生产工艺的不同。西周中期的费昂斯珠饰仅有少数经过定量分析，样本的微观结构与本文样本一致[④]，成分结果经七组分简化计算后见表 8 - 11，其中 5895 为 Brill 检测茹家庄样本，BZM5：15c 及 BZM5：15d 为雷勇等检测宝鸡强国墓地 M5 出土[⑤]。比较表 8 - 11 与表 8 - 4，西周中期费昂斯样本与战国晚期样本在成分上有显著差异，前者含有更高的铜，而钙、镁、铁等杂质含量很低，且未检测出有效的

①　王世雄：《陕西西周原始玻璃的鉴定与研究》，《文博》1986 年第 2 期；雷勇、夏寅：《中国北方西周墓葬出土玻璃料珠的科学分析及其工艺和产地研究》，《古代文明研究通讯》2012 年总第 55 期；Yong Lei & Yin Xia, 2015, *Study on production techniques and provenance of faience beads excavated in China*, Journal of Archaeological Science 53：32 - 42.

②　Brill, R. H. *et al.* 1989, The Chemical Composition of a Faience Bead from China, *Journal of Glass Studies* 31：11 - 15.

③　Brill, R. H. *et al.* 1991, A Note on Lead - Isotope Analyses of Faience Beads from China, *Journal of Glass Studies* 33：116 - 118.

④　Brill, R. H. *et al.* 1989, The Chemical Composition of a Faience Bead from China, *Journal of Glass Studies* 31：11 - 15.

⑤　雷勇、夏寅：《中国北方西周墓葬出土玻璃料珠的科学分析及其工艺和产地研究》，《古代文明研究通讯》2012 年总第 55 期，原文将这两件编号的样本描述为甘肃崇信于家湾周墓出土，但根据本文作者检测于家湾费昂斯并未发现与之成分相似的样本，另根据该文中其它样本编号均以出土地点的拼音字母缩写表示，推测原文可能有误，这两件样本应为宝鸡强国墓地竹园沟出土。

磷。因而有学者提出西周晚期这批费昂斯所使用的原料为滤洗过的植物灰[1]或者硝石[2]，这与本文分析战国晚期样本的原料为未经滤洗的植物灰截然不同。根据表 8 – 11 计算玻璃相中钠、钙之和与硅、铝、铁之和的比值大约在 1：4 ~ 1：5 的范围内，显著高于表 8 – 7 的 1：6；此外，目前我们在西周的样本中还没有观察到图 8 – 9 中的二次生长的二氧化硅微晶体，这些表明西周样本中二氧化硅的配比相对于战国样本较为适量。通过这些比较，我们认为战国晚期的费昂斯生产与西周晚期的产业可能存在一定的关联，但是否直接继承或沿袭还有待商榷；即使存在工艺上的传承，在战国时期也发生了重大的原料及配方的变化。

表 8 – 11　扫描电镜检测西周中期费昂斯玻璃相的七组分简化表（Wt%）

	SiO_2*	Al_2O_3*	Fe_2O_3*	Na_2O*	K_2O*	CaO*	MgO*	(Na + K)*	(Na/K)*	(Ca, Mg)*/(Na, K)*	Ca*/Mg*	CuO
5895	77.1	3.11	0.61	2.50	16.4	0.00	0.33	18.9	0.15	0.02	0.00	8.16
BZM5：15c	77.3	1.59	0.00	4.06	15.8	0.66	0.60	19.9	0.26	0.06		8.95
BZM5：15d	69.4	13.3	0.00	1.89	14.2	0.63	0.62	16.1	0.13	0.08		4.25

以上我们详尽地比较了不同时期中外玻璃化费昂斯的化学成分与生产工艺，从中不难看出，不论是否受到早期技术传统的影响或启发，战国中晚期甘肃、宁夏地区的这种串珠在生产上已经形成了独具特色的地域风格；换言之，工匠们此时建立了可区别于早期先驱的新的工艺体系。

（二）技术选择与技术风格

自 20 世纪 70 年代以来，技术已不再被视为一种单纯实现功能的手段或适应环境的物质形式。许多学者提出，技术具有一定的风格[3]，而技术选择亦有其风格，可用于区分不同群体的差异，为考古学研究社会边界提供信息[4]。从目前的出土情况看，战国中晚期的

[1] Brill, R. H. *et al.* 1989, The Chemical Composition of a Faience Bead from China, *Journal of Glass Studies* 31：11 – 15.
[2] Brill, R. H. *et al.* 1989, The Chemical Composition of a Faience Bead from China, *Journal of Glass Studies* 31：11 – 15；赵匡华：《试探中国传统玻璃的源流及炼丹术在其间的贡献》，《自然科学史研究》1991 年第 2 期。
[3] Lechtman, H. 1977, Style in Technology：Some Early Thoughts, in Lechtman, H. & Merrill, R. S. (eds) *Material Culture：Style, Organization, and Dynamics of Technology*, New York & St. Paul, Minnesota：West Publishing, 3 – 20.
[4] Sackett, J. R. 1982, Approaches to Style in Lithic Archaeology, *Journal of Anthropological Archaeology* 1 (1)：59 – 112；Sackett, J. R. 1990, Style and Ethnicity in Archaeology：The Case for Isochrestism, in Conkey, M. W. & Hastorf, C. A. (eds) *The Uses of Style in Archaeology*, Cambridge：Cambridge University Press, 32 – 43；Lemonnier, P. 1986, The Study of Material Culture Today：Towards an Anthropology of Technical Systems, *Journal of Anthropological Archaeology* 5：147 – 186；Lemonnier, P. 1989, Bark Capes, Arrowheads and Concord：On Social Representations of Technology, in Hodder, I. (ed.) *The Meaning of Things：Material Culture and Symbolic Expression*, London：Unwin Hyman, 156 – 171；Lemonnier, P. 1992, Elements for An Anthropology of Technology, *Anthropological Papers of the Museum of Anthropology* Vol. 88, Ann Arbor：University of Michigan；Stark, M. T. 1998, Technical Choices and Social Boundaries in Material Culture Patterning：An Introduction, in Stark, M. T. (ed.) *The Archaeology of Social Boundaries*, Washington and London：Smithsonian Institution Press, 1 – 11.

植物灰玻璃化费昂斯珠饰的使用范围几乎从未跨越西戎文化的社会边界。以下我们探讨生产中的重要技术选择，并通过分析其背后的文化选择尝试寻求生产者的社会边界范围。

沙子、植物灰及铜等是生产费昂斯不可或缺的原料。工匠在考虑选择何种原料，如沙子还是鹅卵石、泡碱还是植物灰，青铜废料、铜矿石抑或其他含铜物质等等，以及如何使用这些原料，植物灰是否经过滤洗结晶处理，各种原料研磨到多大粒度和如何配比等等，很大程度上受到自然资源条件与物理、化学反应规律的限制。与此相反的是锡的独立添加。我们通过王大户的样本中的富锡微区捕捉到这一行为；无独有偶，在宁夏固原杨郎马庄墓地的一些珠饰中也观察到类似的现象[1]，显然这不能被视为巧合。令人困惑的是锡的加入对于费昂斯的性能和外观全然没有任何影响[2]，即便有，如此微小的用量也很难取得显著的效果。

物质文化的生产过程是一个获取物理、化学属性与文化属性同等适合的原材料进行加工的过程，这个过程包含着不同群体之间在由年龄、性别或亲族等多方面因素界定的不同边界之间的交换[3]。如果我们接受这一观点，就必须摒弃以往传统看法中对生产原料选择的纯生态学认识；相反，需要关注的是生产过程中原材料选择的文化因素[4]。春秋战国时期甘肃、宁夏的一些墓地中大量出土表面镀锡的铜器，多为饰品、工具及兵器等[5]，可见锡的应用在上述地区非常普遍。王大户的墓葬中也出土了这类器物，见图8–18。有学者提出，公元前6～前4世纪，西北和内蒙古西南地区的游牧部落用镀锡的青铜制品代表墓主人的身份[6]。将随葬品的多寡与社会阶层的高低直接对应的理论[7]一直以来备受争议[8]，尤其是

① 本文作者自测，结果未发表。

② Sheridan, A. & Shortland, A. 2004, '…Beads Which Have Given Rise to So Much Dogmatism, Controversy and Rash Speculation': Faience in Early Bronze Age Britain and Ireland, in Shepherd, I. A. G. & Barclay, G. (eds) *Scotland in Ancient Europe: The Neolithic and Early Bronze Age of Scotland in Their European Context*, Edinburgh: Society of Antiquaries of Scotland, 263–279.

③ Mackenzie, M. A. 1991, *Androgynous Objects: String Bags and Gender in Central New Guinea*, Reading: Harwood; Tacon, P. 1991, The Power of Stone: Symbolic Aspects of Stone Use and Tool Development in Western Arnhem Land, Austral, *Antiquity* 65: 192–207.

④ Jones, A. 2002, *Archaeological Theory and Scientific Practice*, Cambridge: Cambridge University Press, 87.

⑤ 韩汝玢、埃玛·邦克：《表面富锡的鄂尔多斯青铜饰品的研究》，《文物》1993年第9期；Bunker, E. C. et al. 1997, *Ancient Bronzes of the Eastern Eurasian Stepps: from the Arthur M. Sackler Collections*, New York: Arthur Sackler Foundation, 41；马清林等：《春秋时期镀锡青铜器镀层结构和耐腐蚀机理研究》，《兰州大学学报》1999年第4期；Bunker, E. C. 2002, *Nomadic Art of the Eastern Eurasian Steppes: the Eugene V. Thaw and Other New York Collections*, New York: The Metropolitan Museum of Art, 87；孙淑云：《宁夏固原春秋战国时期两件青铜饰物表面镀锡层的SEM–EDS分析与研究》，《文物科技研究第五辑》，11–17页，科学出版社，2007年；邵安定等：《张家川马家塬战国墓出土金属饰件的初步分析》，《文物》2010年第10期；宁夏回族自治区文物考古研究所、彭阳县文物站：《宁夏彭阳县张街村春秋战国墓地》，《考古》2002年第8期，图版贰2. 镀锡铜管。

⑥ 韩汝玢、埃玛·邦克《表面富锡的鄂尔多斯青铜饰品的研究》，《文物》1993年第9期。

⑦ Binford, L. R. 1971, Mortuary Practices: Their Study and Their Potential, in Brown, J. (ed.) *Approaches to the Social Dimensions of Mortuary Practices*, Washington DC: Memoir of the Society for American Archaeology 25, 6–29; Saxe, A. A. 1970., *Social Dimensions of Mortuary Practices*, University of Michigan: PhD Thesis.

⑧ Hodder, I. 1980, Social Structure and Cemeteries: A Critical Appraisal, in Pahtz, P. et al. (eds) *Anglo–Saxon Cemeteries*, 1979, Oxford: British Archaeological Reports 82, 161–169; Parker Pearson, M. 1982, Mortuary Practices, Society and Ideology: An Ethnoarchaeological Study, in Hodder, I. (ed.) *Symbolic and Structural Archaeology*, Cambridge: Cambridge University Press, 99–114; Chapman, R. 2003, Death, Society and Archaeology: The Social Dimensions of Mortuary Practices, *Mortality* 8 (3): 305–312.

图 8-18　王大户出土的表面富锡
或高锡青铜器牌饰

在仅有墓葬材料的情况下，很容易得出片面的结论。不过，镀锡具有特定的文化内涵和价值这一点是可以肯定的。经过镀锡处理的铜制品不仅在表面形成银白色光泽，而且抗腐蚀性好、不易生锈[1]。古代社会中人工制品的颜色和光泽往往与宗教信仰相关，是文化选择的直接结果，而不单纯是技术选择的结果或仅出于实用考虑[2]。虽然我们还不了解在西戎文化中是否存在类似的现象，不过这是一个值得考虑的因素。此外，抗腐蚀性或者说稳定性，意味着更长的使用寿命，尤其作为随葬物品的使用，很可能表达了对生命永恒不朽的追求[3]。

如果以上两方面推论成立的话，那么向费昂斯珠饰中加入锡的行为可以理解为对产品的文化属性进行创造和改变的过程，实质上加入的可能是有关宗教信仰的寓意，也可能是有关不朽价值的联想。类似的行为在早期生产中并不少见，如苏格兰青铜时代的工匠也向费昂斯中"毫无实用意义地"以纯净的方式加入了大量的锡，后者作为一种当时极为珍稀的资源显著提升了物品的价值[4]。这种操作可视为工匠们不惮余力塑造材料内在价值的努力，与此同时也明确地传达出人们对于物品内在本质的重视："一件物品只有当其包含了某种必要的特性时才得以认可，即便它的含量极其微小也无妨"[5]。

这种强调"内在本质"的特征，我们视之为以王大户费昂斯串珠为代表的西戎植物灰玻璃化费昂斯生产的技术风格。从表象上看，这种风格截然不同于西戎文化中另一项关键技术，即铜器镀锡技术所呈现出的着重表面属性的特征[6]，然而，锡的应用却将这二者在

① 韩汝玢、埃玛·邦克《表面富锡的鄂尔多斯青铜饰品的研究》，《文物》1993 年第 9 期。
② 黄维：《古代金属合金成分与表面处理技术的特别用意——兼论金属生产技术的动因》，《自然科学史研究》2009 年第 4 期；Hosler, D. 1994, *The Sounds and Colors of Power*：*The Sacred Metallurgical Technology of Ancient West Mexico*, Cambridge, Mass.：MIT Press；Saunders, N. J. 1998, Stealers of Light, Traders in Brilliance：Amerindian Metaphysics in the Mirror of Conquest, *Anthropology and Aesthetics* 33：225 - 252.
③ Jones, A. 2004, Archaeometry and Materiality：Materials - Based Analysis in Theory and Practice, *Archaeometry* 46（3）：327 - 338；Miller, D. 1994, Artefacts and the meaning of things, in Ingold, T.（ed.）*The companion encyclopedia of anthropology*, London：Routledge：410 - 411；另，类似于玉器在中原传统文化中的寓意，见 [英] 罗森著、孙心菲等译：《中国古代的艺术与文化》，227 页，北京大学出版社，2002 年。
④ Sheridan, A. & Shortland, A. 2004, '…Beads Which Have Given Rise to So Much Dogmatism, Controversy and Rash Speculation'：Faience in Early Bronze Age Britain and Ireland, in Shepherd, I. A. G. & Barclay, G.（eds）*Scotland in Ancient Europe*：*The Neolithic and Early Bronze Age of Scotland in Their European Context*, Edinburgh：Society of Antiquaries of Scotland, 263 - 279.
⑤ Lechtman, H. 1984, Andean Value Systems and the Development of Metallurgy, *Technology and Culture* 25（1）：1 - 36；Sanders, N. J. 1999, Biographies of Brilliance：Pearls, Transformations of Matter and Being, c. AD 1492, *World Archaeology* 31（2）：243 - 257.
⑥ 关于这两种风格的术语及讨论，可见 Emery, I. 2009, *The Primary Structures of Fabrics*, Washington D. C.：Thames & Hudson.

逻辑上完美地统一起来。表面富锡的铜器与含锡的费昂斯串珠仅共出于西戎文化墓葬中，因此我们倾向于认为制造这两类物品的工匠群体之间、他们与戎人之间均存在密切的交流。至于这些工匠是否依附于戎人甚至就是戎人本身，我们还没有任何线索可讨论这一问题。此外，最近的研究表明一些带有强烈北方草原文化特征的动物纹牌饰为中原工匠所制[1]，这与秦的经济、外交政策有关，通过向北方游牧[2]邻居提供符合后者需求的奢侈品来控制边疆的关系[3]。那么，是否秦的工匠就是这批费昂斯串珠的生产者呢？目前尚缺乏直接或间接的依据证实秦人在战国时期即已开始生产费昂斯及其他玻璃态材料，不具备做进一步研究的条件。值得关注的是，工匠们在生产中分享并认同了戎人的部分文化价值观，并在反复的实践中将这些价值观不断地复制和传递出去；他们与戎人之间存在着强烈的互动，而非简单的供应与消费的关系。

（三）社会功能与价值

目前为止，甘肃、宁夏战国时期费昂斯串珠的用法非常单纯，均发现于墓葬中，用于人体或车马的装饰；在彭阳王大户的墓葬中主要发现于墓主颈部或胸前，推测为颈饰或佩饰。这一用法本身有几个特点值得注意：第一，具有鲜明的仪式性质；第二，作为个人装饰，在各类随葬物品中与死者身体的关系最为密切[4]；第三，在丧葬过程中得以展示给特定的受众群体。此类串珠的社会功能可能是多方面的，根据上述特点可以推测它们具有某种非实用的、宗教信仰和仪式的作用，可能二者兼而有之，将某些特定的属性赋予佩戴者；同时也起到传递信息的效果，在相同群体内部或不同群体之间进行沟通，使佩戴者获得的这些属性得以合法化或强化。具体来说，它们的功能及其对应的价值可能有以下三种情况。

王大户的费昂斯珠饰绝大多数为偏浅的颜色，并且具有很高的硬度，或许反映出对自然界的一些绿色半宝石，尤其是绿松石的模仿意图。而战国时期西戎文化墓葬出土的这类串珠极少超出王大户串珠的四种类型，颜色也多为浅绿到绿色且没有表面装饰，在一段时期内保持一致，应当是有意识的选择。绿松石和肉红石髓串珠在西戎文化墓葬中相当普遍，数量上则少于费昂斯。绿松石珠的式样可分为三种，即本文的 B 型、D 型和较薄的片

① 罗丰：《中原制造——关于北方动物纹金属牌饰》，《文物》2010 年第 3 期。
② 西戎的经济形态以定居畜牧的可能性更大，而并非迁徙不定的游牧生活，见马建军、杨明：《从考古资料看古代戎族的社会发展状况》，《西北史地》1995 年第 2 期；唐晓峰：《先秦时期晋陕北部的戎狄与古代北方的三元人文地理结构》，《地理研究》2003 年第 5 期。
③ Linduff, K. M. 2009, Production of Signature Artifacts for the Nomad Market in the State of Qin during the Late Warring States Period in China (4th–3rd century BCE), in Mei, J. & Rehren, Th. (eds) *Metallurgy and Civilisation: Eurasia and Beyond: Proceedings of the 6th International Conference on the Beginnings of the Use of Metals and Alloys (BUMA VI)*, London: Archetype Publications, 90–96.
④ Parker Pearson, M. 2011, *The Archaeology of Death and Burial*, Stroud: The History Press, 9.

状，后者与 Ca 型非常接近；肉红石髓珠则多为短双锥形（见图 8 - 1），形状不见于另两种珠饰中。多数串饰为这三种或其中的一至两种材质的珠子连接组成。绿松石珠的颜色并不十分一致，有浅绿、浅蓝及较深的绿色不等。根据这些现象，我们推测：第一，这三种材料在文化上被视为价值相等；第二，费昂斯可能用于模仿绿松石，尽管我们还不十分清楚是否费昂斯仅仅用于模仿那些浅绿色的绿松石，抑或人们对于绿松石的颜色并没有严格的区分。如果上述推想成立，则费昂斯串珠在西戎文化中继承了其模仿对象绿松石的功能与意义，并获得了同等的重视，而不是作为"廉价的"替代品。这与西方社会早期对这类材料的用法和观念十分接近[1]。

人们对于自然界中不同颜色的物质的认识、开采和利用始于不同的发展阶段并有着不同的文化内涵。在最早出现农业的近东，绿色石珠作为个人装饰的兴起与农业起源直接相关，因颜色与农作物初生的叶片相仿，象征着萌芽，从而被寄予了丰产和繁殖的期望，具有辟邪的作用[2]。在西方，费昂斯串珠普遍用于丧葬皆因其被赋予了辟邪的含义，保护死者在通往另一个世界的旅途中不受伤害[3]，这或许可以归之于早期传统的影响。对丧葬物品的选择往往传达出人们对生命的认识和态度，因而上述看法可能具有普适性，我们推测费昂斯珠在西戎文化墓葬中同样具有相似的保护和辟邪的功能。

另一种功能是"威望物"或"威信财"。战国中晚期，西戎通过充当北方与中原之间商贸活动的中间人积聚了可观的财富，逐渐形成了一个富有的新兴阶层；为实现自身地位的合法化，许多奢侈品被用来作为这一阶层的身份标识[4]。复杂的服饰是这一时期西戎高等级墓葬的一个重要特征。服饰作为一个社会的技术成就和审美价值观的综合体现，比其他任何种类的物质材料更能反映个体或群体的认同[5]。这种费昂斯珠饰主要出土于随葬品较为丰富的墓葬中，说明它们的使用可能限定于特定群体内，体现了财富或地位上的专属性。如宁夏固原杨郎马庄墓地是目前为止发现规模较大的一处西戎文化墓地，共有 49 座

[1] Openheim, A. L. et al. 1970, *Glass and Glassmaking in Ancient Mesopotamia*, New York：The Corning Museum of Glass, 9 - 21；Stern. E. M. & Schlick - Nolte B. 1994, *Early Glass of the Ancient World*, 1600 B. C. - A. D. 50. *Ernesto Wolf Collection*, Ostfildern：Verlag Gerd Hatje, 19 - 20；Tatton - Brown, V. & Andrews, C. 1999, Chapter One：Before the Invention of Glassblowing, in Tait, H. (ed.) *Five Thousand Years of Glass*, London：British Museum Press, 25；Barag, D. P. 2009, Socio - Economic Observations on the History of Ancient Glass, in Janssens, K. et al. (eds) *Annales of the 17th Congress of the International Association for the History of Glass* 2006, Antwerp, Brussels：AIHV, 3 - 7；Henderson, J. 2013, *Ancient Glass：An Interdisciplinary Exploration*, New York：Cambridge University Press, 127 - 132.
[2] Mayer, DEBY & Porat, N. 2008, Green Stone Beads at the Dawn of Agriculture, *Proceedings of the National Academy of Sciences of the United States of America* 105 (25)：8548 - 8551.
[3] Sheridan, A. & Shortland, A. 2004, '…Beads Which Have Given Rise to So Much Dogmatism, Controversy and Rash Speculation'：Faience in Early Bronze Age Britain and Ireland, in Shepherd, I. A. G. & Barclay, G. (eds) *Scotland in Ancient Europe：The Neolithic and Early Bronze Age of Scotland in Their European Context*, Edinburgh：Society of Antiquaries of Scotland, 263 - 279.
[4] Wu, X. L. 2013, Cultural Hybridity and Social Status：Elite Tombs on China's Northern Frontier during the Third Century BC, *Antiquity* 87 (335)：121 - 136.
[5] Gleba, M. 2008, You Are What You Wear：Scythian Costume as Identity, in Gleba, M. et al. (eds) *Dressing the past：costume through 21st century eyes* (Ancient Textile Series 3), Oxford：Oxbow Books, 13 - 28.

墓葬，其中仅有9座出土费昂斯串珠[1]，所占比例仅达18%。

"威望"或"威信"是指"不以暴力、恐吓或胁迫的方式获得他人的尊重和服从"。通过"威望物"获得"威望"的方式主要存在三种机制[2]：第一，体现出制作者在一些赖以生存的技能或知识方面具有超出群体中其他人的水平，从而为其获得威望；第二，证明拥有者具备与外部群体社交的能力，当群体面临环境压力或其他危机时，这一点尤为重要；第三，反映出所有者成功地支配获取或生产社会生活必需品之外的剩余时间和剩余劳动力，并用于获取或生产威望物。第一种机制下，制作者即为使用者本身；而其生产工匠是否为戎人本身还不得而知，即便如此，我们也没有任何证据支持这些工匠在戎人社会之中占有较高的地位，因而这种机制并不适用于王大户的情况。第二种机制中的威望物多为长途贸易或交换的产品，而前文关于产地及技术选择的讨论支持这些费昂斯是由一批与西戎关系密切的工匠们完成的，如果他们并非戎人本身或依附于戎人的话，那么与这些工匠所属的社会之间的外交关系或许是费昂斯物品的一个核心价值。这一点也可以很好地解释一些级别较高的西戎墓葬中为何出现诸多呈现外来文化因素的物品[3]。

第三种机制也不应忽视。作为衡量人工物品价值的重要考虑，技术因素通常包括生产过程所耗工时与技术难度。技术难度主要体现在两个方面，即获取原料的难度和生产的复杂程度，后者包括专业知识、操作技能及工具等因素[4]。费昂斯生产的原料中只有锡的获取存在一定难度，因此我们简化得到费昂斯作为威望物的价值取决于消耗工时、锡料、生产的复杂性等三个方面。在考虑生产的复杂性时，我们易于关注生产技术本身而忽略与之密切相关的文化因素以及相应的知识体系。早期社会中，复杂的生产活动往往具有强烈的象征性[5]。向费昂斯中加入锡的操作就是这种象征性的实践，虽然目前还无法明确地把握这种象征性的具体含义。生产这些费昂斯的工匠们不仅需要掌握工艺技术的知识，还必须熟知社会文化价值体系的内容。我们非常容易在其他的文化中发现类似的现象。例如费昂斯制品在欧洲青铜时代早期很长一段时间借由长途贸易获得，被视为神秘的外来物；实现本地化生产之后，生产过程本身被视为一种对原料进行神奇转化的过程，体现了高温技术的伟大成就，而工匠们则是掌握了这种秘密的、专门的技术和知识的人群，这也被视为某种特权[6]。

不过，这些费昂斯串珠的类型极为有限，均为单色，外观上的变化并不丰富，作为个

① 根据作者于2010年7月在宁夏固原博物馆观察所见。

② Plourde, A. M. 2009, Prestige Goods and the Formation of Political Hierarchy, in Shennan, S. (ed.) *Pattern and Process in Cultural Evolution*, Berkeley, Los Angeles and London: University of California Press, 265 – 276.

③ Wu, X. L. 2013, Cultural Hybridity and Social Status: Elite Tombs on China's Northern Frontier during the Third Century BC, *Antiquity* 87 (335): 121 – 136.

④ Miller, H. M. – L. 2007, *Archaeological Approaches to Technology*, Burlington, California & London: Elsevier, 212 – 217。

⑤ Hegmon, M. 1998, Technology, Style, and Social Practices: Archaeological Approaches, in Stark, M. T. (ed.) *The Archaeology of Social Boundaries*, Washington and London: Smithsonian Institution Press, 264 – 279.

⑥ Robinson, C. *et al.* 2004, The Origins of Faience in Poland, *Sprawozdania Archeologiczne* 56: 79 – 120.

体认同的功能似乎并不突出；相反，作为群体认同的可能性更大①。西戎在甘肃东部和东南部与秦人毗邻杂居，他们之间长期存在频繁的战争，也有阶段性的和平与联盟，可以说，斗争和融合构成了秦、戎关系的相互依赖的两个方面②。战国秦人和戎人的墓葬在形制、葬式和随葬品组合方面都有较大差别③，反映出各自不同的信仰和习俗，二者之间的关系接近于"文化多元主义"模式。换言之，这两个族群各自独立存在并有着"我群"和"他群"的显著区别。据史料记载，西戎由众多部落组成，群体之间的联系较为松散④，且没有书写文字⑤。对于这样的群体而言，服饰很大程度上起到了表达和传递文化认同的作用，并在不同部落群体之间进行交流和沟通，礼仪性的服饰更是一种记录和传承集体记忆的重要载体⑥；葬礼本身往往就是群体集会的公共事务⑦，我们有理由推测作为丧葬服饰重要组成部分的个人装饰可能起到了强化集体记忆和文化认同的作用。从出土情况看，它们几乎专属于西戎文化墓葬便是很好的证据⑧。

以上是对费昂斯串珠的社会功能与价值的讨论，在很大程度上基于理论分析和相当有限的墓葬分析。考虑到多处西戎文化墓地的规模均不是很大，也没有发现任何一处相关的居址，而墓葬只是人类生活的一个局部，并不能代表全貌，我们倾向于支持第一、三种假说，而对于第二种假说的验证则有赖于将来更多考古材料的发现。

附记

本课题系作者在伦敦大学学院考古学院的博士后项目的一部分，得到英国皇家学会提供的牛顿博士后基金资助。作者的两位导师，伦敦大学学院卡塔尔分校的 Thilo Rehren 教授和伦敦大学学院的 Ian Freestone 教授，以及牛津大学 Mike Tite 教授和美国康宁玻璃博物馆 Robert Brill 博士曾多次给予指导和鼓励。检测工作得到伦敦大学学院考古学院 Kevin Reeves 先生和法国科学院奥尔良中心 Bernard Grautze 博士的协助。甘肃省文物考古研究所王辉研究员同意发表有关马家塬及秦安王洼战国墓地的数据，并阅读了报告的部分内容，提出有益的意见。对于上述人员与机构，作者深为感激，在此一并致谢。报告中如有任何错误之处，责任均由作者本人承担。

---

① Miller，H M. – L. 2007，*Archaeological Approaches to Technology*，Burlington，California & London：Elsevier，218.
② 樊志民：《秦霸西戎的农史学观察》，《敦煌学辑刊》1995 年第 1 期。
③ 王辉：《张家川马家塬墓地相关问题初探》，《文物》2009 年第 10 期。
④ 如《后汉书·西羌传》记载："是时，义渠、大荔最强，筑城数十，皆自称王。"
⑤ 一、至今未发现有西戎文字；二、见王国维：《鬼方昆夷玁狁考》中"我国古时有一强梁之外族，其族西自汧陇，环中国而北，东及太行常山中间，中间或分或合，时入侵暴中国，其俗尚武力，而文化度不及诸夏远甚，又本无文字，或虽有而不与中国同"，《观堂集林》（外二种）卷第十三史林五，296 页，河北教育出版社，2003 年。
⑥ Wells，P. S. 2001，Beyond Celts，*Germans and Scythians：Archaeology and Identity in Iron Age Europe*，London：Duckworth Publishers.
⑦ ［英］马林诺夫斯基著、李安宅译：《巫术科学宗教与神话》，30 页，中国民间文艺出版社，1986 年。
⑧ 四川地区一些战国晚期的墓葬中也有相当数量的植物灰玻璃化费昂斯串珠出土，如卡莎湖和盐源文化墓葬等，本文作者认为这些墓葬同为西戎文化遗存，属于西戎逐渐被秦国所征服后迁徙远走的戎人。

第九章　结　语

王大户墓地共清理墓葬 8 座，其中 PWM8 仅收集到人体骸骨（有一座收集到人体头骨，编号 PWM9），墓葬形制被彻底破坏，遗物也无存。中庄墓地清理墓葬 2 座，其中 PZM2 墓葬形制也被彻底破坏，仅收集到少量的遗物。九龙山墓地共清理墓葬 11 座，由于墓葬早年被盗，除殉牲较多外，其余遗物数量较少，骸骨凌乱，具体葬式难以辨明。本章对上述墓葬尤其是未盗掘的墓葬做一分析。

一　墓葬形制

王大户墓地的墓葬形制有带斜坡墓道、殉牲坑的洞室墓和竖井墓道洞室墓两种，洞室窄小，位于墓道或殉牲坑的东部，底部呈西高东低的斜坡，坡度较大。竖井墓道洞室墓的平面形制根据洞室和墓道的位置关系有"凸"字形和刀把形。"凸"字形墓的洞室与墓道没有完全在同一中轴线上的，略偏北或偏南，刀把形墓的洞室偏于墓道的东南角，方向与墓道的方向基本一致。洞室分为两种，一种没有短竖穴，从墓道的东部沿墓道东壁直接掏挖洞室，一种有短竖穴，先在墓道的东部向下掏挖竖穴，然后掏挖洞室；有的洞室在竖穴内有生土二层台。中庄墓地（PZM1）平面形制为"凸"字形，洞室有短竖穴。上述墓葬的洞室较长，骸骨的大部分或全部均在洞室内。九龙山墓地竖穴墓道洞室墓均呈"凸"字形，但洞室的形制与王大户、中庄的有别：竖穴呈长方形，几乎占有墓道底部，洞室较短，洞室和竖穴的底部坡度较小，骸骨大部分暴露在竖穴洞口内。据此，将王大户墓地、中庄墓地和九龙山墓地的墓葬形制分为 A、B、C 三型。

A 型

斜坡墓道，有殉牲坑，洞室由竖穴和洞室组成，竖穴洞口内有生土二层台，仅 PWM1 一座。

B 型

"凸"字形，根据洞室形制分为 Ba、Bb、Bc 三亚型。

Ba 型

竖穴较长，洞室较短，洞室底坡度较小，共 11 座，为 YJM1～YJM11，称之为半洞室墓。

Bb 型

没有竖穴，洞室较长，洞室底坡度较大，共 2 座，为 PWM2、PWM3。

Bc 型

有短竖穴，洞室较长，洞室底部坡度较大，4 座，为 PWM5、PWM6、PWM7 和 PZM1，将竖穴较短的墓称之为准洞室墓。

C 型

刀把形。短竖穴洞口，长洞室，洞室底坡度较大，1 座，为 PWM4。

王大户墓地墓葬形制较多，有 A、Bb、Bc 和 C 型，中庄墓地墓葬形制仅 Bc 型，而九龙山墓地墓葬形制较为单一，均为 Ba 型。

二 遗物

1. 遗物的组合

根据墓葬出土遗物，我们将遗物分为炊器、兵器、工具、服饰器和车马器五类。铜泡饰、铜铃多用于装饰车、马尤其是马笼头，我们统计时将铜泡饰和铜铃均归于车马器类，若此，将王大户、中庄和九龙山墓地的遗物分类统计如下表：

表 9－1　王大户、中庄、九龙山墓地器物分类统计表

墓号	形制	炊器	兵器	工具	服饰器	车马器	备注
PWM1	A	√	√	√	√	√	
PWM2	Bb	√	√	√	√	√	
PWM3	Bb	√	√	√	√	√	
PWM4	C		√	√	√	√	
PWM5	Bc		√	√	√	√	
PWM6	Bc	√	√	√	√	√	仅陶鬲铲足根部
PWM7	Bc	√		√	√	√	
PWM8							被盗毁
PZM1	Bc			√	√	√	
PZM2			√		√		被盗毁
YJM1	Ba				√	√	被盗
YJM2	Ba			√	√		被盗
YJM3	Ba	√			√	√	被盗
YJM4	Ba			√	√		被盗

续表 9-1

墓号	形制	炊器	兵器	工具	服饰器	车马器	备注
YJM5	Ba			√			被盗
YJM6	Ba	√					被盗
YJM7	Ba						被盗
YJM8	Ba				√		被盗
YJM9	Ba			√		√	被盗；骨管实为骨节约
YJM10	Ba	√		√	√		被盗
YJM11	Ba				√		被盗

根据表 9-1，炊器、兵器、工具、服饰器、车马器都随葬的墓有 PWM1、PWM2、PWM3、PWM6，随葬兵器、工具、服饰器和车马器的墓有 PWM4、PWM5，随葬炊器、工具、服饰器、车马器的墓有 PWM7，随葬工具、服饰器、车马器的墓有 PZM1。由于九龙山墓地早年被盗掘，所留遗物较少，也是炊器、兵器、工具、服饰器和车马器等，三个墓地在文化属性上表现出一致性。

2. 遗物主要出土位置

九龙山墓地早年被盗遗物的具体位置不详，王大户墓地 PWM1～PWM7 和中庄 PZM1 的遗物均分层放置，出土位置较为清晰。

PWM1 遗物主要放置于洞室骸骨的南北两侧，殉牲坑内的遗物较少。PWM2 和 PWM3 的遗物主要放置于洞室骸骨盆骨以东的南北两侧和胸部，腿部和墓道遗物较少。PWM4 的遗物主要放置于墓道内，洞室遗物较少并且放置于骸骨南北两侧及胸上，另在洞室填土中出土了大量的费昂斯珠饰。PWM5 的遗物放置于洞室内，主要出土于胸部、骨盆南北和腿部。PWM6 的遗物放置于洞室内，主要在胸、盆骨南部和腿部。PWM7 遗物主要放置于竖穴和洞室西部，骸骨周围未见遗物，墓道内遗物较少。PZM1 遗物主要放置于洞室内盆骨处和头骨周围，墓道内遗物较少。可以说王大户墓地 PWM1～PWM7 和中庄 PZM1，尽管随葬遗物的具体位置不尽相同，但除 PWM4 主要放置于墓道内、PWM7 主要放置于洞口和洞室西部外，随葬遗物均位于洞室内人骨周围。

三 时代

王大户墓地完整墓葬共清理了 7 座，中庄墓地完整墓葬共清理了 1 座，而九龙山墓地 11 座墓均被严重盗掘，所剩遗物无几，这给墓地分期带来一定困难，难以通过对典型器物的类型学分析对墓葬进行分期排队，只能尝试通过比较的方法对上述墓地的墓葬进行时间的推定。

1. 王大户墓地的时代

王大户 7 座墓葬，通过墓葬的分布和遗物的出土位置可分为五组：

第一组：PWM1，墓葬形制为 A 型，洞室遗物主要分布于骸骨的南北两侧；

第二组：PWM2、PWM3，二座墓南北并排，遗物主要放置于胸上及胸部以东；

第三组：PWM4，遗物主要放置于墓道，洞室主要为铜柄铁剑和费昂斯饰件；

第四组：PWM5、PWM6，遗物主要放置于胸部和骨盆部；

第五组：PWM7，遗物主要放置于洞室竖穴部，骸骨周围没有遗物。

PWM1：38 铜短剑剑柄首呈抽象的触角式，由写实鸟头演变为对称的抽象的凹面鸟头形，剑柄呈长方形，剑格反触角式，两面是鸟头形（图 2－13；彩版 2－18：4）。其形制与固原撒门 M3 出土触角式铜短剑剑柄和剑身的形制基本相同①。PWM1：37 铜戈锋首不明显，栏部二穿，内长方形略上翘（图 2－13；彩版 2－19：1），其形制与撒门 M3：38 铜戈形制相同②，据研究，撒门 M3 的时代不晚于战国早期③。由于 PWM1：38 铜短剑触角已由写实鸟首变为抽象的凹面鸟兽，其时代可能略晚与撒门 M3。撒门 M3 属于甘宁地区春秋战国时期的中期早段，那么，PWM1 的时代当不晚于甘宁地区春秋战国时期的中期晚段，即不晚于战国中期④。

PWM2 和 PWM3 均出土铜矛和铜铃。铜矛 PWM2：8（图 2－32；彩版 2－44：3）、PWM3：3（图 2－33；彩版 2－54：2）矛锋双翼，柄椎体形较短；铜铃 PWM2：7（图 2－33；彩版 2－45：2）、PWM3：10（图 2－42；彩版 2－55：3）铃身扁圆筒状，桥状纽。这种形制的铜矛和铜铃在于家庄和马庄均有出土，相当于于家庄 B 组，而该组的时代下限在战国中期偏早⑤。但 PWM3：7 连珠纹铜带饰（图 2－43；彩版 2－55：2），其形制与彭阳张街村 M2 出土的铜带饰形制相同⑥，该墓属于甘宁地区春秋战国时期分期的晚期早段，时代在战国中期偏晚至晚期偏早⑦。据此，将 PWM2 和 PWM3 的时代上限定在战国中期偏早，下限定在战国中期偏晚。

PWM4 出土铁矛、铁马衔、铁饰件及铜柄铁剑等，说明当时铁器制作业发达。铜柄铁剑 PWM4：43 为三叉护手剑（图 2－63；彩版 2－85：3、4），在于家庄和马庄墓地均有出土，相当于于家庄 B 组。但该墓出土了铁矛和铁马衔，铁矛 PWM4：1 矛锋柳叶状（图 2－63；彩版 2－87：1），铁马衔 PMW4：22 为双"8"字形环（图 2－63；彩版 2－87：2），属于马庄 B 组的遗物，相当于甘宁地区春秋战国时期分期的晚期晚段，时代下

① 罗丰、韩孔乐：《宁夏固原近年来发现的北方系青铜器》，《考古》1990 年第 5 期，404 页，图一，1。

② 罗丰、韩孔乐：《宁夏固原近年来发现的北方系青铜器》，《考古》，1990 年第 5 期，406 页，图三，7。

③ 罗丰认为撒门 M3 的时代不晚于战国早期，杨建华认为撒门 M3 属于中期早段，时代上限在春秋战国之际，下限在战国中期。罗丰、韩孔乐：《宁夏固原近年来发现的北方系青铜器》，《考古》1990 年第 5 期，403～418 页；杨建华：《春秋战国时期中国北方文化带的形成》，28～41 页，文物出版社，2004 年。

④ 杨建华：《春秋战国时期中国北方文化带的形成》，28～41 页，文物出版社，2004 年。

⑤ 杨建华：《春秋战国时期中国北方文化带的形成》，28～41 页，文物出版社，2004 年。

⑥ 宁夏文物考古研究所、彭阳县文物管理所：《宁夏彭阳县张街村春秋战国墓地》，《考古》2002 年第 8 期，21 页，图一一，9。

⑦ 杨建华：《春秋战国时期中国北方文化带的形成》，28～41 页，文物出版社，2004 年。

限在战国后期偏早，不晚于秦长城的修筑年代及公元前 272 年①。

PWM5 和 PWM6 均出土铜短剑、鹤嘴斧和连珠纹铜带饰。连珠纹铜带饰 PWM5：10（图 2 - 92；彩版 2 - 102：1）、PWM6：1（图 2 - 100；彩版 2 - 117）平面呈纵长方形，由双排连珠纹组成，正面饰勾连的"S"形纹；连珠纹底面内凹，形制相同。鹤嘴斧 PWM5：6 出土的一侧扁刃，一侧椎体形（图 2 - 91；彩版 2 - 101：2），PWM6：4 出土的两侧均为扁刃（图 2 - 99；彩版 2 - 115：3），但二者的刃部基本均在同一直线上。连珠纹铜带饰和铜鹤嘴斧在于家庄墓地和马庄墓地均有出土，而且形制与其相同，相当于于家庄 B 组，时代在战国早期到战国中期②。铜短剑 PWM5：2 为"一"字形剑首，"人"字形剑格（图 2 - 91；彩版 2 - 101：1），铜短剑 PWM6：7 为扁环形首，三角形剑格（图 2 - 99；彩版 2 - 114：4），二者共同的特征是剑柄中部为镂空的长方形。"一"字形剑首、扁环形剑首和中部镂的长方形剑柄也习见于内蒙古地区的墓葬中，其时代下限在战国中期。据此，将 PWM5、PWM6 的时代定在战国中期。

PWM7 出土的连珠纹铜带饰（图 2 - 112；彩版 2 - 132、133）与 PWM5、PWM6 出土的连珠纹铜带饰形制相同，其时代与 PWM5、PWM6 的时代相当，在战国中期。该墓也出土了腹中空的鹿形饰（图 2 - 114；彩版 2 - 135、136），似直立，腿部简化其上有铆孔，其形制与于家庄、马庄的出土的腹中空直立形动物形饰相同，该形动物形饰的时代下限在战国中期。因此，将 PWM7 的时代定在战国中期③。

综上述分析，王大户墓地的时代分为二期，早期有 PWM1～PWM3、PWM5、PWM6、PWM7，属于战国中期，晚期有 PWM4，属于战国晚期。据 ^{14}C 测定数据，PWM1 的有两个数据，一个年代距今 2470 ± 40，另一个的年代距今 2300 ± 40，PWM6 的时代距今 2330 ± 35，均在战国中期④。

2. 中庄墓地的时代

PZM1 出土腹中空的鹿形饰、带柄泡饰和中部呈枣核形、两侧为圆泡的扣饰。腹中空的鹿形饰 PZM1：29～36（图 3 - 19、20；彩版 3 - 23～26），呈卧姿状，曲足相连；带柄铜泡饰 PZM1：50、51（图 3 - 17；彩版 3 - 21），圆泡部较平，并呈中空的梯形；中部呈枣核形、两侧为圆泡的铜扣饰 PZM1：10、23～25（图 3 - 13；彩版 3 - 18：4），其中部的枣核由原来的动物兽面演变而成，圆泡正面饰连珠纹。这些器形主要出土于马庄墓地，相当于马庄 B 组。

PZM2 被盗，残留的遗物有铁剑、骨节约和骨镞等等，说明铁器发达，相对于马庄 B

① 杨建华：《春秋战国时期中国北方文化带的形成》，28～41 页，文物出版社，2004 年。
② 杨建华：《春秋战国时期中国北方文化带的形成》，28～41 页，文物出版社，2004 年。
③ 杨建华：《春秋战国时期中国北方文化带的形成》，43～62 页，文物出版社，2004 年。
④ 北京大学加速器（AMS）^{14}C 测试报告，2008 年 2 月 22 日。

组，时代在战国后期①。

3. 九龙山墓地的时代

九龙山墓地墓葬均为 Ba 型，属于半洞室墓。该型墓的最大特征是平面呈"凸"字形，墓室由长竖穴和短洞室组成，墓室大部在竖井墓道内，竖穴部分较长，洞室较短，洞室底部坡度较小，骸骨的大部分在竖穴部分，为不成熟的竖井洞室墓，属于竖穴土坑墓与成熟的竖井洞室墓的过渡阶段，其时代应当较成熟的竖井洞室墓早，即比 Bb、Bc 型早。由于该墓地早年被盗，大部分遗物被盗，墓葬的器物组合难以知晓。但 YJM3 出土了陶罐和铜带扣，陶罐 YJM3：1（图 4 - 17；彩版 4 - 16：1）为炊器，夹砂红陶，大敛口，腹上部外鼓，其下斜收成小平底，其形制与中宁倪丁村 M2 出土的陶罐形制相同②。铜带扣 YJM3：2（图 4 - 17；彩版 4 - 16：2）为两个大小相连的方环，扣舌鸟首形突出大环外（小环残），大环四角四个圆孔，应是用绳索与革带固定之用，这种形制与中宁倪丁村 M1 出土的铜带扣形制完全相同③。

据研究，中宁倪丁村 M1、M2 的时代不晚于春秋晚期④。但由于九龙山墓地属于竖穴土坑墓向竖井墓道洞室墓的过渡阶段，其时代当较中宁倪丁村 M1、M2 的时代略晚，大致在春秋晚期到战国早期。

根据上文的论述，将王大户、中庄与九龙山墓地分为三期：

早期：以 YJM3 为代表的九龙山墓地，时代在春秋晚期至战国早期；

中期：以王大户 PWM1、PWM2、PWM3、PWM5、PWM6、PWM7 为代表，时代在战国中期；

晚期：以王大户 PWM4、中庄 PZM1、PZM2 为代表，时代在战国后期。

四 葬俗

王大户墓地、中庄墓地和九龙山墓地是反映北方青铜文化的三处墓地，位于固原地区，是春秋战国时期中国北方文化的组成部分，其葬俗具有明显的地域特征。现将其葬俗总结如下：

1. 墓葬形制与葬式

除 PWM1 带斜坡短墓道外，其余墓均为竖井墓道洞室墓，以"凸"形墓为主，刀把形墓较少。九龙山墓地洞室较短，底部坡度较小，大部分位于竖穴墓道内，骸骨少部位于洞室，大部分位于竖穴部分内；王大户墓地和中庄墓地的墓洞室窄小，底部呈向东倾斜的

---

① 杨建华：《春秋战国时期中国北方文化带的形成》，28～41 页，文物出版社，2004 年。
② 宁夏回族自治区博物馆考古队：《宁夏中宁县青铜短剑墓清理简报》，《考古》1987 年第 9 期，775 页，图四，11。
③ 宁夏回族自治区博物馆考古队：《宁夏中宁县青铜短剑墓清理简报》，《考古》1987 年第 9 期，774 页，图三，14。
④ 罗丰：《以陇山为中心甘宁地区春秋战国时期北方青铜文化研究》，《内蒙古文物考古》1993 年第 1、2 期；杨建华：《春秋战国时期中国北方文化带的形成》，28～41 页，文物出版社，2004 年。

斜坡，坡度较大，骸骨基本在洞室内。均为单人葬，仰身直肢，头向朝东，在洞室内头部低于脚部。王大户墓地部分墓葬如 PWM1 的腿骨并拢与一起，可能当时存在捆绑腿部的习俗。

2. 殉牲

用马、牛、羊的头骨殉葬，另有少量的蹄骨和单独的舌骨。由于动物头骨和蹄骨的组织结构完整，属于一次性宰杀殉葬。殉牲主要放置于墓道或殉牲坑（PWM1）内，有的分层放置，从墓道底部直至洞室。马、牛尤其是马的头向以平置、吻部朝东（与墓主人的头向一致）为主，而羊的吻部朝向不一。但不同墓葬殉牲的数量、放置方法也有别。

王大户墓地 PWM1 共殉葬马、牛、羊头骨 25 件，其中马 12、牛 2、山羊 4、绵羊 7，大多数马头带第一寰椎，分两层放置。马头以平置、吻部朝东为主。PWM2 殉葬马和牛的头骨 7 件，其中马头 5 件，牛头 2 件，有幼年、中年和老年。未见羊的骨骼。均放置于墓道填土中，马头以平置为主，吻部多朝东。PWM3 共殉葬马、牛、羊的头骨 11 件，其中马头 4 件，牛头 3 件，羊头 4 件，放置于墓道填土中，较分散，未分层放置。其中马头主要位于竖穴的上部，直插，吻部朝下。PWM4 共殉葬马、牛、羊的头骨 24 件，其中马头 7 件，牛头 3 件，羊头 14 件，有的马头和牛头带第一寰椎，主要放置于竖穴内。根据头骨的出土情况，将 PWM4 的殉牲自上而下分为四层。第四层仅 1 件羊头，与第三层间有回填土分隔；第三层均有 7 件马头和 1 件羊头，放置于竖穴内，东部的马头均平置，吻部朝东；第二层殉牲均为牛头，系第三层殉牲放置后放置；第一层殉牲均为羊头，放置于竖穴洞口的第一生土台及填土上，位置偏西。PWM5 共殉葬牛、羊的头骨和牛舌骨 24 件，以羊头为主，牛头较少，未发现马头，其中牛头 4 件，羊头 19 件，牛舌骨 1 副。放置位置有墓道和洞室，以墓道为主，主要放置头骨；洞室内放置牛的舌骨。根据殉牲的放置位置，从上至下分为三层，其中第一、第二层间有墓道回填土，第三层为牛舌骨，放置于洞室内。PWM6 共殉葬马、牛、羊的头骨 27 件，其中马头 4 件，牛头 2 件，羊头 21 件，放置于墓道和洞室内，以墓道为主。根据殉牲的放置位置分为上、下两层。PWM7 共殉葬牛、羊的头骨和蹄骨 33 件，其中羊头 26 件，牛头 5 件，蹄骨 2 件，分布于墓道填土中，吻部朝向不一。

中庄 PZM1 共出土马、牛、羊的头骨、蹄骨、牛角和寰椎共 63 件，其中马头 4 件，马蹄骨 1 件；牛头 7 件、牛蹄骨 3 件、牛角 1 件；羊头 44 件、羊寰椎 1 件，另有 1 件掌骨（PZM1：D54）和 1 件蹄骨（PZM1：D60）难以确定种属，放置于墓道和洞室竖穴洞口上部及洞室上部，根据殉牲的出土位置，从上而下分为四层。

九龙山墓地由于被盗，殉牲的具体放置方法和位置不详。但由于该墓地早年被盗，殉牲的骨骼当不会被盗走，因此出土殉牲的数量大致为原来的殉葬动物的数量，即使有出入也不会有大的变化。现将九龙山墓地殉牲数量统计如下表：

表 9 - 2　九龙山墓地殉牲动物统计表

墓号	马	牛	山羊	绵羊	羊	总数
YJM1	3	4	11	6		24
YJM2	1		12	4		17
YJM3		1	4	1	4	10
YJM4		2	8	3		13
YJM5		4	3	5		12
YJM6		2	2	3		7
YJM7		1	3	2		6
YJM8		1	2	26		29
YJM9			8	25		33
YJM10		2	7	8		17
YJM11		1	15	7		23

注：羊为难以鉴定出山羊或绵羊者。

从表 9 - 2 可知，九龙山墓地各墓殉葬动物多寡不一，最多的是 YJM9，共 33 件，最少的是 YJM7，仅 6 件。殉牲的构成也不一，殉葬马、牛、羊的墓 1 座，殉葬马、羊的墓 1 座，其余 9 座墓的殉牲均为牛和羊，其中羊有山羊和绵羊。

3. 遗物

遗物有炊器、兵器、工具、服饰器和车马器等。由于九龙山墓地早期被严重盗扰，这里主要依据王大户墓地和中庄墓地的资料分析遗物所反映的葬俗问题。遗物所反映出的葬俗，主要表现在以下几个方面：

其一，除小孩墓外，成人墓随葬遗物均是与墓主人生产和生活相关的物件和饰件。从表 9 - 1 可知，遗物的组成有炊器—兵器—工具—服饰器—车马器、兵器—工具—服饰器—车马器、炊器—工具—服饰器—车马器、工具—服饰器—车马器，它们均与墓主人的生活相关，可能是墓主人生前财产，死后随葬。而两座小孩墓（PWM2、PWM3）也随葬完整的炊器—兵器—工具—服饰器—车马器等遗物组合，可能反映着当时关于小孩的一种葬俗：死后随葬和成年人一样的遗物。

其二，除少数随身饰件外，其余的遗物均是放置，而且大多分层放置于不同的位置。如铜带扣与铜带饰，按理应该出土于墓主人腰周围，但实际情况是王大户墓地出土的铜带扣和铜带饰，均单独放置，而且有的是拆散后放置；PWM4 出土的费昂斯饰件，按理应该出土于墓主人颈部，但该墓费昂斯珠饰出土于洞室填土中，没有一定的规律，应是边回填边撒入。王大户墓地 PWM1～7 和中庄墓地 PZM1 的遗物均分层放置，而且各墓的具体位置也各异。

其三，毁器习俗。王大户墓地 PWM1～7 和中庄 PZM1 的随葬遗物，存在着毁器后随葬的行为。为了了解各墓随葬遗物的毁器情况，现将能观察到的毁器行为统计如下表：

表 9 - 3　王大户墓地、中庄墓地毁器遗物统计表

墓号	名称	标本号	情状
PWM1	陶罐	PWM1：3	残存一半
	铜镦	PWM1：19	銎内含朽木，断裂面带细毛刺
	带饰	1 套	2 件动物纹牌饰和 13 件卷云纹带饰组成的腰带未系于墓主人腰部，而是卷曲放置于一块树皮上，部分卷云纹带饰连缀在带鞓上，但带鞓残断不全
	铜杆头饰	2 件	杆柄缺失；管状銎内残存朽木，断面带毛刺，系折断后放置
PWM2	陶罐	PWM2：1	残存二分之一
	铜矛	PWM2：8	矛柄折断后随葬，矛柄内残存朽木，断面带毛刺
PWM3	陶罐	PWM3：1	有意打破
	铜锛	PWM3：14	木柄折断后放置，銎内残存朽木，断面带毛刺
PWM4	铁矛	PWM4：1	柄残失
	铜斧	PWM4：44	銎内残存朽木柄，系折断后随葬
	铜凿	PWM4：42	木柄残失
	费昂斯饰件		在墓室填土内分散，没有一定的分布规律，系拆散后所为
PWM5	铜鹤嘴斧	PWM5：6	銎内残存朽木柄，折断木柄后放置，
	铜锛	PWM5：7	銎内残存朽木柄，折断木柄后放置，
PWM6	陶鬲	PWM6：30	残存鬲足
	铜鹤嘴斧	PWM6：4	銎内残存朽木，系折断木柄后随葬
	铜锛	PWM6：14	銎内残存朽木，系折断木柄后随葬
	铜带饰	PWM6：19、1、5、20、21、22、41	分布凌乱，没有一定的规律；系拆毁后随葬
PWM7	铜鹿形饰	PWM7：4、28、30	从某物件上拆下随葬
	铜带饰	M7：8、5、6、7、9、10、13、16、18～21、26、27、29	出土于第二、三和五层，没有一定的排列规律，系将腰带拆毁后随葬
PZM1	铜鹿形饰	PZM1：29～36	从某物件上拆下随葬

从表 9 - 3 可知，王大户墓地和中庄 PWM1 存在一定的毁器行为，主要表现为以下几个方面：

其一，陶器均为炊器，打破随葬，有的残存一半，有的仅存足部。除 PWM6 鬲足出土于洞室外，其余的陶器均出土于墓道或殉牲坑（PWM1），大多数与殉牲同层。

其二，铜矛、铜鹤嘴斧、铜镦、铜斧、铜锛、铜凿等兵器和工具的木柄在随葬时被折

断，仅将金属部分随葬，在兵器或工具的銎内残存折断后的朽木，断面带毛刺，说明系随葬时折断放置。

其三，铜杆头饰和腹中空的铜鹿形饰系权杖头部的装饰性标志和某种器具上的饰件。权杖将柄部折断后仅随葬权杖头部；腹中空的鹿形饰系从某种器具上拆来随葬。

其四，PWM4 的费昂斯珠饰系拆散后撒入洞室；而 PWM1、PWM7 的铜带饰从带鞓上拆去，根据某种需要放入洞室。

总之，王大户墓地、中庄墓地和九龙山墓地从墓葬形制、殉牲及遗物所反映出的葬俗，具有明显的地域性，这种葬俗是春秋战国时期固原地区北方青铜文化的主要丧葬习俗。

附一　2011PXM2

2011PXM2 位于固原市城北约 26 千米，东距头营乡政府约 4 千米，南距硝河村约 500 米，墓葬南侧为东西向深沟，当地人俗称肖家深沟，北侧为沟畔台地，台地西高东低呈带状分布，该墓地处台地之上。

（一）地层堆积

2011PXM2 位于硝沟村北台地中部偏北，台地原为耕地，现已荒芜。地层堆积可划分为 2 层。第 1 层：耕土层，厚 0.35 ~ 0.5 米。土色呈黄褐色，土质疏松，包含有少量的现代碎瓷片。第 2 层：扰土层，厚 0.30 ~ 0.45 米。土色呈浅灰褐色，土质较硬，包含有少许的碎骨渣。墓葬开口于扰土层之下，距地表约 1 米。

（二）墓葬形制

2011PXM2 为长方形竖穴土坑墓，坐东朝西，方向 25°。竖穴墓口略大于墓底，东、西壁较直，南、北壁开口略大、中部以下渐收，壁面凸凹不平，底部平整，未见有明显的工具修理痕迹。竖穴内填土为灰褐色花土，土质较硬，东壁距地表 1.2 米处的填土中发现铜器 1 件，底部东、西两侧堆积有动物头骨。竖穴土坑东西长 2.9、南北宽 1.5 ~ 1.65、深 2 米（附图 1 - 1）。

（三）殉牲

2011PXM2 共殉葬牛、马、羊的头骨 12 件，其中牛头 3 件、马头 2 件，羊头骨残片较多、较完整者提取了 7 件。牛、马部分头骨连带第一寰椎，头骨的组织结构完整，应属殉葬时一次性宰杀放置。

1. 殉牲的位置

2011PXM2 早年已遭盗扰，殉牲原始的摆放位置可能被扰乱，现出土殉牲的头骨主要

附图 1-1 PXM2 平、剖面图

集中堆放在竖穴土坑的西南角和东南角，殉牲间相互叠压，方向不一，放置无序。

马头骨 2 件，组织结构基本完整，编号 2011PXM2：D1-1、2。2011PXM2：D1-1 位于竖穴土坑东南角，个体形态较大，保存较完整，侧置，面部朝东，吻部向南，清理和提取时面部残缺；2011PXM2：D1-2 位于竖穴土坑西南部，叠压在羊头骨之上，保存一般，平置，吻部向东。

牛头骨 3 件，保存较好，个体形态较大，清理和提取时牛角尖已残，编号为

2011PXM2：D2－1~3。2011PXM2：D2－1位于竖穴土坑西南部，平置，一牛角残缺，颌骨完整；2011PXM2：D2－2位于竖穴土坑西南角，组织结构较完整，平置，吻部向东；2011PXM2：D2－3位于竖穴土坑东南角，保存一般，平置，面部朝东，吻部向东南，其头骨连带第一寰椎。

羊头骨出土时多已破损成残片不易提取，按个体数量羊头骨应有11件，但提取较完整的标本仅有7件，其中山羊头3件、绵羊头4件，部分羊角在清理和提取时残缺。编号分别为2011PXM2：D3－1~7。2011PXM2：D3－1位于竖穴土坑西南部，保存一般，上、下颌骨分离，侧置，吻部向东；2011PXM2：D3－2位于竖穴土坑东南部，组织结构完整，侧置，面部朝东，吻部向南；2011PXM2：D3－3位于竖穴土坑西南部，保存较差，倒置，面部朝下，吻部向南；2011PXM2：D3－4位于竖穴土坑西南部，组织结构完整，侧置，吻部向东；2011PXM2：D3－5位于竖穴土坑东北角，保存一般，侧置，吻部向东；2011PXM2：D3－6位于竖穴土坑东南角，结构完整，侧置，吻部朝西南；2011PXM2：D3－7位于竖穴土坑东南部，吻部稍残，保存基本完整，侧置，吻部向东北。

该墓殉牲的动物头骨堆积较混乱，分布空间单一，残损较多，从无次序、无方向、无规律堆放所提供的信息判断，这种现象非原始的殉牲形式，而是后期人为盗扰所致。

2. 殉牲的种类

2011PXM2随葬动物头骨总数为12件。牛和马的个体形态较大，与九龙山出土的动物头骨相比，保存相对完整。其中有马头骨2件，经鉴定有成年马和幼年马各1件，成年马颌骨完整，上、下颌骨第四颗牙齿对称磨损出凹槽，似乎是长期口含衔镳形成；牛头骨3件，其中包括成年牛1件、幼年牛1件、老年牛1件，老年牛牙齿深度磨损，已形成"V"字形；山羊头骨3件，其中包括成年羊2件、幼年羊1件；绵羊头骨4件，其中包括成年羊1件、幼年羊1件、老年羊2件。

（1）马（*Equus* sp.）

2011PXM2出土马头骨2件，分别编号2011PXM2：D1－1、2，其中1件残碎。

①记述

2011PXM2：D1－1，较完整头骨1件，舌骨1副，带 I^1~I^3、P^2—M^3 的左、右上颌骨各1件，带 I_1、I_2、P_2—M_3 的左下颌骨1件，带 I_1~I_3、P_2—M_3 的右下颌骨1件（左 M^1 磨损严重，几乎凹到牙根）（附图1－2）。

2011PXM2：D1－2，残破头骨1件，属同一个体头骨碎块2件，带 dp_2—dp_4 的左、右下颌骨各1件。

②测量

测量数据见第四章第二节YJM1马头的测量数据。

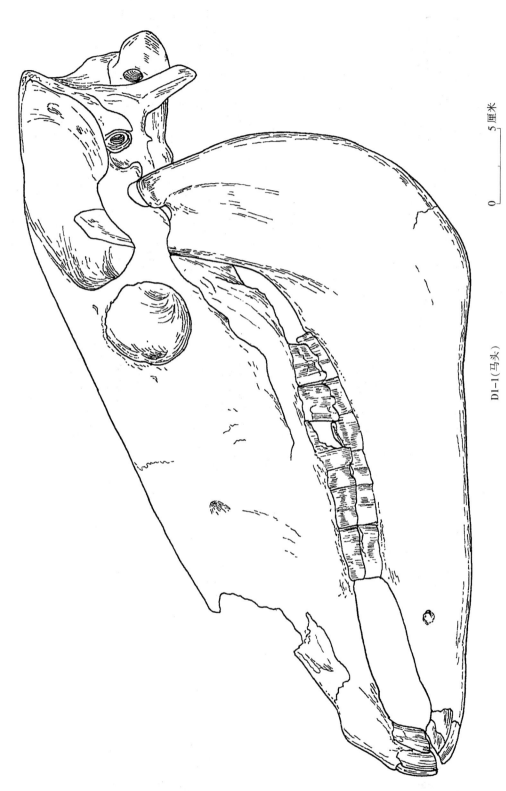

D1-1（马头）

0　　　　　　　　5 厘米

附图 1－2A　2011PXM2 殉牲（马 2011PXM2：D1－1）

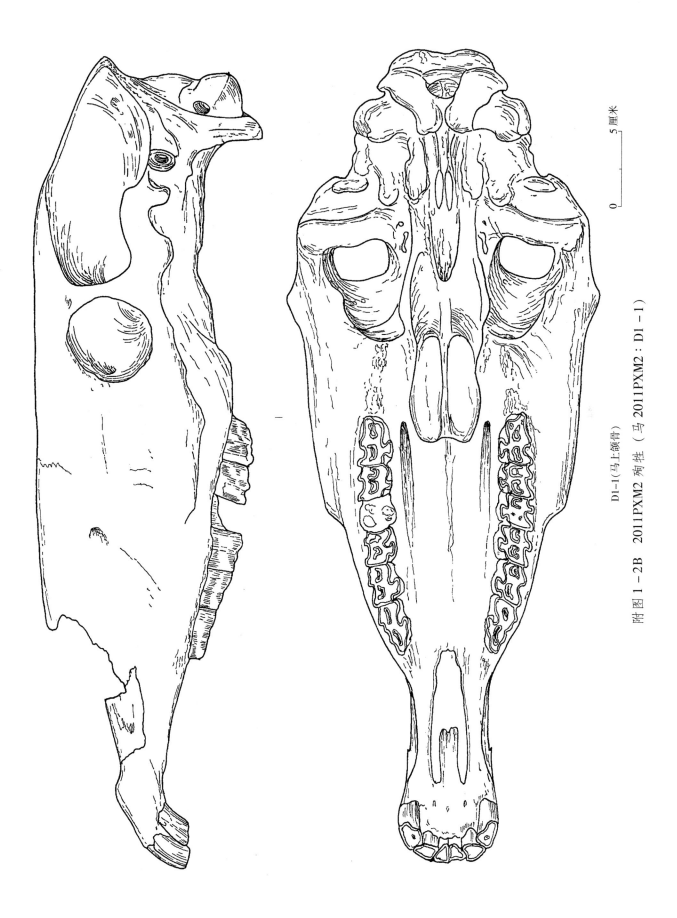

D1-1(马上颌骨)

附图 1 - 2B　2011PXM2 殉牲（马 2011PXM2：D1 -1）

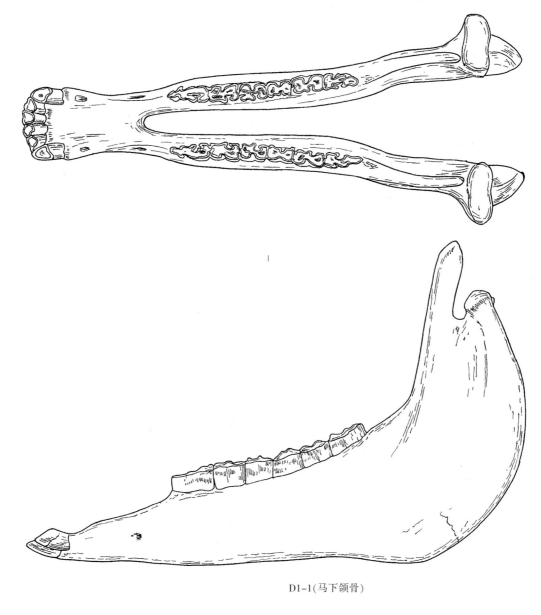

D1-1(马下颌骨)

0　　　　5厘米

附图1-2C　2011PXM2殉牲（马2011PXM2：D1-1）

（2）牛（*Bos* sp.）

2011PXM2出土牛头骨3件，分别编号2011PXM2：D2-1~3，较为完整。

①记述

2011PXM2：D2-1，带左、右残角较完整头骨1件，舌骨1副，带 P^2—M^3 的左上颌骨1件，带 P_2—M_3 的左、右下颌骨各1件。M_1 磨蚀较重，呈"V"字形（附图1-3）。

2011PXM2：D2-2，带左残角较完整头骨1件，属同一个体头骨碎块1件，舌骨1副，带 dp^2—M^1 的左、右上颌骨各1件，带 dp_2—M_1 的左、右下颌骨各1件（附图1-4）。

2011PXM2：D2-3，带左、右残角较完整头骨1件，属同一个体头骨残块2件，舌骨

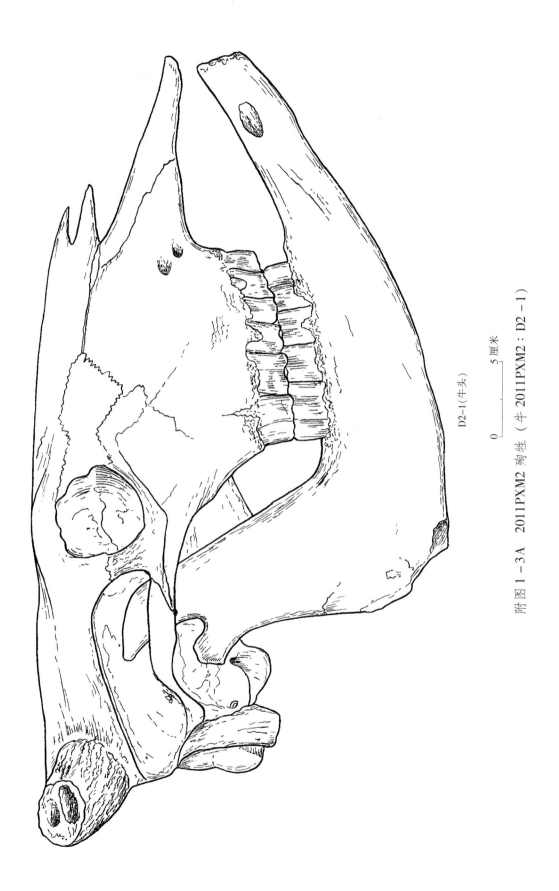

D2-1(牛头)

0   5厘米

附图 1 – 3A   2011PXM2 殉牲（牛 2011PXM2：D2 – 1）

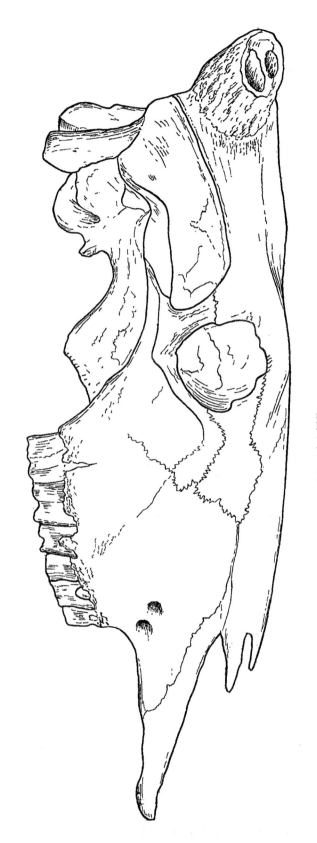

D2-1（牛上颌骨）

0　　　　　5厘米

附图1－3B　2011PXM2 殉牲（牛 2011PXM2∶D2－1）

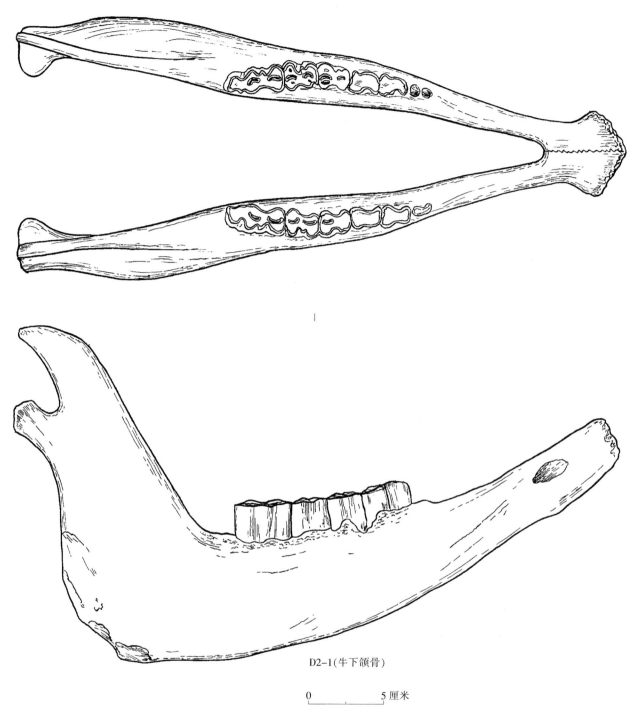

D2-1(牛下颌骨)

0   5厘米

附图 1 - 3C   2011PXM2 殉牲（牛 2011PXM2∶D2 - 1）

1副，带 P^2—M^3 的左、右上颌骨各 1 件，带 P$_2$—M$_3$ 的左、右下颌骨各 1 件，寰椎 1 件（附图 1 - 5）。

②测量

测量数据见本书第四章第二节 YJM1 牛头测量数据。

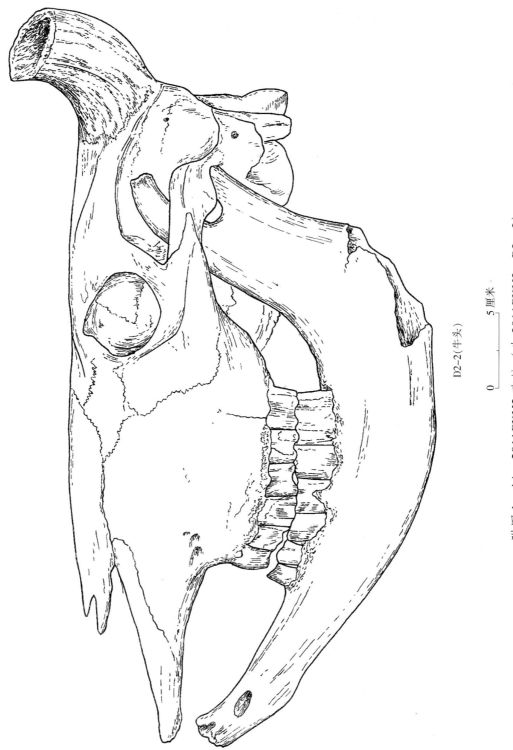

D2-2(牛头)

0   5 厘米

附图 1－4A　2011PXM2 殉牲（牛 2011PXM2：D2－2）

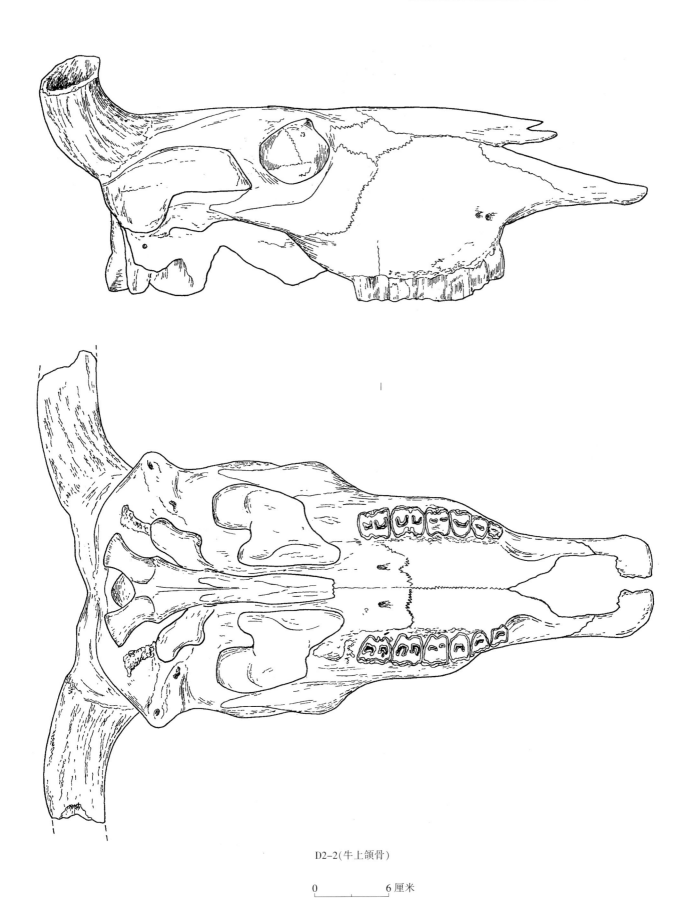

D2-2(牛上颌骨)

0 |___|___| 6厘米

附图 1－4B　2011PXM2 殉牲（牛 2011PXM2：D2－2）

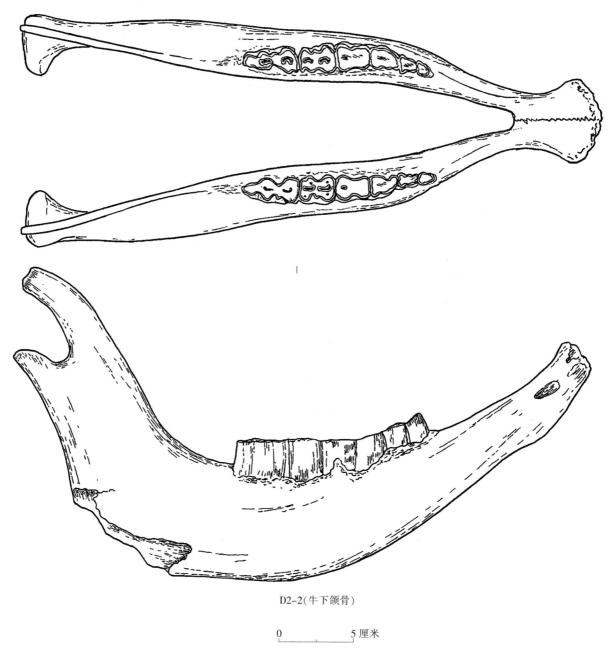

D2-2(牛下颌骨)

0 ——————— 5厘米

附图 1 - 4C　2011PXM2 殉牲（牛 2011PXM2：D2 - 2）

（3）山羊（*Capra* sp.）

2011PXM2 出土山羊头骨 3 件，分别编号 PXM2：D3 - 1、2、3，较为完整。

① 记述

2011PXM2：D3 - 1，较完整头骨 1 件，带左、右角各 1 件（右角稍残），带 P^2、P^3、M^1、M^2 的左上颌骨 1 件，带 P^2—M^3 的右上颌骨 1 件，带 P_3—M_3 的左、右下颌骨各 1 件。

2011PXM2：D3 - 2，较完整头骨 1 件，带左、右角各 1 件（左角稍残），带 P^2—M^3 的左、右上颌骨各 1 件，带 I_2—I_4、P_3—M_3 的左下颌骨 1 件，带 P_2—M_3 的右下颌骨 1 件，寰

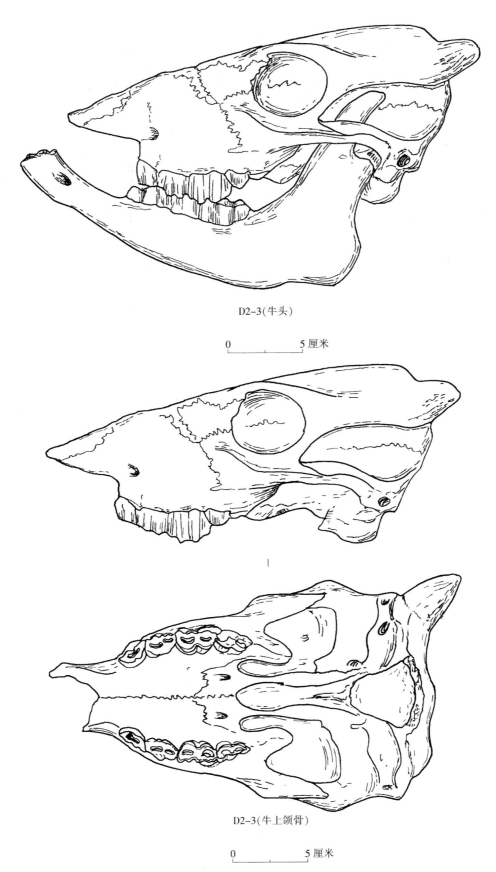

D2-3(牛头)

0 ____ 5厘米

D2-3(牛上颌骨)

0 ____ 5厘米

附图 1 - 5A　2011PXM2 殉牲（牛 2011PXM2：D2 - 3）

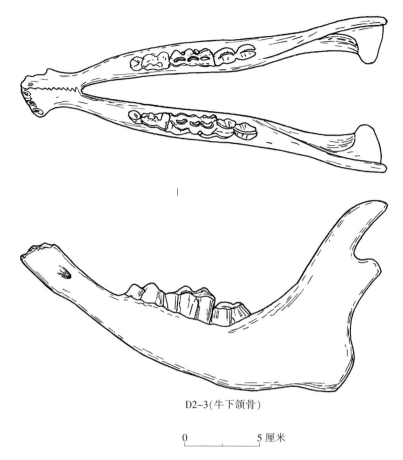

D2-3(牛下颌骨)

0 _____ 5厘米

附图 1 - 5B   2011PXM2 殉牲（牛 2011PXM2∶D2 - 3）

椎残块 1 件。

2011PXM2∶D3 - 3，带左角较完整头骨 1 件，带 dp^2—M^1 的左、右上颌骨各 1 件，带 I_1—I_4、dp_2—M_1 的左、右下颌骨各 1 件。

②测量

测量数据见本书第四章第二节 YJM1 山羊头骨测量的数据。

（4）绵羊（*Ovis* sp.）

2011PXM2 出土绵羊头骨 4 件，分别编号标本 PXM2∶D3 - 4 ~ 7，较为完整。

①记述

2011PXM2∶D3 - 4，较完整头骨 1 件，带左、右角各 1 件（左角稍残），带 dp^4—M^2 的左、右上颌骨各 1 件。

2011PXM2∶D3 - 5，较完整头骨 1 件，带左、右角各 1 件，属同一个体头骨碎块 1 件，带 P^2—M^3 的左、右上颌骨各 1 件，带 P_3—M_3 的左、右下颌骨各 1 件。

2011PXM2∶D3 - 6，较完整头骨 1 件，带 P^2—M^3 的左、右上颌骨各 1 件，带 P_2—M_3 的左、右下颌骨各 1 件（磨蚀严重）。

2011PXM2：D3 - 7，带左角较完整头骨 1 件，属同一个体头骨碎块 2 件，带 P^2—M^3 的左、右上颌骨各 1 件，带 I_1、P_2—M_3 的左下颌骨 1 件，带 I_2—I_4、P_2—M_3 的右下颌骨 1 件。

②测量

测量数据见第四章第二节 YJM1 绵羊头骨的测量数据。

（四）出土遗物

2011PXM2 出土随葬品仅存 1 件铜扣饰，属服饰器。

铜扣饰　1 件。

2011PXM2：1，位于竖穴土坑东壁近中部。模制，平面圆形，器面鼓起呈圆泡状，背面凹，中部有两个长方形纽，纽顶联结处内凹，器物周边及纽顶部残留有明显的翻模痕迹。直径 5.1、纽长 2.8、宽 0.7 厘米（附图 1 - 6）。

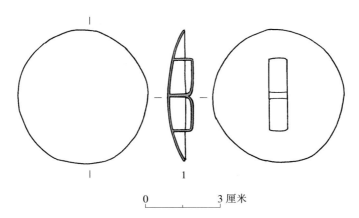

附图 1 - 6　2011PXM2 出土铜扣饰（2011PXM2：1）

（五）葬式与葬俗

2011PXM2 近代被严重盗扰，人骨仅见肢骨，位于墓穴东北部和东南、西南部的殉牲头骨之间，葬式不详，未发现使用葬具的痕迹。

附二 彭阳县米沟春秋战国墓地

米沟春秋战国墓地位于彭阳县小叉乡米沟村东部的山丘上，距彭阳县城约 25 千米（附图 2-1）。2008 年春，盗墓分子对该墓地进行了盗掘，在返回途中被当地公安局发现并将被盗文物追回，共收缴石、铜、骨质文物 209 件。

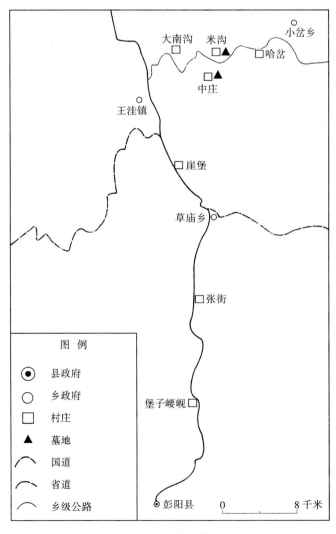

附图 2-1 米沟墓地地理位置图

一　文物的分类描述

共收缴石器、铜器和骨器等文物 209 件，由于墓葬被盗毁，所有文物按采集文物编号。

1. 铜器

共收缴铜器 202 件，有兵器、工具、服饰器和车马器等。

1）兵器

有戈、矛、镞和鹤嘴斧等，共 7 件。

戈　2 件。

C∶206，长方形内，圭锋，方胡，直栏，无倒刺。内中部有一长 1.2、宽 0.5 厘米的横向穿孔，栏侧临胡部有一长 0.8～1、宽 0.3 厘米的梯形穿孔，锋右侧临栏有一长 0.7、宽 0.5 厘米的不规则穿孔。锋尖，刃薄而锋。内长 7.9、宽 3.2 厘米，锋长 12 厘米，通长 20.2 厘米（附图 2－2A；附彩版 2－1）。

C∶207，长方形内，圭锋，直栏，弧刃，胡下有倒刺。内弧角，中部有一长 1.8、宽 0.5 厘米的穿孔，栏侧两个长 1.4 厘米的扁月形穿孔，锋部临栏有一长 1.1 厘米的穿孔。内长 7.8、宽 3.2 厘米，锋长 11.7 厘米，通长 20 厘米（附图 2－2B；附彩版 2－2）。

矛　1 件。

C∶212，略残。尖锋，两翼略弧，中背圆凸；管锥状柄，近柄口部有一 0.4～0.6 厘

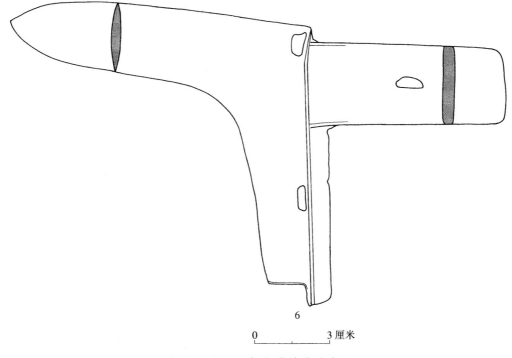

6

0　　　　3厘米

附图 2－2A　米沟墓地出土铜戈

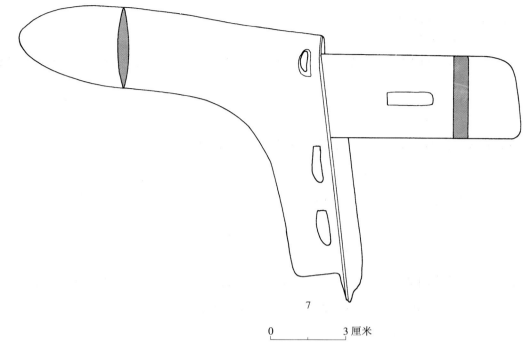

7

0　　　　　3厘米

附图2－2B　米沟墓地出土铜戈

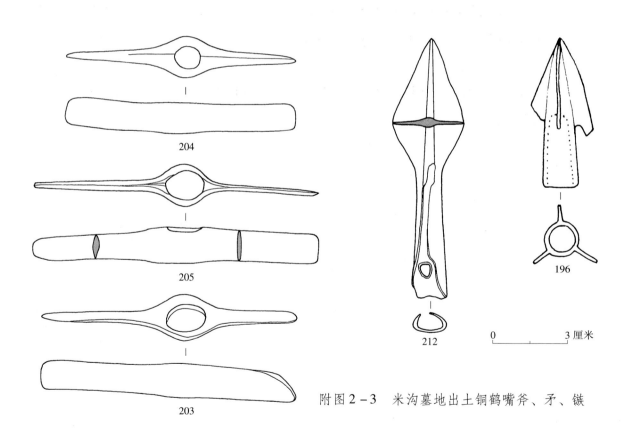

204

205

203

212

196

0　　　　　3厘米

附图2－3　米沟墓地出土铜鹤嘴斧、矛、镞

米的扁圆形铆孔。残长10.4厘米（附图2－3；附2－3：1）。

镞　1件。

C：196，三翼，尖锋，锥管铤，其侧有一0.2～0.3厘米的铆孔。长2.9厘米（附图2

－3；附彩版2－3：2）。

鹤嘴斧　3件。模制。

C：204，略弧，两端均为方刃，刃部较厚，圆秃；管状銎。刃部宽1.1、銎径1.1、通长9.2厘米（附图2－3；附彩版2－3：3）。

C：205，略弧，管状銎略扁。一端宽直刃，长4.6、宽1.1厘米，一端窄直刃，长5.3、宽0.7厘米；銎径1.2~1.4；通长11.2厘米（附图2－3；附彩版2－4）。

C：203，略弧，管状銎较扁。一端双面刃，刃较锋，长5.1、宽1厘米，一端尖锋，较秃，长3.6厘米；銎径1.3~1.4；通长10.2厘米（附图2－3；附彩版2－4）。

2）工具

有刀、锛、斧、凿等。

刀　8件。根据形制分为A、B、C三型。

A型　方柄弧背，柄和刃间一折角。3件。

C：192，背略弧，斜刃，尖圆秃，有使用痕。柄端有一直径0.3厘米的扁圆形穿孔。刃长9.1、宽1.3厘米，柄长7、宽1.1厘米，通长16.1厘米（附图2－4；附彩版2－5）。

C：194，弧背，直刃略弧，尖锋，柄端无穿孔。刃长8、最宽1.2厘米，柄长6.3、宽1.1厘米，通长14.3厘米（附图2－4；附彩版2－5）。

C：211，背略弧，方柄，直刃，近尖部残，柄端无穿孔。刃残长9.3、最宽1.5厘米，柄长4.2、宽1.3厘米，通体残长13.5厘米（附图2－4；附彩版2－5）。

B型　方柄弧背，柄、刃间无折角。4件。

C：191，方柄弧背，柄、刃间无折角；直刃稍弧，近刀尖部突窄且尖较秃，应是使用所致；柄端有一边长0.5厘米的方形穿孔。刃长9.3、最宽1.2厘米；柄长7.6、宽1.1~1.2厘米，通长16.9厘米（附图2－4；附彩版2－5）。

C：190，尖部较锋，刃部有迸裂列痕，柄端有一径0.2~0.3厘米的扁圆形穿孔。刃长11、最宽1.5厘米；柄长8.1、宽1.3厘米，通长19.1厘米（附图2－4；附彩版2－5）。

C：195，尖锋，弧刃有较多的迸裂痕，柄端无穿孔。刃长8.5、宽1.1厘米；柄长7.4、宽1.1厘米；通长15.9厘米（附图2－4；附彩版2－5）。

C：210，方柄，背略弧；刃近尖部略上翘，刃部有迸裂痕；柄至刃部略弧凹，柄端有一径0.4~0.6厘米的扁圆形穿孔。刃长7.3、最宽1.1厘米；柄长8.9、宽1.3厘米；通长16.2厘米（附图2－4；附彩版2－5）。

C型　柄端弧角。1件。

C：193，弧背，柄端圆弧渐窄，尖略秃，柄、刃间折角不明显，刃略弧有迸裂痕。刀长9、最宽1.3厘米；柄长6.1、最宽1厘米；通长15.1厘米（附图2－4；附

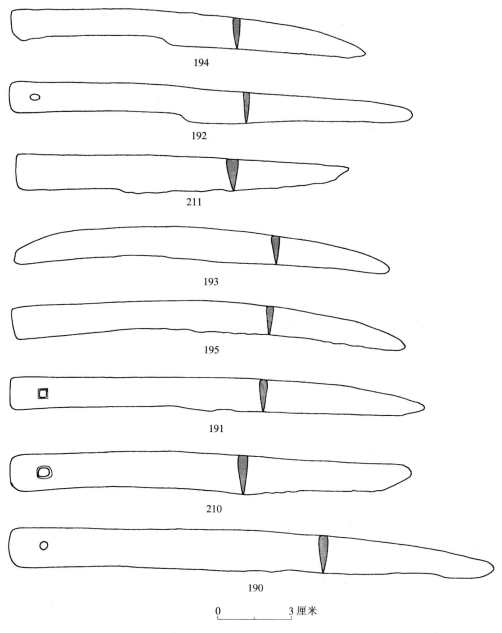

附图 2－4　米沟墓地出土铜刀

彩版 2－5）。

锛　3 件。模制。

C：180，呈倒梯形。双面刃，刃直且锋；长方形銎。銎口长 2.1、宽 1 厘米，刃端宽 1.9、銎端宽 2.4 厘米，通长 4.1 厘米（附图 2－5；附彩版 2－6：1、2）。

C：181，双面刃，刃直且锋；方形銎，銎口有箍，銎内残存朽木柄；两面中上部各有一铆孔。銎口边长 1 厘米，刃端宽 1、銎端宽 1.4 厘米，通长 5.2 厘米（附图 2－5；附彩版 2－6：5）。

C：182，残存中下部。双面刃略秃，长方形銎。銎残口长 0.9、宽 0.7 厘米，刃端宽

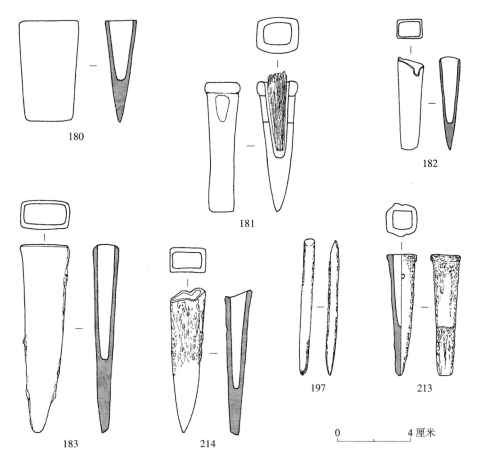

附图2－5　米沟墓地出土铜锛、打钻、刻刀、凿

0.7、銎端宽1.1厘米，残长3.7厘米（附图2－5；附彩版2－6：3、4）。

打钻　2件。

C：183，尖秃，长方形銎，两侧近尖部弧收。銎端长2、宽1厘米，通长7.4厘米（附图2－5；附彩版2－7：1、2）。

C：214，銎残，内存朽木柄痕，尖锋。残长5.6厘米（附图2－5；附彩版2－7：3）。

刻刀　1件。

C：197，方柱体，一端尖锋，一端双面直刃。通长5.4、刃宽0.5厘米（附图2－5；附彩版2－6：6）。

斧　3件。根据形制分为A、B二型。

A型　宽厚有箍。1件。

C：184，双面刃，刃弧而秃，有明显的使用痕。銎长方形，长4、宽3.6厘米。上部有一周宽0.5厘米的箍；正面和背面上部各有一边长0.6厘米的方形铆孔。刃端宽5、銎端宽5.4厘米，长8.2厘米（附图2－6；附彩版2－8：1、2）。

B型　无箍，较轻薄。2件。

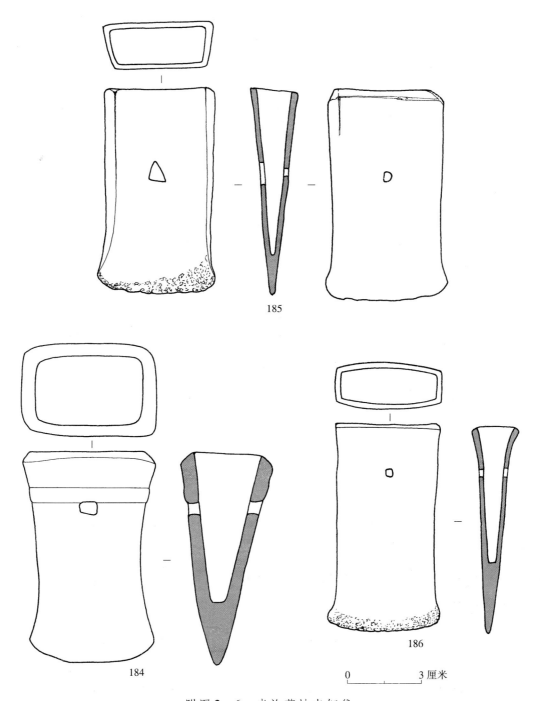

附图2-6　米沟墓地出铜斧

C：185，刃略弧宽于銎端；銎长方形，长3.8、宽1.6厘米。正面中部有一三角形铆孔，与其相对的背面铆孔为扁圆形细孔。刃端宽4.6、銎端宽4.2厘米，长7.8厘米（附图2-6；附彩版2-8：3、4）。

C：186，弧刃宽于銎端；銎长方形，銎口长3.8、宽1.4厘米。正面和背面中部、上部各二直径0.2厘米的铆孔，两者未相对而略错位。刃部宽4.4、銎端宽4.2厘米，长8.3厘米（附图2-6；附二彩版四，5、6）。

凿　1件。

C：213，方銎，双面刃较秃，两侧面上部有一直径0.2厘米的对穿铆孔，刃部略弯。銎口边长0.9、刃宽0.6厘米，通长4.7厘米（附图2-5）。

针筒　6件。侧面饰螺旋纹，可能是针筒。

C：166，一端扁口，略残，螺旋纹纤细，一端较清晰，一端较模糊。径1.4、长9.5厘米（附图2-7；附彩版2-7：5）。

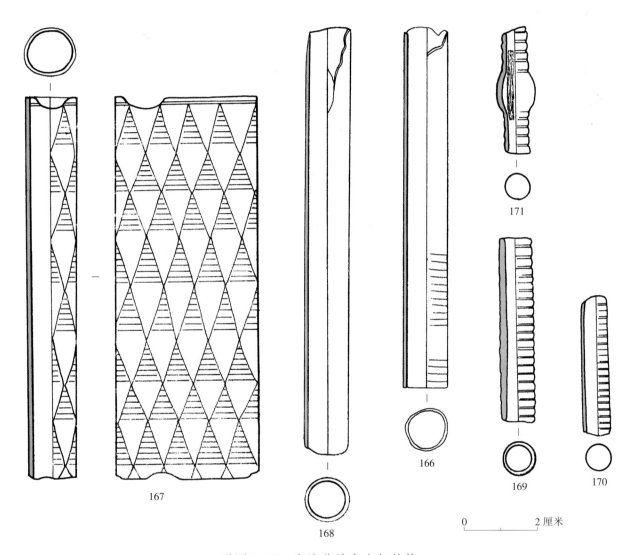

附图2-7　米沟墓地出土铜针筒

C：167，两端管口略残，侧面饰螺旋纹，其上饰菱形纹。径1.3、长10厘米（附图2-7；附彩版2-7：4、5）。

C：168，一端管口残，螺旋纹模糊。径1.1、长11.2厘米（附图2-7；附彩版2-7：5）。

C：169，较短略弧，螺旋纹清晰。径0.9、长4.8厘米（附图2-7；附彩版2-7：6）。

C：170，较细短，螺旋纹清晰。径0.6、长3.6厘米（附图2-7；附彩版2-7：6）。

C：171，略弧，中部0.6厘米宽的一段外凸，因锈蚀成孔；体侧螺旋纹清晰。径0.6、长3.2厘米（附图2-7；附彩版2-7：6）。

3）服饰器

有动物形牌饰、带饰和带扣。

动物形牌饰　3件。

C：199，羊牌饰，略残。昂首，张嘴，曲足相连；角细长向后上翘；尖尾略上翘。颈部稍下有一右倾的锥状扣针，其左侧的胸部有一直径0.8厘米的穿孔。底面内凹，臀部有一纵向纽。长7.6、宽4.3厘米（附彩版2-9：1、2）。

C：198，头部残失，屈足相连，角细长，后伸贴附于背。其余特征与标本C：199同。残长6.4、宽3.4厘米（附图2-8；附彩版2-9：3、4）。

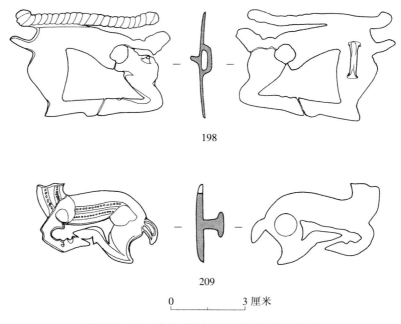

附图2-8　米沟墓地出土动物形铜牌饰

C：209，头部残失。弧背，曲足，垂尾。颈部较宽向后弧伸；背、颈间为光滑的弧角，系穿革带所致；后腿弯曲呈尖角，蹄弯曲朝下；前腿弯曲呈弧角，蹄面朝上与后蹄相对。颈部和腹部两道凹槽内饰连珠纹。背面臀部略凹，有一较高的乳丁状纽。残长4.6、宽2.8厘米（附图2-8；附彩版2-9：5、6）。

带饰　26件。根据形制分为六型。

A型　连珠纹带饰。共12件。

　　呈纵长方形，由两排连珠纹组成，其间形成两个斜长方形镂空；模制。正面较平，连珠纹的底面内凹，铜带饰与革带间已由胶粘合，有的凹面残存胶痕。形制相同，系同一模具制作。

　　C：86，斜长方形镂空周边不平。长3.8、宽2.6、高0.3厘米（附图2-9；附彩版2-10：1，2-11）。

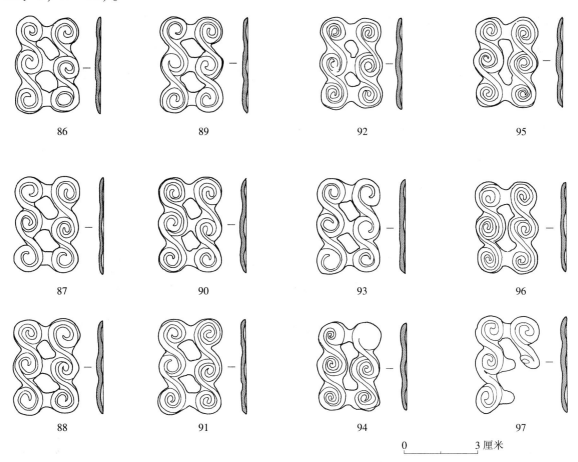

附图2-9　米沟墓地出土A型铜带饰

　　C：87，正面略平，斜长方形镂空有的呈弧角。长3.8、宽2.6、高0.3厘米（附图2-9；附彩版2-11）。

　　C：88，正面略平，长方形镂空有的呈弧角。长3.8、宽2.6、高0.3厘米（附图2-9；附彩版2-11）。

　　C：89，连珠纹的凹面近相连，长方形镂空有的呈弧角。长3.7、宽2.6、高0.3厘米（附图2-9；附彩版2-11）。

　　C：90，长方形镂空周边部平。长3.8、宽2.6、高0.3厘米（附图2-9；附彩版2-11）。

　　C：91，连珠纹因锈蚀较模糊不清，斜长方形镂空周边不齐。长3.8、宽2.6、高0.3

厘米（附图2-9；附彩版2-11）。

C：92，略翘不平；方角和连珠纹中部各有一铆孔，连珠纹底面内凹较深。长3.6、宽2.6、高0.3厘米（附图2-9；附彩版2-11）。

C：93，连珠底面内凹较浅，每排基本相连。长3.8、宽2.6、高0.3厘米（附图2-9；附彩版2-11）。

C：94，两对角连珠纹中部各有一铆孔，可能系后来加固修理所留；斜长方形镂空略小；云纹内凹较深。长3.5、宽2.6、高0.3厘米（附图2-9；附彩版2-11）。

C：95，两对角连珠纹中部各有一铆钉眼，两个斜长方形镂空相连，连珠纹内凹大多较深。长3.6、宽2.6、高0.3厘米（附图2-9；图附彩版2-11）。

C：96，两侧中部连珠纹有各有一铆钉孔，两个斜长方形的镂空相连，连珠纹内凹较深。长3.6、宽2.5、高0.3厘米（附图2-10；附彩版2-11）。

C：97，一角残失。因锈蚀纹饰模糊。长3.8、宽2.6、高0.3厘米（附图2-10；附彩版2-11）。

B型　鸟纹铜带饰。共12件。

略呈纵长方形，正面中部有乳突，其上、下两侧各为一相对的鸟纹；底面平，中部有一纵向纽，纽较小。形制相同，系同一模具制作。

C：98，拱形纽略扁，因锈蚀部分纹饰模糊。长4.1、宽2.1厘米（附图2-10；附彩版2-12）。

C：99，正面严重锈蚀，拱形纽较小。长4.1、宽2.1厘米（附图2-10；附彩版2-12）。

C：100，正面锈蚀较重，拱形纽中部尖凸。长4.1、宽2.1厘米。

C：101，拱形纽中部尖凸。长3.9、宽2.1厘米（附图2-10；附彩版2-12）。

C：102，正面严重锈蚀，纹饰较模糊。长4.1、宽2.1厘米（附图2-10：2，2-12）。

C：103，拱形纽。长4.0、宽2.1厘米（附图2-10；附彩版2-12）。

C：104，正面严重锈蚀，纹饰模糊。长4.1、宽2.1厘米（附图2-10；附彩版2-12）。

C：105，一端略残，纽残失，正面严重锈蚀。长3.7、宽2.1厘米（附图2-10；附彩版2-12）。

C：106，纽略残。长4.1、宽2.1厘米（附图2-10；附彩版2-12）。

C：107，一端略残，纽残断，严重锈蚀。长3.7、宽2.1厘米（附图2-10；附彩版2-12）。

C：108，两端略上翘，纽低平且断裂。长4.2、宽2厘米（附图2-10；附彩版2-

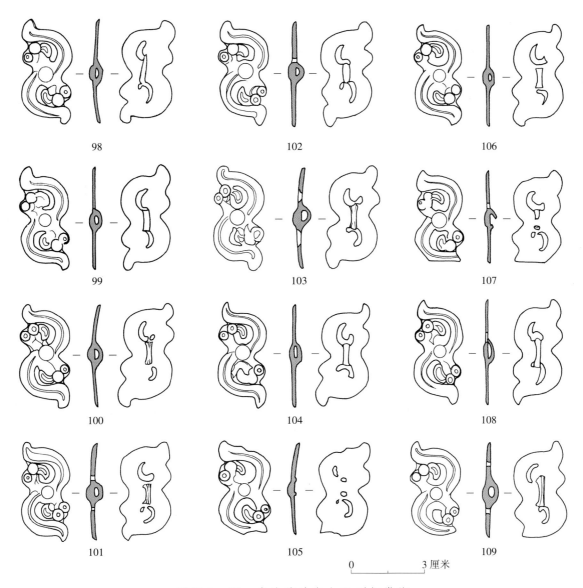

附图 2－10　米沟墓地出土 B 型铜带饰

12）。

C：109，两端略残，拱形纽中部尖凸。长 3.8、宽 2.1 厘米（附图 2－10；附彩版 2－12）。

C 型　呈"S"形，较细窄。共 23 件。

正面中部有一乳突，其两端圆脊略凸，其中一端较尖，另一端较秃。底面内凹，乳突部内凹尤甚，凹口有一纵向拱形纽，纽体呈较细的柱体，均模制，似同一模具制作。

C：115，一端侧面侧有一"U"形浅槽，纽高于凹口。长 4.2、宽 1.6、高 0.6 厘米（附图 2－11；附彩版 2－13）。

C：116，纽偏于一侧并高出凹口。长 4.4、宽 1.6、高 0.6 厘米（附图 2－11；附彩版 2－13）。

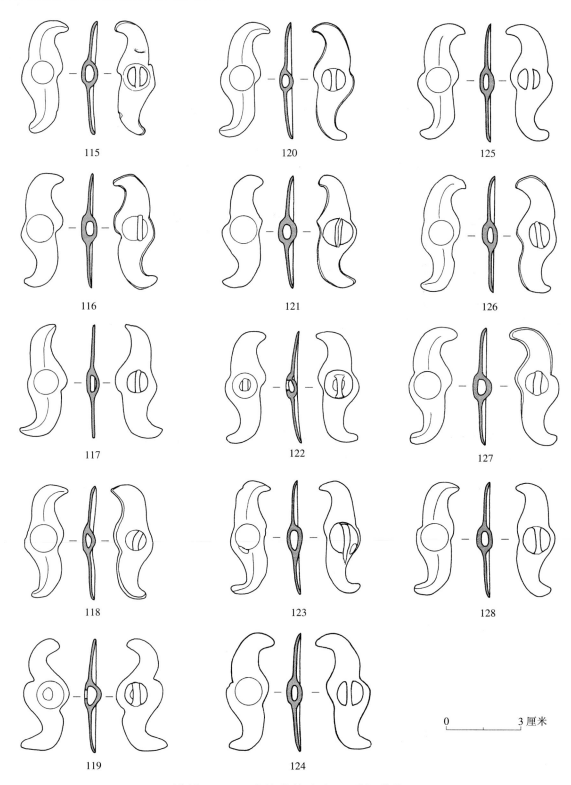

115   120   125

116   121   126

117   122   127

118   123   128

119   124

0 _____ 3厘米

附图 2 - 11 米沟墓地出土 C 型铜带饰

　　C：117，纽位于凹口中部并高出凹口。长4.4、宽1.6、高0.6厘米（附图2-11；附彩版2-13）。

　　C：118，纽偏于凹口一侧，较低。长4.4、宽1.6、高0.5厘米（附图2-11；附彩版

2－13）。

C：119，纽呈尖拱形并高出凹口。长4.4、宽1.6、高0.7厘米（附图2－11；附彩版 2－13）。

C：120，纽位于凹面近顶部，未高出凹口。长4.6、宽1.6、高0.5厘米（附图2－11；附彩版2－10：3，2－13）。

C：121，纽较低平，偏于凹口一侧。长4.4、宽1.6、高0.6厘米（附图2－11；附彩版2－13）。

C：122，纽偏于凹口一侧并高出凹口。长4.4、宽1.6、高0.6厘米（附图2－11；附彩版2－13）。

C：123，直纽位于凹口中部，未高出凹口。长4.4、宽1.6、高0.5厘米（附图2－11；附彩版2－13）。

C：124，纽位于凹口中部，略高出凹口。长4.4、宽1.6、高0.5厘米（附图2－11；附彩版2－13）。

C：125，拱形纽较高，高出凹口。长4.7、宽1.6、高0.7厘米（附图2－11；附彩版2－13）。

C：126，纽略低位于凹口中部，略高出凹口。长4.4、宽1.6、高0.5厘米（附图2－11；附彩版2－13）。

C：127，拱形纽较高位于凹口中部，高出凹口。长4.4、宽1.6、高0.7厘米（附图2－11；附彩版2－13）。

C：128，纽略高出凹口。长4.4、宽1.6、高0.6厘米（附图2－11；附彩版2－13）。

C：129，一端尖部略残，纽略高出凹口。长4.4、宽1.6、高0.6厘米（附图2－12；附彩版2－13）。

C：130，乳突中部残为直径0.5厘米的孔眼，纽位于乳突凹面顶部，未高出凹口。长4.4、宽1.6、高0.5厘米（附图2－12；附彩版2－13）。

C：131，略残。一端因受压上翘，纽略高出凹口。长4.6、宽1.6、高0.4厘米（附图2－12）。

C：132，乳突顶部有一孔眼，一端断裂后磨成尖圆形，纽偏于一侧并略高出凹口。长3.8、宽1.6、高0.6厘米（附图2－12）。

C：133，一端尖部残，纽略高出凹口。残长4.3、宽1.6、高0.5厘米（附图2－12）。

C：134，一端尖部残，纽较小未高出凹口。残长4.3、宽1.6、高0.5厘米（附图2－12）。

C：135，一端残，纽高出凹口。残长3.1、宽1.6、高0.6厘米（附图2－12）。

C：136，一端和乳突残，纽高出凹口。残长3.5、宽1.6、高0.6厘米（附图2－12）。

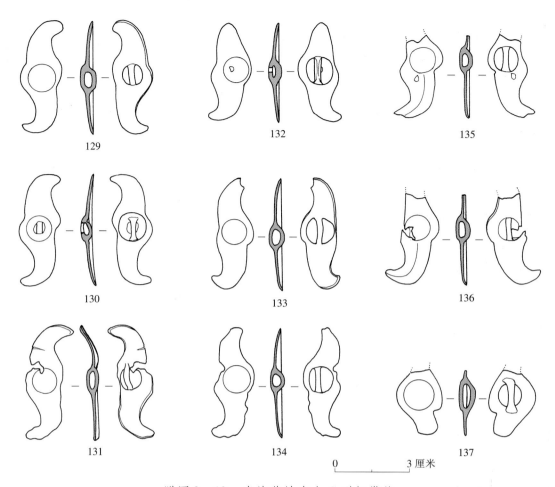

附图 2 - 12　米沟墓地出土 C 型铜带饰

C∶137，残存中部，纽呈尖拱形高出凹口。残长 2.6、宽 1.8、高 0.6 厘米（附图 2 - 12）。

D 型　呈"S"形，正面宽平，底面略内凹，中部有一横向纽。2 件。

C∶113，拱形纽较小，纽体为细圆柱体。长 4.8、宽 2.3~2.6 厘米（附图 2 - 13；附彩版 2 - 10∶5、6）。

C∶114，形制与 C∶113 相同，可能系同一模具制作。拱形纽较小。长 4.8、宽 2.3~2.6 厘米（附图 2 - 13；附彩版 2 - 10∶5、6）。

E 型　龙纹带饰。1 件。

C∶110，呈纵长方形，一对角弧角，一对角外凸呈尖角。模制。正面饰抽象的两组龙纹，每组龙纹头向一致；底面不平，中部有一纵向拱形纽，纽较高，纽体宽扁。底面局部留存模具上细密的斜线纹。长 4.8、宽 2.6 厘米（附图 2 - 13；附二彩版一〇，3、4）。

F 型　1 件。残存中部。

C∶111，呈纵长方形，正面较平，中部有一乳突，周边饰弧线纹；底面较平，乳突部内凹，凹口中部有一纵向纽，纽中部尖凸。残长 4.6、残宽 2.8 厘米（附图 2 - 13；附二彩版一〇，5、6）。

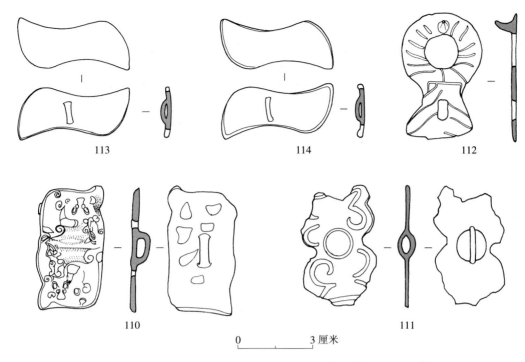

附图 2-13 米沟墓地出土 D、E、F 型铜带饰和铜带扣

带扣 1 件。

C：112，扣柄呈梯形；扣环呈圆形，略弧凸；扣针尖锥形前倾。扣环正面饰斜线纹；扣环和扣柄间有一纵向分隔线；扣柄中部有一长 0.8、宽 0.5 厘米的长方形孔眼，其两侧饰斜线纹。底面均较平。扣柄长 2.2、宽 1.6～2.6 厘米，扣环外径 3.1、内径 0.9 厘米，通长 5.1 厘米（附图 2-13；附二彩版八，1、2）。

4）车马器

有当卢、节约、泡饰、铃、长方形饰、革带包头、管状饰、环状饰等。

当卢 共 22 件。根据形制分为 A、B、C 三型。

A 型 呈弧角等腰三角形，上部弧角，下部尖角。正面上部有一直径 2.5 厘米的圆泡，尖部有纵向隐脊，圆泡和隐脊两侧略倾斜。底面内凹，其中圆泡内凹犹深，其内有一横向直纽，纽未高出圆泡凹口。共 5 件，形制相同。

C：138，圆泡略残；上部有一直径 0.2 厘米的铆孔。长 8.6、宽 4.6、高 1.3 厘米（附图 2-14；附彩版 2-14：3、4）。

C：139，尖角部纵向脊明显，圆泡周围粘连线纹。长 8.2、宽 4.6、高 1.5 厘米（附图 2-14；附彩版 2-14：5、6）。

C：140，上端略残，圆泡顶部较隆，尖角部纵向脊明显。长 8.4、宽 4.6、高 1.4 厘米（附图 2-14；附彩版 2-15：1、2）。

C：141，尖角部纵向脊明显，其底面内凹较深。长 8.4、宽 4.5、高 1.4 厘米（附

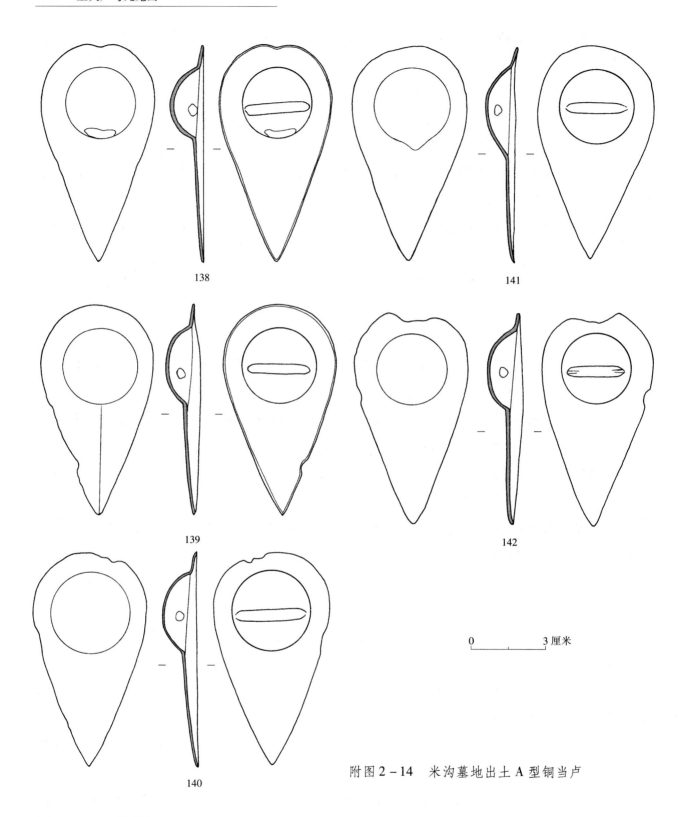

138

141

139

142

0   3厘米

140

附图2－14 米沟墓地出土A型铜当卢

图2－14；附彩版2－15：3、4）。

C：142，上端略残，尖角部纵向脊明显，其底面内凹较深。残长8.2、宽4.5、高1.4厘米（附图2－14；附彩版2－15：5、6）。

B型 上部呈圆泡形，下部内收略弧，尖呈圭锋状。正面中下部有一纵向脊，上部和脊两侧略倾斜；底面内凹，圆泡部内凹较深，凹口中部有一纵向纽。共 13 件，根据纽的形制分为 Ba、Bb 二亚型。

Ba 型　纵向纽较小，未高出底面。4 件。

C∶154，纵向纽呈桥状，较低平。长 10.5、宽 5.5、高 1.4 厘米（附图 2 - 15；附彩版 2 - 16∶1、2）。

C∶155，纵向纽略方，较高，底面一侧粘连铁锈。长 10.4、宽 5.3、高 1.6 厘米（附图 2 - 15；附彩版 2 - 16∶1、2）。

C∶148，形体较小，桥状纽。长 8.2、宽 4.3、高 1.2 厘米（附图 2 - 15；附彩版 2 - 16∶3、4）。

C∶149，较小，桥状纽。长 8.2、宽 4.3、高 1.1 厘米（附图 2 - 15；附彩版 2 - 16∶5、6）。

Bb 型　纽呈较高的圆角长方形，多不规则。共 9 件。

C∶150，纽面呈不规则的圆角长方形。长 10.5、宽 5.2、高 1.6 厘米（附图 2 - 16；附彩版 2 - 17∶1、2）。

C∶151，下端略残，上端有一直径 0.2 厘米的铆孔，纽面呈不规则的长方形。长 10.6、宽 5.3、高 1.9 厘米（附图 2 - 16；附彩版 2 - 17∶1、2）。

C∶152，纽面呈弧角长方形。长 10.6、宽 5.6、高 1.7 厘米（附图 2 - 16；附彩版 2 - 17∶3、4）。

C∶153，局部锈蚀；纽面呈不规则的长方形。长 10.6、宽 5.3、高 1.7 厘米（附图 2 - 16；附彩版 2 - 17∶3、4）。

C∶143，一纽柱和纽面残。长 8.1、宽 4.2、高 1.5 厘米（附图 2 - 17；附彩版 2 - 17∶5、6）。

C∶144，纽面残，呈圆角长方形。长 8.7、宽 4.2、高 1.5 厘米（附图 2 - 17；附彩版 2 - 18∶1、2）。

C∶145，纽面呈弧角长方形，底面一侧粘连铁锈。长 8.1、宽 4.1、高 1.4 厘米（附图 2 - 17；附彩版 2 - 18∶3、4）。

C∶146，纽面残，呈圆角长方形。长 8.4、宽 4.2、高 1.4 厘米（附图 2 - 17；附彩版 2 - 18∶5、6）。

C∶147，纽面略残，呈弧角长方形。长 8.4、宽 4.2、高 1.4 厘米（附图 2 - 17；附彩版 2 - 19∶1、2）。

C 型　略呈弧线三角形，顶端圆弧，两侧弧线内收呈尖角。正面略凸，中上部有一突起的铜管，其两侧各两个对称的铆孔。铆孔系铸造时留置，部分铆孔顶面原覆铜皮后被从底面凿开。4 件。

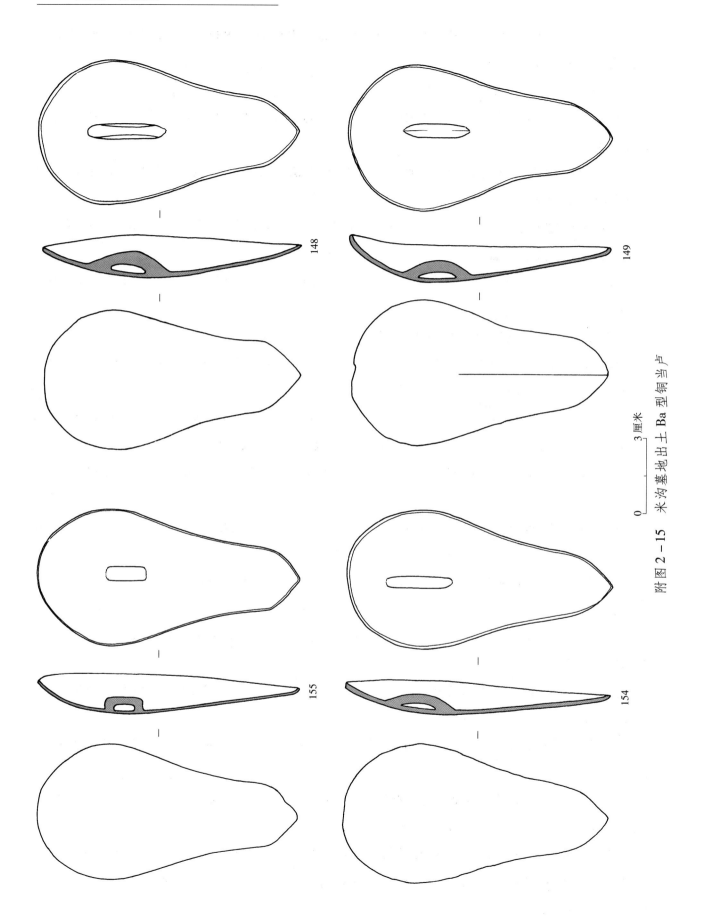

附图 2－15 米沟墓地出土 Ba 型铜马户

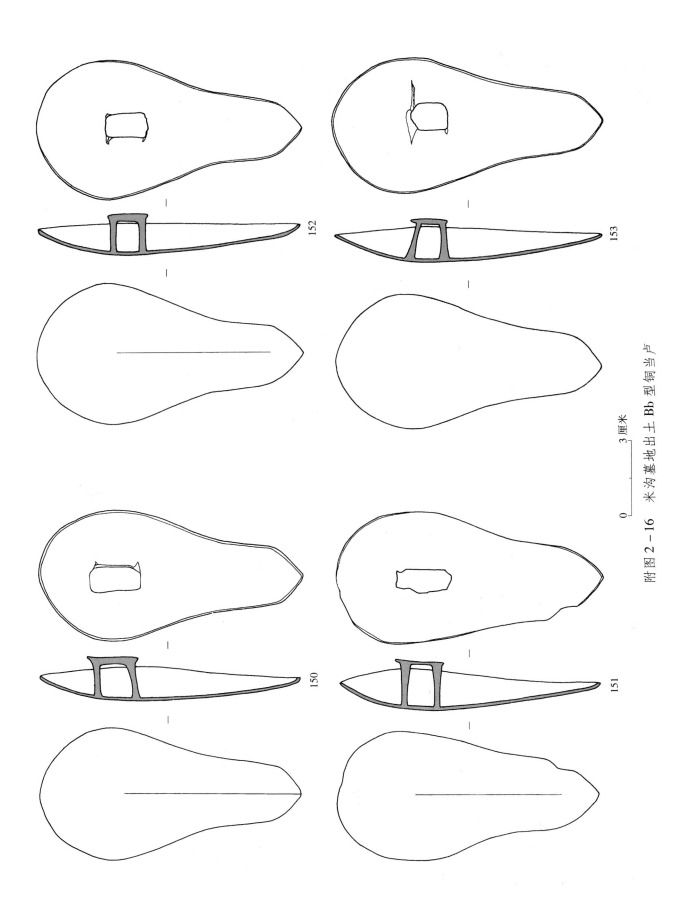

附图 2-16 米沟墓地出土 Bb 型铜泡

0   3 厘米

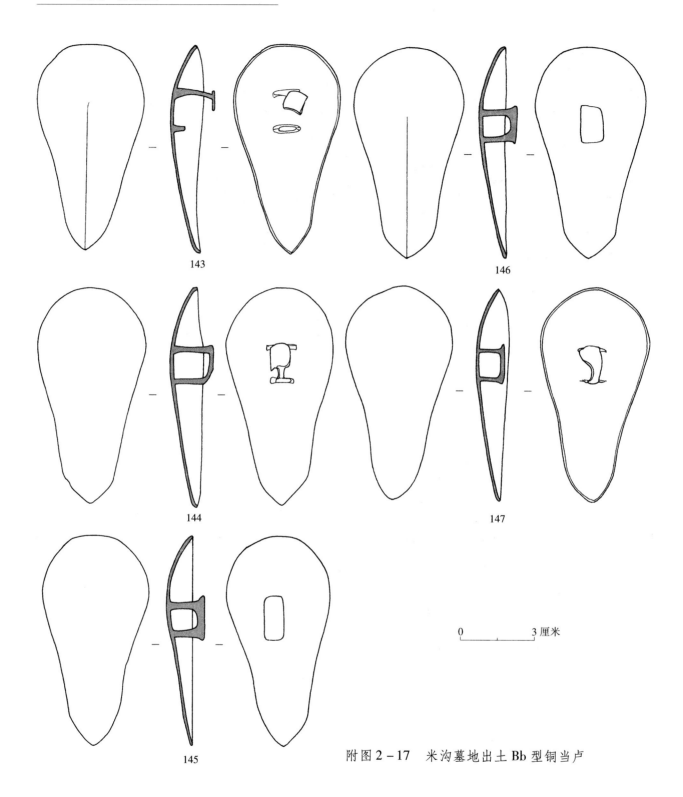

143

146

144

147

0 ___ 3 厘米

145

附图 2 - 17 米沟墓地出土 Bb 型铜当卢

　　C：156，尖角略残，铆孔直径 0.5 厘米左右。管口径 1、高 1.4 厘米，长 12.1、宽 6 厘米（附图 2 - 18；附彩版 2 - 19：3、4）。

　　C：157，上端略残，突起的铜管残。管口径 0.8、高 1.5 厘米，长 12.6、宽 6 厘米（附图 2 - 18；附彩版 2 - 19：3、4）。

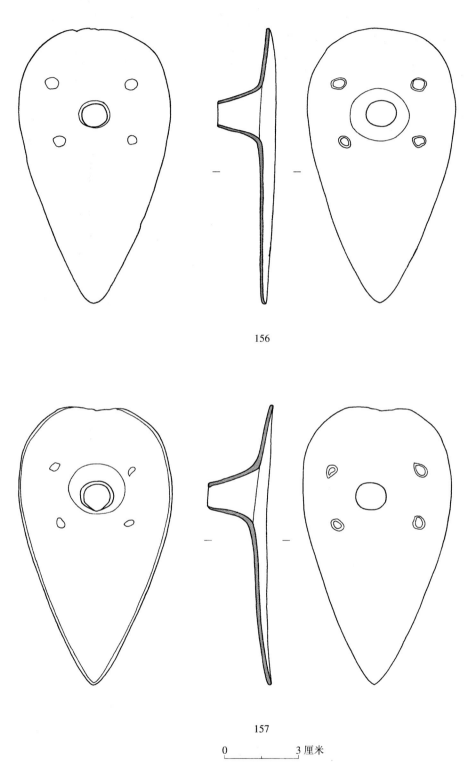

156

157

0   3厘米

附图 2 - 18A 米沟墓地出土 C 型铜当卢

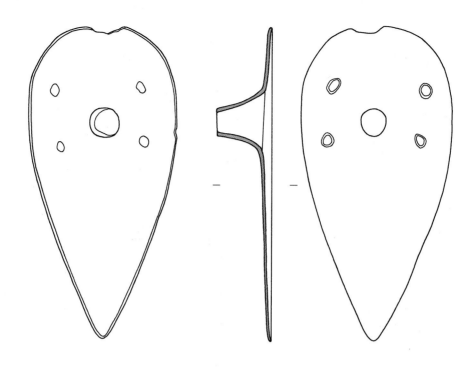

158

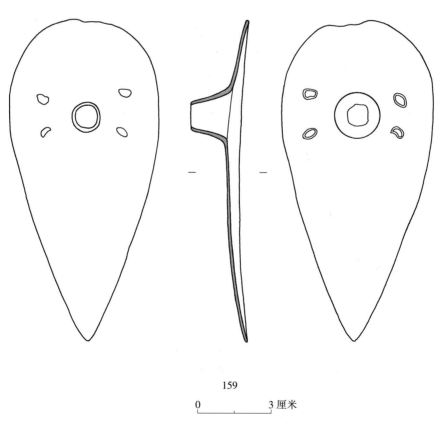

159

0 |___| 3厘米

附图 2 – 18B　米沟墓地出土 C 型铜当卢

C：158，略残，四个铆孔呈椭圆形。管口径 0.9、高 1.4 厘米，长 12.7、宽 6 厘米（附图 2 – 18；附彩版 2 – 19：5、6）。

C：159，上端略残，四个铆孔呈扁圆形，形制、大小略异。管口径 0.9、高 1.4 厘米，长 12.7、宽 6 厘米（附图 2 – 18；附彩版 2 – 19：5、6）。

节约　共 35 件。根据形制分为 A、B、C 三型。

A 型　呈圆饼形，较高，"十"字形穿孔。正面略弧凸，底面较薄较平，侧面有长方形的"十"字形穿孔。5 件。根据底面有无孔眼分为 Aa、Ab 二亚型。

Aa 型　底面无孔眼。3 件。

C：55，"十"字形穿孔孔眼较大，呈边长 1.3 ~ 1.5 厘米的方形，有的孔眼略残、略变形。底面无穿孔。直径 3.5、高 1.8 厘米（附图 2 – 19；附彩版 2 – 20）。

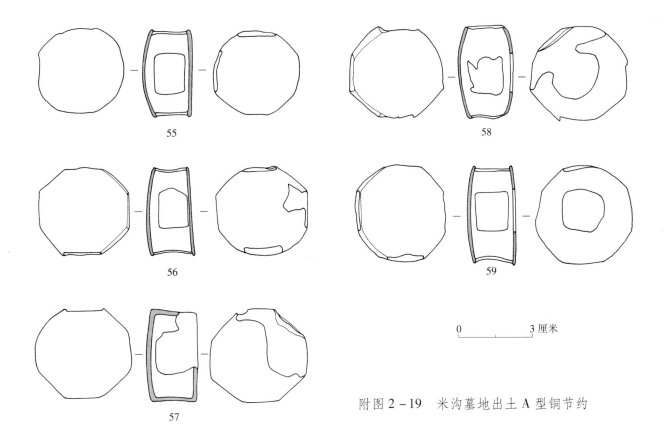

附图 2 – 19　米沟墓地出土 A 型铜节约

C：56，底面一侧略残，"十"字形穿孔孔眼呈边长 1.5 厘米的方形。直径 3.4、高 1.7 厘米（附图 2 – 19；附彩版 2 – 20：3、4）。

C：57，二孔眼和底面残；穿孔呈边长 1.4 ~ 1.5 厘米的方形。直径 3.5、高 1.8 厘米（附图 2 – 19；附二彩版一七，3、4 右）。

Ab 型　2 件。底面有一孔眼。

C：58，底面和两个孔眼残；底面中部有一扁圆形孔眼；"十"字形穿孔孔眼呈边长 1.5 厘米的方形。直径 3.7、高 2 厘米（附图 2 – 19；附彩版 2 – 20）。

C：59，"十"字形穿孔孔眼呈边长1.4～1.6厘米的长方形；底面略扁，中部略偏有一径1.4～1.6厘米的扁圆形孔眼。直径3.6、高1.8厘米（附图2－19；附彩版2－20）。

B型　呈较小的倒圆台形，较高，"十"字形穿孔。正面弧凸，底面较正面小而平，中部有一孔眼。共4件。

C：51，正面局部锈蚀呈孔；"十"字形穿孔孔眼呈较大的圆角长方形，四个孔眼长、宽均不一；底面略凹，一扁圆形的孔眼占底面的近三分之二。正面直径2.6、底面直径2.4、高1.6厘米（附图2－20；附彩版2－21）。

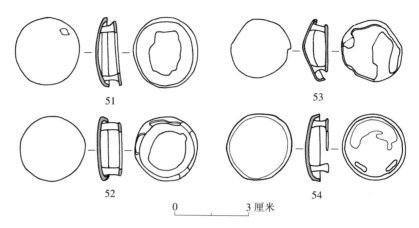

附图2－20　米沟墓地出土B型铜节约

C：52，"十"字形穿孔孔眼呈较大的长方形，大小略有差异；底面略扁，中部一直径1.3厘米的孔眼，略残。正面直径2.6、底面直径2.1～2.3、高1.2厘米（附图2－20；附彩版2－21）。

C：53，正面因受压而变形；"十"字形穿孔和底面均残。正面直径2.6、底面直径2.2、高1.4厘米（附图2－20；附彩版2－21）。

C：54，残。正面直径2.6、底面直径2.4、高1.4厘米（附图2－20；附彩版2－21）。

C型　共26件。呈圆饼形，较薄，"十"字形穿孔，模制。正面略弧；底面平而粗糙，有扁圆形的孔眼。

C：60，"十"字形穿孔孔眼呈边长1厘米的方形；底面略扁略凹，小于正面，中部有一径2.4～2.7厘米的扁圆形孔眼。正面直径4.4、底面直径4.1、高1.6厘米（附图2－21；附彩版2－21）。

C：61，"十"字形穿孔孔眼有方形和长方形，两者相邻，方形孔眼边长0.9～1.2厘米，长方形孔眼边长0.8～1.3厘米；底面略残，中部有一直径2.8厘米的孔眼。直径4、高1.3厘米（附图2－21；附彩版2－21）。

C：62，"十"字形穿孔孔眼为边长0.8～1.3厘米的长方形；底面不平，中部有一直径2.5厘米左右的孔眼。直径4、高1.2厘米（附图2－21；附彩版2－21）。

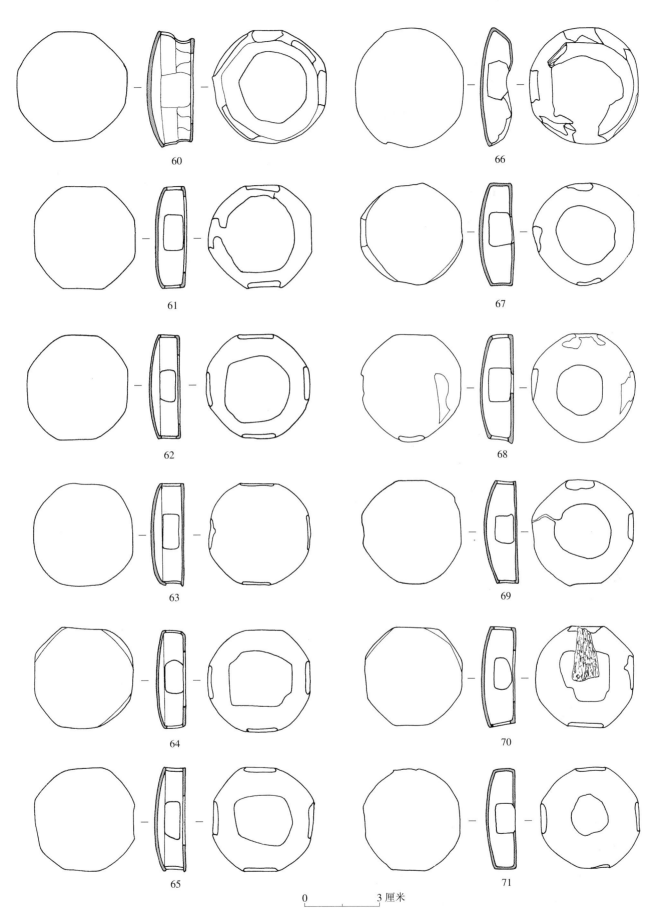

60

66

61

67

62

68

63

69

64

70

65

71

0   3厘米

附图 2 - 21　米沟墓地出土 C 型铜节约

C∶63，"十"字形穿孔孔眼呈长方形，大小略有差异，边长0.8～1.2厘米左右；底面中部孔眼呈径1.8～2.2厘米的扁圆形。直径4、高1.3厘米（附图2－21；附彩版2－21）。

C∶64，"十"字形穿孔孔眼呈边长0.8～1.1厘米的长方形；底面不平，中部孔眼呈径2～2.3厘米的扁圆形。直径4、高1.3厘米（附图2－21；附彩版2－21）。

C∶65，"十"字形穿孔孔眼大小不同，边长0.8～1.2厘米左右；底面较平，中部孔眼呈直径1.7厘米的圆形（附图2－21；附彩版2－21）。

C∶66，"十"字形穿孔孔眼呈边长0.8～1.2厘米的长方形，有的因受压而变形；底面因受压不平且残，中部孔眼较大，呈不规则的圆形。直径4、高1.3厘米（附图2－21；附彩版2－21）。

C∶67，"十"字形穿孔孔眼较小，边长0.7～1厘米；底面不平，留存模具上细密的斜线纹，中部孔眼呈径2.2～2.4厘米的扁圆形。直径4、高1.3厘米（附图2－21；附彩版2－21）。

C∶68，"十"字形穿孔孔眼略残，呈长1.1、宽0.8厘米的长方形；底面略扁，中部孔眼呈径1.6厘米的扁圆形。直径4、高1.3厘米（附图2－21；附彩版2－22）。

C∶69，"十"字形穿孔孔眼呈长1、宽0.8厘米的长方形，略残；底面不平，略残，中部孔眼呈径1.9厘米左右的扁圆形。直径4、高1.3厘米（附图2－21；附彩版2－22）。

C∶70，"十"字形穿孔孔眼呈长方形，大小略有差异，长1.3、宽0.8厘米左右；底面略弧，中部孔眼大且不规则。直径4、高1.2厘米（附图2－21；附彩版2－22）。

C∶71，"十"字形穿孔孔眼呈长1.3、宽0.8厘米的长方形；底面较平，中部孔眼呈径0.8～1.1厘米的扁圆形。直径4、高1.3厘米（附图2－21；附彩版2－22）。

C∶72，"十"字形穿孔孔眼为长1、宽0.8厘米左右的长方形，大小略不同，有的经刀削修理，侧面有合范痕和锉痕；底面略弧，留存模具上细密的弧线纹，中部孔眼略扁，直径1.8厘米左右。直径4、高1.2厘米（附图2－22；附彩版2－22）。

C∶73，"十"形穿孔孔眼长方形，大小、形制不一，有的刀削修整成凹口，长1.2、宽0.8厘米；底面不平略残，中部孔眼呈较大的半月形。直径4、高1.3厘米（附图2－22；附彩版2－22）。

C∶74，"十"字形穿孔孔眼有方形和长方形，两者相邻，方形孔眼边长0.8厘米，长方形孔长1、宽0.8厘米；底面不平略残，中部略偏一侧有一径1.4～1.9厘米的扁圆形孔眼。直径4、高1.3厘米（附图2－22；附彩版2－22）。

C∶75，"十"形穿孔孔眼呈长方形，有的略变形，其中两个孔眼内残存铁锈，孔眼长1.3、宽0.8厘米；底面不平略残，中部孔眼圆形略扁，直径2.1～2.2厘米。直径4、高1.3厘米（附图2－22；附彩版2－22）。

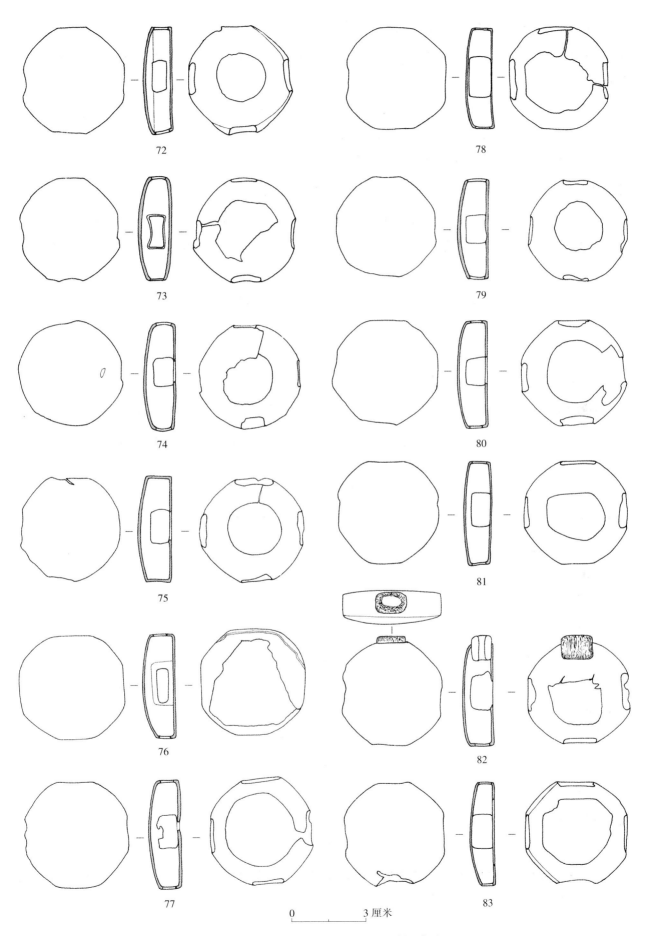

72　　　　　　　　78

73　　　　　　　　79

74　　　　　　　　80

75　　　　　　　　81

76　　　　　　　　82

77　　　　　　　　83

0 _____ 3厘米

附图 2－22　米沟墓地出土 C 型铜节约

C：76，正面中部偏一侧有两个孔眼，其一为径 0.4 厘米左右的扁圆形，另一呈宽 0.5 厘米的扁月形；底面不平且残，中部一直径 2 厘米的孔眼；"十"字形穿孔孔眼呈长 1.1、宽 0.9 厘米的长方形。直径 4、高 1.3 厘米（附图 2－22；附彩版 2－22、23）。

C：77，"十"字形穿孔呈长 1.2、宽 0.7 厘米的长方形，有的孔眼因使用略残；底面不平，中部有一径 1.1～2 厘米的扁圆形孔眼。直径 4、高 1.3 厘米（附图 2－22；附彩版 2－22、23）。

C：78，"十"字形穿孔孔眼呈长 1.3、宽 0.8 厘米的长方形，有的略残，其中两个孔眼内嵌两小段铁管；底面略平，中部呈长 1.9、宽 1.1 厘米的长方形。直径 4、高 1.4 厘米（附图 2－22；附彩版 2－22、23）。

C：79，略残；"十"字形穿孔孔眼呈长方形，其一长 1.3、宽 0.9 厘米，另三个长 1.3、宽 0.7 厘米；底面较凹，中部有一直径 2.4～2.6 厘米的扁圆形孔眼。直径 4、高 1.3 厘米（附图 2－22；附彩版 2－22、23）。

C：80，残，底面残存少部。"十"字向穿孔孔眼呈长 1.2、宽 0.4 厘米的长方形。直径 4.2、残高 1.4 厘米（附图 2－22；附彩版 2－22、23）。

C：81，"十"字形穿孔孔眼呈长方形，有的因使用呈圆角，有大小两种：一种长 1.2、宽 0.9 厘米，一种长 1.4、宽 0.8 厘米；底面不平略残，中部孔眼呈直径 2.5 厘米的圆形。直径 4.1、高 1.4 厘米（附图 2－22；附彩版 2－22、23）。

C：82，略残；"十"字形穿孔孔眼呈长 1.3、宽 0.8 厘米的长方形；底面不平，中部孔眼呈径 2.2～2.6 厘米的扁圆形。直径 4.1、高 1.3 厘米（附图 2－22；附彩版 2－22、23）。

C：83，"十"字形穿孔孔眼有方形和长方形两种，两者相邻，方形孔眼边长 0.8 厘米，长方形孔眼长 1、宽 0.8 厘米；底面略凸，中部孔眼圆形略扁，径 1.8 厘米。直径 4.2、高 1.3 厘米（附图 2－22；附彩版 2－22、23）。

C：84，"十"字形穿孔孔眼呈长 1.3、宽 0.8 厘米左右的长方形，因使用孔眼的大小略有差异，其中一孔眼内嵌半段铁管；底面略扁，中部偏一侧有一长 2.2、宽 1.5 厘米的不规则孔眼。直径 4.2、高 1.3 厘米（附图 2－23；附彩版一九，3、4 下排左；附彩版 2－22、23）。

C：85，"十"字形穿孔孔眼呈长 1.2、宽 0.8 厘米的长方形，有的因使用略宽；底面略弧，偏一侧有一径 1.2～1.9 厘米的扁圆形孔眼。直径 4.1、高 1.4 厘米（附图 2－23；附彩版 2－23）。

泡饰 47 件。根据形制分为 A、B、C、D、E 五型。

A 型 圆形，纽焊接于凹口。12 件。根据形制分为 Aa、Ab、Ac、Ad、Ae 五亚型。

Aa 型 纽较小未高出凹口面。3 件。

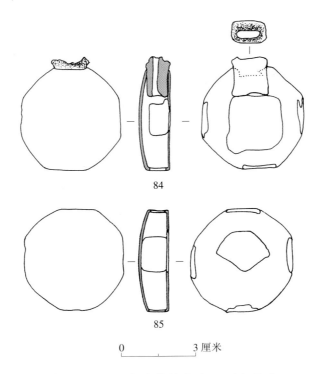

0   3厘米

附图 2 - 23　米沟墓地出土 C 型铜节约

C：28，圆形略扁，略残。正面圆凸较高，底面内凹，凹口中部焊接一桥状纽，纽体扁柱状。直径 3.6 ~ 4.2、高 0.9 厘米（附图 2 - 24；附彩版 2 - 24）。

C：29，圆形略扁，略残。凹面近顶端焊接一桥状纽，纽体中部因皮条等磨蚀较细。直径 2.9 ~ 3.3、高 0.9 厘米（附图 2 - 24；附彩版 2 - 24）。

C：32，圆形略扁。凹口中部焊接二桥状纽，纽较细呈扁圆形。直径 3.2、高 0.8 厘米（附图 2 - 24；附彩版 2 - 24）。

Ab 型　正面尖凸。1 件。

C：34，圆形略残。正面尖凸，底面内凹，凹面近顶端焊接一较小的直纽。残径 4.2、高 0.9 厘米（附图 2 - 24；附彩版 2 - 24）。

Ac 型　正面弧凸，底面内凹，凹口中部二拱形纽，纽高出凹口。5 件。

C：30，圆形略残。直径 2.6、高 1 厘米（附图 2 - 24；附彩版 2 - 24）。

C：31，圆形略扁。直径 2.6 ~ 3.1、高 0.9 厘米（附图 2 - 24；附彩版 2 - 24）。

C：33，圆形略残。直径 3、高 0.8 厘米（附图 2 - 24；附彩版 2 - 2）。

C：35，圆形略扁，略残，拱形纽较小。直径 2.6 ~ 2.8、高 0.7 厘米（附图 2 - 24；附彩版 2 - 24）。

C：36，纽近方形。直径 2.4、高 0.7 厘米（附图 2 - 24；附彩版 2 - 24）。

Ad 型　圆形，正面较宽略弧凸，周缘较窄向下包合；底面略内凹，中部有一桥状纽，纽宽扁，高出凹口。2 件。

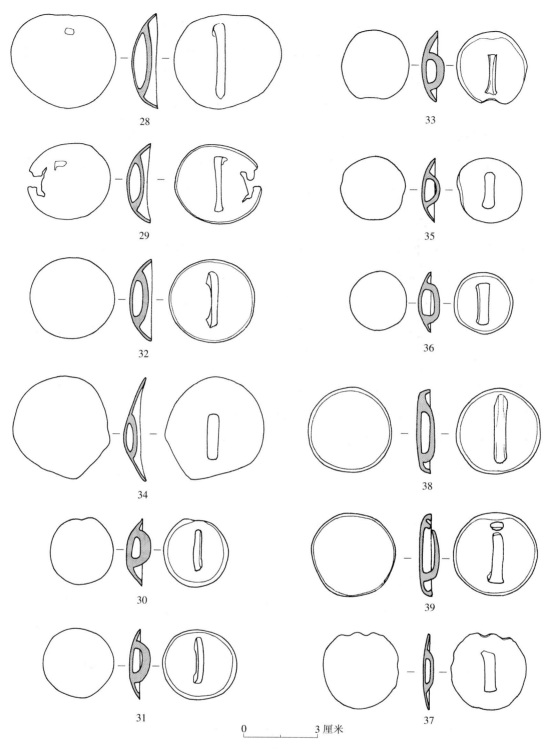

28   33

29   35

32   36

34   38

30   39

31   37

0   3厘米

附图2-24 米沟墓地出土A型铜泡饰

　　C：38，纽体宽扁略高出凹口面。直径3.3、高0.8厘米（附图2-24；附彩版2-24）。

　　C：39，口部因压略扁，略残。纽一侧断裂。直径3.3、高0.8厘米（附图2-24；附彩版2-24）。

Ae 型　圆形，正面中部略弧凸，底面略凹，中部有一桥状纽。1 件。

C：37，口部略残，凹面近顶端二桥状纽，纽较小，纽体宽扁高出凹口。残径 3.1、高 0.6 厘米（附图 2－24；附彩版 2－24）。

B 型　个体较 A 型小，纽位于凹口。11 件。根据形制分为 Ba、Bb、Bc 三亚型。

Ba 型　正面圆凸略尖，底面内凹，凹口中部有一方纽，纽未高出凹口面。3 件。

C：42，圆形略扁，纽面磨光。直径 1.9、高 0.6 厘米（附图 2－25；附彩版 2－24）。

C：47，略残，纽面磨光，正面二侧粘连铁锈痕。直径 1.8、高 0.5 厘米（附图 2－25；附彩版 2－24）。

C：48，圆形略扁，略残，纽面粘连布纹，正面一侧粘连铁锈痕。直径 1.8～2、高 0.5 厘米（附图 2－25；附彩版 2－24）。

Bb 型　正面较宽略弧；底面内凹，纽位于凹面。2 件。

C：40，正面较平，周缘向下包合；底面内凹，中部有一拱形纽，纽高出凹口。直径 2.2、高 0.5 厘米（附图 2－25；附彩版 2－24）。

C：41，圆形略扁，正面较宽略弧；底面内凹，中部有一桥状纽，纽高出凹口。直径 2.1～2.4、高 0.5 厘米（附图 2－25；附彩版 2－24）。

Bc 型　正面圆凸近尖，底面内凹，纽位于凹面并高出凹口。6 件。

C：43，口部略残，纽拱形高出凹口。直径 1.8、高 0.6 厘米（附图 2－25；附彩版 2－24）。

C：44，圆形略扁，纽拱形高出凹口。直径 1.6～1.8、高 0.8 厘米（附图 2－25；附彩版 2－24）。

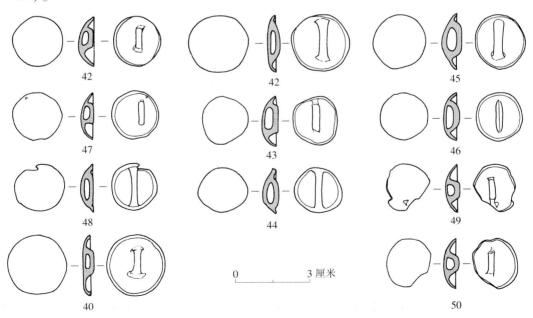

附图 2－25　米沟墓地出土 B 型铜泡饰

C：45，拱形纽位于凹面中部，纽体较粗。直径2、高0.9厘米（附图2－25；附彩版2－24）。

C：46，拱形纽位于凹面中部，纽体较细。直径1.6、高0.6厘米（附图2－25；附彩版2－24）。

C：49，残，拱形纽位于凹面近顶端，纽面磨平，纽体较细。残径1.8、高0.8厘米（附图2－25）。

C：50，残，拱形纽位于凹面一侧，纽体顶面磨平，纽体较细。直径1.8、高0.7厘米（附图2－25）。

C型　圆形，弧面有对称的两个纽。2件。

C：7，圆形略扁，较薄略残，周缘有三条较浅的刻槽。正面略弧，近边焊接两个对称的桥状纽；底面略凹。正面和底面粘连红色布纹。直径6.7～6.9厘米（附图2－26；附彩版2－25：1）。

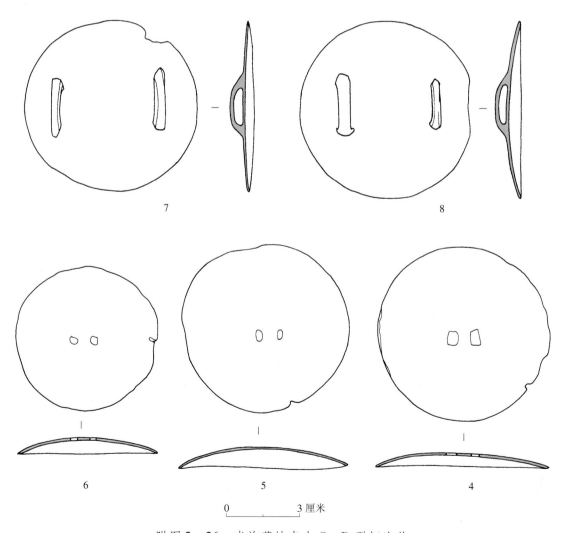

附图2－26　米沟墓地出土C、D型铜泡饰

C：8，圆形，纽一侧凿短直边。正面略弧，临边焊接对称的桥状纽；底面内凹。正面局部粘连布纹，底面局部有铁锈痕。直径6.9厘米（附图2－26；附彩版2－25：1）。

D型 圆形，中部凿两个穿孔。3件。

C：4，圆形略扁，较薄，周缘局部略残。正面略弧，底面内凹，从底面中部向正面凿两个不规整的长方形穿孔。正面局部粘连一层布纹或草纹。直径6.7~6.8厘米（附图2－26；附彩版2－25：1）。

C：5，圆形略扁，较薄，略残。正面略弧，底面内凹，从底面中部略偏一侧向正面凿两个不规则的长方形穿孔。凹面局部粘连布纹或草纹。直径6.6~6.8厘米（附图2－26；附彩版2－25：1、2）。

C：6，圆形略扁，较薄，周缘局部略残。正面略弧，底面内凹，从底面中部向正面凿两个不规则的穿孔。底面粘连红色布纹，正面粘连一层布纹或草纹。直径5.5~5.6厘米（附图2－26；附彩版2－25：1、3）。

E型 圆形，中部二较大的穿孔。17件。根据形制分为Ea、Eb、Ec、Ed、Ee、Ef、Eh七亚型。

Ea型 正面高凸。1件。

C：11，圆形，正面高凸，底面内凹，中部有一直径1.4厘米的穿孔。穿孔系铸造时留置，制作时穿孔顶部覆铜，后根据底面的范围凿开。直径4.5、高1.5厘米（附图2－27A；附彩版2－26）。

Eb型 圆形。正面略弧，周缘向下包合，中部有一方形穿孔；底面内凹。穿孔系模制时留置，因铜液在铸造时将穿孔上部覆盖，后由从凹面凿开，因此，穿孔在凹面均规则，在正面不规则。4件。

C：12，圆形略残，中部有一边长1厘米的方形穿孔。直径4.8、高0.6厘米（附图2－27A；附彩版2－26）。

C：13，圆形略扁，略残，一侧因压略凹，穿孔呈圆角方形。直径4.6~4.8、高0.6厘米（附图2－27A；附彩版2－26）。

C：14，两侧因压略凹。直径4.6、高0.7厘米（附图2－27A；附彩版2－26）。

C：15，圆形略扁，略残。直径4.4~4.6、高0.6厘米（附图2－27A；附彩版2－26）。

Ec型 圆形。正面略弧，周缘向下包合，中部扁圆形穿孔；底面内凹。穿孔系铸造时留置，因铜液覆盖穿孔上部后又从底面凿开。2件。

C：17，略残，穿孔呈扁圆形。直径3.4、高0.6厘米（附图2－27A；附彩版2－26）。

11

17

12

18

13

16

14

19

15

20

21

0 ___ 3厘米

附图 2 – 27A　米沟墓地出土 E 型铜泡饰

C：18，形制与 C：17 同。直 3.4、高 0.7 厘米（附图 2 - 27A；附彩版 2 - 26）。

Ed 型 中部穿孔呈长方形，系铸造时留置，因铜液在铸造时将穿孔上部覆盖，后由从凹面凿开，因此，穿孔在凹面均规则，在正面不规则。2 件。

C：16，圆形略扁，略残。正面略凸，底面内凹，中部有一长 1.2、宽 0.4 厘米的长方形穿孔。直径 3.5 ~ 3.9、高 0.3 厘米（附图 2 - 27A；附彩版 2 - 26）。

C：19，圆形略残，长方形穿孔偏离中部。直径 3.1、高 0.4 厘米（附图 2 - 27A；附彩版 2 - 26）。

Ee 型 圆形，正面稍弧，底面内凹，中部有一圆形穿孔。2 件。

C：20，圆形略扁，圆形穿孔直径在正面 0.5、凹面直径 0.8 厘米，系将铸造时覆盖穿孔上部的铜料凿开所致。直径 3 ~ 3.1、高 0.4 厘米（附图 2 - 27A；附彩版 2 - 26）。

C：21，圆形略残，中部穿孔直径 0.5 厘米。直径 2.5、高 0.3 厘米（附图 2 - 27A；附彩版 2 - 26）。

Ef 型 圆形，正面高凸，底面内凹，中部有一较大的圆形穿孔；外表饰两周阴弦纹。3 件。

C：22，穿孔位于中部，直径 0.7 ~ 0.8 厘米，高 0.45 厘米（附图 2 - 27B；附彩版 2 - 26）。

C：23，圆形略扁，穿孔直径 0.8 厘米。直径 0.9 ~ 1、高 0.6 厘米（附图 2 - 27B；附彩版 2 - 26）。

C：24，穿孔呈扁圆形，径 0.7 ~ 0.9。直径 1、高 0.3 厘米（附图 2 - 27B；附彩版 2 - 26）。

Eh 型 圆形，正面圆凸，底面内凹，中部有一圆形穿孔。3 件。

C：25，圆形略扁，中部有一直径 0.4 厘米的穿孔。直径 1.9、高 0.4 厘米（附图 2 - 27B；附彩版 2 - 26）。

C：26，圆形略扁，略残，中部有一直径 0.4 厘米的穿孔。直径 1.6 ~ 1.8、高 0.4 厘

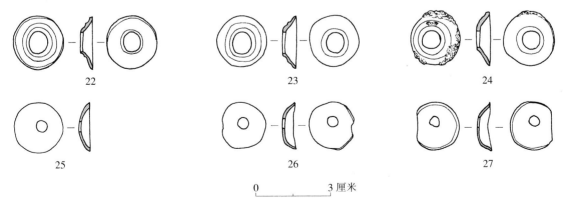

附图 2 - 27B 米沟墓地出土 E 型铜泡饰

米（附图2-27B；附彩版2-26）。

C：27，圆形略扁，略残，中部穿孔呈径0.3~0.4厘米的扁圆形。直径1.6~1.8、高0.5厘米（附图2-27B；附彩版2-26）。

带柄泡饰 2件。

C：9，圆泡带梯形柄。圆泡部较薄略扁，正面略弧凸，上端焊接一桥状纽；底面内凹。梯形柄中空，内夹革带，正面中下部凿一扁方形铆孔，铆孔未穿透底面。梯形柄长3、宽3.1~4.2厘米，通长8.9厘米（附图2-28；附彩版2-27：1、2）。

C：10，圆泡正面略弧，中上部焊接一桥状纽；梯形柄中空，内夹革带，柄口因挤压变形，正面中部和下部各凿一方形和扁方形铆孔，底面上部和一侧角各凿一横长方形和竖长方形铆孔。柄长3、宽3~4.4厘米，通长8.6厘米（附图2-28；附彩版2-27：3、4）。

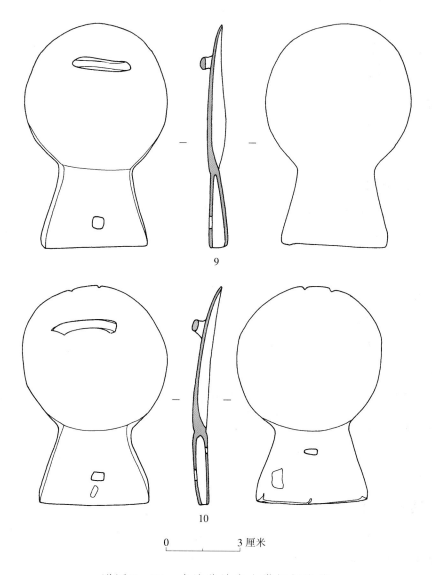

9

10

0   3厘米

附图2-28 米沟墓地出土带柄铜泡饰

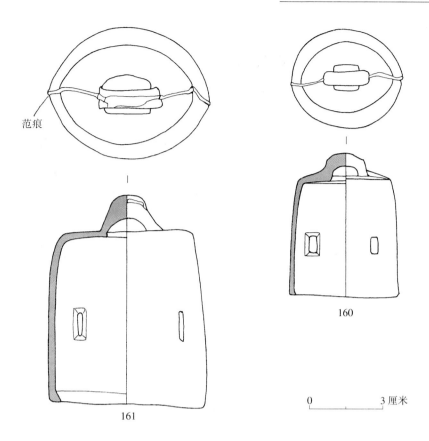

范痕

160

161

0   3 厘米

附图 2 – 29 米沟墓地出土铜铃

铃 2 件。形制相同。

C：160，扁筒形，口部略大于顶部。桥状纽，纽下有一方形穿孔。一面一个、一面两个大小不同的竖长方形穿孔。口径 3.8 ~ 4.4、高 5.5 厘米（附图 2 – 29；附彩版 2 – 27：5）。

C：161，扁筒形，口部大于顶部。拱形纽，纽顶部粘连铜皮，纽下有一较大的方形穿孔。两面各两个不规则的竖长方形穿孔。口径 5.2 ~ 6.2、顶径 3.6 ~ 5、高 8.3 厘米（附图 2 – 29；附彩版 2 – 27：6）。

长方形饰 2 件。形制基本相同。

C：175，呈长方体，中空，残。正面光滑略弧，两侧下部和中部偏上各有一圆角长方形穿孔，下部穿孔长 1.6、宽 1.1 厘米，中部偏上穿孔残；背面粗糙，上、下部各有一长方形穿孔，上部穿孔长 3.2、宽 2 厘米，下部穿孔长 4.6、宽 1.1 ~ 1.6 厘米；上端面略弧，下端开口。上端面长 2.7、宽 1.5 厘米，下端面长 3.2、宽 2.3 厘米，通长 11.8 厘米（附图 2 – 30；附彩版 2 – 28：1）。

C：176，略呈方柱体，中空。正面弧面光滑，底面平面粗糙；两侧面下部和中部偏上各二对方形穿孔，下部穿孔长 1.1、宽 0.9 厘米，中上部穿孔长 1.5、宽 1.1 厘米；上端弧面，下端开口。上端长 2.7、宽 1.5 厘米，下端长 3.2、宽 2.7 厘米，通长 11.6 厘米（附

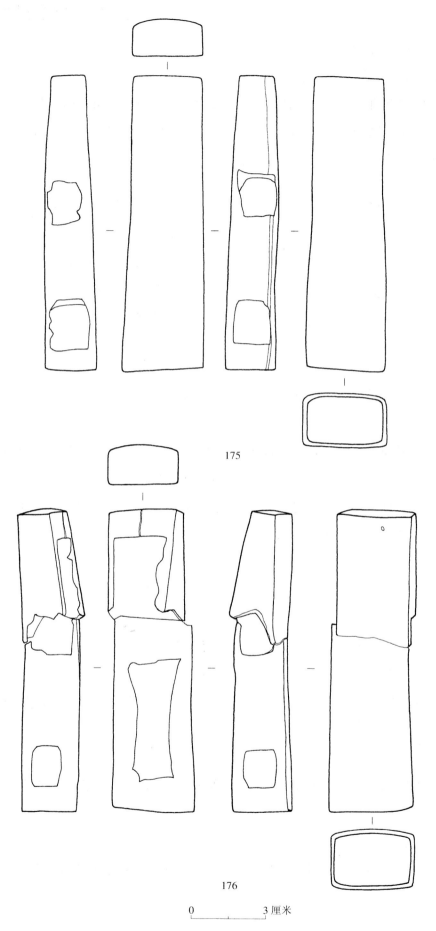

175

176

0   3厘米

附图 2 - 30　米沟墓地出土长方形铜饰

图 2 - 30；附彩版 2 - 28）。

革带包头　3 件。模制，形制相同。

C：187，略呈梯形，略残；中空，从顶端向口端渐高。正面略弧倾斜，中部有一长 0.7、宽 0.4 厘米的长方形穿孔，底面平。长 2.7、宽 3.1～3.3、高 0.4～1.2 厘米（附图 2 - 31；附彩版 2 - 28：2）。

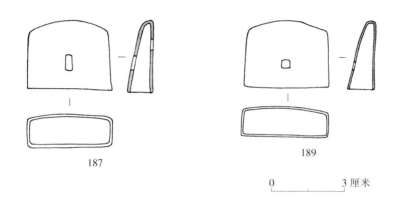

附图 2 - 31　米沟墓地出土革带铜包头

C：188，形制与 C：187 相同，略残。正面中上部有一扁圆形穿孔，底面因受压略凹。长 2.6、宽 3.1～3.2、高 0.4～1 厘米（附彩版 2 - 28：2）。

C：189，形制与 C：187 相同，残。中部略偏下有一边长 0.3～0.4 厘米的方形穿孔。长 2.7、宽 3.1～3.2、高 0.4～1.2 厘米（附图 2 - 31；附彩版 2 - 28：2）。

管状饰　3 件。

C：172，扁管状，正面中部有一横向脊。管口径 1～1.3、长 1.3 厘米（附图 2 - 32；附彩版 2 - 28：3）。

C：173，正面横向脊较宽，背面二扁圆形孔眼。管口径 1～1.3、长 1.3 厘米（附图 2 - 32；附彩版 2 - 28：3）。

C：174，扁管状，背面平而断裂。管口径 1～1.5、长 2.5 厘米（附图 2 - 32；附彩版 2 - 28：4）。

环状饰　1 件。

C：177，车轮状。中部圆凸，周缘近三等分外伸与环体相连，底部内凹。直径 3.2 厘米（附图 2 - 32；附彩版 2 - 29：1、2）。

环　1 件。

C：178，环体扁圆形。内环径 4.8、外环径 5.6 厘米（附图 2 - 32；附彩版 2 - 29：3）。

转环　1 件。

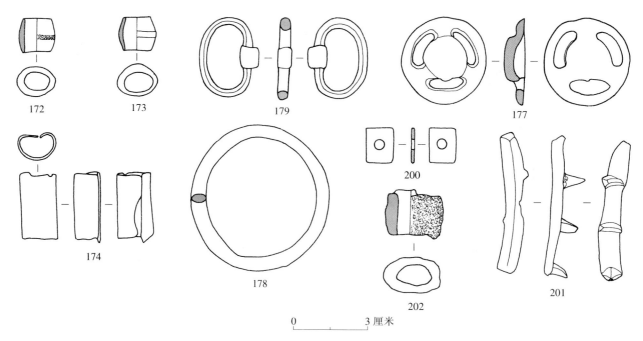

附图 2-32　米沟墓地出土铜管、环、垫片、饰件及铁管

C：179，扣环扁圆形，转轴残。内环径 1.6~2.6、外环径 2.4~3.2 厘米（附图 2-32；附彩版 2-29：4）。

垫片　1 件。

C：200，长方形，中部有一直径 0.5 厘米的穿孔。长 1.8、宽 1 厘米（附图 2-32；附彩版 2-29：5）。

饰件　1 件。

C：201，残。残长 5 厘米（附图 2-32；附彩版 2-29：6）。

5）其他

杆头饰　4 件。根据形制分为 A、B 两型。

A 型　2 件。筒状，较粗短。

C：162，顶面略残，从顶部至口部渐粗，侧面中部有两个不规则形铆孔。口径 3.9、顶径 3.1、高 2.5 厘米（附图 2-33；附彩版 2-28：2）。

C：163，顶面中部略凸，略残；口略扁，从顶部至口部渐粗，侧面中上部有一边长 0.5 厘米的方形铆孔。口径 3.6~3.8、顶径 2.6、高 2.6 厘米（附图 2-33；附彩版 2-28：2）。

B 型　2 件。筒状，较细长。

C：164，侧面略残；顶面较平，中部有一方形铆孔；侧面中下部有一边长 0.3~0.5 厘米的横长方形铆孔。口径 2.7、顶径 2.4、长 7.7 厘米（附图 2-33；附彩版 2-28：5）。

C：165，平顶，从顶部至口部渐粗；侧面中部有一边长 0.3 厘米的方形铆孔。口径

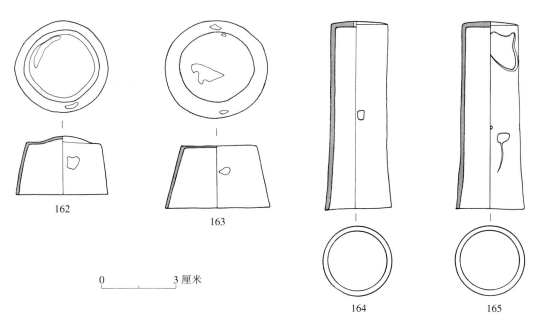

附图 2－33　米沟墓地出土铜杆头饰

2.7、顶径 2.4、长 7.5 厘米（附图 2－33；附彩版 2－28：5）。

2. 铁器

铁管　1 件。

C：202，残。扁体，正面弧面，底面较平，严重锈蚀。内径 0.7～1.4、外径 1.3～2 厘米，残长 1.4 厘米（附图 2－32；附彩版 2－30：1）。

3. 石器

砺石　3 件。灰青色玄武岩，制作精细，上端两面钻孔，用于系绳便于携带。

C：1，略呈梯形，通体光滑。正、背面平滑，近上端两面对钻直径 0.6～1.4 厘米的穿孔；两侧弧面，近上端弧收较甚。长 8.2、宽 1.6～2.6、厚 1.1 厘米（附图 2－34；附彩版 2－30：3、4）。

C：2，平面呈梯形，通体光滑。圆棱，一条棱中下部刻一"V"形槽；上端两面对钻直径 0.6～0.8 厘米的穿孔；从上端至下端渐厚。长 2.3、宽 1.4～1.7、厚 0.7～1 厘米（附图 2－34；附彩版 2－30：2）。

C：3，呈梯形。上端斜面，近上端两面对钻直径 0.6 厘米的穿孔，从上端至下端渐厚，两面中下部有刀削痕。长 8.2、宽 1.6～2.2、厚 0.5～1.2 厘米（附图 2－34；附彩版 2－30：5、6）。

4. 骨器

收缴 4 件，有骨镞、骨锤、骨管和垫片等。

1）兵器

镞　1 件。

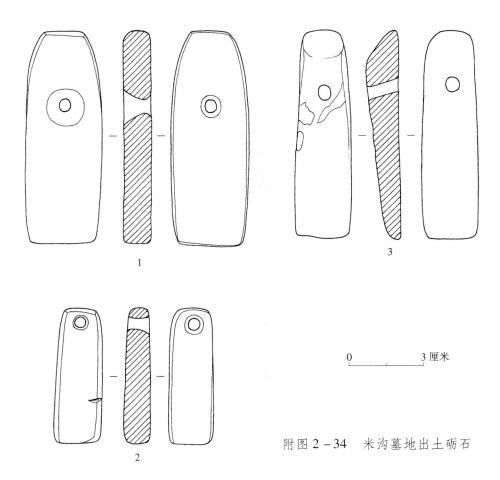

0 ——————— 3厘米

附图2-34　米沟墓地出土砺石

C：216，三棱形，残。残长3.5厘米（附图2-35；附彩版2-31：1）。

2）工具

锤　1件。

C：215，用大型动物股骨制作，一端略残。通体较光滑，侧面中部对刻长2.5、宽1.5厘米的长方形銎，銎口中部对钻直径0.6厘米的铆孔。一端弧面光滑，有刀削有凹穴。一端径2.5~4.4，另一端径3~4.5厘米，长10.6厘米（附图2-35；附彩版2-31：4）。

3）车马器

管　1件。

C：203，略弧，残。外表光滑，局部留存铜锈和铁锈痕。残长10.4厘米（附图2-35；附彩版2-31：3）。

长方形饰件　1件。

C：217，长方形，中部有一直径0.5厘米的穿孔，通体刮磨光滑。长2.7、宽1.8厘米（附图2-35；附彩版2-31：2）。

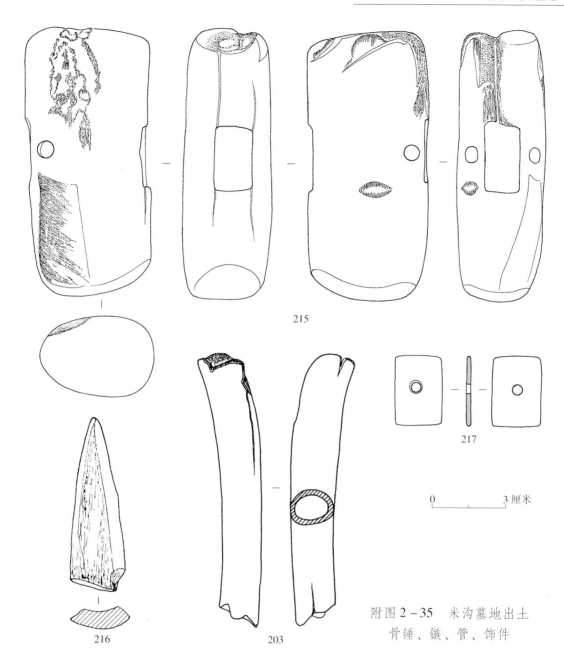

215

217

0　　　　　3 厘米

216　　　　　203

附图 2 - 35　米沟墓地出土
骨锤、镞、管、饰件

二　遗物所反映的文化属性和时代

米沟墓地被盗毁，墓葬形制不详。收缴的遗物组合有兵器、工具、车马器、杆头饰、带饰等，其组合与固原地区正式发掘的彭堡于家庄墓地[①]、杨郎墓地[②]出土的遗物组合相同，铜戈、铜矛、铜鹤嘴斧、铜镞、铜刀、铜锛、铜凿、铜泡饰、铜当卢、铜带饰等遗物也与固原彭堡于家庄墓地、杨郎墓地出土的同类器物形制相同或相近，而且这

① 宁夏文物考古研究所：《宁夏彭堡于家庄墓地》，《考古学报》1995 年第 1 期。
② 宁夏文物考古研究所、宁夏固原博物馆：《宁夏固原杨郎青铜文化墓地》，《考古学报》1993 年第 1 期。

些遗物也在宁南地区①和陇山东西多有出土②，因此，米沟墓地的文化属性与上述墓地相同，属于北方青铜文化。但米沟墓地出土了大量的铜节约，骨制品较少，反映了较强的青铜制作业。

米沟墓地的时代，由于出土遗物均是收缴而来，遗物的组合无从知晓，只能从具体的遗物入手将墓地的时代做一推断。A 型铜斧（标本 C∶184）刃弧，两侧内凹，其上有一周宽 0.5 厘米的箍，整体厚重。B 型铜斧较长，两侧内凹，弧刃宽于斧中部。与其形制相近的铜斧出土于中卫狼窝子坑③，二者的共同特征是两侧内凹，弧刃宽于斧中部，厚重。据研究，狼窝子坑 M5 的铜斧属于甘宁地区北方青铜文化的中期，时代上限在春秋战国之际到战国早期，下限在战国中期④，A、B 型铜斧的年代当大致与其相当。铜矛（C∶212）菱形叶，尖锋，两侧略凹，管锥状柄，与固原撒门 M3 出土的铜矛形制相同。铜戈 2 件，C∶206，长方形内，圭首不明显，直栏，胡部二穿。C∶207，长方形内，圭首不明显，直栏，胡部三穿，其主要特征是内略上翘，与撒门 M3 出土的铜戈形制相类，而撒门 M3 属于甘宁地区北方青铜文化的中期早段，时代在春秋战国之际⑤。B 型铜带饰与撒门 M1 出土的鸟纹铜带饰形制相同⑥，撒门 M1 属于甘宁地区北方青铜文化的中期晚段，时代在战国中期⑦。A 型连珠纹铜带饰在固原于家庄墓地和马庄墓地均有出土，据研究属于于家庄 C 组和马庄 A 组，而此二组属于甘宁地区北方青铜文化晚期早段⑧；C 型铜当卢正面上部一铜管，其形制与固原芦子沟咀出土的铜当卢形制相同⑨；动物形铜饰（C∶198、199，实为带扣）曲足，大角，与马庄墓地出土的铜动物形饰形制相近，属于马庄 B 组。据研究芦子沟咀属于甘宁地区北方青铜文化晚期早段、马庄 B 组属于甘宁地区青铜文化的晚期晚段，其时代上限在战国中期，下限在战国晚期到秦代⑩。据此，将米沟墓地出土器物分为早、晚两期：

早期：战国早期至中期，以 A、B 型铜斧、铜矛、铜戈、B 型铜带饰为代表。

晚期：战国中期至秦代，以 A 型铜带饰、C 型铜当卢和动物形铜牌饰为代表。

米沟墓地被盗墓者所毁，墓葬的数量、遗物的组成、葬俗等不详。但从收缴遗物所反映的时代信息分析，该墓地延续时间较长，经历了整个战国时期。由于青铜器出土较多而骨器很少，反映出当时较强的青铜制造业。

---

① 罗丰、韩孔乐：《宁夏固原近年来发现的北方系青铜器》，《考古》1990 年第 5 期
② 罗丰：《以陇山为中心甘宁地区春秋战国时期北方青铜文化研究》，《内蒙古文物考古》1993 年第 1、2 期。
③ 周新华：《宁夏中卫县狼窝子坑的青铜短剑墓》，《考古》1989 年第 11 期，975 页，图五∶4。
④ 杨建华：《春秋战国时期中国北方文化带的形成》，28～41 页，文物出版社，2004 年。
⑤ 杨建华：《春秋战国时期中国北方文化带的形成》，28～41 页，文物出版社，2004 年。
⑥ 罗丰、韩孔乐：《宁夏固原近年来发现的北方系青铜器》，《考古》1990 年第 5 期，414 页，图一三∶6、8。
⑦ 杨建华：《春秋战国时期中国北方文化带的形成》，28～41 页，文物出版社，2004 年。
⑧ 杨建华：《春秋战国时期中国北方文化带的形成》，8～41 页，文物出版社，2004 年。
⑨ 罗丰、韩孔乐：《宁夏固原近年来发现的北方系青铜器》，《考古》1990 年第 5 期，411 页，图一〇∶14。
⑩ 杨建华：《春秋战国时期中国北方文化带的形成》，8～41 页，文物出版社，2004 年。

附彩版 2-1　米沟墓地出土铜戈（C：206）

附彩版2-2　米沟墓地出土铜戈（C：207）

1. 矛（C：212）

2. 镞（C：169）

3. 鹤嘴斧（C：204）

附彩版2-3　米沟墓地出土铜矛、镞、鹤嘴斧

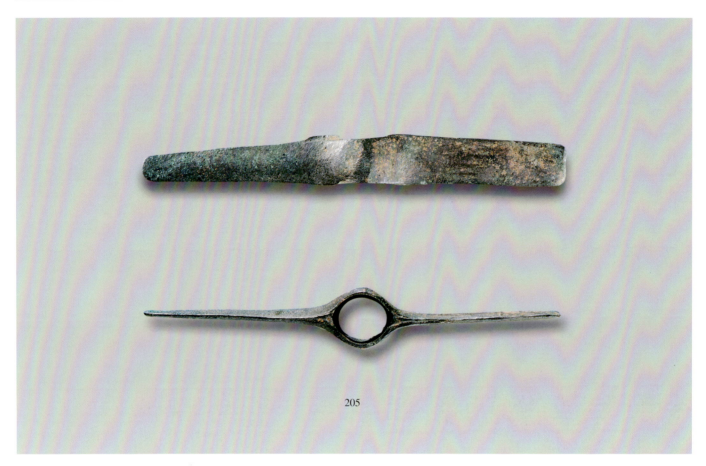

205

206

附彩版 2-4　米沟墓地出土铜鹤嘴斧

210

192

194

211

190

191

193

195

附彩版2-5 米沟墓地出土铜刀

1. 锛（C：180；正）

2. 锛（C：180；侧）

3. 锛（C：182；正）

4. 锛（C：182；侧）

5. 锛（C：181）

6. 刻刀（C：197）

附彩版2-6　米沟墓地出土铜锛、刻刀

1. 打钻（C：183；正）

2. 打钻（C：183；侧）

3. 打钻（C：214）

4. 管（C：167）

166

167

168

5. 管

171

170

169

6. 管

附彩版2-7　米沟墓地出土铜钻、管

1. 斧（C：184；正）

2. 斧（C：184；侧）

3. 斧（C：185；正）

4. 斧（C：185；侧）

5. 斧（C：186；正）

6. 斧（C：186；侧）

附彩版 2-8　米沟墓地出土铜斧

1. 动物形牌饰（C：199；正）

2. 动物形牌饰（C：199；背）

3. 动物形牌饰（C：198；正）

4. 动物形牌饰（C：198；背）

5. 动物形牌饰（C：209；正）

6. 动物形牌饰（C：209；背）

附彩版2-9　米沟墓地出土铜牌饰

1. 连珠纹带饰(C：86)

2. 鸟纹带饰(C：102)

3. "S"形带饰(C：120)

4. 龙纹带饰(C：110)

5. 带饰(C：113、114；正)

6. 带饰(C：113、114；背)

附彩版 2-10　米沟墓地出土铜带饰

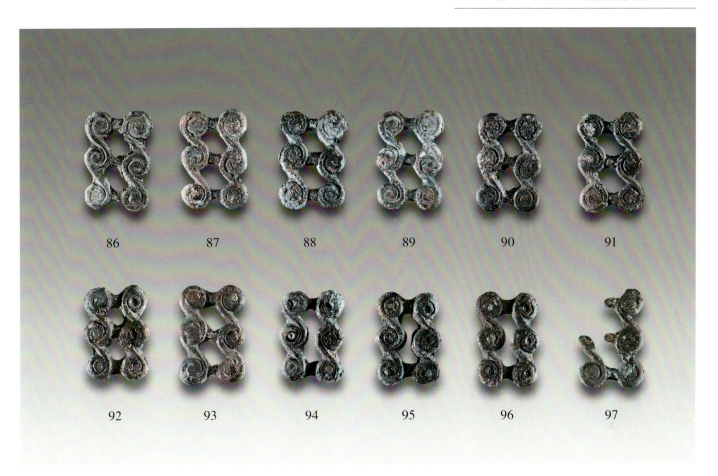

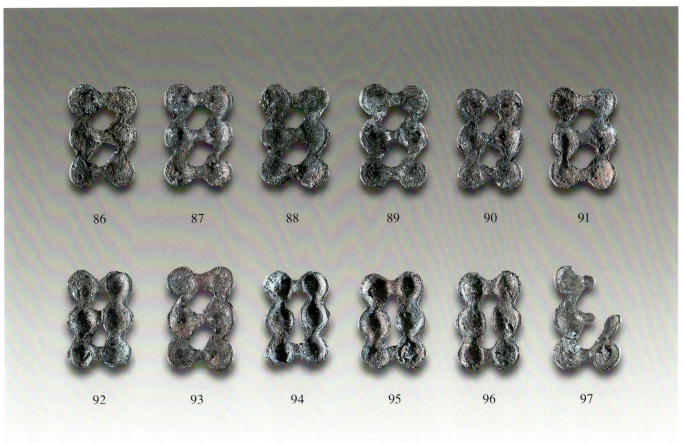

附彩版2-11　米沟墓地出土连珠纹铜带饰

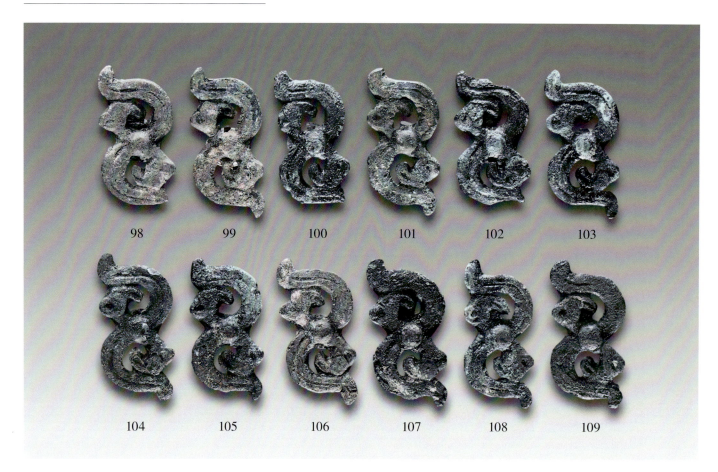

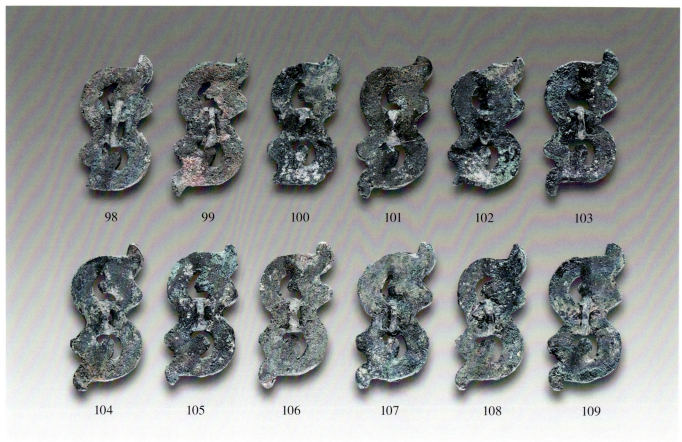

附彩版2-12　米沟墓地出土鸟纹铜带饰

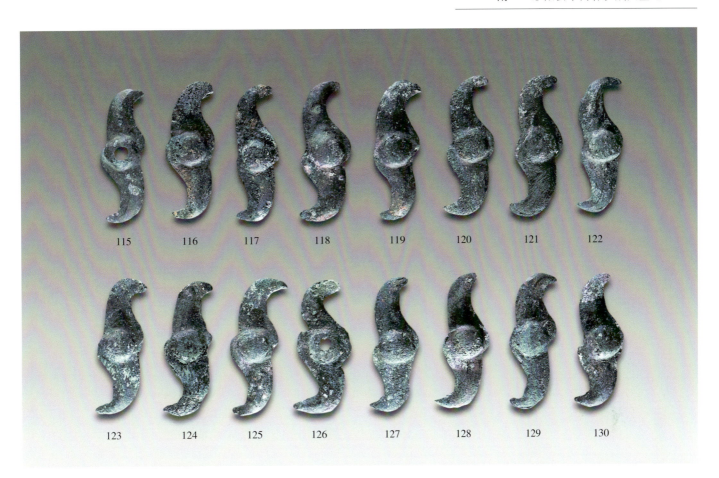

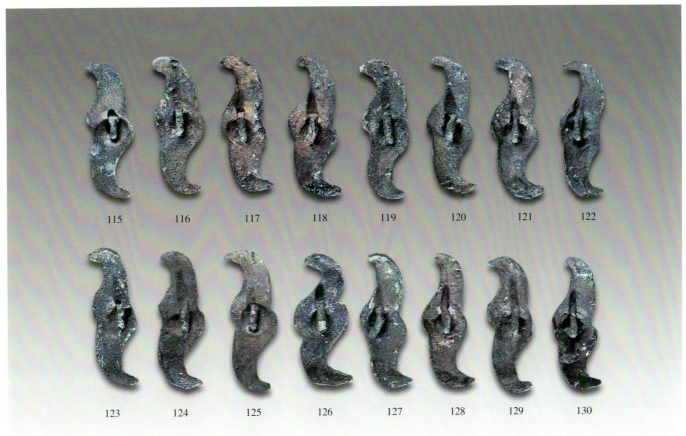

附彩版 2-13　米沟墓地出土"S"形铜带饰

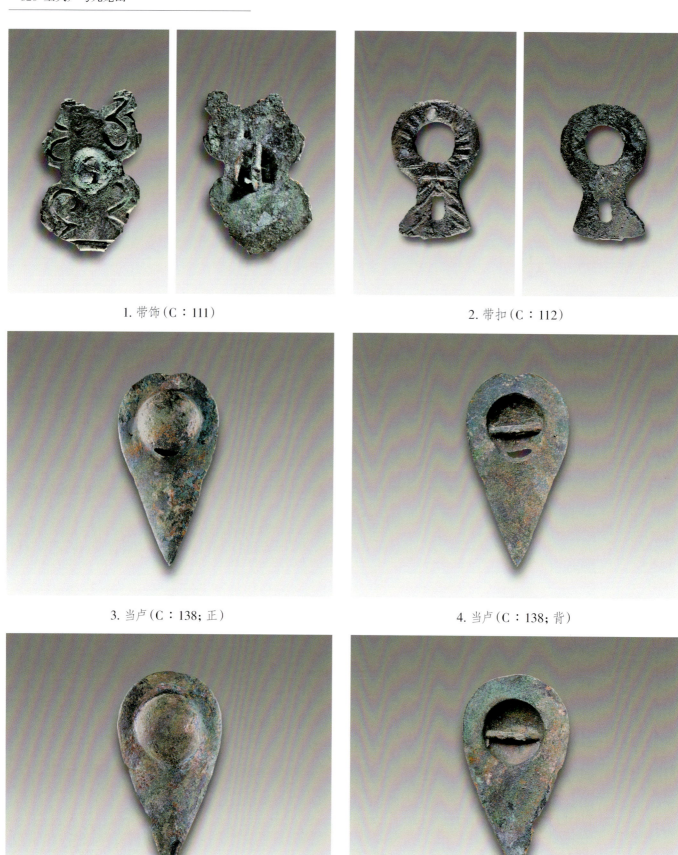

1. 带饰（C：111）

2. 带扣（C：112）

3. 当卢（C：138；正）

4. 当卢（C：138；背）

5. 当卢（C：139；正）

6. 当卢（C：139；背）

附彩版2-14　米沟墓地出土铜带饰、带扣、当卢

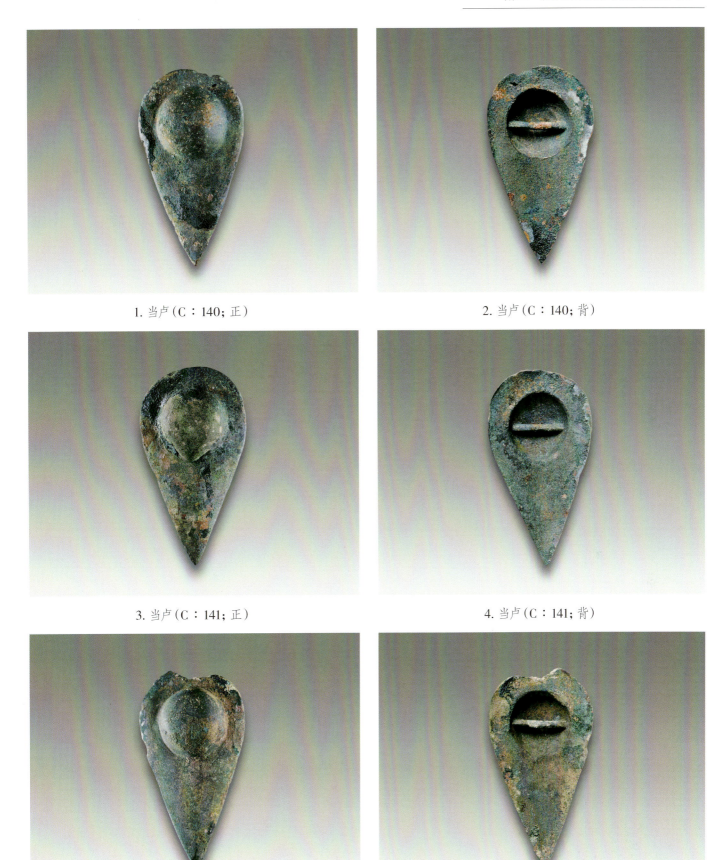

1. 当卢（C：140；正）

2. 当卢（C：140；背）

3. 当卢（C：141；正）

4. 当卢（C：141；背）

5. 当卢（C：142；正）

6. 当卢（C：142；背）

附彩版 2-15　米沟墓地出土铜当卢

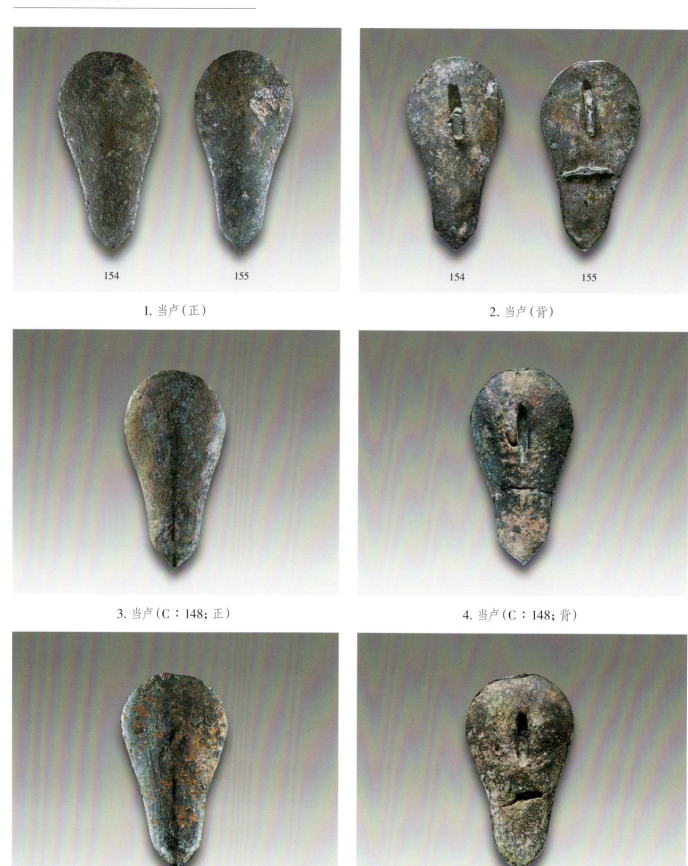

1. 当卢（正）

2. 当卢（背）

3. 当卢（C：148；正）

4. 当卢（C：148；背）

5. 当卢（C：149；正）

6. 当卢（C：149；背）

附彩版 2-16　米沟墓地出土铜当卢

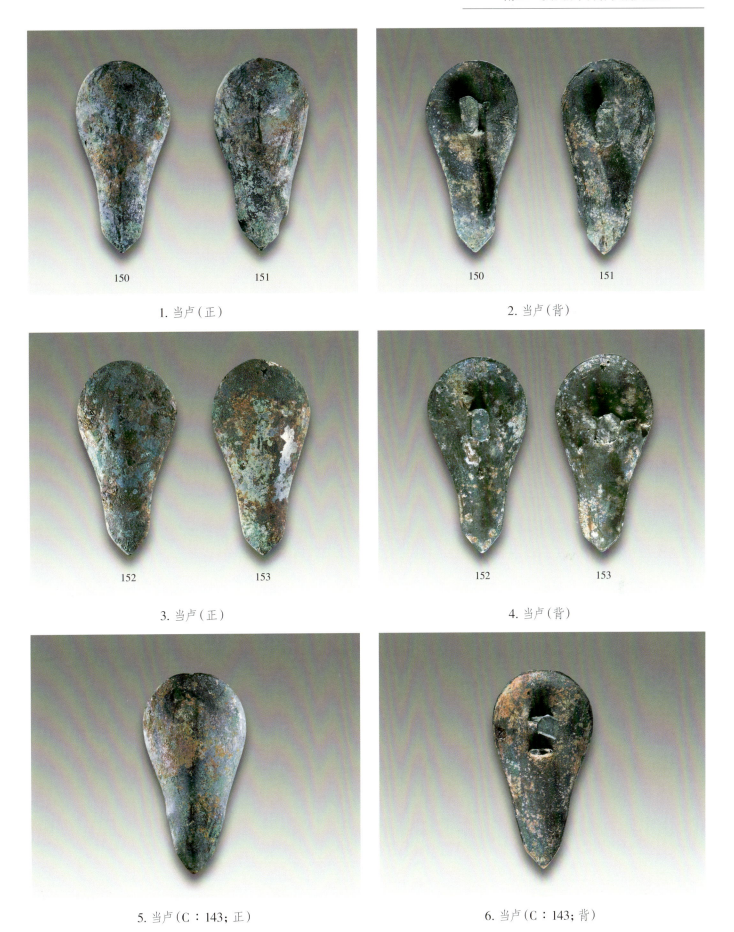

1. 当卢（正）

2. 当卢（背）

3. 当卢（正）

4. 当卢（背）

5. 当卢（C：143；正）

6. 当卢（C：143；背）

附彩版 2-17 米沟墓地出土铜当卢

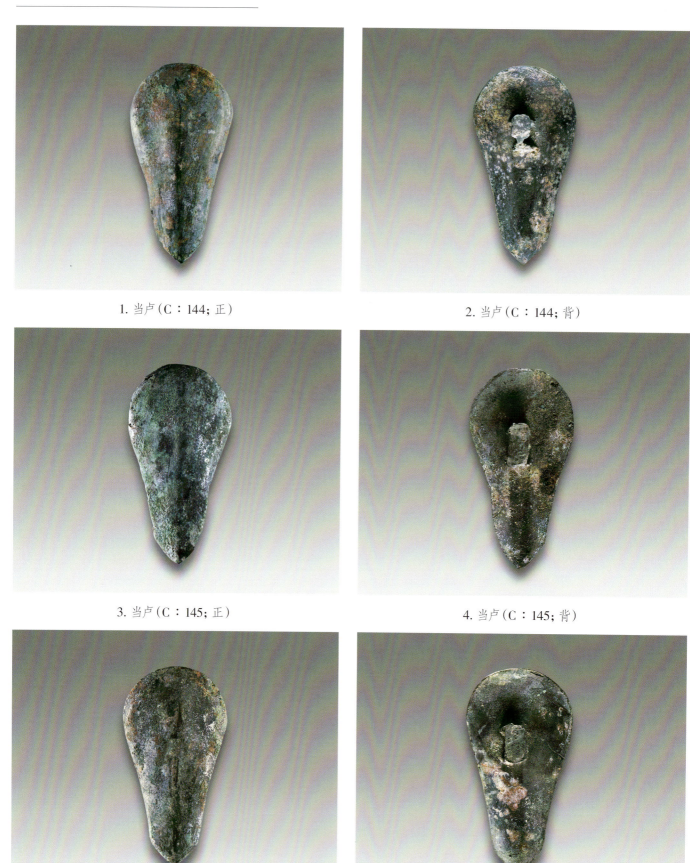

1. 当卢（C∶144；正）

2. 当卢（C∶144；背）

3. 当卢（C∶145；正）

4. 当卢（C∶145；背）

5. 当卢（C∶146；正）

6. 当卢（C∶146；背）

附彩版 2-18　米沟墓地出土铜当卢

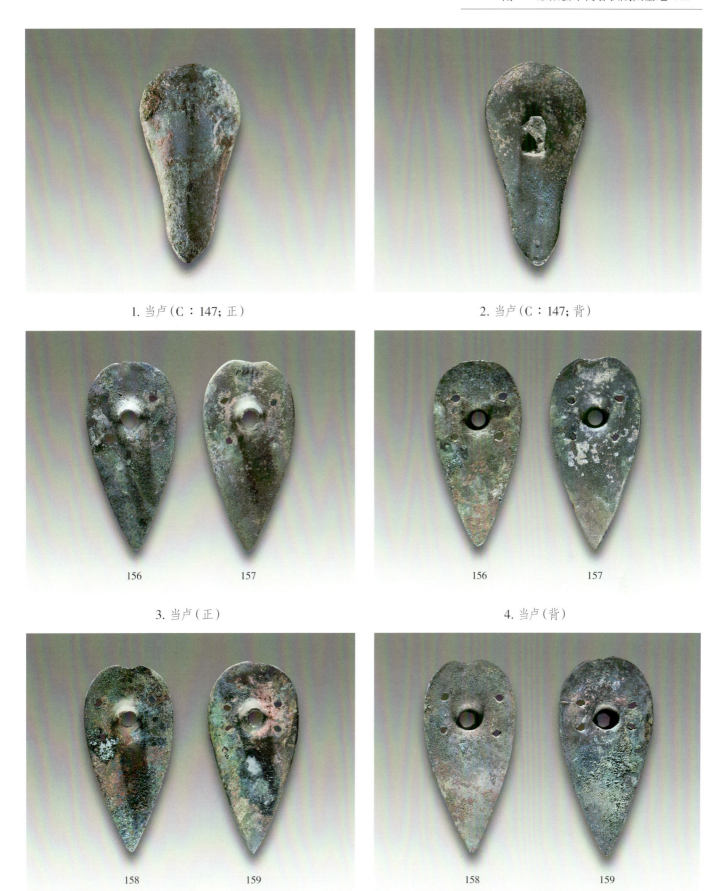

1. 当卢（C：147；正）

2. 当卢（C：147；背）

156　157

3. 当卢（正）

156　157

4. 当卢（背）

158　159

5. 当卢（正）

158　159

6. 当卢（背）

附彩版 2-19　米沟墓地出土铜当卢

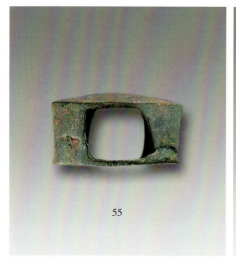
55

55

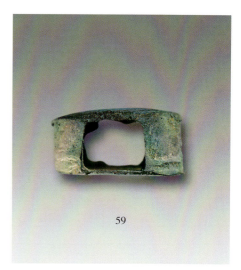
59

55
56　　　57

55
56　　　57

58　　　59

58　　　59

附彩版 2-20　米沟墓地出土铜节约

64

64

51

51   52

53   54

51   52

53   54

60   61   62   63

64   65   66   67

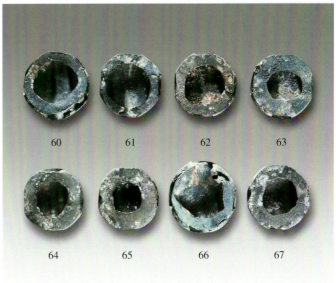

60   61   62   63

64   65   66   67

附彩版 2-21 米沟墓地出土铜节约

附彩版 2-22　米沟墓地出土铜节约

附彩版 2-23 米沟墓地出土铜节约

附彩版 2-24　米沟墓地出土铜泡饰

1. 泡饰

2. 泡饰（C：5）顶部穿孔

3. 泡饰（C：6）颈面锈蚀线纹

附彩版 2-25　米沟墓地出土铜泡饰

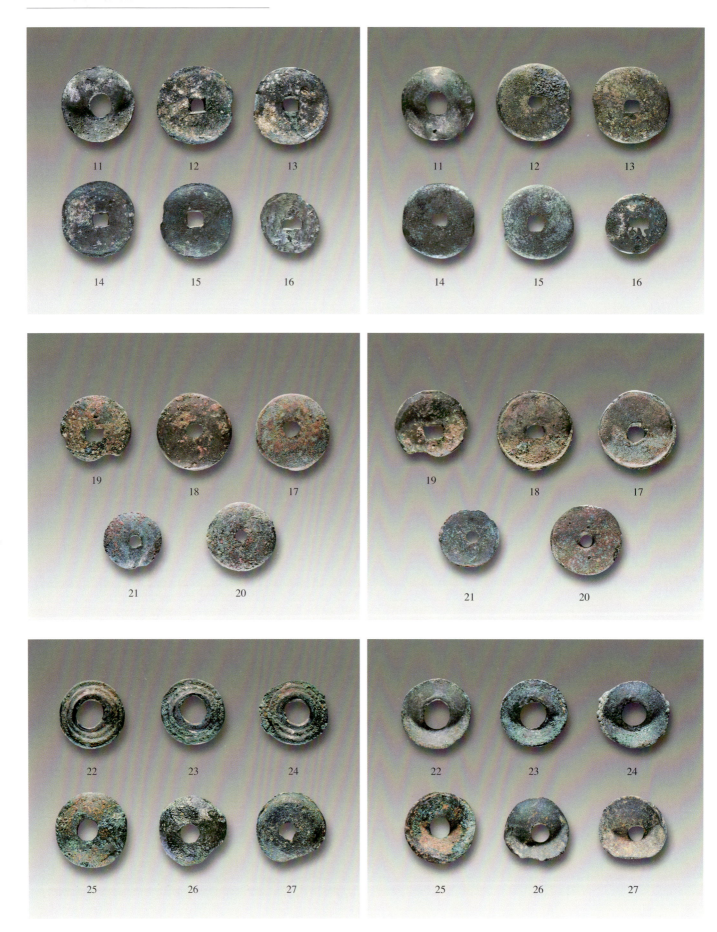

附彩版 2-26　米沟墓地出土铜泡饰

1. 带柄泡饰（C：9；正）

2. 带柄泡饰（C：9；背）

3. 带柄泡饰（C：10；正）

4. 带柄泡饰（C：10；背）

5. 铃（C：160）

6. 铃（C：161）

附彩版 2—27　米沟墓地出土铜泡饰、铃

1. 长方形饰

5. 杆头饰（C：164、165）

2. 革带包头

3. 管状饰

6. 杆头饰（C：162）

4. 管状饰（C：174）

7. 杆头饰（C：163）

附彩版2—28　米沟墓地出土铜长方形饰、革带包头、管状饰及杆头饰

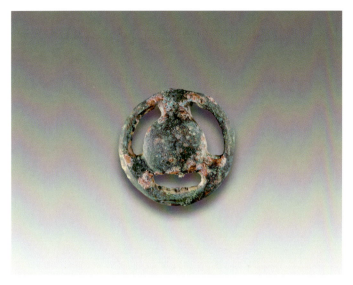

1. 环状饰（C：177；正）

2. 环状饰（C：177；背）

3. 环（C：178）

4. 转环（C：179）

5. 垫片（C：200）

6. 饰件（C：201）

附彩版2-29　米沟墓地出土铜环、垫片、饰件

1. 铁管（C：202）

2. 砺石（C：2）

3. 砺石（C：1；正）

4. 砺石（C：1；背）

5. 砺石（C：3；正）

t6. 砺石（C：3；侧）

附彩版2-30　米沟墓地出土铁管、砺石

1. 镞（C：216）

2. 垫片（C：217）

3. 管（C：203）

4. 锤（C：215）

附彩版2-31　米沟墓地出土骨镞、垫片、管、锤

后 记

本书是罗丰、朱存世主持编写的彭阳县王大户墓地（2007 年发掘）、中庄墓地（2008 年发掘）和固原市原州区九龙山墓地等（2009 年发掘）考古发掘报告，包括殉牲和人骨的及古 DNA 分析鉴定，铜器成分分析、费昂斯珠的检测和分析等，属于集体成果，具体分工如下：

第一章　罗丰、朱存世（宁夏文物考古研究所）

第二章之第一节、第二节一～七之（一）、（二）1、（三）、（四）、第七节　罗丰、朱存世、杨宁国（彭阳县文物管理所）

第二章之第二节一～七之（二）2、第四节、第五节　祁国琴（中国科学院古脊椎动物与古人类研究所）、安家瑗（中国国家博物馆）

第二章之第三节　韩康信（中国社会科学院考古研究所）

第二章之第六节　李健西（陕西省考古研究院），宋晶晶、刘美娟、乔国平（宁夏文物考古研究所），周珊珊、宋俊荣（陕西省考古研究院）

第三章之第一节、第二节一之（一）、（二）1、（三）、（四）、第二节之（二）2、第五节　朱存世、杨宁国

第三章之第二节一之（二）2、第二节（一）、第四节　安家瑗

第三章之第三节　张全超、朱泓（吉林大学边疆考古研究中心）

第四章之第一节、第二节一～一一之（一）、（二）1、（三）、（四）、第五节　樊军（宁夏文物考古研究所）

第四章之第二节一～一一之（二）2、第三节　安家瑗

第四章之第四节　张全超、周亚威、韩涛、张群、朱泓（吉林大学边疆考古研究中心）

第五章　蔡大伟、赵永斌、周慧、朱泓（吉林大学边疆考古研究中心）

第六章　蔡大伟

第七章　张全超、周亚威、朱泓

第八章　林怡娴（北京联合大学考古研究中心）

第九章　罗丰、朱存世

附　一　樊军

附　二　杨宁国、朱存世

（绘图和摄影的分工见第一章）

　　本报告对墓葬资料是按照单个墓葬的清理顺序进行编排，力求尽可能完整地将各种资料信息公布出来，以期复原埋葬时的行为发生过程。在对殉牲的出土描述中，我们尽可能地将能观察到的保存情状逐一记述，包括殉牲的位置、放置方法、吻部朝向和相邻殉牲间的关系等。对出土遗物的描述也采用同样的方法。同时，由于我们认识到殉牲和人骨的鉴定及相关的分子生物学古 DNA 研究是研究北方青铜文化的重要组成部分，因此本报告中我们将动物和人骨的鉴定与研究也作为主要的工作来做。在对殉牲资料的记述中，我们不厌其烦地对其进行描述，以期能够探索出一个记录、测量、鉴定和研究殉牲的方法。

　　王大户墓地发掘工作能够顺利进行，首先感谢宁夏回族自治区文物局、彭阳县文化广播旅游局、彭阳县文物管理所和彭阳县古城镇派出所对本工作的大力支持。在对墓葬资料的整理中，韩康信先生对王大户墓地的人骨资料进行了鉴定和研究，祁国琴、安家瑗女士多次来到宁夏对王大户墓地、中庄墓地和九龙山墓地的殉牲进行了记述、测量和研究，吉林大学边疆考古研究中心的张全超、蔡大伟等老师分别对中庄墓地、九龙山墓地的人骨资料和殉牲进行了鉴定和研究，林怡娴女士对王大户墓地的费昂斯饰件进行了鉴定和研究，文物出版社考古图书中心的全体编辑对本报告的出版给予了大力支持，对他们的辛勤付出深表感谢。

　　尽管想摸索出一个编写北方青铜文化墓葬考古报告的合理方法编写好本报告，但由于编者水平有限，显然这样的目的很难达到。

编　者

2016 年 8 月

Wangdahu and Jiulongshan:

A Cemetery of Northern Bronze Culture

(Abstract)

This is an archaeological report of the northern bronze cultural cemetery located in Guyuan region excavated by Ningxia Archaeological Institute during the recent 10 years, including Wangdahu Cemetery in Pengyang County, Zhongzhuang Cemetery, and Jiulongshan Cemetery in Yuanzhou District, Guyuan City, with relics unearthed in Migou Cemetery, Pengyang County and 1 tomb found in Xiaohe Cemetery, Yuanzhou District appended. This report makes a detailed and comprehensive cemetery – sequenced introduction of every tomb included, as well as a research on sacrificed animals, physical anthropological research, determination and research on Fayence beadwork, determination of bronze component and research on bronze processing technology, along with multidisciplinary testing and research like molecular biological archaeology, and so on.

This report focuses on the process of the behaviors during a burial. It for the first time completely records the order of the behaviors in a burial, and draws plain maps of the relics unearthed in each layer respectively. Archaeological research on sacrificed animals makes identifications about the species, age, and gender of the animals, as well as microscopic observation of the teeth, which comes to the conclusion that people of that time could rein cows using bits. Physical anthropological research makes pathological observation and identifies the gender and age of the human skeletons. Fayence beadwork is a kind of bead accessory similar to turquoise. Through component analysis, we find that it is a kind of vitrified plant ash Fayence beadwork which is quite common in Guyuan region, and make speculation about the processing technology and location. Through molecular archaeological research on sacrificed animals, we find that there were many same haploid genotypes existed in horses, cattles and sheep of different regions during the Spring and Autumn Period and the Warring States Period, but there was no sharing genotype between ancient goats in Ningxia region and Inner Mongolia region. The genetic structures of the goats in these two regions had significant differences, which implies that the former was likely to be the main trading object between human groups, while the latter was not. Through reconstruction of the genetic structure, molecular archaeological analysis on human skeletons reveals that the ancient inhabitants in this region originated from north Asia.

All in all, this is a burial archaeological report completed by multiple disciplines, which can provide first-hand materials to the study of the northern Chinese bronze culture in the Spring and Autumn Period and the Warring States Period, the nomadic economy and ethnic relationship, as well as Silk Road on grassland and communication between Chinese and western culture.